PRICE MANAGEMENT
STRATEGY, ANALYSIS, DECISION, IMPLEMENTATION

价格管理
理论与实践

[德] 赫尔曼·西蒙　马丁·法斯纳赫特　著
　　（Hermann Simon）　（Martin Fassnacht）

吴振阳　洪家希　等译

机械工业出版社
China Machine Press

图书在版编目（CIP）数据

价格管理：理论与实践/（德）赫尔曼·西蒙（Hermann Simon），（德）马丁·法斯纳赫特（Martin Fassnacht）著；吴振阳等译. -- 北京：机械工业出版社，2021.5
（2025.1 重印）

书名原文：Price Management: Strategy, Analysis, Decision, Implementation
ISBN 978-7-111-68063-5

I. ①价… II. ①赫… ②马… ③吴… III. ①物价管理 IV. ① F714.1

中国版本图书馆 CTP 数据核字（2021）第 074025 号

北京市版权局著作权合同登记　图字：01-2021-0698 号。

Hermann Simon, Martin Fassnacht. Price Management: Strategy, Analysis, Decision, Implementation.

Copyright © 2019 by Hermann Simon and Martin Fassnacht.

Simplified Chinese Translation Copyright © 2021 by China Machine Press. This edition is authorized for sale in the Chinese mainland (excluding Hong Kong SAR, Macao SAR and Taiwan).

No part of this book may be reproduced or transmitted in any form or by any means, electronic or mechanical, including photocopying, recording or any information storage and retrieval system, without permission, in writing, from the publisher.

All rights reserved.

本书中文简体字版由 Hermann Simon and Martin Fassnacht 授权机械工业出版社在中中国大陆地区（不包括香港、澳门特别行政区及台湾地区）独家出版发行。未经出版者书面许可，不得以任何方式抄袭、复制或节录本书中的任何部分。

价格管理：理论与实践

出版发行：机械工业出版社（北京市西城区百万庄大街 22 号　邮政编码：100037）	
责任编辑：黄姗姗	责任校对：殷　虹
印　　刷：固安县铭成印刷有限公司	版　　次：2025 年 1 月第 1 版第 7 次印刷
开　　本：170mm×230mm　1/16	印　　张：34.5
书　　号：ISBN 978-7-111-68063-5	定　　价：199.00 元

客服电话：(010) 88361066　68326294

版权所有·侵权必究
封底无防伪标均为盗版

PRICE MANAGEMENT

译者序

价格极为重要。在价格、销量和成本这三个利润驱动因素中，价格是利润的最大驱动因素，但在实践中，其重要性往往得不到充分的理解，也没有进行有效的专业化管理。例如，管理者通常会更重视销量（市场份额）的提高和成本的削减，而忽略价格对利润的更大潜在贡献。造成这种状况的原因包括理论与实践的差距、价格的多维性、复杂的效应链、心理现象以及实施障碍等。

本书是全球最著名的定价权威赫尔曼·西蒙和德国最具影响力的经济学家之一马丁·法斯纳赫特联袂撰写的最新力作，全面深入地阐述了价格管理的各个方面，不仅系统地介绍了价格优化的各种方法，还详细地分析了价格管理的策略、决策和实施的全过程。

本书展现了价格管理当前的最新学术发展水平，也展望了其未来的发展趋势，介绍了大量的价格管理创新，如统一费率、随你付、负价格、共享经济、大数据、创新的支付系统等。本书使用了大量的实际案例，确保了理论的严谨性与实践的相关性的完美结合。由于确定和解决价格问题的方法通常因行业而异，因此，本书坚持行业导向，用大篇幅的单独章节专门探讨了消费品、工业产品、服务和零售领域中的价格管理问题，能够非常有效和极具针对性地解决不同行业的具体价格管理问题。本书还从世界各地选取了富有代表性的案例研究和实践示例，力求解决全球各地的企业所面临的各种价格管理挑战。

本书突破了价格理论和价格政策的传统局限，作者从价格管理的角度来展现定价策略和战术执行的整个过程和各个方面，并从价值和价格的规律来揭示成功有效的价格管理的基本哲学理念。本书涵盖了价格管理领域的各个方面，整合了定量和定性的研究方法，重点介绍了价格管理方面最新的创新理论和实践应用。诚如阿迪达斯首席执行官罗思德（Kasper Rørsted）所说："这一非常重要的杰作搭建了科学和实践之间的宏伟桥梁。"

本书的翻译工作得到了浙江师范大学、东京大学、中南财经政法大学、新加坡国立大学及其他高校许多老师和学生的热心支持和帮助。东京大学技术经营战略专业研究生洪家希（第1章、第2章、第12章部分、第13章、前言、致谢）、中南财经政法大学通用笔译专业研究生庞琦君（第3章、第4章、第10章部分、第14章）、新加坡国立大学统计学研究生胡琪愉（第5章、第11章）、英国巴斯大学金融风险管理专业研究生何雪纯（第7章、第8章、第9章）、东华大学技术经济及管理专业研究生刘金辉（第6章）、上海交通大学低碳能源专业研究生周舒雨（第10章部分、第12章部分）参与了本书的初稿翻译。后由洪家希主持，会同庞琪君、刘金辉、范亚晨、何雪纯对译稿进行了多次校对。在本书翻译过程中，洪家希还做了大量的协调工作。北京邮电大学世纪学院物联网专业吴越参与了部分翻译校对工作。浙江师范大学经济与管理学院吴振阳负责本书翻译的全面统稿和最终修改核定。西蒙顾和管理咨询公司中国区合伙人杨一安博士非常严谨细致地审校了翻译稿，并提出了许多富有建设性的修改意见，他精益求精、力求完美的专业精神和工作作风令人印象深刻。在此，译者要真诚感谢上述各位老师和同学为本书翻译所付出的诸多辛苦和努力！在本书翻译过程中，策划编辑刘静给予了各种帮助和支持，在此也一并致以诚挚的谢意！

本书是非常专业的价格管理专著，有很多高等数学和计量经济学方面的内容，并涉及不同学科领域的专业知识，如宏观与微观经济学、市场营销学、行为科学与大脑研究等，还涉及价格咨询、软件开发、创新企业与流行文学等领域，译稿中难免会存在尚待商榷的问题。敬请专家读者批评指正！

吴振阳
2021年2月于浙江师范大学

PRICE MANAGEMENT

前言

"价格管理"这一标题表达了我们的雄心,我们想要创作一本既有理论基础又有实践意义的书。作者团队由学者法斯纳赫特和实践专家西蒙组成,保证了这本书能够做到理论与实践的完美结合。

最新的学术水平

本书代表了当前最新的学术发展水平,也展望了未来的发展趋势。数字化正在渗透从策略和分析到决策和实施的定价过程的所有阶段。互联网和其他新技术(如传感器、测量等方面)已催生了大量的价格管理创新。本书对这些都进行了详细的探讨,其中包括统一费率、免费增值、按使用量付费、随你付、新价格指标、双边价格体系、负价格、共享经济、大数据、人工智能和机器学习。创新的支付系统,甚至加密货币也对价格管理产生了影响。

使用案例分析进行理论与实践的结合

在整本书中,我们都使用了实际案例,以确保理论的严谨性与实践的相关性的结合。这是完全可行的,因为我们可以借鉴来自全球定价咨询市场领导者西蒙顾和管理咨询公司丰富的经验。为了保护隐私,我们在必要时对这些案例中的客户进行了匿名处理。

行业导向

大家很容易将价格管理视为基础学科,类似于会计或管理,并且普遍适用于所有行业。但是，数十年来参与价格管理的经验告诉我们，确定和解决价格问题的方法通常是因行业而异的。例如，消费品主要通过中间商（零售商）销售，而工业产品则主要是直接销售。在这些行业中需要处理的定价问题、应采取的策略和战术有很大的差异。因此，我们将分出单独的章节专门讨论消费品、工业产品、服务和零售领域中的价格管理问题。

全球方法

这是一本适用于全球的定价书！在整本书中，我们致力于采取可以全球通用的方法。全球竞争意味着全球各地的企业都面临类似的价格管理挑战。根据这种方法，我们从世界各地选取了具有代表性的案例研究和实践示例。

目标读者

理论与实践的结合使本书不仅对学生和学者，而且对企业家和管理者也都同样重要和适用。在全球范围内的企业中，价格管理变得越来越专业化，从高层管理人员到首席执行官都越来越积极地参与其中。我们不仅讨论了价格作为短期利润驱动因素的作用，还阐述了企业如何将价格作为推动其股东价值持续增长的手段。

价格管理占据了商业研究中很大的一部分。这部分归因于互联网，互联网极大地提高了价格的透明度，加剧了价格竞争，并引发了更多的价格战。但与此同时，互联网也提高了价值的透明度。这种矛盾对立对营销工具"价格"产生了一些意外且高度不对称的影响。

我们需要感谢许多人对这本书所做出的贡献，在致谢中我们会一一列举。其中，我们需要特别感谢 Anna-Karina Schmitz 作为我们的项目负责人所做的出色工作，并感谢西蒙顾和管理咨询公司的合伙人提供的宝贵支持。

对价格管理的关注可以追溯到古罗马。拉丁语使用相同的单词表示"价格"和"价值"，即 pretium 这一单词。

$$Pretium = 价格(Price) = 价值(Value)$$

这就是价格管理的核心公式！

赫尔曼·西蒙
马丁·法斯纳赫特

作者简介

赫尔曼·西蒙

赫尔曼·西蒙（Hermann Simon）是定价咨询的全球领导企业——西蒙顾和管理咨询公司的创始人和名誉主席。在最具影响力的全球管理思想家50人名单中，他被誉为全球的定价权威。

西蒙出版的书籍超过35本，被译为26种语言在全球范围内传播，其中包括全球畅销书《隐形冠军》⊖（Hidden Champions）、《定价制胜：大师的定价经验与实践之路》（Confessions of the Pricing Man）、《定价圣经》（Power Pricing）和《要获利不要市场份额》（Manage for Profit Not for Market Share）。1995~2009年，他担任西蒙顾和管理咨询公司的首席执行官。他曾为许多世界领导企业提供咨询服务，并曾担任基金会和企业的董事会成员。

在全职投身于管理咨询工作之前，西蒙是美因茨大学（1989~1995年）和比勒菲尔德大学（1979~1989年）的企业管理和市场营销学教授。他还曾担任哈佛商学院、斯坦福大学、伦敦商学院、欧洲工商管理学院、东京庆应大学和麻省理工学院的客座教授。

他曾在许多商业期刊的编辑委员会任职，其中包括 International Journal of Research in Marketing、Management Science、Recherche et Applications en Marketing、Décisions Marketing 和 European Management Journal。他还曾担任欧洲市场营销学院（EMAC）的院长一职。

⊖ 此书中文版已由机械工业出版社出版。

西蒙曾在科隆大学和波恩大学攻读经济学和工商管理专业，并获得经济学学位和管理科学博士学位。他获得了许多国际奖项和三个荣誉博士学位。他也是对外经济贸易大学的名誉教授，中国的赫尔曼·西蒙商学院也以他的名字命名。

马丁·法斯纳赫特

马丁·法斯纳赫特（Martin Fassnacht）是德国杜塞尔多夫WHU奥托贝森管理学院市场营销与商业专业的奥托贝森教席教授。他是德国最具影响力的经济学家之一。在"我们激发营销"（We Inspire Marketing）的座右铭下，他和他在WHU的团队提出了关于价格管理、零售营销和品牌管理方面的研究、实践和教学的新思路。他担任多家消费品制造商和零售商的战略顾问。他和他的团队与工业和贸易的伙伴合作开展项目。他同时还在国际同行评审期刊上发表了大量论文。

法斯纳赫特是WHU市场导向企业管理中心的科学主任，WHU MBA项目的学术总监，也是WHU汉高消费品中心（HCCG）顾问委员会主席。

法斯纳赫特师从Christian Homburg教授，在曼海姆大学和WHU完成了他的博士后研究工作。他在本书的合著者赫尔曼·西蒙教授的指导下，在美因茨大学获得工商管理博士学位。法斯纳赫特还是范德堡大学欧文管理学院和得克萨斯大学奥斯汀分校麦库姆斯商学院的访问学者。

PRICE MANAGEMENT

目录

译者序
前　言
作者简介

第 1 章　价格管理的基本原理　　　　　　　　1
　　1.1　利润与价格　　　　　　　　　　　　1
　　1.2　价格的定义　　　　　　　　　　　　5
　　1.3　价格和管理　　　　　　　　　　　　6
　　1.4　价格管理的知识来源　　　　　　　　15
　　1.5　价格管理的法律框架　　　　　　　　18
　　1.6　价格管理的当前发展趋势　　　　　　20
　　本章小结　　　　　　　　　　　　　　　24
　　参考文献　　　　　　　　　　　　　　　25

第 2 章　价格策略　　　　　　　　　　　　　28
　　2.1　目标　　　　　　　　　　　　　　　28
　　2.2　价格管理与股东价值　　　　　　　　34
　　2.3　价值与价格　　　　　　　　　　　　38
　　2.4　定位　　　　　　　　　　　　　　　40
　　2.5　方法　　　　　　　　　　　　　　　42
　　2.6　价格定位　　　　　　　　　　　　　45
　　本章小结　　　　　　　　　　　　　　　77

		参考文献	79
第3章	分析：价格经济学		84
	3.1	简介	84
	3.2	价格相关信息分析	85
	3.3	价格响应函数	91
	3.4	价格响应函数的实证确定	106
		本章小结	132
		参考文献	134
第4章	分析：定价心理学		138
	4.1	简介	138
	4.2	传统定价心理学	140
	4.3	行为定价	145
		本章小结	163
		参考文献	164
第5章	决策：一维价格		169
	5.1	简介	169
	5.2	一维定价过程的分类	170
	5.3	刚性定价过程	171
	5.4	综合定价过程	174
		本章小结	199
		背景信息	199
		参考文献	200
第6章	决策：多维价格		203
	6.1	简介	203
	6.2	价格差异化	204
	6.3	跨产品的价格决策	230
		本章小结	245
		背景信息	246
		参考文献	247

第 7 章 决策：长期价格优化 250

- 7.1 长期最优价格的决定因素 250
- 7.2 长期价格优化 262
- 7.3 长期价格决策与关系营销 276
- 本章小结 282
- 背景信息 283
- 参考文献 285

第 8 章 价格管理与制度环境 288

- 8.1 价格与通货膨胀 288
- 8.2 国际价格管理 293
- 本章小结 313
- 参考文献 314

第 9 章 实施 316

- 9.1 简介 316
- 9.2 价格管理中的职责 317
- 9.3 销售队伍的角色 334
- 9.4 价格沟通 347
- 9.5 价格控制 359
- 本章小结 369
- 参考文献 370

第 10 章 消费品价格管理 375

- 10.1 简介 375
- 10.2 纵向价格管理 376
- 10.3 多渠道价格管理 395
- 本章小结 398
- 参考文献 399

第 11 章 工业产品价格管理 402

- 11.1 简介 402

11.2	分析	404
11.3	决策	405
11.4	实施	414
	本章小结	421
	参考文献	422

第 12 章　服务价格管理　426

12.1	简介	426
12.2	分析	430
12.3	决策	434
12.4	实施	445
	本章小结	448
	参考文献	449

第 13 章　零售商价格管理　451

13.1	简介	451
13.2	策略	453
13.3	分析	463
13.4	决策	469
13.5	实施	481
	本章小结	486
	参考文献	487

第 14 章　价格管理创新　493

14.1	定价创新：历史概述	493
14.2	透明度增加导致价格响应函数的变化	498
14.3	创新定价模式	502
	本章小结	532
	参考文献	533

致谢　539

PRICE
MANAGEMENT

第 1 章

价格管理的基本原理

摘要：这一章的内容是基础性的，我们将价格确定为利润的最大驱动因素，并探讨与价格管理相关的各方面因素。尽管价格十分重要，但在实践中常常没能得到有效的管理。由于价格管理不善而导致的利润大幅下降的情况并不少见。有很多原因导致定价的影响没有被充分理解，其中包括理论应用于实践产生的差距、价格的多维性、复杂的效应链（chains of effects）、心理价格现象和实施障碍等。我们应该把价格管理看作一个包含策略、分析、决策和实施的过程。在这一过程中，我们需要汲取不同科学领域的知识。总体而言，目前的价格机制已经突破传统商业领域，正日益渗透到社会的各个领域，教育、交通和医疗保健等行业都越来越多地受到价格机制的控制影响。在日益完善的监管机制下，价格管理变得越来越重要，因此，在执行价格策略之前，我们需要进行适当的研究分析。

1.1 利润与价格

这本书是从本质上研究利润与价格的。价格是最有效的利润驱动因素。利润的定义如式（1-1）所示：

$$利润 = (价格 \times 销量) - 成本 \qquad (1\text{-}1)$$

利润公式表明，利润最终只有 3 个驱动因素：价格、销量和成本。其中，成本又包括固定成本和可变成本。要说明这些驱动因素的影响,我们不妨来思考一个简单的例子。这是一个适用于很多产品和服务的典型价格结构。假设一家企业以 100 美元/单位的价格销售了 100 万单位的产品。该企业的固定成本是 3000 万美元,可变成本为 60 美元/单位。这将带来 1 亿美元的销售收入与 1000 万美元的利润。此时的利润率是 10%。如果一个驱动因素变化了 5%(假设其他因素均保持不变),这会对利润造成怎样的影响?图 1-1 给出了答案。如果价格提高了 5%,意味着现在的价格是 105 美元,保持其他条件不变,最终的销售收入将提高到 1.05 亿美元,利润会从 1000 万美元上升到 1500 万美元,整整提高了 50%。如果其他利润驱动因素都朝有利于利润的方向变化 5%(在其他条件保持不变的情况下),利润分别提高了 20%、15%、30%。由此可见,相比而言,在同等条件下,价格是最有效的利润驱动因素。

	利润驱动因素		利润		利润提高幅度
	变化前	变化后	变化前	变化后	
价格	100 美元	105 美元	1 000 万美元	1 500 万美元	50%
单位成本	60 美元	57 美元	1 000 万美元	1 300 万美元	30%
销量	100 万	105 万	1 000 万	1 200 万	20%
固定成本	3 000 万美元	2 850 万美元	1 000 万美元	1 150 万美元	15%

图 1-1 利润驱动因素朝有利于利润的方向改变对利润的影响

反过来看也很有趣。我们不妨来分析一下单个利润驱动因素都朝不利于利润的方向变化 5% 所造成的影响,如图 1-2 所示。其结果正好与图 1-1 呈镜像(mirror image)。正如价格上涨对利润的正面影响是最大的,价格下跌所造成的负面影响也是最大的。

	利润驱动因素		利润		利润降低幅度
	变化前	变化后	变化前	变化后	
价格	100 美元	95 美元	1 000 万美元	500 万美元	−50%
单位成本	60 美元	63 美元	1 000 万美元	700 万美元	−30%
销量	100 万	95 万	1 000 万	800 万	−20%
固定成本	3 000 万美元	3 150 万美元	1 000 万美元	850 万美元	−15%

图 1-2 利润驱动因素朝不利于利润的方向变化对利润的影响

将价格与销量作为利润驱动因素进行比较尤其能说明问题。无论我们如何（单独）提高、降低价格或销量都会得到一个相同的收益（提高会得到1.05亿美元；降低会得到9500万美元）。但是当我们提高价格的时候，500万美元的收益全部都是利润；而当销量提高时，收益提高的大部分会因为可变成本的提高而被抵消（也就是说500万美元中的300万美元收益被抵消了）。价格的下降则会产生相反的效果，收益与利润会降低相同的金额。而如果销量下降了5%，可变成本会相应减少300万美元，所以，利润其实只减少了200万美元。由此可知，改变价格对利润的影响，无论是正面的还是负面的，都比改变销量大得多。

从这一例子中，我们可以得出一个结论：价格的提高比销量的提高更有利于利润的提高。反之，为了有更好的利润，应该接受更低的销量，而不是更低的价格。

当管理者需要在下面的方案A和方案B中做出选择时，面对上述观点，他们会进行激烈的辩论。

方案A：接受价格降低5%（比如说采用打折的方式），销量保持不变

方案B：接受销量降低5%，价格保持不变

在各类研讨会上，我们与很多经理人讨论了这两个方案。几乎所有人都倾向于选择方案A。这意味着他们愿意以价格下降为代价来保证销量不受影响，即使这样会比选择方案B少了300万美元的利润（根据上述例子中的数据）。即使是在需要改善利润驱动因素的情况下，许多从业人员还是更偏爱销量的提高。通常他们会认为：方案A可以带来更高的市场份额。例如，2014年，美国移动通信运营商T-Mobile为了扩大其在美国市场的份额而遭受了巨额的损失。[1]我们会在第2章中进一步阐述利润与市场份额之间的矛盾。

上述例子以最简单的方式阐述了利润与其驱动因素之间的相关性。然而，在现实中，这种只改变一个利润驱动因素而不影响其他驱动因素的假设几乎是不存在的，价格上涨5%往往会导致销量下降。反之亦然：在一个稳定的市场内，除非价格有所下降，否则销量一般不会提高5%。与此同时，在实际情况中，我们也经历过许多这样的情况：尽管价格大幅上涨，对销量却没有产生什么影响。而在价格进行诸如1%~3%的小幅度调整时，对销量的影响就更小了。因此，在实际情况下，如果价格变化不大，就不会对其他利润驱动因素产生较大的影响，也就是说，不会明显违背我们对其他因素保持不变的假设。

如果把这一简单的想法应用到《财富》世界500强企业中，我们可以看到，这些企业在价格提高2%后会发生什么。图1-3显示了价格上涨后税前利润的百分比变

化。(税前销售利润率等于税前利润除以总收入。假设销量没有减少,用2%除以这样计算出来的税前销售利润率就得到了利润的增长率(以百分比表示),而这是由于价格上涨2%引起的。)

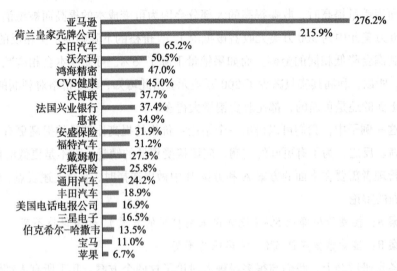

图1-3 价格上涨2%的杠杆效应(基于2015年的《财富》世界500强企业的利润数据)

对大多数企业来说,看似微不足道的2%的提价对利润的影响其实是非常大的。如果亚马逊公司能够成功地将价格提高2%,且不造成任何销量的损失,利润就会增加276.2%。而对惠普来说,利润将增加34.9%。即使是已经拥有高额收益的企业,也能够从这样的小幅提价中获益。在图1-3所示的企业里,苹果公司的销售利润率最高(29.7%),但即使是苹果公司,也能通过提价2%来提高6.7%的利润。按照百分比来计算,其利润的增长将是价格增长的3倍多。平均而言,2%的提价可以使图1-3中的企业在利润方面获得52.2%的增长!这一计算结果显示了价格对利润的巨大杠杆效应,说明价格优化是有利可图的。

一家企业的利润率越低,价格变化带来的杠杆效应就越大。如果一家企业的净利润率只有2%(这是许多零售商的典型情况),在不造成销量损失的情况下,提价2%可以使其利润翻倍。此外,企业的利润率往往比人们通常认为的要低很多。2013年,《财富》世界500强企业税后平均利润率为6.3%[2]。如果我们假设税率为30%,那么税前利润率大约为8%。图1-4显示了2007~2011年不同国家工业企业的销售利润率。

2007~2011年,5年间,美国的工业企业实现了平均5.1%的税后销售利润率。

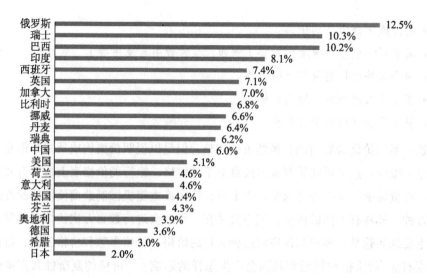

图 1-4 工业企业平均税后销售利润率（2007~2011年期间的国际比较）[3]

相对于国际平均水平，这个利润率偏低。其他国家的平均水平为 6.1%，俄罗斯企业的税后销售利润率达到了 12.5%，印度和英国企业的平均税后销售利润率分别为 8.1%和 7.1%，而法国企业的税后销售利润率仅为 4.4%，但仍高于德国企业（3.6%）。希腊（3%）和日本（2%）的企业平均税后销售利润率最低。在利润率这么低的情况下，即使是微小的价格调整都会对利润率产生较大的影响。

1.2 价格的定义

价格（price）是消费者为了购买一件产品必须支付的货币单位的数量。这个定义简单明了。实际上，我们在日常生活中遇到的价格都具有这种一维特征。我们可以回想一下超市里的一袋咖啡、加油站里的一升汽油或者报刊亭里的一本杂志。然而，价格形成的过程通常要复杂得多。价格或者说价格体系包含了几个甚至是大量的参数。下面选取了部分复杂的价格参数与结构。

- 基本价格。
- 折扣、奖金、回扣、条件、特价优惠。
- 按包装大小或产品的变化形式进行价格差异化。
- 根据客户细分、时间、地点或处于产品生命周期的不同阶段进行价格差异化。
- 互补或替代产品的价格。

- 特殊或额外服务的价格。
- 具有两个或多个维度的价格（例如，预付费用与使用费）。
- 单个组件的价格及其捆绑价格。
- 基于个人谈判的协商的价格。
- 制造商和终端消费者价格。

这一系列价格参数与结构虽然不够完整，但足以说明价格构成通常都很复杂，并不是一维的：企业可能需要确定成百上千种价格；银行的价格表上通常有几百个项目；在贸易中，商品种类通常成千上万；汽车或重型机械制造商使用的配件达到几十万种，都具有不同的价格；航空公司在一年内会进行数百万次价格的调整。在这里主要的问题是：客户如何应对这种大量的价格、价格参数和价格变化？价格的透明度有多高？价格对销量和利润会产生怎样的影响？[4]价格的复杂性和多维性具有很大的优化潜力。

1.3 价格和管理

1.3.1 作为营销工具的价格

如果价格是由市场预先决定的，管理层就无须把过多注意力放在价格上，例如，我们在交易所交易的纯商品（pure commodities）就属于这种情况。对这类商品来说，唯一重要的是成本效益和销量的调整。⊖然而，即使在这种价格由市场决定的商品市场中，企业仍有办法利用价格变动来发挥自己的优势，例如，如果能够较好地预测市场价格，企业就可以改善价格和交付协议的时间安排，使自己获利。

在现代产品和服务市场中，价格通常是一个参数，其管理、灵活性及效应都为我们提供了非常有意思的机会。

- 价格对销量和市场份额有很大的影响。消费品的价格弹性平均是广告弹性的10~20倍，大约是销售团队弹性（sales force elasticity）的8倍[5]。这意味着，按百分比计算，价格变动对需求的影响比广告投放的力度强10~20倍，比销售预算强8倍。Sethuraman等人[6, p.467]甚至认为，需要增加30%的广告预算才能抵消价格下降1%带来的影响。价格弹性水平因产品类别和产品本身的

⊖ 这里的意思是成本和销量决定利润。——译者注

不同而有所不同[7, p.82]。

- 价格是一种以快速的适用性而著称的工具。相较于产品创新、广告活动或成本削减计划，除了长期合同或已经定型了、印在产品目录上的产品价格，价格可根据情况变化随时做出相应调整。一家企业可以在几秒钟内改变价格。同样，那些在货架上安装电子显示屏的零售商，也可以在短时间内显示不同的价格。这种变化最明显的体现是在加油站中。德国的加油站有一个价格登记数据库，消费者可通过应用程序访问该数据库，以便找到约 14 500 个加油站的最新燃油价格[8]。一方面，这提高了价格透明度，但另一方面也显示了竞争对手间的价格差异[9]。为了减少价格变动的次数，澳大利亚政府将价格变动限制在每天一次。动态定价具备快速改变价格的能力，可以通过调整价格来适应当前的供需情况。

- 价格的效应很快就会在需求侧显现出来。如果一家加油站改变了价格，而当地的竞争对手没有对此快速做出反应，那么这家加油站的市场份额可能在几分钟内就会发生显著变化。互联网也是如此，它创造了前所未有的价格透明度，消费者只需要轻轻点击键盘就可以查询到大量供应商目前的市场价格，然后马上做出购买的决定。这一技术已经发展到消费者在一家商店里只要扫描商品的条形码，就能立即查到这件商品在网上或者附近商店的价格。与之相比，一些市场营销活动，如广告宣传或新产品发布，需求侧的反应往往具有较长时间的滞后性。

- 对需求的变化能够进行快速反应的价格活动，其负面影响是竞争对手也可以同样快速地调整自己的价格。这样的价格反应非常快，甚至非常激烈，可以引发一场"价格战"。因为竞争对手对于价格变化可以瞬时做出反应，所以，单纯通过价格调整很难在"价格战"中获得持久的竞争优势。打赢"价格战"需要的是阻止竞争对手长期保持更低价格。在一项 Big Data 的分析中，电子商务初创企业 Feedvisor 公司[10]历时 10 个月跟踪了 1000 万件亚马逊的产品。其调查发现，每天会发生 6 万多起"价格战"。平均来说，92% 的"价格战"发生在两个竞争对手之间，72% 的"价格战"持续的时间不到 6 个小时。通常，"价格战"遵循预先确定的规则。然而，大家对竞争对手的行为了解甚少。

- 价格是唯一不需要前期付出和投资的营销工具。这使资金紧张的企业（初创企业或是推出新产品的企业）也有可能采取最优的价格。相比之下，当一家企业资金有限的时候，要优化诸如广告、销售或研发等需要在获取回报之前进行投资的工具几乎是不可能的。
- 成本削减与合理化是许多企业重点关注的目标。它们一直在为此努力，但是，大多数企业成本削减潜力即使没有用尽，也非常有限。此外，在成熟的市场中，企业通常很难从利润驱动因素销量上获取利润。成熟市场的特点通常是零和博弈，这意味着任何销量的增长都必须以牺牲捍卫自己的市场份额的竞争对手为代价。然而，价格管理的潜力在许多情况下还没有完全发挥出来。

图 1-5 显示了与成本降低和其他营销工具（例如，广告或销售）相比，价格管理作为一种营销工具所具有的优势。投资优势意味着，与降低成本或减少在营销方面的投入不同，价格优化只需要很少的前期资金。时间优势意味着相比于其他措施，价格能更快地对利润产生正向影响。而利润优势则表示其往往会带来更高的利润增长。

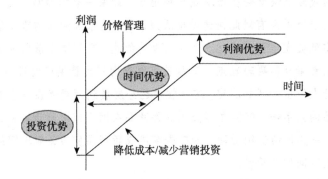

图 1-5　与降低成本和减少营销投资相比，价格管理的三个优势

作为一种营销工具，定价发挥了突出的作用，同时它对客户而言，也有着重要的意义。价格是客户在购买产品时必须接受的"牺牲"。价格越高，这种牺牲就越大。图 1-6 显示了不同国家的消费者（13 万受访者）对预期价格上涨的反应。

这项研究结果表明，德国的消费者在价格上涨的情况下，倾向于在同一家商店购买更便宜的商品或转向商品价格较低的商店。美国的消费者则对价格上涨的反应较弱。

人们会期望一般管理者甚至高层管理人员将更多的注意力放在定价上，因为价格作为利润驱动因素具有突出的作用，并能显著影响业务情况。但实际情况并非如此，管理层坚持不懈地对另一个利润驱动因素——成本，投入了极大的注意力与精力。

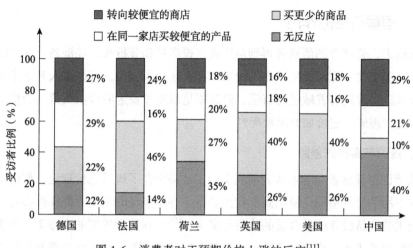

图 1-6　消费者对于预期价格上涨的反应[11]

一家航空公司的首席执行官表示:"作为管理者,比起在收入侧,在成本侧下功夫会更容易。"[12]与价格管理相比,企业也倾向于花更多的时间与精力来增加销量(例如,通过增加在营销和广告上的投资)。在定价方面,许多企业既没有展现所需的专业性,也没有展现该有的严肃性。

例如,企业该如何达成实际交易价格?一家大型工程集团这样回应:"基本上我们会这样做:将制造成本乘以 2.5,剩下的部分就由销售人员自行决定。"这样的定价过程毫无意义。我们对这家公司的业绩进行了仔细研究,发现它牺牲了大量的利润,或者正如商务中一再强调的那样:"他们把一大把钱留在了谈判桌上。"关于这一方面,全球排名前 100 的某家银行的董事会成员发表的声明也令人眼界大开:"这家银行已经有 125 年的历史了,但据我所知,这一项目才标志着我们第一次以专业的眼光看待定价。"

近来,尤其是自大萧条以来,我们发现高层管理人员对价格管理的兴趣有所提升。近年来,许多首席执行官公开地谈论定价问题,他们的观点开始出现在访谈、路演、股东大会以及与分析师的会议中。在我们的印象中,这些观点主要源于一些利润高于平均水平的企业[13]。这就导致了如下结论:这些企业或者说这些企业的领导者比那些低利润企业的领导者更快更好地理解了价格作为利润和股东价值双重驱动因素的关键作用。

为什么许多企业仍然忽视或淡化价格管理的重要性?我们发现主要有几个原因。

1.3.2 理解价格的作用

从商人、管理者到消费者再到监管者、投资者和分析师，经济各个部门的人都难以在更深层次上理解价格的作用。当然，在这些人当中，有许多人对于定价的重要性及其运用方法有着敏锐的直觉，但这不足以支撑稳定的价格决策。为什么在更深层次上"理解"定价如此困难呢？

1. 理论与实践的差距

虽然许多管理者在学术研究期间学习了经济学并了解过定价理论，但他们很难将课本中所学的价格理论应用到商业活动中。许多年轻的创业者都在扪心自问，他们所提供的产品服务的最合适的价格是多少？[14]。在数学模型的支撑下，学生在大学里接触到的诸如价格响应函数、价格弹性以及价格差异化的概念都非常理论化。当这些大学毕业生进入商界时，他们会遇见完全不同的定价过程，比如成本加成算法或者基于经验的定价，他们所学的价格理论似乎与实际的商业决策没有任何关联。因此，这些理论会被废弃并最终被淡忘，而这就导致了管理者在谈论诸如"价格弹性"之类的概念时，并不完全理解"弹性"的意义，而且也不知道如何将这一概念应用到面临的问题中。他们往往无法凭借经验来量化价格策略的影响。他们无法成功地将理论知识应用到实际的商业问题中，有两个根本原因：第一，定价理论的教学过于抽象；第二，许多企业排斥学术理论。话虽如此，但我们也注意到不同行业之间存在巨大的差异。制药行业的领导者往往采用很完善的价格体系，高端汽车制造商、电子通信公司、领先的互联网公司和航空公司也有相对较强的定价能力。

2. 价格的多维效应

价格的多维效应导致了人们对定价理论缺乏理解。通常来说，收入等于价格与销量的乘积，因此，如果用几何的方式来表达，它就是一个矩形。利润也一样，即单位边际贡献（unit contribution margin）⊖（价格减去单位可变成本）和销量的乘积减去固定成本。进行一维的比较很容易，但是进行二维的比较则较为困难。当存在多个价格参数时，这种比较变得极具挑战性，这意味着管理者需要考虑多维结构，直觉在这种复杂的结构中不起作用，这并不奇怪。

为了说明这一点，我们回顾之前的例子，产品的价格为 100 美元，每单位的可

⊖ 英文原文 contribution margin 的意思是贡献利润（差额），由于国内译成"边际贡献"的情况较多，约定俗成，因此本书翻译也沿用"边际贡献"这一译法。——译者注

变成本为 60 美元，总固定成本为 3000 万美元，销量为 100 万单位，在这种情况下，收入为 1 亿美元，利润为 1000 万美元。现在我们提出以下问题："如果将价格降低 20%，企业需要多出售多少单位的产品才能获取与之前相同的利润？"如果是在实际的商业环境中提出这个问题，人们大多数本能的回答都是错误的，最常见的答案就是销量要提高 20%。销量提高 20%确实能带来与之前大致相同的收入，我们将以 80 美元/单位（价格降低 20%）的价格出售 120 万单位（销量提升 20%）的产品，这可以得到 9600 万美元的收入。但在这种情况下，公司将会损失 600 万美元。

正确的答案其实是提高 100%的销量。没错，该公司需要将其销量增加整整一倍才能维持 1000 万美元的利润。由于价格下降 20%，单位边际贡献（即价格与单位可变成本之间的差值）从 40 美元降至 20 美元，降低了整整一半。因此该公司需要销售相当于之前的两倍的产品才能保持利润的不变。

当以另一种方式提出问题时，我们可以看到类似的反应："在价格上涨 20%以后，为了保持利润不变，企业能够接受多少的销量下降？"尽管只需要进行相对简单的计算，但我们本能的回答很少是正确的。正确的答案是企业最多可接受销量下降 1/3。由于价格上涨，单位边际贡献从 40 美元上升到 60 美元，所以即使我们将产量减少到 666 666 单位，我们也可以产生 8000 万美元的收入，减去可变成本 4000 万美元和固定成本 3000 万美元，最终获利 1000 万美元，与之前的利润相等。当我们需要比较不同的二维利润结构时，这种算法强调了靠直觉解决问题的困难性。

3. 复杂的效应链

我们用最简单的例子来加以说明。实际上，价格的相互依赖性和由此产生的效应链比这要复杂得多。价格效应不仅是多维的，而且相互影响，有时甚至是相互冲突的。图 1-7 阐述了从价格到我们最终感兴趣的利润的多条途径。虚线箭头表示定义的等式，例如，收入等于价格与销量的乘积，利润是收入与成本之间的差值。

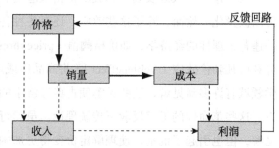

图 1-7　价格管理的相互依赖性与效应链

该系统的核心关系是由粗实线表示的行为方程式（behavioral equations），包括价格响应函数和成本函数。价格响应函数告诉我们销量是价格的函数。如图所示，理解价格响应函数是做出合理价格决策不可或缺的先决条件。成本函数揭示成本是销量的函数。用细实线表示的反馈回路说明了特定价格策略的利润效应。

价格响应函数与成本函数决定了价格影响利润的不同关键点。在该系统中，价格恰好有三条路径可以产生影响：

价格→收入→利润

价格→销量→收入→利润

价格→销量→成本→利润

图 1-7 考虑的是最简单的情况，只有一个供应者（垄断）和一个阶段。当我们考虑有几个竞争者（例如，寡头竞争）、多个时期或多阶段销售时，效应的路径就变得更复杂：

价格→竞争者的价格→市场份额→销量→收入→利润

当前价格→未来销量→未来收入和未来利润

当前价格→销量→未来成本→未来利润

制造商价格→零售商价格→销量→收入→利润

这些只是最重要最明显的路径，我们会在本书的不同章节对不同的路径进行深入研究。由于量化这些效应链的复杂性与难度，许多从业者更倾向于做基于经验判断的决策，并依赖于经验法则。通过这些直观的方法不太可能得到最优价格。

4. 心理学

与销量、收入以及利润相关的价格效应更容易理解，部分原因是因为这些效应可以被量化。然而，除了这些效应，还有各种各样的心理效应，其中有一些现象似乎违背了理性的经济学，如价格阈值（price thresholds）、价格锚点（price anchors）、势利或凡勃伦效应（Vebleneffect）（将高品质或声望与高价格联系起来）。行为经济学领域有许多新见解，这些见解使古典经济学的一些原则受到了质疑。在某些情况下，这些革命性的见解反驳了传统理论。虽然行为经济学为我们提供了有价值的新见解，但也引起了混乱，使理解定价变得更加困难。值得注意的是，长期以来，一些有经验的商人已经从直觉上完全理解了这些观点，并将它们运用于自己的定价策略上，如价格锚点的使用以及返现活动的盛行。这些策略都无法用古典经济学来解释。古典经济学假设信息是完全的以及经济参与者会采取效用最大化的行为，即完全理性行为。

5. 实施障碍

实施障碍与执行不力是企业未能通过价格管理获取其全部潜在利润的另外两个原因。即使企业进行仔细分析并做出合理的价格决策，由于实施不力或不够充分，该措施仍有可能会失败。造成这种失败的根本原因包括错误的目标、不明确的职责、无效的激励措施、销售人员故意破坏折扣准则、误导性的价格沟通以及不严谨的价格调控。Nelius[15, p. 172]在对消费品企业的实证研究中表明，组织参数（例如，专业化与协同性）对企业的经济表现有直接和至关重要的作用。如果企业将相同的思维模式应用于定价过程，通过定价部门的制度化，它们可以提升企业的核心竞争力，并能为更客观精确地进行价格决策提供支持[16]。然而，通常情况下，价格实施并没有得到应有的重视，特别是在考虑它与利润之间的相关性时。在一天结束时，对价格来说，重要的是达成的交易价格。

6. 行业特征

经济学的基本规律（例如，价格与销量之间的逆相关），广泛适用于全行业。尽管如此，不同行业的情况相差很大，因此会有不同的定价方式。这取决于市场结构（垄断、寡头垄断、完全竞争）、产品类型（同质化与差异化）、主要的竞争特征（平和与激进）、消费者的习惯（低价格敏感性与高价格敏感性）、成本结构（固定成本与可变成本的比例）、交易或零售商的定价实践（自己决定或遵循建议价格）以及互联网的影响。

这些差异要求从业人员在做出价格决策前需要熟悉其行业特有的环境以及与其他行业之间的细微差别。这些差异、习惯以及行业特定的传统观点常常会阻碍某个行业内成功的价格体系移植到另一个行业。"它在我们的行业内没用"这句话使人们很少考虑采用来自其他行业的新的价格系统或模型。价格管理在每一个行业都有自己的历史，因而想要改变困难重重。虽然如此，但我们还是认为许多行业可以向其他行业学习以提升定价的水平。不同的特征通常可以解释为什么一些行业能够年复一年地保持盈利，而另一些行业则只能维持持续的低利润。

1.3.3 价格管理的过程

定价方面的教科书通常专注于价格决策，更具体而言，就是价格优化。而我们对价格管理过程的定义更全面也更具体，我们将其定义如下。

价格管理过程是一套确定和执行价格的规则与程序，它涵盖了以下几个方面：
- 决策与优化所需的信息、模型和规则；
- 组织、责任、激励；
- 能力、资格、培训、谈判；
- 信息技术支持。

从过程的角度而言，我们按以下顺序进行考虑："战略→分析→决策→实施"。

价格决策和价格优化可视为综合价格管理过程的一部分。虽然价格优化通常处于学术研究的最前沿，但其他价格管理的子过程也同样重要。新车型或新药品的推出过程很大程度上面临的是价格优化的挑战。汽车制造商对零件的价格制定需要将其放在整个过程中加以考虑，我们在此不讨论数以千计的零件的单价优化问题。而对于制药商来说，情况则有些不同。通过药店还是医院进行销售，对于制药商来说是完全不同的两种情景。任何面临一系列不同情况的企业都需要制定出一套系统性的价格管理过程。

这里有一个有趣的问题，在价格管理实践中占主导地位的是优化观点还是过程观点？我们与许多企业讨论了这两种观点。绝大多数企业（71%）认为过程观点更重要，剩余的29%则认为价格决策和价格优化更重要。图1-8显示了这两种观点。

当然，这样的结果取决于研究对象（企业）的选择及其所处的行业。在汽车制造业，价格过程的说明起主导作用。Riekhof和Lohaus[17, p. 6]在他们的研究中发现，超过70%的企业对价格过程的说明非常详细。总之，价格管理过程在实践中发挥了重要作用，过程观点正在不断向前发展。[18]

文献中对价格管理过程的处理与其在实践中的应用并不一致。多年来，科学研究越来越关注价格管理过程[19, 20]。但对这些过程进行实证研究则比较困难，这有几方面原因。第一，许多企业没有把价格管理理解为一个过程[21, p. 4]。第二，研究这些过程需要耗费大量的时间和人工来进行深入的企业内部调查与行业研究，因为企业往往没有把这些过程记录下来，而且信息披露程度也有限。第三，在大多数组织中，价格管理过程是高度保密的。此外，汽车行业供应商与食品以及杂货零售商等都不

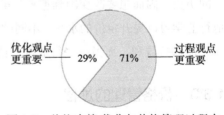

图1-8 价格决策/优化与价格管理过程在实践中的重要性

资料来源：Simon-Kucher & Partners.

希望给客户留下任何"斤斤计较"的印象,即它们在价格方面花费了大量的时间和资源。简而言之,价格管理过程在学术研究方面面临巨大的障碍。

基于资源的价格管理观点符合过程观点。在战略方面,有两种思想流派:一种是根据市场机会来确定战略,另一种是根据企业内部能力或资源来确定战略。从这个意义上来说,价格管理能力正成为越来越重要的资源[22]。有实证结果表明,有较高价格管理能力的企业长期绩效更好[21, p.150, 23]。

在本书中,我们遵循的是图1-9所示的过程观点。

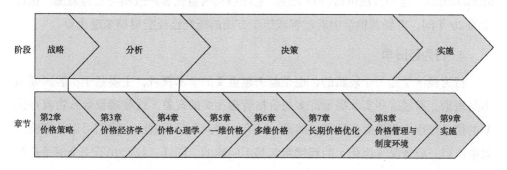

图1-9 价格管理的过程观点及本书的结构

1.4 价格管理的知识来源

现代价格管理受益于广泛的知识来源,其中包括学术与实践导向的各种子学科。学术来源包括宏观与微观经济学、市场营销学、行为经济学以及大脑研究。从业人员来源包括专业顾问、软件开发人员、创新企业以及畅销作家。

1. 宏观经济价格理论

该研究领域主要探讨了供需互动关系、价格系统的整体经济效率以及市场均衡的问题。该子学科对于经济政策、劳动力、市场竞争、反垄断以及其他监督活动都非常重要。它有助于我们理解市场及其机制,但是仅为企业层面的价格决策与价格管理提供了有限的见解。

2. 微观经济学

在新古典范式下,研究人员开发了以理论严密、精准假设和规范性陈述为特征的模型。经典的价格优化模型认为最优价格是由边际收入与边际成本相等来定义的,是微观经济学领域的经典研究成果。微观经济学模型在促进理论理解方面的意义不可估量，为价格管理做出了重要的理论贡献。

3. 市场营销学

自20世纪70年代以来，该学科主要关注价格效应的实证研究以及测量技术的提升。营销学为我们对创新价格结构的知识和理解做出了重要贡献，如非线性定价、价格捆绑、统一费率（flat rates）、免费增值概念和多人定价等。联合测量（conjoint measurement）这一方法值得特别关注。它能够同时量化客户效用与支付意愿。在过去的20年间，市场营销学中对过程或组织方面的研究已经变得越来越重要。

4. 行为经济学

行为经济学是一个较新的，也是越来越重要的学术领域，主要基于实验研究而不是理论。通过这些实验揭示许多与价格管理相关的现象。这些现象导致古典经济学的信息与理性假设受到质疑。然而，还有一些问题仍未解决。我们可以从实验结果推广到一般情况（泛化）的程度常常是不明确的。同样，我们并不完全清楚这些实验结果在什么情境下可以应用。行为经济学具有跨学科的性质，经济学家、心理学家和社会学家都在追求揭示价格的神秘现象。这一创新学科正在为商业模式及价格结构增添有价值的新见解与线索。

5. 大脑研究

与价格管理相关的最新研究领域是大脑研究，它可以认为是行为科学的子学科。利用现有的最新设备，研究人员观察并测量价格或其他营销刺激对人脑的影响。虽然已经有大量的结果显示价格对大脑有潜在的影响，但是这些见解是否可以应用于实践还是一个未知数[24]。

6. 定价咨询

就我们所知，已故的丹·尼米尔（Dan Nimer）是第一个自称为"定价顾问"的人[25]。在20世纪70年代，尼米尔还是单枪匹马地进行咨询工作。从那时起，我们见证了几家专注于价格管理的咨询公司的崛起。1985年在德国成立的西蒙顾和管理咨询公司是该领域公认的先驱与全球市场的领导者。该公司目前在全球25个国家拥有1500多名员工与39个分支机构。除了西蒙顾和管理咨询公司，还有许多其他规模较小的咨询公司，尤其是在美国和欧洲。总部位于亚特兰大的专业定价协会（PPS）

也属于咨询领域。PPS 定期在美国、欧洲和亚洲召开价格管理方面的主题会议，同时也出版多种以定价为主题的杂志，并提供相关的教育培训项目以及相关的专业资格认证。与学术研究者相比，定价顾问是以应用和实践为导向的。他们将研究中发展出来的概念应用到现实的商业问题中。这种从理论到实践的知识转移使得新的定价技术在全球范围内得以传播。

7. 价格管理软件

随着信息技术逐渐深入到管理领域，企业已经把运营职能越来越多地移交给企业管理软件或其他专门的软件。这一趋势带来了对于相关软件的研发热情，也使软件供应商们投身于价格管理领域的软件开发中。这种演变始于收益管理系统，该系统在航空公司中占据着重要的地位，现在已经扩展到其他行业，如酒店、汽车租赁公司和停车场等。今天，许多产品与服务都已经采用现代化的价格管理软件。在大数据的背景下，这些应用软件会变得越来越重要。人工智能和机器学习也有助于提高我们的定价能力。在其帮助下，企业可以实现半自动或全自动的定价决策。

8. 定价创新者

近来，价格管理方面出现了一波创新的浪潮，其中大多数都源于互联网企业。一个值得注意的例子是免费增值模型，其中包括了产品或服务价格为零（免费）的基本版本以及标有价格的高级版本。其他形式包括按使用收费（pay-per-use）、新价格指标、固定费率、预付费系统、"随你付"或"由你定价"以及基于行为的定价模式，比如"根据驾驶情况付费"保险。最后一种情况中，溢价部分取决于驾驶者的实际行为和表现，安装的设备会跟踪这些行为和表现。没有迹象表明，创新价格模式的发展已接近巅峰，我们预计未来几年会有更多的创新价格模式出现，尤其是在网络行业。

9. 大众文学

价格是一种非常有效的营销工具，应该更有意识地予以应用，这一点，已经得到了广泛的认可。因此，流行文学作家致力于这一主题的创作也很正常。最著名的作品当属美国作家威廉·庞德斯通（William Poundstone）创作的《无价》(*Priceless*)[26]。威廉还撰写了许多其他"热门"主题的作品。理查德·麦肯齐（Richard McKenzie）[27]所写的《电影院的爆米花为什么卖得贵？》(*Why Popcorn Costs so Much at the Movies-And other Pricing Principles*) 一书也属于这一类型。这些书籍主要针对的是消费者，而不是价格决策者。从消费者的角度来看，他们对各种定价策略和技巧都抱着质疑的态度。媒体也越来越关注企业如何进行价格管理。当有传言说亚马逊会根据时间改变价格时，媒体很快进行了大量的文章报道。在日本，可口可乐公司放弃了根据温度改变自动售货机内饮料价格的计划，该计划被大众所知后，引起了负面的新闻舆论和公众的强烈反对。报纸和杂志定期报道有争议的价格策略。依云（Evian）是达能集团（Danone）旗下著名的饮用水品牌之一。在 2016 年，依云将德国热销的瓶装水由 1.5 升减少到 1.25 升，同时提高了水的售价。那一年依云被德国最负盛名的全国性日报评选为"2016 年的年度欺骗性包装"[28]。由于互联网带来了更高的价格透明度，我们预期作家和媒体会加强对价格行为的监控与"监督"。但是这一消息并非完全是负面的。媒体也会报道能够为价格管理提供内容与思路的创新性定价方法，这些方法有的来自从业人员，有的来自学术研究者。我们将在第14 章中更深入地讨论这些问题。

1.5 价格管理的法律框架

为了防止企业抑制市场竞争或滥用定价权，价格管理受制于众多法律法规。这些法规通过限制企业在定价上的自由度，来维持正常的市场竞争和保护消费者。它们以国内和国际（例如欧洲）法律为基础，形成了相对混乱的规则与准则。此外，反垄断法、竞争法以及消费者保护法一直在变化。立法机构与监管机构不仅不断地制定新规则，它们还通过竞争法、反垄断法干预价格管理。最终，基于这些法律法规，法院做出了具有里程碑意义的判决，建立了案例判决先例。

与价格管理特别相关的是以下几套法律法规。

1. 美国

在美国，违反反垄断法与实施价格卡特尔等是刑事犯罪，可能导致长达 10 年的监禁。明令禁止价格歧视行为，不仅针对市场领导者或主要的供应商，对所有企业都是一样的。根据《克莱顿法案》（*Clayton Act*）第二款："在相同等级和质量的商品的不同购买者之间区分价格是违法的。"但价格本身可以反映制造成本或其他成本的差异。即使是更优惠价格的接受者在理论上也可能是违法的："任何人引起或接受明令禁止的价格歧视行为是违法的。"在纽约州和加利福尼亚州，为男性和女性提供相同或类似服务而收取不同价格的行为（例如理发），也是违法的。

2. 欧盟

根据《欧盟运作条约》（*Treaty on the Functioning of the EU*）第 101 条，可能限制欧盟成员国之间的贸易行为以及抑制竞争的行为是严令禁止的。条约中包括一些协议，比如规定价格和贸易条件，按地区或其他条件划分市场、限制生产和销量或对相同性能的产品服务实施不同条件而使贸易伙伴处于不利地位。

《欧盟运作条约》第 102 条禁止滥用市场主导地位。如果一家企业在产品或地域市场中基本不需要面对当前或潜在的竞争，那么这家企业是拥有市场支配地位的，这意味着它可以不顾及该市场内的竞争者、买方、供应商等因素，独立地采取行动。

3. 全世界

违反反垄断准则会带来不可估量的风险。例如，如果合同中的一个供应商条款或一个价格组成部分违反了反垄断法，整个合同都可能作废。由市场主导企业引起的价格歧视行为的受害者有权要求禁止歧视行为，并获取经济赔偿。违反反垄断法的行为在许多司法管辖区内都是违法的，惩罚包括大额罚款甚至监禁。大多数司法管辖区内不赞同价格垄断以及类似行为。换句话说，各个企业都需要评估自身的法律风险。

除了法律法规之外，各个国家还有大量与价格管理相关的法院判决与相关案例。法律规范与参考资料还在不断增多，变得越来越具体，因此，我们不针对某些法律法规进行单独深入的讨论，而仅仅做简短的概述。

4. 反垄断机构的行动

几乎每个国家都有一个机构负责揭露价格卡特尔行为。近几年，这些监察机构越来越活跃。在美国，司法部以及联邦贸易委员会都具有这种监察作用。在欧洲，监察主体是国家反垄断机构与欧盟委员会。2016 年，欧盟委员会对 4 家卡车制造商处以总计近 29.3 亿欧元的罚款，这是欧盟迄今为止开出的最大罚单。针对单个企业，欧盟对参与价格卡特尔的戴姆勒公司开出了最高罚单，金额达 10.9 亿欧元[29]。2015 年，苹果公司在美国被爆出与 5 家出版商密谋提高电子书价格，作为处罚的一部分，苹果公司需支付 4.5 亿美元的罚款[30]。

违反美国反垄断法律法规可能导致监禁。在"迄今为止规模最大的价格垄断调查"中，针对汽车供应商（主要是日本汽车制造企业），12 名被告被判入狱，并要求缴纳 10 亿美元的罚款。2015 年，由于美国与波多黎各之间航线的价格垄断，货运公司 Sea Star Line 的前首席执行官被判处 5 年监禁，这是迄今为止最久的监禁期限[31]。

转作检方证人的个人或企业能够在揭露价格卡特尔上发挥重要作用。帮助检方揭露价格卡特尔的企业可以减少处罚或者免于处罚。如果参与价格卡特尔的企业造成的经济损失超出了所需支付的罚款，受害的消费者可以起诉要求赔偿，越来越多的团体就在做这样的事情。但即使是被给予检方证人豁免权的企业或个人也无法逃脱该类经济赔偿。

我们强烈建议每一家企业都需要仔细检查价格变化的合法性，需要在价格实施前，最好能够在早期规划阶段进行检查。大多数情况下，企业需要聘请专门的法律顾问。该建议特别适用于处于市场支配地位的企业。随着价格卡特尔风险的与日俱增，作为内部规划的一部分，企业有必要制定内部行为准则来预防企业内部的员工与管理层开展非法定价活动。

1.6 价格管理的当前发展趋势

1. 价格渗透管理思想

本书主要关注产品与服务的价格管理。这涉及商业模型、价格结构以及企业如何设定与实施各个价格。我们假设卖方（无论是制造商、经销商还是服务提供商）都有一定的自由度来设定与实施价格。价格是市场经济中的核心杠杆。在本书中，我们没有探讨所有行业的定价，如股票与商品交易的定价、黄金定价、企业或其他资产估值、劳动力市场的工资设定、政府合同的投标、房地产定价、艺术品定价、投标过程中的策略与行为等。供求关系的基本规律适用于以上提及的所有市场，但是它们各自的价格体系的具体特征和细微差别还是有很大的不同。我们建议对这些市场感兴趣的读者可以参考其他类型的专业书籍。我们发现价格已经逐渐渗透到我们生活的方方面面，在这些领域，供求关系而非定价问题一贯遵循一定的规范与规则。其中有一些服务传统上是由政府、宗教或慈善组织免费提供的。过去，对这些服务收费被认为是违反道德的，如高速公路不收过路费，上学不需要学费，另有一些服务在传统上都是捆绑在一起的不可分割的部分。过去在某些领域，即使是询问价格也是禁忌。

但这种情况正在迅速发生变化。美国哲学家迈克尔·桑德尔（Michael J. Sandel）在其著作《金钱不能买什么：金钱与公正的正面交锋》（*What Money Can't Buy: The*

Moral Limits of the Markets）中指出，价格已经渗透到我们生活的各个方面。花费 85 美元，旅客可以购买到 Pre-Check 项目 5 年的会员资格，这一项目是由美国运输安全管理局（TSA）发起的，它利用了机场的"快速安检窗口"（expedited security line）[33]。迄今为止，已有 500 多万人注册，200 多个美国机场与 42 家航空公司参与，94% 的 TSA Pre-Check 注册会员的安检等待时间不超过 5 分钟[34]。从国外进入美国需要支付 14 美元，即进入 ESTA（旅行授权电子系统）的费用。在美国的某些地区，司机可以在高峰时段支付费用进入特殊高速车道，价格根据交通流量而变化。市场设计专家建议采用更为通用的交通定价系统，可以应用于所有道路。他们估计目前全球交通堵塞的成本为 1 万亿美元。现代技术可以监控道路的使用情况，并根据道路的实时稀缺性进行定价。有些作者认为，高效的效用定价是"不可避免的未来道路发展趋势"。[35]

在美国，每年支付 1500 美元，一些医生就会提供他们的手机号，承诺提供每周 7 天，每天 24 小时（24/7）的全天候服务。在阿富汗，私人企业的雇佣兵每天的收入在 250~1000 美元，价格依据个人的资历、经验以及国籍而定。在伊拉克与阿富汗，私人保安公司的可用人员数量有时比美国陆军的士兵人数还多[36]。

美国酒店和汽车旅馆的大多数地方都禁止吸烟，有些人因违反此规定被罚款 200 美元，甚至更多。我们可以认为罚款是客人为了购买在室内吸烟的"特权"所支付的费用。

随着市场和价格机制深入到我们的日常生活中，我们看到每一件事物都被贴上了价格标签。这种发生在市场规范之外，定价大量入侵生活的行为是这个时代显著的变化之一。桑德尔[32]对这一趋势做出了评价："当我们决定某些物品可以买卖时，那么我们就决定（至少隐性地）将它们视为商品，视为利润与使用的工具。但是并不是所有商品都可以标上价格的，最明显的例子就是人类。"

虽然我们呼吁大家关注这一趋势，但是对此我们不会进行更深层次的探究。本书中，我们只针对价格管理进行讨论。我们将努力提供尽可能多的子学科的相关知识。这一全面的观点旨在阐明"价格"这种现象的多面性。

2. 价格与权力

竞争不仅发生在提供替代品的企业之间，它也发生在整个价值链上。企业在价值链中竞争经济蛋糕的份额。定价权变得越来越重要，它代表了供应商在竞争的情况下能够从消费者那里获取所需价值的限度。定价权的另一面是购买力，即买方对其供应商议价的能力。定价权在何种程度上存在？据说，汽车制造商比其客户拥有更高的定价权，其购买力也超过供应商。垄断或寡头行业和大型的零售商具备很强的购买力。在大多数发展成熟的市场，四到五家杂货连锁店可以占据80%或以上的销售额。传奇投资者沃伦·巴菲特[38]认为，在评估企业价值时，定价能力是最重要的评判指标。品牌的价值最终也取决于能够获取溢价的程度。

对价格的解释，把定价的权力放到了首位，可以追溯到法国社会学家加布里埃尔·塔尔德（Gabriel Tarde）（1843—1904）[39]。他认为，每一次关于价格、工资或利率的协议都类似于军事休战谈判。这一观点可在工会与雇主的工资谈判时得到证实。和平只会持续到下一轮战斗开始与工人开始罢工前。设定和实施价格是买卖双方之间权力斗争的一种形式。这虽然不是零和博弈，但是"蛋糕"在卖方与买方之间的分配方式主要是由价格决定的。

实际上，大多数企业认为它们的定价权非常有限。在西蒙顾和管理咨询公司的全球定价研究中[40]调查了50个国家的2713名管理人员，其中只有1/3的受访者表示自己所在的企业有较高的定价权，其余2/3的受访者认为他们的企业无法实现可以得到适当利润率的价格。

行使定价权变得越来越艰难。在这方面，大众汽车（VW）与其供应商Prevent之间的矛盾了引起了人们的高度关注。因为Prevent暂停了汽车组件的交付，大众汽车需要关闭几天的装配线生产。一种观点认为："这场战争是'汽车行业的战争'。虽然汽车制造商与零件供应商是相互依存的，但是它们之间的权力分配是不均衡的。供应商总是抱怨自己受到制造商的支配。"[41]

《通过上帝之手提高价格》（*Higher prices through Acts of God*）是一篇文章的标题。文章主要描述了化工行业如何通过声称由于**不可抗力因素**，需要不停地关闭工厂，最终达到价格大幅上涨目的的行为[42]。大型出版商与图书馆之间也存在激烈的价格战。据报道，一所大学拒绝与爱思唯尔（Elsevier）进行协商。该大学的图书馆系统主管指责爱思唯尔"贪婪"和"牟取暴利"[43]。创新药的供应商也面临着类似的指责。吉利德公司（Gilead）将丙型肝炎药物的12周治疗方案定价为94 500美元，相当于每颗药丸售价1125美元。这一价格使吉利德公司受到保险公司、医生以及政府官员[44]的极大压力。甚至消费者也对价格决策权越来越关注，试图行使自己的定价权。在法国，有 1 万多名汽车司机对高速公路运营商提起了集体诉讼，因为他们认为该运营商的收费过高[45]。在互联网的作用下，关于定价权的争论变得愈发频繁与激烈。定价权在未来将愈发重要。

3. 价格与最高管理层

另一个重要的趋势就是高层管理人员对价格关注度的不断提高。在西蒙顾和管理咨询公司的全球定价研究中[40]，82%来自全球的受访者表示，高层管理人员在定价方面发挥了更积极的作用。这一现象有以下几个原因。第一，高层管理人员与首席执行官意识到他们可以缩减成本的潜力已经耗尽了，或者说他们很难获得更高的收益。第二，他们逐渐意识到自己忽略了价格管理的专业化。价格在利润驱动中具有主要作用的意识已经在高层与首席执行官之间蔓延。这种思维并不局限于短期利润，还扩展到了股东价值方面。一些研究表明，价格管理中的失误会迅速破坏企业的市场价值。其他案例研究也证明，企业可以通过巧妙的定价提高企业的市值。

当企业高层介入定价时，我们发现企业业绩发生了显著的变化。表 1-1 展示了这种行为对定价权、实施价格上涨的成功率、利润的提高以及对息税折旧摊销前利润（EBITDA）的影响。

表 1-1 高层管理者参与定价对特定的关键绩效指标（KPI）的影响[40]

	高层管理者的参与		
	没有	有	差别
高定价权	26%	35%	+35%
成功实施价格增长的概率	50%	59%	+18%
价格提高后利润的增长率	57%	72%	+26%
价格增长后 EBITDA 的增长率	37%	48%	+30%

当高层开始进行价格管理时，所有的指标都有很大的改善。他们参与定价显然带来了好的结果。但这并不意味着高层管理者应该负责制定每一个价格决策，他们应该建立正确的定价框架。我们将会在第 9 章进一步研究这一问题。

投资者也像高管那样更关注定价。沃伦·巴菲特表示："定价权是决定企业价值的最重要的因素。"这一言论在一定程度上触发了大家对定价的关注。现在，在年度股东大会、路演、投资分析师报告与企业文件中，价格愈发频繁地被提及。

本章小结

我们来总结一下基础性的这一章。

- 只有三个利润驱动因素：价格、销量和成本。价格对利润有非常大的影响。
- 在其他条件不变的情况下，价格上涨将导致利润的大幅上升，而降价会导致利润的大幅下降。提高利润需要借助更高的价格而不是更高的销量。反之，比起价格下降，销量的下降对利润的不利影响更小。
- 这几年来，在国际比较中，美国、德国、日本以及法国的企业利润都低于平均水平。价格管理的缺失是造成这种不佳表现的主要原因。
- 价格的最简单、最基本的定义是：买方必须为一个单位产品支付的货币单位数量，这个定义掩盖了实际价格通常是多维与复杂的事实。
- 相对于其他营销工具，价格具有以下几个特点：高效率与高时效性使其所需的前期投资可忽略不计，并具有立即回应竞争对手行动的可能性。
- 实践中，管理者对价格作用的理解还有许多不足，造成这种差异的原因包括理论与实践的差距、价格的多维性、复杂的效应链、心理现象以及实施障碍。
- 价格管理不仅是价格优化，而且还应是包括战略、分析、决策与实施的过程。
- 价格管理吸收了来自不同科学领域的影响与推动，其中包括宏观与微观经济学、市场营销学、行为科学与大脑研究。价格咨询顾问、软件开发人员、创新企业与流行文学也为其实践提供了额外的灵感。
- 价格管理受到法律框架的约束，由于数量庞大的法律法规，法律框架变得愈发严格与混乱。越来越多的价格卡特尔被揭露。企业应该在实施可能被视为同谋的价格措施前，进行全面彻底的法律审查。
- 价格机制越来越多地渗透到教育、交通和医疗保健等行业。
- 随着价值链中价值分配与共享中的竞争，定价权受到更多的关注，定价权是企业价值的重要决定因素。
- 我们观察到高层管理人员越来越多地参与到价格管理中。他们的参与可以提高企业的定价权和财务绩效。
- 我们预计最后这两个趋势将持续下去，并期望投资者对价格管理问题展现出更多的兴趣。

这一章对价格管理最重要的几个方面做了简短的介绍。在接下来的章节中，我们将继续探索价格管理的各个方面，并以实现企业的盈利为目标。

参考文献

[1] Crow, D. (2015, 8 January). T-Mobile US Emerges as Biggest Winner in Price War. *Financial Times*, p. 16.
[2] Mehta, S. N. (2014, 21 July). Global 500. The World´s Largest Cooperations. *Fortune*, p. 95.
[3] Annual data published by the Instituts der Deutschen Wirtschaft (German Economic Institute), Cologne 2005 till 2011. This statistic has not been continued since 2011.
[4] Gladkikh, I. (2013). *Pricing Strategy. Consumer Orientation*. St. Petersburg: Graduate School of Management.
[5] Albers, S., Mantrala, M. K. & Sridhar, S. (2010). Personal Selling Elasticities: A Meta-Analysis. *Journal of Marketing Research*, 47(5), 840-853.
[6] Sethuraman, R., Tellis, G. J. & Briesch, R. A. (2011). How Well Does Advertising Work? Generalizations from Meta-analysis of Brand Advertising Elasticities. *Journal of Marketing Research*, 48(3), 457-471.
[7] Friedel, E. (2014). *Price Elasticity: Research on Magnitude and Determinants*. Frankfurt am Main: Peter Lang.
[8] Anonymous. (2014, 28 November). Frühabends ist Benzin günstig. Kartellamt: Nach 20 Uhr steigen die Preise kräftig. *Frankfurter Allgemeine Zeitung*, p. 20.
[9] Anonymous. (2012). Beschluss des Bundesrats: Benzinpreise kommen bald in Echtzeit. http://www.handelsblatt.com/politik/deutschland/beschluss-des-bundesrats-benzinpreise-kommen-bald-in-echtzeit/7430708.html. Accessed 10 December 2014.
[10] Feedvisor (2017). Price Wars: Overtaking Your Competition on Amazon. http://rsdoades.com/img/portfolio/price_wars_web.pdf. Accessed 16 March 2018.
[11] OC&C (2012). Reaktion der Konsumenten auf Preiserhöhungen in ausgewählten Ländern weltweit. http://de.statista.com/statistik/daten/studie/222384/umfrage/umfrage-zu-reaktion-der-konsumenten-auf-preiserhoehungen. Accessed 16 December 2014.
[12] Anonymous. (2015, 28 March). Air Berlin macht einen Rekordverlust. *Frankfurter Allgemeine Zeitung*, p. 28.
[13] Simon, H. (2015). *Pricing and the CEO*. Lecture. Spring Conference of the Professional Pricing Society. Dallas. 7 May.
[14] Müller, H. C. (2014, 15 December). Digitalisierung der Betriebswirtschaft. *Handelsblatt*, p. 14.
[15] Nelius, Y. (2013). *Organisation des Preismanagements von Konsumgüterherstellern: Eine empirische Untersuchung*. Frankfurt am Main: Peter Lang.
[16] Fassnacht, M., Nelius, Y. & Szajna, M. (2013). Preismanagement ist nicht immer ein Top-Thema bei Konsumgüterherstellern. *Sales Management Review*. 9 October, pp. 58-69.
[17] Riekhof, H.-C. & Lohaus, B. (2009). Wertschöpfende Pricing Prozesse: Eine empirische

Untersuchung der Pricing-Praxis. *PFH Forschungspapiere/Research Papers. Private Fachhochschule Göttingen.* No. 2009/08.

[18] Riekhof, H.-C. & Werner, F. (2010). Pricing Prozesse bei Herstellern von Fast Moving Consumer Goods. *PFH Forschungspapiere/Research Papers. Private Fachhochschule Göttingen.* No. 2010/01.

[19] Wiltinger, K. (1998): *Preismanagement in der unternehmerischen Praxis: Probleme der organisatorischen Implementierung.* Wiesbaden: Gabler.

[20] Simon, H., Bilstein, F. & Luby, F. (2006). *Manage for Profit, not for Market Share.* Boston: Harvard Business School Press.

[21] Breitschwerdt, F. (2011). *Preismanagement von Konsumgüterherstellern.* Frankfurt am Main: Peter Lang.

[22] Dutta, S., Zbaracki, M. J. & Bergen, M. (2003). Pricing Process as a Capability: A Case Study. *Strategic Management Journal,* 24(7), 615-630.

[23] Liozu, S. M. & Hinterhuber, A. (2013). CEO Championing of Pricing, Pricing Capabilities and Firm Performance in Industrial Firms. *Industrial Marketing Management,* 42(4), 633-643.

[24] Müller, K.-M. (2012). *Underpricing: Wie Kunden über Preise denken.* Freiburg: Haufe-Lexware.

[25] Simon, H. (2012). How Price Consulting is Coming of Age. In G. E. Smith (Ed.), *Visionary Pricing: Reflections and Advances in Honor of Dan Nimer* (pp. 61-79). London: Emerald.

[26] Poundstone, W. (2010). *Priceless: The Myth of Fair Value (and How to Take Advantage of It).* New York: Hill and Wang.

[27] McKenzie, R. (2008). *Why Popcorn Costs So Much at the Movies - And other Pricing Principles.* New York: Springer Copernicus.

[28] Anonymous. (2017, January 21). Evian ist Mogelpackung des Jahres. *Frankfurter Allgemeine Zeitung,* p. 18.

[29] Menzel, S. (2016). Milliardenstrafe für Lkw-Kartell. http://www.handelsblatt.com/unternehmen/industrie/eu-bestraft-daimler-und-co-milliardenstrafe-fuer-lkw-kartell/13896088.html. Accessed 17 November 2016.

[30] Anonymous. (2016). Apple to pay $450m settlement over US eBook price fixing. https://www.theguardian.com/technology/2016/mar/07/apple-450-million-settlement-e-book-price-fixing-supreme-court. Accessed 17 November 2016.

[31] Connolly, R. E. (2014). US record 5-year jail price-fixing sentence imposed. http://www.lexology.com/library/detail.aspx?g=4dff9956-dacf-4072-8353-ca76efd13efc. Accessed 17 November 2016.

[32] Sandel, M. J. (2012). *What Money Can't Buy: The Moral Limits of Markets.* New York: Farrar, Straus and Giroux.

[33] Sharkey, J. (2014, 2 December). A Look Back at the Year in Air Travel. *International New York Times,* p. 24.

[34] Transportation Security Administration (2018). TSA Pre&check. https://www.tsa.gov/precheck. Accessed 22 January 2018.

[35] Cramton, P., Geddes R. R. & Ockenfels, A. (2018). *Markets for Road Use – Eliminating Congestion through Scheduling, Routing, and Real-Time Road Pricing*. Working Paper. Cologne: University of Cologne.

[36] Peters, H. M., Schwartz, M. & Kapp, L. (2016). *Department of Defense Contractor and Troop Levels in Iraq and Afghanistan: 2007-2016*. Congressional Research Service.

[37] Lenzen-Schulte, M. (2015, 10 April). Deine Zwillinge gehören mir. *Frankfurter Allgemeine Zeitung*, p. 9.

[38] From a transcript of an interview with Warren Buffett at the Financial Crisis Inquiry Commission (FCIC). 26 May 2010.

[39] Tarde, G (1902). *La Psychologie Économique*. Paris: Alcan.

[40] Simon-Kucher & Partners (2012). *Global Pricing Study 2012*. Bonn.

[41] Kollenbroich, B. & Kwasniewski, N. (2016). Zulieferer gegen Volkswagen – Die Machtprobe. http://www.spiegel.de/wirtschaft/unternehmen/volkswagen-gegen-zulieferer-prevent-die-machtprobe-a-1108924.html. Accessed 17 November 2016.

[42] Freytag, B. (2015, 23 May). Mit höherer Gewalt zu höheren Preisen. *Frankfurter Allgemeine Zeitung*, p. 30.

[43] Anonymous. (2015, 11 February). Es gibt keine andere Erklärung als Gier. *Frankfurter Allgemeine Zeitung*, p. N4.

[44] Anonymous. (2015, 11 February) The Race to Cure Rising Drug Costs. *Financial Times*, p. 7.

[45] Anonymous. (2015, 14 February). Frankreichs Autofahrer verklagen Autobahnbetreiber. *Frankfurter Allgemeine Zeitung*, p. 22.

PRICE MANAGEMENT

第2章

价 格 策 略

摘要：企业战略确定了价格管理的框架。战略首先阐述了企业追求的一系列目标。一般而言，这些目标包含了许多维度，通常在某种程度上是相互矛盾的，所以，在设定价格时有必要对这些目标划分轻重缓急。企业的价格策略对股东价值有重大影响。正确的策略有利于企业价值的持续增长。推行错误的策略很快就会损害企业价值。在某些情况下，这种损害是永久性的。最基本的价格决策涉及价格定位。我们将会区分五种典型的价格定位：奢侈品价位、高端价位、中端价位、低端价位以及超低价位。我们将逐一研究这些定位，特别是其各自的基础、相关的营销工具、机遇和风险。市场是动态的，这意味着价格定位需要根据市场情况的改变而改变。然而，这种改变的过程需要很长的时间，并且其结果是很难改变的。

2.1 目标

战略是开发利用企业所有的资源，以实现企业利润最大化的长期生存的艺术与科学。战略包罗万象，影响所有的职能活动。企业的战略必须体现高层次的愿景，但也必须具体可行。制定战略从企业的目标出发，进而制定管理各个方面业务（其中包括价格）的具体目标。明确清晰的目标是专业价格管理不可或缺的前提条件。虽然听起来很简单，但在实践中提出这样清晰的战略目标并非易事。价格政策的目标并不总是明确的，比起明确阐述的目标，管理层有时可能会更重视未明确说明的目标。

常见的企业目标包括以下几个。

- **盈利性目标**（利润、销售利润率、投资回报率、股东价值）：大多数企业都以不同程度的明确形式追求盈利性目标。虽然短期盈性利目标通常不同，但最终，最主要的长期目标都是增加股东价值。
- **销量及增长目标**（销量、市场份额、收入或收入增长）：销量与增长目标是长期利润最大化或股东价值增长的替代性目标。自1994年成立以来，亚马逊公司几乎只关注增长，因此，在最初的 20 年间几乎没有取得多少利润。2015年，亚马逊实现了 5.96 亿美元的税后利润，营业收入达 1070 亿美元，利润率只有 0.56%。2016 年，亚马逊的营业收入增至 1360 亿美元，税后利润为 23.7 亿美元，利润率为 1.7%。2018 年年初，亚马逊的市值达到了 6690 亿美元，3 年内几乎翻了一番。股东价值取得了巨大的增长。
- **财务目标**（流动性、信用价值（credit-worthiness）[⊖]、负债权益比（debt-to-equity ratio））：特别是在新企业面临资金短缺或任何一家企业面临危机时，这些目标就会被摆到首位。
- **权力目标**（市场领导地位、市场主导、社会或政治影响力）：大众汽车为自己设定了一个独特的目标——超过丰田汽车。人们常说谷歌公司希望主导其进入的每一个市场。彼得·蒂尔（Peter Thiel）的畅销书《从 0 到 1》（Zero to One）鼓励企业寻找其可以垄断的利基市场。打败竞争对手是管理者很常见的目标。
- **社会目标**（创造/维持工作岗位、员工满意度、实现更宏伟的社会目标）：与这些目标一致的是，企业有时会接受价格低于成本的订单，以避免裁员。企业还会对产品与服务提供交叉补贴，使目标细分市场的潜在消费群体可以消费得起。例如，为学生或老年人提供折扣。对于户外运动装备制造商 Patagonia 来说，环境的可持续性是其使命的核心部分。为了服务其社会目标，Patagonia 向全球的基层环保组织提供劳动力、服务及捐赠至少 1% 的销售额。

虽然价格肯定不是企业用来实现目标的唯一工具，但几乎所有的目标都可以对价格管理产生影响。在追求增长目标的过程中，企业可能会依靠创新或设定扩张性的低价策略。企业可以通过削减成本或提高价格实现利润及财务目标。为了实现权

[⊖] 也有人译作信用（信贷）可靠性、信用或信贷价值等。——译者注

力目标，企业可能会发动价格战或控制分销渠道。大多数情况下，价格都对企业实现战略目标发挥了重要的作用。

实际上，企业会同时追求几个目标，即使有些目标可能会相互冲突甚至相互矛盾。例如，盈利性目标通常与销量、收入或市场份额目标相矛盾。在企业的日常运营中，对目标优先等级的竞争很常见。图 2-1 说明了这一情况。在图中，纵轴表示利润增长，横轴表示销量增长，两轴的交叉处是现状。

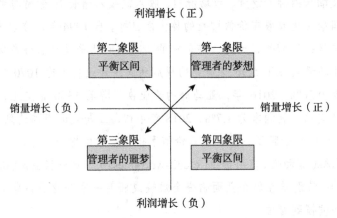

图 2-1　目标冲突：利润增长，销量增长或同时增长？

第一象限表示"管理者的梦想"：利润与销量同时增长。这种情况常常在市场扩张或新产品刚实现规模经济时发生。在发展停滞的成熟市场中，管理者的梦想只有在企业定价过高或过低时才能实现。在这种情况下，低价可以带来销量的剧增，从而大幅补偿过低的边际贡献，最终产生更高的利润。

在实践中，我们常常观察到第二象限与第四象限中的情况：企业或者实现利润增长或者实现销量增长，而不是两者兼得。第二象限表示利润增长与销量下降的情况。在这种情况下，该企业的现行价格低于最佳水平，价格上涨会导致销量下降，但更高的边际贡献可以抵消销量下降带来的负面影响，并产生更高的利润。在第四象限中，利润下降但销量上升。当企业的价格处于或低于最优价格时，降低价格就会出现这种情况。在第二象限和第四象限的情况下，管理层必须权衡利润和销量目标。无论如何，管理层都应该避免第三象限中的情况，即我们所说的管理者的噩梦。如果价格已经过高，而且还在继续上升，带来的后果可能是利润和销量的双重下降。

表 2-1 展示了不同管理者之间目标不一致的情况。虽然首席执行官和销售主管

都认为利润比增长以及市场份额重要,但首席财务官将增长放在首位。对于营销主管来说,市场份额是最重要的目标。根据我们的经验,即使表 2-1 提供了建议,还是很少会有管理者明确地将利润作为首要目标。表 2-1 反映了管理层的实际行为,但他们不一定会在投资者会议以及年度股东大会中正式声明。像边际贡献、回报率/收益率(return/yield)或绝对利润这些基本目标经常无法实现。一家知名汽车制造商的一位董事会成员非常明确地表达了这种观点:"如果我们的市场份额下降了 0.1%,那么许多人就会受到严厉处罚;但如果是利润下降了 20%,没有人会真正在乎。"虽然这种说法不免有些夸大其词,但确实触及了商业中普遍存在的问题的核心:收入、销量、市场份额目标,而非盈利性目标,通常决定了企业的日常活动。

表 2-1 高级管理层之间的矛盾目标。优先级按从 1(高)~3(低)的顺序排列
(西蒙顾和管理咨询公司项目)

高级管理者	利润	增长	市场份额
首席执行官	1	3	2
首席财务官	2	1	3
销售主管	1	2	3
营销主管	2	3	1
产品经理	3	1	2

我们可以用什么来解释这些目标的优先等级?管理层对销量和市场份额的执念来自何处?原因有很多。对于那些偏爱市场份额的人来说,最著名的理由来源于 PIMS 研究(Profit Impact of Market Strategy,即市场战略的利润影响),该研究最重要的成果展现在图 2-2 中。不管我们如何定义市场份额(排名或百分比),市场份额与回报之间都存在很显著的正相关关系。市场领导者的税前投资回报率(ROI)几乎是第五大竞争对手的 3 倍。因此,战略结论是不言自明的:最大化市场份额,然后就会成为具有最高利润的市场领导者!

追求高市场份额的第二个也是更传统的理由是经验曲线的概念:企业的成本与其相对的市场份额有关。相对市场份额是某一企业的市场份额除以最强竞争对手的市场份额。根据经验曲线假设,企业的相对市场份额越大,单位成本就越低[2]。假设所有竞争对手的价格相同,市场领导者的市场成本是最低的,因此,市场领导者的回报率是最高的。

经验曲线概念与 PIMS 研究是所有市场份额理论的鼻祖。通用电气的前首席执行官杰克·韦尔奇(Jack Welch,1981~2001 年)是市场份额理论最著名的支持者。

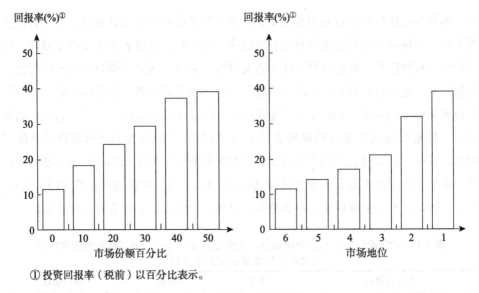

① 投资回报率（税前）以百分比表示。

图 2-2 PIMS 研究结果[1]

一上任，他就宣布通用电气将退出市场份额无法达到第一或第二的所有市场。

核心问题是市场份额和回报率之间是存在真正的因果关系，还是只存在相关性？许多研究都在质疑这两者间是否存在因果关系。实际的研究结果显示，市场份额与回报率之间的关联性比 PIMS 研究者所假设的要弱得多。Farris 和 Moore[3]概述了这些观点。过滤了所谓"不可观测"因素的分析方法得出了以下结论："一旦通过计量经济学的方法消除'不可观测'因素的影响，市场份额对利润率的剩余影响就非常微小了。"这些"不可观测"因素包括企业的管理、企业文化或可持续的竞争优势。Ailawadi、Farris 和 Parry[4, p. 31]总结道："虽然高市场份额本身不能提高利润率，但它确实能够让高市场份额企业采取某些有利可图的行为，而这是低市场份额企业无法做到的。"Lee 的一项研究[5]也得出了类似的结论：绝对规模对企业利润率的贡献不超过 50%，其他因素在投资回报率中起着决定性的作用。"对于一家典型的企业而言，虽然绝对市场规模对盈利非常重要，但也许还有其他更为重要的一些因素。"[5, p. 200]

迄今为止，对这一方面做了最全面元分析（meta-analysis）的是 Edeling 和 Himme[6]。他们研究分析了 635 个根据真实情况计算出来的市场份额与利润之间的弹性，该弹性反映了市场份额每增加 1%，利润的百分比变化。这里我们需要注意的是，这些计算以百分比而不是百分点来衡量起始值的变化。研究者发现，市场份额与利润的平均弹性极低，只有 0.159，但在统计上却具有显著性。我们用下面这一例子来解释他们的研究结果。我们假设一家企业拥有 50%的市场份额，10%的利润率，如果市场份额增至 50.5%，利润率仅增至 10.0159%。如果市场份额增至 55%，利润率会增至 10.159%。然后再进一步，Edeling 和 Himme[6]消除了由于分析方法引起的偏差，经调整后的平均市场份额–利润弹性为负：–0.052，这一弹性在统计上不具有显著性。这些结果进一步质疑了"市场份额就是一切"信条的真实性。

较早的研究更全面地分析了以竞争为导向的企业目标（如市场份额或市场地位）的影响。Lanzillotti[7]做了一项这方面的著名研究，揭示了竞争导向的企业目标与投资回报率之间呈负相关关系。Armstrong 和 Green[8, p. 2]总结道："以竞争对手为导向的目标是有害的，但是这一证据对学术研究的影响不大，而且似乎在很大程度上被管理人员所忽略。"在 Rego、Morgan 及 Fornell[9]的研究中，我们发现了其他实证研究证据，能够证明追求市场份额与企业成功之间的负相关关系。该研究使用了 200 家美国企业的数据。研究者确定了追求更高市场份额与更高消费者满意度的均衡点，这本身被视为实现长期盈利的重要驱动因素[10]。研究者通过消费者偏好的异质性来解释这一点：企业规模越大，就越难满足消费者的偏好。在有关市场份额目标作用、经验曲线或基于"波士顿矩阵"产品组合管理研究中，这些只是其中的一小部分。在反对"市场份额迷思"的众多观点中，我们建议读者去看一下 Miniter 的《市场份额的迷思》(*The Myth of Market Share*)[11]。概而言之：追求销量与市场份额目标，尤其是在成熟或竞争激烈的市场中，是很有问题的，并且在大多数情况下，该目标会阻碍企业获取更高的利润。

企业的规模可能会导致自身难以增加收入。如果一家收入为 1000 万美元的企业，目标是收入增长 50%，意味着收入仅需增加 500 万美元。但是对于收入为 1.5 亿美元的企业而言，在同样的增长目标下，收入需要增加 7500 万美元。一旦企业达到一定规模，可能就没有足够数量的消费者或供应商来帮助企业实现进一步的快速增长。

吉博力集团（Geberit）的非执行董事长、前首席执行官艾伯特·M.贝尼（Albert M. Baehny）也不赞同一些人所认为的市场份额的重要性："我对市场份额不感兴趣。在我的职业生涯中，我几乎没有关注过市场份额，如果价格与价值的表现不错，需求也会随之增长。"[12]吉博力集团是全球卫浴市场的领导者，其市值约为年销售额的 5 倍，贝尼强调，当他的公司决定是否推出新产品的时候，不会考虑该产品的市场潜力或可获取的市场份额，他认为这样的预测非常不可靠。反之，吉博力集团会确定产品对终端用户的价值，并通过这一项指标确保消费者有充分的购买意愿。

我们认为，重要的不是市场份额的绝对水平，而是企业如何实现其市场份额。如果企业没有相应的低成本基础，只是通过扩张性的定价策略获取市场份额，那么只能说该企业以自己的边际利润为代价，"购买"了这些市场份额。许多新创企业都是如此，这些企业在获取客户群上花费过多，希望有一天能够通过规模获取利润。然而，这意味着企业在大多数情况下获利很少。如果一家企业获取高市场份额的途径是通过创新与质量，并且售价合适，那么获取的利润是良性且能够持续。高额的利润可让企业在创新和产品质量方面投入更多的资金。最近的研究，例如，Chu、Chen 和 Wang[13]通过研究同质性行业（保险业）中市场份额与利润率之间的关系，确认了这一战略：企业可以通过开发新的服务或技术，或通过收购增加市场份额来提高自身的利润率。

我们可以清楚地发现，对价格管理来说，平衡利润与销量目标是必要的。在市场或生命周期的早期阶段，侧重销量、收入或市场份额是有意义的，但是在产品生命周期的后期，企业应该更加重视利润目标。根本上，管理层应该追求长期盈利能力。

2.2　价格管理与股东价值

利润和增长驱动股东价值。由于价格对利润和增长都产生了至关重要的影响，所以价格也是决定股东价值的关键因素。越来越多的管理者已经开始意识到价格与股东价值之间的这种关系，将其列入战略规划，并纳入与资本市场沟通的内容中[14]。投资大师沃伦·巴菲特认为，定价权是决定企业价值的最重要的因素。他的言论推动了这一趋势的发展。著名的硅谷投资人彼得·蒂尔也同样强调价格与股东价值之间的关系，因为他明确支持利用定价权扩张市场地位[15]。

我们将会看到，无论是正面的还是负面的，价格管理都可以极大地影响股东价值。良好的价格管理可以带来企业价值的显著增长，但是错误的价格管理则会破坏企业的价值。以下案例证明，对企业价值产生的破坏性影响会比促进价值增长的影响大。

第一个案例是一家 B2B 电信企业，即向其他电信企业而不是直接向消费者销售产能的企业。电信市场以大打价格战而闻名。因为一旦网络电缆埋设完毕，企业持续产生的可变成本就会很低，这就导致了很多电信企业会用极低的扩张性价格来吸引消费者，这导致近两年该企业的价值下降了 67%。在随后的咨询项目中，我们制订了一个全面的价格稳定计划,并对营销人员实行严格的价格管制。当该公司在季度盈利新闻发布会上公布该策略取得初步成功后,其股价在当天大幅上涨。随后,该公司的一些竞争对手也纷纷仿效,并实施了自己的价格纪律。最终这家企业践行价格领导的案例上了教科书,市值在 6 个月内翻了一番。图 2-3 展示了实施价格纪律计划后该企业股价的波动。[16]

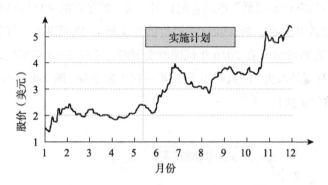

图 2-3　电信公司的价格纪律与股价[16]

针对股票市场的积极反应,该公司的首席执行官这样表示:"我们对价格纪律非常满意,它给我们行业带来了积极的变化,缓解了价格压力。"投资分析师也对新建立的价格纪律表示赞赏。一篇报告表示:"大规模的价格上涨是价格压力下降的一大趋势,这是一种非常健康的发展状态。更稳定的价格对所有市场参与者都有利无害。"

另一个案例是关于一群拥有大型停车库经营权的私募股权投资者。他们计划在出售企业股权之前,通过价格管理提升经营企业的价值。他们成功地提高了价格,并在当地车库出租人的合同中设立了新价格,从而锁定了每年 1000 万美元的额外利润。在提高价格之后不久,投资者以 12 倍的市盈率(PE)出售该公司。价格上涨直接导致企业价值增加了 1.2 亿美元。

第三个案例涉及奢侈品市场。法国爱马仕集团以严守高价与避免任何形式的削价闻名。《华尔街日报》写道:"即使其他企业降价,爱马仕也敢采用更高的价格。"[17] 相比其他奢侈品企业,爱马仕一直坚持自身的策略,即使是在经济萧条或金融危机时期。从 2015 年到 2017 年 3 月,JBEF 奢侈品品牌指数几乎没有变化,但在该时期,爱马仕集团的股价涨了一倍。爱马仕集团稳定的价格策略为这一增长做出了决定性的贡献。

相比之下，价格管理中的错误可能导致大规模的企业价值破坏，就像德国大型家居装修用品连锁店 Praktiker 的情况一样。在 2007 年年中，Praktiker 的股价为 30 欧元，"所有商品都打八折"的口号为它带来了几年的高速增长。后来，Praktiker 开始为某些产品提供 25% 的折扣，例如"带插头的商品统统便宜 25%"。[18]Praktiker 将自己定位为家居装修用品连锁品牌中的硬核折扣商，最终仅仅通过低廉的价格定义了自己。"一切靠价格说话"也是它的口号，这一扩张性的价格策略导致了灾难性的后果，到 2008 年年底，Praktiker 的股价已经跌至 10 欧元以下。折扣政策导致企业误入歧途。当 Praktiker 在 2010 年试图改变困境时（在 2010 年年底，它们最后一次实行了"所有商品八折"的策略），股价再一次大幅下跌。图 2-4 展示了 2007~2013 年 Praktiker 的股价变化。[19]

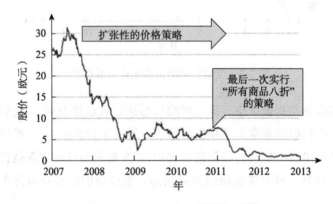

图 2-4　Praktiker 的股价趋势图[19]

有趣的是，在同一时期，其他家居装饰连锁店蓬勃发展，营业收入有所提升。Praktiker 的案例表明，企业应该仔细考虑完全围绕低价确定市场定位的潜在后果。这一策略及随后为了克服这些后果所采取的措施，都严重地摧毁了 Praktiker。在 2013 年秋季，Praktiker 宣告破产，从此不复存在。

当企业放弃原来平和的价格策略，转向扩张性的策略时，也可能造成企业价值损失。我们可以看一下钾肥（钾化合物）的全球市场。这一市场是由四家企业控制的寡头垄断市场。它们分别来自俄罗斯、白俄罗斯、加拿大以及德国。2013 年年中，俄罗斯企业乌拉尔钾肥公司（Uralkali）宣布与白俄罗斯企业达成销售合作协议，同时大幅扩大产量。激进的市场份额目标通常与降价是齐头并进的。图 2-5 显示了这一决策对乌拉尔钾肥公司股价的影响，其竞争对手的股价也呈现相似的走势[20]。

图 2-5　乌拉尔钾肥公司股价走势图[20]

但并非只有降价会导致股东价值损失。价格上涨有时也会造成相同的影响，就像美国零售商彭尼百货（J.C. Penny）。在 2011 年 6 月，该公司宣布罗恩·约翰逊（Ron Johnson）将出任首席执行官。约翰逊可不是普通的管理者，自 2000 年起，他开设和发展了苹果的线下旗舰店，是旗舰店大获成功的幕后推手。在没有进行任何预测试的情况下，他对彭尼百货的价格策略进行了颠覆性的调整。有批评的声音出现，说他没有进行新策略的预测试，约翰逊回应道："我在苹果公司也没有进行过预测试。"[21]在约翰逊接管彭尼百货之前，大约有 1/4 的产品以不低于 50%的折扣价出售。约翰逊几乎取消了所有的特别促销活动，同时发起了一场大规模的消费升级活动，专注于在 1200 多家独立精品店销售昂贵品牌。在 2012 这一财务年度中，彭尼百货的营业收入下降了 3%，而由于购买更昂贵的品牌，采购成本则上升了，这两种影响的叠加导致公司的税后利润从 2011 年的 3.78 亿美元跌至 2012 年的 1.52 亿美元。在约翰逊接任首席执行官后，虽然股票市场做出了积极的回应，但在他制定了新的价格策略后，股价开始了暴跌，如图 2-6 所示。约翰逊于 2013 年 4 月被解雇。2012 年 1 月 30 日，彭尼百货的股价为每股 41.81 美元，截至 2017 年年底，股价已跌破 3 美元。同一时期的道琼斯工业平均指数（DJIA）从 12 623 点增加到 23 000 点以上，几乎翻了一番。

过去，市场营销学很少对营销手段与股东价值之间的关系进行调查。但近年来，这一现象开始有所好转。在对 83 项研究的元分析中，Edeling 和 Fischer[10]发现，广告只有轻微的正面影响，所谓的营销资产变量（marketing-asset variables）（包括品牌和良好的客户关系）对股东价值明显具有更强有力的影响。广告的中位数弹性（median elasticity）为 0.04，营销资产变量的中位数弹性为 0.54。换句话说，营销

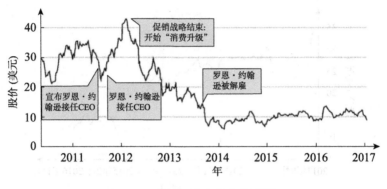

图 2-6　彭尼百货股价走势图[22]

资产每改善 1%，企业价值就会增加 0.54%。在元分析中，并没有明确地对价格进行研究，因此不能说明价格与股东价值弹性之间的关系。另外两项研究考察了价格行为与创新如何影响股东价值。Pauwels 等人[23, p. 142]得出了以下结论："推出新产品增加了企业价值，但是促销没有。"Srinivasan 等人[14]所做研究得出的观点与 Pauwels 的相似。创新与营销支撑企业获取更高的企业价值，但是价格活动（即折扣或扩张性的价格变化）会产生负面影响。我们自身的经验十分明确地支持了这些研究结果。

这些阐述分析和经验观点证明了价格管理对企业价值的战略意义。在正确的价格策略的帮助下，企业可以提高自身价值。与此同时，错误的价格定位会损害股东价值，甚至会像 Praktiker 那样完全摧毁股东价值。

2.3　价值与价格

战略价格管理的核心问题是价值和价格的定位。人们不断问我们价格管理最重要的方面是什么，我们总是给出相同的答案："消费者价值。"客户愿意支付的价格以及卖方可以获取的价格，始终反映了消费者对产品或服务的感知价值。如果消费者给产品设立了更高的价值，那么他们就愿意支付更多的费用。如果产品的感知价值低于竞争产品，消费者只会在产品价格比竞争产品更低的情况下购买。彼得·德鲁克最好地表达了这种坚定不移的市场观点，他敦促管理者"通过消费者的视角看待整个商业市场"[24, p. 85]。与卖方可以实现的价格最相关的参数就是消费者对价值的主观感知。

在古罗马，价值与价格之间的基本关系已经得到了较充分的理解。拉丁语中，价格和价值都用"pretium"这一单词表示。从字面上解释，这意味着价格和价值是一枚硬币的两面。作为解决价格问题的指导原则，这种观点建议我们通过消费者的视角看待价值，这给供应商或者卖方带来了三个重要任务。

创造价值：创新、产品质量、产品材料和组件的标准和性质及产品设计等都有助于价值创造。客户细分的选择也会影响价值创造，因为消费者有不同的需求与看法。

沟通价值：产品、定位及品牌的阐述说明都是在沟通价值。价值沟通包括包装、产品展示以及货架或线上商店的产品摆放位置。

保持价值：产品保持价值的程度将影响消费者首次购买耐用消费品的意愿。对于奢侈品与汽车，价值保持（转售价值），甚至可以成为最初支付意愿的决定性因素。

只有当卖方明确产品或服务的价值时，卖方才会去了解价格设定的具体情况。在确定价值时（实际上从最高质量到最低质量有一个很大的范围），卖方或供应商必须在开始阶段就注意可达成的价格。Ramanujam 和 Tacke[25]在《创新变现》（*Monetizing Innovation*）一书中坚持认为，企业应该围绕价格设计产品。换句话说，企业应该先设定价格范围，然后再进行产品研发，设计出在设定价格范围内，具备适当特征和质量的产品。努力理解价值对买方同样重要，避免多付钱的唯一方式就是了解他们购买产品的价值。这种价值的知识可以防止潜在消费者购买似是而非的便宜货，因为这类商品在使用或消费过后就成了柠檬产品（即次品）[26]。西班牙哲学家巴尔塔沙·葛拉西安（Baltasar Gracian，1601—1658）雄辩而简洁地表达了这种观点："被价格欺骗比被质量欺骗更好。"[27]对客户来说，被收取过高的费用是令人愤怒的，但这种愤怒只是暂时的。如果卖给客户质量差的商品，会导致客户持续的愤怒和沮丧，直到对产品感到厌倦，决定处理掉为止。这个故事的寓意是，在谈判协商和购买时，买方更应该关注产品与服务的质量，而不是价格。不可否认，在实践中做到这一点并不容易。一般而言，判断价格是否有利要比判断产品或服务的全部价值更容易。

法国有句谚语反映了这种情绪："价格易逝，品质永存。"这实际上意味着即使在你忘记价格很久之后，也不会忘记品质。客户很快忘记价格的情况很常见，而对价值和品质的印象会持续很长时间。谁都有过这样的经历：在买到便宜货或支付低价的短暂庆幸之后，才发现产品质量很差，便宜货只是一种幻觉。谁都至少有过一次埋怨产品价格过高的经历，但当产品质量非常好时，他们反而会非常惊喜。英国社会改革家约翰·拉斯金（John Ruskin，1819—1900）简洁地描述了这种观点："虽然付出过多的钱是不明智的，但是付出过少更糟糕。当你付出过多时，你只会损失一点钱，但是付出过少时，你会失去一切，因为你所购买的商品无法满足你的需求。商业平衡的普遍规律禁止付出很少就能得到很多的情况，因为这是不可能的。如果你与价格最低者交易，那么，为了可能会面临的风险，你最好增加点东西（价格），而如果这样做的话，你也就会有足够的钱来购买更好的商品。"[28]选择最低价的供应商的买方可能并没有领会约翰·拉斯金的智慧。

2.4 定位

市场营销学把市场描绘成一张认知图（cognitive map）。在这张图上，每种产品都占据一席之地。这就是我们把定位定义为"企业创建产品服务在客户意识中占据一个特殊、被欣赏及差异化的位置的努力"的原因[29, p. 423]。图2-7展示了产品的定位。因此，定位是设计价值、性能和价格因素，使产品能够达成在客户心目中所期望的形象。在许多市场中，我们观察到五种价值和价格类别的差异。价格标准的上端是奢侈品价位，下端是超低价位。这导致了巨大的价格差异。对于汽车而言，价格从几千美元到200多万美元不等。对于手表而言，价格差异更大，最便宜的手表售价不到10美元，而最昂贵的手表售价高达200万美元，甚至更高。化妆品与时装等消费品也可以产生如此巨大的价格差异。

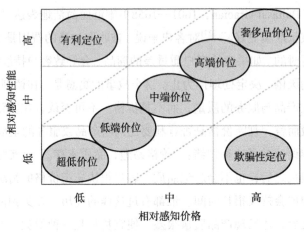

图2-7 潜在价格定位

产品的定位绝不应仅仅基于价格，而且应该反映产品或服务的内在价值基础，其中包括品牌价值。从这个意义上讲，定位是"价格—价值定位"或"价格—性能定位"的同义词。产品定位为价格决策提供基本导向及自由度。定位适用于整个企业、个别品牌、产品组合甚至是单个产品。

客户的感知价值来源于有形和无形特征，这两者都能为客户提供利益，从而满足他们的需求。我们将这些价值和性能分为四类：

- 功能性
- 情感性
- 象征性
- 道德性

功能属性适用于产品与服务的每个性能元素，即满足客户需求的能力与适用性[30]。功能属性能够帮助客户解决特定的核心问题或完成特定的核心任务，对于航空公司来说，这个任务就是将乘客由 A 点运送到 B 点。功能性属性还包括满足运输需要的资源和基础设施。对于智能手机来说，屏幕尺寸和电池寿命等都属于功能属性。对于笔记本电脑来说，功能属性包括处理器速度和内存量。

情感属性是指客户因为从产品中获取正面感觉而获得的衍生价值。情感属性可以满足客户的需求，例如，对改变或逃避、兴奋、感官愉悦、感官体验或美的需求[30]。对于汽车而言，这意味着驾驶跑车的乐趣或是欣赏汽车的美观和设计的愉悦。当客户在豪华酒店度过一晚，他们会感到愉悦甚至兴奋，这些都是情感上的益处。产品或服务刺激客户情绪的能力都会对支付意愿产生显著影响。

象征属性是指由于产品或服务导致客户信心或自尊提高方面获得的价值。这些属性允许客户将自己与一个群体或其他人产生联系，来表达他们对特定群体的归属感（实际的或期望的）。或者相反，他们可以以此将自己与一个群体区分开来。象征属性还满足了客户对社会认可的需要，或将其作为自我表达的一种形式[30]。品牌在象征属性方面起到非常重要的作用。一块十分昂贵的劳力士（Rolex）手表或一套杰尼亚（Zegna）的独家定制西装，都赋予了客户某种社会声望，创造了某人属于某一社会阶层的印象。这种象征属性标识了客户属于某一群体的成员身份，强有力地促进了支付的意愿。同样地，驾驶保时捷与丰田普锐斯汽车会明确地传达不同的象征属性。

道德属性包括某人对他人、社会或环境做了有益的事情所产生的正面的感觉。这些属性是使命驱动型品牌的关注重点。这种感觉和其他三类性能属性一样，同样为客户提供了价值。通过这些属性，人们以特定的方式表达并实现了帮助他人的愿望或展示了自己对道德或利他行为的一般性愿望[30]。展现道德性能的案例包括宝洁公司的"一袋＝一针疫苗"活动，该活动承诺在美国或加拿大地区，客户每购买一袋帮宝适尿不湿，宝洁公司就会向联合国儿童基金会捐献可以购买一针拯救生命的破伤风疫苗的资金，用于保护发展中国家的母亲与她的新生儿。其他案例包括，富维克（Volvic）矿泉水公司的饮用水倡议、雅诗兰黛集团发起的乳腺癌宣传运动等。这些企业通过承诺支持慈善活动或服务于更大的社会公益事业来吸引客户。这种承诺会影响客户的支付意愿。

小　结

> 这四种性能属性中的每一种都能够满足客户的需求，从而使其产生支付意愿。这意味着定位必须始终包含产品性能的特征或范围。企业的所有营销工具和其他业务活动，例如，研发、采购甚至人员的选择都应该与企业所追求的价格定位一致。一家企业销售豪车，其选择的展示场所和销售人员，都要与销售廉价车的截然不同。除了这种一致性，企业还需要耐心，因为建立期望的价格定位需要长年累月的时间。

2.5　方法

价格与价值总是相关的。如图 2-7 所示，我们必须从价格—性能或价格—价值关系的角度来解释价格定位。图 2-7 中的一致性区间说明了超低、低端、中端、高端、奢侈品的价格定位。每种定位的价格和性能维度都处于不同的水平，但两者保持了一种平衡，这其中客户感知是很重要的因素。

在客户看来，偏离一致性区间可能公平，也可能不公平。公平或有利的定位（在客户看来）反映了有利的价格—性能关系，客户感知到性能相对于价格的盈余（即物超所值）。当卖方设定与感知价值或性能不一致的高价时，会造成不公平的定位。一位荷兰客户对一家德国工程公司的评论解释了这一点："你们的价格是 120 万欧元，但是中国供应商的价格是 75 万欧元，我知道你们的产品更好，但好的程度没超过 60%，所以我不会支付比中国供应商高 60%的价格。"最终荷兰客户购买了中国供应商的设备。

2016 年，Sprint 公司开始在自己的广告活动中采用同样的有利于自己的量化模式和逻辑。在"别为了 1%的差距，花费两倍的成本"的口号下，Sprint 公司提供的数据显示，它的网络稳定性与其竞争对手（如美国电话电报公司、Verizon 等）相比只有不到 1%的差距，但是其计划方案的费用比竞争对手少 50%。同时，有些企业在没有可供比较的数据的前提下，被指责其价格—性能关系存在问题。麦当劳就是一个典型的例子，一位观察者这样评论："现在美国的巨无霸售价为 4.8 美元，价格—价值关系严重不符"。[31]

为了建立合理的产品或服务的价格定位，我们建议采用三步法。首先，企业应该从价格—性能的角度对市场进行大致的细分。先描绘市场，包括对客户和竞争企业的分析。有效的市场细分是成功的价格定位不可或缺的前提。在企业战略方向的框架内，企业再选择一个或多个目标细分市场，并为每个细分市场选择合适的价格定位。与此同时，企业还必须决定是选择一个品牌还是多个品牌来覆盖不同的价格定位。苹果公司于 2015 年推出智能手表时，每块苹果手表的价格在 349~18 000 美元，覆盖了多数的细分市场[32]。随后，苹果手表的价格范围调整为 249~1399 美元，苹果公司撤除了原有的"奢侈"版本。

在日益细分的市场或饱和的市场中，粗略的细分通常是不够的。在选定的价格范围内，必须与竞争对手有进一步的差异化。高端价位供应商可以分析自己是否有足够的价格裕度来进入奢侈品领域。类似地，在低端价位细分市场，低于当前价格水平的价格可能会有额外的需求。经济实惠的航空公司和酒店就通过低价定位扩大了整个旅游市场。

在低端价位细分市场，功能属性往往是主导因素。在这些细分市场中的客户对产品和服务的基本属性感兴趣，如是不是经济实惠的交通工具。额外的性能属性，如强劲的引擎、舒适性、运动性、美观的设计或声望则是次要的因素。在高端细分市场中，客户不仅要求更高的功能属性，还越来越重视情感、象征与道德属性。电动汽车的买方将象征和道德属性作为决策最重要的依据。这类客户只有在这些属性达到或超过他们的期望时，才会产生相应的支付意愿。

由于涉及固有风险，必须把价格定位视为一项战略决策。由于价格定位具有长期性，因此很难纠正错误。尽管如此，在实践中错误的定位并不罕见。所谓的"个人运输工具"Segway 是一款革命性的创新大热产品，于 2001 年推出，当时售价为 4950 美元。现在，Segway 最便宜的车型 i2 SE 的售价为 6 694 美元，人们可以骄傲地宣称这种车属于奢侈品（超高价）定位。销售预测第 1 年的销量可以达到 50 000 辆，前 5 年的平均销量可达 40 000 辆。实际上，该公司在推出产品后的前 5 年，每年的平均销量只有 4800 台，他们只完成了原销售目标的 12%。造成这种销量严重不足的主要原因很可能是产品价格定位出现了偏差[33]。

2014年，亚马逊公司以200美元的价格推出了"Fire"智能手机，该价格处于基本款安卓手机与较昂贵苹果手机之间的中间价位。然而，没有人愿意以这个价格购买"Fire"系列手机。亚马逊公司的做法是将售价降至1美元，但即使是这种激进的举措也无法挽救"Fire"。亚马逊因此损失了1.7亿美元，显然，亚马逊在评估客户的支付意愿方面还有很大的改进空间[34]。

同样，奢侈品品牌古驰（Gucci）也错误地估计了自身的潜在客户，因为它认为更高的售价会提升品牌的奢侈感，并受到客户的追捧。由于对客户及其偏好的错误估计，当时的首席执行官帕特里西奥·马可（Patricio di Marco）提高手袋价格的举措被证明是失败的。案例表明，单靠价格上涨并不能创造或提升奢侈品品牌的价值[35]。英国皮具制造商Mulberry连续的提价导致销售陷入停滞状态，客户无法接受数百英镑的提价，该品牌的形象与公司收取的价格并不相衬。营收缩减以及失望的客户都证明了价格重新定位不能在短期内实现。无论是在企业内部还是在客户眼中，定位都必须作为一个长期的过程展开[36]。

我们还目睹了许多企业价格定位过低的案例。Playmobil将新产品"Noah's Ark"的售价定为69.90欧元，该产品的价格很快在eBay上被炒到84.09欧元，这清楚地表明产品的价格定位过低了。2014年，微软推出了可以完全取代笔记本电脑的混合平板电脑Surface Pro 3，该产品立即售罄，主要原因是价格定位相对苹果和三星等竞争对手来说过低了。英国企业Newnet公司以每月21.95英镑的价格推出了"不限流量的套餐"，但前600名客户立即用尽了所有可用带宽。最终，Newnet将价格提高了60%，至34.95英镑。中国台湾电脑制造商华硕推出迷你笔记本电脑"Eee PC"，售价为299欧元，与微软的平板电脑类似，该产品在几天内售罄。在销售初始阶段，华硕只能满足实际需求的10%。

奥迪Q7也定位过低，它以55 000欧元的价格进入市场，其年产能只有7万台，却收到了8万台的订单。宝洁公司对玉兰油"多元修护霜"的定价也进行了大幅修改，将价格从3.99美元上调至18.99美元，涨幅为375%。该款乳霜在涨价后，销量反倒更好了。之后的产品也选择定位在更高价的细分市场，宝洁公司成功地将玉兰油品牌从低端价位提升至中端价位[37]。这些案例说明了在推出新产品时，找到最优价格定位的重大意义。

2.6 价格定位

在本节中，我们将详细介绍价格定位的五种基本选项：奢侈品价位、高端价位、中端价位、低端价位和超低价位。我们从奢侈品价位开始。

2.6.1 奢侈品价格定位

2.6.1.1 基本情况

奢侈品价格定位意味着企业以持续的极高价格提供（相对于市场平均水平而言）极致的质量或服务。在价格管理和一般性营销方面，奢侈品具有一系列显著的特征。为了保护品牌的崇高声誉、稀有和最优质的形象，产品或服务应该保持稳定的极高价格[38]。因此，奢侈品的价格通常是已经很贵的高端产品价格的数倍。表 2-2 将选定的奢侈品与高端产品的价格进行了比较，奢侈品的价格比高端产品贵了好几倍。

表 2-2 奢侈品和高端品价格定位例子（2018 年 2 月价格行情）（单位：美元）

产品	高端品价格定位	奢侈品价格定位
腕表	MK Ceramic 系列 MK5190，售价 348	朗格 Lange 1 系列，售价 403 000
汽车	宝马 7 系，基础售价 83 100	法拉利 458 Itali，基础售价 264 000
酒店	纽约市市中心希尔顿酒店，每晚 269 美元	迪拜帆船酒店皇家套房，每晚 13 058 美元
航班	法兰克福至莫斯科，汉莎商务舱，售价 1 031 美元	法兰克福至莫斯科，汉莎航空私人飞机，售价 20 794 美元
T 恤衫	拉尔夫·劳伦，售价 79 美元	普拉达，售价 740 美元

奢侈品的另一个区别是其销量。真正的奢侈品，全球年度销量通常只有几百件，也可能是几千件，而高端品的销量可以达到数十万甚至数百万件。2016 年，劳斯莱斯的销量仅为 4011 辆汽车。同年，法拉利将自身的销量限制在 8014 辆。相比之下，保时捷出货了 237 800 辆新车。虽然这三个品牌都属于奢侈品领域，但销量却有很大差异。奢侈品市场在过去几年中实现了强劲增长，并显示了高回报率。现在，全球的百万富翁和亿万富翁数量比以往多了许多。过去 25 年中，奢侈品的价格趋势很有意思。自 1990 年以来，瑞士出口手表的平均价格上涨了约 250%[39]。像宾利这样的一些奢侈品制造商正试图利用这一价格趋势来提升自身的销售额。2013 年，宾利的销量增加了 19%，达到 10 120 辆，并在随后几年内都保持这一水平，到 2016 年，宾利的年销量达到了 11 023 辆。

全球最大的奢侈品集团——法国 LVMH 2017 年的息税前利润率为 19.5%，其营业收入自 2007 年以来每年增长约 10%。全球排名第二的瑞士奢侈品公司历峰集团（Richemont），2017 年的息税前利润率为 16.6%。自 2007 年以来，其年均收入增长率约为 9.2%。这两家公司的市值反映了利润和增长是股东价值的驱动因素[40]。法国 LVMH 集团 2017 年的销售额为 520 亿美元，税前利润为 102 亿美元，这有助于维持其 1448.9 亿美元的市值（截至 2018 年 2 月），是其 2007 年市值 350 亿美元的 4 倍[40]。历峰集团的销售额为 130 亿美元，税前利润为 22 亿美元，市值为 510 亿美元[41]，也达到了 2007 年市值的 3 倍以上。尽管它们在利润和增长方面具有吸引力，但奢侈品仍然是个利基市场，非常有利可图。

2.6.1.2 管理

1. 产品

奢侈品必须在所有属性方面提供最高的性能和最佳的质量。这适用于功能、情感和象征属性。历峰集团董事长约翰·鲁珀特（Johann Rupert）说："我们理解自己必须生产出令人兴奋和创新的产品，并提供无与伦比的服务，以满足更加挑剔的客户需求"。[42]他们把细节上的完美和丰富与许多方面极致地整合起来。豪华音响系统制造商柏林之声（Burmester）已经开发出一种能够"消除"电流（electricity）的设备并申请了专利。"功率调节器"通过滤除混合在电源产生的交流电里的少量残余直流电，来保持并改善音质。在功能属性上，奢侈品不一定与高端产品有什么差别。一项针对 28 家领先奢侈品制造商的国际研究表明，品牌形象、质量和设计是主要的差异因素，更优的功能属性则不是[43]。

个性化服务是奢侈品体验不可或缺的一部分。在迪拜帆船酒店，入住套房的客人 24 小时都拥有属于自己的管家团队。徕卡公司（Leica）为文莱苏丹制造镀金相机。每年，LVMH 为知名或独家客户制作约 300 种特别定制版本。每种产品需要 2~4 个月的制作时间。这类产品包括两只精美的香槟酒杯或一套具有收藏价值的指挥棒（batons）。奢侈品的标准就是：相比高端产品，提供额外的服务。

奢侈品实际上可能会在某些方面有悖于道德属性。布加迪 Chiron 的 16 缸发动机的输出功率为 1500 马力，售价 270 万美元。但与私人飞机相似，这绝对称不上是环保汽车。

纯手工制作是奢侈品的另一大标志。从本质上讲，手工制作限制了产量，但赋予了产品独有的个性与特征。为了完全掌控产品的质量与生产过程，奢侈品制造商倾向于高度垂直化的整合型管理，避免一切形式的产品外包。他们追求对供应链的严格掌控。爱马仕集团甚至拥有自己的养牛场与缝纫部门。当万宝路决定进入奢侈品手表市场时，它在瑞士增设了自己的手工制造工坊。一些非常忠诚的客户甚至会去这些场所"朝圣"。对手工制作以及独特作品的关注为小型企业提供了进入奢侈品市场的机遇，虽然它们在大众市场中几乎没有成功的可能。其中的一个案例是柏林专门从事墙面装饰的 Welter Manufaktur，其定制装饰按 1000~3000 欧元/平方米的标准收费。尽管收费十分昂贵，但这家德国企业已经在国际奢侈品市场占据了一席之地，曾为伦敦的哈洛德百货公司以及迪拜世界贸易中心制作了墙面装饰[44]。

奢侈品制造商根据专门的产品生命周期管理来确保产品能够保持其自身价值。在理想状态下，奢侈品会随着时间的推移而升值。产品的限量版和收藏版增强了这种效果。这有助于提供品牌所需的独家性。在 2011 年的一次拍卖中，爱马仕铂金包的竞标价达到了 15 万美元，而手袋的初始售价范围为 5300~16 000 美元。

2. 价格

"任何物品，再精致、再昂贵都不为过"是布加迪（Bugatti）的标语。斯沃琪集团（Swatch）负责人尼克·海耶克（Nick Hayek）说过："奢侈品没有价格上限。"[45]人们可以想象到，奢侈品的定价再简单不过了：设立尽可能高的价格。但这种想法只是幻觉。实际上，奢侈品的价格管理需要对客户和市场进行深入的了解，掌握销量与价格之间的微妙平衡。

价格本身就是奢侈品质量和独家性的重要指标。所谓的虚荣效应（snob effect）或凡勃伦效应（Veblen effect）导致的价格响应函数，在某些价格区间内具有正斜率[46]，换句话说，价格上涨会带来更高销量。更高的单位利润和更高的销量导致利润上升。实际中确实有这种情况。比利时定制手袋制造商 Delvaux 在新的价格定位中大幅提升了价格，从而导致销售大幅上升，因为客户开始将 Delvaux 的手袋视为路易威登手袋的相关替代品。奢侈品定位的效果不仅限于消费品，对工业产品也会产生影响。"隐形冠军" Lightweight 公司生产的豪华碳素车轮，一整套的售价为 4000~5000 欧元。这些车轮不是针对普通消费者，而是针对专业人士。Lightweight 从不打折，然而，市场对该车轮的需求却持续上升[47]。在保时捷创新的碳刹车片系列的价格设定中，类似的性能属性也起到了决定性的作用。企业内部最初认为，对为保时捷 911 车型配套的刹车片定价 8520 美元是太高了，但市场接受了该价格，反映了市场对这些黄色制动器的需求很高。相对于通常的红色制动盘，黄色制动盘标识了车主的身份，因此，也属于象征属性。尽管价格相当高，但碳素刹车片成为许多保时捷911车主的"必备品"[48]。

然而，价格响应函数斜率为正的部分与价格设定无关，因为最优价格总是位于曲线斜率为负的部分。如果奢侈品制造商想要达到价格设定的最佳区域，他们需要了解自己的价格响应函数，如果没有这些知识，他们将在黑暗中迷失方向。

为了支持极高的价格水平，企业通常会限制产量。该决策将提前制定，并传达给市场。因此，这个限制具有一定的约束力，如果需求出乎意料的高，在这种情况下打破这种限制，可能会严重破坏消费者对品牌的信任。因此，布加迪计划生产不超过500辆Chiron汽车。万宝龙（Montblanc）将其专为美国总统设计的系列自来水笔的产量限定为每位总统50支。根据这一设计，此类自来水笔需要花费超过25 000美元。非常昂贵的手表型号通常也限定产量不超过100件。朗格在2013年日内瓦钟表沙龙上仅制作了6款最昂贵的手表。每只手表的价格接近200万欧元。

漫长的等待名单和交货时间增强了人们对稀缺性和持久价值的印象。爱马仕集团前首席执行官帕特里克·托马斯（Patrick Thomas）描述了这种现象，"我们确实需要在企业内部处理一种悖论：产品越有吸引力，销量越高；但是销量越高，吸引力越低。这就是为什么一旦一款领带很受欢迎，我们就会停止生产。这仅仅是因为受欢迎标志着平凡。"[49]一些奢侈品制造商仔细挑选他们的客户，以防止错误的客户（例如，豪华酒店的邋遢客人）损害品牌的形象。

奢侈品价格和销量的设定与其他市场采取的方法是截然不同的。在原材料市场（raw commodity market）中，供应商必须接受现行价格，只能对市场的投放量做决定。在非原材料市场（non-commodity market）中，供应商设定价格，而由市场决定愿意吸收的数量。在奢侈品市场中，供应商设定价格和数量。这种组合需要非常丰富的信息，并具有相当大的风险。以下案例说明了这一点。一家奢侈手表制造商在（全球规模最大的）巴塞尔手表交易会上推出了一款新手表，限量发行800只。由于前一款手表非常受欢迎，因此，手表制造商将新款手表的价格提高了50%，从16 000欧元提高至24 000欧元。在交易会上，该企业收到了1500份新款手表的订单。该手表的售价为24 000欧元，销量总计800只，收入将达到1920万欧元。如果能够完成1500个订单，收入将达到3600万欧元。如果企业一开始将价格设为36 000欧元而不是24 000欧元，并且仍然按原计划销售800只，那么收入将达到2880万欧元。2880万欧元和1920万欧元之间的差额完全是放弃的利润，这意味着该企业错失了盈利 960 万欧元的机会。这个例子的寓意是，对销量或价格的错误估计可能会导致制造商损失惨重。

对于奢侈品制造商而言，高估需求并因此生产过多产品也同样存在问题。如此不稳定的生产状况可能会导致价格下跌，尤其是在二级市场。找到严格的生产限制与不稳定需求之间的平衡非常困难。制造商使用某些方法来取得平衡，其中一种是捆绑销售。戴比尔斯（De Beers）多年来一直对钻石进行捆绑销售，客户可以按固定价格购买一套较高质量与较低质量的钻石组合。然后，客户不能随意挑选，他们必须决定买或者不买整个钻石组合。手表制造商也采用类似的方法，我们假设款式 A 的需求量很大，而款式 B 则不那么受欢迎，制造商为每种型号的手表都制订了严格的生产计划，假如一位经销商订购了 20 只 A 型手表，却不想购买 B 型手表，但该手表制造商表示，只有在经销商订购 5 只 B 型手表的前提下，才会提供 10 只 A 型手表，价格不能协商。以制造商的角度来看，这种方法是可以理解的，但有一个缺点：B 型手表最终可能会进入二级渠道，那里发生的销售行为可能会破坏手表制造商努力建立和保护的一致价格水平。发生这种价格下降和不一致的最终原因是对供求的错误估算。对于奢侈品制造商来说，这种情况非常可怕。首先，价格下降可能会导致以原价购买的客户倍感受挫。其次，这些影响会损害品牌形象。价格的稳定性、连续性和一致性是奢侈品不可或缺的特征。奢侈品的神话在于其永恒性，而这与价格波动并不相容。理想情况下，二手奢侈品的价格会随着时间的推移而上涨，因此，一些客户会将购买奢侈品视为投资。奢侈品的价格通常反映了所有的性能属性。全面的服务和其他性能属性（例如，终身保修、俱乐部会员资格）都包含在价格中。换句话说，奢侈品的价格通常是"无所不包的"。

3. 分销

分销奢侈品的一个关键方面是选择性。奢侈品公司通常在每个国家只有少量精心挑选的门店或经销商。手表制造商朗格在美国只有 25 家经销商，在日本只有 15 家经销商。在德国，只有 4 个城市可以购买劳斯莱斯。销售渠道的独家性反映了产品的独家性。这不仅包括商店或专卖店的数量，还包括品牌销售门店的设计和外观方面的质量标准，以及销售人员的能力和自由裁量权。为了保持这些质量标准，制造商必须严格监管和把控质量。

为了追求高质量的标准和价格执行，奢侈品制造商越来越多地依赖自营商店。法国 LVMH 集团与历峰集团等已经通过自营门店开展了很大一部分业务。比起批发分销，奢侈品牌从自己的零售店和销售网络中获益更多。虽然批发部分仍然占奢侈品牌销售额的 64%，但零售店（按当前汇率计算）销售额的增长速度是批发销售额的两倍多[50]。意大利奢侈品时装集团普拉达的收入也出现了类似的情况，该集团目前通过 613 家自营门店创造了 82% 的总收入[51]。对于那些想从高端品过渡到奢侈品的企业来说，开设自身拥有或管理的门店是非常重要的。奢侈品制造商也采用代理模式。该代理模式类似加油站业务，经销商充当代表制造商的代理商。在这两种系统下，制造商都能完全控制所有参数，包括价格。

长期以来，奢侈品企业一直避免通过互联网进行销售。个性化的服务和独家门店的购物体验似乎太重要了，因此，大多数企业仅限于在线展示产品。最近才有企业推出了一些成熟的线上商店。net-a-porter.com 或 mytheresa.com 等在线商店的增长表明，奢侈品客户确实会选择网上购物。品牌商还在努力研究如何在数字世界中保持"奢侈品"的吸引力和独特性，但不可否认，互联网和社交媒体对奢侈品行业的发展的重要性在逐渐增加。2017 年奢侈品电子商务的市场份额增长到 9%，比 5 年前的市场份额增加了一倍多[50, 52]。

4. 沟通

奢侈品需要精美而卓越的广告，精心选用媒体，并与最好的广告设计师和摄影师的合作，以保持自身的品牌形象，并向潜在客户传达其价值。奢侈品制造商通常会将总收入的 1/4 作为沟通预算。公众对奢侈品的兴趣普遍较高，市场营销通过编辑好的内容和背景故事努力吸引客户。奢侈品的吸引力在某种程度上取决于其不可接近性，虽然它们对许多人来说非常需要，但是大多数人都无法承担其价格或缺乏购买的途径。这些企业有意识地培养了这种理想的紧张气氛，因此，公关和赞助在这里比传统形式的广告更重要的作用。沟通往往借助于场面壮观的行动或活动。

传统是奢侈品的形象和沟通的重要方面。品牌形象随着时间的推移而不断完善和巩固，目前的广告无法取代丰富的品牌历史。历峰集团和法国 LVMH 集团展示了传统的力量，为自己的奢侈品牌增添了庄重感。历峰集团旗下品牌的平均年龄为 120 年，而法国 LVMH 集团旗下品牌的平均年龄为 110 年。经典可能意味着长久，但绝不是过时的。

价格几乎从未出现在奢侈品的沟通中，至少没有进行明确的说明。奢侈品牌很少在宣传册、主页或商店中标示产品价格，只有在有客户询问时才提供产品价格。这种对价格的保密进一步传达了一种信号，即奢侈品是纯粹的价值，价格不是兴趣点。这种行为隐含着这样的观念：任何需要询问价格的人都不是"真正的"奢侈品客户。劳斯莱斯的创始人查尔斯·罗尔斯（Charles Rolls）这样说过："如果必须问价，你就付不起。"[53, p.229]

表 2-3 总结了我们对奢侈品制造商如何构建其营销工具的见解。

表 2-3 奢侈品价格定位中营销工具的构建

产品	价格	分销	沟通
• 极致的质量和性能，尤其是在情感和象征属性方面 • 全面、个性化的服务 • 最高层次的独家性 • 自己生产，一般都是手工制作或为客户专门定制（很少外包）	• 极高 • 在不同渠道保持价格一致以维持价值 • 无论何时都不打折 • 限定版本；同时确定价格和销量	• 极度严格挑选的分销渠道 • 严格控制销售渠道 • 倾向于自营商店或代理系统 • 线上销售占比很小，但作用逐渐提升	• 精致的广告 • 精心选用媒体 • 大量使用印刷品（超过广告预算的60%） • 重视公共关系、编辑内容、报道、赞助和特殊活动 • 强调传统 • 没有积极或明确的价格沟通

2.6.1.3 机遇与风险

全球财富的增加和新兴市场的强劲增长正在推动奢侈品市场的扩张，这创造了令人注目的机会，但也伴随着明显的风险。

- 奢侈品市场极具吸引力，因为它们具备高增长和高盈利能力。但征服这些市场绝非易事。在奢侈品领域，主要聚集着法国、意大利和瑞士的企业。对于豪车而言，德国和英国的品牌具有很强的代表性。新的市场参与者往往很难建立奢侈品品牌的声誉和需求。

- 功能属性方面的最佳表现是准入证，但只有这些并不能取得成功，产品还必须提供极高的情感和象征价值。

- 奢侈品要想有利可图，必须达到足够的销量，而产生过高的销量，又会导致品牌自身的贬值。其中的一个风险是销量过小导致无利可图（"小销量诅咒"）。

- 另一方面，丧失独家性导致的威胁。奢侈品本质上是精英主义。独家性至关重要，因此，必须避免以丧失品牌独家性为代价的增长战略和扩张计划。横向扩展新产品类别（品牌延伸）以及垂直扩展即向低端市场的扩张，都会使品牌丧失独家性。品牌效应被淡化对奢侈品来说是极其危险的。这种扩张可能会在短期内得到回报，但从长远来看，可能会导致品牌受到轻视。

- 越来越多的奢侈品制造商开设了自营的门店，以保持对价格和购物体验质量的严格把控。这虽然增加了企业的增长机会，但需要投入大量资本并承担额外的风险。

2.6.2 高端品价格定位

2.6.2.1 基本情况

高端品价格定位意味着产品或服务的价格明显且持续地高于市场平均水平。几乎每一领域都有高端的产品和服务。在消费者市场，高端产品包括梅赛德斯–奔驰和雷克萨斯（汽车）、美诺（Miele，洗衣机）、Nespresso（咖啡）、星巴克（咖啡店）、倩碧（化妆品）和苹果（消费类电子产品和电脑）；高端服务包括新加坡航空和汉莎航空、私人银行以及洲际酒店和四季酒店等连锁酒店。

但高端产品绝不仅限于享有盛誉的消费产品，B2B 行业也有许多高端的产品和服务。我们常听到与工业商品有关的表述"我们是行业中的梅赛德斯–奔驰"。中型全球市场领导者，即所谓的隐形冠军，价格通常比市场平均水平高 10%~15%，但仍属于全球市场领导者[54]。

对高端品价格定位而言，客户最感兴趣的是供应商的质量、能力或独特性，而不是价格。竞争产品或服务之间的成本差异通常小于感知价值的差异以及由此产生的支付意愿之间的差异。对于后者，企业通过溢价进行系统性的利用。高档汽车公司的董事会成员对高端品定价进行了解释："我们的价格应该比市场平均价格高出 12%~16%，但我们的成本应该只高出 6%~8%，成本与价格之间的这种差异就是机会所在。"

如表 2-4 中选择的案例所示，中端价位和高端价位商品之间的差异可能很大。溢价应该达到多少并没有普遍性的经验法则，特别是对于消费品来说，溢价差额可达好几倍。高端品和奢侈品之间的界限是不明确的。

高端品不仅应该在功能属性上出类拔萃，在情感、象征和道德属性方面也都应该有更出色的表现。高品质和一系列出色的服务是其特征。创新往往是其卓越的基础。高价本身可以成为一种正面的属性。这种效应来自作为质量指标的价格及其传递的社会信号（势利效应或凡勃伦效应）。通过购买和使用高端产品，客户有意识地将自己与普通大众区别开来，但并没有完全脱离主流社会（这在奢侈品市场可能会发生）。

表 2-4　市场平均价格与高端品价格之间的差异（数据采自 2018 年 1 月）

产品	中端品价格定位	高端品价格定位
巧克力（3.5 盎司）	吉百利：1.93 美元	Scharffen Berger：4.99 美元（+159%）
冰激凌（35 盎司）	Breyers：2.18 美元	Ben & Jerry：8.68 美元（+298%）
铅笔（每只）	General's Kimberly Graphite Pencil：0.95 美元	辉柏嘉 9000 系列铅笔：2 美元（+110%）
男士礼服衬衫（白色）	Alfani：52.5 美元	雨果博斯：95 美元（+81%）
智能手机	华为 P10（64G）：449 美元	iPhone X（64G）：999 美元（+123%）
高清电视（55 英寸）	东芝：449.99 美元	三星：1 099.99 美元（+144%）
中型汽车（基础车型）	大众帕萨特：22 995 美元	梅赛德斯-奔驰 E 系：52 950 美元（+130%）
迈阿密的酒店（标准间，一晚）	迈阿密南滩希尔顿酒店：217 美元	四季酒店：478 美元（+120%）

2.6.2.2　管理

1. 产品

对于客户的质量期望，产品本身的质量在高端价格定位中起核心作用。从创新到原材料采购，在整个价值链中，卓越的能力都是不可或缺的。它还涵盖了稳定的生产流程以及高于平均水准的销售和服务组织能力。在任何其他产品类别中，即使是对奢侈品来说，创新也都不会比高端产品本身更重要。这是因为高端产品通过创新来建立独特销售主张（USP）。

在智能手机行业，高端手机型号（如 iPhone）经常会先推出突破性的创新（前置摄像头、视网膜显示器、光学变焦的高清摄像头、立体扬声器、3D 触控），然后这些功能会扩展到平均价格和更低价格范围的机型。因此，任何独特创新所带来的竞争优势只是暂时的，高端供应商面临持续创新的压力。一些品牌把这种不断创新的精神在广告中进行重点宣传。自 1899 年成立以来，高端家电制造商美诺就使用了"追求极致，不断超越"的口号。这个口号代表了公司的发展理念。美诺一直不断改进自身的产品，努力做到比竞争对手更好。

尽管如此，创新并不是唯一可以取得成功的高端产品策略，企业也可以一直专注于性能良好的产品。有人将这种变化形式（variant）称为"恒久不变"（始终是相同的）策略。"恒久不变"实际上是 Underberg 的座右铭，这是一种在德语国家闻名的助消化饮料。这类产品的独特销售主张，例如，芝华士威士忌（Chivas Regal）：

源于产品的恒久不变。稳定是一个优势，但这仅适用于产品本身。企业必须调整其营销方法和生产流程。高端产品还需要一定水平的服务，这种服务需要既全面又具备与产品本身类似的品质。为实现这一目标，企业需要来自内部及销售和分销合作伙伴的高素质员工。

2. 价格

相对较高的价格是高端产品不可或缺的特征。价格不能成为打折、特价或类似价格策略中的乒乓球㊀。高端供应商必须高度重视价值的持续性、价格纪律以及价格维护。保时捷前首席执行官文德林·魏德金（Wendelin Wiedeking）解释道："我们的策略是通过保持价格稳定，以保护我们的品牌，避免二手保时捷的剩余价值下降。如果需求下降，我们会削减产量，而不是降价。"保时捷现任的营销总监伯恩哈德·梅耶尔（Bernhard Meier）和谢尔·格鲁纳（Kjell Gruner）在这一点上有一个明确的理念："我们总是希望销售比市场需求少一辆车，以保持我们的品牌承诺过的高独家性和高保留价值。我们不是销量驱动型企业，而是追求持续的经营。"[55]

这一策略运作良好有以下几个原因。

- 急剧变化的价格与高端产品持久的高价值形象不相符。
- 临时降价会导致以正常（高）价购买产品的客户感到沮丧或愤怒。
- 对于耐用品来说，价格活动可能会危害二手产品的价格。剩余价值是这类产品的重要购买参考。剩余价值的下降会降低客户对新产品的支付意愿。

向高端产品的经销商提出建议价格是合适的，应予以执行。即使很难获取法律依据，高端产品的制造商应该坚决阻止其产品作为亏本商品处理。零售商和经销商一直都在试图规避制造商为维持转售价格纪律所做的努力。

最重要的是，制造商应该抵制降价的诱惑。当降价幅度很大时，高端产品的价格弹性肯定会很高，会导致销量大幅上升。然而，在反复使用这种策略后，该产品可能会失去高端地位，成为大众市场产品。这方面的一个例子是法国的服装品牌Lacoste。法国职业网球选手何内·拉科斯特（René Lacoste）于1933年成立该公司，出售他设计的运动衫。易于识别的鳄鱼标志代表了独特的声誉，鳄鱼牌衬衫达成了高价格并获取了高额利润。美国前总统艾森豪威尔和其他名人都在公共场合穿过这个品牌的衬衫。50年来，这个品牌一直都代表高社会阶层。但是，随着时间的推移，

㊀ 此处意指经常改变价格。——译者注

Lacoste 成为大众产品。价格下跌导致了销量下降,销量下降引发了更多降价,并最终导致了利润的降低。这个案例说明了为什么高端产品的价格纪律如此重要。

3. 分销

高端产品的分销需要独家性和选择性。这一过程要从控制产品的展现形式开始。这不仅是视觉效果的呈现,还包括销售人员的资历和外貌形象。在实践中实施这一准则具有一定的难度。在服装或消费类电子产品等行业中,高端产品在由中端或低端产品主导的市场环境中销售并不罕见,即使这不太符合高端制造商的最佳利益。高端产品供应商逐渐在百货公司内部开设独立的"店中店",将自己的产品与中端价位的产品分开。实践证明,这一观念是可行的,并且适用于高端产品。

根据 Lasslop 的研究[56],可将高端产品的分销分为三个层次,最高层次的分销是通过旗舰店销售,其主要目的是"赞美和崇拜"高端品牌。这类旗舰店的案例有苹果、耐克或咖啡品牌 Nespresso。实现高收益并不是这些商店的主要目的。相反,其主要目的是展示品牌,正如"旗舰"一词所暗示的那样,制造商应该为客户创造一个胜地,让他们沉浸在品牌及品牌塑造的高端品质中。第二层次是特许经营的独立门店。在这一级分销中,制造商仍然保持对所有关键参数的掌控。分销的第三层次则由专业零售商和高档商店组成,如 Nespresso 的厨具连锁店 Sur La Table 或美国梅西百货设立的精品店。"店中店"的趋势已经站稳了脚跟,特别是在高档商店中。由于对中间商的要求很高,制造商在选择时要遵循非常严格的标准。为了满足制造商对产品高质量展示、精致氛围和高素质人员的要求,选定的中间商会获得一定程度上的地域独家性。在某些情况下,制造商会采用独家的分销系统。

应该批判性地看待通过全国工厂直销中心(FOC)网络分销高端产品。为了降低高端产品形象和价格的风险,真正的独立工厂销售商店只在本地运营。在客户对零售商不具有强烈忠诚度的行业(例如纺织品、家具和家用电器)中,工厂直销中心可能是一种有利的分销选择。这些中心打破了零售业的权力平衡,而这种权力平衡往往有利于商店,对制造商则不那么有利。因此,制造商更愿意在 FOC 上提供过季的而不是最新款式的商品。

由于奢侈品价格细分市场的不可接近性与独家性,它的线上销售渠道十分有限,然而高端细分市场却越来越多地使用其他分销渠道。目前,线上销售收入约占高端品牌收入的 17%[57]。当客户购买高端产品或高端品牌时,他们仍然期望得到出色的服务。客户导向和客户关怀[58]是在这一销售渠道获取高支付意愿的前提。但是这些服务通常很难通过网络完成，因此，在线分销渠道取得成功的机会取决于行业及产品的介绍详细程度。例如，客户更愿意在网上购买升级后的苹果手机，而不是新款的洗衣机或家具。

4. 沟通

由于品牌化对高端产品很重要，因此，不言而喻，沟通也非常重要。沟通的内容主要集中于独家性、声誉和持续性。除了经典广告，高端产品越来越依赖于"线下"活动。这些活动包括公关、事件（活动）营销和植入式广告。影片《明日帝国》中詹姆斯·邦德驾驶了宝马 750iL。宝马推出了 i8 混合动力电动汽车后，汤姆·克鲁斯在"碟中谍"系列电影《幽灵协议》中驾驶了这一车型。宝马公司通过"驾驶使命"的口号将"碟中谍"系列影片与汽车联系在一起。苹果的产品也在许多电影作品中做了植入式广告。

高端产品的沟通基于产品的性能属性、情感属性和购买后所能带来的社会声望。价格则藏在幕后。如果企业成功建立了高端的品牌形象，那么价格在购买决策中只具有次要的作用。

表 2-5 概述了高端价格定位的营销工具的结构。

表 2-5 高端价格定位的营销工具构建

产品	价格	分销	沟通
• 出色的功能表现与质量 • 全面的服务 • 高度重视情感属性、象征属性和道德属性	• 维持相对高价 • 不打折不促销 • 价格纪律和价格维护尤其重要 • 仅针对时尚产品做清仓销售	• 高独家性和选择性 • 对产品展示进行控制；对零售商要求很高 • 选择性地加强线上销售	• 重视非价格因素 • 信息的连续性 • 使用线下活动（例如产品植入式广告）

2.6.2.3 机遇与风险

高端产品定位的逻辑如下：合理销量和高边际贡献共同促成高利润。然而，这一逻辑只有在高价格、需求量仍然充足的情况才能起作用。价格越高，产品可进入的细分市场越小。大量实证研究结果表明，高端供应商的盈利能力高于平均水平[1, 59]。以下是高端价格定位产生的机遇和风险。

- 较高价格范围内相对较低的价格弹性可以获取较高的溢价。
- 由于高端市场中的客户更重视性能属性，因此，产品差异化带来的机会比大众市场更多。每个性能属性都是潜在的竞争优势。Canoy 和 Petz[60, p. 307]从客户的角度评估了这些机会:"客户对产品的评估更多地分散在高质量范围内而不是低质量范围内。"

- 高端市场的价格战频率和风险低于低价产品市场,这是因为高端细分市场的"价格战士"有可能破坏自身的品牌形象。
- 财富和收入的增加推动了高端市场的增长,客户从中端细分市场升级至高端细分市场。
- 金融危机可能导致需求从奢侈品转移到高端产品细分市场。
- 可以观察到客户更强烈的情感意识。人口统计特征的转变,或者更具体地说,社会老龄化导致了这种趋势。根据埃森哲-GfK 咨询公司的一项研究,许多老年消费者更喜欢昂贵的产品和销售渠道[61]。
- 特别的挑战在于达成并保持高水平的质量和创新。如果产品或服务无法达到匹配产品定位的质量,那么纯粹基于形象的差异化将无法持久。Quelch[62, p. 45]指出:"只有独家性却没有产品质量支撑是造成失败的因素之一。"
- 品牌面临类似的风险。如果一家企业未能将其品牌定位或者维持在高端客户所期望的水平,那么就会陷入困境。大众辉腾可以作为一个典型代表。在高端市场中,大众在与宝马或梅赛德斯的竞争中占据下风。
- 从中端价格定位升级的产品也会对现有的高端产品构成风险。如果有雄心壮志的企业提高了产品的质量和形象,该产品可以从下方攻击高端产品。这种消费升级发生在许多市场,丰田旗下的雷克萨斯就是一个很有说服力的例子。
- 高端产品的管理者必须抵制"大量生产的诱惑"及其承诺的增长。摧毁高端定位最有效和最快捷的方法之一是降低价格进入大众市场,即达到更高的销量,并实现更广泛的分销。
- 二手市场可能给耐用消费品带来风险。高端产品在二手市场上享有很高的知名度。互联网加剧了这一问题。这在汽车市场上是众所周知的。蓬勃发展的二手市场可以抑制客户对新产品的需求,并对新产品的价格施加下行压力。高端制造商应密切关注二手市场,并在必要时进行干预。
- 高端定位意味着更高的复杂性和更高的成本。高性能并不能通过低成本实现,因此,生产过程中存在成本失控的风险。对于高端产品,必须始终确保更高的价格能够超额补偿额外成本,还应该避免不能增加客户支付意愿的成本。

2.6.3 中端产品价格定位

2.6.3.1 基本情况

中端价格定位意味着从客户的角度来看，相对于市场平均水平来说，产品或服务具有中端水平的性能和相应的中档价格。中端价格处于客户所感知的市场平均水平，性能水平也是如此。具有中端价位的产品通常包括有助于在各自的市场中制定标准的经典品牌产品。例如，别克汽车、家居用品制造商惠尔浦或零售商克罗格和乐购。中端价位的产品和品牌一直非常重要，其特征方面包括品牌、质量保障、形象、成为整个类别的代表（如舒洁、Q-Tip 牌棉签品）和具有普遍性。

随着折扣店在市场中的进一步渗透，中端定价受到了攻击，但就在不久前，出现了一个反趋势——中端定价再次变得强劲。就总体销量和价值而言，中端价格范围仍然占据了许多市场中最大的部分。Gap 或 American Eagle 等品牌以中端价格定位获得了成功。重要的是，以其质量水平，并通过当前的最新设计，使中端价格零售商与低端价格竞争品牌（例如，H&M、Forever 21 或 Primark）有所区分。中端价位的零售商，如雨果博斯或 Ralph Lauren，它们不提供顶级的款式或材料，而且没有明显的象征属性，价格也明显低于高端产品。在快速消费品中，有许多产品类别通过中端价格占据了主导地位。在面条市场中，中端价格范围的产品占据了大约 60%的市场份额[63]。

2.6.3.2 管理

1. 产品

良好稳定的质量是中端价格产品的主要特征。与低端价格产品相比，供应商应该注意根据产品性能建立客户偏好。这主要影响功能属性的组成部分，例如，技术、创新程度、可靠性以及耐用性。中端价位的产品还应该在包装和设计（情感性能）方面以及基本的象征属性上与低端价位产品有所区分。这尤其适用于消费品，因此，品牌管理也非常重要。虽然中端价位的产品与高端产品在本质上没有多大差异，但比起低端价格产品，中端产品为客户提供了更多的选择。

如果由于规模和经验曲线效应导致产品的可变单位成本下降时，企业需要决定是降价还是提高产品性能。在大多数情况下，中端价位的企业会选择改善产品性能，而低端价格的企业会选择降低价格。这一做法可以进一步扩大中端产品"卓越性能"

的竞争优势。因此，在计算机行业中，中端价格的企业通常不会选择降价，而是在相同价格的基础上，一代一代地不断提高产品性能，或是提供更多配件。坚定的低价供应商则会选择降价强化自身"低价"的竞争优势。

2. 价格

与品牌形象和稳定的品质一致，许多中端价位产品的供应商尽可能保持稳定的价格水平，它们正在努力控制零售层面的价格竞争。为了遏制特价或打折的频率和程度，中端价位的供应商积极地维持产品价格，目的是在一定范围内（即价格走廊（price corridor））协调终端消费者价格。由于禁止纵向定价，因此，当通过分销商或零售商销售产品时，制造商无法直接协调终端消费者价格。尽管如此，制造商肯定会对终端客户价格施加一些影响，相关举措包括确定亏本商品；跟踪货物流动；防止灰色进口；购买全部的降价商品；向贸易伙伴提出上诉；限制交货或激励渠道合作伙伴以维持和执行制造商建议售价。但从法律上讲，这是一个灰色区域，制造商的力量一直在下降。

对于中端价位产品，特价优惠比低端价位产品更重要。首先，竞争对手之间更广的价格范围让企业有更多的暂时降价的余地。其次，特价或价格促销对销量的影响非常大，促销期间可能会增加 5~10 倍的销量。特别优惠也可以赢回已转向廉价或低端价位产品的客户。但是必须注意不要过于频繁地使用这种价格策略：长期进行促销活动，或提供远低于正常水平的价格。当一家企业没有遵循这些准则时，客户就会对降价习以为常，并且只有在降价时才会购买，这损害了品牌形象。Banana Republic、Ann Taylor 和 J. Crew 都掉入了这一促销陷阱，近年来它们每月的促销日多达 18~20 个，以保持一致的销量。实际上，其价格已经进入了低端价位类别，却还没有达到与之相符的低成本结构。

根据不同包装尺寸或性能特色设定价格差异对于中端价位的产品很重要。虽然廉价产品通常只能在固定结构中获取，但中端价位细分市场的客户可以有很多选择。与折扣店相比，中端价位商店的种类往往更丰富，价格差异化更大。当然，客户还希望获得比低端价位产品更有效的建议、更好的服务和更高的商誉。这提供了战略机遇，例如，捆绑价格或针对特定服务的收费（不捆绑）。

3. 分销

中端品牌产品的一个典型特征是普遍性，但我们观察到分销渠道之间存在一定程度的差异化。一些折扣店只提供数量有限的品牌产品。尽管如此,中端价位的产品具有更大的销售到达率。它们通过许多渠道和许多中间商销售,即使在新的行业领域也是如此。

与中端品牌产品的品质要求相一致,制造商必须对销售渠道进行质量把关。这对可能产生责任风险或需要详细咨询的产品尤为重要。这些产品属于专业贸易仍占主导地位的领域。经销商的作用越重要,他们的加成就越明显。在这里,我们需要区分推式产品和拉式产品。当经销商为客户提供服务并且能够推荐产品时,例如有人在药店购买非处方药时,就会出现"推"的状况。在这种情况下,经销商通常会对客户购买的产品产生决定性的影响。经销商希望制造商可以针对推销产品的服务提供一定的补贴。而在"拉"的情况下,则是客户自己决定购买哪种产品,自助服务就是一个很好的例子。然后制造商必须使用广告这一营销工具,确保终端客户对其品牌有足够强烈的偏好,在这种情况下,经销商仅需要履行后勤职责。

对于中端价位的产品,线上销售也变得举足轻重。许多知名品牌使用互联网和线上商店进行直销,或通过第三方平台进行销售。但是,在线销售的使用因行业而异。迄今为止,食品和杂货行业并未充分利用这一渠道,但美国的生鲜杂货代购平台(Instacart)、亚马逊生鲜服务(Amazon Fresh)和谷歌海淘平台(Google Express)与比较成熟的线上生鲜杂货店 PeaPod 等平台的推行表明,这种情况可能正在发生变化。然而,如今很难想象失去线上销售渠道的软件、电子产品或旅游产业会是什么状况。客户使用互联网进行产品的搜索和价格比较,通过线上商店购买电子设备或鞋子也很正常。数字竞争使许多实体店的生存面临风险,因为它们难以同步提供线上商店可以提供的产品。主流音乐和视频商店几乎被线上销售渠道(如流媒体服务 Spotify 和 Netflix)彻底击毁。

4. 沟通

比起低端价位的产品,沟通对于中端价位产品起着不同但更重要的作用。这个结果是由多重原因导致的。首先,中端产品多维的性能和品质优势要求比一维价格优势有更密集的沟通。其次,具有更重要意义的品牌身份和品牌形象主要通过沟通创造。因此,中端价位供应商在沟通上的投入比低端价位供应商多。为了覆盖广泛的潜在客户,他们主要使用大众媒体(电视、流行杂志等)作为沟通媒介。互联网也逐渐成为电视的补充沟通媒介。这尤其适用于具有高互联网亲和力的年轻目标群体。然后就是通过数字服务、云服务等方式。在这些互联网媒体上,企业主要通过广告和横幅的形式推销自己，这些企业包括 Spotify、亚马逊和垂直电商。线上沟通不再局限于横幅广告或视频剪辑，而主要是通过使用社交媒体和品牌内容而非利用传统广告形式来进行宣传。中端价位的品牌习惯使用 Facebook、Twitter、Instagram 或 Pinterest 直接与粉丝进行沟通。

在广告内容和设计上，性能和品质是最重要的因素。价格本身很少成为沟通的对象，通常是在价格–价值关系中会被提及。根据产品系列，广告通常强调情感成分。企业试图将产品与感受和体验联系起来，从而促进客户与产品的联系，最终创造支付意愿。中端价位产品特殊的地方在于其所代表的社会中立形象，而低端价位产品往往与较低的社会地位有关。高端产品，尤其是奢侈品，可以带来更高的社会声誉。不言而喻，这些衍生的社会形象会影响客户的支付意愿。

表 2-6 总结了中端价格定位营销工具的构建。

表 2-6　中端价格定位中营销工具的构建

产品	价格	分销	沟通
• 良好的性能表现 • 持续的性能提升 • 充满情感属性，有时包含象征属性与道德属性 • 许多选择 • 品牌非常重要	• 价格稳定，每代产品进行性能提升 • 监控与维护 • 使用特点 • 基于适度/轻微性能差异的价格差异化 • 复杂价格结构的机会（捆绑或非捆绑）	• 普遍性 • 大量销售渠道 • 线上销售很重要 • 对销售渠道进行一定程度的质量把关 • 专业化贸易（产品需要详细的解释）	• 相当高的投资 • 传统广告模式占据了相对高的比例（例如电视、印刷品等大众媒体） • 强调性能、品质，而不是价格 • 社会中立性 • 增加线上销售以及社交媒体的使用

2.6.3.3　机遇与风险

很长一段时间以来，人们普遍认为中端价位即将消亡，然而这些预测并没有实现。长期以来，中端价格产品满足了许多市场的绝大部分需求，甚至在有些市场增长得更为剧烈。中端价位产品面临以下机遇和风险。

- 中端价格范围内的典型品牌产品不仅众所周知，而且收取的价格会产生正面的效应。它们与公平、诚实/真实和可靠等属性相关联。
- 它们在同等程度上避免了"廉价"或"自命不凡"的形象。这种对极端的规避对中端价位的产品来说是有利的，它们不会像价格范围上端或下端的产品那样极端化。
- 中端价位的产品可最大限度地降低客户的搜索成本和感知风险，当客户对产品知之甚少时，他们通常会选择中端价位的产品。Hayward[64, p. 66]说："消费者正在追求性能令人满意的产品，它们需要简单易懂，容易找到，选择前不需要做大量的研究，无论在情感上还是经济上都不需要承担过大的风险，并且非常可靠，值得信赖。"

- 另一方面，中端价位可能缺乏明确的形象特征。"它们比低端产品贵得多，但又没有高端产品那么优质，这可能是一种糟糕的妥协"这句话抓住了消费者可能联想到的中端产品的本质。

- 中端价格区间受到来自上方和下方的攻击。从上面看，高端产品的竞争对手可能想要开辟自己的中端产品。从下面看，低端产品的竞争对手正在使用质量不断提升的产品发起攻击。在食品和杂货店，折扣店正以一贯较低的价格攻击中档零售商。

- 企业内部也面临风险。成本压力可能导致企业降低甚至完全放弃其传统的性能优势。这种所谓的"切香肠"（salami-slicing）式策略可能在短期内能逃避客户的注意，但从长远来看，则可能会破坏中端价格定位。为了避免这种情况，我们必须非常精准地理解哪些属性或性能水平对于客户来说是必不可少的，并且愿意为此付出更多。

- 中端价位的产品往往有悠久的传统。由于核心消费者年龄的增长，他们面临被其他消费者认为过时的风险。这样的产品可能会失去对年轻消费者的吸引力。使用折扣来补偿过时的产品形象是无效的，必须直截了当地对抗这种趋势，并保持最新的形象。

"中端"需求变弱还是变强是有争议的。一方面，市场两极分化对中端价位构成了严峻挑战。另一方面，人们会认为总有一个市场会以合理的价格提供合适的产品性能。一些研究表明中端产品需要提升，而其他研究结果则与之相反。低端和高端产品都在趋向中端。低端供应商通过不断提高质量来实现这一目标，而高端供应商则试图以更优惠的价格提供高端产品的精简或缩略版本。这两种趋势在不同的市场中体现得很明显。中端价位的状况也不一定是收益不佳地"夹在中间"。Cronshaw、Davis 和 Kay[65, p. 25]发现，中端价位企业的经营状况要优于低端价位企业。Sharp 和 Dawes[66, p.749]注意到，许多中端价位的企业和品牌已经表现出高于平均水平的持续成功。具有代表性的例子有丰田（汽车）、LG（电子产品）、多芬（化妆品）、Best Western（酒店）、百事可乐（饮料和零食）和家乐氏（Kellogg）（早餐食品）。

2.6.4 低端价格定位

2.6.4.1 基本情况

低端价格定位意味着，相对于市场平均水平，企业以持续的较低价格提供较低水平的性能。在过去的几十年里，低端价格定位的重要性与日俱增。在德国的食品和杂货零售商中，折扣店的市场份额已经增长至45%左右。折扣商奥乐齐（ALDI）和 LIDL 正成功地将市场扩张到其他国家，其中包括英国和美国。低端价位企业也逐步扩张到其他细分市场中，其中包括电子产品（Best Buy、戴尔）、服装（Forever 21、Primark、H&M）、啤酒（Keystone）、汽车旅馆（Motel 6、Red Roof Inn、Microtel）或家具（宜家）。在航空运输方面，现在也有许多廉价的替代品（美国西南航空、瑞安航空、易捷航空），就像汽车租赁企业（Enterprise、Budget）一样。

这同样适用于利用互联网将成本优势传递给客户的银行，其中包括 Bank of Internet USA 和 Capital One 360。即使在需要在购买前进行密集咨询的行业中，低端价位供应商也建立了领先的市场地位。一个例子是处方眼镜市场，其中的 Fielmann 是欧洲市场的领导者，其价格明显低于传统眼镜零售商。在美国，开市客（Costco）通过自己的视觉研究部门提供低价眼镜和隐形眼镜，而 Warby Parker 主要通过线上销售眼镜。

工厂直销中心（FOC）是一个特殊的低端价位细分市场，展现了强劲的增长势头。这些中心为品牌产品提供了额外的销售渠道，主要被服装和时装公司采用。根据该市场名称，企业就是在这些商店以低廉的价格销售滞销的品牌商品。在某些情况下，零售商会创建专门的销售渠道，提供品质和成本都较低的品牌商品。FOC 取消了零售商加成并降低了运输成本，所以制造商能够以较低的价格将产品递送给消费者。这类似于汽车制造商向员工、汽车租赁公司或其他车队运营商低价出售产品时使用的方法。对于一些汽车品牌来说，几乎一半的产品都经历过利润率更低的"第二价格轨道"。

低端价位的企业在抢占大量市场份额方面取得了广泛的成功。但在盈利状况上，则是好坏参半。大多数低价企业无法长期生存。德国家居装修用品连锁店 Praktiker AG 在倒闭前，多年来一直使用"全部商品八折"的口号。然而，当这些企业长期生存下来时，它们的增长率和回报率往往都高于具有较高价位的同类企业。这些企业包括奥乐齐、宜家、瑞安航空和美国西南航空。瑞安航空的市值约为 230 亿美元，高于汉莎航空（市值约为 150 亿美元）。互联网已经增加了价格的透明度，并出现了基本服务尽可能保持低价的趋势，这些因素叠加起来提高了价格的敏感度，并为这些企业吸引到了新客户。

这些成功的例子表明，低价策略只有在低成本的基础上才有意义："根本没有低价策略，获取成功的唯一途径就是具有比竞争对手更低的成本。"[37, p.13]除非企业一直保持低成本，否则低价本身不能带来成功。即使对于复杂的产品（例如，投资基金），低成本策略也能发挥作用。投资集团富达（Fidelity）和先锋（Vanguard）的比较说明了这一点。富达集团专注于提供积极的投资组合管理，而先锋集团提供低成本的指数型基金（ETF）投资产品。这就是美国先锋集团成功保持行业最低成本的方法[66]。

2.6.4.2 管理

迈克尔·波特（Michael Porter）认为，低端价位与成本领导力紧密相关[67, p.11-22]。为了长期以低价生存，并产生足够的回报，企业必须具有可持续的成本优势。它们需要利用规模经济和经验曲线。在整个价值链中保持持续的监控和成本最小化对于低端价格定位是必不可少的。产品/服务简化与成本领导力密切相关。这种简化要求只提供基本的产品和服务，也就是只能为客户提供充分满足其需求的最基本的功能属性。低成本的卖方拒绝提供超过这一标准的产品服务，他们不愿意提供过多的功能属性，并避免解决额外的情感、象征或道德方面的需求，尤其是在这样做会产生额外的成本或复杂性时。

1. 产品

成本领导的要求意味着企业需要提供标准化的产品和服务。规模经济和经验曲线效应仅在销量很大的时候起作用。必须避免不必要的复杂性成本。因此，低端价位企业需要严格限制产品种类。例如，奥乐齐超市仅储备了 57 种果汁，而传统超市的货架上果汁的品种达到 165 种。传统超市会提供 223 种不同的咖啡产品，而奥乐齐只提供 49 种。

这对库存周转产生了巨大影响。奥乐齐超市每年的资本周转率超过 2.6 次，而其他超市只有 1 次[68]。只有少量的基本组件或版本，为了提供相对大量的终端产品选择，一些企业转向所谓的平台策略。标准化模块的组合会产生不同的版本。这种方法被广泛应用在汽车和计算机行业，在重型设备和工程中也得到了越来越多的应用。

然而，产品简化仍然是节省成本的最重要的因素。有一个亘古不变的难题："什么水平的性能足以解决客户的需求？"德国移动电信公司 Congstar（"你想要，就能得到"）不提供任何服务。它对手机购买不提供补贴，也不提供 24 小时服务，甚至没有任何实体店，所做的只是在线销售预付费电话卡（没有其他产品）。换句话说，Congstar 只提供基本和单纯的功能。

以类似的方式，低成本航空公司撤销了许多服务。如果乘客选择传统航空公司，则这些服务有可能提供。低成本竞争企业通常不提供座位预订、休息室、会员卡、休闲娱乐项目或杂志。当它们提供食品、饮料或托运行李等服务时，会收取附加费。2006 年，瑞安航空率先推出了之前不可侵犯的旅客行李限额，并开始单独对行李收费，之后其他航空公司也纷纷效仿。

作为激进价格重新定位战略的一部分，Hanse Merkur Insurance 保险集团大大简化了其产品和服务组合。通过为消除一切不涉及生存风险的保单（例如，门诊心理治疗）提供入门级费率，该公司成功地在健康保险市场的低价细分市场中站稳了脚跟。简化产品不仅可以使客户免受高额保费的困扰，还可以提高保险集团的保费收入[69]。对功能属性的强烈关注是低端价位经销商的典型特征。

简化性能的原则也体现在企业的品牌创建过程中。低端价位通常被视为"无名"品牌、"跟风"产品或商店品牌的代名词。建立强大的产品品牌需要高额的投资，并且与成本领导力策略不相容。简约或基本的品牌与合理的包装是密不可分的。选择有限但品质高度透明的产品（如食品）很适合低端价格定位。此外，此类产品的性能应该不言自明，不需要详细的买前咨询或深入的销售宣传。

2. 价格

价格本身就是独特的销售主张（USP）和低端价位的竞争优势。在零售业中，这一主张转化为"天天低价"（EDLP）的现行做法。所有其他营销手段都与维护和支持低价的目标保持一致。使用"高低"（Hi-lo）方法，即定期提供临时低价，对于低价供应商来说并不常见。宜家提供了一个成功的案例。多年来，这家瑞典家具制造商已经赢得了在不同市场、语言和文化环境中以低廉的价格实现高销量的挑战。宜家的模式基于长期保持一定的产品种类与相应的产量。这有助于宜家锁定供应商的低价，并将部分节省的成本传递给客户。宜家开设的商店越多，销量就越大。这意味着宜家可以进一步降低价格。宜家价格策略的另一个重要部分就是选择所谓的

"令人惊叹的物品"。这些大众熟知的标志性低价产品（比如 Billy 货架）在整个产品系列中发挥了光环效应（halo effect）。[70]

为了保持极具吸引力的价格形象，定期降价可能是有利的。低端价位供应商通常可以快速地将节省的成本传递给客户。这不一定是由利他主义驱动的，而是为了阻止竞争企业降价的目标。一位专家说："在一天结束时，奥乐齐超市需要通过降低价格来反复重建其良好的声誉。"[71]奥乐齐超市的企业理念如下："我们在运营的每一部分都需要进行反复的思考和创新，争取最大限度地提高产品品质，为客户节省成本。"德国的网站解释得更具体："每当有机会时，例如大宗商品价格下跌时，我们会将省下的成本传递给客户，并立即降低零售价格。"[72]然而，当原材料成本上升时，即便是折扣店也无法避免价格上涨。当构建价格或条件结构时，要遵循简化性原则。复杂的价格结构需要耗费大量的时间，其中涉及付款条款和折扣。

3. 分销

销售管理通过使用有效的分销结构和数量有限的渠道来促进成本领导。线上销售对低成本供应商起着至关重要的作用，特别是在服务行业。低成本航空公司的机票通过网络或电话而不是旅行社订购。戴尔将几乎所有计算机直接销售给终端客户。这种分销渠道不需要大量的销售人员。在实物交易中，低成本供应商尽量寻找可以驾驶汽车直达、租金或地价较低廉的场所。

尽管如此，连折扣店也开始关注市中心更昂贵的位置。对简单化的特别关注不仅延伸到商店位置，还延伸到商店本身相对简洁的外观以及标准化的内部流程。例如，总是将相同的产品放在商店中的同一位置是有利的，通常是将它们放在货盘上或原装的装运纸箱中。

4. 沟通

低价供应商的沟通面临的要求是相互矛盾的。一方面，低价不会为大型广告预算留出空间。严格控制和最小化沟通成本是必不可少的。同时，企业需要有效地向目标客群传达产品的低价，以实现相应的高销量和市场份额。

一些低价供应商完全放弃了广告，只依靠分销渠道。当它们使用广告时，主要是为了传达自身的价格优势，并选择廉价的媒体进行宣传，例如，欧洲处方眼镜的领导者 Fielmann 主要依靠广播和报纸广告。低端价位企业的广告预算通常低于行业平均水平。尽管如此，企业，特别是零售商有时也会为"低价"的形象（mantle）

进行激烈的沟通战。众所周知的案例是沃尔玛和 Best Buy。

低价供应商的另一个策略是通过引人注目的行为或挑衅性言论，以期获得大范围的媒体曝光，这些都是免费广告。瑞安航空公司首席执行官迈克尔·奥利里（Michael O'Leary）就因这种行为而闻名。例如，他宣布瑞安航空公司可能会开始向乘客收取使用卫生间的费用（从未实施过）。瑞安航空甚至希望在自己的官网上提供所有航空公司的价格比较。带着他特有的傲慢，奥利里宣称瑞安航空"总是最便宜的"[73]。

成功的低价定位总是以低价作为噱头，采用激进的广告，说服尽可能多的客户。一旦低价形象在客户心中固化，企业就可以缩减广告支出。互联网特别适合传播低端价格定位。大量的群体都在使用价格比较网站，这对低价供应商来说是有利的。

价格是低端价格定位的核心信息和销售参数。其他性能方面都只是配角。价格广告通常非常激进。在印刷媒体中，价格通常比产品本身重要。在广播和电视中，这些广告不厌其烦地喊着相同的价格口号。

表 2-7 概述了低端价位营销工具的构建。这种定位要求整个价值链建立在低成本和最高效的基础上。这适用于采购、内部流程和人员。对于传统超市而言，劳动力成本可占总收入的 12%~14%，而折扣店将这些成本降至销售额的 5%~7%[74]。致力于这些原则，并始终如一地坚持应用，是在低价领域取得成功的关键。

表 2-7　低端价格定位的营销工具构建

产品	价格	分销	沟通
• 关注必要的功能属性（核心性能） • 低情感、象征、道德属性 • 有限的类别选择	• 持续的低价（天天低价） • 极少有特价 • 没有复杂的价格体系 • 没有折扣	• 几乎不提供产品的支持性服务 • 有限的销售渠道 • 便宜的店面与销售方式 • 线上销售很重要	• 强调价格（价格广告） • 可承担的、费用有限的媒体 • 长期采用简单的口号

2.6.4.3　机遇与风险

正如各种情况所证明的那样，有些但并非所有低价供应商都能在实践中取得成功。在这些领域取得成功需要满足许多前提条件。

- 低价细分市场的规模必须足够大。这不仅适用于支付意愿，也适用于接受较低的价值。低价细分市场可以从上方市场（社会地位下降）和下方市场（增加收入，尤其适用于新兴国家）获取更多需求或采取策略挖掘潜在需求（"产品越来越便宜")。这三个需求池都在发挥各自的作用。实际收入的停滞导致一些消费者将产品需求转移到较便宜的产品上。相比之下，在新兴市场，许多消费者正在赚取足够的钱首次购买低价产品。廉价航空公司的低价票为航空旅行开辟了新的需求层次。

- 低价供应商需要实现并保持明显的较低成本。这些成本优势可以通过新的商业模式（例如宜家、戴尔、瑞安航空、亚马逊）或规模优势来实现。这些优势源于高产量或高产能利用率。但这意味着，在大多数市场中，只有少数廉价供应商能够长期存活并取得成功。

- 品质必须保持在大多数客户可接受的水准。低价供应商不会因为产品"更便宜"而成功，而是因为它们将低价与可接受（但不高）的品质相结合。奥乐齐是这一策略的突出例子。其一贯的品质是导致在传统超市购买价格较高产品的客户逐渐接受奥乐齐所提供的低价产品的重要原因。

- 传统上价格较高的制造商面临的结构性约束，使它们很难对进入市场的低价竞争者做出回应。这些结构性约束可以是现有的价格合同、它们所做的投资、店面地址、技术或企业文化。

- 低价供应商需要特殊的营销能力。它们需要准确了解在性能和成本缩减方面，从产品中删除哪些内容不会对客户的感知价值造成太大损害。低端价格定位营销非常简单是一种误解，实际情况正好与之相反。

- 尽管成本低廉，但低价供应商仍然依赖于各种业务。这意味着它们需要一定数量的客户愿意为分类中的某些产品支付更多的费用。这适用于廉价航空公司，它们向较迟或最后一刻预订的乘客以及商务舱乘客收取更多费用。这也适用于零售业。例如，Fielmann 以非常实惠的价格提供基本型号的眼镜，但它同时也销售比较昂贵的眼镜，并提供丰富的附加功能（例如特殊镜片、防反射、保险等），客户需要为此支付额外的费用。

- 低价企业面临相当大的风险。最大的问题就是成本失控。当企业的成本意识削弱（或许它们想成为更复杂或更精细的产品供应商）或某些成本驱动因素失控时，就会发生这种情况。当燃料成本飙升时，廉价航空公司相对于传统航空公司而言受到的影响完全不同，因为燃料占其成本的较大份额。由于市场地位和品牌过于薄弱，许多来自发展中国家的竞争企业遭遇了无法转嫁给客户的增加的人工成本。社会环境也可能是一个风险因素。如果核心客户或低价供应商的社会地位下降，就会损失较高价格区间的客户。如果发生这种情况，低成本供应商就无法通过其原有方式盈利。

2.6.5 超低端价格定位

2.6.5.1 基本情况

超低端价格定位代表了以极低价格提供的极简产品。在发达的工业化国家，我们在上一节中描述的低端价位细分市场形成了价格尺度的低端。在新兴市场，过去几年中出现了一个全新的细分市场。超低端价位细分市场的价格有时会比低价细分市场低 50%。

两位印裔美国教授多年前就提到了这一新领域的出现。已故的战略专家普拉哈拉德（C.K.Prahalad）在《金字塔底层的财富》（*The Fortune at the Bottom of the Pyramid*）一书中率先提到了新兴国家快速增长的底端价格细分市场中蕴藏的机会[75]。中国、印度以及类似的发展中国家的稳定增长意味着每年有数百万消费者可以获得足够的购买力来购买工业生产的商品，尽管是在最低的价格范围内。

维贾伊·马哈詹（Vijay Mahajan）所著的《86%制胜术》（*The 86% Solution*）中将这一细分市场视为"21世纪最大的市场机遇"[76]。标题中的86%指的是86%的人年收入低于 10 000 美元。这个收入阶层的人们买不起高度发达国家常见的产品，如汽车或个人护理产品，但他们会选择购买更便宜的产品。凭借超低的价格定位，一个崭新的庞大细分市场应运而生。每家企业都必须决定是否参与以及最重要的是如何参与这一细分市场。如果企业想要在超低价格的情况下仍然盈利，那么只有在完全不同的策略下才能做到这一点。

这些细分市场的发展不仅发生在亚洲，也发生在东欧。法国雷诺集团在罗马尼亚生产的 Dacia Logan 车型就取得了很大的成功。这辆车的起售价为 7990 欧元，到 2017 年为止，该型号已售出 300 多万辆[77]。典型的大众高尔夫车型的价格是 Dacia Logan 价格的两倍多。新兴市场的超低端价位汽车价格甚至远低于 Dacia Logan 的价格。印度制造商塔塔的小型 Nano 汽车吸引了全世界的关注，这款汽车售价不到 3000 美元，但 Nano 面临重大困难，还尚未在市场上取得重大突破。总而言之，超低价细分市场包括各种各样的小型车，其中在全球已经销售了约 1000 万辆。这一细分市场的增长速度是整个汽车市场的两倍。

超低价产品在新兴国家迅速普及。雀巢和宝洁等消费产品巨头以每包几美分的价格出售非常小的包装产品，因此，收入极低的消费者偶尔也可以用得起此类产品

（例如一次性使用的洗发水）。在印度，吉列（Gillette）推出了售价为 0.11 美元的剃须刀片，比现有产品的价格低 75%。超低价格在工业产品市场中也变得越来越普遍，这适用于医疗设备和机床。这类产品已经占据了相当大的市场份额。

一个值得思考的问题是，新兴市场的超低价位的产品能否渗透到高收入国家。已经有这样的例子了。Dacia Logan 车型最初是为东欧市场设计的，但在西欧也取得了成功。西门子、飞利浦和通用电气已开发出适合在亚洲市场销售的简单医疗设备，但这些超低价设备目前也在美国和欧洲销售。它们并不一定会蚕食市场上适用于医院和专业实验的、更昂贵的设备所占的市场份额。从某种程度上而言，这些简单医疗设备为诸如普通医疗部门提供了使用这类设备的机会，这些部门可以使用这些设备进行一些基本诊断[78]，从而扩大了医疗设备的整体市场。

2.6.5.2 管理

1. 产品

超低价格策略只有一个主要方面：极低的成本。这一标准可以征服其他一切因素。因此，产品必须包括那些绝对必不可少的功能属性。对于客户来说，并非"必须拥有"的一切性能都被排除在外。从开发到采购再到生产，销售和服务的整个流程链必须按照最高的成本效率和简洁性进行设计。一项研究表明："如果想要征服中国和印度等增长型市场，机床和工厂设备制造商的产品概念需要进行彻底的简化。"[79]

一家企业无法与高收入国家的工程师一起开发超低价产品[80]。这意味着，不仅要在新兴市场建立产能，还要建立研发能力。在新兴市场中建立整个价值链是在超低价格范围内竞争的唯一途径。《逆向创新》(*Reverse Innovation: Create Far From Home, Win Everywhere*) 这本书分析了这个过程，并引起了不小的轰动[81]。对于印度的 Nano 汽车，博世（Bosch）开发了一种非常简化也极其廉价的共轨技术。超低价产品能否产生利润而不只是产生收入这一问题，依然有待考证。

单独行动的一种替代方法是收购活跃于超低价格细分市场的本地企业。瑞士公司布勒（Bühler）是铣削技术的全球市场领导者，收购了中国制造商，以便在中国保持低价。布勒集团首席执行官卡尔文·格里德（Calvin Grieder）表示，这能够帮助布勒集团更好地实现产品和客户期望之间的协调，这比他们原来在瑞士生产的价格更高、更复杂的产品可能会达到更好的销售效果。全球市场领先的工业激光器制造商——德国通快集团（Trumpf）也收购了一家中国企业。2014~2017 年，已有 32

家中国企业被德国企业收购，它们的目标通常是以此进入超低端价格细分市场。

占据了全球针织机市场 75% 份额的卡尔迈耶（Karl Mayer）公司，一直奉行双管齐下的战略。目的是确保不仅在高端市场，而且在低价位的细分市场中也能占据一席之地。首席执行官弗里茨·迈耶（Fritz Mayer）任命开发团队为低端市场开发产品。这些产品具有相同的性能，但成本降低了 25%。而在高端细分市场，相同的价格可以提供额外 25% 的性能。他的开发团队最终实现了这些雄心勃勃的目标。通过这一战略，卡尔迈耶的价格和性能范围都进行了双向扩大，最终赢回了中国的市场份额。

彻底的简化能以极低的成本和价格实现令人满意的功能性能。这无疑为发达国家创造了机会。在这方面，超低价格定位的决策不仅关乎这一细分市场在新兴市场的吸引力，而且也关乎高价位的工业化国家可能产生的回流效应。

2. 价格

价格是超低端价格策略中人们唯一可以讨论的因素。大致上，这类产品的价格比低端价位产品的价格低 50%~70%。随着收入的增加，新兴市场的数亿消费者第一次有能力购买工业生产的消费品和耐用品。以下的越南案例极具说服力。

本田是摩托车的全球市场领导者。它还是全球首屈一指的小型燃气发动机制造商，年产量超过 2000 万台。本田曾经占据了 90% 的越南摩托车市场，处于主导地位。它最畅销的车型本田梦幻系列（Honda Dream），售价大约在 2100 美元。只要没有市场竞争，就能一直保持这一价格水平。中国的竞争对手随后以超低价位的产品进入市场。它们的摩托车售价在 550~700 美元，是本田梦幻系列价格的 1/4~1/3。这些极具扩张性的价格导致摩托车的市场份额发生了翻天覆地的变化。中国制造商每年销售了 100 多万辆摩托车，而本田的销量却从大约 100 万辆减少至 17 万辆。

大多数企业此时都会放弃剩余的市场份额，或者退回到高端细分市场，但本田并没有这样做。其最初的短期反应是将梦幻系列的价格从 2100 美元降至 1300 美元，但本田知道长此以往，无法依靠这种低价盈利，而且这个价格仍然是中国摩托车价格的两倍左右。因此，本田开发了一种更简易、廉价的新车型，称为本田浪潮（Honda Wave）系列。新款摩托车将消费者可接受的品质与最低的制造成本相结合。本田公司表示，"本田浪潮通过使用降低成本后的本地零件以及通过本田全球采购网络获得的零件，实现了低价、高品质和可靠的特点"。新产品以 732 美元的超低价格进入市场，比本田梦幻的价格低了 65%。本田因此成功重新夺回了越南的摩托车市场，不少中国制造商最终都退出了这一市场。

本案例提供或强调了几个重要的经验教训。

- 对于超低价产品,价格范围比以前的价格水平低 50%~70%。
- 在低收入的发展中国家,企业只能使用超低价格来抵御价格极具侵略性的新对手。
- 本田等企业来自工业化国家,产品通常属于中端价位,能够与新兴市场的超低价竞争对手展开竞争。但以它们的传统产品无法取得成功。所以,它们想要获得成功,就需要对产品进行彻底的再定位、再设计、大规模的功能简化、本地生产并具有极端的成本意识。

3. 分销

我们所说的生产效率同样适用于分销。超低价位只允许第三方卖家/中间商获取微薄的利润,因此,它们必须进行大量销售。没有提供详细咨询、慷慨服务或满足客户特殊要求的空间。互联网具有很高的销售效率,非常适合超低端价格策略。人们可以预见,电子商务将成为这一细分市场成功的重要支柱。这些产品没有很高的复杂性,对销售和服务人员的要求很低,这表明销售成本较低。在新兴市场,提供维修和维护服务的供应商通常只有原始的工具。汽车维修通常在路边进行。超低价产品必须考虑到这些条件,所以,产品的零件必须易于拆卸和更换。

4. 沟通

超低价格是沟通信息的核心。没有可观的广告预算。产品需要便宜到媒体愿意进行报道,而这就成了一种免费广告。塔塔的 Nano 车型就是这种沟通策略的典型例子。由于其扩张性的方法,该车型在短时间内获得了相当大的关注。在欧洲,媒体多次报道了雷诺的 Dacia Logan 车型。虽然超低价产品只提供了最基本的功能,但仍然需要关注产品质量。如果是这样的话,那么就会有很大的机会获取有效的口碑广告。当然,互联网是这些产品的有效沟通渠道,特别是低成本的社交网络。塔塔 Nano 或雷诺 Dacia Logan 等车型获得了额外的"先锋"益处,因为它们是第一批打入超低端价格细分市场的产品。虽然这种做法并没有为产品本身建立良好的声誉,但确实提高了消费者对产品的认知度。根据 AIDA 模型(关注—兴趣—欲望—行动),注意力或意识是实现市场成功的第一步。

表 2-8 总结了超低端价格定位的营销工具的构建。

表 2-8　超低端价格定位的营销工具构建

产品	价格	分销	沟通
• 只有最必要的性能，剔除其他一切不是绝对必要的性能 • 最简单的产品设计与使用 • 本质上没有情感、象征、道德性能 • 产品种类很少，有时只有一种选择	• 极低的价格，大约低于市场平均价格水平的 50%~70% • 没有折扣和退款，因为没有降价的余地 • 只有一维价格，没有价格复杂性	• 极低成本的分销 • 提供尽可能低水平的产品咨询和服务 • 线上销售	• 只沟通价格 • 如果可以，尽可能使用免费的沟通工具 • 利用"先锋"地位获取免费公关服务 • 口碑广告，还有社交网络宣传

正如人们所看到的那样，当一家企业提供超低价格的产品时，传统营销策略中的许多要素都会废除。整个战略都围绕着极低的成本和价格。

2.6.5.3　机遇与风险

我们之前已经提到，是否可以通过超低价产品获得足够的回报这一问题尚未得到解决。所以，在制定这样的策略时，肯定同时蕴含着机遇与风险。

- 超低价格细分市场最具增长的潜力。Prahalad 和 Mahajan 教授在几年前引用过这句话。随着发展中国家和新兴市场的增长，数以亿计的消费者将首次获得能够购买工业产品的收入。
- 将产品精简至绝对的必需品是成功的前提，强烈的简洁性才是最重要的。同时，产品也不能过于简陋。塔塔 Nano 在这方面可能不尽如人意，而 Dacia Logan 已经跨越了这一障碍。
- 产品开发必须在新兴国家进行。这是为这一细分市场开发产品的唯一途径。但在这些国家建立研发部门以及开展创新活动都存在相当大的风险。
- 通过适当的设计确保最低的制造成本，并选择在人工成本最低的工厂生产，带来的机遇与风险都是参半的。
- 这种保持最低成本的意识一直延伸到营销、销售以及服务方法中。这些产品必须易于使用和维护，适合教育程度低的客户，并处于服务提供商可提供的有限工具范围内。
- 极端的成本压力可能会使产品质量面临风险。为确保成功的持续性，超低价产品的质量必须既可接受又能保持一致。

超低价策略的核心挑战在于以一种能够为足够数量的客户接受的形式建立对客户的价值（value-to-customer），并能够使相关的成本最小化。

2.6.6 价格定位的动态变化

产品、品牌或企业的定位需要明确而稳定的长期导向。形象和价位无法快速或随意改变。但市场是动态的。技术、成本、消费者行为和竞争不断变化。因此，需要定期审查和分析研究，如果需要，可以调整产品的性能组合和价格定位。

各种变化发展，如客户偏好的转变，可能会导致产品价格定位的改变，进入以前没有接触过的价格细分市场，或退出某些价格细分市场。在过去的20年中，在某些市场中，中端价格细分市场已经逐渐被高端价位和低端价位细分市场所瓜分。咖啡就是这种趋势的典范，虽然麦当劳仅以1美元的价格出售小杯咖啡，但星巴克特制咖啡饮料的价格可以超过5美元。一家零售商指出："消费者几乎总是在购买促销产品。"这些行为大致都是以牺牲中端价位产品为代价的。另一家零售商抱怨折扣泛滥："顾客在品牌打折时才会购买产品，打折活动大概需要每四周一次。"[82]另一方面，消费者更喜欢新的咖啡制作方法，如Nespresso，这样每杯咖啡的价格会高出普通咖啡很多倍。最近的一项研究显示，超市咖啡豆或咖啡杯的销售额，包括Nespresso、Tassimo和Dolce Gusto等品牌，可能会超过标准的烘焙和研磨咖啡[83]。当发生这种变化时，企业必须对其现有的价格定位进行审查。

重新定位的典型触发因素是具备增强性能或降低成本的新技术。这可能导致产品已有的价格定位发生变化。例如，传统的电信公司由于互联网、有线电视公司或Skype、WhatsApp、微信等新兴软件的诞生而面临价格压力，因此不得不大幅降价。在其他情况下，价格重新定位是不合理的。尽管电子邮件在很大程度上取代了传统的"蜗牛邮件"，邮政公司为了响应电子邮件的出现而降低邮票的价格也没有多大意义。电子邮件的边际成本实际为零，所以，相比之下，任何实际的邮寄价格仍然太高。此外，这两种形式的邮件并非可以完全替代，例如，许多与发票、支票类似的文件还是会通过传统邮件寄送。

价格重新定位的另一个触发因素是竞争进入。例如，当药品专利到期时，人们可以预期，仿冒品和仿制药将迅速进入市场。这些新竞争者以远低于原始产品的价格进入市场。现有企业必须尽早考虑潜在的价格调整。现有企业是否应继续按照现行的高价销售原始产品，或是应该大幅降价，从而进入新的更低价的细分市场，还是应该提供自身产品的仿制品？

全球剃须和个人卫生用品巨头吉列提供了高端定价的典型例子。多年来，它采用了一种不断提高价格的策略，因为它引入了创新（如更好的设计、更多的刀片）。

吉列 Fusion ProGlide 系列剃须刀在美国的售价是其前身 Mach 3 型号的两倍多。但近年来消费者逐渐开始抵制吉列的高价。线上竞争对手已经预感到了这是一个极具吸引力的机会，一些初创企业已经开始从低端价格市场攻击吉列。传统的消费品巨头已经意识到了这种隐患，并做出了相应的反击。联合利华在 2016 年以 10 亿美元的价格收购了 Dollar Shave Club，提升了自己与吉列竞争的能力。因此，吉列的市场份额从 70%下降至 54%。作为反击，吉列将零售商的批发价格降低了 20%左右，具体取决于产品和包装大小。这标志着吉列完全背离了在高端市场中不断加价的原始战略。

如果价值或成本差异太大，则根据新一轮的竞争重新定位价格可能是不切实际的。这使得高速列车可以取代某些航线（例如中国、法国、西班牙和德国）的航空旅行。航空公司无法在旅行时间或价格方面与这些新产品竞争。因此，航空公司降低价格也无济于事。它们要么取消航线，要么接受少量继续选择航班的乘客（例如商务旅客）。

在时装、消费品、零售与服务业，我们经常看到类似的市场与价格定位的动态变化。有一段时间，一家法国服装制造商在高端市场的价格定位上苦苦挣扎。我们的分析显示，该品牌实际上属于中端价位细分市场，产品平均降价 15%会导致销量增长了 45%。所以，即使价格下降，利润也可以大幅上涨，因为边际贡献仍然令人满意。而雨果博斯这一品牌正朝另一个方向进军，系统地将自己融入高端市场。这同样适用于汉莎航空公司。它曾经是一家国有企业，现在却在全球航空旅行市场中占据领先地位。但也有尝试重新定位后失败或结果适得其反的企业。沃尔玛是一家在美国和其他市场非常成功的零售商。它通过收购商店并在价格方面重新定位，尝试进入德国市场，但是最终失败了，沃尔玛选择了退出德国市场。同样地，它也退出了韩国市场。

价格定位的长期特征源于其具有约束力这一事实。一旦选择并加以实施，价格定位不能随意改变，尤其不能在短期内改变。这一特征甚至更适用于向上重新定位。彭尼百货是快速向上重新定位导致企业危机的典型例子。约束效应的主要原因在于客户感知和偏好的惯性。从高到低的重新定位似乎更容易。当高端品牌进入较低价格区间时，可以带来短期的销量增长。但与此同时，企业的盈利状况可能会恶化，因为企业的流程、成本、销售、基础设施和文化都是基于更高的价格定位设计的，因此，在较低端价位的细分市场中不怎么具有竞争力。成功的低端价位企业，如奥乐齐、瑞安航空、戴尔或宜家，采取完全不同于传统的中端或高端价格供应商的策略。这些内在"状况"就算可以改变，也是很难改变的。从这个意义上说，价格定位从外至内都具有强大的约束力。

从这些动态价格定位的情况中，我们可以得出以下结论。

- 由于市场、客户或竞争情况的变化，从根本上改变现有价格定位可能是必要或明智的。
- 由此类重新定位导致的挑战和风险往往会被低估。这对于基本可行性和所需时间都是如此。因此，进行这些改变应特别谨慎。即使经过严格的分析，重新定位是否会成功仍存在很大的不确定性。
- 价格向下重新定位可以相对较快地展开，因为较高的价格形象在市场中具有正面的效应。然而，转向较低的价格定位往往会削弱这种形象，如果价格过度下降（"过度拉伸"），该品牌在较高价位细分市场的地位可能会受到威胁。向下定位可能会带来销量和收入的增长，但对利润的影响并不确定。进入较低价格细分市场必须削减相应的成本。价值链的所有部分都需要为更高的成本效率和成本意识做好准备。因此，向下重新定位需要进行企业内部文化的转型。
- 现有品牌价格的向上重新定位更加困难和持久。必须升级许多功能（研发、质量、设计、销售）以提供更高的价值。在进行向上重新定位之前，任何企业都必须清楚地认识到自己是否具有相应的能力去发展它们。较高的价格定位绝不仅仅是营销、价格管理和沟通的挑战。这种改变需要深入企业的内部结构。最大的一个障碍在于要有必要的耐心和耐力。正如奥迪的案例所示，这种重新定位可能需要数十年的时间。
- 创建新品牌是现有产品或品牌价格重新定位的重要替代品。企业以第二品牌、多品牌或"竞争性品牌"的形式实现这一目标。通过新品牌，将自己与既定价格定位及原品牌形象分开，通常不会出现问题，也能更快实现目标。另一方面，无论是就短期还是长期而言，这通常都是一种成本更高的方法。为了与原品牌划清界限，企业通常需要独立的产品、工厂、设计和销售渠道。这些额外的支出只有在新品牌达到足够的销量和利润时才能获得弥补。
- 另一个选择是收购已经定位在所需价格范围内的品牌或企业。由于其速度和限制风险的能力，这种方法可能是有利的。法国 LVMH 集团或历峰集团等奢侈品集团都利用收购来建立和扩大其极具吸引力的品牌组合。宝马通过和Mini、劳斯莱斯合作来追求这一战略。在大众市场，大众汽车已经增加了西亚特（Seat）和斯科达（Skoda）品牌，同时也增加了奥迪、保时捷并且在奢侈品市场增加了宾利、布加迪威龙和兰博基尼等豪华车型。

- 即使采用这种方案，收购方也必须具备领导被收购品牌在相应价格区间内持续成功的能力。这些能力并不是既定的，即使与被收购方属于同一行业，通用汽车收购萨博（Saab）的例子就说明了这一点。福特收购沃尔沃和路虎等品牌，希望在高端市场站稳脚跟，或者沃尔玛试图通过收购进入德国市场，都是如此。高端制造商（更不用说奢侈品制造商）对领导能力的需求与低价供应商完全不同。企业文化的障碍会导致品牌整合失败。在考虑价格重新定位或进入新的价格区间时，应该全面考虑这些因素。

本章小结

本章重点关注价格管理的基本战略问题，其中包括企业的目标、价值驱动因素和价格定位，即企业希望提供的性能组合和价格范围的选择。我们总结了以下要点。

- 清晰明确的目标是专业价格管理的前提。实际上，利润目标与收入、销量或市场份额目标之间通常存在冲突。同时实现这两类目标很困难，尤其在成熟市场中。因此必须确定优先目标。
- 传统上，管理者认为市场份额对利润有很大影响。然而，最近的研究引发了对这种因果关系的质疑。对利润的影响取决于市场份额的获得方式。如果是通过低价获取份额，而没有相应的低成本，那么必须质疑两者是否存在正的利润效应。相反，如果通过创新和质量，以合理的成本实现高市场份额，则可能存在因果关系。
- 价格是股东价值的重要决定因素。企业可以通过正确的价格策略创造持续的股东利益。同样，错误的价格策略可能会快速、永久地破坏股东价值。
- 企业需要有意识地决定其开展业务的价格范围。我们划分了五个价格范围：奢侈品、高端、中端、低端和超低端。这些细分市场没有明显的界线，也不是所有市场都必然存在这些细分市场。
- 价格细分市场不是静态的，而是会发生变化。不同客户根据产品类别或

- 具体情况会选择不同的价格细分市场。在某些领域，我们观察到中端细分市场正在萎缩。超低端价格细分市场在发展中国家或新兴国家最为常见。
- 价格定位不仅限于产品价格。价格背后是产品的价值，由功能、情感、象征和道德属性组成。必须调整每一个元素以满足特定消费者的需求，从而产生支付意愿。
- 定位决定了企业在研发、设计、技术、生产和营销能力方面的方向。所有营销手段都必须支撑企业所期望的价格定位。
- 奢侈品细分市场很小，但在增长和盈利方面非常有利可图。奢侈品与其他市场有很大的不同，通常是手工制作或小批量生产，具有悠久的品牌历史。价格本身就具有决定性的地位和声誉属性，因此价格响应函数的某些部分实际上是向上倾斜的。制造商控制奢侈品的产量以保持紧张的供应量和产品的高价。独家经销、沟通、个性化和全面性服务是奢侈品的一部分。即使不完美，但是各方面都必须具有顶尖的性能。
- 高端产品提供高性能属性，在情感、象征和道德属性方面与中端价格产品有所区分。相对高的价格标志持久的价值和连续性。高端产品应尽可能避免特价和折扣。企业还应该注意保持价格的稳定性。有选择地进行产品分销，更注意分销渠道的质量而不是到达率。广告侧重于产品的情感、象征和道德属性。
- 中端价位产品的功能属性和价格均处于或接近市场平均水平。情感方面和品牌具有中等的重要性。产品和价格差异化发挥了作用。需要控制特价和促销活动。使用多渠道进行广泛的分销。沟通侧重于产品性能或价格–价值关系，而不仅仅侧重于价格。
- 低端价位基于有利的价格和充足的产品性能。在这里，供应商面临的挑战是在不损害客户接受度的情况下选择放弃哪些功能。应尽量减少销售成本，企业应放弃提供额外服务。沟通的核心是价格低廉。
- 超低端价格定位完全取决于极低的成本和价格。任何对产品不绝对必要的东西都应被剔除。需要在整个价值链上进行彻底的简化。这种低成本的理念也应用于分销和沟通。互联网起着关键作用。在新兴国家，这一细分市场可能会变得非常庞大。超低价产品可以渗透到发达国家的程度还有待观察。

- 市场、客户或竞争情况的变化可能需要企业重新进行产品定位，即改变价格范围。由于品牌的正面效应，向下重新定位有很大的成功机会。但如果不相应地降低成本，就会使原有的高端市场的地位面临风险，阻碍盈利。相反，向上重新定位是困难且耗时的。两方面的改变都需要对许多方面（研发、生产、质量、设计、销售）进行重新设计，以便在较低端的细分市场中具有成本竞争力，在较高的细分市场中具有性能优势。作为已有产品或品牌进行重新定位的替代方案，企业可以考虑在目标价格范围内创建新品牌或收购现有品牌。

价格策略为战术性的价格决策设定了框架：包括目标的确立、价格定位以及企业如何应对市场结构的变化。只有在这些基本决策协调一致时，实际运作的价格管理才能取得成功。

参考文献

[1] Buzzell, R. D., & Bradley, T. I. (1987). *The PIMS Principles-Linking Strategy to Performance*. New York: The Free Press.

[2] Henderson, B. (1968). *Perspectives on Experience*. Boston: The Boston Consulting Group.

[3] Farris, P., & Moore, M. J. (Ed.) (2004). *The Profit Impact of Marketing Strategy Project: Retrospect and Prospects*. Cambridge: Cambridge University Press.

[4] Ailawadi, K. L., Farris, P. W., & Parry, M. E. (1999). Market Share and ROI: Observing the Effect of Unobserved Variables. *International Journal of Research in Marketing*, 16(1), 17–33.

[5] Lee, J. (2009). Does Size Matter in Firm Performance? Evidence from US Public Firms. *International Journal of the Economics of Business*, 16(2), 189–203.

[6] Edeling, A., & Himme A. (2018). When Does Market Share Matter? New Empirical Generalizations from a Meta-Analysis of the Market Share-Performance Relationship. *Journal of Marketing*, 82(3), 1–24.

[7] Lanzillotti, R. F. (1958). Pricing Objectives in Large Companies. *The American Economic Review*, 48(5), 921–940.

[8] Armstrong, J., & Green, K. (2005). *Competitor-Oriented Objectives: The Myth of Market Share*. Working Paper, 17(05). Victoria: Monash University.

[9] Rego, L. L., Morgan, N. A., & Fornell, C. (2013). Reexamining the Market Share Customer Satisfaction Relationship. *Journal of Marketing*, 77(5), 1–20.

[10] Edeling, A., & Fischer, M. (2016). Marketing's Impact on Firm Value – Generalizations from a Meta-Analysis. *Journal of Marketing*, 53(4), 515–534.

[11] Miniter, R. (2002). *The Myth of Market Share*. New York: Crown Business.
[12] Baehny, A. M. (2015): „Wachstum vs. Gewinn-Perspektive eines Schweizer Hidden Champions." Lecture on the occasion of the conference on Simon-Kucher's 30th anniversary, Frankfurt am Main, September 17.
[13] Chu, W., Chen, C. N., & Wang, C. H. (2008). The Market Share – Profitability Relationships in the Securities Industry. *The Service Industries Journal*, 28(6), 813–826.
[14] Srinivasan, S., Pauwels, K., Silva-Risso, J., & Hanssens, D. M. (2009). Product Innovations, Advertising, and Stock Returns. *Journal of Marketing*, 73(1), 24–43.
[15] Thiel, P. (2014). *Zero to One – Notes on Startups or How to Build the Future*. New York: Crown Publishing Group.
[16] Share price of a telecommunications company (2015). http://www.finance.yahoo.com. Accessed 11 November 2015.
[17] Anonymous. (2015, March 25). *The Wall Street Journal*, p.16.
[18] Anonymous. (2009, March 18). *Frankfurter Allgemeine Zeitung*, p.15.
[19] Share price of Praktiker (2016). http://www.onvista.de. Accessed 01 December 2016.
[20] Share price of Uralkali (2016). http://www.onvista.de. Accessed 01 December 2016.
[21] Mattioli, D. (2013, February 25). For Penney's Heralded Boss, the Shine is Off the Apple. *The Wall Street Journal*, p.A1.
[22] Share price of J.C. Penney (2016). http://www.onvista.de. Accessed 01 December 2016.
[23] Pauwels, K., Silva-Risso, J., Srinivasan, S., & Hanssens, D. M. (2004). New Products, Sales Promotions, and Firm Value: The Case of the Automotive Industry. *Journal of Marketing*, 68(4), 142–156.
[24] Simon, H. (2009). *Think – Strategische Unternehmensführung statt Kurzfrist-Denke* (p.85). Frankfurt am Main: Campus. Original quote by Peter F. Drucker: „Marketing means seeing the whole business through the eyes of the customer."
[25] Ramanujam, M. & Tacke, G. (2016). *Monetizing Innovation: How Smart Companies Design the Product Around the Price*. Hoboken: Wiley.
[26] Akerlof, G. A. (1970). The Market for „Lemons": Quality Uncertainty and the Market Mechanism. *The Quarterly Journal of Economics*, 84(3), 488–500. In this article Akerlof used the expression "lemon" for a bad product, based on his study of the market for used cars and the signals which prices give. He received the Nobel Prize in 2001.
[27] Gracián, B. (1601–1658). Spanish Jesuit, moral philosopher and writer. http://www.aphorismen.de/zitat/6535. Accessed 03 March 2015. Original quote: "It is better to be cheated in the price than in the quality of goods."
[28] Ruskin, J. (1819–1900). Gesetz der Wirtschaft. http://www.iposs.de/1/gesetz-der-witschaft/. Accessed 10 February 2015.
[29] Kotler, P., Keller, K. L., & Bliemel, F. (2007). *Marketing-Management: Strategien für wertschaffendes Handeln*. Halbergmoos: Pearson Studium.
[30] Wiegner, C. M. (2010). *Preis-Leistungs-Positionierung: Konzeption und Umsetzung*. Frankfurt am Main: Peter Lang.
[31] Kowitt, B. (2014). Fallen Arches: Can McDonald's Get its Mojo Back? Fortune.

http://fortune.com/2014/11/12/can-mcdonalds-get-its-mojo-back/. Accessed 10 February 2015.

[32] Linder, R., & Heeg, T. (2015, March 10). Eine Uhr so teuer wie ein Auto. *Frankfurter Allgemeine Zeitung,* p.22.

[33] Valentino-Devries, J. (2010). From Hype to Disaster: The Segway's Timeline, The Wall Street Journal. http://blogs.wsj.com/digits/2010/09/27/from-hype-to-disaster-segways-timeline/. Accessed 10 February 2015.

[34] Lashinsky, A. (2014). Amazon Goes to War Again (and Again), Fortune. http://fortune.com/2014/11/13/amazon-jeff-bezos-retail-disruptor/. Accessed 10 February 2015.

[35] Mesco, M. (2014, December 15). Struggling Gucci Reshoes Top Ranks. The Wall Street Journal. http://www.wsj.com/articles/SB22501900001083983765804580332323358192104. Accessed 10 February 2015.

[36] Löhr, J. (2014, December 23). Auf den Hund gekommen. *Frankfurter Allgemeine Zeitung,* p.23.

[37] Martin, R. L., & Lafley, A. G. (2013). *Playing to Win: How Strategy Really Works.* Jackson: Perseus Distribution.

[38] Fassnacht, M., Kluge, P. N., & Mohr, H. (2013). Pricing Luxury Brands: Specificities, Conceptualization, and Performance Impact. *Marketing ZFP – Journal of Research and Management,* 35(2), 104–117.

[39] Preisentwicklung der Schweizer Uhrenexporte (2013, October 5). *Finanzwirtschaft,* p.15.

[40] LVMH (2017). Annual Report. https://r.lvmh-static.com/uploads/2017/11/2017-financial-documents.pdf. Accessed 13 February 2018.

[41] Richemont (2017). Annual Report. https://www.richemont.com/images/investor_relations/reports/annual_report/2017/ar_fy2017_f73jdsf82s64r2.pdf. Accessed 13 February 2018.

[42] Richemont (2007). Annual Report. https://www.richemont.com/investor-relations/reports/report-archive.html. Accessed 10 February 2015.

[43] von der Gathen, A., & Gersch, B. (2008). *Global Industry Study: Profit Excellence in the Luxury Goods Industry.* Bonn: Simon-Kucher & Partners.

[44] Wüstefeld, E. (2014, December 19). Sie stehen nicht mit dem Rücken zur Wand. *Frankfurter Allgemeine Zeitung,* p.23.

[45] Stock, O. (2006, April 7). Sechs Fragen an Nick Hayek. *Handelsblatt,* p.16.

[46] Fassnacht, M., & Dahm, J. M. (in press). The Veblen Effect and (In)Conspicuous Consumption: A State of the Art Article. *Luxury Research Journal.*

[47] Braun, S. (2015, January 20). Die Kunst, Atome richtig anzuordnen. *Frankfurter Allgemeine Zeitung,* p.2.

[48] Feth, G. G. (2005). Die Keramikbremse ist auf dem Weg in die Großserie. Frankfurter Allgemeine Zeitung. http://www.faz.net/aktuell/technik-motor/auto-verkehr/porsche-die-keramik-bremse-ist-auf-dem-weg-in-die-grossserie-1114868.html. Accessed 10 February 2015.

[49] Tuma, T. (2012). Wir sind Handwerker. Spiegel Gespräch mit Patrick Thomas, Hermès. Der Spiegel. http://www.spiegel.de/spiegel/print/d-90254957.html. Accessed 10 February 2015.

[50] Bain & Company (2017). Luxury Goods Worldwide Market Study, Fall-Winter 2017. http://www.bain.de/Images/BAIN_REPORT_Global_Luxury_Report_2017.pdf. Accessed 13 February 2018.

[51] Prada Group (2017). H1 2017 Results. https://www.pradagroup.com/en/investors/investor-relations/results-presentations.html. Accessed 14 February 2018.

[52] Wilken, M. (2013). Prada mit Rekordzahlen. Fabeau. Fashion Business News, http://www.fabeau.de/news/prada-mit-rekordzahlen/. Accessed 10 February 2015.

[53] Kapferer, J. N. (2012). *The Luxury Strategy: Break the Rules of Marketing to Build Luxury Brands*. London: Kogan Page Publishers.

[54] Simon, H. (2009). *Hidden Champions of the 21st Century*. New York: Springer.

[55] Reidel, M. (2014, December 11). Hintergrund. Wir kaufen keine Freunde. *Horizont*, No. 50, p.16.

[56] Lasslop, I. (2002). Identitätsorientierte Führung von Luxusmarken. in H. Meffert, C. Burmann, & M. Koers (Ed.), *Markenmanagement* (pp.327–351). Heidelberg: Gabler.

[57] Anonymous. (2014). Erfolgreiche Marken nutzen alle Vertriebswege. Auch die Discounter. http://www.absatzwirtschaft.de/erfolgreiche-marken-nutzen-alle-vertriebswege-auch-die-discounter-2747/. Accessed 10 February 2015.

[58] Anonymous. (2010). Erwartungshaltung bei Premiumprodukten hört nicht beim Produkt auf. http://www.absatzwirtschaft.de/erwartungshaltung-an-premiummarken-hoert-nicht-beim-produkt-auf-9387. Accessed 10 February 2015.

[59] Little, A. D. (1992). *Management von Spitzenqualität*. Wiesbaden: Gabler.

[60] Canoy, M., & Peitz, M. (1997). The Differentiation Triangle. *The Journal of Industrial Economics*, 45(3), 305–328.

[61] Anonymous. (2008, June 24). *Frankfurter Allgemeine Zeitung*, p.14.

[62] Quelch, J. A. (1987). Marketing the Premium Product. *Business Horizons*, 30(3), 38–45.

[63] Gruner & Jahr (2003, December 29). Nudeln, Kartoffelprodukte und Reis. *Märkte + Tendenzen*, pp.1–4.

[64] Hayward, S. (1990). Opportunities in the Middle Market. *Marketing Research*, 2(3), 65–67.

[65] Cronshaw, M., Davis, E., & Kay, J. (1994). On Being Stuck in the Middle or Good Food Costs Less at Sainsbury's. *British Journal of Management*, 5(1), 19–32.

[66] Sharp, B., & Dawes, J. (2001). What is Differentiation and how Does it Work? *Journal of Marketing Management*, 17(7–8), 739–759.

[67] Porter, M. E. (1985). *Competitive Advantage: Creating and Sustaining Superior Performance*. New York: The Free Press.

[68] Anonymous. (2014). *Lebensmittelzeitung*. December, p.31.

[69] Krohn, P. (2015, January 19). Das Enfant terrible unter den Versicherern. *Frankfurter Allgemeine Zeitung*, p.19.

[70] Kowitt, B. (2015, March 15). It's IKEA's World. *Fortune*, pp.74–83.

[71] Anonymous. (2014). Deutschlands Discounter sind angriffslustig wie lange nicht mehr. http://www.faz.net/aktuell/finanzen/meine-finanzen/geld-ausgeben/aldi-und-lidl-deutschlands-discounter-sind-angriffslustig-wie-lange-nicht-mehr-13297814.html. Accessed 10 February

2015.

[72] Aldi Süd (2015). ALDI SÜD oder: Die Konzentration auf das Wesentliche. https://unternehmen.aldi-sued.de/de/ueber-aldi-sued/philosophie/. Accessed 19 February 2015.

[73] Anonymous. (2014, November 11). Ryanair will das Amazon der Lüfte werden. *Frankfurter Allgemeine Zeitung*.

[74] Laudenbach, P. (2011). Schwerpunkt Großorganisation, Geiz ist geil. Service ist geiler. http://www.brandeins.de/archiv/2011/grossorganisation/geiz-ist-geil-service-ist-geiler/. Accessed 10 February 2015.

[75] Prahalad, C. K. (2010). *The Fortune at the Bottom of the Pyramid*. New Jersey: Financial Times Press.

[76] Mahajan, V., & Banga, K. (2006). *The 86% Solution: How to Succeed in the Biggest Market Opportunity of the 21st Century*. New Jersey: FT Press.

[77] Renault (2017). Annual Financial Report 2016. https://group.renault.com/wp-content/uploads/2017/05/dr-2016-version-anglaise.pdf. Accessed 14 February 2018.

[78] Interview with former Siemens CEO Peter Löscher at the Asia-Pacific Conference in Singapore on May 14, 2010.

[79] Anonymous. (2007, March 30). VDI-Nachrichten, p.19.

[80] Ernst, H., Dubiel, A., & Fischer, M. (2009). *Industrielle Forschung und Entwicklung in Emerging Markets. Motive, Erfolgsfaktoren, Best-Practice Beispiele. Wiesbaden: Gabler*.

[81] Govindarajan, V., & Trimble, C. (2013). *Reverse Innovation: Create far from Home, Win Everywhere*. Boston: Harvard Business Press.

[82] Hanke G. (2014, March 21). Essay Pfeile im Köcher Aldis. Pressenkungen zeigen Wirkung. *Lebensmittelzeitung*, No. 12, p.32.

[83] Alexander, S. (2016). The Clooney Effect? Pods Set to Overtake Instant and Ground Coffee, The Telegraph. http://www.telegraph.co.uk/food-and-drink/news/the-clooney-effect-pods-set-to-overtake-instant-and-ground-coffe/. Accessed 01 December 2016.

PRICE MANAGEMENT

第 3 章

分析：价格经济学

摘要：对客户的价值、成本和市场竞争情况是价格的经济决定因素。本章将研究这三个决定因素及其相互关系。单独来看，成本只是价格的下限。对客户的价值才是价格最重要的决定因素，从中我们可以确定客户的支付意愿、价格响应函数和价格弹性。竞争对手的产品及其价格通常也会影响产品的销量。本章的重点是理解和解释价格对销量的影响。我们将深入探索合适的方法——专家判断、客户调查、实验和市场观察，并通过实践案例进行说明。

3.1 简介

在本章中，我们将讨论价格管理中的经济决定因素，其中主要包括成本、对客户的价值和竞争对手的价格。在随后的第 4 章中，我们将关注价格管理的心理因素。当然，这些也会对销量、市场份额、收入和利润产生影响。但目前我们将关注价格管理的经济因素。

当我们询问管理者如何设定价格，或者根据哪些信息做出价格决策时，他们通常会给出以下答案中的一种或多种：

- 沿用以往的市场价格；
- 先计算出成本，然后加上该行业通用的成本加成；

- 根据竞争对手的价格定价；
- 让市场决定价格；
- 尝试估算对客户的价值，但这很难。

所有这些定价理由（price rationales）都是重要且有用的，但并不是真正专业意义上的价格管理。在大多数情况下，这些企业缺乏客户需求和支付意愿方面的可靠信息，也很少量化不同价格对销量的影响。换句话说，企业没有明确价格响应函数。管理者要么认为这个概念过于理论化，要么对它并不了解。最后，决策者需要所有影响最优价格（optimal price）的因素的信息。

在下一节中，我们将阐述价格管理分析阶段所需的信息，然后解释作为价格管理核心概念的价格响应函数，并说明如何在实践中确定该函数。

3.2 价格相关信息分析

图 3-1 说明了影响企业设定价格裕度的因素。对客户的价值和竞争对手的价格决定了价格的上限，实际上，这两个限制因素中相对影响更大的因素是决定性的。在这两种情况下（除了纯商品的情况），我们并不是在谈论明确定义的边界或限制，而是边界区域。企业的成本决定了价格下限。在短期内，价格下限由可变单位成本或边际成本决定，但从长期来看，决定价格下限的往往是全额成本（fully-loaded unit costs，即总单位成本）。企业目标和法律/监管限制可以从两个方向上改变价格的上限和下限。例如，如果企业设定了最低利润目标（minimum margin goal），则价格裕度会向上移动，而最低市场份额目标则会使之向下移动。

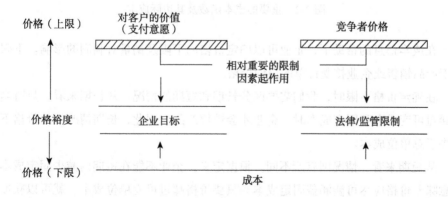

图 3-1 影响价格裕度的因素

3.2.1 成本加成定价法

企业在定价时必须考虑其企业目标和成本。因此，我们现在将重点关注成本信息。这对于设定价格下限以及确保企业的盈利能力都至关重要。在这种背景下，值得注意的是，一些传统理论认为，成本是价格的唯一决定因素。但光靠成本还不足以设定最优的价格，但是，对成本尤其是边际成本的全面了解，是所有价格决策的基础。

对于价格决策，明确区分固定成本和可变成本是成本分析中最重要的一个方面。根据定义，固定成本与产量无关，而可变成本则随产量而变化。与价格响应函数相比，成本函数更容易确定，因为必要的信息均来自企业内部。成本函数可以根据边际成本的变化情况进行分类。边际成本表示当产量增加或减少一个单位，即逐步变化时，成本会如何变化。在实践中，我们通常会看到两种形式：具有恒定边际成本的线性成本函数，以及单调递增、边际成本下降的凹成本函数（concave cost function）。图 3-2 分别显示了边际成本固定和边际成本下降的成本函数。

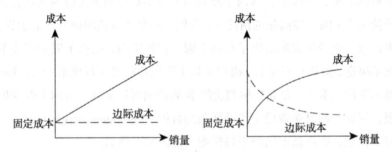

图 3-2 重要的成本函数及其边际成本

在成本信息的帮助下，企业可以确定价格的下限及销量对利润的影响。下限对应于产品销售或企业接受订单的最低价格。

在确定价格下限时，我们需要区分长期和短期的情况。从长期来看，只有当价格涵盖可变成本和固定成本时，企业才会销售产品。因此，长期情况下的价格下限取决于总单位成本。

从短期来看，情况则有所不同。根据定义，企业不能在短期内减少固定成本，这意味着价格应尽可能涵盖固定成本。只要价格超过可变单位成本，就可以获取边际贡献，即涵盖这一部分固定成本的贡献。因此，短期的价格下限等于可变单位成本。价格和可变单位成本之间的差异是单位边际贡献（unit contribution margin）。也可以说当销售可以产生正的单位边际贡献时，（从短期来看）提供产品是有意义的。

如果可以为单个产品单位设置差异化价格，即按订单设价，那么价格的下限是边际成本，而不是可变单位成本。在这种情况下（假设充足的产能和订单之间没有关联性）只要价格高于边际成本，企业就会接受额外的订单。如果企业生产多种产品，并且接受一种产品的增量订单只能以减少另一种或另一些产品的产量为代价，我们需要将后一种产品的放弃利润（forgone profits，即所谓的机会成本）加到第一种产品的边际成本上。换句话说，在这种情况下，价格下限是边际成本和机会成本的总和。

广义上的机会成本取决于生产（供应）和销售（需求）方面的一系列动态关系。因此，价格下限构成复杂，不能一概而论。

简而言之，价格下限最重要的结论如下。
- 长期价格下限：总单位成本。
- 短期价格下限：
  - 统一价格：可变单位成本；
  - 差异化价格：边际成本；
  - 产能限制/瓶颈：边际成本加上机会成本。

3.2.2 客户

客户信息的核心是客户的**支付意愿**（willingness to pay）。它反映了客户的感知价值（即"对客户的价值"）。在个体客户层面，问题是客户对产品的个人支付意愿如何和不同客户的意愿如何分布。在整体的市场层面，我们必须明白不同的价格对销量的影响，即价格响应函数。目前，我们将采用微观经济学的观点，即考虑对客户的价值、支付意愿和价格响应关系。这些因素构成了价格决策的基础。在第 4 章中，我们将采用心理学观点对其进行补充。

在产品开发阶段之前以及产品开发期间，应当充分考虑对客户的价值以及由此产生的支付意愿。考虑的起点不仅仅是整个产品，而且还要考虑其所包含的各个性能属性，对客户的价值以及由此产生的支付意愿都源于这些属性。如果做到位了，产品就能满足客户需求，并有利可图。

传统上，企业采用"由内而外"的方式开发产品。对产品进行构思、开发，然后以成本加成法定价。我们可以将此顺序描述为"设计-建造-定价"。今天，这种方法仍在广泛使用，虽然它可能导致过度工程化（over-engineering）。这种"由内而外"的方法导致一些研发出来的产品没有机会面世，或是在推出后一败涂地。理想情况下，企业应该倒置这一研发流程，即遵循"定价-设计-建造"的顺序[1]。以买方的支付意愿为基础，我们需要思考的问题应该是"我们计划研发的产品需要多少成本"而不是"我们已研发的产品需要多少成本"。这种方法被称为目标定价法（target pricing）。

目标定价法（target pricing）始于支付意愿。产品和价格设计应严格按照客户的要求。客户的需求和支付意愿从一开始就应该纳入产品的设计和研发过程。这种方法用现代术语来讲就是"设计思维"（design thinking）[2]。这一观念认为，客户对技术产品组成并不感兴趣，而对客户的价值感兴趣。换句话说，他们是对产品的价值而不是对其特征感兴趣。如果产品特征为客户带来的价值低于产品的成本，则不会纳入客户的考虑范围。产品开发过程不是始于产品的性能属性，然后确定价格；相反，研发要先定价，然后再设计和建造产品以适应目标价格。这就需要将客户研究置于研发的最初阶段，从而可以揭示客户未来需求方面的信息。

每个客户对产品的要求可能会有所不同。这导致了不同程度的对客户的价值和支付意愿。在目标定价过程开始时，企业应确定具有相同或相似要求和支付意愿的客户，并将其纳入相同的客户细分。然后，企业必须为这些目标客户细分构建产品理念，即所谓的"性能组合"（performance bundles）。为每个产生价值的特征付费的意愿总和将决定产品的目标价格。假设初期的市场研究取得了有效成果，那么企业应该能够达成市场的目标价格。如果从目标价格中扣除所需的利润，我们将得到目标成本[3,4]。这些目标成本可作为单个产品属性成本的标准。目标定价的目标是确保每一产品特征的成本低于客户对其相应属性的支付意愿。在目标定价法的帮助下，企业可以取消或修改那些成本超过相应支付意愿的产品。通过这种方式，企业可以专注于有利可图的产品性能。

明茨伯格提出的模型区分了保健因素和激励因素。类似地，人们可以根据产品性能属性对客户价值的影响对其进行分类[5]。根据明茨伯格的双因素模型[6]，卡诺建立了卡诺模型（Kano Model）。卡诺模型采用了明茨伯格的思想，研究了基本属性（明茨伯格：保健因素）和吸引力属性（明茨伯格：激励因素）对客户产品需求水平的影响。对于基本要求，客户将不会认可（即支付）超出任何期望水平的产品性能。

同时，企业必须避免客户对产品基本属性的不满。举一个汽车行业的例子：普通汽车的刹车需要具备制动的性能，但不需要达到与赛车制动器相同的水平。但是，如果不满足基本的产品需求，会使客户关系受到影响。性能过剩的产品，由于不必要的高成本，又可能会危及企业利润。满足基本的客户需求是"必要条件"，但不会产生额外的支付意愿。

对于性能要求，我们可采用"物有所值"（money for value）公式。对客户的价值会随产品性能属性水平成比例地提升或下降。这适用于汽车燃料使用效率的案例。减少汽车的燃料消耗会提升客户的支付意愿，即可以以更高的价格提供这一产品性能。但是，创新产品的性能存在局限性。对产品的改进，尤其是增量改进，需要说服客户，新产品比前一代产品性能更优越。例如，丹麦制药公司诺和诺德（Novo Nordisk）无法通过略微改善胰岛素的效果实现价格的提升。对产品的每项改进收取更多的费用只会导致"过度拉伸"客户的支付意愿[7]。

而当吸引力属性的性能水平提高时，客户满意度会大幅增加。对汽车而言，我们会联想到品牌、设计和突破性创新。这些吸引力属性能成为非常有效的利润驱动因素。引入更高水平的产品性能，不一定需要花费太多的成本，但企业可以通过消费者支付意愿的大幅提升获取回报。

收集这类信息可以通过联合测量来完成。这可以量化各个产品属性的支付意愿。总而言之，对客户的价值和支付意愿是价格管理中客户信息的核心部分。

3.2.3 竞争

企业在价格决策中必须考虑竞争，主要有以下三个原因。

- 在许多市场中，竞争对手的价格对企业的销量产生了很大的影响。换句话说，交叉价格弹性（cross-price elasticity）与交叉价格弹性为零的情况截然不同。
- 如果竞争对手因价格措施感受到威胁，它们往往会做出反应，即它们的反应弹性同样重要。
- 虽然企业可以快速实施自己的价格行动，但竞争对手通常也可以对此做出快速反应。

价格管理中一些最复杂的问题就是由这种相关的反应及其影响所造成的。因此，我们强烈建议企业通过执行以下三项任务来系统地监控竞争：

- 确定相关的竞争对手；
- 分析竞争对手的当前价格；
- 预测它们潜在的未来价格行为。

第一步是确定相关的竞争对手。这项任务乍看简单，因为几乎每个人都知道可口可乐与百事可乐相互竞争，宝马是梅赛德斯–奔驰的竞争对手，但这些简单的观点并不是很全面。如果我们将竞争的定义扩展到针对相同客户的所有企业，那么就会存在不同的竞争领域。在进行价格决策时，这些情况又需要单独考虑[8, p.529]。Fassnacht 和 Köse[9]区分了三种**竞争领域**：

- 狭义的竞争领域（类似/相同的产品）；
- 更广泛的竞争领域（同类产品）；
- 外缘的竞争领域（提供类似/相关价值的产品）。

当航空公司设定价格时，它们不仅要考虑其他航空公司（狭义领域），还要考虑提供相同类型服务的企业，如铁路和公共汽车（更广泛的领域）以及用不同服务来满足相同客户需求的竞争对手，例如，视频会议服务（video conference）（外缘的竞争领域）。价格决策不仅要考虑现有的竞争对手，还应考虑潜在的新竞争对手。

此外，建议企业对竞争对手当前和未来的情况进行分析。描述当前情况的信息包括其产品的性能属性、价格、收入、市场份额、客户结构以及客户对其产品的感知价值。可用于评估竞争对手未来潜力的信息包括成本结构、资本结构、财务实力、产能、制造技术、专利和销售团队。企业应该预测竞争对手的行动和反应，并在定价过程中考虑这些因素。竞争监控可能需要耗费大量的时间和金钱。另一方面，如果缺乏竞争对手的可靠信息，价格决策的代价可能会更大。

虽然有关竞争对手过去定价行为的数据相对容易收集，但有关其未来计划的信息并不容易获取。这在某种程度上是正确的，因为这类信息本质上是内部消息（投资、新产品或改良产品、价格措施），并且常被认为是最高机密。竞争对手不愿意参与可能直接或间接泄露此类秘密的调查或实验。

逆向工程是确定竞争对手产品成本的一种方法。企业购买竞争对手的产品并对其进行解构分析，或者测试竞争对手的服务以便准确了解其流程和效果。通过这一方式，企业可以成功复制竞争对手产品的成本，发现自己与竞争对手在制造或服务流程中的差异，并确定成本差异。

企业对这种竞争信息的重视程度首先取决于市场结构（例如，垄断、竞争）和产品的同质性。垄断企业没有直接的竞争对手，但这些企业仍应在其价格决策中考虑潜在的竞争对手。即使是垄断企业也需要考虑价格决策（例如，高价策略）是否会激励其他企业进入该市场。

在竞争市场中，价格的影响取决于产品的同质性。同类型、易替代的产品严重限制了企业定价的余地。如果客户对特定供应商没有明确的偏好，则产品的销量高度依赖于竞争对手的价格水平。这种可替代性意味着单边价格上涨可能会导致销量的大幅下降。反过来，降价可以触发毁灭性的价格螺旋式下降。在具有差异化产品的异质市场中，竞争性价格间的依赖性较小：企业具有一定程度的"垄断"价格裕度[10, p.243]；单独的小幅价格上涨只会导致销量略有下降，而降价只会带来有限的竞争反应风险。

3.3 价格响应函数

3.3.1 价格响应函数的分类

需求曲线，也称为价格响应函数，揭示了价格 p 与销量或数量 q 之间的函数关系

$$q = q(p) \tag{3-1}$$

价格是自变量，销量是因变量。在经济学教科书中，大多数情况下，在其镜像函数 $p = p(q)$ 中，销量是自变量，而价格是因变量。这种需求函数基于供应商提供一定数量的产品并由市场决定价格。在现代的异质市场中，式（3-1）更加具有现实意义。

价格响应函数是价格优化的前提。在实践中，企业对价格响应函数的认识往往是有限的，并且存在很大的误解。价格响应函数可以根据以下标准进行分类。

- **聚合水平**：个体与聚合价格响应函数。个体价格响应函数描述了单个客户的需求如何随价格变化。聚合形式将所有客户的需求整合为价格的函数，描述整体需求如何随价格变化。
- **市场形态**：在这里可以将市场分为垄断市场和竞争市场。在垄断市场中，需求水平仅取决于垄断企业的价格。在竞争市场中，竞争对手的价格会对企业的销量产生影响，因此，必须将其作为自变量纳入价格响应函数中。
- **形式**：价格响应函数可以用表格或图形表示，也可以用数学公式表示。
- **数据来源**：用于确定价格响应函数的数据可以来自专家判断、客户调查、实验或市场数据。

3.3.2 价格响应函数和价格弹性

3.3.2.1 个体和聚合价格响应函数

我们先考虑个体价格响应函数。然后，得出聚合价格响应函数。

对于**个体需求**，我们需要区分两种情况。

- **耐用品**：需求曲线反映了每个客户是否购买的决定。我们将此称为"是-否"（yes-no）情况。人们购买一台洗衣机、一部智能手机、一架相机或一台笔记本电脑，或者他们什么都不买。

- **消耗品**：在这种情况下，买方通常根据价格一次性购买多个单位产品。我们称之为"可变数量"（variable-quantity）情况。像酸奶和软饮料这样的食品就属于消耗品，像看电影这样的服务消费也是如此。如果价格较低，个体客户就会购买和消费更多的产品和服务。

图 3-3 的左侧说明了"是-否"的情况。如果价格低于产品的（感知）价值，客户就会购买。客户愿意为产品支付的最高价格与产品的感知价值对应，也就是最高价格（在经济学文献中也称为"保留价格"（reservation price）或"过高价格"（prohibitive price））。

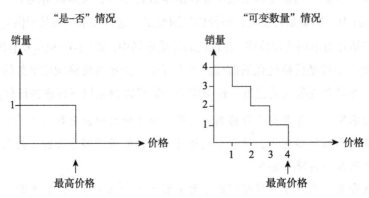

图 3-3 "是-否"情况和"可变数量"情况的个体价格响应函数

类似地，在"可变数量"的情况下，客户会比较产品每个单位的价格和价值。正如我们在图 3-3 的右侧所看到的那样，客户愿意为第一个单位的产品花费 4 美元，而只愿意为第二个单位的产品花费 3 美元。这种下降的支付意愿反映了戈森第二定律（Gossen's second law）[11]。该定律表明边际效用（marginal utility）（或"对客户的边际价值")随着产品消费数量的增加而下降。产品的第二、第三和第四单位带来的额外效用比之前更少。"可变数量"情况得出的结论是：价格越高，个体客户购买的数量越少。考虑"可变数量"情况的最佳方式是将其视为一系列的"是-否"情况。对于每个连续单位，客户根据附加单位的感知价值做出"是-否"购买的决定。

当根据个体情况设定价格时，价格对两种情况的影响是不同的。在"是-否"的情况下，卖方应设法找到个体买方愿意支付的最高价格，将最高价格设置为产品价格。当与每个客户单独协商价格时，这是定价的主要问题。在"可变数量"情况下，有两种选择。无论购买量多少，都设定单位统一价格，或者按购买量区分价格。后一种选择称为非线性定价。在"可变数量"情况下，企业必须了解每一单位产品的边际效用以确定个体价格响应函数。

3.3.2.2 聚合价格响应函数

聚合价格响应函数是每个价格下所有客户购买数量相加的结果。客户可以是同质的，也可以是异质的。在现实中，他们几乎总是异质的，这意味着他们具有不同的最高价格。在图 3-4 中，我们假设的是异质情况，该图显示了"是-否"情况和"可变数量"情况下的三个客户的聚合情况。

在这两种情况下，聚合价格响应函数都具有负斜率，即价格越高，客户购买的产品数量越少。如果我们纳入更多的客户数据，函数形状将会接近于连续的曲线。

3.3.2.3 价格弹性的定义

价格对销量的影响是通过价格弹性来衡量的。弹性是一个因变量百分比变化与自变量百分比变化的比率。弹性是无因次的（dimensionless）。价格弹性定义为：

$$\varepsilon = \frac{销量变化百分比}{价格变化百分比} \quad (3-2)$$

如果价格下降10%将导致销量增长20%，则价格弹性值为-2。负号表示销量和价格变动方向相反。-2的价格弹性表示销量的百分比变化是价格百分比变化的两倍。对于无穷小的变化，价格弹性在数学上的定义为：

$$\varepsilon = \frac{\partial q}{\partial p} \times \frac{p}{q} \quad (3-3)$$

在该等式中，$\frac{\partial q}{\partial p}$ 是价格响应函数 $q = q(p)$ 的一阶导数，q 代表销量，p 代表价格。

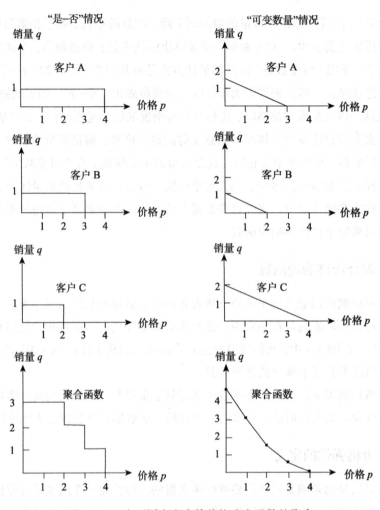

图 3-4　三个不同客户个体价格响应函数的聚合

3.3.2.4　垄断情况下的线性价格响应函数和价格弹性

最简单的假设是销量 q 与价格 p 之间存在线性关系：

$$q = a - bp \quad (a > 0,\ b > 0) \tag{3-4}$$

图 3-5 表示垄断情况下的线性价格响应函数。参数 a 是销量轴上的截距，表示最大销量（价格为零）。a/b 的商确定了销量为零时的价格。这个价格对应价格轴的截距，是（聚合情况下的）最高价格。

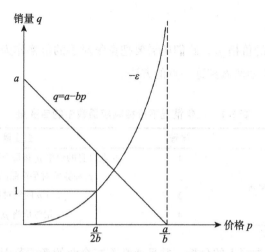

图 3-5　线性价格响应函数（垄断情况下）

参数 b 表示价格响应函数的斜率。换句话说，它表示一个单位的价格变化所引起的销量变化。b 的数值越大，销量对价格变化的反应越灵敏。因为线性函数的斜率是常数，所以某一价格变化所导致的销量变化在任何位置都是相同的，不受之前的价格水平影响。线性函数的价格弹性表示为：$\varepsilon = -bp/(a-bp)$。这是一个负数，但当我们讨论价格弹性时，通常以其绝对值表示。对于线性价格响应函数，价格弹性遵循图 3-5 中所示的模式。当价格很高且接近最高价时，价格弹性的绝对值会非常高。

线性价格响应函数的最大优点是简单和容易解释。要确定该函数，只需要估算出 a 和 b 两个参数。在后面会看到，我们可从这一函数得出价格决策的一些简单规则。但线性函数缺乏理论基础。它是从理论空白出发的，正如下面的观点所陈述的那样："绘制一条直线可能同使用其他方法一样都是正确的"[12, p. 49]。线性函数尽管简单，但它通常与实证数据有令人满意的拟合。根据我们的经验，我们建议仅在所考虑的价格区间与现有或以前的价格范围没有太大偏差的情况下使用线性价格响应函数。在价格范围变化较大的情况下，线性模型可能会导致错误的结论。然而，在合理的价格区间内，仍旧可以使用它，因为由此产生的结果并不会与通过更复杂模型运算得出的结果之间存在较大偏差。"存在疑问时，简单化处理"的格言，在这种情况下十分适用。

3.3.2.5　竞争情况下的线性价格响应函数和价格弹性

在竞争市场中，应将市场份额、相对价格或价格差异等变量纳入价格响应函数。

自变量

除了企业自身的价格 p_i,我们还需要把竞争对手的价格作为自变量来考虑。表 3-1 提供了一些关于如何做到这一点的方法。

表 3-1 竞争情况下价格响应函数中的自变量

因变量	序号	自变量
销量 q_i 或市场份额 m_i	1	企业自身的价格 p_i 和每个竞争对手的价格 p_j
	2	p_i 和竞争对手产品的平均价格 $\bar{p}$
	3	p_i 和 $\bar{p}$ 的绝对价格差
	4	相对价格 $p_i/\bar{p}$

方法 1 需要非常深入的分析,并且通常不在企业的考虑范围内,因为存在多重共线性(multicollinearity)的问题,即每个单独价格的影响不是独立的。而方法 2~4 需要对平均价格 $\bar{p}$ 进行定义,可以通过不加权或使用市场份额作为加权因子来实现。Kucher[13]证明,按市场份额加权的平均价格可以达成更好的解释质量、统计意义和经济合理性。

竞争对手的价格对企业自身销量的影响是通过交叉价格弹性来衡量的。交叉价格弹性量化了竞争对手的价格对企业自身销量的影响:

$$\varepsilon_{AB} = \frac{\text{产品A销量变化百分比}}{\text{产品B价格变化百分比}} \quad (3-5)$$

或在无穷小的情况下为:

$$\varepsilon_{AB} = \frac{\partial q_A}{\partial p_B} \times \frac{p_B}{q_A} \quad (3-6)$$

交叉价格弹性表示当产品 B 的价格 p_B 变化 1%时,产品 A 的销量 q_A 的变化百分比。如果产品 A 与产品 B 互为替代品,即彼此是直接竞争对手的产品(如福特的福克斯车型与本田的思域车型),则交叉价格弹性为正。如果竞争对手降价 10%,而企业自身的销量下降 5%,则交叉价格弹性为+0.5。交叉价格弹性为正数是因为这两种变化(竞争对手的降价和企业自身的销量下滑)的方向是一致的。如果两种产品互为互补产品(例如,复印机和墨盒),则交叉价格弹性如式(3-2)中显示的那样,是负数。

在竞争情况下有几种方法定义因变量。因变量可以是产品 i 的销量 q_i 或市场份

额 m_i。如果我们令 Q 代表所选市场的总销量，则这两个变量具有以下关系：

$$m_i = \frac{q_i}{Q} \text{ 对应的 } q_i = m_i \times Q \tag{3-7}$$

关于销量 q_i 和市场份额 m_i 的价格弹性，我们得到以下等式：

$$\varepsilon_{q_i} = \text{总需求}Q\text{的价格弹性} + \text{市场份额}m_i\text{的价格弹性} \tag{3-8}$$

只有当总需求的价格弹性 Q 等于零时，我们才可以互换使用（interchangeably）销量 q_i 或市场份额 m_i 作为因变量。如果 Q 实际上取决于价格，我们需要研究两个价格响应函数（一个关于总需求 Q，一个关于市场份额 m_i）。这两个子模型可以单独处理，也可以集合到一个模型中以确定价格对销量 q_i 的影响。在确定因变量时，应仔细查看哪些变量受到了价格的影响。确定自变量的一般性建议是没有意义的。在每一情况中，企业都应分析各种方案，这才是建立有效的价格响应函数的最佳方式。

3.3.3 价格响应函数的其他形式

除线性模型外，还有 3 种其他形式的价格响应函数也适用于竞争市场的情况，如表 3-2 所示：乘法模型（multiplicative）、吸引力模型（attraction）和古腾堡模型（Gutenberg model）。

表 3-2 价格响应函数公式（竞争情况下）

模型	因变量	公式
线性模型	q_i 或 m_i	$a - bp_i + c\bar{p}$
乘法模型	q_i 或 m_i	$a(p_i/\bar{p})^b$
吸引力模型	m_i	$a_0 + a_i p_i^{b_i} \Big/ \sum_j a_j p_j^{b_j}$
古腾堡模型	q_i 或 m_i	$a - bp_i + c_1 \sinh(c_2(\bar{p} - p_i))$

1. 乘法模型

采用乘法模型的基本理由是其简单性以及这样一个事实：其系数 b 可以理解为恒定价格或交叉价格弹性。在图 3-6 所示的乘法价格响应函数中，以相对价格（企业自身价格/竞争价格）作为自变量，指数 b 表示与价格水平无关的价格弹性。该模型具有恒定的价格弹性，该价格弹性等于交叉价格弹性。乘法模型的主要优势是简单。在实践中恒定的价格弹性使讨论更容易。但就像线性价格响应函数一样，该模型没有理论基础作为支撑。

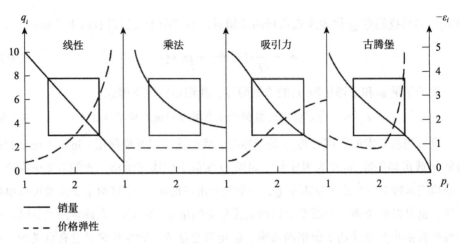

图 3-6 竞争市场中的价格响应函数

然而，乘法模型中恒定的价格弹性并不能很完美地反映实际情况。即使价格非常高，销量也不会降至零，这一情况似乎是不符合实际的。与线性模型不同，该模型中不存在最高价格。因此，当乘法模型表示有相当大的涨价余地时，我们应该对此持怀疑态度。人们强烈怀疑该模型普遍低估了价格弹性，至少在较高的价格范围内如此。事实上，在乘法模型的经验估算中，经常存在绝对值小于 1 的（恒定）价格弹性。从价格优化的角度来看，这是没有意义的。这种情况意味着每次提价都会带来更高的利润。基于经验，我们认为乘法模型不如线性模型有效。该模型只适用于现有价格周边狭窄的价格区间。

2. 吸引力模型

与前两个模型不同，吸引力模型具有明确的行为理论基础。该模型假设产品 i 的市场份额 m_i 是由产品的相对吸引力决定的。人们用产品 i 的吸引力与所有竞争产品吸引力之和的比率来解释市场份额 m_i：

$$市场份额 m_i = \frac{产品 i 的吸引力}{所有产品的吸引力之和} \quad (3-9)$$

"吸引力"模型最初的构想是为了描述质量属性、广告等的吸引效果。我们可以将吸引力解释为效用或偏好。价格显然是一个对吸引力有负面影响的属性。吸引力模型的优点之一是其逻辑一致性：所有的市场份额 m_i 都位于 0~100% 之间，相加等于 100%。

吸引力模型没有具体应用规范，当纳入除价格之外的其他产品属性时，我们推荐使用这类模型。我们可以在效用或偏好水平上测量这些产品属性。例如，这适用于联合测量。吸引力模型允许使用效用作为计算不同价格时的销量、收入和利润的基础。

关于价格效应，我们对吸引力模型的极端情况持怀疑态度。如图 3-6 所示，接近竞争对手价格时，其价格变化或价格差异的价格效应相对较强，并且随着与竞争对手价格差距的增加而减小。这一假设与古腾堡模型截然相反，正如我们在下一节将看到的那样，古腾堡模型具有一致的实证效度（empirical validity）。将这一发现与我们自身的经验相结合，我们建议企业在考虑制定与现有价格水平大幅偏离的价格时，要非常谨慎地使用吸引力模型。因为在函数的极端情况下存在误差的风险。但如果只在一个狭窄的价格范围内进行研究，吸引力模型是适用的。

通过吸引力模型，我们还得出另一个实证观测结果，尽管该结果并不具备充分的理论基础进行泛化。在我们的经验中，市场领导者通常会获得高于吸引力模型预测的市场份额。这显然是一个"市场领导者奖励"。为了补偿这一情况，规模非常小的竞争对手的市场份额往往低于模型预测值。

3. 古腾堡模型

古腾堡模型最著名的形式是双折价格响应函数。古腾堡（Gutenberg）[10, 14]认为更平滑的线条等同于双折曲线。图 3-7 中显示了两种线条，其中 $\bar{p}_i$ 表示与产品 i 竞争的全部产品的平均价格。

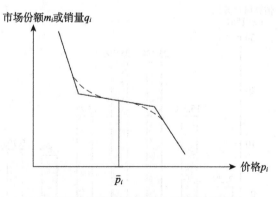

图 3-7 双折和连续形式的古腾堡模型

微小的价格变化或价格差异只会促使少部分客户从一种产品转移到另一种产

品。图 3-7 中显示的价格响应函数中,中间扁平的部分称为"垄断区间",因为这部分类似于垄断者的价格响应函数。然而,该模型假设,在降价的情况下,"随着企业自身的销售价格与平均竞争价格之间的距离越来越大,将吸引越来越多以前从竞争对手那里购买产品的消费者"。而在价格向上变化的情况下,"价格增长越偏离初始价格,波动程度就越大"[10, p.221]。

当我们要求专家在足够大的价格范围内估计销量时,得到的结果通常类似于古腾堡曲线。管理人员或专家通常都会关注价格阈值,超过该价格阈值,销量变化就会更加明显。这一经验证实了从业者根据古腾堡模型的结构进行思考。当从业者使用市场数据进行计量经济学分析时,很少使用古腾堡模型。这可能是由于实践中观察到的价格波动范围太小。不处于"垄断区间"的价格在市场中通常不会持续很久。

3.3.4 价格弹性的实证研究成果

由于价格弹性在价格管理中处于至关重要的核心地位,人们对这一概念已经进行了大量的科学研究。尽管由于各种各样的原因,很难对价格弹性进行比较,但 Bijmolt、van Heerde 和 Pieters[15]三人进行的整合分析(meta-analysis)针对这一点为我们提供了有趣的观点。他们的研究涵盖了基于实际 B2C 模式下的购买数据计算的 1851 个价格弹性估算值。Hanssens[16]在其著作《营销影响的实证泛化》(*Empirical Generalizations about Marketing Impact*)一书中认为,这些估算值是包装消费品的代表值。1851 个价格弹性估算值的分布如图 3-8 所示。

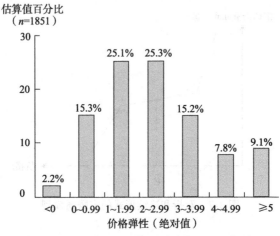

图 3-8　使用计量经济学估算的价格弹性分布图[16]

估算值的绝对值的平均值是 2.62，中位数是 2.22。在这种情况下，因为不受异常值的影响，中位数更有意义。图 3-8 说明价格弹性之间存在相当大的差异。虽然 Bijmolt、van Heerde 和 Pieters[15]收集的价格弹性数据来源于 1961~2005 年，但图 3-9 中显示的价格弹性基于 Friedel 最新的一项整合分析[17]。这一研究成果代表了迄今为止对实证价格弹性最全面的评估。在第一项研究中，Friedel 分析了 1981~2006 年发表的学术期刊中提及的 863 个实证价格弹性。Friedel 在整合分析中得出的这部分价格弹性的平均值为 2.51，中位数为 2.21。Friedel 的分析结果与 Bijmolt、van Heerde 和 Pieters[15]三人的研究发现具有极高的一致性。

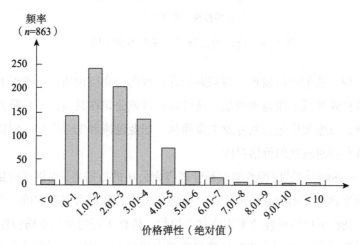

图 3-9　使用计量经济学估算的价格弹性分布（数据来自学术出版物）[18, p.49]

在第二个数据样本中，Friedel 使用了咨询数据。图 3-10 所示的价格弹性数据分布来自西蒙顾和管理咨询公司的咨询项目[17]。咨询项目数据提供了 2003~2007 年得到的 386 个价格弹性。价格弹性绝对值的平均值为 1.73，中位数为 1.29[17, p.68]。咨询数据中的弹性值与文献报告中的数值大相径庭。

西蒙顾和管理咨询公司的数据涵盖非常广泛的产品和服务，如汽车、药品、电子产品、工业工具、保险、化妆品与厨房用具等。而 Bijmolt、van Heerde 和 Pieters[15]的整合分析基本只局限于快速消费品（FMCG），并通过观察价格上涨和价格下降 10%所引起的产品销量的变化来计算价格弹性，得出各自弹性的平均值。可以猜测折扣和促销的弹性构成了 Bijmolt、van Heerde 和 Pieters 数据集的大部分[15]。这些结果往往高于咨询项目中估算的长期价格弹性，Hanssens 也证实了这一发现[16]。

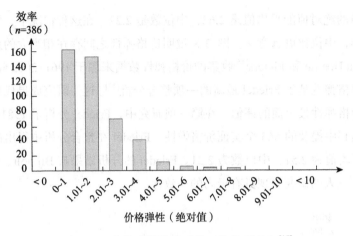

图 3-10　价格弹性分布（基于咨询项目）[17]

总体来说，我们可以发现，西蒙顾和管理咨询公司咨询项目中考虑的多样化商品的平均价格弹性低于快速消费品。这可以通过该公司在其他产品和服务上的数据集进行解释，数据集中包含的专业工业商品、职业健康和安全产品、创新药物和奢侈品，都具有相对较低的价格弹性。

最后，Friedel[17, p.83]使用西蒙顾和管理咨询公司的数据集，提供了价格上涨和价格下降对价格弹性影响的进一步见解。在表 3-3 中，我们可以看到价格下降和上涨的情况下，386 个价格弹性的平均值和中位数。价格下降时平均价格弹性为-1.62，价格上涨时为-1.84。价格下降时价格弹性的中位数为-1.07，而价格上涨时为-1.50。这些调查结果表明，销量对价格上涨做出的反应比价格下降更为强烈。竞争反应行为的差异也许可以解释这种不同。

表 3-3　价格上涨和价格下降的价格弹性比较

价格变化方向	平均值	中位数
价格下降	-1.62	-1.07
价格上涨	-1.84	-1.50

表 3-4 总结了几种产品类别的实证价格弹性。该表中选择的类别虽不具备代表性，也不完整，但为我们提供了价格弹性的大范围实证值的整体印象。在某些情况下，我们看到价格弹性值非常高。例如，某香烟品牌降价 13.2%，导致其市场份额增长 1300%。相应的价格弹性绝对值几乎达到了 100。工业产品的价格弹性绝对值

变动范围也很大。在一项对机械制造商的调查中，受访者估算它们的价格弹性远低于1。在一项针对商品供应商的专家调查中，受访者预计价格上涨2%会导致销量下降50%，这意味着价格弹性的绝对值达到了25。

表 3-4 几种产品类别的实证价格弹性

产品目录	价格弹性（绝对值）	产品目录	价格弹性（绝对值）
消费品		物流服务	
易耗品	大多数>2	信/邮件	0.2~0.9
耐用品	变化范围很大	包裹	1.0~3.0
制药业		货运	0.5~2.0
创新药	0.2~0.7	银行服务	
派生药品	0.5~1.5	个人账户费用	0.2~1.4
仿制药品	0.7~2.5	投资账户费用	0.05~0.5
非处方药	0.5~1.5	抵押贷款/房屋贷款	0.8~1.9
工业商品		移动通信套餐（语音）	
标准产品	2.0~100	每月基价	0.5~0.9
特殊产品	0.3~2.0	每分钟价格	0.3~1.1
汽车		其他服务	
高端车型	1.0~3.0	计算机/IT 服务	0.5~1.5
中型和紧凑型	2.5~5.0	线上游戏	0.6~3.5
轮胎	1.3~4.3	广告	0.8~2.1
服务			
航空	1~5		
铁路	<1.0		

资料来源：西蒙顾和管理咨询公司。

在下面的例子中，我们发现了极低的价格弹性。这与全德汽车俱乐部（ADAC）的会员费相关。全德汽车俱乐部是美国汽车协会（AAA）的德国同行。ADAC 有 1900 万名会员，是欧洲规模最大的汽车俱乐部。在会员费保持 10 年不变后，ADAC 开始考虑提高会员费[18]。典型会员的会员费价格由 44.50 欧元上涨 10.1%，至 49 欧元。"升级版"会员的会费由 79.50 欧元上涨 13%，至 89.50 欧元。所有会员类别的平均价格涨幅为 12%。但是只有 0.1%的会员，或者说 1892 万会员中的 18 956 人，在随后一年中放弃了他们的会员资格[19]。基于这些数据，我们计算出该会员费的价格弹性为–0.01（=–0.1%/12%），实际上为零。一项研究使用了一家大型出租车公司的数据来估算价格弹性。该数据集包括近 5000 万个独立观察数据。价格弹性变化范围为–1.5~（–2）[20]。这一例子显示了如何使用大数据（来自交易和网络的数据）来估算价格弹性。

学术文献经常试图确定价格弹性高或低时的条件。大多数实证都没能得出任何明确的结论。对价格弹性进行泛化需要谨慎，因为它们在很大程度上取决于产品属性和特定的竞争环境。例如，人们假设高质量的产品具有相对较低的价格弹性。这种假设似乎直观可信。但 Friedel 的实证分析结果[17]并不支持这一假设。事实上，分析结果表明，高质量的产品具有很高的价格弹性。在 Friedel 的研究中，这种效应在价格上涨和价格下降的情况中皆可观察到，当价格下降时价格弹性更大[17, p.121]。

产品的品牌是价格弹性的另一个驱动因素。消费者对领军品牌打折时的反应远远强于对其他一般品牌促销时的反应。Fong、Simester 和 Anderson[21]推断，商店品牌的价格弹性低于制造商的全国性品牌。然而，Bijmolt、van Heerde 和 Pieters[15]的研究中未发现品牌（制造商与商店品牌）对价格弹性的任何重大影响。Krishnamurthi 和 Raj[22]认为，在选择产品时，忠诚于某个品牌的客户的价格弹性低于非忠诚客户。但是，在决定购买多少单位产品时，品牌忠诚的消费者会表现出更高的价格弹性。除了产品的质量和数量，价格行为的持续时间也会对价格弹性产生影响。Olbrich、Battenfeld 和 Grünblatt[23, p.282]对食品和杂货产品价格行为的时间有效性进行了实证分析。他们的分析结果表明，价格行为的影响往往会随着时间的推移而减少。

Friedel 的研究报告[17]补充了这些结论，产品的差异化程度对其价格弹性有显著影响。产品的关键属性与竞争对手之间的差异越大，产品的可替代性越低，价格弹性越低[17, p.110]。Friedel 的研究表明，这个结论对于价格下降和价格上涨的情况都适用[17, p.129]。

产品的感知复杂性（perceived complexity）是价格弹性的决定因素，Friedel[17]针对价格上涨和下降两种不同的情况提出了相似的结论。在这两种情况下，该研究都支持这样一种假设，即更高程度的复杂性会降低价格弹性[17, p.129]。对此，可以这样解释：价格在复杂产品的购买决策中扮演次要角色，比起其他产品属性，客户对价格的关注相对较少[17, p.114]。

价格变化的方向会影响客户满意度对价格弹性的影响。Koschate[24, p.165]发现，与对产品满意度较低的客户相比，满意度更高的客户对价格上涨的敏感度更低。但是，目前还不清楚客户满意度是否对降价有调节作用。

小　结

基于西蒙顾和管理咨询公司的资料和大型项目数据库，我们得出结论，以下属性有利于提高价格弹性。

产品特征：
- 竞争产品之间的相似性和替代性很高，差别很小
- 购买频率高
- 大众市场产品质量、定位和分销
- 产品价格占总成本的比例很高
- 经常打折，广告费用高
- 产品复杂程度低
- 单独销售（相对于产品捆绑或解决方案）
- 产品是零售商的客流量驱动因素
- 促销产品份额占比高

市场特征：
- 销售侧的高竞争压力
- 高价格透明度
- 低行业/部门销售回报率
- 客户的高价格压力（采购/购买）
- 客户的高集中度
- 电子商务份额高

客户特征：
- 价格意识高
- 接受风险意愿高
- 良好的产品知识：客观评估产品的能力
- 品牌意识低下/不成熟
- 不重视形象和声誉
- 品牌忠诚度低
- 质量意识低
- 不重视便利性和一站式购物

最后，价格弹性必须根据具体情况确定。学术界对价格弹性有一些研

究结果，但这些研究结果往往是不确定的，甚至是矛盾的。虽然 Friedel[17] 的研究结果支持我们关于实证估算的价格弹性及其影响因素的相关陈述，但还是建议读者将这些陈述视为起点或指导，而不是作为一般性或普遍适用的规则。

3.4 价格响应函数的实证确定

调查和观察是收集和确定价格响应函数所需数据的两个基本方法。我们将调查分为专家判断和各种形式的客户调查，将观察分为实验和市场观察。表 3-5 对此进行了概括。

表 3-5 确定价格响应函数的方法

调查			观察			
专家判断	客户调查		实验		市场观察	
	直接	间接	价格实验	拍卖实验	市场数据	网上拍卖数据

3.4.1 调查

3.4.1.1 专家判断

专家判断方法需要对市场和细分市场或专业价格知识有深入了解的调查专家的参与。能够估算价格响应函数的专家包括：

- 企业员工：主管、管理者、销售和市场营销团队成员；
- 具备市场或细分市场、产品或价格管理专业知识的管理顾问；
- 市场研究机构的专家；
- 经销商/分销商或客户咨询委员会/理事会。

当客户调查费用太贵、太耗时或很难做时，专家判断方法是合适的。对于真正的创新或新情况（例如，新竞争对手即将进入市场），专家判断可能是唯一可行的选择。由于经济实惠和高效，专家判断方法经常用来作为其他方法的补充。调查可以采用非结构化的形式（开放式访谈），也可以在问卷的帮助下采用结构化或研讨会的形式。非结构化的自由形式可能有助于揭示与定价相关的新内容。而结构化的调查形式会使数据准备和分析更容易。对这两种形式的调查，我们建议使用计算机辅助调查和相关分析工具。采取结构化的个人访谈形式的专家调查可以用来调查市场趋势、客户反应和评估产品/性能。研讨会可以让专家之间互相提问质疑，展开深入讨论。

- 对于专家访谈，我们提供以下建议。
- 应该向不少于 5~10 位专家进行调查，因为专家之间价格估值差异很大的情况并不少见。专家数量越多，效度越高。
- 专家应该代表各层级的职能和职位（例如，既有管理者，也有销售人员），并了解对需要研究的市场的相关知识（例如，价格敏感性、市场规模和竞争等）。
- 调查应由中立（外部）方（例如，咨询顾问）实施。

专家判断调查应遵循三个步骤。第一步，专家共同讨论基本数据，其中包括对竞争环境和市场环境的详细分析。确定和分析单个客户细分市场、竞争对手、竞争产品和行业环境。在对现行价格及其相关销量的关键假设上，专家必须达成一致。对新产品进行研讨时，他们必须在假设的基本价格和估计的销量上达成一致。

实际的调查在第二步展开。首先，专家在某一特定的价格下确定销量。以此为基础，然后，每个专家估算不同价格下的期望销量。如果想要考虑竞争反应，就必须评估竞争对手会在每个价格点上如何做出反应，并相应地修改该价格点对应销量的原始估计值。理想情况下，应该使用软件程序(例如，西蒙顾和管理咨询公司的 PRICESTRAT 软件)对数据进行编辑与分析，并绘制最终结果。

第三步也是最后一步，应该重新召集专家进行共同讨论。如果专家能够一起审查图表形式的调查结果，特别是价格-销量关系，那么讨论就会变得很简单。对结果进行合理性检查是为了研究异常值或由个别专家做出的任何极端估计。讨论估算结果背后的思维过程和逻辑有助于将其置于实际情况中，使之容易理解。

图 3-11 显示了对度假胜地使用专家判断方法的情况。专家分析了（-15%）~15% 的价格变化对销量的影响。

在价格变化较小的范围内，销量做出的反应较弱，但是价格的上涨阈值是 5%。如果价格上涨超过这个阈值，就会引起销量的严重下滑。据专家估计，15% 的涨价将导致 26% 的客户流失，价格弹性为-1.73（=-26%/+15%）。在价格下降的情况下，价格弹性的绝对值较小。价格下降 15% 时，价格弹性为-1.33（=+20%/-15%）。价格响应函数的曲线与古腾堡模型的曲线形状相似，这也是通过专家判断方法得出的典型价格响应函数。

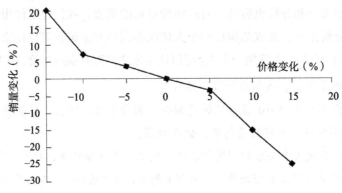

图 3-11 由专家判断得出的价格响应函数（旅游业）

资料来源：西蒙顾和管理咨询公司。

专家判断法存在以下优缺点。

优点：

- 专家判断过程比客户调查更简单、更容易。一般来说，能够较快得出结果，也更经济。
- 使用系统模型（例如，西蒙顾和的 PRICESTRAT 工具）结构化专家判断问题可以产生良好的结果。定量方法有助于结构化问题，有助于从企业内部提取市场知识和经验，还可将情感因素从讨论中剔除。
- 可以对竞争反应和新情况提前做出预测，并做好预案。
- 可以适应较大的价格区间，尽管随着价格增长到超过客户可接受程度时，失误的风险也会增加。

缺点：

- 估算来自"内部"专家，而非客户。
- 专家可能会在错误的假设下做出回应，或者落入群体思维的陷阱。
- 专家的估算值有时会相差 10~20 倍。在这种情况下，即使是平均值也没什么参考价值。另一个危险是，职位层级较高的人即使没有最好的市场知识，也可能会利用自己的权力强行通过自己的估算。

3.4.1.2 客户调查

1. 直接客户调查

直接客户调查中的问题直截了当。例如，通过直接询问客户愿意为相关产品或服务支付多少费用及其如何响应价格变化，来确定价格弹性。直接客户调查中的问题有很多选项，包括开放式问题，例如：

- 你愿意为此产品支付多少费用？
- 你愿意为购买这一产品所支付的最高价格是多少？
- 当价格为 X 美元时，你会购买多少产品？
- 多大的价格差异会让你从购买产品 A 转向购买产品 B？

这些问题根据我们处理的是"是–否"情况或"可变数量"情况而有所不同。从这些或类似问题的答案中，我们可以得出价格响应函数。

图 3-12 说明了对某一工业产品采用直接问题调查的情况。假设其他竞争者保持价格不变，询问客户价格增长多少会使其从现有的供应商转向另一个供应商。在价格上涨 5% 的情况下，9% 的现有客户会转向别的供应商（价格弹性为–1.80）。价格若增加 10%，现有客户中有 31% 的人会转向别的供应商（价格弹性为–3.10）。价格上涨幅度越大，价格弹性的绝对值就越大。当价格上涨 20% 时，已经没有客户愿意忠诚于原供应商。得出的价格响应函数与古腾堡模型的右边部分相对应。

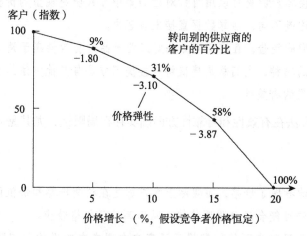

图 3-12　基于直接问题调查的价格响应函数（工业产品）

下面我们来看一下笔记本电脑价格响应函数的校准。向买方提出的问题是："你愿意花多少钱购买这种产品？"要求受访者只提供他们支付意愿的最大值，即所谓的最高价格。图 3-13 显示了该调查的结果。价格为 750 美元时出现了明显的价格阈值。

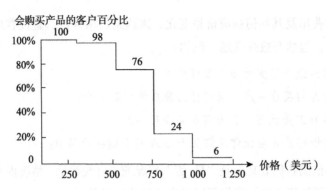

图 3-13 使用直接问题校准的价格响应函数（笔记本电脑）

另一种方法是询问受访者是否会在特定价格下购买产品。受访者提供了一系列是-否购买的答案。目前尚不清楚哪种方式得出的结果更有效：用"是-否"问题预先确定价格，还是让受访者自己说出价格。

直接客户调查也存在一些优缺点。

优点：

- 使用直接客户调查可以用有针对性的集中方式研究期望的价格问题。
- 与专家访谈不同，估算数据直接来自客户。
- 根据我们的经验，直接提问方法对工业产品的有效性高于消费品。基于多方法分析的精神，我们总是建议将直接提问方法与其他方法结合使用，以交叉检验结果的有效性。

直接提问方法在有效性和可靠性方面确实存在局限性，尤其是我们发现了以下缺点。

缺点：

- 只孤立地考虑了价格，而实际上客户总是在权衡价格和价值两个方面。直接调查方法可能会过分强调价格，从而高估了价格效应。
- 价格行为风险方面的问题揭示了客户在调查中所说的与实际行为之间的差异。这可能是由于声誉效应（prestige effect）。受访者的答案有被社会期望扭曲的可能性，可能会损害调查的有效性。直接问题与观察到的市场行为之间的实证比较为这种怀疑提供了支持[25-28]。
- 直接问题方法在"可变数量"情况中存在很多问题，因为客户通常很难量化额外单位产品产生的边际效用。

2. 价格敏感度测量

价格敏感度测量（The van Westendorp Method）是直接客户调查的一种特殊形式。它基于这样一个基本假设，即客户的支付意愿可以表示为最高价格（我最多为智能手机支付 400 美元），也可以表示为价格范围（我愿意在智能手机上花费 200～400 美元）。根据这一假设，支付意愿并不一定指某个具体的价格点或参考价格。根据同化对比理论（Assimilation Contrast Theory），支付意愿也可以被视作一个价格区间（详见第 4 章）。因此，客户在价格过低和过高的情况下都不会购买。

价格敏感度测量的第一步，会询问受访者 4 个问题。

问题 A：
"你认为这一产品的价格在什么时候会过于昂贵，而使你放弃购买？"

问题 B：
"你认为产品的价格在什么时候是昂贵的，但你还是倾向于购买？"

问题 C：
"你认为什么价格可以接受或是便宜的，从而使得这一商品物有所值？"

问题 D：
"你认为产品的价格在什么时候会过于便宜，从而使你对产品的质量起疑，进而放弃购买？"

从问题的答案中，我们获得每个受访者提供的 4 个价格点，从而可以绘制累积频率分布，得到的曲线如图 3-14 所示。

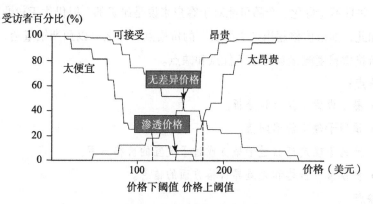

图 3-14　价格敏感度测量模型产生的曲线

各种曲线及其交叉点的解释如下。

- 问题 B（昂贵）和问题 C（可接受）：这一交叉点表示所谓的"无差异价格"

（indifference price），在这一点上，将产品描述为"昂贵"和"可接受"的受访者数量相同。无差异价格是50%的受访者认为产品具有均衡的价格形象（不太便宜，也不太贵）。从价格形象的角度来看，无差异价格代表了一种最优的折中方案。

- 问题A（太昂贵）和问题D（太便宜）：我们把这一交叉点称为"渗透价格"（penetration price），即受访者认为产品可接受的价格。在这个价格点，因为产品太便宜而拒绝购买的受访者数量最少。销量在渗透价格上达到最高点。
- 问题B和问题D的曲线交叉点确定了价格阈值。低于这个价格，由于受访者认为该价格的产品质量差，所以，购买可能性迅速下降。该阈值形成了相关价格区间的下限。
- 问题A和问题C的曲线交叉点是上阈值。超过此价格阈值，由于价格高，购买的可能性迅速下降。

人们通常考虑通过问题B和问题C得到的曲线来确定可实施的价格，因为这些曲线描述了昂贵且可接受的价格。最优价格应该落在该价格范围内。

价格敏感度测量没有确定价格响应函数，而是揭示了许多客户的可接受价格并决定购买的价格范围[27]。以这种方式衡量的支付意愿不能转化为精确的销量预测。的确，企业可以假设销量通常在产品价格较低时增长，但这不能以数据为基础进行泛化，并且不能量化。产品可能对于客户来说是昂贵的，但仍优于较便宜的替代品。尽管如此，如果价格超出"太昂贵"的价格点，那么可以预期销量会大幅下降。

价格敏感度测量具有以下优点和缺点。

优点：

- 易于设置、执行和分析。
- 适用于确定价格阈值。
- 有助于确定产品过于昂贵或过于便宜的价格范围。
- 提供渗透价格和无差异价格方面的信息。

缺点：

- 过分强调价格的风险，因为孤立地考虑价格。
- 无法量化与特定价格点相关的销量，即无法确定使收入或利润最大化的价格。
- 基本没有考虑竞争因素。

小　结

价格敏感度测量方法有助于了解市场上可实现的价格范围。该方法近年来在市场研究中十分重要。由于其产生的结果不足以预测销量，因此不应将该方法作为唯一方法，但可以用来验证其他方法得出结果的合理性（例如，联合测量）。

3. 间接客户调查

间接客户调查避免了孤立的价格处理。这些方法的目的是尽可能接近真实的购买情况。客户不会为产品或服务本身付费，付费是因为产品或服务能够满足他们的需求。在真实的购买情况下，客户并不仅仅根据价格做出购买决策，而是根据不同产品属性的感知效用进行权衡。有助于量化这些权衡的联合测量法，是市场营销中最成功和最常用的分析方法。它能够同时估计产品属性和价格效应。该方法可以广泛应用于产品和价格管理中的各种问题。

联合测量的核心目标是回答这一问题：对于给定产品，其效用是什么？客户的支付意愿有多大？不会直接询问受访者价格，而是询问其他与产品价格有关的问题。换句话说，问他们对不同属性层级组合（包括价格）的偏好。受访者仅表明他们对所示组合的偏好。从包罗万象的偏好陈述中，我们不仅可以推导出价格的影响，而且可以推导出构成产品价格组合的产品属性的影响。因此，联合测量不仅非常适合衡量价格的影响，而且还适用于量化非价格属性的效用。

联合测量可以为以下问题提供答案。

- 对客户来说，质量、服务或设计方面的某些改进在价格方面的价值是多少？
- 相对于其他品牌，该品牌在价格方面的价值是多少？
- 客户愿意为特殊配件、特色、更好的服务支付多少费用？
- 价格变化对感知效用和偏好有何影响？

联合测量对价格管理非常重要。每年，全世界都会进行数千项联合测量研究。该方法一直在稳健提升，不仅因为其相关性，而且还得益于计算机辅助支持方面的不断改进。因此，现在有许多种联合测量方法可供选择[29, p.705, 30, p.2, 32]。

在探讨联合测量最重要的用途之前，我们想介绍一下典型联合测量方法背后的基本思想以及典型方法的例子。

使用联合测量来衡量价格的影响，步骤如下：

- 确定要纳入测量的属性；
- 确定每个属性的层级；
- 设计调查问卷并执行；
- 计算偏好函数和部分价值的效用；
- 计算价格响应函数。

这些步骤涵盖了价格效应的分析，因此可以将它们转化为价格建议、市场细分方案和定位策略。选择属性并设置其层级至关重要。这个过程应该与企业的管理层共同合作完成。根据我们的经验，研讨会是促进所需讨论的最佳方式。在可能的情况下，管理层的判断和意见应以客户访谈或焦点小组作为补充。设置属性层级的范围尤其重要。范围不应窄至无法涵盖整个最佳区间。同时，纳入不切实际的属性层级或超出客户习惯的正常区间之外的层级都可能会扭曲结果。

另一个问题是每个属性的层级数。一些研究结果表明，具有不同数量的层级会影响整体结果，因为更多的层级意味着特定属性的权重更大。通常我们建议每个属性使用相同或相似数量的层级。然而，在实践中，这对价格而言可能并没有什么意义。企业通常倾向于测试更多的价格层级，而不是其他属性的层级。

一旦设定了属性及其层级，我们就进入了第三步：决定如何刺激受访者。在完整的产品配置法（full-profile method）中，所有属性（包括价格）都显示在每个产品配置中。换句话说，受访者看到的总是完整描述的产品而不是产品的一部分。另一种方法是在权衡矩阵的帮助下使用双因子法（two-factor method）。通过这种方法，受访者只需要通过比较两个属性来进行权衡。在适应性联合分析（Adaptive Conjoint Analysis, ACA）技术下，受访者比较了一对属性中包含的多个因素，但并不是全部。完整的产品配置法的优点在于它非常类似于真正的购买决策。但对于受访者来说，这也更为复杂。

当使用计算机和视频等支持设备进行访谈时，联合测量更易于实施，也更有效。首先，计算机支持处理大量的属性和层级。其次，可以同时使用多种方法（也可以直接提问）并逐步构建产品配置，例如，使用 Sawtooth Software 公司的 ACA 程序。通常根据个体受访者来计算偏好和成分效用值（第四步）。通过这种方法，我们可以避免对每一客户的效用偏好进行简单平均，也可得到市场细分和价格差异化的数据。第五步，整合个体价格响应函数得到聚合价格响应函数。

我们用以下案例来说明联合测量方法。

4. 案例：汽车研究

为了用联合测量方法解决价格问题，我们帮助汽车制造商选择了表3-6中所示的属性和层级，与公司管理层一起讨论并制定了这些内容。

每个不同汽车的配置由四个属性来确定，每个属性都具有三个层级中的一个。这意味着，在本研究中，可以构建81个（3×3×3×3）不同的"汽车"。我们将完整的产品配置法与配对比较结合使用。在每对比较中，受访者看到两种"汽车配置"，然后陈述自己更偏好哪一种。图3-15显示了这种配对比较。

表3-6 汽车研究的属性和层级

属性	层级
● 品牌	大众、福特、别克
● 价格（美元）	20 000、22 000、24 000
● 最高时速（英里[⊖]/小时）	110、120、130
● 油耗（英里/加仑）	42、35、28
样本产品配置	
● 品牌	福特
● 价格（美元）	20 000
● 最高时速（英里/小时）	110
● 油耗（英里/加仑）	42

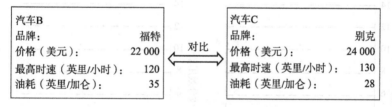

图3-15 两辆车的配对比较(完整的产品配置法)

与汽车B相比，汽车C具有更高的时速，更贵，油耗更小。同时，汽车B与汽车C品牌不同。如果受访者选择汽车C，则意味着品牌差异和较高的最高时速可以弥补较高的价格给客户带来的心理压力。配对比较要求受访者权衡汽车每个配置（方面）相对于另一个配置的优缺点。这符合典型的购买情况，比直接询问价格更符合实际情况。对一系列相似的配对比较的反应揭示了每个属性对受访者的重要性。此外，我们可以确定受访者从每个属性的每个层级中获得多少效用。

存在的一个问题是如何确定受访者必须进行配对比较的总次数。在研究中有81种潜在的"汽车"类型，可以进行3240次配对比较。采用部分析因设计（fractional design），可以显著减少所需配对比较的次数。实际上，10~20次配对比较通常就足够了。

⊖ 1英里=1609.344米。

数据收集完毕后，就可以计算成分效用值。这些是每个层级对总效用的贡献。软件（例如，Sawtooth Software）支持数据收集和分析。图 3-16 中所示是只有一位受访者的样本结果。

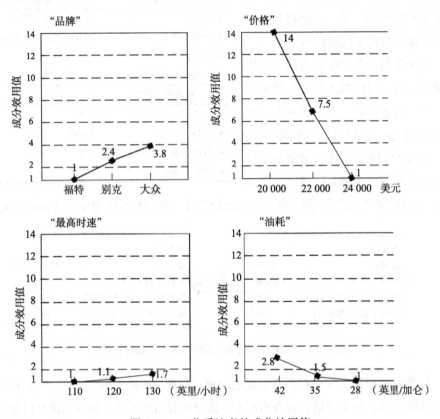

图 3-16　一位受访者的成分效用值

成分效用值显示了当一个属性层级用另一个属性层级更换后，汽车的总效用会如何变化。改变"价格"属性的层级，总效用产生的差异最大；而改变"最高时速"属性的层级时差异最小。对客户偏好和购买决策产生的影响因属性而异。

成分效用值还有助于确定每一属性的重要性。通常，成分效用值的范围越大，该属性就越重要。属性 j 的重要性 w_j 由其层级的最大和最小成分效用值之间的差额确定。这些数值可以转换为相对重要性 $\bar{w}_j$（%）：

$$\text{相对重要性}\bar{w}_j = \frac{\text{某属性的重要性}w_j}{\text{重要性总和}\sum_{j=1} w_j} \times 100\% \qquad (3\text{-}10)$$

表 3-7 显示了属性的绝对重要性和相对重要性。价格是对该受访者而言最重要的属性，其次是品牌和油耗，最高时速仅排在第 4 位。相对于品牌，该受访者赋予了价格更大的权重。在价格较低的紧凑型和中型汽车细分市场中，该受访者的答案具有代表性[32, p.26]。

表 3-7 计算属性的重要性

属性	绝对重要性 w_j	相对重要性 $\bar{w}_j$
价格	14.0–1.0=13.0	13.0/18.3×100%=71.0%
品牌	3.8–1.0=2.8	2.8/18.3×100%=15.3%
油耗	2.8–1.0=1.8	1.8/18.3×100%=9.9%
最高时速	1.7–1.0=0.7	0.7/18.3×100%=3.8%
总计	18.3	100%

成分效用值可以直接以价格单位表示其他属性层级的价值。对于图 3-17 中的买方：

- 大众的品牌价值比福特的高 862 美元；
- 将最高时速从 110 英里/小时提高到 130 英里/小时的价值为 215 美元；
- 将油耗从 28 英里/加仑提高到 42 英里/加仑的价值为 554 美元。

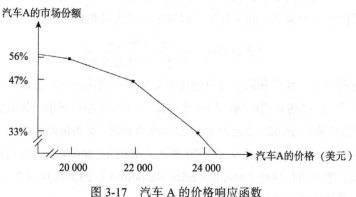

图 3-17 汽车 A 的价格响应函数

在这里，我们使用线性偏好模型（linear preference model）。为了确定特定型号汽车的总效用，可以为每个相应的属性层级添加图 3-16 中列出的成分效用值。表 3-8 说明了为三种车型各个属性添加成分效用值的过程。

表 3-8 计算三种车型的效用值——以个体为基础

汽车 A		汽车 B		汽车 C	
层级	成分效用值	层级	成分效用值	层级	成分效用值
大众	3.8	福特	1.0	别克	2.4
20 000 美元	14.0	22 000 美元	7.5	24 000 美元	1.0
110 英里/小时	1.0	120 英里/小时	1.1	130 英里/小时	1.7
42 英里/加仑	2.8	35 英里/加仑	1.5	28 英里/加仑	1.0
总效用值:	21.6	总效用值:	11.1	总效用值:	6.1

在这三种选择方案中，汽车 A 具有最高的总效用，受到受访者的青睐。如果汽车 C 的价格再低 2000 美元，它就可以获取比汽车 B 更高的总效用。但是没有任何技术上的改进可以帮助汽车 B 或汽车 C 具有比汽车 A 更高的总效用。这是由于"价格"属性对客户来说非常重要，而三种车型在这一属性的效用上存在巨大的差异。

在下面的讨论中，我们将仅根据汽车 A、汽车 B 和汽车 C 来确定个体价格响应函数。在这种情况下，购买决策属于"是–否"的情况。

5. 从效用到销量

有两种基本模型可用来从效用推导出销量。确定性模型（deterministic model）假设客户会购买总效用最大的产品。随机模型（stochastic model）假设效用值决定购买概率。在下面的例子中，我们将采用随机模型。为了通过效用导出价格响应函数，我们采用吸引力模型。购买概率可以被解释为市场份额：

$$市场份额\, m_i = \frac{型号\,i\,的效用}{所有型号的总效用} \qquad (3\text{-}11)$$

通过这种方法，我们获取了每位受访者对三种不同价格下产品的"购买概率"。表 3-9 说明了一位受访者的市场份额计算过程，图 3-17 中以图形的形式说明了这一过程。当产品价格从 20 000 美元上涨至 22 000 美元时，市场份额从 56%下降到 47%（价格弹性为–1.6）。如果价格从 22 000 美元上涨至 24 000 美元，市场份额从 47%下降到 33%，绝对价格弹性（absolute price elasticity）急剧下跌到–3.3。我们通过汇总所有受访者的结果得出整体市场份额。

一种非常接近实际情况的确定市场份额的方法是基于多项式对数模型（multinomial logit model），并考虑单个产品的总效用及在市场中与竞争产品的关系。如果汽车 A 和汽车 B 具有相似的效用值，那么当一种型号获得额外效用时，购买概率的变化会比一种车型已经获得强烈偏好时更剧烈。

表 3-9　根据一位受访者计算汽车 A 的市场份额

价格（美元）	20 000	22 000	24 000
"价格"属性的成分效用值	14	7.5	1
"价格"属性外的成分效用值总计（汽车 A）	7.6	7.6	7.6
p_i 时的总效用	21.6	15.1	8.6
所有配置的总效用	38.8	32.3	25.8
配置 i 的市场份额	56%	47%	33%

6. 联合测量的进一步发展

我们现在来看在文献和实践中最相关的方法。这些方法的区别在于它们如何获取偏好判断及选择估值算法[30, p.2,31, p.45,33, p.610]。从根本上来说，我们将其分为：

- 经典方法（权衡和产品配置方法（profile methods））；
- 混合方法（适应性联合分析（ACA）或基于适应性选择的联合分析（ACBC））；
- 离散选择建模（DCM）、基于选择的联合分析（CBC）、常数和联合分析（CSC）。

当属性数量很多时，**经典方法**的有效性就会有问题。为了解决这些问题，研究人员开发了混合方法来进行联合测量。

混合方法整合了合成和分解方法。它们使用了评分模型和联合测量方法。通过整合这两种方法，可以在多人间应用综合性部分析因联合设计（comprehensive fractional conjoint designs）[29, p.706,33, p.612]。通过混合分析，要求受访者在初始（合成）阶段对属性及其层级的重要性做出独立的判断。在第二个（分解）阶段，受访者需要评估选定的属性组合。这些方法减轻了受访者的认知负担。但是，使用这些方法需要在收集数据方面花费更多精力。最常用的混合联合测量形式是适应性联合分析（ACA）。

为了适应每一位受访者，ACA 会不断调整基于计算机的访谈。在访谈期间，计算机会分析受访者的答案，以便将之后的问题集中在对受访者最重要的领域。这减少了所需的配对比较次数，缩短了访谈次数，从而提高了每位受访者的参与度和答案的质量。

一场 ACA 访谈通常包括下列几个阶段：

- 确定不可接受的属性（可选）；
- 评定对属性层级的偏好；
- 评估属性的重要性；

- 配对比较。

为了向受访者提供有意义的决策方案，重要的是让这些方案不超出受访者"可以接受的范围"。为了确保这一点，在第一阶段，每个受访者应该排除不可接受的属性层级。然后，在剩余的访谈中把这些层级排除在外。假设我们针对汽车进行ACA访谈。如果受访者在第一阶段表明，他在任何情况下都不会购买福特汽车，那么该层级将从"品牌"属性中排除。这增加了访谈后所得产品配置之间的相关性，并减少了需要配对比较的次数。

在下一阶段，每位受访者将陈述他对无定向属性（non-directional attribute）层级的偏好。这些属性没有预定的顺序（例如品牌）或其偏好不一定随属性层级的增加而增加（例如，发动机功率）。企业无法肯定所有购车者都会更喜欢大功率发动机的汽车。相反，对于诸如价格等定向属性，通常可以假设属性的层级与偏好相关，即较低的价格通常优于较高的价格（有些奢侈品除外）。

在第三阶段，要求受访者根据一定的标准评估单个属性的重要性。对于每个属性，受访者会看到属性中最差和最优的层级，并会被问及这些差异对他们的重要程度。一旦收集了这些重要性评级信息，就可以对受访者的偏好和效用值进行初步估计。ACA使用这些值来确定在下一访谈阶段将要提出的问题，这涉及了一系列配对比较，是该方法的核心所在。图3-18显示了这样的配对比较。要求受访者在1~9的标尺上对这两种汽车进行偏好评级，1表示对左侧车辆的明显偏好，9表示对右侧车辆的明显偏好。如果受访者表示无所谓，则对应数字为5。

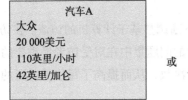

图3-18 用ACA进行配对比较

对每种"汽车"的整体效用大致相似的属性进行配对比较,这样受访者在两个选项之间会选择接近于无所谓的态度。一旦受访者表现出偏好,ACA 程序就会通过该信息来改进效用值的估算,并选择新的配对比较。由于估算的效用在提问过程中得到优化,因此,受访者越来越难以表达对任一方案的偏好。基于这些效用值,在下一阶段,我们可以使用市场模拟模型(market simulation model)来估算价格响应函数[33]。Herrmann、Schmidt-Gallas 和 Huber 详细描述了 ACA 过程及其优缺点[34]。

联合分析的另一种混合方法是软件公司 Sawtooth 提供的基于适应性选择的联合分析(Adaptive Choice-Based Conjoint,ACBC)。在这种方法中,受访者对属性和层级的偏好排名会形成一系列受访者实际上会考虑的产品。然后再使用这一"考虑集合"(consideration set)进行联合测量调查[35]。

下一个我们要研究的方法是**离散选择模型**(Discrete Choice Modeling,DCM)。DCM 是一类联合模型,其需要的是购买决策("购买"或"不购买")而不是偏好。基于选择的联合分析(Choice-Based Conjoint,CBC)是 Sawtooth 公司为此目的开发的软件名称。**常数和联合分析**(Constant-Sum Conjoint,CSC)是 CBC 的改进版本,属于 DCM 类别。

图 3-19 显示了 CBC 访谈中的典型提问。与传统的联合分析和 ACA 不同的是,受访者必须做出购买决策,但不会迫使受访者购买其中一种产品方案。在每个问题中,他们都可以不选择所示的任何产品方案。

图 3-19 购买决策(基于选择的联合分析)

就基本假设而言,CBC 与我们迄今为止讨论过的方法存在本质性区别[36]。由于确定单个层级效用值的可能性有限,CBC 最适用于偏好结构相对单一的市场。CBC 是现在常用的一种联合分析方法[37]。其之所以流行主要是因为能够有效测量客户的支付意愿[38]。DeSabro、Ramaswamy 和 Cohen 详尽讨论了这种方法的优缺点[39]。

最后,我们想提醒大家注意 CBC 方法的另一发展趋势。近年来,**常数和联合分**

析（CSC）已经成为价格研究的最新技术。与以前方法中的离散选择方案"选择一个"和"最佳-最差"相比，CSC 方法通过使用积分来表示受访者的偏好，但要使分配的总点数保持不变，例如 10 或 100。我们也可以使用分层贝叶斯模型（Hierarchical Bayes models）。该模型允许在单一层级上（指受访者个体）做出效用估值[40,41]。与其相关联的软件是 Sawtooth 公司的 HB-Sum[42]。这里的任务是在一组产品中分配固定数量的选择决策。该方法考虑到了受访者可以以相同的概率购买两种或更多种产品。例如，医生可以针对不同类型的患者使用不同的药物来治疗相同的疾病。该方法的优点是可以纳入现有产品和新产品。对于现有产品，受访者可能已经了解该产品，因此，我们可以放弃完整的产品配置分析的方法。总而言之，这种方法很好地反映了真实的决策情况。该过程具有较高的信息效率，并且相对于传统的联合测量，提高了有效性。图 3-20 显示了该方法典型的问题。在这一例子中，医生根据为患者开药的习惯，把不同的竞争药物分配给患者。

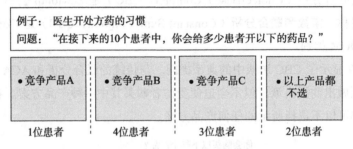

图 3-20　使用常数和联合分析的决策情况

离散选择模型（DCM）与其他方法相结合，性能会有所提升。Albers 等人[43]的研究显示，基于选择的联合分析与其他方法结合后，可以同时支持细分市场层面的产品和沟通决策。它还能够推导出消费者对于捆绑产品的支付意愿。但是，我们不可概而言之，认为一种联合分析方法优于另一种方法。方法的适用程度取决于手头待处理的任务、收集数据的方法以及收集数据的背景[44, p.116]。

技术进步对联合测量产生了显著的影响。基于计算机的联合测量调查成为当今社会的主流。由于强大的分析技术和现代信息技术的结合，我们才有可能进行独立于属性和层级数量的调查。这意味着可以使用联合测量分析复杂的产品或决策情况。Srinivasan[45]介绍了**适应性自我分析方法**（Adaptive Self-Explication Method，ASE 方法），这是联合测量的另一强有力扩展。另一项 CBC 技术则是由 Schlereth 和 Schulz

开发的**有限点击流分析**（Restricted Click-Stream Analysis）[46]。就有效性而言，它与其他偏好测量方法类似。虽然 CBC 使用选择性决策方式，但 Schlereth 和 Schulz[46] 解决了在购买过程中信息搜索的问题。他们认为，客户对产品属性投入的相对关注时间与其相对重要性的权重相关。他们的实证结果证明了该方法与已有的偏好测量方法的有效性类似。

通过纳入视频和音频元素运用计算机可以展现更具吸引力的图形。例如，已经证明，使用产品的逼真视觉形象可以取代原型，而不会扭曲消费者的选择行为[47]。在未来，增强现实技术（augmented reality）将进一步改善这一过程。另一方面，可操作的简易计算机程序带来的风险是，在不理解方法复杂性的情况下随意使用联合测量。使用先进而严苛的技术（如联合测量）时，切勿进行"数据填涂"式应用（生搬硬套）。在没有对特定情况进行充分分析的情况下，越简化数据收集和分析过程，使用该方法的风险就会越大。这可能导致结果偏差和解释错误。在这里，我们再次推荐使用多种方法。只要情况允许，就应该通过其他方法交叉验证联合测量结果。

许多市场从业者和理论家认为，联合测量是衡量客户偏好和价格效应的最佳方法。虽然实践中的一系列使用已经使该方法在测试中适用于测量需求偏好，但质疑者提到了它的有效性问题，而有效性问题产生的部分原因在于对购买情况所做的假设本身[29] [48, p.113] [49, p.366]。因此，内部有效性和外部有效性都高是不可能的。内部有效性表示研究结果符合内在逻辑和可以明确解释的程度。外部有效性则与研究结果转化为实际购买情况的程度有关。

小　结

> 联合测量并不直接询问受访者的价格行为。相反，价格效应是从偏好或购买倾向的陈述中间接得出的。要求受访者在对客户的价值与产品价格间进行权衡。联合测量适用于新产品和已有的产品，而其结果将受到研究设计的影响。因此，我们建议在使用该方法时应极为谨慎，同时，我们也鼓励进行创造性的探索性研究。联合测量得出的结果也应通过其他方法加以验证。

3.4.2 观察

价格效应也可以通过观察来测量，包括实验和市场观察。在观察中，研究结果会通过受访者的实际行为而不是其言语解释来揭示。

3.4.2.1 实验

1. 价格实验

在价格实验中,测试中的买方会在实际或真实购买情况下接触不同的价格。我们对现场实验、实验室实验和作为特殊形式的直接营销进行了区分。随着市场进一步的数字化,进行价格实验变得越来越容易[50]。

现场实验(field experiments)是在实际购买条件下对定价措施(价格变化、价格广告、价格显示、价格差异化形式)的影响进行测试。所研究产品的购买环境不会发生变化,只有自变量(这种情况下是价格)会发生变化,而所有其他因素都会尽可能保持不变。通常,测试对象并没有意识到实验的存在。

我们可以区分典型的市场测试方法和商店测试。**典型市场测试**(classic test market)研究了市场分为不同区域情况下定价措施的影响。这种形式在实践中并没有发挥重要的作用,因为它的成本高,时间长,而且无法保持测试的隐秘性。诸如商店测试或仿真市场测试等低成本的方法几乎完全取代了它。**商店测试**(store test)中,将在选定的测试商店调查定价措施的效果。进行这类测试时,我们通常会选择一些测试商店,但这些商店不一定具有代表性。对于制造商而言,这样的测试可能成本高昂,因为必须为零售商的参与付费。

微型测试市场(mini test market)是商店测试的改良版本,是商店测试和住户追踪调查(household panel)的结合。在扫描仪的帮助下我们可以获取测试商店中的数据。扫描仪可以实时精确地捕获所购物品并以低成本进行精确分配。价格研究的一个好处是数据的极高颗粒度(extreme granularity),以及以多种方式统计数据的能力。这导致了广泛的测量范围和细分的可能性。

在产品的购买点,我们可以收集价格、时间、地点和消费者购物篮内商品方面的数据。同时,可以收集消费者未选择的替代性商品(及其价格)以及其他产品的价格和销量方面的数据。总而言之,该数据集全面涵盖了竞争领域,并记录了价格研究的所有必要信息。

仿真测试市场(simulated test market)是商店测试的另一种版本。仿真测试市场在模拟了真实市场的虚拟测试工作室中进行。工作室应设立在某个可以吸引代表性客流并反映相关零售结构的场所(例如,在百货商店内)。在模拟测试环境中,测试对象参与基于计算机的价格实验。与我们之前描述的"真实"测试市场相比,这种形式具备一定的时间和成本优势。它允许制造商在进行产品和价格测试时免受竞争对手的影响，其隐秘性比传统测试市场更高。

数字化和电子商务使价格实验更加容易进行。计算机支持的在线算法可以创建允许收集、连接和分析数据的统计模型，其最终目标是预测客户行为[51]。出于不同的测试目的，可以进行价格的变化，并且无须额外成本即可测量销量效应，因为无论如何，这些数据都是交易和买方特有的。可以进行任何形式的数据统计。例如，亚马逊每天会对一些价格进行数次变化，以分析不同价格对销量的影响[52]。随着电子商务业务的持续增长，我们预计现场价格实验的数量将大幅增加。

测试拍卖（test auction）提供了另一种有实用意义的在线价格测试形式。是否选择立即购买（固定价格的产品或服务），我们可以测试不同价格带来的影响。以下例子说明了如何使用在线拍卖来优化价格。

在这种情况下，经销商想在 eBay 上销售 1000 台尼康 Coolpix 相机，但不知道该如何定价。因此，经销商进行了以下价格测试：

- 第 1 天，经销商提供 50 台相机，每台售价 400 美元。
- 第 2 天，经销商在销售平台上提供 50 台相机，每台售价 350 美元。
- 第 3 天，经销商提供另外 50 台相机，每台售价 300 美元。

图 3-21 显示了由此产生的价格响应函数。

第 1 天，经销商出售了 10 台相机。第 2 天将价格降至 350 美元后，经销商出售了 20 台相机。第 3 天将价格降至 300 美元后，销量增加到 40 台。假设每一天的销

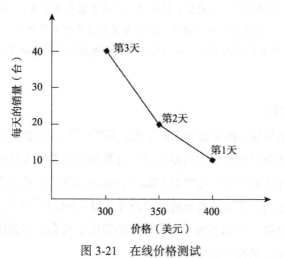

图 3-21　在线价格测试

售情况是独立的，就生成了以上的价格响应函数，它为价格优化提供了基础。

与现场实验相比，**实验室实验**（lab experiments）尽可能保持除价格外的所有变量不变，从而可以单独分析价格的影响。测试参与人员接受的情景并不完全反映现实情况。模拟购买时，测试参与人员会收到一定金额的钱，并要求他们用这笔钱进行购物。他们能在模拟过程中看到不同的竞争产品。不同的测试组可能会看到系统性变化的不同价格参数（例如，价格水平、价格结构、价格展示），以便观察这些参数对销量的影响。益普索（Ipsos）和Gfk可提供此类测试。

关于价格问题，最新形式的实验室实验来自大脑研究领域。"神经定价"（neuro-pricing）领域研究人脑如何对价格信息做出反应（详见第4章）。大脑研究人员凯-马库斯·缪勒（Kai-Markus Müller）说："我们感知价格的方式与我们感知其他痛苦刺激的方式并没有什么不同。"[53]价格感知会触发大脑反应，研究人员则可以对该反应进行测量。大脑研究可以客观地确定消费者可能并未意识到的思考过程。在下一章中，我们将更深入地讨论这一新领域。实验室实验在对有效性和现实性的典型关注方面甚至更适用于大脑实验。测试对象必须去专业实验室进行体检。在这种情况下，样本和测量结果的代表性如何，及其在现实世界中的应用情况如何，仍然是个悬而未决的问题。

小 结

> 与现场实验相比，实验室实验的主要优势在于其较低的成本、控制外部影响的能力、更少的时间成本与更高的隐秘性。实验室实验的主要问题是有限的外部有效性（效度），因为模拟购买情景无法完全复制真实的购买情景。测试对象在意识到自己正在参与此类测试时，可能会导致他们做出与实际情况不一样的行为。

2. 实验性拍卖

随着互联网的发展，拍卖的重要性急剧上升[54, p.625]。在eBay或阿里巴巴等拍卖平台上，商品和服务只出售给出价最高者。谷歌通过拍卖广告版面赚取了数十亿美元。谷歌首席经济学家哈尔·瓦里安（Hal Varian）宣称，谷歌几乎所有的东西都是通过拍卖组织起来的，甚至是谷歌的首次公开募股（IPO）[55, p.85]。然而，拍卖不仅非常适用于制定价格，它们还为确定支付意愿提供了机会。实验性拍卖的一个标志就是测试对象实际上是在实验中购买产品。

学术文献将拍卖分为 4 类：英式拍卖、荷兰式拍卖、最高价拍卖和维克里拍卖（Vickrey auction）。这些拍卖形式的概述可以在 McAfee、McMillan[54, p.628]以及 Skiera、Spann[56, p.702]的研究中找到。Skiera 和 Revenstorff[58] 提到维克里拍卖可以作为确定支付意愿的工具。维克里拍卖特别适用于确定价格响应函数[57,58]。

- 与通常的拍卖相比，维克里拍卖因其两大基本特征而脱颖而出：首先，投标人不能直接通过他们的出价影响购买价格；其次，购买价格并不是最高出价，而是第二高出价。出价最高者可以获取拍卖品，但是只需支付第二高的竞标价格。使用维克里机制的拍卖平台中最突出的案例是 eBay。具体的购买价格是在第二高出价的基础上加上拍卖中最小竞价增量的金额。
- 从理性的角度来看，在这一招标过程中，每位竞标者都有动力在他们真正愿意支付的水平上进行出价[28, p.38; 57, p.20; 58, p.226; 59, p.22; 60, p.3946]。Wolfstetter[60, p.394]因此将维克里拍卖定义为唯一基于激励的拍卖。
- 除了兼容性，维克里拍卖还具有所有参与者必须出价的优势。
- 通过参与者的出价可以推导出价格响应函数、最优价格和市场份额。

另一种拍卖形式称为每标付费拍卖（pay-per-bid auction）。它既可用于提价拍卖流程也可用于降价拍卖流程。其特点是每轮投标都有一个倒计时间隔（例如 20 秒），并且按照每次投标向投标人收取固定的金额。一旦出价，倒计时将按照相同的时间间隔重新启动。这使得竞标人有机会提出自己更高（或更低）的出价。此外，他们还需要为每次投标支付固定费用。如果倒计时间隔结束时没有出现新的投标，则拍卖的获胜可以选择以最新的投标价格购买拍卖对象[61]。

小　结

> 实验性拍卖代表了价格研究的创新方法。在线拍卖相对而言成本较低，可以取代或丰富传统拍卖方法。

除了拍卖，人们还可以使用彩票（lotteries）来收集关于测试人员支付意愿的数据。Becker、De Groot 和 Marschak[62]提出了这种衡量支付意愿的方法，该方法分两步进行[49, p.367]。

- 第 1 步，要求受试人员在直接价格调查中透露他的支付意愿。
- 第 2 步，每一彩票将对应一个价格。如果此一价格低于受试人员在直接调查环节所表达的支付意愿，则要求受试人员按抽中彩票所对应的价格购买产品。

与维克里拍卖类似，彩票包涵了激励。维克里拍卖和彩票之间的实证比较表明，这两种方法在衡量个人支付意愿方面都是可靠和有效的[62; 63, p.36]。

3.4.2.2 市场观察

1. 市场数据

用于价格分析的市场数据通常是为了其他目的而在较早时期收集的。在许多市场中，支持价格决策的标准化数据是可获取的。除了 IRI、尼尔森公司（Nielsen）或 GfK 等市场研究机构定期收集的销量、市场份额和价格数据外，零售商还使用扫描仪技术收集价格和销量数据。另外，人们还可以通过从行业或贸易协会获取的数据以及政府资源进行价格分析。

数据可以以时间序列或横截面（cross-sectional）数据的形式展示。后者可以涉及不同的销售区域、国家或细分市场。使用市场数据衡量价格效应的必要前提是作为自变量的价格进行充分的变化。如果价格没有随时间变化或在横截面数量单位上没有变化，则无法衡量价格效应。这种情况绝不是例外，竞争企业的价格经常发生同步变化，因此，相对价格随着时间的推移保持不变。

通常，我们使用计量经济学中的回归方法（econometric regression methods）来分析市场数据。然而，该方法在文献中的优势并不意味着它在实践中的重要性。基于联合测量或专家判断技术的客户调查在实践中比回归法能发挥更大的作用。因为互联网的存在，价格实验越来越受欢迎。使用历史数据确定价格响应函数的几个问题值得考虑。如果价格弹性较低，人们可能会观察到较大的价格差异，但这些差异对销量或市场份额没有显著影响。这意味着尽管自变量的变化程度很高，因变量仅发生轻微的变化。相反，如果价格弹性很高，则反过来也成立。相对价格几乎没有变化，是因为竞争对手的价格会迅速对价格变化做出反应。Telser[64]指出了使用回归方法来衡量价格效应的这些缺点。我们 40 多年的价格研究和咨询经验也凸显了这一担忧。

历史市场数据的一个缺点是：客户的反应不能为反应产生的根本原因提供任何合理的指示（例如，价格广告、价格变化、竞争者行为）。历史数据也不利于决策。这种历史价格效应是否适用于未来总是一个未知数。如果市场发生结构性突破，例如，新竞争者进入，就有必要重新审视价格效应。在发生这种结构性转变之后，历史数据的预测有效性通常很低。

在图 3-22 中，我们说明了使用历史数据来确定价格响应函数的过程。它关注的是在美国市场上业余摄影爱好者使用的胶卷。在此期间，柯达是市场领导者，而富士是柯达的竞争者。该研究中，自变量是相对价格：$p_{富士}/p_{柯达}$，因变量是富士的市场份额。自变量和因变量都显示出相当大的方差。线性价格响应函数为：$m_{富士} = 34.5 - 27.7 \times p_{富士}/p_{柯达}$，解释了 97% 的方差（$R^2=0.9667$）。如果我们将相对价格从 0.78 降到 0.74（即降低 5.1%），富士的市场份额将增加 8.6%。因此，此时富士的价格弹性为：8.6/-5.1=-1.69。

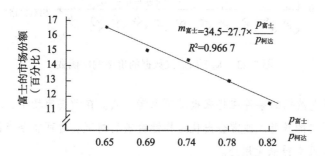

图 3-22　基于历史市场数据的价格响应函数

资料来源：西蒙顾和管理咨询公司。

当根据市场数据进行回归分析时，经济合理性即表面有效性（face validity）应与统计标准具有相同的权重。不存在适用于所有需求和竞争情况的标准模型。事实上，绝对有必要根据每个案例的情况确认：哪一模型、哪些变量、哪些规格才是正确的选择。

直接通过收银机收集的销售和价格的扫描仪数据适用于确定价格响应函数。图 3-23 显示了某个咖啡品牌的案例，其销售和价格数据是从不同的连锁门店收集的。数据间隔为一周。

价格和销量数据的可获取性取决于具体的行业部门。如果不能获取时间序列数据，则可以使用横截面数据。时间序列和横截面数据也可以进行组合，进行混合回归分析（pooled regression）。

价格分析师必须在获取和解释数据方面具有创造性，以便对价格效应有更深入的理解。使用二手数据确定价格-销量关系时，应牢记以下建议。

- 历史数据应以图形形式编制，并以可视化方式检查；仅这一步就可以带来有效的见解。

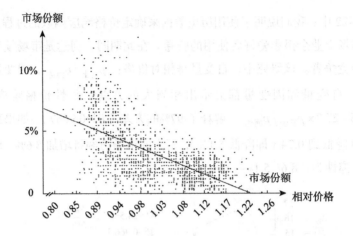

图 3-23　基于扫描仪数据的价格响应函数

- 影响历史数据的条件在将来也必须保持有效。在动态市场下，这一假设应该受到严格的检验。通常会出现结构性突破的情况，这可能会使计量经济学分析的结果变得毫无用处。
- 关于价格效应，应该测试不同的假设。除了价格，人们应该考虑尽可能多的其他营销工具。
- 经济合理性与统计准确性同样重要。

小　结

　　除了建立价格-销量关系外，通过历史市场数据也可以深入了解竞争对手的定价行为。利用市场数据，人们可以分析竞争对手的历史价格行为和反应以预测他们未来的行为。市场数据还有助于在财务状况、战略、未来潜力和产能方面评估竞争对手。

2. 线上拍卖的数据

　　随着互联网的出现，在**逆向定价**（reverse pricing）的基础上出现了新的商业模式。采用这一商业模式的供应商包括美国的 Priceline 和德国的 ihrpreis.de 等公司。客户的出价对最终价格具有约束力，主要通过信用卡进行支付。一旦客户的出价高于供应商的最低价格阈值（仅供应商知道），客户就会收到产品，并支付他的出价金额。

这种价格响应函数的一个示例如图 3-24 所示。图中考虑的产品是笔记本电脑。我们可以发现，250 美元是该产品的重要价格阈值。在低于这个价格水平时，销量会迅速增加。相比之下，价格响应函数在较高的价格范围内则比较平缓。

图 3-25 显示了由互联网产生的价格响应函数的第 2 个例子。这个例子涉及股票购买。在预定的价格区间内，合格投资者说明他将在每个价格点购买的股票数量。报价具有约束力。可以看到价格在 170~180 美元范围内时，股票需求会急剧下降。这种形式的价格响应函数属于吸引力模型。在证券交易所，会采用类似的方式确定需求曲线。但在这种情况下，投资者只列出他的限额，而不是不同价格下的所需股票数量。总而言之，人们看到的曲线与图中所示的曲线相似。

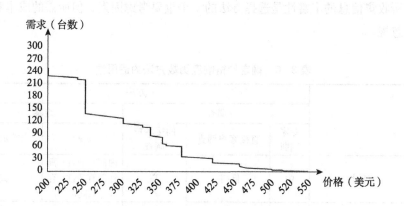

图 3-24 笔记本电脑的价格响应函数

资料来源：西蒙顾和管理咨询公司。

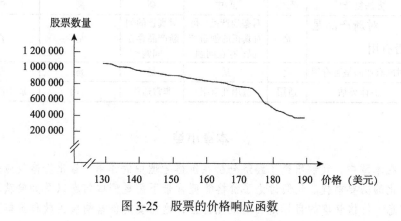

图 3-25 股票的价格响应函数

小 结

通过互联网，人们可以事半功倍地确定真实的价格响应函数。这些数据为客户真实的支付意愿提供了深刻认识。互联网可以通过这种方式促进价格管理的专业化。

3.4.3 工具概要

我们已经讨论了许多用于收集相关价格信息的工具，这些工具可用于校准价格响应函数。表 3-10 总结了这些工具的优缺点。所需的分析工作应与要做的价格决策相关。所收集信息的丰富性是选择方法的一个重要考虑因素，但所需的成本和时间也不容忽视。

表 3-10 确定价格响应函数方法的适用性

		方法			
		调查		观察	
		专家判断	直接客户调查	间接客户调查	实验	市场观察
标准	有效性	中	低/中	高	内部有效性：高 外部有效性：存在问题	高
	可靠性	中/高	不清楚	高	中/高	低
	成本	非常低	低/中	中/高	高	取决于可获取性
	方法复杂性	低/中	低/中	高	高	中
	对新产品是否有用	是	对普通产品：是 对真正的创新产品：存在问题	对真正的创新产品存在问题	是	否
	对既有产品是否有用	是	是	是	是	是
	总体评估	适用	适用性有限	非常适用	适用	适用性有限

本章小结

在本章中，我们研究了经济分析在价格管理中的作用。量化价格效应是价格优化的必要前提。我们讨论了价格管理背景下需要哪些信息以及如何获取这些信息。价格管理的目标是确定最优价格，这需要对价格响应函数和价格弹性进行量化。我们下面对这一章进行总结。

- 为了理解定价行为的范围并确定最优价格，必须准确分析企业自身、客户和竞争对手。
- 定价范围的下限是边际成本，上限是对客户的价值以及竞争对手的价格。
- 企业信息包括企业目标和成本。知识和对成本结构的全面了解对于合理的价格决策至关重要。
- 对客户的价值和支付意愿是价格决策不可或缺的客户信息。
- 竞争限制了企业的定价范围，并影响了其自身的价格效应。因此，相关竞争者的确定、价格分析以及对未来价格行为的预期是必要的。
- 为了做出最优价格决策，必须了解价格与销量之间的函数关系。价格响应函数为这种关系做出了解释。
- 价格弹性是衡量价格对销量影响的指标。它是销量的变化百分比与使销量发生变化的价格变化百分比的比率。价格弹性衡量需求对价格变化的反应强度。
- 要确定价格-销量关系，可以从工具箱中选择一种方法：专家判断、直接或间接客户调查以及实验和市场观察。这些方法都有其优点和缺点。在实践中，专家判断、间接客户调查和互联网的使用发挥了重要的作用。
- 专家判断是一种简单而经济的方法，特别适用于新情况，例如推出新产品。然而，它取决于企业的内部知识储备。
- 量化客户偏好和价格效应的有效方法是联合测量。该方法从客户的角度衡量产品的总效用及其组成属性。不直接询问客户的价格行为。相反，价格效应来自客户对偏好的陈述。
- 联合测量量化诸如品牌价值、技术特征、服务价值等因素，并以货币单位进行表示。这种方法非常通用，为确定以价值为导向的价格奠定了基础。
- 价格实验确定实际或模拟购买情况下价格对销量的影响。除了现场和实验室实验，实验性拍卖可用于确定消费者的支付意愿。
- 可以使用历史价格和历史销量数据来确定价格响应函数。前提是价格和销量发生足够大的变化。这些数据仅适用于近来没有发生结构性突破的市场的前瞻性价格决策。
- 互联网为收集价格管理数据提供了新的可能性。可以轻松在线确定真实的价格响应函数。但是，在将调查结果应用于其他购买情况或渠道时，必须要谨慎。

本章表明，价格优化中有大量的决定因素。这些因素反映了客户、竞争对手以及自身的业务情况。它们被组合到价格响应函数中，从而可以计算出价格弹性。价格决策只取决于它所依据的响应措施的有效性。

参考文献

[1] Ramanujam, M. & Tacke, G. (2016). *Monetizing Innovation: How Smart Companies Design the Product Around the Price*. Hoboken, New Jersey: John Wiley & Sons.

[2] Lockwood, T. (2009). *Design Thinking: Integrating Innovation, Customer Experience, and Brand Value*. New York: Allworth Press.

[3] Freidank, C. C. (1994). Unterstützung des Target Costing durch die Prozesskostenrechnung. In K. Dellmann, & K. S. Franz (Ed.), *Neuere Entwicklungen im Kostenmanagement* (pp. 223–259). Bern: Paul Haupt.

[4] Clifton, M. B., Townsend, W. P., Bird, H. M., & Albano, R. E. (2003). *Target Costing: Market Driven Product Design*. New York: CRC Press.

[5] Herzberg, F. (1968). One more Time: How Do you Motivate Employees? *Harvard Business Review*, 46(1), 53–62.

[6] Matzler, L., Hinterhuber, H. H., Bailom, F., & Sauerwein, E. (1996). How to Delight your Customers. *Journal of Product & Brand Management*, 5(2), 6–18.

[7] Roland, D. (2017). The New Innovator's Dilemma: When Customers Won't Pay for Better. https://www.wsj.com/articles/when-new-and-improved-fails-insulin-maker-stumbles-whencustomers-balk-1502809045. Accessed 14 February 2018.

[8] Kotler, P., Armstrong, G., Wong, V., & Saunders, J. (2011). *Grundlagen des Marketing* (5. ed.). München: Pearson.

[9] Fassnacht, M., & Köse, I. (2002). Marketingstrategien und Preisfindung für Unternehmensgründer. In H. Corsten (Ed.), *Dimensionen der Unternehmensgründung – Erfolgspotenziale der Selbstständigkeit* (pp. 159–199). Berlin: Erich Schmidt.

[10] Gutenberg, E. (1984). *Der Absatz*. Grundlagen der Betriebswirtschaftslehre (Volume 2). Berlin: Springer.

[11] Gossen, H. H. (1854). *Entwicklung der Gesetze des menschlichen Verkehrs und der daraus fließenden Regeln für menschliches Handeln*. Braunschweig: F. Vieweg.

[12] Fog, B. (1960). *Industrial Pricing Policies*. Amsterdam: North Holland.

[13] Kucher, E. (1985). *Scannerdaten und Preissensitivität bei Konsumgütern*. Wiesbaden: Gabler.

[14] Gutenberg, E. (1965). *Zur Diskussion der polypolistischen Absatzkurve*. Jahrbücher für Nationalökonomie und Statistik (Volume 177, pp. 289–303).

[15] Bijmolt, T., van Heerde, H. J., & Pieters, R. (2005). New Empirical Generalizations on the Determinants of Price Elasticity. *Journal of Marketing Research*, 42(2), 141–156.

[16] Hanssens, D. (Ed.) (2015). *Empirical Generalizations about Marketing Impact*. Cambridge, MA.: Marketing Science Institute.

[17] Friedel, E. (2014). *Price Elasticity: Research on Magnitude and Determinants*. Frankfurt am Main: Peter Lang.

[18] Anonymous. (2014.). Auch ohne Maut: 19 Millionen Autofahrer zahlen drauf. http://www.focus.de/auto/ratgeber/kosten/adac-beitraege-2014-erhoeht-19-millionen-autofahrer-zahlen-bald-kraeftig-drauf-1_id_3518905.html. Accessed 04 June 2015.
[19] Anonymous. (2015, 27 April). ADAC Gelber Engel, goldene Nase. *Wirtschaftswoche*, 18, p. 12.
[20] Cohen, P., Hahn, R., Hall, J., Levitt, S. & Metcalfe, R. (2016). *Using Big Data to Estimate Consumer Surplus: The Case of Uber*, Working Paper: NBER.
[21] Fong, N. M., Simester, D. I., & Anderson, E. T. (2010). *Private Label vs. National Brand Price Sensitivity: Evaluating Non-experimental Identification Strategies*. Working Paper: MIT.
[22] Krishnamurthi, L., & Raj, S. P. (1991). An Empirical Analysis of the Relationship between Brand Loyalty and Consumer Price Elasticity. *Marketing Science*, 10(2), 172–183.
[23] Olbrich, R., Battenfeld, D., & Grünblatt, M. (2005). Zum langfristigen Wirkungsverlauf von Preisaktionen. *Jahrbuch der Absatz- und Verbrauchsforschung*, 50(3), 266–287.
[24] Koschate, N. (2002). *Kundenzufriedenheit und Preisverhalten: theoretische und empirisch experimentelle Analysen*. Wiesbaden: Gabler.
[25] Gabor, A., Granger, C. W., & Sowter, A. S. (1971). Comments on "Psychophysics of Prices". *Journal of Marketing Research*, 8(2), 251–252.
[26] Harrison, G. W., & Rutström, E. E. (2001). *Experimental Evidence of Hypothetical Bias in Value Elicitation Methods*. Columbia: The Darla Moore School of Business, University of South California. Working Paper B-00-05.
[27] Stout, R. G. (1969). Developing Data to Estimate Price-Quantity Relationships. *Journal of Marketing*, 33(2), 34–36.
[28] Völckner, F. (2006). Methoden zur Messung individueller Zahlungsbereitschaften: ein Überblick zum State of the Art. *Journal für Betriebswirtschaft*, 56(1), 33–60.
[29] Hensel-Börner, S., & Sattler, H. (2000). Ein empirischer Validitätsvergleich zwischen der Customized Computerized Conjoint Analysis (CCC), der Adaptive Conjoint Analysis (ACA) und Self-Explicated-Verfahren. *Zeitschrift für Betriebswirtschaft*, 70(6), 705–727.
[30] Hillig, T. (2006). *Verfahrensvarianten der Conjoint-Analyse zur Prognose von Kaufentscheidungen: Eine Monte-Carlo-Simulation*. Wiesbaden: Gabler.
[31] Eggers, F., & Sattler, H. (2011). Preference Measurement with Conjoint Analysis. Overview of State-of-the-Art Approaches and Recent Developments. *GfK Marketing Intelligence Review*, 3(1), 36–47.
[32] DAT Group. (2014). Deutsche Automobil Treuhand Report 2014. http://www.dat.de/uploads/DATReport_2014/pubData/source/804.pdf. Accessed 12 February 2015.
[33] Backhaus, K., Erichson, B., Plinke, W., & Weber, R. (2011). *Multivariate Analysemethoden: Eine anwendungsorientierte Einführung* (13. ed.). Heidelberg: Springer.
[34] Herrmann, A., Schmidt-Gallas, D., & Huber, F. (2001). Adaptive Conjoint Analysis: Understanding the Methodology and Assessing Reliability and Validity. In A. Gustafsson, A.

Herrmann, & F. Huber (Ed.), *Conjoint Measurement: Methods and Applications* (2. ed., pp. 279–304). Berlin: Springer.

[35] ACBC Technical Paper. (2014). *Sawtooth Software Technical Paper Series*.

[36] Louvriere, J. J., & Woodworth, G. G. (1983). Design and Analysis of Simulated Choice or Allocation Experiments: An Approach Based on Aggregate Data. *Journal of Marketing Research*, 20(4), 350–367.

[37] Hartmann, A., & Sattler, H. (2002). *Commercial Use of Conjoint Analysis in Germany, Austria and Switzerland*. Research Papers on Marketing and Retailing (6 ed.). Hamburg: University of Hamburg.

[38] Huber, J. (1997). What We Have Learned from 20 Years of Conjoint Research: When to Use Self-Explicated, Graded Pairs, Full Profiles or Choice Experiments. *Sawtooth Software Research Paper Series*, 1–15.

[39] DeSabro, W. S., Ramaswamy, V., & Cohen, S. H. (1995). Market Segmentation with Choice Based Conjoint Analysis. *Marketing Letters*, 6(2), 137–147.

[40] Gensler, S. (2003). *Heterogenität in der Präferenzanalyse*. Wiesbaden: Springer.

[41] Rossi, S. E., & Allenby, G. M. (2003). Bayesian Statistics and Marketing. *Marketing Science*, 22(3), 304–328.

[42] Deal, K. (2002). Hierarchical Bayesian Applications Expand. *Marketing Research*, 14(2), 43–44.

[43] Albers, S., Becker, J. U., Clement, M., Papies, D., & Schneider, H. (2007). Messung von Zahlungsbereitschaften und ihr Einsatz für die Preisbündelung. *Marketing – Zeitschrift für Forschung und Praxis*, 29(1), 7–22.

[44] Weiber, R., & Rosendahl, T. (1997). Anwendungsprobleme der Conjoint-Analyse: Die Eignung conjointanalytischer Untersuchungsansätze zur Abbildung realer Entscheidungsprozesse. *Marketing – Zeitschrift für Forschung und Praxis*, 19(2), 107–118.

[45] Srinivasan, V. (2006). Adaptive Self-Explication of Multi-Attribute Preferences. Monterey. Presented at the ART Forum, 12. June 2006.

[46] Schlereth, C., & Schulz, F. (2014). Schnelle und einfache Messung von Bedeutungsgewichten mit der Restricted-Click-Stream Analyse: Ein Vergleich mit etablierten Präferenzmessmethoden. *Schmalenbachs Zeitschrift für betriebswirtschaftliche Forschung*, 66(8), 630–657.

[47] Jaeger, S. R., Hedderley, D., & MacFie, H. J. H. (2001). Methodological Issues in Conjoint Analysis: A Case Study. *European Journal of Marketing*, 35(11/12), 1217–1237.

[48] Heidbrink, M. (2007). *Reliabilität und Validität von Verfahren der Präferenzmessung: Ein meta-analytischer Vergleich verschiedener Verfahren der Conjoint-Analyse*. Saarbrücken: VDM Verlag Dr. Müller.

[49] Sattler, H., & Nitschke, T. (2003). Ein empirischer Vergleich von Instrumenten zur Erhebung von Zahlungsbereitschaften. *Schmalenbachs Zeitschrift für betriebswirtschaftliche Forschung*, 55(4), 364–381.

[50] Müller, H. C. (2014, 15 December). Digitalisierung der Betriebswirtschaft. *Handelsblatt*, 241,

pp. 14–15.

[51] Hoffmann, T., & Schölkopf, B. (2015, 29 January). Vom Monopol auf Daten ist abzuraten. *Frankfurter Allgemeine Zeitung*, 24, p. 14.

[52] Rueter, T. (2014). *The price is right – then it's not.* http://discover.360pi.com/acton/attachment/9666/f-01e2/1/-/-/-/-/IR_ThePriceIsRight_1408.pdf. Accessed 12 February 2015.

[53] Müller, K.-M. (2012). *NeuroPricing*. Freiburg: Haufe-Lexware.

[54] Skiera, B., & Spann, M. (2003). Auktionen. In H. Diller, & A. Herrmann (Ed.), *Handbuch Preispolitik: Strategien – Planung – Organisation – Umsetzung* (pp. 622–641). Wiesbaden: Gabler.

[55] Bernau, P., & Budras, C. (2015). Google macht uns Angst, Herr Varian. *Vivanty*, pp. 84–89.

[56] McAfee, R. P., & McMillan, J. (1987). Auctions and Bidding. *Journal of Economic Literature*, 25(2), 689–708.

[57] Vickrey, W. (1961). Counterspeculation, Auctions and Competitive Sealed Tenders. *Journal of Finance*, 16(1), 8–37.

[58] Skiera, B., & Revenstorff, I. (1999). Auktionen als Instrument zur Erhebung von Zahlungsbereitschaften. *Schmalenbachs Zeitschrift für betriebswirtschaftliche Forschung*, 51(3), 224–242.

[59] Wertenbroch, K., & Skiera, B. (2002). Measuring Consumers' Willingness to Pay at the Point of Purchase. *Journal of Marketing Research*, 39(2), 228–241.

[60] Wolfstetter, E. (1996). Auctions: An Introduction. *Journal of Economic Surveys*, 10(4), 367–420.

[61] Kim, J.-Y., Brünner, T., Skiera, B., & Natter, M. (2014). A Comparison of Different Pay-Per-Bid Auction Formats. *International Journal of Research in Marketing*, 31(4), 368–379.

[62] Becker, G., DeGroot, M., & Marschak, J. (1964). Measuring Utility by a Single-Response Sequential Method. *Behavorial Science*, 8(9), 226–232.

[63] Schreier, M., & Werfer, J. (2007). Auktionen versus Lotterien: Ein empirischer Vergleich zur Messung von Zahlungsbereitschaften. *Die Betriebswirtschaft*, 67(1), 22–40.

[64] Telser, L. G. (1967). The Demand for Branded Goods as Estimated From Consumer Panel Data. *The Review of Economic Statistics*, 44(3), 300–324.

P R I C E
M A N A G E M E N T

第4章

分析：定价心理学

摘要：定价心理学是对古典经济学观点的补充，因此，有助于人们更全面地理解价格的影响。经济学和市场营销并不仅仅建立在构成古典理论基础的经济人理性假设上。价格管理及其过程不应仅从经济角度来看待，也应该用行为科学的观点来加以支持。本章概述了定价心理学，并阐述了新研究领域"行为定价"中的各种主题。

4.1 简介

在第3章我们讲解了价格经济学，其中价格为自变量（原因），而销量为因变量。上一章的目标是掌握这些变量之间的定量关系。从理论的角度来看，我们探索这种关系的基础是所谓的**刺激-反应模型**（S-R 模型）。定量古典经济学并不深入关注价格反应中的"为什么"，即刺激（价格）和反应（销量）之间发生了什么。换句话说，我们并没有试图解释买方"机体"内发生的事情。这就是为什么我们也将 S-R 模型称为黑盒子。经济分析的另一个重要原则是假设客户充分了解信息且多数时候以理性的方式行事。客户知道产品的价格，并能够评估产品的价值。因此，除极少数情况外，价格响应函数斜率为负。

然而，现实的价格管理更为复杂，充满了不确定性。在刺激"价格"和反应"销量"之间的所谓黑盒子中，存在一个关键且复杂的方面：客户行为。这包括感知、情绪、风险承受能力、判断和购买后体验。**刺激-机体-反应模型**（stimulus-organism-response model，S-O-R 模型）包含了上述这些干预变量。

每个消费者都知道他并不总能表现得像理性的**经济人**一样。因此，S-R 模型提供的客户真实价格行为并不完整，这并不令人意外。对价格的感知取决于具体的背景和情况。价格知识和价格记忆会影响价格效应。同样，对供应商的信任也会驱动客户行为。这些方面导致了价格管理中的许多问题和后果。

- 如何沟通价格？
- 价格锚（price anchors）是什么？它们有什么意义？
- 供应商是否应提供折扣和特价商品？
- 相对于竞争对手的价格，一家企业该如何展示自己的价格？
- 供应商应该使用一维还是多维价格结构？
- 如何构建基于时间的价格结构（例如，每年一次付清还是按月 12 次付款）？
- 增加替代产品或提供替代价格方案会产生什么影响？
- 应如何看待统一费率（价格）？

这些问题涉及的现象丝毫不影响价格响应函数的重要性。价格响应函数将永远存在。该函数显示在某特定价格销售时的产品单位数量。但在许多情况下，销量不仅取决于价格本身，即"客观价格"，还取决于客户如何感知价格，价格对客户起什么作用（例如，作为声誉或质量指标），如何沟通及在何种背景下沟通价格。价格设计和价格沟通可以对价格响应函数产生强烈影响。S-O-R 模型解释了客户以特定方式对价格做出反应的原因。

在本章中，我们将深入探讨两种研究传统及其发现。一个是较早的**定价心理学**领域，另一个是较新的研究领域：**行为经济学**或**行为定价**。丹尼尔·卡尼曼（Daniel Kahneman）和阿莫斯·特沃斯基（Amos Tversky）[1]在 1979 年发表他们的"前景理论"（prospect theory）时创立了行为经济学。心理学家卡尼曼在 2002 年获得诺贝尔奖，其中部分原因是他创建了行为经济学。奇怪的是，这一研究分支并不是由经济学家创立的，但它极大地改变了经济理论。我们预计它会继续改变经济理论。为了更深入地了解其核心理论，我们推荐卡尼曼[2]的畅销书《思考，快与慢》（*Thinking, Fast and Slow*）。研究行为经济学的作者和出版物的数量在爆发式增长。2017 年，同是研究该领域的理查德·塞勒（Richard Thaler）获得了诺贝尔奖。在这种情况下，价格起着核心作用，其结果令人惊讶，而且往往与直觉相悖。发现一种可以称为"非理性"的行为模式并不罕见[3,4]。然而，这些行为是真的不理性还是仅仅反映了客户为简化决策而做出的努力仍然存在争议。除了这些新观点，价格的其他心理效应已经长期存在，并且与"价格上涨导致销量下降"的基本经济原则相矛盾。在介绍行为定价的新发现之前，我们接下来将探讨这些影响。这两个领域有一些重叠。

4.2 传统定价心理学

4.2.1 价格的声誉效应

一个多世纪以来，研究人员一直在研究心理价格效应。声誉效应在这一研究工作的开始阶段就出现了。早在 1899 年，托斯丹·凡勃伦（Thorstein Veblen）就出版了备受推崇的著作《有闲阶级论》(*The Theory of the Leisure Class*)[5]。人们通常所说的"虚荣效应"(snob effect)也称为凡勃伦效应（Veblen Effect）。当这种效应产生时，即使价格上涨，也会导致对产品的需求增加，因为消费者希望使用该产品来建立或巩固相对于他人更高的社会地位。凡勃伦[5, p.36]的表述如下："为了获得并保持人们的尊重，仅拥有财富或权力是不够的。财富或权力必须借由证据来展示，因为只有借助证据才能带来尊重。"根据我们在第 2 章中讨论的需求分类，这种效应源于产品的象征属性。正如经典理论告诉我们的那样，对于"凡勃伦"商品而言，较高价格的主要影响并不是净价值的减少，而是由于更高的价格而产生的更高的价值。较高的价格在传递一种信号，该类消费者可以买得起更贵的产品，因此，比只能买得起较便宜产品的消费者占据更高的社会地位[6]。

事实上，在实践中就能观察到这种凡勃伦效应。比利时高档手袋制造商 Delvaux 在重新定位其品牌的同时，进行了大幅涨价。结果，其销量大幅增长。消费者现在将 Delvaux 的产品视为 LV 手袋的相关替代品。当著名威士忌品牌芝华士（Chivas Regal）的销量停滞不前时，其制造商选择了重新定位。他们开发了一个更现代、更吸引人的商标，并将价格提高了 20%。产品本身保持不变，但销量发生了大幅增长[7]。香奈儿（Chanel）背缝手袋的价格在过去 5 年中上涨了 70%，经典款 LV "Speedy" 系列手袋现在的价格比 7 年前贵了 32%。在过去几年，其他奢侈品制造商也对价格进行了类似的上调。然而，玛珀利（Mulberry）和普拉达（Prada）似乎已经达到了增长曲线的顶端，即额外的价格上涨将不再对销量产生积极影响。这些公司的收入增长率已呈下降趋势。相比之下，香奈儿虽然价格大幅上涨，但并没有遭遇这种结果[8]。

正如这些例子所示，奢侈品的声誉效应可能非常强大，价格响应函数具有正斜率，至少在曲线的某些部分其斜率为正。奢侈品供应商需要了解其价格响应函数。否则，它们将在黑暗中四处摸索。如果对价格响应函数并不确定，那么逐渐将价格提高至更高的价格范围是合理的[9]。像芝华士和 Delvaux 一样，通常明智的做法是将重新定位价格与新设计或包装改进结合起来。

4.2.2 吉芬悖论

即使在"正常"的经济行为中，当价格上涨时，销量是否有可能上涨？这种与经济学原理明显矛盾的现象确实存在。人们谈到了一个以苏格兰统计学家罗伯特·吉芬（Robert Giffen）(1837—1910年）名字命名的吉芬悖论（Giffen Paradox）[10]。这种悖论在购买力或预算受到某些限制的时候适用。让我们假设预算有限的消费者只吃面包和肉。现在假设两种食物的价格都会上涨。消费者现在可能需要多吃面包以满足他的卡路里需求，因为他不再买得起肉，至少已经没有能力购买大量的肉了。换句话说，即使价格上涨，消费者也会吃更多的面包。然而，关于吉芬悖论存在的实证证据却很少，就连提出吉芬悖论的阿尔弗雷德·马歇尔（Alfred Marshal）也表示："这种情况很少见。"[11, p.132]其中一个罕见的实证案例发生在中国，当大米价格上涨1%时，大米消费量却上涨了0.24%。价格弹性为正，其数值为0.24[12]。尽管如此，吉芬悖论与高度发达国家的定价实践几乎没有相关性。

在这一点上，我们觉得应该发出警告。并非所有将更高的价格和更高的销量联系在一起的数据都意味着价格弹性确实是正的。木材市场是其中的一个例子。2005年，1立方米的木材价格为16美元。到2012年，价格翻了一番，达到了32美元。在同一时期，消费量也几乎翻了一番。2005年的销量为10 000立方米，2012年为18 000立方米[13, p.13]。这是吉芬悖论吗？我们认为这并不是吉芬悖论。我们认为，2005~2012年，木材的需求曲线呈上升趋势，导致价格大幅上涨。在解释价格和销量数据时，必须注意不要将相关性与因果关系混淆。人们可能错误地解释木材的价格-销量变化，并得出具有正斜率的价格响应函数。这将导致0.8的正价格弹性（= 80%的销量增加÷100%的价格上涨）。这种（错误的）解释可能促使人们进一步提高价格，以推动额外的销量增加，而这很可能是错误的。

4.2.3 价格作为质量指标

古典经济学的价格模型假设客户拥有完整的信息。在评估产品质量的时候，客户可以不受价格的影响。然后价格作为负数代入效用函数。从购买决策的角度来看，其唯一的影响是减少一个人的可用预算。因此，价格响应函数具有负斜率。但这种独立于价格的质量评估假设可能与现实相冲突。

价格可以作为质量指标，使得价格响应函数部分斜率为正。这种现象已经在许多场合得到了实证检验。价格已成为各种产品的质量指标，如家具、地毯、洗发水、牙膏、咖啡、果酱和果冻以及收音机。在服务业（例如餐馆和酒店）也观察到了类似的效应[14-17]。据报道，随着价格上涨，鼻喷剂、尼龙袜、墨水和电器产品的销量增加。在价格大幅上涨后，一款电动剃须刀的销量增加了 4 倍，使得该款剃须刀的价格与市场和质量领先者博朗（Braun）的价格更接近。但其价格与博朗的价格差距仍然很大，足以激励人们购买，但差距并未大到使大多数客户怀疑该款剃须刀的质量。

价格作为质量指标的能力决不仅限于消费品，也适用于 B2B 模式。一家软件公司以每台电脑 19.90 美元/月的极低价格推出了企业云软件包。类似的竞争产品每月售价超过 100 美元。几个月后，该企业的首席执行官意识到"小型企业对我们的价格感到非常兴奋。它们第一次能够买得起这种软件。但是大企业认为我们的价格太低了，以至于对我们的产品没有信心。我们极低的价格成为销售的障碍，而不是优势"。这种情况的解决方案在于产品和价格的差异化。该企业对其产品进行了升级，并增加了新的功能，然后以更高的月费向规模较大的企业提供这款新软件包。该软件包仍然相当便宜，但现在更好地适应了较传统的价格-价值框架。这种改变帮助公司摆脱了最初的低价所造成的负面形象。

价格-质量正相关的信念，可能会让客户觉得，与价格较高的产品相比，价格较低的产品实际上"性能"更差。即使在产品并没有实质性差异时，这种观点也成立。在一项测试中，当饮料价格较高时，那些喝了（据称能提高精神表现的）能量饮料的人在解决难题时明显表现得更好。在另一项实验中，当药物价格较高时，服用药物的测试患者评定其疗效明显更好[18]。在医学中，这种安慰剂效应是众所周知的。

当客户无法充分评估产品质量时，价格就承担起质量指标的角色。当客户缺乏所需的时间、能力，或者进行全面评估费用太高时，就会发生这种情况。因此，他们简化了决策制定过程，并用价格作为质量的代表。实际上，客户通常别无选择，只能根据不完整的信息做出购买决策。客户尝试通过使用其他标准或指标来评估质量，从而降低他们的感知风险和由此产生的认知失调（cognitive dissonance）。客户依赖于容易看到或可获得的指标，这些可能与"客观"质量的相关性较强。除价格外，客户还可能使用诸如原产国（例如，"……制造"）、品牌名称、制造商、零售商或销售人员等指标来确定产品质量。尤其是价格，客户经常视之为质量指标[14,17,19]，认为价格与质量之间存在着紧密的联系，并将更高的质量与更贵的产品联系起来。

这些启发式方法，如基于价格的质量判断，从经济角度来看是合理的。对客观质量信息的搜索需要直接成本（例如，测试报告、互联网搜索）以及机会成本（例如，花费时间）。购买产品的总成本是实际价格和进行这些搜索的成本的总和。当客户认为价格和质量之间存在正相关并因此节省搜索成本时，购买更贵的产品可能是"更便宜"的解决方案。互联网可能已经改变并将继续改变这种情况。更容易获取信息非常重要，但来自实际使用过产品的客户评论可能更具决定性[20-22]。它们可以作为品牌和价格等传统质量指标的部分或完全替代品。

客户为何将价格作为质量指标，有以下几个可能的原因。

- 经验表明，高价格很可能比低价格能够更好地保证质量。这样的经验体现在诸如"质量有成本""你不能不劳而获"或者"一分钱一分货"这样的谚语中。
- 价格通常是一维的，在购买时就可以了解。价格允许潜在买方在产品之间进行即时的客观比较。对于消费品，价格通常是固定的，因此没有商量的余地。当价格可协商时（如工业产品），价格作为质量指标的作用将变小。
- 价格是卖方传递的具有高可信度的信号（与之形成对比的是，广告中的口头宣传）。对于许多客户而言，价格与投入成本之间存在密切的关系。换句话说，成本加成定价方法不仅仅在卖方，也在客户心目中占主导地位。

基于价格的质量判断与具有以下特征的产品关联最大。

- 品牌和制造商名称不起主要作用。
- 由于产品是新产品或很少被购买，缺乏或无法获得第一手体验。对于新产品，只有当价格符合客户熟悉的参考框架时，价格才是有效的质量指标。这不适用于真正的创新产品，因为其价值和价格通常不在买方熟悉的参考框架之内。
- 客户对于产品的最近一次购买或使用已经过去很久了。
- 客户通常不会就该特定产品分享彼此的体验。

- 由于技术复杂性或诸如耐用性和可靠性等特性的重要性，很难评估客观质量。对于体验型商品或信用商品来说，尤其如此。
- 客户认为产品之间存在显著的质量差异。
- 绝对价格不是太高。绝对价格昂贵的产品使搜索客观质量信息这一过程变得更有价值，并使依赖价格作为质量指标的风险更大。风险越大，价格等代理指标的重要性就越低。

此外，我们可以认为在以下情况时，价格作为质量指标的作用会变得更大：

- 时间压力增加；
- 购买复杂性增加；
- 价格透明度下降；
- 对价格信息"提供者"的信任度增加。

同样，特定客户的个人因素也起重要作用。随着以下情况的出现，价格作为质量指标的意义也会变得越大：

- 客户的自信心越低；
- 客户越不节俭；
- 快速和简便购买的意愿越大；
- 避免认知失调的意愿越大；
- 买方的购买力越强；
- 买方对产品的了解越少。

基于价格的质量判断的存在对价格管理有很多影响。这些影响包括价格范围、市场细分、市场进入策略和价格沟通。

4.2.4 特殊情况

除了声誉效应、吉芬悖论和质量指标之外，还有其他特殊情况。在这些特殊情况下，人们可以观察到价格和销量呈正相关。然而，正如木材的例子所示，在解释这些情况时应该始终保持谨慎。毕竟，有可能人们并没有观察到具有正斜率的价格响应曲线。相反，一种情况是观察到了价格响应曲线的变化，而这种变化是由潜在需求或供给的变化引起的。这里有一个有趣的案例，即德国的铁路卡（BahnCard）。每年交一定的年费后，卡片所有者可以享受德国客运铁路系统的车票折扣。该系统为德国铁路公司（Deutsche Bahn）所有。BahnCard50 卡的持卡人可以享受所有车票的五折优惠。BahnCard100 卡意味着持卡人可以在客运列车票上获得 100%的折扣。（是的，他们可以随时随地免费乘坐。）

有人一年只买一次车票的想法并不新鲜。德国铁路公司多年来一直提供个性化的年度"网络通行证"，但很少有人知道这一点，而每年实际购买 BahnCard100 的人数不到 1000。西蒙顾和建议德国铁路公司将 BahnCard100 作为通行证纳入现有的 BahnCard 系统。尽管价格上涨，但这一举措导致销量倍增。现在，BahnCard100 的二等座价格为 4 270 欧元，一等座的价格为 7 225 欧元，远远超过了以往的价格，而 BahnCard100 的持卡人数量已增至 47 000 多人。

当市场中存在声誉、质量指标或其他类似价格效应时，它们将对价格定位、战术选择和价格沟通产生重大影响。最优价格从来不存在于价格响应函数中具有正斜率的部分，而总是存在于较高的价格中。这些情况也削弱了价格作为竞争武器的能力，降价和特价既不可取，也非有效。如果卖方想要在声誉或类似效应会产生重要影响的市场中通过激进的低价来增加其市场份额，那么这一行动注定会失败。在最坏的情况下，尽管价格较低，但实际销量和市场份额还可能会下降。这些效应也使得通过激进定价或所谓的渗透定价进入市场变得更加困难。试图通过较低的价格赢得客户是行不通的。这两种效应解释了为什么折扣对无名产品或弱势品牌往往无效。客户将降价与低质量或低声誉联系起来。这种情况曾发生在大众辉腾（Volkswagen Phaeton）上。该车型在质量上是一款好车，但辉腾并没有在德国畅销，因为它缺乏足够的声誉。大众汽车品牌虽然在中端市场非常强势，却无法在奢侈品或高端市场中占有一席之地。因此，即使与其他豪华车相比，它的价格较低，租赁费用优惠，也都不会对辉腾的销量产生明显的影响。弱势品牌很难通过降价提高销量。

当无法使用价格作为竞争武器时，卖方该怎么做？最好的方法可能是将产品定位在与产品真实质量相对应的价格范围内。这种方法需要耐心，因为客户需要客观地理解和鉴别产品的质量及其价格-价值关系。

4.3 行为定价

行为定价可以看作行为经济学的一个子范畴。几乎所有行为经济学研究的知识都来自实验，其中价格通常起次要而不是主要作用。在这方面的权威著作《思考，快与慢》一书中，作者诺贝尔奖得主丹尼尔·卡尼曼[2]仅使用了两次"定价"（pricing）

一词。索引中根本没有出现"价格"（price）一词。尽管如此，这一领域的研究结果对价格管理具有重要意义。恩里科·特雷维桑（Enrico Trevisan）[4]在他的《非理性消费》（The Irrational Consumer）中将行为经济学的知识应用于定价，从而证明了这一点。"价格"（price）一词是该书中最常见的关键词，出现了 60 多次。"定价"（pricing）一词也出现了大约 20 次。

4.3.1 理论基础

行为定价建立在我们简要介绍的理论模型基础上。在这些模型的帮助下，我们可以理解古典经济学没有解释的许多价格现象，并对其进行分类。

1. 前景理论

1854 年赫尔曼·海因里希·戈森（Hermann Heinrich Gossen）提出边际效用递减法则（law of diminishing marginal utility）[23]。该法则是最著名的经济学法则之一。它认为产品的边际效用随着客户消费的单位的增加而降低。但戈森没有明确区分收益和损失。心理学家卡尼曼和特沃斯基[1]用其前景理论修正了戈森的观点。他们区分了收益和损失的边际价值。前景理论的基本概念如图 4-1 所示。

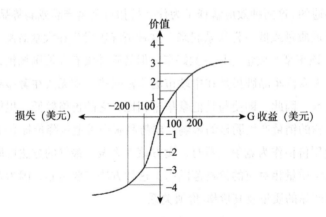

图 4-1　卡尼曼和特沃斯基的前景理论

图 4-1 中，右上象限的价值函数的正分支对应于戈森定律。收益的感知价值不断增加，但每个附加单元的价值差异变小。第一个 100 美元收益的价值大于额外收益 100 美元的价值。损失曲线位于左下象限。也许采用"边际损害"一词比采用损失的边际价值一词更合适。随着损失或损害程度的增加，边际损害也有所增加。这

并不奇怪，根据戈森定律，这是我们所期望看到的情况。前景理论的真正突破性信息是：对于任何相同规模的绝对收益或损失，来自损失的价值差异大于来自收益的相应正的价值。这导致令人惊讶但非常现实的结果。其中一个就是，重要的不是绝对净价值。重要的是构成净价值的收益和损失及其顺序。

以下真实案例说明了这种效应。我们不妨来考虑一下彩票抽奖的情况。一张彩票上有6个数字。数百万人在电视上观看彩票抽奖实况。对于那些有五六个彩票号码正确的人来说，正值会立即出现戏剧性地增加。此后不久，彩票委员会宣布当天晚上的抽奖无效，因为两个球没能滚进池里。这一消息无疑给当晚极有希望的赢家带来了非常大的负的价值，因为一大笔收益"被拿走"了。⊖然而，从古典经济学的角度来看，对于这些"赢家"来说，一切都没有改变。他们在抽奖之前并没有拥有额外的100万美元，在抽奖之后也没有得到额外的100万美元。但在现实中，"赢家"的净价值将是负数——而且可能性很大。这些人很可能需要几天甚至几周的时间才能调整好情绪，不再纠结于那次失望的经历。

前景理论有巨大的定价潜力。支付价格会产生负价值。人们意识到自己支付的金额是一种损失。相反，购买和使用该产品会产生正价值。正价值和负价值的不对称导致了一些奇怪的效应。其中的一种效应被称为禀赋效应（endowment effect），卡尼曼进行的实验说明了这一点[24]。把学生分成两组，一组学生收到带有其所在大学标志的马克杯。这些马克杯每个价值约为6美元。另一组的学生什么都没有得到，但他们可以从第一组的学生那里购买杯子。这些杯子的平均要价是7.12美元，可以买杯子的学生的平均出价却只有2.87美元，这是一个非常显著的差异。因为学生被随机分成两组，我们应该假设每组从杯子中获得的价值相同，并且具有相同的价格预期。古典经济学无法解释两种价格之间的巨大差异，但前景理论可以解释。放弃我们已经拥有的东西的负价值远远大于我们首先需要购买的商品的正价值。我们都不愿意放弃我们购买或作为礼物收到的东西。

前景理论也可能有助于解释初看似乎荒谬的价格结构。所谓的"现金返还"是美国汽车销售的一项既有策略。一个人以30 000美元的价格购买一辆汽车，并获得了2 000美元的现金返还。这又有什么意义？前景理论提供了答案。30 000美元的支付产生了显著的负价值，超过了购买新车产生的正价值。除此之外，该策略下重要的是购车者还获得了2 000美元现金形式的额外正值。显然，这种价格结构让一

⊖ 这是2013年4月3日在德国全国彩票抽奖活动中真实发生的事件。

些购车者的感知净价值高于他们刚刚支付 28 000 美元直接购买汽车而没有收到现金返还的情况。如果经销商通过支票、转账或信用卡接受付款，则正价值甚至可能大于现金支付，因为其他形式的支付产生的负价值较小。相比之下，"现金返还"是以实物货币的形式出现的。

  与现金返还一样，客户可以整合价格要素并获得对产品的整体印象。或者他们可以分离价格要素，分别对每个价格组成部分做出判断，然后再将它们结合起来进行整体评估。如果假设是在客户努力最大化价值的前提下，那么客户将下意识地尝试最小化感知损失并最大化其收益。

  损失或负面区域中的价值函数得出的结论是：当一个人将多个损失合计为一次损失时，多个损失造成的不愉快将减少，这符合负边际价值递减法则。多个负面价格效应（每个由客户单独判断）的总体负价值将大于同等级的单个负面判断。Bauer 和 Wübker[25]用银行账户费来说明这一点。即使年度总支出相同，客户更有可能接受每年支付 36 美元而不是每月支付 3 美元。国际云计算解决方案供应商 Salesforce 就利用了这一原则。该公司以每月为基准发布价格，但客户必须提前支付，通常要支付一定时长的价格，如一年。Schulz、Schlereth、Mazar 和 Skiera[26]研究了当某人每月支付费用时的前景理论和心理账户（mental accounting），对于诸如电费缴纳的情况来说，按月支付是常见的。根据这一计费方法，消费者必须在记账年度结束时结清余额或根据预付金额与实际月度使用量之间的差额收到退款。研究人员发现，收到退款会降低客户的价格意识，并增加他推荐该企业的可能性。该客户转换供应商的可能性则会下降。只要收到的退款不是太高，这些情况是符合实际的。建议使用此方法的企业将每月费率设置得足够高，以减少客户需要支付年终费用的机会，或相反地，增加客户获得退款的机会。

  人们应该避免草率地对这些见解进行概括总结。健身房应该按年收费还是要求客户按月 12 次分期付款？Gourville 和 Soman[27]研究了这一问题。使用前景理论，人们会倾向于选择年度付款，因为它只会"伤害"客户一次，这会使负值最小化。健身房似乎也更喜欢一次性付款，因为这能更快地获得更多资金，并降低了交易成本。但在健身房这一情况中，还有另一个效应在起作用。在付款后，客户想要"赚回"他们的钱，因此会更频繁地去健身房。然而，离付款时间越远，客户的健身频率就会越低。每月付款为客户"赚回"他们的钱创造了一个新的激励，他们使用健身房的频率仍然较高。而更重要的是，年底的续约率明显较高。在这种情况下，人们会因此推荐按月支付的系统,这与前景理论相矛盾。

评估多重收益与评估多重损失的方式相反。几个分散收益综合起来,会被认为优于相同数量的单个收益。客户从几个分散的收益中看到了更高的总价值。结果,把各个收益分开会产生高于把收益整合在一起的价值。即使在这些情景中的总折扣相同时,客户也会将不同商品的多个折扣视为优于整个捆绑的折扣。一年获得12次100美元的月度奖金比一次性获得1 200美元的年度奖金更有价值。

2. 心理账户

2017年诺贝尔经济学奖获得者理查德·塞勒(Richard Thaler)[28]提出了**心理账户**(mental accounting)理论,拓展了前景理论。根据这一概念,客户将"收益"和"损失"分别记入不同的心理账户[29]。每个账户都有自己的收益和损失价值曲线。账户根据不同的类别定义,例如,食物、度假、兴趣爱好、汽车或礼物。这种分类有助于消费者计划他们的支出并对预算进行总体把握和控制(例如,"我将在度假时最多花费 X 美元")。支出行为和价格敏感度则因账户而异[30-32]。

卖方应该知道消费者将特定产品归入哪个账户,以及该类别中的价格敏感度。这里存在巨大的差异。一项研究考察了不同国家的消费者对食品和杂货类别的看法。根据 GfK 的一项调查,价格只是一半德国人购买杂货时的评判标准。食品占德国家庭支出的 10%,而意大利和西班牙的为 15%,法国的为 13.4%。相比之下,美国人仅将家庭预算的 6.9%用于食品[33]。汽车和汽车配件的心理账户则是不一样的情况。与食用油相比,德国人对机油的支出要多得多。标有"汽车"的心理账户似乎对德国人来说非常特殊。在购买汽车时,一些客户将花费 2 000 多美元的额外费用为驾驶者购买一个"舒适的"座位。然而,他们在购买新的办公椅方面只愿花费 800 美元。这种差异支持这样一种理论:即使这些产品有一些相似之处,人们还是会将产品分配于不同的心理账户中。

一项著名的实验揭示了心理账户的不寻常效应。假设剧院门票价格为 10 美元。在实验中有两组人,其中一组被告知,他们在剧院门前时才意识到已经丢失了门票;而另一组则被告知,他们刚刚在到达剧院前丢失了 10 美元的钞票,他们仍然需要到售票处购票。有多少实验对象仍然决定观看演出呢?为什么?在第 1 组中,54%的人决定再购买一张门票来取代他们丢失的门票。然而,在第 2 组中,88%的人在损失了 10 美元后仍决定购票。丢失门票的人将丢失门票的价格和替换门票的价格都记录到"去剧院"这个账户中。这一账户中收取的总"心理"价格上升到了 20 美元。

对于46%的测试对象来说,这太贵了。失去10美元钞票的人则将损失记入他们的"现金"账户。他们去剧院的总"心理"价格仍为10美元,其中88%的测试对象选择观看演出。收益和损失被记入不同的账户。人们对损失的厌恶特别明显。这种厌恶的一个后果是,人们通常意识到股票购买带来的损失时为时已晚。[34]

卖方可以试图影响账户的选择,以便让客户将有问题的产品"记录"在更有利的类别中。如果这种商品被放置在一个只有低价才能购买的账户(比如德国的食品和杂货)中,就很难收取或维持高价。在为欧洲高端现代木结构房屋市场领先者Huf公司进行的一项研究中,我们了解到,在法国,人们对预制房屋的印象是非常便宜。那里的消费者将这些房子放在价格较低的类别中,相应地,对此具有较高的价格敏感度。Huf的房子则不属于这一类。Huf不能并且不想在该细分市场上进行价格竞争。我们建议Huf将自己定位在尽可能远离预制房屋的地方,并将Huf房屋作为一个独立的类别。这相当于开了一个新的心理账户。如果一家企业成功做到了这一点,它就会打开一系列完全不同的定价机会,而不是被困在一个对价格敏感的现有账户中。

小 结

我们总结了前景理论和心理账户的关键点。

- 根据前景理论,收益和损失的价值函数是不对称的。当损失和收益数量相等时,损失的负价值大于收益的正价值。
- 重要的是知道是整合还是分别判断多重的收益或损失。
- 在前景理论中,支付价格低于参考价格被视为收益;支付价格超过参考价格则被视为损失。
- 心理账户理论指出,消费者将收益和损失分配给不同的心理账户。

3. 其他理论

还有与价格管理相关的一系列其他心理学理论,但并不像前景理论那么重要。因此,我们只简要描述一下。

韦伯定律(Weber Law),也称作**韦伯-费希纳定律**(Weber-Fechner Law),属于心理物理学的经典定律,是实验感知心理学的一门分支学科。韦伯定律的核心原则是两种刺激之间的差异感取决于初始刺激。初始刺激的强度越大,为了使刺激能够被感知,刺激的变化或差异也要足够大。我们来说明其在价格中的运用:如果一瓶

8美元葡萄酒的降价至少2美元时，客户才会注意到它，那么一瓶12美元葡萄酒的降价至少为3美元，才能使客户对价格差异产生同样的感觉。在百分比上，第2个刺激的变化幅度必须与第1个刺激的变化幅度相对应。

相比之下，韦伯-费希纳定律假设将刺激的客观强度的对数转换为主观感觉的强度。敏感度有上限和下限。当应用于价格时，这意味着人们对价格差异的看法仍然取决于第一价格或起始价格。但是对于相同的价格差异，主观感知随着绝对价格水平的增加而不成比例地增长。因此，价格越高，企业为吸引客户的注意力必须做出的折扣或降价就越大。在一项实验中，当一家商店对正常价格为15美元的商品提供5美元的折扣时，实验对象就会选择远途购买。如果正常价格为120美元且折扣仍为5美元，客户就不愿再远途购买。这一发现暗示了非理性，因为每种情况下节省的钱都是5美元。韦伯-费希纳定律提供了一种可能的解释[31]。因为价格变化和价格差异是按相对而不是绝对价格分类的。

Helson的**适应水平理论**（Adaptation Level Theory）[35]指出，人们可以通过比较感知刺激与基于先前经验的适应水平来形成感官判断。人们会将在特定时刻感知的价格与内部参考价格（称为适应水平）进行比较。换句话说，人们会将当前价格与过去对同一产品的感知价格进行比较。

与基于参考点的适应水平理论不同，**范围理论**（Range Theory）使用参考范围进行定向。根据Volkmann[36]的范围理论，人们根据价格回忆来形成他们价格预期的上限和下限。此价格范围内的相对位置决定了他们如何看待当前价格。因此，当价格太低或折扣太高时，客户可能决定放弃购买。这方面的一个例子是美国新闻杂志《时代》（*Time*）为"优先订阅者"提供了90%的折扣。52期的报刊价格为305.49美元，该出版商为订阅者提供了275.49美元的折扣，这意味着实际价格为30美元。如此低的价格可能会令人怀疑整个价格结构的可信度。

同化对比理论（Assimilation Contrast Theory）做出了类似于适应水平理论的假设，因为人们将新的刺激与他们过去遇到的刺激进行比较[37]。根据过去的经验，对刺激措施的判断会有所不同。根据同化对比理论，类似于过去经验中得出的参考价格的新价格刺激，将被视为比其真实情况更相似（同化效应），然而，如果新的价格刺激与回忆参考价格明显不同，将被视为比客观情况更异常（对比效应）。

这些理论的结果与行为定价实验的结果部分重叠。其中一个例子是价格锚定效应（price anchor effect）。

4.3.2 行为定价效应

行为定价包括一系列效应,这些效应初看似乎是不合理的,但在价格管理中却是值得考虑的。

1. 价格阈值效应

价格阈值是一个价格点,一旦越过就会触发销量的显著变化。一般来说,这些价格阈值恰好低于 5、10 或 100 这样的整数。这些效应通常被引用的最重要原因是客户是从左到右读取价格中的数字,并以强度递减的方式感知它们[38]。因此,第一个数字对价格感知的影响最大。9.95 的价格被认为是"九加几"。根据这一假设,客户低估了略低于整数的价格。这一结论中隐含着这样一种观点,即客户会高估略高于整数的价格[39]。

存在价格阈值效应的事实,或者更确切地说,相信价格阈值效应的存在,使得这些奇数价格的使用在实践中格外流行。这种做法在零售业特别常见[40; 41, p.59; 42, p.135]。Kucher[43, p.35]研究了 18 096 个消费品价格的末尾数字的频率分布。样品中没有一个价格以零结尾。末位数为 9 的价格占所有价格的 43.5%。后来的研究倾向于证实了这些发现。Levy、Lee、Chen、Kauffman 和 Bergen[44]的研究涵盖了 18 000 多种食品和杂货,其研究表明 69%的产品价格以 9 结尾。Thomas 和 Morwitz[45]还发现,略低于整数(例如 2.99 美元)的价格被认为比整数价格(例如 3.00 美元)要便宜得多。尽管消费者可能意识到这之间的价差完全可以忽略不计,但他们还是会潜意识地受其影响。

当存在价格阈值效应时,价格响应函数会在价格阈值处出现弯曲。图 4-2 用价

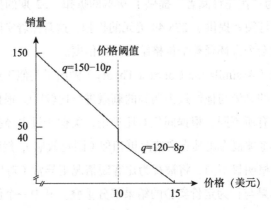

图 4-2 价格阈值效应下的价格响应函数

格阈值为 10 美元的数值例子说明了这一点。在阈值左侧，价格响应函数被定义为 $q=150-10p$，q 为销量，p 为价格。在阈值右侧，价格响应函数为 $q=120-8p$。该函数在 $p=10$ 处中断，之后销量突然从 50 个单位下降到 40 个单位。

由于消费者习惯于奇怪数字的价格，当价格超过价格阈值时，他们通常会表现出更高的价格敏感度。两种品牌的发泡酒 Mumm 和 Fürst Metternich 的价格上涨比较表明，Mumm 品牌存在价格阈值效应，如表 4-1 所示[46-48]。

表 4-1 两种品牌发泡酒的价格上涨及其影响

	Mumm		Fürst Metternich	
	之前	之后	之前	之后
价格（欧元）	4.99	5.49	7.75	8.50
数量	100	63.7	100	94
价格弹性		−3.64		−0.62

在这两种情况下，按百分比计算的价格涨幅是相似的（Mumm 为 10%，Fürst Metternich 为 9.7%）。Mumm 的价格上涨超过了 5 欧元的价格阈值，其销量下降幅度远大于 Fürst Metternich 因价格上涨导致的销量下降幅度。Mumm 的价格弹性为 −3.64。Fürst Metternich 的价格上涨未超过阈值，其价格弹性明显低于−0.62。

尽管报告的案例越来越多，但既没有令人信服的科学证据，也没有可以证明价格阈值效应的任何普遍有效的东西。早在 1936 年，Ginzberg[49]就已经研究过这种现象。在 1951 年，Dean[50, p.490]报道了在一家邮购公司进行的一项实验，该公司围绕价格阈值系统地改变价格："结果千变万化，令人震惊……有时将价格从 2.98 美元变到 3.00 美元大大地增加了销量，但有时又降低了销量。没有明确的证据表明，销售会在任何价格数字上发生集中反应。" Kucher 也无法确立超出价格阈值的任何系统性的效应[43, p. 40]。这些模棱两可的发现支持 Gabor 和 Granger[51]提出的一个假设，即相信价格阈值效应的存在源于现行的市场惯例。类似地，Kaas 和 Hay[52, p.345]将价格阈值效应视为"自我实现预言的结果"。每个人都认为其他人都在这样做，最终结果是消费者做出了符合这一假设的行为。这无疑与适应水平理论的观点相对应。因此，价格阈值更像是战术问题而非战略问题。

当存在通货膨胀趋势时，价格阈值效应会产生问题，因为它们会阻碍企业为转嫁成本所做出的努力。当一些竞争对手因成本情况突破价格阈值，而其他竞争对手可以将价格维持在阈值之下时，价格阈值效应导致的问题显得尤不稳定。在这种情况下，通过大幅而非轻微提价以超过价格阈值是合理的。如果确实存在强烈的价格阈值效应，也至少会被较高的单位边际贡献部分抵消。另一个策略是减小包装以保持价格低于阈值，但存在一定的问题。Diller 和 Brielmaier[53]计算得出价格阈值可能存在错失的（利润）潜力（foregone potential）的观点。他们表明，当价格阈值效应失效时，坚持"以数字 9 结尾的定价"政策可能会导致相当大的利润损失。Gedenk 和 Sattler[54]也认为，对价格阈值的错误解读会导致相当大的负面后果。当零售商实现 1%的销售利润率时，假设销量没有变化，将价格从 0.99 美元提高到 1.00 美元时，其利润将翻倍。即使销量大幅下降（比如减少 10%），利润效应仍然是正相关的。根据我们的经验，以 0.95、4.90 或 9.50 结尾的价格并没有什么意义。只要价格仍然低于价格阈值，定价就应该尽可能定得高，即收费价格以 0.99、4.99 或 9.99 结尾。这些微小的价格差异可能对销量几乎没有任何负面影响，而在单位边际贡献较低时，它们就可以产生显著的利润增长。

一些假设指向价格感知中最后一位数的影响。我们可以区分价格形象效应（price image effect）和质量形象效应（quality image effect）。根据一项研究，以 9 结束的数字表示特别优惠的报价（价格形象效应），但它也可以作为较低质量（质量形象效应）的指标。另一方面，结束数字为 0 的价格更可能被视为"正常价格"，它既不会触发价格形象效应，也不会触发质量形象效应[55]。

2. 价格锚定效应

如果客户对价格判断并不确定，他们会搜寻参考点或所谓的锚点。这会产生有趣的效应。可以用不同的指标来充当价格锚，而且这一过程并不总是有意识的。人们经常会在潜意识下使用价格锚[56]。

一个早期的故事说明了这种锚定效应[57]。在 20 世纪 30 年代，Sid 和 Harry 兄弟在纽约经营一家服装店。Sid 是推销员，Harry 是裁缝。如果 Sid 注意到客户喜欢西装，他会保持沉默。如果客户询问价格，Sid 会对着 Harry 的背影喊道："Harry，这套西装多少钱？""那套漂亮的西装吗？42 美元。"Harry 大声回复道。然后 Sid 表现得好像没听懂："多少钱？""42 美元！"Harry 重复了一遍。然后，Sid 会转向客户，说这套西装的价格是 22 美元。客户就会立即毫不犹豫地把 22 美元放在柜台上，带着西装离开了。兄弟俩的价格锚已经按计划发挥了作用。

价格锚不仅仅对消费者起作用，对商人也同样奏效。Mussweiler、Strack 和 Pfeiffer[58]进行了一项实验，要求参与者估算二手车的价格。有人无端地站在汽车旁边,并自动地讲了一个价格:"这辆车值 x 欧元。"在一项 60 名汽车专家参与的研究中,当汽车旁边看似随机的中立人士给出了 3 800 欧元的价格锚时,一辆汽车的估计价值为 3 563 欧元。然而,当提示汽车价格为 2 800 欧元时,该车的估计价值为 2 520 欧元。随便某个人的即兴评论的影响强大到足以改变汽车专家的看法,产生 1 043 欧元的价差。基于 3 300 欧元的中间价,产生了32%的变化。许多其他的研究也证实了类似的锚定效应。Mussweiler 等人[58, p.1143]观察到:"研究结果表明,锚定是一种难以避免的异常强大的现象。"

在价格锚定效应下,即使没有人购买,也可以将产品纳入其考虑范围中。以下故事说明了这种情况。客户进入商店购买行李箱,售货员问他的预算是多少。"我想大概是 200 美元。"客户回应道。"在这个价格上,你可以买到一个不错的行李箱,"女售货员说,"但在我们缩小选择范围之前,我可以向你展示一些好的产品吗?"她问道。她补充说,她的目标只是介绍他们的产品系列,而不是强迫客户购买昂贵的行李箱。然后,售货员向客户展示 500 美元的行李箱,该行李箱无论在质量、设计还是品牌上都是最好的。然后她指向了客户提到的价格类别的行李箱,但她已经把客户的注意力转到价格为 250~300 美元的行李箱上了,这略高于客户开始时说的 200 美元。客户将如何反应?最高价格为 500 美元行李箱的锚定效果极有可能促使他以 250 美元或 300 美元的价格购买行李箱,而不是原先计划的 200 美元。即使没有人以 500 美元的价格购买这一昂贵的行李箱,对商店来说,在其分类中仍有其意义。500 美元的价格设置了一个锚点,改变了消费者对 200~300 美元范围内价格的看法,并向上推移了客户的支付意愿。

3. 中间项的魔力

另一个有趣的效应是客户倾向于选择中间方案。基于其他相关的价格定位将如何对客户行为产生强大影响?即使是 10 美元的价格也可以激发完全不同的客户反应,这取决于价格是产品类别中的最高、最低还是中间价格。我们不妨假设客户需要购买挂锁。客户想不起来上次是什么时候买的挂锁,也不了解目前的价格。当地的家居用品商店有一系列合适的挂锁,价格在 4~12 美元。客户将如何反应?他的安全要求并不能证明购买昂贵的锁是合理的,但他对最便宜的锁的质量心存疑虑,所以他从中等价位中选择了 8 美元的挂锁。

如果客户不知道产品成本,并且没有明确的特殊需求(例如高质量或最低价格),他们通常会倾向于选择中间的价格。如果家居用品商店的挂锁价格范围是 4~16 美元而不是 4～12 美元，那么客户可能会以 10 美元的价格购买锁具。商店的收入将增加 25%，边际贡献也可能更高。当客户选择葡萄酒时，人们会在餐厅观察到相同的行为。客人可以查看葡萄酒单子，大多数人最终会选择中等价位的葡萄酒。客人很少会购买最昂贵和最便宜的葡萄酒。中间倾向意味着供应商可以利用价格范围来引导特定产品的购买。客户对产品功能和价格的了解越少，这种效应的影响就越大。鉴于客户掌握的信息有限，这种行为在某种程度上是合理的。从中等价格范围中选择产品可以降低客户获得劣质产品的风险，同样也可以降低超支的风险，同时，还避免了过多的搜寻成本。

4. 组合效应

这种形式的客户行为在组合规划和相关的价格管理方面开辟了新的机会。我们假设一家餐馆提供 10~20 美元的膳食，有 20% 的顾客会购买 18 美元的膳食。如果餐馆增加一种价格 25 美元的膳食，18 美元膳食的购买份额可能会增加。类似地，如果餐厅增加了一种膳食，比之前最便宜的膳食还要便宜，那么 10 美元膳食的销售额可能会增加，尽管过去很少会有客户买[59]。

行为定价研究得出了一个非常惊人的结果，如图 4-3 所示。商业杂志《经济学人》的这个实验包括两个测试。

产品A		
在线	59美元/年	68%
印制+在线	125美元/年	32%

产品B		
在线	59美元/年	16%
印制	125美元/年	0%
印制+在线	125美元/年	84%

图 4-3　两个和三个备选方案的销量效应[3]

在产品 A 中只提供了两种选择：在线订阅的价格为 59 美元/年，组合订阅（印制和在线）为 125 美元/年。约 68% 的受访者选择较便宜的在线订阅，而 32% 的受访者选择较贵的组合。产品 B 引入了第三种替代方案，即 125 美元/年的纯印制订阅，与印制+在线订阅的价格相同。在这一版本中，84% 的受访者选择了 125 美元/年的组合订阅。没有人选择仅提供印制版本的订阅选项。这一结果挑战了古典经济学中的理性原则。仅通过引入无人想要的替代方案，选择组合方案的受访者比例上升了

52个百分点，从32%上升到84%。我们不妨假设产品A和产品B都吸引了10 000个新订阅者。产品A的总收入为801 200美元，而产品B的总收入为114万美元，增幅为42.8%。在产品A和产品B中，每个新订阅者的平均订阅价格分别为80.12美元和114.40美元。

如何解释这种现象？一种可能的解释是"零的魔力"。通过将印制版本和组合的版本设置为相同的价格，客户多花费零元的价格而在后者中获得了额外的价值。许多客户发现这是不可抗拒的，于是选择了增值的选项，在这种情况下是组合订阅。塞勒[28]称这种现象为"实惠效应"（deal effect）。价格锚定效应也在发挥作用。因为产品B中的三个报价中有两个为125美元，所以，价格锚移动到了更高的位置。

Ariely[3]发现的这种现象，即引入额外方案会对产品选择产生强烈的影响，也是西蒙顾和管理咨询公司在咨询项目中经常观察到的现象。图4-4 显示了具有两个产品的研究结果。在产品A中，受访者看到了两种选择：一个是费用为1欧元/月的支票账户，另一个是费用为2.50欧元/月的附带信用卡的支票账户。大约59%的人选择了组合方案，而41%的人选择了独立的支票账户方案[60]。

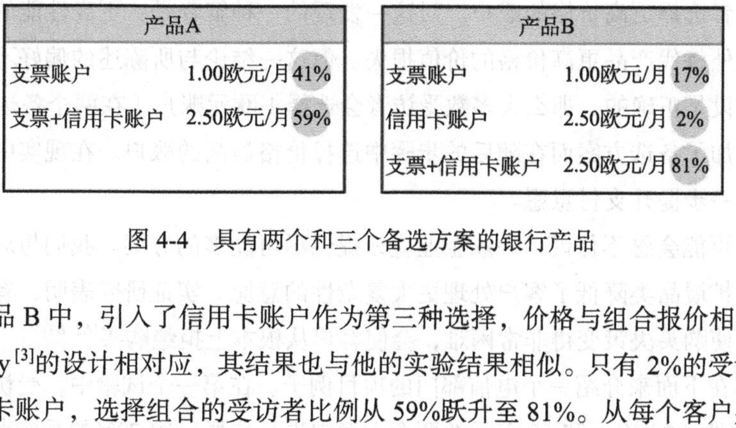

产品A	
支票账户	1.00欧元/月 41%
支票+信用卡账户	2.50欧元/月 59%

产品B	
支票账户	1.00欧元/月 17%
信用卡账户	2.50欧元/月 2%
支票+信用卡账户	2.50欧元/月 81%

图4-4 具有两个和三个备选方案的银行产品

在产品B中，引入了信用卡账户作为第三种选择，价格与组合报价相同。该设计与Ariely[3]的设计相对应，其结果也与他的实验结果相似。只有2%的受访者选择了纯信用卡账户，选择组合的受访者比例从59%跃升至81%。从每个客户身上得到的平均收入从1.89欧元上升到2.42欧元，增长了28%。这些额外的收入并不是通过涨价而来，只是通过系列产品的改变而已。

正如这些例子所揭示的那样，添加产品方案可以产生戏剧性的效果。如表4-2中所示的测试说明了扩展品类的效应。以0欧元、1欧元、2欧元、4欧元、8欧元和10欧元的价格向测试组展示不同数量的银行账户。价格较高的方案也具有较高的性能水平（例如，更多或更好的功能）[61]。

表 4-2 不同银行账户的组合效应

不同账户的数量	每月的价格（欧元）	最常选择的方案		达到的平均价格（欧元）
		价格（欧元）	所占份额（%）	
2	0，1	0	66	0.33
3	0，1，2	1	56	1.20
4	0，1，2，4	2	54	2.18
5	0，1，2，4，8	4	44	3.96
6	0，1，2，4，8，10	8	40	5.88

当只提供价格为 0 欧元和 1 欧元的两种可选方案时，66%的受访者选择了价格为 0 欧元的账户。由此实现的月平均价格为 0.33 欧元。当增加第三个价格为 2 欧元的替代方案时，56%的受访者更倾向于 1 欧元的账户，平均价格上升到 1.20 欧元。每个额外的备选方案都将最常选择的报价转移到价格第二高的报价上。结果，6 种方案的平均价格上升至 5.88 欧元。请注意，客户始终都可以选择价格较低的账户类别。在每个步骤中，只添加了一个更贵的选择方案。因此，尽管只提供两种方案时，66%的受访者选择了免费账户，额外选择方案的影响比"零的魔力"更强。越来越多的受访者选择更高价格的账户。对这一发现的一种解释是：更高性能的价值收益超过了额外替代产品更高价格的价值损失。但这一结论与所陈述的偏好不一致。如果这一假设是正确的，那么大多数受访者会选择 1 欧元账户（在两个备选方案中），或者为添加了备选方案而在随后的步骤中选择价格最高的账户。在现实中，更多的方案会进一步提升支付意愿。

人们可能会忍不住说，一家企业应该提供尽可能多的方案。我们想对此发出警告。过度扩展品类降低了客户处理更大复杂性的意愿。实证研究表明，有太多的选择可能会使购买决策变得非常困难，会使客户从根本上拒绝购买[62, 63]。

我们在下面来介绍一个电信部门的项目例子。在第一个试验中，受访者可以在月价格分别为 25 美元和 60 美元的两个方案中进行选择。约 78%的受访者选择了较便宜的方案，而 22%的受访者选择了较贵的方案。这一测试的每一用户平均收入（ARPU）为 32.80 美元。这项收入包括所有额外的费用，甚至包括其他网络的来电费用。在第二个测试中，受访者可以在定价为 25 美元、50 美元和 60 美元的三种方案中进行选择。最高和最低价格保持不变；唯一的区别是两者之间插入了 50 美元的方案。结果证实了我们以前看到的效应。在第二个测试中，只有 44%的受访者选择了最便宜的方案，而在第一个测试中，这一比例为 78%。第二个测试中，选择了 50

美元的新方案的人与选择了最便宜的方案的人几乎同样多（42%），剩下的14%选择了最贵的方案。包括所有额外费用在内的每一用户平均收入增加到 40.50 美元，比第一个测试增加了 23%。这是一笔巨大的额外收入。在这种情况下选择中间选项的可能解释是什么？以下是四个假设。

- **不确定性**：客户对自己的月使用量没有很好的估计，所以，他们掉入了"中间项的魔力"中，并认为自己不会太偏离中间选项。
- **质量期望**：客户认为，"如果基本费用这么低，服务可能不够好。"
- **心安/风险规避**："如果我最终打了很多电话，通信费可能会因为低基本费用和超额可变费用而变得非常昂贵。"
- **身份地位**："我能负担得起。"

在现实情况中，这些动机并没有以它们最单纯的形式表现出来。它们是相互作用的。所有这些实证案例都清楚地表明，心理效应对于价格制定和品类规划是极其重要且息息相关的。在不产生任何成本的情况下，品类或价格结构的微小变化都会对收入和利润产生巨大影响。

5. 其他效应

除了我们到目前为止所描述的，还有一些其他效应。但这些效应对价格管理不是很重要。它们包括占有效应（possession effect）、分离效应（separation effect）和自我控制效应（self-control effect）。Trevisan[4]在他的书中提供了应对这些效应的方法。

影响定价的其他现象包括价格数字效应（price figure effect）和价格阴影效应（price shading effects）。当客户以某种方式感知价格数字的排序时，就会产生价格数字效应。一个简单的例子是数字减少的顺序（例如4.32 美元）或数字增加的顺序（例如2.34美元）。另一种方式是使用相同的数字（例如4.44美元）。Stiving和Winer[55]在一项研究中发现，客户并不认为价格是整体单一的东西，他们对每个数字都有感知。我们找不到价格数字效应的一般有效性，除了被证明的"从左到右"比较的优势。靠左边的数字对价格感知的影响往往比靠右边的数字更大。这表示需要从左到右对数字进行递增。然而，人们应该谨慎对待这样的建议，因为关于这一课题的研究发现非常混杂，不能得出任何明确的结论。尽管如此，人们还是看到了价格数字效应在实践中的突出作用。两家欧洲电子零售连锁店 Media Markt 和 Saturn 经常使用诸如 444 美元或 555 美元的价格。这两家连锁店一定是认为价格-数字效应正在朝对其有利的方向影响价格感知。

价格阴影效应反映了习得关系（learned relationships）的转化或泛化[64, p.131]，这些关系影响了客户解释价格展示的方式。这些解释"影响"了他们对价格的感知。在这方面，价格的视觉展示和沟通起着重要的作用。人们可以通过使用诸如"最低价格""底价""疯狂低价"或"无比低价"等短语对价格感知产生巨大影响。广告价格的数量和选择及其颜色、字体和字号大小都会影响价格感知[65, p. 130; 66, p.88]。*Scientific American* 杂志试图利用这一效应。他们不仅将订阅标记为提供"最优惠"的选择，而且还表明下次的价格会更高。这种形式的沟通要求客户抓住当前报价的"最后机会"，给客户带来了额外的压力。然而，令人怀疑的是，这样的威胁是否会带来他们所期望的销售增长。Müller-Hagedorn、Schuckel 和 Helnerus[67]发现，对价格有多么低或多大优惠的判断取决于广告产品的数量以及每次购物的支出。展示许多低价产品的传单对客户对商店的看法（价格低廉或价格实惠）产生了非常强烈的影响。越来越多的超市正在使用周末或限时折扣的方式吸引客户。"折扣连锁店正通过对个别商品进行大幅折扣来吸引客户，使其在未来整周都来商店购物"[68]。在这种情况下，零售商希望个别产品的大幅折扣会影响客户对商店整体的看法。Inman、Peter 和 Raghubir[69]证明，发出稀缺信号可以推动销量急剧上升。稀缺信号可能包括时间限制（"仅限本周"或"仅限今天"）或数量限制（"每个客户最多购买两个"）。这些限制向客户表明：价格是优惠的，而供应是稀缺的。

2012 年伦敦奥运会取得了巨大成功。这次运动会也见证了许多创新定价方案的应用[70]。价格数字本身就意味着发出了信号，不需要进一步的描述。开幕式门票的最低（标准）价格是 20.12 英镑，最高价格是 2012 英镑。"2012"通过价格数字反映了时间。人们一眼就知道这些价格代表了什么：2012 年伦敦奥林匹克。有部分赛事还针对儿童和年轻人，应用了"票价和年龄相同"（pay your age）的定价策略。这意味着个人将支付与其年龄一样多（或少）的价格。6 岁的孩子付 6 英镑的门票，16 岁的人付 16 英镑。这种价格结构产生了非常积极的共鸣。媒体对此进行了连篇累牍的报道。甚至连女王和首相也公开称赞按年龄付费的支付方式。这些价格不仅起到了有效的沟通作用，而且被认为是非常公平的。老年人也可以购买到价格合理的门票。

在其他情况下，就没有折扣了。伦敦奥运会的管理层坚定不移地贯彻这一政策，即使在某些运动项目门票没有售罄的情况下也是如此。这就发出了一个明确的信号，那就是门票和赛事都是物有所值的。伦敦奥运会并没有使用司空见惯的门票捆绑这一做法，那种做法会将吸引人和不太吸引人的比赛项目合并到一个单一的套餐中。不过，当地的公共交通与门票捆绑在一起。门票销售机构在沟通和销售方面都非常依赖互联网，大约99%的门票是通过网络销售的。在奥运会之前，其定下的销售目标是门票收入达到3.76亿英镑。但因为其巧妙的价格结构和营销沟通活动，最终产生了6.6亿英镑的门票收入。这比预期收入增加了75%，并且高于之前三届奥运会（北京、雅典和悉尼）门票收入的总和。这一案例展示了基于心理学的精明的价格管理所带来的收入和利润潜力。

免税日或周末是零售商普遍使用的另一种策略。通过不征收销售税（即零售商代表客户支付销售税），客户经常感觉他们正在获得相当于销售税金额的折扣。但这是错误的。如果销售税为20%，则客户购买时不会获得20%的折扣，而是16.7%的有效折扣。100美元产品的税后价为120美元。减掉20美元的税收意味着有效折扣为 $20 \div 120 = 16.7\%$。

4.3.3 神经定价

在行为定价的基础上，最新的研究方向将其扩展到对价格刺激生理反应的测量。大脑研究探索了潜意识中发生的神经过程。"我们感知价格的方式与我们感知其他刺激的方式没有什么不同。"[65]一位大脑研究人员如是说道。价格感知会触发大脑中的反应，我们可以很精确地测量这种反应。这方面最广为人知的方式是磁共振成像（MRI），但研究人员也会使用正电子成像、脑磁图和脑电图（通常称为EEG）[71]。

广告刺激和产品刺激处于这一研究领域的前沿，但某些结果涉及与价格相关的刺激。Elger[72]报告称："折扣标志显著影响了（消费者）权衡购买利弊的理性。"⊖仅仅是折扣标志的存在就会在大脑中释放出一种反应，而这会降低一个人做出理性判断的能力。一项研究发现表明，价格信息激活了大脑的疼痛中心，而人们是在大脑的疼痛中心处理这一信息的。事实上，客户将价格与不愉快的感觉联系在一起并不奇怪。

神经定价为补充经典方法提供了有价值的信息。它可以客观地测量客户不知道但影响其购买决策的过程。它不依赖于测试对象的口头反应就能做到这一点。神经

⊖ 这里的意思是折扣使消费者失去比较产品优劣的理性。——译者注

定价研究的目标是更好地理解这些过程，并从卖方的角度去影响它们。很明显，这是一个道德上较为敏感的领域。

其研究结果的外部效度值得怀疑。神经定价从抽样开始。虽然样本选择遵循与经典市场研究相同的原则，但也存在一些关键差异。首先，研究对象需要去一个专门的实验室。许多潜在的候选者都不愿意为了营销的目的而对自己的大脑进行生理性研究。测量情况也与典型的购买情况相差甚远。考虑到所有这些情况，人们会怀疑测量结果可以推广到现实情况中的程度。

到目前为止，可以从中得出实际价格建议的结果相对较少。一位作者引用了他对星巴克咖啡进行的一项研究。这项研究使他得出了以下结论："消费者在星巴克购买一杯咖啡的意愿显然比星巴克自己认为的要高得多。星巴克让数百万的利润从指缝中溜走，因为没有考虑到消费者的支付意愿"[65]。任何对咖啡市场知之甚少的人都知道星巴克的价格已经很高了。因此，人们非常谨慎地对待这些说法。

然而，大脑研究确实为价格的设计提供了一些有趣的知识。通常的价格符号，比如 16.70 美元，会特别强烈地激活大脑的疼痛中心。当省略货币符号而简单地写下"16.70"时，这种激活效应就不那么明显了。大脑不会立即将这样的数字解释为价格。当使用整数作为价格时，激活作用更弱，即在这种情况下大脑会将价格四舍五入到 17。你可以在一些餐馆里找到这种价格沟通的形式。当价格用文字表达时，如"十七"，消费者感知到的痛苦是所有形式中最低的。菜单和价目表是否会以这种形式出现还有待观察。应该避免在广告中使用货币符号，除非企业形象和声誉对客户来说很重要，并需要通过价格进行传递。也有与颜色效应（例如，红色价格标签表示折扣或特价）和现金支付效应相关的研究发现，现金支付比信用卡支付更能激活疼痛中心。

将大脑研究应用于营销和定价仍处于非常早期的阶段。这一领域的许多发现都是初步的。但毫无疑问，这项技术将带来新的知识。然而，现在猜测它将对价格管理会产生什么影响还为时过早。

整体评估

行为经济学和神经经济学已经改变并将继续改变古典经济学。我们提出的行为研究的结果十分有趣。新的方法可以解释许多古典经济学无法回答的现象。然而，我们仍然建议保持谨慎。我们相信，经济学的基本定律将继续支配大多数交易情况。在某些情况下，较高的价格可能会导致更高的销量。但这只是例外。另一个问题在于研究结果的推广。在什么时候让客户一次性支付年费更好，又在什么时候让客户按季度或每月付款更好？对这一问题既没有一般的答案，也没有明确的方法来框定。经济历史学家和哲学家菲利普·米洛夫斯基（Philip Mirowski）的批评是正确的，行为经济学可能正在"破坏理性活动的基础，但并没有在此基础上取得新的进展"[73]。行为经济学还没有形成一个完整统一的理论体系。

必须批判性地质疑行为经济学的一些测试结果。大多数研究结果来自实验室情况，其对现实生活情况的适用性是有待考虑的。在这种方式下呈现刺激，会指导偏向某个方向的行为。这些问题在很大程度上适用于大脑研究。Beck[74]得出这样一个结论："反对行为经济学的理论和实证证据意味着我们应该谨慎，不要完全抛弃'理性人'的观念。"人们并不像古典经济学假设的那么理性，也不像一些行为经济学家所认为的那么不理性。在价格管理方面，建议最好谨慎地同时考虑两种研究传统。此外，两个研究流派的结合，即将使用计量经济学模型的实验方法与现实生活数据联系起来，展现出许多与企业价格管理高度相关的研究潜力[75]。

本章小结

在分析价格效应时，不仅要考虑经济方面，还要进一步考虑行为科学。价格心理学补充了古典经济学的观点，从而对更全面地理解价格效应做出了重要贡献。行为经济学领域近年来取得了突破，与支撑古典经济模型的假设相比，这些突破更贴近现实。因此，在价格设计和价格沟通中应同时考虑这两种观点以获得最优结果。我们强调以下几点。

- 刺激-机体-反应（S-O-R）模型扩展了经济黑盒子模型，有助于更好地理解价格的影响。
- 在行为科学的帮助下，许多从纯经济角度看似乎违反直觉甚至不合理的价格现象可以得到解释，并为有效的定价措施提供了指导。
- 价格不仅具有负价值的特征，还可以授予声誉或充当质量指标，这意味着价格响应函数的某些部分可以具有向上的斜率。在这些情况下，价格弹性是正的。
- 前景理论假设收益和损失的效用是不对称的。由于对损失的厌恶，损失价值在绝对值上大于收益价值。这种不对称会对价格和价格结构的设计和沟通产生影响。
- 心理账户假设消费者将产品进行分类，并根据类别对价格做出不同的反应。

- 当客户收集或审查信息的能力有限或对产品兴趣不大（低介入度）时，他们通常使用规则或策略来简化其定价决策。在这些行为中出现许多现象，如中间项的魔力、价格阈值效应、价格锚定效应、组合效应等，这些现象对价格管理都有重要的影响。
- 对价格及其影响的现代大脑研究仍处于非常早期的阶段。这一领域已经揭示了价格激活了大脑的疼痛中心，并且价格的展现方式会对购买决策产生相当大的影响。

本章阐明了行为定价领域的各种研究。这些新的知识已经对经济学产生了强烈的影响。我们预计会出现更多的突破（例如来自大脑研究的成果）。客户行为不能仅用构成古典理论基础的经济人理性假设来解释。行为科学的许多知识令人惊讶，初看似乎是不理性的。但在现实中，与古典经济模型相比，它们更接近于客户行为。这对价格管理产生了许多明确和具体的结果。尽管如此，我们还是需要谨慎。许多调查结果是在与典型购买情况完全不同的条件下得出的。我们并不清楚这些发现能以多大的程度进行推广。然而，我们确实期望从这一研究领域获得更多重要的知识。价格管理中应该考虑行为科学，而不是仅仅依靠古典经济学的原则。

参考文献

[1] Kahneman, D., & Tversky, A. (1979). Prospect Theory: An Analysis of Decision under Risk. *Econometrica*, 47(2), 263–291.

[2] Kahneman, D. (2012). *Thinking, Fast and Slow*. Farrar, Straus and Giroux: New York.

[3] Ariely, D. (2010). *Predictably Irrational: The Hidden Forces that Shape our Decisions*. New York: Harper Perennial.

[4] Trevisan, E. (2013). *The Irrational Consumer: Applying Behavioural Economics to Your Business Strategy*. Farnham: Gower.

[5] Veblen, T. (1899). *Theory of the Leisure Class*. New York: Macmillan.

[6] Fassnacht, M., & Dahm, J. M. (2018). The Veblen Effect and (In)Conspicuous Consumption A State of the Art Article. *Luxury Research Journal*.

[7] Rohwetter, M. (2012). Das will ich haben!. http://www.zeit.de/2012/18/Verkaeufer. Accessed 17 March 2015.

[8] Milligan, L. (2014). Would You Pay 70 Per Cent More for Chanel? http://www.vogue.co.uk/news/2014/03/05/price-increases-for-luxury-items---chanel-louis-vuitton-bags. Accessed 2 April 2015.

[9] Fassnacht, M., Kluge, P.N., Mohr, H. (2013). Pricing Luxury Brands: Specificities, Conceptualization, and Performance Impact. *Marketing ZFP – Journal of Research and*

Management. 35(2), 104-117.
[10] Krelle, W. (1976). *Preistheorie*. Tübingen: J.C.B. Mohr.
[11] Marshall, A. (1920). *Principles of Economics: An Introductory Volume*. London: Macmillan.
[12] Tigges, K. (2007). Chinesen sind paradox: Wirtschaftstheorie. http://www.faz.net/aktuell/wirtschaft/wirtschaftstheorie-chinesen-sind-paradox-1461300.html. Accessed 17 March 2015.
[13] Grossarth, J. (2013). Tannen zapfen: Das Brennholz wird knapp. http://www.faz.net/das-brennholz-wird-knapp-tannen-zapfen-12047380.html. Accessed 17 March 2015.
[14] Völckner, F. (2006). Determinanten der Informationsfunktion des Preises: Eine empirische Analyse. *Zeitschrift für Betriebswirtschaft*, 76(5), 473–497.
[15] Anonymous (2013). Was ist Preis-Wert? http://www.gfk-compact.com/index.php?article_id=236&clang=0. Accessed 17 March 2015.
[16] Teas, R. K., & Agarwal, S. (2000). The Effects of Extrinsic Product Cues on Consumers' Perceptions of Quality, Sacrifice, and Value. *Journal of the Academy of Marketing Science*, 28(2), 278–290.
[17] Brucks, M., Zeithaml, V. A., Naylor, G. (2000). Price and Brand Name As Indicators of Quality Dimensions for Consumer Durables. *Journal of the Academy of Marketing Science*, 28(3), 359–374.
[18] Shiv, B., Carmon, Z., Ariely, D. (2005). Placebo Effects of Marketing Actions: Consumers May Get What They Pay For. *Journal of Marketing Research*, 42(4), 383–393.
[19] Grewal, D., Nordfält, J., Roggeveen, A., Olbrich, R., Jansen, C. H. (2014). Price-Quality Relationship in Pricing Strategies for Private Labels. *Journal of Product & Brand Management*, 23(6), 429–438.
[20] Hu, M., & Liu, B. (2004, August). Mining and Summarizing Customer Reviews. *Proceedings of the tenth ACM SIGKDD international conference on Knowledge discovery and data mining* (pp. 168-177). ACM.
[21] Yang, Z., & Fang, X. (2004). Online Service Quality Dimensions and their Relationships with Satisfaction. *International Journal of Service Industry Management*, 15(3), 302–326.
[22] Cheung, C. M., & Thadani, D. R. (2012). The Impact of Electronic Word-of-Mouth Communication: A Literature Analysis and Integrative Model. *Decision Support Systems*, 54(1), 461–470.
[23] Gossen, H. H. (1854). *Entwickelung der Gesetze des menschlichen Verkehrs und der daraus fließenden Regeln für menschliches Handeln*. Braunschweig: F. Vieweg.
[24] Kahneman, D., Knetsch, J. L., Thaler, R. (1990). Experimental Tests of the Endowment Effect and the Coase Theorem. *Journal of Political Economy*, 98(6), 1325–1348.
[25] Bauer, C., & Wübker, G. (2015). *Power Pricing für Banken: Wege aus der Ertragskrise*. Frankfurt am Main: Campus.
[26] Schulz, F., Schlereth, C., Mazar, N., Skiera, B. (2015). Payment Systems: Paying Too Much Today and Being Satisfied Tomorrow. *International Journal of Research in Marketing*, 32(3),

238–250.
[27] Gourville, J. T., & Soman, D. (1998). Payment Depreciation: the Behavioral Effects of Temporally Separating Payments From Consumption. *Journal of Consumer Research*, 25(2), 160–174.
[28] Thaler, R. (1980). Toward a Positive Theory of Consumer Choice. *Journal of Economic Behavior & Organization*, 1(1), 39–60.
[29] Thaler, R. (1985). Mental Accounting and Consumer Choice. *Marketing Science*, 4(3), 199–214.
[30] Thaler, R. H., & Sunstein, C. R. (2009). *Improving Decisions about Health, Wealth and Happiness*. London: Penguin.
[31] Thaler, R. H. (1999). Mental Accounting Matters. *Journal of Behavioral Decision Making*, 12(3), 183–206.
[32] Thaler, R. H. (1994). *Quasi Rational Economics*. New York: Russell Sage Foundation.
[33] Strobel y Serra, J. (2012). Schluss mit der Geschmacklosigkeit!: Die Ernährung der Deutschen. http://www.faz.net/aktuell/feuilleton/die-ernaehrung-der-deutschen-schluss-mit-der-geschmacklosigkeit-11680616.html. Accessed 17 March 2015.
[34] Tversky, A., & Kahneman, D. (1981). The Framing of Decisions and the Psychology of Choice. *Science*, 211(4481), 453–458.
[35] Helson, H. (1964). Current Trends and Issues in Adaptation-Level Theory. *American Psychologist*, 19(1), 26–38.
[36] Volkmann, J. (1951). Scales of Judgment and their Implications for Social Psychology. In J. H. Rohrer, & M. Sherif (Eds.), *Social Psychology at the Crossroads. The University of Oklahoma Lectures in Social Psychology* (p. 273–298). Oxford: Harper.
[37] Sherif, M., & Hovland, C. I. (1961). *Social Judgment: Assimilation and Contrast Effects in Communication and Attitude Change. Yale Studies in Attitude and Communication*. New Haven: Yale University Press.
[38] Baumgartner, B., & Steiner, W. J. (2007). Are Consumers Heterogeneous in their Preferences for Odd and Even Prices? Findings from a Choice-Based Conjoint Study. *International Journal of Research in Marketing*, 24(4), 312–323.
[39] Gedenk, K., & Sattler, H. (1999). The Impact of Price Thresholds on Profit Contribution – Should Retailers set 9-ending Prices? *Journal of Retailing*, 75(1), 33–57.
[40] Pauwels, K., Srinivasan, S., Franses, P. H. (2007). When Do Price Thresholds Matter in Retail Categories? *Marketing Science*, 26(1), 83–100.
[41] Bösener, K. (2015). *Kundenzufriedenheit, Kundenbegeisterung und Kundenpreisverhalten. Fokus Dienstleistungsmarketing*. Wiesbaden: Gabler.
[42] Schröder, H. (2012). *Handelsmarketing: Strategien und Instrumente für den stationären Einzelhandel und für Online-Shops mit Praxisbeispielen* (2nd ed.). Wiesbaden: Gabler.
[43] Kucher, E. (1985). *Scannerdaten und Preissensitivität bei Konsumgütern*. Wiesbaden: Gabler.

[44] Levy, D., Lee, D., Chen, H., Kauffman, R. J., Bergen, M. (2011). Price Points and Price Rigidity. *Review of Economics and Statistics*, 93(4), 1417–1431.

[45] Thomas, M., & Morwitz, V. (2005). Penny Wise and Pound Foolish: The Left-Digit Effect in Price Cognition. *Journal of Consumer Research*, 32(1), 54–64.

[46] Anonymous (2005). Rotkäppchen-Mumm steigert Absatz. http://www.lebensmittelzeitung.net. Accessed 17 December 2014.

[47] Anonymous (2006, 26 April). Rotkäppchen will nach Rekordjahr Preise erhöhen Jeder dritte Sekt stammt aus dem ostdeutschen Konzern / Neuer Rosé / Mumm verliert weiter: Unternehmen. *Frankfurter Allgemeine Zeitung*, p. 23.

[48] Anonymous (2007). Sekt löst Turbulenzen aus. http://www.lebensmittelzeitung.net. Accessed 17 March 2015.

[49] Ginzberg, E. (1936). Customary Prices. *The American Economic Review*, 26(2), 296–310.

[50] Dean, J. (1951). *Managerial Economics*. New Jersey: Prentice Hall.

[51] Gabor, A., & Granger, C. W. J. (1964). Price Sensitivity of the Consumer. *Journal of Advertising Research*, 4(4), 40–44.

[52] Kaas, K. P., & Hay, C. (1984). Preisschwellen bei Konsumgütern: Eine theoretische und empirische Analyse. *Schmalenbachs Zeitschrift für betriebswirtschaftliche Forschung*, 36(5), 333–346.

[53] Diller, H., & Brielmaier, A. (1996). Die Wirkung gebrochener und runder Preise: Ergebnisse eines Feldexperiments im Drogeriewarensektor. *Schmalenbachs Zeitschrift für betriebswirtschaftliche Forschung*, 48(7/8), 695–710.

[54] Gedenk, K., & Sattler, H. (1999). Preisschwellen und Deckungsbeitrag: Verschenkt der Handel große Potentiale? *Schmalenbachs Zeitschrift für betriebswirtschaftliche Forschung*, 51(1), 33–59.

[55] Stiving, M., & Winer, R. S. (1997). An Empirical Analysis of Price Endings with Scanner Data. *Journal of Consumer Research*, 24(1), 57–67.

[56] Jung M. H., Perfecto H., Leif D. N. (2016) Anchoring in Payment: Evaluating a Judgmental Heuristic in Field Experimental Settings. *Journal of Marketing Research*, 53(3), 354-368.

[57] Cialdini, R. B. (2008). *Influence: Science and Practice* (5th ed.) Boston: Allyn and Bacon.

[58] Mussweiler, T., Strack, F., Pfeiffer, T. (2000). Overcoming the Inevitable Anchoring Effect: Considering the Opposite Compensates for Selective Accessibility. *Personality and Social Psychology Bulletin*, 26(9), 1142–1150.

[59] Huber, J., & Puto, C. (1983). Market Boundaries and Product Choice: Illustrating Attraction and Substitution Effects. *Journal of Consumer Research*, 10(1), 31–44.

[60] Trevisan, E. (2014). *The Impact of Behavioral Pricing*. Bonn: Simon-Kucher & Partners. August.

[61] Trevisan, E., Di Donato, M., Brusco, R. (2013). Zero-Pricing. *The Journal of Professional Pricing*, 22(4), 10–16.

[62] Polman, E. (2012). Effects of Self-Other Decision Making on Regulatory Focus and Choice

Overload. *Journal of Personality and Social Psychology*, 102(5), 980–993.
[63] Iyengar, S. S., & Lepper, M. R. (2000). When Choice is Demotivating: Can One Desire too much of a Good Thing? *Journal of Personality and Social Psychology*, 79(6), 995–1006.
[64] Diller, H. (2008). *Preispolitik* (4th ed.) Stuttgart: Kohlhammer.
[65] Müller, K.-M. (2012). *NeuroPricing: Wie Kunden über Preise denken*. Freiburg im Breisgau: Haufe.
[66] Pechtl, H. (2014). *Preispolitik: Behavioral Pricing und Preissysteme* (2nd ed.) Konstanz: UVK/Lucius.
[67] Müller-Hagedorn, L., Schuckel, M., Helnerus, K. (2005). *Zur Gestaltung von Einzelhandelswerbung. Die Auswirkungen von Art und Anzahl der Artikel sowie der Abbildungsgröße*. Working paper, Vol. 14. Cologne: University of Cologne.
[68] Schnitzler, J. (2015). "Framstag" und "Supersamstag". http://www.wdr2.de/service/quintessenz/lockangebote-100.html. Accessed 17 March 2015.
[69] Inman, J. J., Peter, A. C., Raghubir, P. (1997). Framing the Deal: The Role of Restrictions in Accentuating Deal Value. *Journal of Consumer Research*, 24(1), 68–79.
[70] Williamson, P. (2012). *Pricing for the London Olympics 2012*. Bonn: Simon-Kucher & Partners World Meeting. December.
[71] Kenning, P., Plassmann, H., Ahlert, D. (2007). Applications of Functional Magnetic Resonance Imaging for Market Research. *Qualitative Market Research: An International Journal*, 10(2), 135–152.
[72] Elger, C. E. (2008). Freiheitsgrade: Werbung, Manipulation und Freiheit aus Sicht der Hirnforschung. *Forschung & Lehre* (3), 154–155.
[73] Anonymous (2013, 16 February). Die Ökonomen haben ihre Erzählung widerrufen. *Frankfurter Allgemeine Zeitung*, p. 40.
[74] Beck, H. (2013, 11 February). Der Mensch ist kein kognitiver Versager. *Frankfurter Allgemeine Zeitung*, p. 18.
[75] Koschate-Fischer, N., Wüllner, K. (2017). New Developments in Behavioral Pricing Research. *Journal of Business Economics*, 82(6), 809–875.

P R I C E
M A N A G E M E N T

第 5 章

决策：一维价格

摘要：本章讨论了一维价格的决策问题。换句话说，这涉及在一个时期内为一种产品定价的问题。像成本加成和竞争导向定价等只考虑一个因素的刚性过程，在实际中得到了广泛的使用，但无法应对价格制定的挑战和复杂性。在价格决策中，综合过程考虑了所有相关因素，如目标、数量效应、成本和竞争行为。在这些相关因素的帮助下，我们可以推导出最优价格的一般性规则。在这种情况下，价格取决于弹性的边际成本加成（elasticity-dependent markup）。在寡头垄断的情况下，情况则更为复杂，因为我们必须考虑竞争反应。我们可以通过发信号来影响这种反应。

5.1 简介

我们将分三章来讨论价格决策。本章分析一维价格的优化问题，即研究一个产品和一个时期的定价。在这种情况下，价格只涉及一个参数或一个维度。在第 6 章，我们将探讨多个产品和价格的优化。在第 6 章中，我们使用"价格差异化"一词来描述一家企业对同一产品或其变化形式制定不同价格的情况。我们还将研究与销售或成本相关的多产品的价格。探讨的主题包括价格捆绑和产品线定价。最后，在第 7 章，我们将研究长期的价格优化。这需要对多个时期设定价格。表 5-1 解释了不同类型的价格决策。

表 5-1 价格决策的分类

价格决策	产品数量		价格数量	
	1	>1	1	>1
一维价格（第 5 章）	✓	✗	✓	✗
价格差异化（第 6 章）	✓	✗	✗	✓
多种产品定价（第 6 章）	✗	✓	✗	✓
长期价格决策（第 7 章）	✓	✗	✗	✓

显然，多维价格的决策比一维价格的决策更加复杂和困难。同时，多维价格结构的利润潜力更高。这使研究多维价格的额外努力是值得的。通过多维价格可比一维价格能更有效地利用市场的利润机会。

5.2 一维定价过程的分类

我们借鉴了 Wiltinger 提出的一维定价过程的分类[1, pp. 100-108]。这一分类的主要标准是每个过程所依赖的信息以及使用这些信息的方式。一维定价的三个类别分别是：只依赖于一个因素的刚性过程、灵活直观的过程以及综合的过程。

刚性的定价过程使用单一的信息来源，例如，在一个步骤中一家企业自身的成本或竞争对手的价格。当决策者处理多种类型的信息并分多个步骤进行时，Wiltinger [1, p.102]称其为灵活直观的定价过程。在第一步中，人们根据主要信息对价格提出初步的想法。在随后的步骤中，决策者引入额外的信息，并对初步价格做出直观的修正。主要信息与过程本身的性质相对应，即成本加成过程的成本，或采用竞争导向定价时竞争对手的价格。次要信息是对主要信息的补充，既可用于灵活直观的过程，也可用于综合的过程。这些信息可以包括以前的实际价格或最高价格方面的信息。综合定价过程的特点是信息的并行处理。这将市场、成本和目标信息等因素整合到了价格决策中。制定、评估和比较数种价格方案。综合过程可以包括利润计算、决策树、决策支持系统以及边际分析。

根据定价过程所依赖的信息对其进行分类有三个优势。第一，可以在分析阶段处理收集的数据。第二，在灵活直观或综合的过程中考虑了不同类型的信息，接近企业价格决策方式的实际情况。第三，这一标准（信息的收集和使用）使人们意识到价格决策的复杂性。

5.3 刚性定价过程

我们认为成本加成定价和竞争导向定价属于刚性定价过程。

5.3.1 成本加成定价

成本加成定价是指价格 p 是由单位成本的加成百分比确定：

$$p = (1+加成) \times 单位成本 \tag{5-1}$$

加成基础可以是总单位成本（全成本计算）或可变单位成本（部分成本计算）。加成百分比则根据行业常规、特定企业的习惯或经验法则确定。

在成本加成定价下，成本的每一项变化都会导致价格的成比例变化。这里需要忽略其他参数的变化，如需求的变化。一个例子是折扣零售商奥乐齐超市在物价下跌时降低价格。大约 75% 的企业实行成本导向定价[2, p.22, 3, p.137, 4, p.14]。但成本加成定价有严重的缺陷，而使用全成本计算作为加成的基础更是个严重的问题。如果销量下降，采用全成本定价的产品的单位成本就会上升，价格也会上升。这通常会导致销量的进一步下降，进而导致更高的价格。反之亦然，也就是说，当需求增加时，全成本定价的产品的成本和价格都会下降。简而言之，基于全成本的定价忽略了价格对需求的影响。使用这种方法的企业会面临这样的风险：当需求减弱时，面临定价脱离市场情况的风险；当需求增加时，则会错过重大的盈利机会。

当一家企业生产几种不同类型的产品时，另一个全成本定价的问题就出现了。很难明确地将共享成本（shared cost）分配给产生这些成本的产品。传统的成本分配方法，如固定百分比法、服务单位法、阶梯分摊法（step-down method）和作业成本法（ABC），都可能将共享成本分配给产生成本的产品[5, pp.107–124]。然而，这种衡量存在很大的主观性，从而使共享成本的分配以及由此得出的单位成本加成只能被认为是 "可接受的"。在美国，它们必须是 "合乎逻辑和合理的"，但绝不是真正客观或 100% 准确的[6, p.677]。

尽管如此，成本加成定价由于其简单易用，在实践中是一种常用的方法。在特定条件下，作为一种定价方法，理论上也是可以接受的。从策略的角度来看，单位成本决定了价格的下限。总的单位成本构成了长期的价格下限。在短期内，价格至少应不低于可变单位成本。我们总结了成本加成定价的优点和缺点。

优点：

- 过程简单易行。
- 价格基于"硬"成本数据。与以市场为导向的过程相比，成本加成减少了定价的不确定性。
- 产品种类丰富的企业只能使用简单、模式化的过程来定价。
- 从竞争的角度来看，当竞争对手具有相似的成本结构并使用相同的加成时，成本加成定价可以形成最优价格。在这种情况下，成本加成定价实际上是竞争对手之间默契协调的一种形式。

缺点：

- 该方法没有明确地考虑需求侧。
- 客户的支付意愿不是来自产品的成本，而是来自产品的性能和由此产生的对客户的价值。
- 在总成本的基础上使用成本加成定价需要考虑到固定成本，这是一个逻辑谬论。固定成本不应影响最优价格。

5.3.2 竞争导向定价

竞争导向定价是指企业根据竞争对手的价格定价。在价格决策中，刚性的竞争导向定价不会使用竞争对手的价格以外的其他信息。人们通常会发现这种定价形式出现在石油、天然气或电力等同质性产品的市场上。在零售业中，人们也经常会观察到这一定价过程。一家大型零售连锁店的首席执行官告诉我们，其公司的几百种产品根据奥乐齐超市的价格定价。

一种变化形式是灵活直观的竞争导向定价。在价格决策中，这种方法考虑竞争对手价格之外的附加信息，如竞争对手可能会如何对自己的价格行为做出反应。例如，可以先基于最大竞争对手（显然是市场价格领导者）的价格，然后根据销售团队的建议按一定比例调整自己的价格。

竞争导向定价有两种形式：调整策略和利基策略。

1. 调整策略

调整策略要求以"定向价格"（orientation price）为基础进行定价。定向价格通常是由价格领导者或市场领导者设定的。这种策略也被称为"价格追随者"策略。许多市场中的企业都采用了这种策略，如航空旅行、石油产品和电信等。

调整策略的先决条件是市场领导者和追随者之间的成本结构相似，并且对价格领导者有一定程度的信任。除此之外，该策略还假定市场领导者的价格政策并非有意削弱价格追随者。

调整策略的结果与基于传统行业加成的成本加成定价的结果相似。企业间默契地协调定价政策，抑制竞争机制。调整策略是一个广泛使用的经验法则，允许价格领导者可靠地预测竞争对手（追随者）将如何应对价格变化。这样，调整策略可以为所有竞争对手带来最优的结果。

2. 利基策略

相对于调整策略，利基策略是通过有意识地区别竞争对手的价格来定义的。价格设立在市场上尚未被任何其他价格占据的位置上。这样的价格定位可以设置在其他价格未覆盖的范围内，也可以位于当前价格区间的上限或下限。就消费者购买力和偏好而言，市场越分散，利基策略就越明智合理。它也不太可能引起竞争反应。一种可能性是利基价格和现有价格之间的差距刺激了之前没有购买该产品的可行细分市场的潜在需求。廉价航空公司就是这方面的例子。如果对利基价格做出反应的大多数客户都代表了这种潜在的需求，那么对现有竞争对手的销售几乎没有影响。这意味着现有竞争对手不太可能做出回应。利基策略也可以用来避免不良的竞争反应。本着"蓝海战略"（blue ocean strategy）的精神，人们有意识地回避竞争[7]。

家用清洁产品市场是个有趣的例子。5 个最重要的品牌中有 3 个在价格方面处于非常狭窄的区间。第 5 个品牌有一个明显较低的利基价格，而第 4 个品牌的利基价格则明显较高。如表 5-2 所示，上、下两个细分市场的价格弹性明显低于较为拥挤的细分市场。显然，利基品牌可以在一定程度上摆脱价格竞争。它们的价格行为对中端品牌的销量影响很小。

表 5-2　不同价格区间的价格弹性

产品	偏离中位价的程度	价格弹性（绝对值）
品牌 4	7%	1.34
品牌 1	+0.6%	6.28
品牌 2	0%	3.58
品牌 3	−2.7%	5.61
品牌 5	−8.9%	1.73

我们应该警惕由竞争导向价格决策引起的两个问题。首先，许多市场上的价格竞争信息是不可靠的。其次，企业的绩效水平及其产品的性能水平通常不具有直接可比性。

5.4 综合定价过程

综合定价过程同时考虑市场和成本信息。这些过程包括边际贡献计算、决策树、决策支持系统和边际分析。它们比较和评估了几种不同的价格[1, p.104]。虽然边际贡献计算和决策树过程只考虑几个价格点，但决策支持系统可以包含更多的价格点。边际分析将看似无数的价格点整合成函数的形式，并可以对潜在价格点进行深入细致的评估。

单边、刚性和灵活直观的过程有一个主要的限制：它们不对价格及其决定因素之间的相互关系做出任何假设[1, p.105]。在单边、刚性的定价过程中，价格是成本或竞争对手价格的函数，即成本或竞争决定价格。在综合过程中，所有影响价格的因素本身都是价格的函数。这意味着必须把成本、需求和竞争对手的价格（如图 1-7 所示）视为依赖于价格的因素。从逻辑的角度来看，这是唯一正确的决策过程。在做决定时，必须考虑每一个依赖于决策的变量。

5.4.1 盈亏平衡分析

盈亏平衡分析需要考虑成本和销量信息，包括对几种价格方案的评估。从概念上讲，要求严格区分固定成本和可变成本因素[8, 9, p.76]。固定成本是其中的一大块。根据定义，在特定计划期间，固定成本与任何决策无关，因此，其不应影响待定的价格决策。这里的重点是利润边际贡献（profit contribution margin）。盈亏平衡销量（break-even volume）或最大总边际贡献可作为价格决策的标准。

盈亏平衡分析遵循以下步骤。

（1）潜在价格的选择。

（2）通过从价格 p 中减去可变的单位成本 k 来计算单位边际贡献。盈亏平衡分析假设成本函数是线性的，因此，可变的单位成本和边际成本都是恒定且相同的。单位边际贡献为：

$$d = p - k \tag{5-2}$$

（3）用固定成本 C_{fix} 除以单位边际贡献 d 来计算盈亏平衡销量 q_{BE}

$$q_{BE} = \frac{C_{fjk}}{d} \qquad (5\text{-}3)$$

这一数量正好可以覆盖固定成本,利润为零。因此,盈亏平衡销量也被称为利润阈值。

(4)在选定的价格上,评估盈亏平衡销量是否会被超越。如果预期销量超过盈亏平衡销量,则意味着该产品将盈利;如果预期的销量小于盈亏平衡销量,则该产品将亏损。

在第 4 步中隐含了价格响应函数及其应用,因为必须确定在某一价格下的产品销量。

如果只以一个价格来进行这 4 个步骤的分析,那么这一结果只能用来决定是否以这一价格提供产品。为了在价格决策中使用盈亏平衡分析,应选用多个价格方案来进行步骤 1~4 的分析。在步骤 4 中,必须评估哪一个价格达到或超过盈亏平衡销量的概率最高。

表 5-3 用一个简单的例子解释了这种方法,其中可变单位成本为 5 美元,固定成本为 10 万美元。该表展示了 5 种不同价格的盈亏平衡销量。

表 5-3 几种不同价格的盈亏平衡销量

价格 p(美元)	单位边际贡献 d(美元)	盈亏平衡销量 q_{BE}
6	1	100 000
7	2	50 000
8	3	33 333
9	4	25 000
10	5	20 000

图 5-1 以图形的方式说明了这种关系。随着价格的上涨,盈亏平衡销量会呈指数级下降。然而,我们不应据此得出结论,即较低的盈亏平衡销量更容易实现。它们通常与更高的价格相关,而这通常会导致数量的减少。

管理层有责任决定哪种价格和盈亏平衡销量的组合可能是最好的。用盈亏平衡分析来支持价格决策只有在实现不同盈亏平衡销量的概率呈现出显著差异时才有意义。通常,达到或超过不同盈亏平衡销量(在不同价格下)的概率是相似的。换言之,盈亏平衡标准并没有明显的区别。盈亏平衡销量是一个不完整的标准,因为没有考虑盈亏平衡点之外的情况。尽管如此,盈亏平衡分析对于"是–否"决策来说仍是一种实用的工具,例如,是否要发布、保留或淘汰某个产品,但不太适合价格决策。

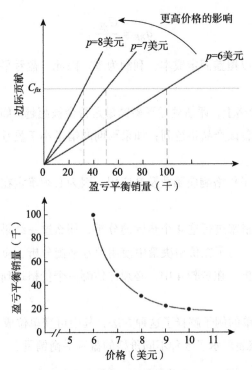

图 5-1 盈亏平衡销量与价格之间的关系

可以用同样的过程来决定价格的变化。图 5-2 展示了降价或提价的简单例子。我们来分析价格变化和相应的销量变化。横轴表示可变单位成本占当前价格的百分比。纵轴表示实现相同利润所需的销量增长（上升）和可接受的销量减少（下降）。我们考虑 10% 和 20% 的价格变化。

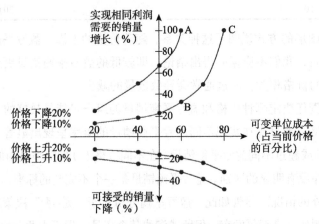

图 5-2 相同利润水平的曲线

我们先来看一看图中上半部分的价格下降曲线。降价 20% 的曲线显示,当可变单位成本占当前价格的 60% 时,保持不变的利润所需的销量增长是 100%(点 A)。如果降价幅度仅为 10%,那么所需的销量增长为 33%(点 B)。这一数字化的案例阐明了当可变单位成本相对较高时,利润对价格变化的敏感程度。可变单位成本越高,曲线越陡。如果可变单位成本达到当前价格的 80%,为保持利润,则需要 100% 的销量增长来抵消 10% 的价格下降(点 C)。

相比之下,图 5-2 下半部分 10% 和 20% 的价格增长曲线更为平坦且更加接近。这证明,可接受的销量对可变单位成本所占百分比变化的反应不那么敏感。这类数据在评估价格变化时提供了有用的决策支持。它们清楚地显示了保持利润不变所需的销量变化。

边际贡献最大化

关注特定价格下的总期望边际贡献比只关注盈亏平衡销量更适用于定价。因为固定成本是不变的,所以得到最高边际贡献的价格也是利润最大化的价格。边际贡献最大化与利润最大化是一致的。计算边际贡献的先决条件是确定价格方案,并且能够估计在这些价格下的销量。换句话说,我们明确地考虑了价格对销量的影响。这种方法如图 5-3 所示。

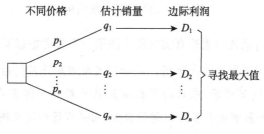

图 5-3 边际贡献最大化

边际贡献最大化是一种逻辑上合理的价格优化方法。它的一个优点是简单,不需要函数或复杂的数学优化方法,只需要计算少数几种不同价格的边际贡献,并将其进行比较。因此,这一过程与实践息息相关,明显优于成本加成决策。

5.4.2 决策支持系统

到目前为止,我们所介绍的方法还不足以应对实际价格决策的复杂性。使用综合决策支持系统可能更为合适。

决策支持系统整合了客户偏好和需求、购买决策、市场结构和趋势（对于竞争产品和自己的产品）以及其他营销工具（沟通、销售和分销）方面的信息。如图 5-4 所示，这些信息被整合到决策支持系统中，因此，人们能够预测不同价格下的销量。我们可以考虑大量的价格效应：客户在不同供应商之间的转换；在同一供应商的不同产品类别之间的转换，以及在一个产品类别内的转换。如果在系统中包含成本，就可以进行利润计算。

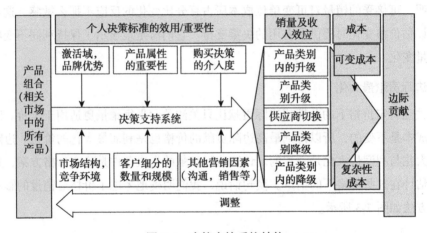

图 5-4　决策支持系统结构

为了在决策支持系统中表达真实的购买决策，需要考虑以下影响因素。

- 首先，必须准确定义相关市场。例如，汽车市场是只包括高档汽车市场还是也包括大众汽车市场？未来的产品决策是只影响个体客户/消费者的购买决策，还是也会影响企业客户的购买决策？相关市场的定义决定了哪些产品（竞争对手的产品和自己的产品）应纳入系统。
- 决策支持系统的核心要素是客户需求和偏好以及购买的决策过程。我们通过客户调查收集这两个方面的信息。
- 购买决策过程因产品和具体环境而有所差异。低介入度产品的购买决策过程与高介入度产品的有所不同[10, p. 41]。
- 决策支持系统开发的最后一步是校准。我们根据收集到的数据和基本算法调整市场份额预测，以尽可能地反映实际情况。这些调整都是手工完成的。由此产生的市场份额就形成了一个基本场景，可用于后续模拟。这一过程类似于气象学中使用的过程,即在预测未来天气之前,使用历史数据校准复杂的天气预报模型[11]。

最终,人们希望尽可能真实地模拟单个客户的决策环境和价格响应。这需要深入了解各个客户层面的相关特性。决策支持系统的陈述和输出的详细程度取决于管理层希望解答的问题。

案例研究:创新的决策支持系统

在推出新产品时,企业面临最优价格的高度不确定性。这对创造新市场的创新至关重要。最初的定位错误是很难纠正的。在这些情况下,使用决策支持系统有助于量化不同的价格水平对销售和利润的影响。图 5-5 显示了一个极为创新的熨烫衬衫专业系统的使用情况。

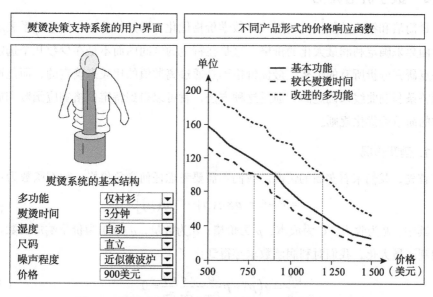

图 5-5 熨烫决策支持系统的用户界面和价格响应函数

图 5-5 的左侧是熨烫系统的用户界面,包括基本的产品规格和价格。右侧描述了从决策支持系统派生的三种产品形式的价格响应曲线。如果将不同产品形式的成本包含在内,就可以计算出相关的利润。我们可以在此基础上做出基本的价格决策,同时考虑战略目标(销量目标、利润目标)。决策支持系统的关键成功因素是对单个产品属性和价格对客户的价值的精准确定,以及对市场潜力的量化。

小 结

我们对决策支持系统的使用进行总结：
- 决策支持系统特别适用于复杂的价格决策。
- 有两件事特别重要：①根据具体的情况调整和校准模型；②深入的方法论专业知识。在没有彻底理解方法论和系统相互关系的情况下应用标准化模型会显著提高失误风险。
- 为了得到有效可靠的结果，我们建议整合多个信息源和多种分析方法。

5.4.3 数学价格优化

最简洁和精确的价格优化形式是数学价格优化：通过将价格—销量关系表示为数学函数来确定利润最大化的价格。这是在特定的区间内而不是在少数几个选定的价格点研究分析所有的价格。最优价格不是通过离散值的比较来确定的，而是通过分析整条利润曲线来确定的。通过这种方法，就可以得到特定价格响应函数和成本函数的简单最优化规则。

1. 垄断情况

首先，我们来看垄断的情况。我们不需要考虑任何竞争价格。利润函数为：

$$\pi = R - C = p \times q(p) - C[q(p)] \tag{5-4}$$

其中，R 为收入，C 为成本，p 为价格，q 为数量，$q(p)$ 为价格响应函数。为了使利润最大化，我们对利润函数求导得到：

$$\frac{\partial \pi}{\partial p} = \underbrace{q(p) + p\frac{\partial q}{\partial p}}_{\text{边际收入}} - \underbrace{\frac{\partial c}{\partial q}\frac{\partial q}{\partial p}}_{\text{边际成本}} = 0 \tag{5-5}$$

在最优价格 p^* 时，该导数为零。在这种情况下，边际收入和边际成本（作为价格的函数）是相等的。"边际收入=边际成本"这一条件表明收入和成本的变化处在一种均衡的状态。如果价格低于最优价格，成本的增长速度将快于收入的增长速度。反之，如果价格高于最优价格，收入下降的速度将快于成本下降的速度。无论哪种情况，利润都低于最优价格 p^* 时的利润。

我们可以根据单位边际贡献和销量来解释价格偏离其最优值的影响，而单位边际贡献和销量与价格变化的方向相反。

- **价格从最优价格上升**。相对于最优价格，价格的上升导致更高的单位边际贡献。然而，单位边际贡献增长的百分比小于销量下降的百分比。这会对利润产生负面影响。

- **价格从最优价格下降**。从最优价格下降的价格导致更高的销量，但销量增长的百分比小于单位边际贡献下降的百分比。这同样会对利润产生净负面影响。

式（5-5）也认为只有边际成本会影响最优价格。最优价格不取决于固定成本。当我们对利润函数求导时，固定成本从方程中消失了，因为其是常数。任何试图将最优价格作为固定成本函数的定价方法在逻辑上都是错误的。

我们可以使用价格弹性来推导出最优价格 p^*（从式（5-5）中）的一个简单公式，即所谓的阿莫罗索-罗宾逊关系式（Amoroso-Robinson Relation）[⊖]：

$$p^* = \frac{\varepsilon}{1+\varepsilon} C' \quad (5\text{-}6)$$

其中，$\varepsilon = \frac{\partial q}{\partial p} \frac{p^*}{q}$ 是价格弹性，$C' = \frac{\partial C}{\partial q}$ 是边际成本（作为销量的函数）。

因此，最优价格是基于弹性的边际成本的加成。然而，式（5-6）中所示的并不是最优价格 p^* 的解，而只是对必要条件"边际收入=边际成本"的公式的重新表述。价格弹性和边际成本 C' 本身可以是价格的函数。价格弹性（绝对值）越大，即需求对价格的变化越敏感，最优价格越低。最优价格总是处于价格弹性（绝对值）大于 1 的范围内。由于收入最大化价格的价格弹性为 -1，所以，利润最大化价格总是高于收入最大化价格。当价格弹性绝对值小于 1 时，价格上涨会增加利润。例如，如果价格上涨 10% 导致销量下降 5%，则价格弹性为 -0.5，那么提高价格是有意义的。

2. 乘法价格响应函数的价格优化

从第 3 章中我们了解到，乘法价格响应函数具有不变的价格弹性。如果边际成本也是常数，即成本函数是线性的，则可以直接使用式（5-6）作为价格决策的规则。

[⊖] 用 $\frac{p}{q}$ 乘式（5-5），根据式（3-3）用 ε 表示价格弹性并求解 p^*。

例如，如果价格弹性值为-2，最优加成系数为2。加成为边际成本的100%。如果价格弹性为-3，则加成系数为1.5，这意味着边际成本加成50%。如果价格弹性为-5，则加成仅为25%。价格弹性越接近1，加成系数上升得越多。当价格弹性为-1.2时，加成为500%。

3. 线性价格响应函数的价格优化

对于线性价格响应函数和线性成本函数，最优价格的公式为⊖：

$$p^* = \frac{1}{2}\left(\frac{a}{b} + k\right) \tag{5-7}$$

商 a/b 是最高价格，即销售量为零时的价格。

最优价格 p^* 正好位于可变单位成本 k 和这一最高价格之间的中点。为了确定线性情况下的最优价格，我们只需要知道可变单位成本和最高价格。

从式（5-7）可知，成本的增加只会导致价格增加一半。同样，只有一半的成本下降会转移给消费者。实际上，人们注意到企业并没有将成本变化完全转嫁到价格上。例如，当牛奶价格上涨10美分时，奥乐齐超市仅将上涨的7美分转嫁给消费者[12]。相比之下，根据该公司的两个经营单位之一南奥乐齐（ALDI Süd）的官网，节省的成本通常直接传递给消费者[13]。（在美国的Trader Joe's连锁店是由另一家子公司北奥乐齐（ALDI Nord）经营的。）

在另一个案例中，一家建筑清洁服务公司仅将其增加的劳动力成本的80%转移给客户[14]。在油价下跌后，瑞安航空首席执行官迈克尔·奥利里（Michael O'Leary）表示，公司将把节省下来的成本几乎全部转移给客户，但实际上不是全部。[15]人们可以将"几乎所有"理解为，只将部分节省的成本反映在较低的票价上，这可能是一个明智的举措。

现在，我们将演示一个时装品牌的线性价格响应函数和成本函数的价格优化。固定成本为295万美元。可变单位成本为60美元。价格响应函数为：

$$q = 300\,000 - 2000p \tag{5-8}$$

所以，最大价格 $p^{max} = 300\,000/2000 = 150$ 美元。因此，最优价格是：

$$p^* = \frac{1}{2} \times (150 + 60) = 105 \text{（美元）} \tag{5-9}$$

⊖ 推导过程，详见本章结束部分的背景信息。

图5-6以图形方式显示了这一优化。105美元的价格正好介于60美元的可变单位成本和150美元的最高价格之间。总边际贡献，即单位边际贡献和销量的乘积，以矩形表示。利润曲线描述了矩形的大小。当价格位于可变单位成本和最大价格之间的中点时，矩形的面积（以及总边际贡献）达到最大值。这一价格的销量是9万单位。最高利润为110万美元。企业偏离利润最大化价格的程度越高，利润下降的幅度越大。利润曲线是对称的，即当价格偏离最优价格时，价格上升对利润的影响与价格下降对利润的影响相同。

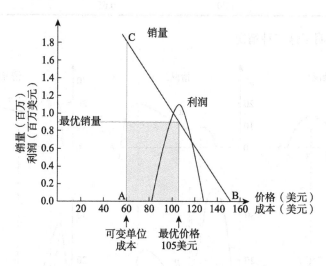

图5-6 最优价格的确定（线性价格响应函数和成本函数）

4. 古腾堡函数的价格优化

古腾堡价格响应函数（如图3-6所示）的利润曲线更复杂：可以有一个整体最大值或两个局部最大值。在每一点上，都满足"边际收入=边际成本"的一般条件。因此，仅仅知道这一条件下的一个价格是不够的，还必须找到整体最大利润。

最好用数字例子来说明不同的情况。我们假设古腾堡价格响应函数为：

$$q = a - c_1 sinh[c_2(p-\overline{p})] \quad (5\text{-}10)$$

变量$\overline{p}$代表表示竞争价格（当分析与竞争对手的价格差异时）或以前的价格（当分析价格变化的影响时）。在每个例子中，我们设置$a=10$和$\overline{p}=2$。我们假设一个线性成本函数，其中可变单位成本变量为k。有3种可能的情况，如表5-4所示。

- 情况 1：只有一个利润最大值。
- 情况 2：有两个利润最大值，在较高的价格下利润最大。
- 情况 3：有两个利润最大值，在较低的价格下利润最大。

表 5-4 古腾堡函数三种情况的参数值

参数	情况 1	情况 2	情况 3
c_1	3	0.2	0.4
c_2	1	5	4
k	1.20	0.65	0.25

图 5-7 说明了这三种情况。

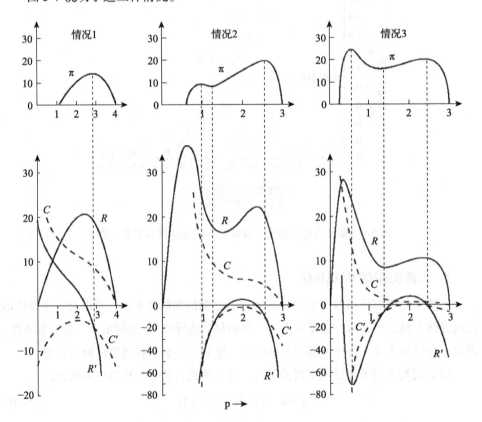

图 5-7 古腾堡函数的三种情况

图 5-7 的上半部分是利润函数，从中可以很容易地看出利润的最大值和最优价格。下半部分解释了这些曲线是如何推导出来的。为此，实线曲线显示收入 R 和边

际收入 R'。虚线曲线表示成本 C 和边际成本 C'。细竖线表示利润函数的最大值和最小值的各自位置，它们总是在边际收入等于边际成本的地方重合，即曲线相交的地方。

5. 情况1：一个利润最大值

如果古腾堡函数只是稍微有点弯曲，那么只有一个利润最大值。由于降价并不能吸引足够的需求，从而导致了利润的降低。最优价格位于古腾堡函数垄断部分的上端。

6. 情况2：两个利润最大值；较高的价格是最优的

古腾堡函数在这种情况下有更强的弯曲程度，因此，在一个低价格点存在第二高的利润最大值。但这种弯曲不够明显，这意味着较低价格点的较大销量无法弥补单位边际贡献的下降。价格越高，利润越高。最优价格又一次位于函数的垄断部分的上端。这表明了一种高端价格定位。

7. 情况3：两个利润最大值；较低的价格是最优的

这适用于古腾堡函数有一个明显弯曲的情况。销量对较大的价格偏差或降价的反应要比对较小的价格偏差或降价的反应强烈得多。价格弹性随降价幅度的增大而增大，情况3发生的可能性越大，以较低的价格实现整体利润最大化的可能性越大。在这种情况下，低价定位是最优的。

表 5-5 概述了古腾堡函数三种情况的最优值。

表 5-5 古腾堡函数三种情况的最优值

结果	情况1	情况2	情况3
最优价格 p^*	2.87	2.46	0.54
利润最大值	11.77	16.31	22.84
局部最优价格	—	0.96	2.40
局部利润最大值	—	8.72	19.46

成本函数对价格定位有影响。不变的、较低的或随销量递减的边际成本，有利于低价定位，而不变的、较高的或递增的边际成本则使高端定位更加有利。

如果我们总结成本和价格效应的各个方面（后者分为"弱弯曲"（weakly kinked）和"强弯曲"（strongly kinked）价格响应函数），我们可以得到如表5-6所示的定性建议。

表 5-6 对不同古腾堡函数和边际成本的定性建议

边际成本	价格响应函数	
	弱弯曲	强弯曲
保持较高水平或逐渐增加	溢价绝对是最优的	溢价往往是最优的
保持较低水平或逐渐降低	溢价往往是最优的	低价绝对是最优的

小　结

综上所述，我们使用古腾堡函数对价格定位进行如下说明。可能存在两个局部利润最大值。第一个价格较高；第二个，如果存在的话，价格明显更低。低价利润最大化的先决条件是价格响应函数的强弯曲以及较低的边际成本。由于有潜在的两个利润最大值，价格响应函数的衡量和分析必须包含一个较大的价格区间。仅仅找到一个边际收入和边际成本相等的价格并不能保证利润最大化。我们必须研究这两个利润最大值中哪一个是整体最大值。

5.4.4 寡头垄断下的价格优化

在寡头垄断的情况下，企业必须考虑竞争对手的反应。这使得价格决策尤为复杂。一般来说，在寡头垄断中没有确定的最优价格。价格取决于对竞争对手行为的假设。问题在于，如何在竞争对手做出反应后，制定最优的价格。为了精准地做到这一点，我们必须考虑竞争对手的价格响应函数，而不仅仅是客户的价格响应函数。

$$p_i = r_i(p_1,\ldots,p_{i-1},p_{i+1},\ldots p_n), i=1,\ldots,n \quad (5\text{-}11)$$

响应函数 r_i 描述了寡头垄断者 i 对竞争对手 j 采取的价格措施的反应。从理论上讲，我们可以证明不同响应函数的差异，因为竞争对手的反应可能确实不同。然而，从实证上确定这些详细的函数是不切实际的。与价格响应函数的估计类似，使用响应函数的聚合形式是有意义的。从寡头垄断者 j 的角度来看，以竞争对手的平均价格作为解释变量，给出了公式：

$$\overline{p}_j = r(p_j) \quad (5\text{-}12)$$

因此，我们只需要确定一个响应函数，但这也意味着无法确定竞争对手的任何差异化反应。对式（5-11）和式（5-12）进行折中，就是将有类似反应的品牌组合在一起（例如，商店品牌与制造商品牌，或品牌商品与无品牌商品）。一般来说，人们通常会选择比较简单的形式。我们在下面用简化的形式来进行思考。

将响应函数式（5-12）代入价格响应函数中（不含产品指数）

$$q = f(p, \bar{p}) \tag{5-13}$$

可以得到：

$$q = f[p, \bar{p}(p)] \tag{5-14}$$

销量 q 取决于企业自己的价格 p 和竞争对手的价格 $\bar{p}$，而竞争对手的价格又取决于自己的价格。为了确定最优价格，我们对价格 p 的利润函数求导，并使导数为零：

$$\frac{\partial \pi}{\partial p} = \underbrace{q + p^* \frac{\partial q}{\partial p}}_{\text{边际收入}} - \underbrace{C' \frac{\partial q}{\partial p}}_{\text{边际成本}} = 0 \tag{5-15}$$

其中，$C' = \frac{\partial C}{\partial p}$ 是基于销量的边际成本。在寡头垄断中，"边际收入=边际成本"的基本原则保持不变。经过其他步骤的推导，我们得到如下的最优价格公式[⊖]：

$$p^* = \frac{\varepsilon + \sigma \varepsilon_k}{1 + \varepsilon + \sigma \varepsilon_k} C' \tag{5-16}$$

其中，$\varepsilon = \frac{\partial q}{\partial p} \times \frac{p}{q}$ 指直接价格弹性，

$\varepsilon_k = \frac{\partial q}{\partial \bar{p}} \times \frac{\bar{p}}{q}$ 表示产品与竞争对手价格的交叉价格弹性，

$\sigma = \frac{\partial \bar{p}}{\partial p} \times \frac{p}{\bar{p}}$ 为竞争对手价格对产品价格的反应弹性。

反应弹性（reaction elasticity）是指当自己的价格变化 1% 时，竞争对手价格变化的百分比。

最优条件在结构上类似于阿莫罗索–罗宾逊关系（式（5-6））。但是在寡头垄断中，边际成本的加成不仅取决于直接价格弹性，还取决于包含竞争反应的"调整"

⊖ 推导过程，详见本章结尾处背景信息。

弹性 ($\varepsilon + \sigma \in_k$)。表达式 ($\varepsilon + \sigma \in_k$) 可以解释为"竞争反应后的价格弹性"。

要确定加成，不仅要知道直接价格弹性，还要知道交叉价格弹性和反应弹性。我们在这里再次注意到式（5-16）并不能求出 p^*，因为方程式右侧的所有表达式都取决于 p^*。

竞争产品之间的交叉价格弹性为正。反应弹性通常为零或为正，即竞争价格要么完全没有反应，要么价格与发起者的变化方向相同。在后一种情况下，考虑竞争反应的最优价格等于或高于不考虑竞争反应的价格，并基于"垄断"的阿莫罗索–罗宾逊关系（式（5-6））做出决策。如果反应弹性为零，则式（5-16）对应于阿莫罗索–罗宾逊关系。

在乘法价格响应函数和反应函数的情况下，式（5-16）可以直接作为价格决策的规则。假设价格弹性为–2，交叉弹性为 0.5，反应弹性为 1。假设边际成本不变（即线性成本函数），则该方程得出的加成系数为 3。这意味着边际成本应该增加 200%。如果交叉价格弹性为 0.6，则加成的百分比将增加到 250%。如果反应弹性为 0.5，保持所有其他原始参数不变，则加成百分比仅为 133%。较低的反应弹性会降低最优加成。

小 结

考虑到竞争反应，我们总结了价格优化的关键点。

- 寡头垄断中最优价格的条件可以用类似于阿莫罗索–罗宾逊关系的形式表示。
- 最优价格等于边际成本乘以取决于直接价格弹性、交叉价格弹性和反应弹性的加成系数。

1. 线性价格响应函数和线性反应函数

现在我们来考虑线性价格响应函数和反应函数的情况。一般来说，我们假设成本函数也是线性的。

如果我们将线性反应函数：

$$\bar{p} = \alpha + \beta p \tag{5-17}$$

代入线性价格响应函数 $q = a - bp + c\bar{p}$ 去，我们得到一个有竞争反应的价格响应函数：

$$q = (a+c\alpha)-(b-c\beta)p \quad (5\text{-}18)$$

可以将式（5-7）中的垄断决策规则应用于该"反应调整（reaction adjusted）"函数，以得到最优价格：

$$p^* = \frac{1}{2}\left(\frac{a+c\alpha}{b-c\beta}+k\right) \quad (5\text{-}19)$$

括号内的比率对应于反应调整后的最高价格。最优价格恰好位于最高价格和可变单位成本 k 之间的中间点，最优价格取决于价格响应函数和反应函数中的所有参数。

在弹性不变的情况下，式（5-19）中的最优价格随竞争反应参数 β 而上升。竞争对手对企业自己价格变化的反应越强，最优价格就会越高。

2. 案例研究

我们通过调查家庭清洁产品市场的一个案例研究来揭示反应行为。图 5-8 显示了 4 个最重要品牌的实际价格趋势。

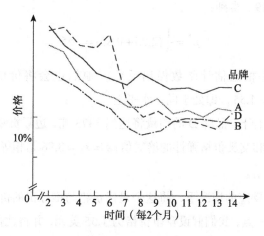

图 5-8　家庭清洁产品市场价格趋势

观察时间为 2 年 4 个月。直观上看，A、B、C、D 等品牌的价格也有类似的变化发展。似乎存在着相互依赖的反应。线性反应函数式（5-17）很好地解释了市场份额加权的竞争对手价格的变化发展。决定系数 R^2 都很高，所有系数在 10% 的水平下具有统计显著性。其结果如表 5-7 所示。

表 5-7　4 种家用清洁剂的线性反应函数

变量		α	β	R^2
因变量	自变量			
$\bar{p}_A$	p_A	0.131	0.927	0.946 2
$\bar{p}_B$	p_B	−0.306	1.284	0.888 2
$\bar{p}_C$	p_C	−0.184	1.037	0.846 4
$\bar{p}_D$	p_D	0.876	0.436	0.718 0

为了说明价格决定因素，我们选择品牌 D，其反应系数 β 值为 0.436。我们这里使用的线性价格响应函数的自变量是价格差异（而不是绝对价格）的形式，作为 D 品牌的价格响应函数，我们得到：

$$q_D = 3373 - 8624(p_D - \bar{p}_D) \tag{5-20}$$

品牌 D 的"反应调整"最高价格为 2.25 美元/千克，即"反应调整"价格响应函数与价格轴相交于 2.25 美元。边际成本是 0.85 美元。对于最优价格，考虑到竞争反应，利用式（5-19）得到：

$$p^* = \frac{1}{2}(2.25 + 0.85) = 1.55 \tag{5-21}$$

如果竞争对手根据估计函数做出反应，他们也会将价格（平均）设置为 $0.876 + 0.436 \times 1.55 = 1.55$，即处于同一水平上。

在这一价格组合下，品牌 D 的销量将达到 3373 吨，边际贡献将达到 236.1 万美元。直接价格弹性和交叉价格弹性的绝对值 $|\varepsilon| = \varepsilon_k = 3.96$ 是相等的。反应弹性 σ 为 0.436，因为 $\bar{p}_D = p_D$。

在不考虑竞争反应的情况下，将这个最优价格与推导出的价格进行比较是很有趣的。为了证明这一点，我们假设竞争价格为 1.55 美元，并将此价格视为给定价格。无竞争反应的最优价格为：

$$p^* = \frac{1}{2}(1.94 + 0.85) = 1.40 \tag{5-22}$$

如果竞争对手确实没有反应，那么品牌 D 在这个价位上的销量将达到 4667 吨，边际贡献为 256.7 万美元。这比上述情况下的 236.1 万美元还多。在现实中，即如果所测的响应函数是有效的，竞争对手会做出反应，并将其价格设定在 $p_D = 0.876 + 0.436 \times 1.40 = 1.49$ 美元。按照这一价格，品牌 D 只销售 4149 吨（而不是错误预期的 4667 吨）。边际贡献降至 228.2 万美元，低于考虑竞争反应时的最优值（236.1 万美元）。

3. 基于竞争反应主观估计的价格优化

管理者的主观估计可以作为使用历史价格数据对反应函数进行计量经济学校准的替代方法。基于这样的估计，我们可以推导出反应调整后的价格响应函数。图 5-9 说明了这种方法。要求管理者预测对 5 种不同价格的竞争反应，并根据他们的反应假设确定最终的市场份额。在降价的情况下，管理者预期会产生竞争反应，就像他们期望价格上涨 10% 一样。相比之下，若价格上涨 20%，管理者预计竞争对手不会跟随上涨。有了这一反应，价格上涨到 $p=110$ 是最优的。

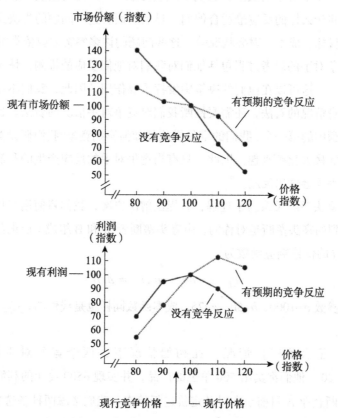

图 5-9 基于主观估计的价格响应函数和利润曲线（有/无竞争反应）

一方面，主观估计方法比由市场数据导出的反应函数更容易应用，也更灵活。所有可以影响反应行为的方面都可以考虑。另一方面，这些方法并不总是能够解决竞争反应的问题。管理者对竞争反应的不确定性往往超过对估计的价格响应函数的不确定性。

5.4.5 寡头垄断的反应假设

固定（如线性或乘法）响应函数的假设意味着竞争将以该函数规定的方式对每一价格变化做出反应。基于这种刚性反应模式的寡头垄断理论被称为探索法（heuristic）。更复杂的寡头垄断理论并不要求特定的反应，而是从优化环境中推导出反应。这些理论背后的主要推动力来自博弈论。虽然博弈论几乎没有为价格决策提供明确的规则，但为管理者提供了战略思考的一般性框架。

为了预测竞争对手的反应，我们必须换位思考——也就是说，从竞争对手的角度出发并询问什么样的反应最适合他们。显然，回答这些问题的先决条件包括了解竞争对手的目标、成本、财务状况等。这些问题的许多答案主要依靠推测。

因为竞争对手的思考过程包括他们对我们对他们反应的推测，情况会变得更为复杂。事实上，这可以在他们的决策中发挥重要作用。因此，我们不仅需要推断竞争对手对自身情况的看法，还需要推断我们对竞争对手情况的看法。目前，我们将考虑这些步骤中的第一个：我们的定价措施将如何影响竞争？我们假设竞争对手和我们一样对利润最大化感兴趣。因此，只有当竞争对手的反应产生的利润高于不作为时，竞争对手才会做出反应。

为了使寡头垄断关系易于理解，并提出解决方案，我们将使用线性价格响应函数。我们看到的寡头垄断是对称的，由寡头垄断者 A 和 B 组成（所谓的双头垄断）。寡头垄断者 i 的价格响应函数为：

$$q_i = a - bp_i + cp_j; i, j = A, B \qquad (5\text{-}23)$$

其中，参数 $a=1000$，$b=50$，$c=25$。成本函数同样也是线性的，$C_{fix}=1000$ 美元以及 $k=5$ 美元。

表 5-8 显示了三种情况。在初始情况下，两个竞争对手的价格相同 $p_{A0} = p_{B0} = 20$。他们都卖出 500 单位的产品，并实现 6500 美元的利润。

双头垄断企业 A 目前正在对其定价进行检查。我们考虑两种备选方案。首先，A 假设 B 不会有所反应。在第二种情况下，A 假设 B 会做出反应。

表 5-8　有/无反应的结果

		双头垄断者 A	双头垄断者 B
初始阶段	价格（美元）	20	20
	销量（单位）	500	500
	利润（美元）	6 500	6 500
竞争对手 B 没有反应	价格（美元）	17.50	20.00
	销量（单位）	625(+125)	4 375(−62.5)
	利润（美元）	6 812.50(+312.50)	5 562.50(−937.50)
竞争对手 B 有所反应	价格（美元）	17.50	17.50
	销量（单位）	562.50(+62.50)	562.50(+62.50)
	利润（美元）	6 031.00(−369.00)	6 031.00(−369.00)

1. 古诺假设

情况 1：A 假设 B 不会做出反应，并维持现有价格 $p_{B0}=20$。这反映了所谓的古诺假设（Cournot Hypothesis），最古老的探索式寡头垄断假设。A 的价格响应函数为：

$$q_A = (a + cp_{B0}) - bp_A = (1000 + 25 \times 20) - 50p_A \quad (5-24)$$

在此假设下，最优价格可按照垄断情况根据式（5-7）计算。这将导致：

$$p_A^* = \frac{1}{2}\left(\frac{a + cp_{B0}}{b} + k\right) = \frac{1}{2}\left(\frac{1500}{50} + 5\right) = 17.50 \quad (5-25)$$

这一价格被称为古诺价格。如果 B 实际上没有反应，A 可以达到 625 个单位的销量，并获得了 6812.50 美元的利润，这比初始情况下 6500 美元的利润还要高。B 的利润如何？如果 B 什么都不做，就会因为 A 的行为而失去客户。B 的销量从 500 个单位下降到 437.50 个单位，因此，利润下降到 5562.50 美元。结果如表 5-8 所示。假设双头垄断企业 B 并不"愚蠢"或无知，那么就不会接受利润状况的恶化。B 很可能会做出反应。如果 B 同样将价格下调至 17.50 美元，则 A 的价格响应函数为：

$$q_A = a - (b - c)p_A = 1000 - 25p_A \quad (5-26)$$

由于 B 的反应，A 的销量并没有像其最初和现在的错误预测的那样增加到 625。销量只增加了 562.50 个单位，利润仅为 6031 美元。这低于 6500 美元的初始利润。B 的利润也下降到 6031 美元，但仍然比 B "无所作为"所获取的利润 5562 美元要好。结果如表 5-8 所示。因此，B 很有可能降低自己的价格来回应 A 的降价。如果 A 预期会发生这种情况，那么它就会放弃降价，让价格保持在 20 美元不变，因为降价加上 B 的反应，A 的情况将会变得更糟。

2. 钱伯林假设

情况 2：如果 A 修正其定价策略，A 现在就会假设 B 将完全回应其价格变化，即采用如式（5-26）所示的价格响应函数。如果 A 在此假设下进行优化，其最优价格为：

$$p_A^* = \frac{1}{2}\left(\frac{a}{b-c}+k\right) = \frac{1}{2} \times \left(\frac{1000}{25}+5\right) = 22.50 \quad (5\text{-}27)$$

这一价格就是所谓的钱柏林价格（Chamberlin Price）。按照这一价格，A 将销售 437.50 单位，获得 6656 美元的利润，高于 6500 美元的初始利润。

B 的结果是什么呢？如果 B 的反应与 A 预期的一致，也将价格上涨到 22.50 美元，那么 B 也将获得 6656 美元的利润，比初始情况好。但是，如果 B 没有反应，B 的获利状况会更好。在这种情况下，由于转换客户的流入，其销量将增加到 562.50 个单位。B 的利润将增加到 7438 美元。假设双头垄断者 B 没有进一步思考，不会对 A 的价格上涨做出反应。然而，B 的"无所作为"意味着 A 的价格上涨到 22.50 美元将使 A 的利润减少到 5562.50 美元。因此，如果 A 认为 B 不会做出反应，A 将迅速撤销提高价格的决定，并将价格保持在原来的水平。

3. 博弈论解释

上面的分析认为双头垄断者 B 不固守刚性的反应，其行为是明智的。但是 B 的思考过程，或者至少在 A 看来，至少提早了一步结束。

思路如下：

- B 对 A 的涨价没有反应，因为"无所作为"会让 B 更好地获利。
- A 知道这一点，决定不提高价格。两家企业都保持现状。如果 B 想得更远，那就会意识到，对 A 价格上涨"无所作为"会比有反应更好，但会阻止 A 实施价格上涨。保持现状加固了双方的定位，使 B 的利润为 G_B=6650 美元，低于跟随 A 涨价的利润 G_B=6656 美元。

在博弈论中，我们把如表 5-9 所示的情况称为囚徒困境（prison's dilemma）。"不提价"的选项相当于是对另一名囚犯的"背叛"。"提价"选项相当于"保持沉默"选项。

表 5-9 寡头垄断情况下的囚徒困境 （单位：美元）

选择	B 不涨价（p_B=20）	B 涨价（p_B=22.5）
A 不涨价（p_A=20）	情况 1 $\pi_A = 6\,500$ $\pi_B = 6\,500$	情况 2 $\pi_A = 7\,438$ $\pi_B = 5\,563$
A 涨价（p_A=22.5）	情况 3 $\pi_A = 5\,563$ $\pi_B = 7\,438$	情况 4 $\pi_A = 6\,656$ $\pi_B = 6\,656$

寡头垄断者的成功取决于它对竞争对手的反应。竞争对手的价格变化会对自己的利润产生直接而显著的影响。由于潜在的竞争反应，寡头垄断下的价格变化会有更大的不确定性。减少这种不确定性的最简单的方法是在寡头之间达成一项安排或合同协议。但是，这样的价格联盟不仅是反垄断法和竞争法所禁止的，而且会受到越来越严厉的惩罚。

定价情况面临进退两难的困境，特别是当价格上涨面临较长时间的约束时（由于组织、合同或其他原因）。如果 A 提高了价格，但 B 没有跟随，那么 A 的利润情况就会恶化（情况 3，p_A=22.5 美元，p_B=20 美元）。这一情况对 B 很有吸引力，因为在情况 3 中其盈利状况很好。因此，对采取主动的企业来说，提价是有风险的，提价使得采取主动的企业被迫扮演了"烈士角色"。这位烈士还面临需要取消涨价的风险，这可能会损害企业的形象。如果 A 不信任 B，A 会选择在最坏的情况下为自己赚取最大利润的策略（最大-最小策略）。换言之，将使价格维持在 p_A=20 美元。在这一水平上，A 企业获取 6500 美元的利润水平，这是风险最小的。

但是如果 A 可以根据之前的经验，假设 B 会跟随它提高价格，那么 A 就会提高价格。如果 B 跟随了，根据钱伯林假设，那么与初始情况相比，两家双头垄断企业的利润都会有所增加，并且代表了集体利益最大值。这种情况也可以通过传统行业的成本加成计算、价格调整策略或价格领导来实现。这种经验法则可以导致寡头垄断的最优结果。

Stigler[16]认为价格领导是解决寡头垄断问题的最佳方案。很多人都赞成这种策略。至少在竞争对手有相似的成本和销量的情况下，这能为他们带来令人满意的结果。但这种策略也有其局限性。价格领导和类似的行为需要相当数量的战略智慧和竞争对手之间的相互信任。它还要求双方在成本、目标和需求结构上有一定的相似性。这种情况最有可能发生在有稳定数量、"彼此了解"的竞争对手的已有或成熟的市场。但即使在这种情况下，仍会遇到一些发动价格战的"愚蠢"的行业或企业。这种一致的行为很少发生在动态市场中。新的竞争对手，特别是来自其他国家或其他行业的竞争者（多元化），可能会摒弃既定的价格制定规则，以激进的价格强行进入市场。当存在或可实现不同的成本定位（cost positions）（例如，通过经验曲线或网络效应）时，价格均衡也是不可能实现的。欧洲新兴的城际和长途汽车客运市场，以及美国一些地区市场的重新兴起，从一开始就表现出了价格战的特征。这些情况非常严重，一些竞争者生存的时间甚至没有超过一年[17]。在市场的早期阶段，两个目标主导了竞争对手的思维。首先，他们想用低价吸引客户乘坐汽车，而不是自己开车或乘火车。其次，他们希望迫使经济实力较弱的竞争对手退出市场，以使自己获取更多的市场份额[18]。三年之内，德国新兴的巴士公司 Flixbus 实现了这两个目标：占领了90%以上的德国市场份额，只剩下3个竞争对手[19]。在这样的合并或收购之后，价格通常会开始上升。在这一市场上发生了这一情况：在一个季度的时间内，价格平均上涨了15%[20]。

随着亚马逊和谷歌[21]之间的价格战愈演愈烈，云服务市场也陷入了同样的境地。竞争对手的财务实力是决定成败的关键，尤其是在早期市场阶段。实力较强的企业在扩大产能和市场份额的同时，能够承受更长时间的亏损或放弃利润。

小 结

我们总结了寡头垄断中价格优化的关键方面。

- 在寡头垄断中，没有确定的最优价格。相反，最优价格取决于竞争反应。因此，定价时必须考虑竞争反应。

- 如果下列条件成立，寡头垄断可以成功地实现或至少接近集体垄断价格：竞争对手具有相似的成本和市场定位，追求相似的目标，具有足够的战略智慧，并且彼此具有一定程度的信任。

- 如果这些条件不适用，或者其中一个或多个寡头出于某种原因决定不将价格向集体垄断价格靠拢，寡头最好避免重大的价格变动。然而，有企业可能会提高价格，以补偿影响所有寡头垄断者的更高成本。同样，降价也不会给发起者带来持续的优势，因为竞争对手很可能以同样的方式做出回应，从而引发价格战。

4. 信号传递

信号传递是指寡头在计划价格调整前向市场发出的公开信息。这些信号可以通过新闻、广播、电视、互联网或其他沟通渠道传播。Porter[22, p.75]将市场信号定义为"竞争对手直接或间接地表明了其意图、动机、目标或内部情况的任何行为"。这些信号可以以行动或声明的形式出现[23, p. 28]。声明一般被认为不如行动可信,因为一些企业会虚张声势,试图误导竞争对手。为了有效地发出信号,企业的行为必须与其声明一致,反之亦然[24, p.113]。

信号的概念是基于这样一种观点,即只要企业处于竞争环境中,即交叉价格弹性不为零时[25, p. 8],企业的行为就会引起竞争反应。这一概念回避了竞争对手在降价或提价时所追求的目标问题。对这些目标的解释可以产生一种信号,这种信号同样可以得到反应。

信号可以帮助企业:

- 劝阻或防止潜在竞争对手进入市场。
- 调整价格,尤其是降价。例如,如果一家企业在其生命周期的末尾有一个产品,它可能想要对该产品打折以清空库存。沟通这一意图和有限的时间期限,可以防止竞争对手将降价误解为具有侵略性的行为,并且不会做出类似的降价行为。
- 激励竞争对手遵循特定的行为。这对价格上涨很重要。在这种情况下,企业通常会沟通提价背后的理由,这样不仅竞争对手,而且客户(零售商、经销商、消费者)都会意识到并接受提价的必要性。

对市场信号的解读至关重要。竞争对手降价可能意味着获得市场份额或减少库存的愿望[26, p.755]。前者可能被认为是一种更具侵略性的行动[27, p.225]。这种情况解释了为什么同样的价格变化可能引发不同的反应。对信号特征的精确分析可以为了解其意图提供有价值的线索。Heil 和 Bungert[28, p.93]将信号特征分类如下。

- 信号效应描述了对可能做出反应的企业的评估,即竞争对手宣布或实施的价格变化将在多大程度上影响自己的利润或市场份额。
- 信号的侵略性是由降价幅度及其对竞争对手造成的相关威胁所决定的。
- 当几乎没有解释的空间时,信号就是清晰的。清晰的信号常常会导致立即的反应。不清晰的信号有更大的可能产生(错误的)解释。

- 信号一致性是指同一企业在其他市场或细分市场中发出的一致性信号。
- 信号的约束力程度受到其可逆性的影响。
- 信号发送方的可信度影响所宣布的计划实际执行的可能性。

成功发出信号的一个例子是德国汽车保险市场。多年来，市场一直在承受由一位市场领导者挑起的价格战。2011年10月，德国商业新闻报道："德国最大的保险集团安联（Allianz）将大幅提价，自2012年1月1日起生效。"[29]所有其他保险企业都公开宣布，他们也将提高保险价格。2012年，保险价格平均上涨了7%。随后，安联最大的竞争对手HUK-Coburg的董事长宣布："2013年，价格应该会再次上涨。"[30]2013年价格确实上涨了约6%。只有当一家企业承担起这个角色，而竞争对手也承认它是价格领导者时，价格领导才能出现。

企业还会利用信号宣布报复，以阻止竞争对手采取降价等行动。韩国汽车制造商现代汽车的首席运营官 ImTak-Uk 公开宣称，如果"日本汽车制造商在提高激励措施方面激进起来，并阻碍了我们实现销售的目标，那么我们将考虑提高对买家的激励措施"[31, p. 24]。"激励"是指更高的折扣，或换句话说，就是降价。这一声明再清楚不过了。

但是，发布这些声明必须谨慎，以避免违反反垄断法或竞争法的风险。这些法律不仅禁止直接煽动竞争对手的合作行为，如果潜在的意图被认为是试图通知竞争对手而不是客户，那么"瓶中之信"或直接通知客户涨价的行为可能会受到批评。企业必须采用明确的企业信息沟通规则，以避免反垄断问题。

小　结

我们总结了有关信号传递的关键点。

- 寡头垄断中的价格变化需要精心准备。信号传递是一种提前向市场传达自己意图的手段，从而促使其他寡头垄断者做出预期反应。
- 信号传递可以使所有的市场参与者知晓其计划的行动。竞争对手可以选择自己发送信号或调整自己的行为。这些信号也会传达给客户。这可以提高人们对价格上涨的接受程度，或加剧价格下跌的影响。
- 信号传递可以增加出现所有寡头垄断者都获利的概率。

本章小结

在这一章中,我们介绍了一维价格的制定方法、决策规则和指导方针。我们将过程和最优价格的确定总结如下。

- 刚性过程只考虑成本(成本加成定价)或竞争对手的价格(基于竞争的定价)。
- 综合过程包括了盈亏平衡计算、决策支持系统和边际分析,可以确定价格与其决定因素之间的相互关系。同时考虑市场、成本和目标信息。
- 盈亏平衡分析最适合于"是-否"型决策,并为价格增减的决策提供帮助。
- 决策支持系统采用了市场模拟。它们整合了客户偏好和需求、购买决策过程、市场结构和趋势方面的信息。这构成了强有力决策的基础。
- 边际分析将价格-销量关系系统地转化为数学函数。这允许从所有潜在价格中而非仅仅是在几个离散的价格点之间确定最优价格。这些模型也为最优价格提供了一般性规律。
- 最优价格由所谓的阿莫罗索-罗宾逊关系决定,并由边际成本的弹性加成决定。固定成本对最优价格没有影响。
- 由于乘法价格响应函数具有恒定的价格弹性,因此,阿莫罗索-罗宾逊关系可以直接作为决策规则。
- 如果价格响应函数和成本函数是线性的,那么最优价格位于最高价格和边际成本之间的中点。边际成本的变化只有一半会传递给消费者。
- 当价格响应函数具有古腾堡形式时,可以有两个利润最大值,一个在高点,另一个在非常低的价格点。在这种情况下,必须考虑一个较大的价格区间。
- 垄断企业的价格优化只用考虑客户的反应。
- 对于寡头垄断下的价格优化,还必须预测竞争对手的反应。
- 信号传递是一种影响竞争对手反应的手段。

背景信息

为了推导式(5-7):如价格响应函数是线性的,即 $q=a-bp$,并且成本函数也有

一个线性形式 $C = C_{fik} + kq = C_{fix} + k(a - bp)$，其中 k 表示可变单位成本，利润函数定义为 $\pi = (a - bp)p - C_{fix} - k(a - bp)$。如果我们在"边际收入=边际成本"条件下求解 p，可以得到最优价格的公式：

$$p^* = \frac{1}{2}\left(\frac{a}{b} + k\right)$$

式（5-14）的求导 $\frac{\partial q}{\partial p}$ 不同于通过包含竞争反应的垄断市场下的情况，在寡头市场中，我们需要考虑竞争对手，所以在函数中会多一项竞争对手的价格反应。

$$\frac{\partial q}{\partial p} = \frac{\partial q}{\partial p} + \frac{\partial q}{\partial \overline{p}}\frac{\partial \overline{p}}{\partial p} \tag{5-1'}$$

如果我们将式（5-1'）代入式（5-15），可以得到：

$$q + (p^* - C')\left(\frac{\partial q}{\partial p} + \frac{\partial q}{\partial \overline{p}}\frac{\partial \overline{p}}{\partial p}\right) = 0 \tag{5-2'}$$

乘上 $\frac{p}{q}$ 并将最后一个分数用 $\frac{\overline{p}}{p}$ 展开，可以看到：

$$p + (p^* - C')\left(\frac{\partial q}{\partial p}\frac{p}{q} + \frac{\partial \overline{p}}{\partial p}\frac{p}{\overline{p}}\frac{\partial q}{\partial \overline{p}}\frac{\overline{p}}{q}\right) = 0 \tag{5-3'}$$

如果将下面的弹性表达式代入式（5-3'），可以得到：

$$p^* + (p^* - C')(\varepsilon + \sigma\varepsilon_k) = 0 \tag{5-4'}$$

其中，$\varepsilon = \frac{\partial q}{\partial p} \times \frac{p}{q}$ 是直接价格弹性，

$\varepsilon_k = \frac{\partial q}{\partial \overline{p}} \times \frac{\overline{p}}{q}$ 是产品与竞争对手价格的交叉价格弹性，以及

$\sigma = \frac{\partial \overline{p}}{\partial p} \times \frac{p}{\overline{p}}$ 是竞争对手价格对产品价格的反应弹性。

求解 p^*，得到式（5-16）。

参考文献

[1] Wiltinger, K. (1998). *Preismanagement in der unternehmerischen Praxis. Probleme der organisatorischen Implementierung.* Wiesbaden: Gabler.

[2] Graumann, J. (1994). *Die Preispolitik in deutschen Unternehmen. Ein Untersuchungsbericht über Preisstrategien, Kalkulationsmethoden, Konditionensysteme und ihre betriebswirtschaftlichen Auswirkungen*. München: Norbert Müller.

[3] Wied-Nebbeling, S. (1985). *Das Preisverhalten in der Industrie. Ergebnisse einer erneuten Befragung*. Tübingen: J. C. B. Mohr (Paul Siebeck).

[4] Fabiani, S., Druant, M., Hernando, I., Kwapil, C., Landau, B., Loupias, C., Martins, F., Mathã, T. Y., Sabbatini, R., Stahl, H. & Stokman, A.C.J. (2005). *The Pricing Behaviour of Firms in the Euro Area. New Survey Evidence*. Working Paper, No. 535. European Central Bank.

[5] Götze, U. (2010). *Kostenrechnung und Kostenmanagement* (5th ed.). Berlin: Springer.

[6] Plinke, W. (2000). Grundzüge der Kosten- und Leistungsrechnung. In M. Kleinaltenkamp, & W. Plinke (Ed.), *Technischer Vertrieb. Grundlagen des Business-to-Business Marketing* (2nd ed., pp. 615–690). Berlin: Springer.

[7] Kim, W. C., & Mauborgne, R. (2005). *Blue Ocean Strategy. How to Create Uncontested Market Space and Make the Competition Irrelevant*. Boston/Massachusetts: Harvard Business School Press.

[8] Kilger, W., Pampel, J. R., & Vikas, K. (2012). *Flexible Plankostenrechnung und Deckungsbeitragsrechnung* (13th ed.). Wiesbaden: Gabler.

[9] Dahmen, A. (2014). *Kostenrechnung* (3th ed.). Frankfurt am Main: Vahlen.

[10] Rumler, A. (2002). *Marketing für mittelständische Unternehmen*. Berlin: Teia.

[11] Hoffman, R. N. (2004). Controlling Hurricanes – Can Hurricanes or Other Tropical Storms be Moderated or Deflected? *Scientific American, 291*(4), 68–75.

[12] Anonymous. (2008, 12 June). Preiserhöhung passé. *General-Anzeiger Bonn*, p. 20.

[13] Anonymous. (2015). ALDI SÜD oder: die Konzentration auf das Wesentliche. https://unternehmen.aldi-sued.de/de/ueber-aldi-sued/philosophie/. Accessed 19 February 2015.

[14] Berg, W. (2015). Preiserhöhung. *Postwurfsendung der Gebäudereinigung Berg GmbH*. January 2015.

[15] Anonymous. (2015, 9 February) Die Luft wird dünner. *General-Anzeiger Bonn*, p. 7.

[16] Stigler, G. J. (1947). The Kinky Oligopoly Demand Curve and Rigid Prices. *Journal of Political Economy, 55*(5), pp.432–449.

[17] Anonymous. (2014, 31 December) Fernbusse werden langsam profitabel. *Frankfurter Allgemeine Zeitung*, p. 18.

[18] Anonymous. (2015, 19 September). Fernbusbranche rechnet mit teureren Tickets. *General-Anzeiger Bonn*, p. 12.

[19] Anonymous. (2015, 21 September). Jeder zweite Fernbuspassagier ist berufstätig. *Frankfurter Allgemeine Zeitung*, p.22.

[20] Anonymous. (2015, 27 April). Institut: Fernbusse werden teurer. *General-Anzeiger Bonn*, p. 7.

[21] Hook, L. (2015). Amazon to Bring Cloud Services Out of Shadows. *Financial Times*. 14 April, p.13.

[22] Porter, M. E. (2004). *Competitive Strategy. Techniques for Analyzing Industries and Competitors.* New York: The Free Press.

[23] Gelbrich, K., Wünschmann, S., & Müller, S. (2008). *Erfolgsfaktoren des Marketing.* Dresden: Vahlen.

[24] Simon, H. (2009). *33 Sofortmaßnahmen gegen die Krise. Wege für Ihr Unternehmen.* Frankfurt am Main: Campus.

[25] Heil, O. P. & Schunk, H. (2003). Wettbewerber-Interaktion. Wettbewerber-Reputation und Preiskriege. *Marketing- und Management-Transfer. Institutszeitschrift der Professur Zentes. Universität des Saarlands* 24, pp.8–16.

[26] Kotler, A., Armstrong, G., Wong, V., & Saunders, J. (2011). *Grundlagen des Marketing* (5th ed.). München: Pearson.

[27] Schunk, H., Fürst, R., & Heil, O. P. (2003). Marktstrategischer Einsatz von Signaling in der Hersteller-Handels-Dyade. In D. Ahlert, R. Olbrich, & H. Schröder (Ed.), *Jahrbuch Vertriebs- und Handelsmanagement* (pp. 221–233). Frankfurt am Main: Deutscher Fachverlag.

[28] Heil, O. P., & Bungert, M. D. (2005). Competitive Market Signaling. A Behavioural Approach to Manage Competitive Interaction. *Marketing-Journal of Research and Management, 1*(2), pp.91–99.

[29] Anonymous. (2011, 26 October). Allianz erhöht Autotarife. Versicherungskonzern nimmt Kundenschwund in Kauf. *Financial Times Deutschland*, p. 1.

[30] Anonymous. (2013, 20 March). Kfz-Versicherung 2013. Aktuelle Entwicklungen in einem dynamischen Markt. 9. MCC-Kongress. http://www.my-experten.de/upload/exp13pdf00010136.pdf. Accessed 20 January 2015.

[31] Hyundai Seeks Solution on the High End. (2013) *The Wall Street Journal Europe.* 19 February, p. 24.

P R I C E
M A N A G E M E N T

第 6 章

决策：多维价格

摘要：前一章讨论的一维定价是个例外，在现实经济中通常并不存在这样的情况。企业一般会根据目标群体、区域、时间或购买量的不同，对同一产品设置不同的价格。这种价格的差异化要求设置多种价格或价格参数。几乎所有的企业都提供多种产品，而产品的销售通常都是相互依赖的。由于这些依赖关系对产品线的利润有很大的影响，因此，价格管理过程中需要参考这些相互依赖性。我们把通常以较低的价格一次性提供多种产品的方法称为价格捆绑。这种方法有利于更细致的市场细分和更深入地挖掘消费者的购买意愿。相比一维定价，多维价格的优化需要更深入地了解其互动和相互依赖关系，收集更详细的信息。本章将为读者提供与多维定价相关的基础知识。

6.1 简介

在第 5 章中，我们研究了确定最优一维价格的方法。在本章中我们需要处理多维价格，这意味着我们需要同时分析和优化多个价格。这可能会涉及一种产品的多个价格或价格参数，也就是价格差异化的情况。我们还可能会涉及多个产品的多个价格，例如产品线的定价或价格捆绑。

多维定价非常复杂。企业必须做出多个而不是一个价格决策。例如，一家汽车原始设备制造商提供了一系列设备型号,其价格和销量相互依存。折扣体系需要设定很多参数,如折扣水平、销量或收入阈值。多维价格结构,如软件或银行服务的价格结构,可能包含数百个价格参数。

我们在第 6.2 节讨论价格差异化(价格歧视)的基本概念,然后在第 6.3 节分析多个产品的价格决策。

6.2 价格差异化

客户面临几乎所有的产品和服务的价格都存在差异化的情况。可口可乐就是个明显的例子。如图 6-1 所示,根据消费者购买场所的不同,一瓶净含量为 20 盎司⊖的可口可乐的价格变化范围从 1.25 美元到 3.49 美元不等。因此,最贵的可乐价格大约是最便宜的可乐价格的 2.8 倍。对于在同一城市内随处可见的同种产品来说,这是非常显著的价格差异。消费者经常支付的这些价格,说明客户有不同的支付意愿。

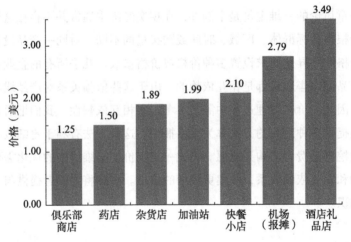

图 6-1　在美国某一主要城市一瓶 20 盎司的可口可乐的价格(不含税和押金)

可口可乐的例子说明,消费者普遍接受价格差异化,尤其是因为消费者自己选择在哪里购买,并支付什么价格,我们称之为消费者自我选择价格差异化的情况。

下面的测试表明,不同情况下,消费者针对相同产品的支付意愿可能会有很大差异。我们假设一个人在海滩上休息,朋友要帮他带一杯饮料,然后询问他能接受

⊖ 约 590 毫升。——译者注

的最高价格是多少，询问中朋友会透露额外的价格信息。在测试 A 中，朋友说："我要去食品摊买饮料。"在测试 B 中，朋友说："我要去海滩边那家华丽的酒店买饮料。"A 组的受访人给出的最高价格是 1.50 美元，而 B 组的受访人给出的最高价格是 2.65 美元[1, p. 150]。价格差异化是一个非常敏感话题。在日本，可口可乐公司试图根据温度来制定不同的价格[2]。当室外很热时，软饮料可以为消费者提供更高的价值，因此，在热天加价似乎很合理。完成这一计划的技术很简单：只需要在自动售货机上安装温度计，并根据温度自动调整价格。然而，计划的泄露引发了消费者的抗议。消费者认为这种差异化是不公平的。因此，可口可乐公司取消了这一计划。随后在西班牙，市场营销机构 Momentum 尝试了与可口可乐公司相反的策略，随着温度升高，调低可乐的价格。但这被认为是一个噱头，而不是一个严肃的举动[3]。

世界上有很多价格差异化的例子。与可口可乐一样，无数商品的价格因分销渠道而异。大量的快速消费品和时尚产品都以折扣的方式销售，其中一些产品的价格比正常价格低 75%。酒店会根据需求区分价格。当城区有商品交易会时，住房价格可以是正常价格的数倍。航空旅行业认为，如果可以的话，应该为每个座位标上不同的价格销售。电费和通信费也会随着时间的变化而变化。

餐馆提供的午餐价格较低，而晚上相同的菜品价格可能会较高。较低的预购价格和提前预订的折扣非常常见。租车的价格可以根据可得性和很多其他标准来区分。保险公司、连锁酒店、电信公司和旅游运营商都向美国汽车协会（AAA）和类似组织的协会会员提供特别折扣。AAA 会员可在许多酒店和其他地方（如工厂直销商场）享受 10% 的折扣。电影院、剧院和一些体育团队为学生和老年人提供较低的价格。几乎所有物品都提供大宗购买折扣或数量折扣。不同国家同一产品的价格都具有明显的差异。概而言之，价格差异化是一种普遍存在的现象，而不进行价格差异化的企业正在牺牲大量的利润。

6.2.1 市场细分是价格差异化的基础

市场中通常有具有不同的支付意愿、收入、偏好和购买习惯的客户。企业可以选择以不同或统一的标准对待这些不同的客户。但在大多数情况下，完全个性化的价格管理既不可行，也不经济合理。由于个体价格弹性难以确定，也很难设立个体层面的价格，所以，在实际中，难以贯彻执行。从经济学的角度来看，在大多数情况下，完全细分客户并没有什么意义，因为客户子群体或细分市场上会出现相似的行为，完全细分客户会导致为每个客户提供服务的成本远高于因此而增加的收益。

因此，基于价格的市场细分的作用是根据一定的标准将客户分配到细分市场。细分市场中的客户应尽可能同质，而细分市场之间应尽可能异质。价格差异化利用不同细分市场支付意愿的差异性，对不同的客户细分设立不同的价格。价格驱动的市场细分涉及两项任务：确定细分市场并对其进行价格定位。

确定细分市场

确定细分市场首先需要建立标准，并根据这些标准定义细分市场。下一步是使细分市场具有可操作性，以便采取针对特定的细分市场的营销行动。市场细分标准可分为两个基本类别：人口统计特征（购买者的特征）和行为（购买者的行为特征）方面的标准（如图 6-2 所示）。

购买者的一般特征	购买者的行为特征
1. 人口统计： 地区、性别、年龄、家庭规模……	1. 购买行为： 购买者 vs. 非购买者 经常购买者 vs. 偶尔购买者……
2. 社会经济： 收入、购买力、教育、职业……	2. 价格相关行为： 价格弹性、支付意愿、价格敏感性、价格态度、价格知识、折扣行为……
3. 心理： 个性、生活方式……	3. 与其他营销工具相关的行为

图 6-2 市场细分标准

市场细分标准应满足以下要求。

- **行为相关性**：细分标准应与客户购买和消费行为有很强的关联性。
- **可观察和可测量**：企业应选择易于观察且可持续测量的标准。
- **稳定性**：随着时间的推移，客户在各细分市场的分布应保持相对稳定，反映了一致的行为。
- **可获得性**：企业应该有应对和服务细分市场的营销工具。

而通常困难的是，细分市场是根据消费者行为特征划分的。而在大多数情况下，很难观察到这些行为特征的标准，并且很难触达根据这些标准构建的细分市场。相比之下，购买者的人口统计特征和特性更易于观察，根据这些标准更易于确定细分市场，尽管他们的行为相关性往往不够明确或不可靠。解决这一问题的一种措施是采取如下多步骤的方法。

（1）首先根据行为特征来定义细分市场。

（2）再确定消费者的行为特征和一般特征之间的关系。

（3）然后根据与消费者的行为特征具有强相关性的一般特征重新定义目标细分市场。

步骤（1）和步骤（2）可以分步进行（例如，借助多元回归分析法），也可以同时进行（例如，借助于聚类分析（cluster analysis））。

基于价格弹性的市场细分情况如图 6-3 所示：这是一个家用电器品牌，在 10 个欧洲地区确定了其价格弹性。测得的价格弹性的绝对值介于 1.4 和 2.8 之间，这是一个相当大的范围。造成这些差异的最重要原因是品牌价值在各个地区很不一致。统一的价格毫无意义，因为那样企业会牺牲大量的利润。然而，在这种情况下，设定 10 种不同的价格对企业的管理层来说是不可行的。因此，他们就以下三个细分市场达成了一致。

- **细分市场 1**：价格弹性相对较低，弹性范围：1.4~1.9（地区 1、6、7）。
- **细分市场 2**：中等价格弹性，弹性范围：2.0~2.5（地区 3、4、9）。
- **细分市场 3**：高价格弹性，弹性大于 2.5（地区 2、5、8、10）。

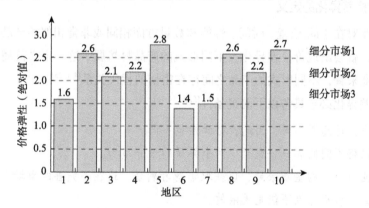

图 6-3　基于价格弹性的地区细分市场

资料来源：西蒙顾和管理咨询公司。

然后，该企业的目标是根据各自的弹性在这三个细分市场中获取最优价格。

对于基于价格的市场细分，有两种可行的基本方法。

（1）这些细分市场将根据人们预期会造成特定价格反应的标准进行划分，然后为这些细分市场计算价格弹性。

（2）首先对单个客户的价格弹性进行测量，然后将具有类似价格弹性的客户组合成细分市场。

第 2 种方法涉及确定和实现特定细分市场的策略。价格差异化可以同时处理这两个任务，即确定和实现每个细分市场的最优价格。在这方面，每个细分市场的有效划分（称为构建围栏（fencing））起着核心作用。构建围栏是为了防止有更高支付意愿的客户以更低的价格购买商品。

电子商务和大数据的出现为市场细分提供了日益深厚的基础。实际的采购行为会被自动记录下来。这极大地提高了对于目标群体的针对性（addressability）。在极端情况下，价格的个性化在技术上是有可能实现的。

基于价格的市场细分本身不是一种方法，而是一个复杂的实践过程，可以采用不同的方法进行处理。这些方法包括从纯直觉分析到多元回归分析，如聚类分析等。

6.2.2 价格差异化的理论基础

价格差异化的目的是利用客户不同的支付意愿，从而获得比采取统一价格更高的利润。

1. 价格差异化的定义

当企业对在空间/位置、时间、性能和数量方面相同或非常相似的产品收取不同的价格时，就会出现价格差异化。不同形式的产品显然属于这一定义范畴，因为从需求的角度来看，不同形式的产品之间存在密切的替代关系[4, p.25]。

价格差异化必须具备以下前提条件[5, pp.14-16]：

- 客户支付意愿不同，因此价格弹性也不同。
- 可以将不同的客户分成至少两个异质的细分市场。
- 企业有一定的垄断余地，以获取消费者剩余，这在不完善的市场中很典型。因此，价格弹性不能是无限的。

实践中通常可以满足前两个前提条件。但是，企业必须采取适当的措施来创造第三个前提条件。第三个前提条件可能需要控制。当客户认为企业的产品或服务具有独特的销售主张（USP）时，企业可以更容易地建立垄断市场空间。

2. 价格差异化的目标

除了通过获取消费者剩余来增加利润外，企业还可以通过价格差异化来追求其他目标，如图 6-4 中的战略三角形所示。

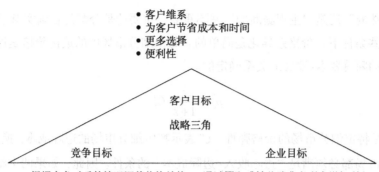

图 6-4 价格差异化的目标

为客户降低成本是可以实现的，例如，可以通过数量折扣。如果向客户提供这样的折扣，则可以诱导客户购买更多数量的商品（数量可变的情况）。同时，交易成本降低。这意味着达成更高的销量不是因为有更多的客户来购买，而是因为相同数量的客户购买了更多的商品。客户相关的价格差异化目标主要集中在更高的客户留存率（customer retention）和客户满意度上。这可以通过忠诚度折扣或如亚马逊金牌服务计划（Amazon Prime）提供的二维价格方案来实现。

价格差异化还使企业可以追求竞争目标。一种反应方法是根据竞争对手的价格结构调整自己的价格结构。当客户进行价格和价格结构的密集比较时，我们可以观察到这一点。主动的竞争目标包括为客户设置转换障碍（例如，通过奖金奖励）或为竞争对手设置进入障碍。当企业在价格领域内努力避免竞争和提出利基主张时，也会产生差异化价格。

3. 实现价格差异化的任务

特定细分市场的价格差异化包括两个任务：第一，确定每个细分市场的最优价格；第二，实行价格差异化以达到预期目标并防止套利。我们通过三种情况来进行区分。

（1）情况 1：完全隔离的细分市场。

细分市场可以隔离开来，使它们之间不发生套利。细分市场 i 的销量仅取决于价格 p_i^*。因此，细分市场之间的交叉价格弹性为零。在优化过程中，细分市场的分割是"自然的"还是"主观臆断的"并不重要,重要的是分割是否确实有效。

在这些条件下,价格差异化是简单的。每个细分市场中的最优价格是通过细分市场特定的阿莫罗索–罗宾逊关系确定的。

$$p_i^* = \frac{\varepsilon_i}{1+\varepsilon_i} C_i' \quad (6\text{-}1)$$

其中,ε_i 是特定细分市场的价格弹性,C_i' 表示特定细分市场的边际成本。换句话说,每个细分市场都必须满足"边际收入=边际成本"的条件。因此,如果两个细分市场的边际成本(与价格有关)相等,则边际收入(而不是价格!)在最优情况下也必须相等。

(2)情况 2:部分隔离的细分市场。

如果没有像情况 1 中那样分隔或孤立的细分市场,那么特定细分市场的价格响应函数具有以下形式:

$$q_i = f(p_1, \ldots, p_2, \ldots, p_n) \quad (6\text{-}2)$$

两个细分市场之间的交叉价格弹性为正,就像竞争产品一样。这意味着一个细分市场的价格上涨会导致部分客户转向价格较低的细分市场。⊖ 通过利润函数的偏导数和解由此产生的方程组来确定最优的特定细分市场价格。可以通过几个步骤得到最优化条件:

$$p_i^* = \frac{\varepsilon_i}{1+\varepsilon_i} C_i' - \sum_{\substack{j=1 \\ j \neq i}}^{n} (p_j - C_i') \frac{\varepsilon_{ij}}{(1+\varepsilon_i)} \frac{q_j}{q_i} \quad (6\text{-}3)$$

其中 ε_i 为直接价格弹性,ε_{ij} 为细分市场 j 相对于价格 p_i 的交叉价格弹性。式(6-3)在结构上对应于多产品企业进行价格优化的尼汉斯公式(Niehans Formula)(式(6-8))。式(6-3)的第一个加数项就是阿莫罗索–罗宾逊关系。求和项考虑了价格 p_i 对其他细分市场需求的影响。在这一表达式中,只有 $(1+\varepsilon_i)$ 是负的,所以求和项是负数。由于求和项前的负号,负负得正,这将产生一个比完全隔离或孤立细分市场情况下更高的最优价格。

⊖ 只有当价格差大于套利成本时,客户才会发生转移。套利成本为正,细分市场数量较少的情况类似于不完全寡头垄断。然而,这种情况与竞争情况不同,因为供应商决定所有特定细分市场价格。竞争反应不是问题。这种情况对应于寡头垄断下的集体利润最大化。

不同细分市场之间的最优价格差异在以下情况下会越大⊖：
- 交叉价格弹性ε_{ij}越大；
- 其他细分市场的单位边际贡献越大；
- 细分市场j比细分市场i的销量更大。

（3）情况3：价格差异化的典型模型。

在这种情况下，我们假设只有一种价格响应函数，在此基础上，我们可以同时确定最优价格和细分市场（尽管细分市场没有进行最优分割）。

我们可以用线性价格响应函数来最好地说明典型的价格差异化情况。⊖价格差异化带来的利润增长是获取消费者剩余的结果。图6-5比较了统一定价和典型价格差异化的两种情况。我们假设在垄断情况下，边际成本恒定，价格差异化不需要成本，价格响应函数是线性的。

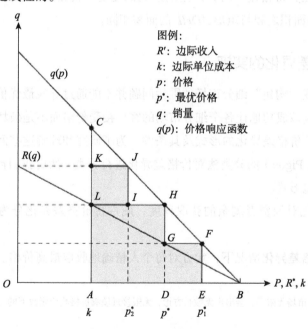

图6-5 统一定价与典型价格差异化

⊖ 这些论述适用于其他条件不变的情况，也就是说，只有相应的变量发生变化。

⊖ 在此基础上，价格差异化的适用前提是，聚合线性价格响应函数是由每位消费者支付意愿的均等分配产生的。如果这种线性关系是因为每个单独的价格响应函数是线性的，即每位客户在更低的价格会购买更多的商品（"可变数量情况"），那么价格差异化就不起作用。因此，利用价格差异化是假设了解个体对不同价格的反应。

总利润潜力由三角形 ABC 的面积决定。根据式（5-7），利润最大化的统一价格 p^* 位于最高价格 B 和可变单位成本 k 之间的中点。在统一价格 p^*，企业可以获取的利润由矩形 ADHL 的面积确定。因此，统一价格的利润由一个位于"利润潜力三角形"ABC 内的矩形表示。三角形 DBH 的面积表示消费者剩余，即未获取的支付意愿。

如果对 3 种价格 p_1^*、p^*、p_2^*，进行价格差异化，则可以通过矩形 DEFG 和 LIJK 的面积来确定增加的利润。在这种情况下，消费者剩余下降至三角形 IHJ、GFH 和 EBF 的面积所确定的数量。这就清楚地表明，价格差异化导致的利润增量，是由于消费者剩余的减少。因此，我们可以用必须从"矩形扩展到三角形"⊖来表达典型的价格差异化的任务。

从图中也很容易观察到，当我们有一个线性的价格响应函数和成本函数，以及完全个体化的完美价格差异时，产生的总利润是统一价格情况下的两倍。⊖三角形 DBH 和 LHC 的面积之和与矩形 ADHL 的面积相同。

6.2.3　价格差异化的实施

如何分隔或"构建"细分市场的围栏问题并不能通过寻找最优价格来解决。重要的是，企业应该成功地让各个细分市场的客户接受价格而不是破坏价格。由此产生的问题取决于价格差异化的形式及其条件。为了研究和理解这些问题，首先，我们将根据庇古（Pigou）的分类法对价格差异化进行分类。然后我们再来处理价格差异化的每种实施形式。

根据差异化对消费者剩余的获取程度，庇古将价格差异化分为一阶、二阶和三阶[6, p.279]。

在**一阶价格差异化**情况下，卖方对每个人精确地收取最高价格。这样就获取了

⊖ 假设细分市场无限多，会出现无数长方形，无限接近填满价格响应函数下的三角形区域。——译者注

⊖ 这些关系的一般推导过程如下：由聚合价格响应函数：$q = a - bp = b(p^{max} - p)$ 得出细分市场 i 的函数：$q_i = b(p_{i-1} - p_i)(i = 1,...,n)$，$p_{i-1}$ 是比 p_i 低的次高价格，且 $p_0 = p^{max} = a/b$。我们可以发现，p_{i-1} 成为了细分市场 i 中的最大价格。所有愿意支付比 p_{i-1} 高的价格的客户都属于细分市场 $i-1$。对于有给定数量 n 的细分市场，我们将等式 $q_i = b(p_{i-1} - p_i)(i = 1,...,n)$ 代入利润等式并对等式求个体价格的微分。假定所有细分市场的边际成本相等，我们就可以明确定义特定细分市场的最优价格 $p_i^*(i = 1,...,n)$。

全部消费者剩余,这就是为什么我们也将其称为完美价格差异化。

如果卖方能够以不同的最大价格将客户分为不同细分市场,然后设定针对每个细分市场的价格,那么我们将其称为**二阶价格差异化**。

客户仍然可以自由选择,这意味着他们不受任何细分市场的约束。由于卖方不需要控制成本,因此实施起来相对容易。二阶价格差异化的挑战在于确定具有合理的价格-价值关系,从而能够最优界定不同细分市场的产品。

在**三阶价格差异化**情况下,根据可观察和有针对性的标准来确定细分市场。然后,在此基础上确定每个细分市场的最佳价格。想在三阶价格差异化的细分市场之间进行转换是不可能的,或者只有付出一定的代价才有可能,因为进入每个细分市场都需要满足相应的细分标准。

根据庇古分类法区分的三种价格差异化与最常见的实施形式之间的关系如图6-6 所示。值得注意的是,地区价格差异化可以划分为二阶或三阶价格差异化。根据距离的不同,客户可以通过设法到其他价格较低的地区购买产品来应对地区之间的价格差异。例如,当某个州或国家的汽油、香烟、酒或其他产品的价格明显低于邻近州或国家时,就会发生这种情况。只有在跨地区的采购无法实施的情况下,才有可能实施三阶价格差异化。例如,当购买需要出示在给定地区、州或国家的具体住址时,就会发生这种情况。

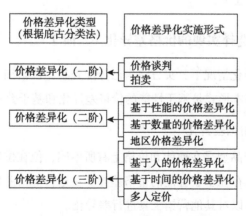

图 6-6 价格差异化的类型及其实施形式

6.2.3.1 个体价格差异化(一阶)

个体价格差异化意味着每位客户都有各自的支付价格。理想情况下,这一价格正好符合他的支付意愿,即所谓的最高价格。根据这一方式,美国的一些大学根据学生的收入情况收取学费[7, p.228]。一阶价格差异化不需要采取围栏措施,因为不存在套利机会。

但是,很少使用个体价格差异化,因为这要求卖方了解每位客户的支付意愿。而客户的实际支付意愿难以确定。如果企业收集这些信息并设定个性化的价格,将会产生成本。这可能会高于企业获取整个消费者剩余的额外收入。

互联网促进了个体价格差异化的使用[8]。运用互联网评估客户数据很容易,而这不仅可以为每个客户提供个性化的定制产品,还可以收取个性化的价格。在互联网上,拍卖也扮演了重要的角色,可以非常有效地获取客户的支付意愿。

谈判和拍卖过程中会出现至少有点类似一阶价格差异化的情况。

- **价格谈判**:在许多行业中,最终交易价格不是由卖方确定的,而是买卖双方谈判的结果。在 B2B 商业模式中,这是定价的主要形式。在个体价格谈判中,谈判结果基本上取决于各方的谈判立场和优势,这意味着可以将其理解为个体价格差异化。
- **拍卖**:当产品或服务被多次拍卖时,会产生许多个体价格。这会产生反映中标人个人支付意愿的不同价格。在第 3 章中,我们将拍卖描述为收集个人支付意愿信息的工具。

6.2.3.2 通过自我选择实现的价格差异化(二阶)

在二阶价格差异化情况下,买方将自己分配到某一价格细分市场中。在这种情况下,实施的两种基本形式是基于性能的价格差异化和基于数量的价格差异化。

1. 基于性能的价格差异化

当企业销售的产品型号在性能和价格上有所不同,但在位置、时间和数量等其他方面都相同时,就存在基于性能的价格差异。在这种价格差异化形式下,除了价格本身外,企业还可以对其他营销工具进行差异化。

具体产品差异化的例子包括信用卡(普通卡、黄金卡、白金卡)、机票(经济舱、超级经济舱、商务舱、头等舱)或火车票(一等座、二等座)。

基于性能的视频点播服务的价格差异化如表 6-1 所示。Netflix 公司提供的三种订阅服务级别享有不同的电影质量和性能属性。

表 6-1　基于性能的价格差异化：Netflix 视频点播服务[9]

	基本套餐（标清）	标准套餐（高清）	高级套餐（超高清）
价格（美元/月）	7.99	10.99	13.99
• 性能属性	• 无高清画质 • 仅允许在一台设备上观看电影和电视节目	• 高清画质 • 允许同时在两台设备上观看电影和电视剧	• 高清画质 • 超高清画质（片源等条件允许时） • 允许在最多四台设备上同时观看电影和电视剧

成功实现基于性能的价格差异化的一个前提条件是，价值差异化对客户来说既有意义，又能被客户实际感知。

例如，在汉莎航空公司的欧洲航线上，商务舱和经济舱之间的差别相当小。主要就是通过一张帘子对这两种舱位进行区分。而服务上的差异也是有限的。因此，一些航班上的商务舱有许多空位，而经济舱则是满座。在长途航班中，汉莎航空和许多其他航空公司，如联合航空公司（United Airlines），都推出了一种称为"超级经济舱"的新中级服务。乘客在这种舱位享受的主要优势是腿部空间更大，电视屏幕更大，还能获得一杯迎宾饮料。对于那些由于企业内部经费限制而无法乘坐更昂贵的商务舱的商务旅客来说，这一级舱位可能十分具备吸引力。联合航空公司和美国航空公司也推出了"基本经济舱"机票，提供更少的服务。乘客不能自己选择座位（由航空公司在办理登机手续时指定），不能使用行李架，必须在最后登机。

英国《金融时报》也提供不同性能等级的订阅服务（如表 6-2 所示）。

表 6-2　基于性能属性的价格差异化：《金融时报》[10]

	报纸+在线	优质在线	标准在线
价格（美元/周）	11.77	9.75	6.45
《金融时报》（FT）博客	✓	✓	✓
无限制访问文章	✓	✓	✓
电子报纸	✓	✓	✗
家庭或办公室每日派送	✓	✗	✗

与飞机票的价格相比，歌剧票和剧院票的价格差异化取决于座位的位置以及与舞台的距离。在这种情况下，价值的驱动因素是观看舞台的视线、音响效果或坐在舞台附近带来的声誉。顾客接受这种价格差异。

B2B 模式中基于性能的差异化的一个例子是办公楼和购物中心的照明模块的构

建。这些模块具有多种功能,但最初只能以起初的定价激活一种基本功能选择。如果客户需要额外的照明功能,需要支付额外的费用进行激活。

基于性能的价格差异化往往伴随着销售渠道差异化。图 6-1 反映了可口可乐公司按销售渠道划分的价格差异化。另一个销售渠道造成价格差异化的例子是工厂直销中心(factory outlet center),在那里,消费者可以以比专业零售店更低的价格购买品牌产品。然而,通常也存在产品差异化,在工厂直销中心销售的通常是过季或销量较差的商品。与销售渠道差异化相结合的一种新的价格差异化形式是线上购物。无论谁用平板电脑或智能手机进行购买,都可能需要支付附加费,因为线上商店使用的跟踪系统可以显示客户在使用什么设备上网。例如,家得宝(Home Depot)根据客户使用的操作系统,会在搜索内容相同的情况下显示不同的结果。平均而言,相比苹果手机用户,安卓手机用户看到的价格要高 6%[11]。

2. 基于数量的价格差异化

对基于数量的价格差异化最早的研究结论是戈森第一定律(Gossen's first law)。该定律指出,产品的边际效用随着数量的增加而降低[12]。产品的每一个附加单位都为用户提供了少量的效用增量。与第二杯、第三杯或第五杯啤酒相比,旅馆里的第一杯啤酒能为口渴的徒步旅行者提供更高的效用。因为效用会随着消费量的变化而变化,基于数量的价格差异化主要适用于"可变数量情况"。客户按单位比较产品的价格和效用,并且仅当其效用大于价格时才决定购买第 n 个单位的产品。因此,基于数量的价格差异化不涉及卖方的任何歧视。然而,通过自己选择的购买数量水平,每位客户为产品支付的平均价格都不同。这种定价也被称为**非线性定价**,因为每单位商品的价格随着数量的增加而下降,所以价格与购买的数量呈非线性关系[13, p.25]。我们找到了休斯敦一家停车场的非线性定价的案例。客户每小时支付停车费 4.5 美元,但车库营业时间内(6:00~22:00)的最高收费是 18 美元,即如果停满 16 小时,则停车费约为 1.13 美元/小时[14]。

基于数量的价格差异化对于同质和异质的客户群体都适用,具体情况如下所述。我们假设边际成本为零。

- **客户同质化**。如果所有客户对产品的第一、第二、第三等单位愿意支付的最高价格都相等,那么考虑一个客户就足够了。这种情况在结构上如图 6-7 所示。可获取的潜在全部利润是 △OAB 的面积。如图 6-7 所示,按照统一的定价,只能获取一半的潜在利润。这种考虑类似于典型的价格差异化,价格差异化是对不同的客户进行价格差异化，而在这里，则是根据购买量进行价格差异化。与设定统一的价格相比，当客户同质化时，基于数量的价格差异化更为有利。图的右侧显示，它完全获取了利润三角形的潜力。

- **客户异质化**。实际上，客户从来都不是完全同质的。为了讨论异质客户基于数量的价格差异化，我们参考表 6-3 中的示例。这家企业经营电影院。A、B、C 三个细分市场中一个月内的第一部、第二部、第三部等影片的最高价格各不相同。最佳统一价格 $p^* = 5.50$ 美元。按这一价格，细分市场 A 中的顾客会观影 2000 次，B 中的顾客会观影 3000 次，C 中的顾客观影 4000 次。这相当于一个月内会产生 9000 次观影量，产生的收入为 49 500 美元。

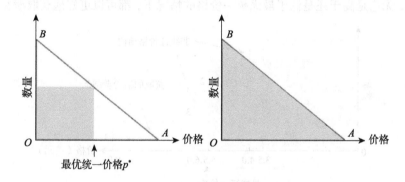

图 6-7　同质客户的统一定价与非线性定价

表 6-3　基于数量的价格差异化（三个异质客户细分市场 A、B、C）

次数	最高价格（美元）			最优非线性价格结构(美元)	销量(千)	收入（千美元）
	A	B	C			
1	9.00	10.00	12.00	9.00	3	27.00
2	6.00	7.50	10.00	6.00	3	18.00
3	3.50	5.50	8.00	5.50	2	11.00
4	2.00	4.00	6.00	4.00	2	8.00
5	1.10	1.50	3.50	3.50	1	3.50
			合计		11	67.50
		最优统一价格		5.50	9	49.50

找到最优的非线性价格差异化需要几个步骤。第一步是确定第一次观影的利润最大化价格。这一价格是 $p_1^* = 9$ 美元；如果三个细分市场的客户全部观看，收入为 27 000 美元。如果价格为 $p_1 = 10$ 美元，那么只有细分市场 B 和 C 的客户会观看，收

入会下降到 20 000 美元。如果电影院第一次收费的价格为 $p_1 = 12$ 美元,那么只有细分市场 C 中的客户会选择观影,收入将仅为 12 000 美元。

如果我们对随后所有的观影之行都进行这一步骤,我们将得到表 6-3 所示的非线性价格结构。第一次观影的最优价格为 9 美元,第五次观影的最优价格为 3.50 美元。所产生的总收入为 67 500 美元,远高于统一定价所获取的收入 49 500 美元。

图 6-8 说明了这种基于数量的价格差异化对异质客户细分市场收入的影响。阴影区域表示统一定价的收入,而阶梯曲线下的区域表示非线性定价的收入。在最优统一价格条件下,这样做可以获取消费者剩余,同时激活客户需求。在以数量为基础的价格差异化结构中,价格会随着数量的增加而降低,直至与边际成本一样低。与统一定价相比,无论是高于还是低于最优统一价格的情况下,都可以更好地获取潜在利润。

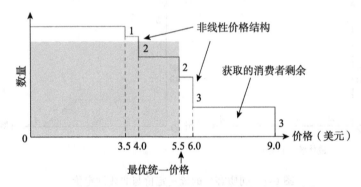

图 6-8 统一定价与基于数量的异质客户价格差异化

基于数量的价格差异化可以采取多种形式(如表 6-4 所示)。我们将简要介绍其中最重要和最常见的形式。

表 6-4 基于数量的价格差异化形式(非线性定价)

形式	定义	注释
两部定价	$p(q) = f + p \times q$	
分段式定价	$p(q) = \begin{cases} p_1 \times q, & q < q_b \\ f + p_2 \times q, & q \geqslant q_b \end{cases}$	$p(q)$:支付价格 f:固定基价
总额折扣	$p(q) = \begin{cases} p_1 \times q, & q < q_b \\ p_2 \times q, & q \geqslant q_b \end{cases}$	p:价格 q:数量
增量折扣	$p(q) = \begin{cases} p_1 \times q, & q < q_b \\ (p_1 - p_2) \times q + p_2 \times q, & q \geqslant q_b \end{cases}$	q_b:盈亏平衡点数量 (除此之外,适用不同价格)
价格点	针对不同的数量明确规定价格	
连续价格结构	与其他类型的非线性定价具有相同特征的连续可微函数	

两部定价包括给定时间段内的固定一次性费用和每单位的额外价格。一个典型的例子是手机套餐的典型价格模型：每月基本价格和每分钟通话价格。典型的电费价格也具有相同的结构。两部定价中每额外增加一个单位的价格是固定的，但客户支付的平均单价随着数量的增加而下降，这是因为更多的单位稀释了基本价格。

分段式定价是两部定价和统一价格的结合。一般来说，两部定价的 n 个价格是 n 个数量区间内的价格的整合。某一电力的分段式定价形式的例子如图 6-9 所示，包括一个固定价格和一个消费的单价。固定价格越高，可变价格越低。盈亏平衡点是 114.61 千瓦时，在这一点上，从低消费量收费制转向基本价格收费制是有利的。

收费	电价	
	基本价格	单位价格
低消费收费	0.00 美元/月	31.99 美分/千瓦时
固定价格收费	12.08 美元/月	21.45 美分/千瓦时

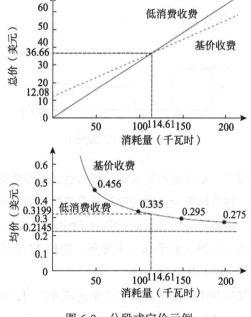

图 6-9　分段式定价示例

数量折扣对更大的数量给予更高的折扣率，使平均价格随着数量的增加而下降。在这里，我们需要区分总额折扣和增量折扣。如果折扣率适用于全部购买量，那么可以说是总量折扣或全量折扣。超过特定数量阈值，折扣率将适用于全部购买量，这会导致数量范围对客户来说是无用的。在这种情况下，在第二大的成交量阈值进行购买是有意义的（此时折扣率增加，即全部购买量的价格进一步下降）。这种结构的一个例子如图 6-10 所示。在这种情况下，客户可能会购买 250 单位的商品而不是他实际需要的 241 单位，因为 250 单位或以上的折扣率适用于全部购买量。

数量	折扣
>10 个单位	9%
>20 个单位	12%
>50 个单位	15%
>100 个单位	17%
>250 个单位	20%
>500 个单位	23%

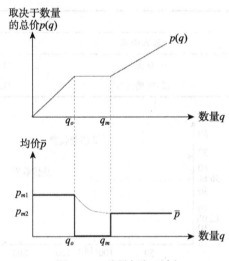

图 6-10 总量折扣示例

如果折扣率只适用于一定区间内的数量，那么这就是**增量折扣**。

在**价格点**系统中，这意味着为离散的购买量设置特定的价格。客户只能购买规定数量的商品。例如，摄影师只提供固定数量的护照照片，即 2 张、6 张或 12 张。3 张照片的售价为 18 美元（即 6 美元/张），6 张照片售价 27 美元（即 4.50 美元/张），12 张照片售价 48 美元（即 4 美元/张）。

在一个**连续的价格结构**中，基于数量的价格递减可以用数学公式描述。这没有什么现实意义，但为了完整性，我们仍将其包括在内。

6.2.3.3 基于客户标准的价格差异化（三阶）

对于三阶价格差异化，我们需要区分四种实施形式：个人或基于个人的形式、基于时间的形式、区域的形式和多人形式。所有形式的共同点是，客户不会自我选择细分市场，而是由卖方根据客户的具体特征将其分配到各个细分市场。这些特征应该与客户的支付意愿有关。

1. 基于个人的价格差异化

基于个人的价格差异化取决于根据买方特征进行的细分。这些可能是社会人口统计特征，如年龄（针对儿童或老年人的价格）、学历情况（大学生、高中生）或工作群体从属关系（协会、党派）。这种价格差异化形式的实施对于服务来说既简单又明了。但是，对于难以追踪购买或使用情况的产品，试图捕捉这种基于细分市场的支付意愿可能并不奏效。根据可观察到的买方特征，检验细分的有效性还需要额外的成本。

买方特征应反映客户的购买行为。基于购买行为的价格差异化的例子包括放在包装内的优惠券、忠诚度回扣或仅仅是购买数量。像 Müller、CVS 和沃尔格林（Walgreens）这些连锁药店选择在客户收据上打印折扣券，可供客户下次购买时使用。这种方法能够有效维系客户。这也导致了一种自我选择，因为客户需要决定是否在下次购买时使用折扣。其他基于个人的价格差异化的例子包括以下几种。

- 在博物馆，参观者的教育状况是价格差异化的标准。在纽约市的现代艺术博物馆，学生的票价为 14 美元，而成人的票价为 25 美元。
- 年龄经常被用作价格差异化的标准。在迪士尼乐园，0~3 岁的儿童可以免费进入魔法王国，4~9 岁的儿童在"超值"日的票价为 101 美元，10 岁及以上的游客票价为 107 美元。在欧洲乐园，4~11 岁的儿童和 60 岁及以上的老人只需支付 37 欧元的入场费，而 12~60 岁的游客则需支付 42.50 欧元的入场费。贝斯特韦斯特为 55 岁及以上人士提供至少 10%的折扣。许多交通服务提供商也为老年人提供折扣票。
- 全德汽车俱乐部（ADAC）是美国汽车协会（AAA）的德国同行。它区分了新驾驶员和经验丰富的驾驶员。持有驾照一年或一年以下的驾驶员不需要支付任何费用，而不是初学者的驾驶员每年必须支付 49 欧元。只要家庭中有人是会员，美国汽车协会就向持有实习驾照的青少年驾驶员提供免费会员资格。

- 与年龄相关的保险费在汽车保险中也很常见。⊖50~59 岁的驾驶员支付的最低保费为 480 美元。24 岁及以下的驾驶员，平均每年需支付 1948 美元的保费，比 480 美元高了 306%。对于 60 岁及以上的驾驶员来说，购买相同的保险，现在的价格要比 60 岁之前的价格平均要高出 10% 左右，即 529 美元。然而，这些价格与事故风险不成正比。50~59 岁的驾驶员每行驶 1 亿英里发生 285 起事故。而 60 岁及以上的驾驶员，每行驶 1 亿英里，事故率增加 692%，达到 2257 起。10% 的保险费差额远小于事故率的增加，因此，保险公司的成本也增加了。这一状况也符合 24 岁以下的司机，他们每行驶 1 亿英里就造成 4085 起事故，事故率比 50~59 岁的司机多 1333%。然而，他们只需支付 306% 的额外费用。[15]
- 一些健康保险公司把吸烟者和非吸烟者区分开来。保险公司计划使用健康相关的应用程序来收集被保险人的健康和健身数据，并为生活方式更健康的群体提供折扣。同样，汽车保险公司也在汽车上安装黑匣子，以监控驾驶员的行为，并相应地调整保费。
- 协会和俱乐部为会员和非会员提供不同的价格。例如，美国市场营销协会的年会票价，针对会员收取 550 美元，而非会员则必须支付 765 美元。
- 瑞士运输公司向年轻人提供"瑞士旅游通行证"（Swiss Travel Pass），折扣率约为 17%[16]。

2. 基于时间的价格差异化

基于时间的价格差异化是指卖方在不同的时间段内对产品收取不同的价格，虽然在不同的时间段内，产品的位置、性能和数量都是相同的。在类似的情况下，当某些条件适用时，人们也将其称为"动态定价"。

基于时间的价格差异化的例子有一天中的时刻（如电话、电力）、工作日（门票、交通券）或季节（航空旅行、旅游）。所选示例如表 6-5 所示。例如，健身房可能会根据一天中的时刻收取不同的价格。早晨和傍晚比日中便宜（每月 31.90 美元/29.90 美元 vs.每月 49 美元）。电影院和温泉浴场的价格往往会随一星期中的不同时间而变化。

⊖ 所描述的数据来自比较网站，不代表特定的企业。

表 6-5　基于时间的价格差异化示例[17-20]

健身房		停车场（机场）		电影院		福利旅馆（单人间）	
时间	价格（美元/月）	时间	价格（美元）	时间	价格（美元）	时间	价格（美元/天）
不限制	39.90	每日价格（周一至周六）	29	周一/周二/周三	7	周五/周六/节假日	220
		周日/节假日	3	周四至周日（下午5点前）	8	周日至周四	149
10:00~12:00	31.90	—		周四（下午5点后）	9		
19:30~21:30	29.90	—		周五至周日及节假日（下午5点后）	10		

基于时间的价格差异化的其他例子包括以下几个。

- 汉莎航空为德国境内的直飞航班提供周末价格。瑞安航空周二和周三的航班特别便宜。
- 面包连锁店提供的"欢乐时光"：在面包店关门前的最后一个小时，顾客购买面包可享受30%的折扣。
- 酒店客房价格差异很大，这取决于城区是否有交易会或其他重大活动。表6-6说明了在德国法兰克福的酒店样本的情况。美国的主要城市也有类似的情况，芝加哥的酒店价格在交易会期间会上涨至标准价格的3倍。
- 度假屋的价格因季节而异。在夏季，人们对度假屋的需求更高，会导致价格上涨。在旺季，顾客可能需要支付比淡季高3倍的价格。
- 由于需求增加，网上销售的产品有时在晚上更贵[21]。

表 6-6　法兰克福主要酒店的价格差异化（标准客房，含或不含早餐）[22-27]（单位：欧元）

	单间	单间	单间
	周一至周五	周末	交易会
法兰克福皇家公园酒店	219.00（含早）	139.00（含早）	369.00（含早）
法兰克福美爵酒店	79.00（不含）	79.00（不含）	199.00（不含）
马尔提姆酒店	122.55（不含）	84.55（含早）	437.00（不含）
法兰克福万豪酒店	189.00（含早）	129.00（不含）	479.00（不含）
喜来登酒店和塔楼	224.00（含早）	185.00（含早）	274.00（含早）
斯泰根伯格法兰克福霍夫	249.00（不含）	199.00（不含）	649.00（不含）

亚马逊证明了数字化对价格差异化的极大影响。这家在线零售商每天改变价格的次数超过250万次。Best Buy 和沃尔玛的重点仍然放在传统的实体超市上，每月

的价格变化约为 50 000 次。在这方面，它们的价格变化次数不到亚马逊的 0.1%。

基于时间的价格差异化也适用于管理产能。每当产品或服务需求激增时，为了保持稳定的产能利用率水平，价格都会上涨。动态价格差异化的一个例子是提供共享出行服务的优步（Uber）的"动态定价"。在某些时候，需求越大，价格就越高。在纽约市的暴风雪中，优步临时大幅提价，价格是正常价格的 2~4 倍[28]。动态定价的一个特殊作用是解决现代社会最昂贵的问题之一：道路交通堵塞。这是动态定价最有前景的领域之一，但迄今为止，还很少被用于缓解交通拥堵。请注意，我们讨论的范畴不包括固定通行费。目前，我们发现美国有些地区针对拥堵定价（例如，明尼阿波利斯、华盛顿特区、圣迭戈、丹佛和加利福尼亚州奥兰治县的一些公路）。在后面这些地区，每趟通行的价格在 1.15~9.25 美元之间变化，价格会在车辆进入高速公路之前公布。因此，驾驶员可以在收费车道和非收费车道之间进行选择。

新加坡是这一领域的先驱。在新加坡，当车辆进入中央商务区时，会收取额外费用（"中央区域定价"）。因此，私家车的使用减少了 73%，拼车增加了 30%。拥堵收费随后扩展到三条主要高速公路上。一条高速公路上通行的平均速度从 31 公里/小时提升到了 67 公里/小时。似乎每一个来访新加坡的人都惊讶于这里的交通情况要比其他大城市好得多。这些差异都是由定价导致的[29]。

基于时间的价格差异化在餐馆中也很普遍。一种常见的形式是提供"欢乐时光"，在此期间价格会短暂降低，通常是在傍晚时分。然而，这是否合理取决于价格弹性。降低的价格可能无法吸引足够的增量客户。一些餐馆在需求疲软的工作日降价，但这也引起了同样的担忧。相反，在需求旺盛的时期，更高的价格是一个相对安全的赌注。在需求过剩的情况下，较高的价格使餐厅能够更好地管理容量；它们不需要因为没有足够的餐桌而拒绝顾客。风险在于这些高峰时期的高价可能会冒犯餐厅的核心客户。在给定时间内，对服务需求较少的客户看到的是较低的价格。峰值负荷定价和收益管理解决了这些问题，这一点将在实操的章节中详细讨论（详见第 9 章）。

如果不存在套利的可能性，按一天中的时间、一星期中的哪一天或季节进行的基于时间的价格差异化是增加利润的有效手段。这种方法需要很少甚至没有额外的控制成本。

3. 多人定价

多人定价涉及向人群销售产品或服务。使用多人定价的企业包括以下几类。

- **旅行社**：一些旅行社为客户的同伴或孩子提供低价或免费的度假服务。
- **航空公司**：在某些情况下，有些航空公司会为乘客的配偶或其他同伴提供半价或免费机票。
- **公共交通**：儿童在父母陪同下可以免费乘车。
- **餐厅**：第二份半价或免费。
- **流媒体服务**：苹果音乐和 Spotify 提供家庭优惠价，这样每个家庭成员无须单独订购即可享用服务。苹果的家庭套餐价格为 14.99 美元，最多可供 6 名用户使用，而在 Spotify，每增加一位家庭成员需支付 5 美元[30,31]。

我们确定了三种多人定价形式[32, p.19 f.]。

- 在数量可变的多人定价情况下，每个客户都可以满足自己的需求，例如，通过产品目录或在线零售商组合下单。
- 在固定数量的多人定价情况下，每个客户订购相同数量的产品或服务。这种形式的多人定价包括以较低的团体价格购买博物馆门票。
- 第三种形式是单一产品的多人定价，即一个团体共同购买一种产品，如铁路上的团体票或允许多个用户使用的软件包。

多人定价产生的收入增长来源于两种效应。首先，更好地获取了不同客户的消费者剩余；其次，可以将消费者剩余从一个客户转移到另一个客户身上。

这些影响如图 6-11 所示。为了简单起见，这里我们不去考虑固定成本和边际成本。假设商务旅客的配偶正在考虑是否要陪同出行。商务旅客的最大支付意愿是 1000 美元。配偶的支付意愿为 750 美元。如果这趟航班的统一单人票价是 1000 美元，那么只有商务旅客会选择出行。航空公司获得的收入为 1000 美元。如果航空公司提供的统一价格为 750 美元，那么夫妻二人都会乘坐。收入提升至 1500（=2×750）美元，750 美元成为最优统一价格。然而，使用多人捆绑销售，航空公司会将这对夫妇的总价格定为 1750（=1000+750）美元。这比最优统一价格的收入增长 16.7%。多人定价利用每个人的最大支付意愿，以获得更高的收入。

如果我们仍旧使用以上的例子，但是对其中的数据略做改动。我们观察到一个客户的消费者剩余转移到了另一个客户身上。如果商务旅客的最高支付意愿只有 900 美元，配偶的最高支付意愿是 850 美元，那么如果一位乘客的票价是 1000 美元，那么这位商务旅客不会选择出行。然而，如果两人的总价格是 1750 美元，两人会一起出行，因为这一综合价格将两人的支付意愿进行了结合。

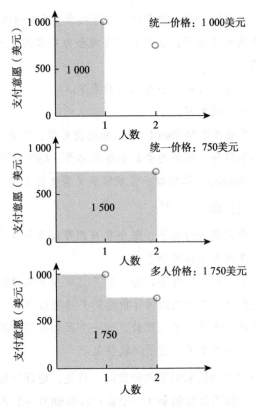

图 6-11 统一定价与多人定价

4. 地区价格差异化

当卖方根据不同的地区,即客户所在地或购买地点,对同一产品收取不同的价格时,这就是地区价格差异化。美国不同地区的汽车租赁价格如表 6-7 所示。

表 6-7 美国汽车租赁价格(中等,一周)[33]

城市	每周价格(美元)	与平均值的偏差(%)
纽约	345	+12.8
芝加哥	370	+21.0
洛杉矶	245	−20.0
底特律	360	+17.7
迈阿密	210	−31.4

在许多市场中都在运用地区价格差异化,涉及的产品包括燃料、食品、杂货和

各种服务。价格差异化背后的决定因素包括购买力、购买行为、成本、竞争和销售渠道。该方法要求根据地区价格弹性和成本来确定各地区的最优价格。为了实现有效的区隔,地区的边界起着至关重要的作用。这个问题在结构上类似于国际价格差异(详见第8章的第3节)。

6.2.3.4　几种价格差异化形式的组合

到目前为止,我们已经从纯形式上,也就是以各自独立的形式上研究了价格差异化的各种实现形式。但在实践中,企业通常会对多种形式进行组合。这些组合可以更精确地解决客户细分问题。Fassnacht[4, pp.95~98]发现,在他所调查的服务行业中,47.5%的企业同时使用两种价格差异化形式,10%使用三种形式,0.7%使用四种形式。最常见的是基于时间和性能的差异化形式组合(28.8%),基于时间和数量的组合(25.8%)以及基于个人的价格差异化和捆绑价格的组合(12.1%)。

表 6-8 是一个多维组合的例子,数据是由美国市场营销协会提供的。

表 6-8　美国市场营销协会的多维价格差异化[34]　　（单位:美元）

类型	美国营销协会		
	美国	加拿大	国际
专业人员			
一年	240①+分会费	195+分会费	195
两年	460①+分会费	—	—
三年	640①+分会费	—	—
学术型	240①+分会费	195+分会费	195
年轻的专业人员	120+分会费	120+分会费	105
博士	120+分会费(可选)	120+分会费(可选)	105
学生	50+分会费(可选)	50+分会费(可选)	50
团体(离线申请)			
4~9 名成员	255/成员②	255/成员②	—
10 名及以上成员	230/成员②	230/成员②	—

① 新会员加上 30 美元的申请费。
② 含分会费。

在本例中,我们观察到以下价格差异化的实现形式。

- **地区价格差异化**:当比较不同国家时,会发现"国际"费用低于美国和加拿大的费用。此外,分会会费差异很大,高达 70 美元(如芝加哥和洛杉矶),

低至 24 美元（如塔尔萨）。

- **个人价格差异化**：美国、加拿大和国际成员根据职位或资格（专业、学术等）支付不同的会费。
- **多人价格差异化**：4~9 名成员的团体，每个成员支付 255 美元，但分会费也包括在内。因此，多人折扣取决于分会费。成员超过 10 人的团体，每人支付 230 美元。对于超过 10 个成员的团体，芝加哥和洛杉矶的折扣为 26%，塔尔萨的折扣为 13%。
- **基于时间的价格差异化**：两年或三年会员的会费低于一年会员的会费，三年会员的年费可享受 11% 的折扣。因此，价格随着会员资格时间的延长而下降。

表 6-9 中的例子显示了另一种价格差异化形式的组合。

- **基于时段**的价格差异化：每小时的价格取决于是在白天还是晚上租赁汽车。
- **基于个人**的价格差异化：客户支付不同的注册费用，取决于是否有德国铁路卡。
- **基于性能**的价格差异化（第一种情况）：每小时的价格因所租汽车的大小而异。
- **基于性能**的价格差异化（第二种情况）：每公里的价格也因租用汽车的大小而异。
- **基于数量**的价格差异化：第二天的租用价格低于第一天的价格。

表 6-9 多维价格差异化：Flinkster 汽车共享[35]（单位：欧元）

	小汽车	中型车
每小时价格		
8:00~22:00	5.00	7.00
22:00~8:00	1.50	1.90
每日价格（第一天）	50.00	70.00
每日价格（第二天）	29.00	49.00
每公里消耗统一收费（电或汽油）	0.18	0.20
注册费（一次性）		
无德国铁路卡	50.00	50.00
有德国铁路卡	免费	免费

表 6-10 中《经济学人》的例子同样显示了多种形式的价格差异化的组合。

- **基于个人**的价格差异化：学生可享受大约 25% 的折扣。

- **基于性能**的价格差异化：杂志的价格取决于读者选择的阅读形式，即纸质版还是电子版。

表 6-10　多维价格差异化：《经济学人》[36]　（单位：美元）

周刊	年度订阅（12 个月）	年度订阅，学生（12 个月）
纸质或电子版	152	115
纸质和电子版	190	142

　　这种价格差异化组合的优势在于，客户可以在不同的性能参数中进行选择，支付不同的价格，从而有效地获取消费者剩余。然而，当企业提供这样一种价格差异化形式的组合时，应该意识到客户会认为很复杂。企业必须从价格透明度的角度，逐例评估这种复杂性是否可取。高度的复杂性会使客户难以进行价格比较，但也可能导致预期的激励效应失效，或直接造成客户的抵制。同时，使用多种形式的价格差异化会产生额外的成本，可以分为内部成本和外部成本。内部成本包括市场研究活动和额外的组织付出。价格差异化带来的外部成本源于潜在的客户挫折感。客户可能认为差异化是一种难以理解的不透明的价格结构。这会导致客户倍感挫折，企业需要提供更多的客户咨询服务，否则最终会导致客户更换供应商。因此，价格差异化的准则是卖方应**最优化**，而不是**最大化**价格差异化形式的数量。

　　事实上，价格差异化的成本可能超过实施形式所增加的效用。同时，对卖方来说的价值，即收入增量，与增加的成本不成比例。这些抵消效应（countervailing effect）形成了最优的实现形式的数量。图 6-12 显示了这种关系。

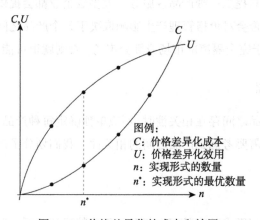

图 6-12　价格差异化的成本和效用

即使在价格结构复杂的行业中，我们偶尔也会发现使用**简单价格结构**的企业。由于一些卖方造成的复杂性增加为他们的竞争对手打开了"简化的利基市场"。这种简化的一个例子是可以无限次使用商品的单一价格的概念，即所谓的**统一价格**。这一概念为客户带来了一个重要的简化，例如，客户可以在任何时间——每天 24 小时、每周 7 天以固定的价格拨打电话或发送任何长度的短信。统一价格已覆盖越来越多的日常生活领域[37]。例如德国铁路的 Bahncard100，使用它可以不限次数地进行火车旅行。在固定年费情况下，亚马逊的 Amazon Prime 在美国境内为任何符合条件的产品免费提供两天内送货服务、电子书统一售价的电子书包月服务（Kindle Unlimited）、丰富的视频点播服务以及流媒体服务 Prime Music。Amazon Prime 在美国的年费为 99 美元，在欧盟为 69 欧元。瑞士的不同公交公司为"瑞士旅游通行证"提供综合统一价格，允许通行证的持有人在 3 天、4 天、8 天或 15 天内不受限制地使用铁路、公共汽车和渡轮服务[16]。

每月固定费率的汽车服务合同也符合这种模式。这表明，客户似乎喜欢低复杂性的价格。Fritz、Schlereth 和 Figge[38]发现，当不再需要进行复杂的价格比较时，透明度和成本控制起到了作用（不仅是简化采购决策）。使用简单定价形式的企业具有成本优势，因为它们不需为复杂的差异化价格结构付出实施成本。

6.3　跨产品的价格决策

6.3.1　产品线的价格决策

很少有企业会只提供一种产品或服务，大多数企业都会提供多种产品或服务。这种多产品性质是否会对价格管理产生影响取决于各个产品之间的数量和成本的相关性。除非产品处于完全隔离的市场或细分市场，否则就很可能会存在这种相关性。

6.3.1.1　理论基础

当产品线的产品之间存在相关性时，不应单独确定每种产品的利润最大化价格。企业利润的最大化需要考虑到产品之间的相关性。我们划分了产品之间四种不同的相互关系。

1. **替代关系**

满足相同或类似需求的产品存在相互竞争或替代的关系。客户通常会从几个替代品中购买一种产品，或在购买更多数量的一种产品时，他们会减少购买另一种产品的数量。因此，替代产品之间的交叉价格弹性为正。当一种产品的价格上涨时，对它的需求将趋于减少，而对其替代品的需求将会增加。完全替代的产品如汽车或旅游度假套餐。人们还发现，不同种类的葡萄酒、火车和航班之间也在逐渐发生替代。

通常情况下，在其产品线内有替代产品的企业会努力保持其产品之间的低水平竞争。价格管理是实现这一目标的重要手段。

2. 互补关系

当产品在组合后能够提供更多价值时，它们之间就存在互补关系，即当客户多买一种产品时，也会多买另一种产品。互补产品之间的交叉价格弹性为负，即一种产品的价格上涨不仅会减少该产品的销量，还会减少其互补产品的销量。互补关系的程度可以是固定（有限的）或可变的。固定关系的例子有汽车和空调系统，或者房屋和暖气装置。可变关系的互补产品包括咖啡和糖或葡萄酒和奶酪。

3. 动态关系

时间常常在产品之间的相互关系中发挥作用。随着时间的推移，主要产品（primary product）的购买通常会带来其他相关产品或服务的购买。对于柴油机、机床或喷气发动机等容易严重磨损的产品，后续产品和服务的花费可能是主要产品采购价格的数倍。其他产品之间动态关系的案例包括复印机和墨盒或血糖测试仪和测试条。

在某些情况下，以低于成本的价格销售初始产品可能是最佳选择。只要能够以高利润的价格销售后续产品，总体利润仍然是最佳的。这种差异化的定价政策基于主要产品和后续产品的价格弹性之间存在显著差异。

从动态的角度来看，替代和互补之间的边界可能会变得模糊。从静态的角度来看，两种产品可以被视为替代品，而随着时间的推移，又可能变成互补的。例如，由于消费者对多样性的需求，随着时间的推移，许多消费者会选择一套系列品牌或其变化形式，而不是一直只购买一种品牌或其变化形式。软饮料、酸奶和冰激凌就是具有这种特性的产品。

4. 信息传递

除了企业产品之间的使用关系，还存在一般信息的传递。一种产品的积极或消极的体验可以转移到同一制造商的其他产品身上,而转移的体验可以对其他产品的支付意愿产生相应的积极或消极的影响。Simon[39, pp.32~43]全面地分析了此类商誉传递。它们影响广泛。它们对价格管理的影响取决于信息传递的强度。以优惠的低价甚至是负价格提供某些引导、入门或基本的产品是有意义的。这一行为可以为客户提供积极的用户体验,并为企业创造良好的商誉。这种积极的体验可以传递到企业的其他产品上。

6.3.1.2　产品线的价格优化

我们来考虑一种垄断的情况,并假设多种产品的跨产品的价格响应函数的一般形式如下:

$$q_i = f(p_1, \ldots, p_2, \ldots, p_n) \tag{6-4}$$

式中,q_i 为产品 i 的销量。变量 $p_1, \ldots, p_n$ 表示产品线中 n 种产品的价格。因为我们研究静态的情况,所以可以不考虑时间指数。

式(6-4)中的直接价格弹性为:

$$\varepsilon_i = \frac{\partial q_i}{\partial p_i} \times \frac{p_i}{q_i} \tag{6-5}$$

交叉价格弹性为:

$$\varepsilon_{ij} = \frac{\partial q_i}{\partial p_j} \times \frac{p_j}{q_i} \tag{6-6}$$

交叉价格弹性 ε_{ij} 表示当产品 j 价格变化 1% 时,产品 i 销量的变化百分比。

目标函数是产品线的最大化总利润:

$$\text{Max } \pi = \sum_{i=1}^{n} [p_i q_i - C_i(q_i)] \tag{6-7}$$

$C_i(q_i)$ 通常表示产品 i 的成本函数;我们假定没有成本相关性。对所有利润函数求价格的偏导数,然后再用公式表示,我们得到了产品 j 的最优价格的条件:⊖

$$p_j^* = \frac{\varepsilon_j}{1+\varepsilon_j} C_j' - \sum_{\substack{i=1 \\ i \neq j}}^{n} (p_i - C_i') \frac{\varepsilon_{ij}}{1+\varepsilon_j} \frac{q_i}{q_j} \tag{6-8}$$

⊖　求导过程详见本章末尾处的背景信息。

这就是尼汉斯公式[40]。在式（6-8）的第一项因式中，我们看到了熟悉的阿莫罗索–罗宾逊关系（式（5-6）），它决定了单独产品的最优价格，即不考虑与其他产品依存关系的最优价格。跨产品之间最优价格是单独产品最优价格和一个修正项的总和。修正项确定了产品线内相互关系的值。该修正项包括弹性、销量和单位边际贡献。如果同时考虑式（6-8）中所有的 n 项产品，每一项产品的价格取决于整个产品线的整体弹性和整体边际成本。由于所有的价格都是相互依赖的，所以不可能提供有关交叉产品相关性对最优价格影响的一般性说明。为了得出可解释的结论，我们必须做出**其他因素保持不变**的假设。我们需要假设一次只有一个变量在式（6-8）的右侧发生变化。除必要条件式（6-8）外，还必须确定充分条件。当所有产品的直接价格效应系数大于间接系数时，就满足了这些要求[41, pp.38~55, 42, pp.71~80]。

当产品线内只包含**替代产品**时，所有交叉价格弹性 ε_{ij} 均为正。在这种情况下，如果 $\varepsilon_j < -1$，式（6-8）中的求和项为负。由此可知，当**其他因素保持不变**时，交叉产品最优价格 p_i^* 高于由阿莫罗索–罗宾逊关系式确定的单独最优价格。相对于单独最优价格，在下列情况下交叉产品最优价格 p_j^* 越高：

- 产品数量越多。
- 交叉价格弹性 ε_{ij} 越高。
- 其他产品的单位边际贡献越大。
- 直接价格弹性 ε_j 越接近 -1。
- 产品 i 和 j 的销量比率越大。

如果这种关系是纯粹的替代关系，那么产品线定价会产生比单独产品定价更高的价格。

当关系**完全互补**时，所有的交叉价格弹性 ε_{ij} 都为负，因此，如果 $\varepsilon_j < -1$，式（6-8）中的求和项为正。因此，它将从阿莫罗索–罗宾逊关系中减去。由此可知，在下列情况下交叉产品最优价格 p_j^* 越低：

- 产品线内包含的产品越多。
- 交叉价格弹性 ε_{ij} 越大（绝对值）。
- 其他产品的单位边际贡献越大。
- 直接价格弹性 ε_j 越接近 -1。

- 产品 i 和 j 的销量比率越大。

互补产品的产品线定价的典型情况是零售商的特价或折扣。零售商愿意接受单位边际贡献很低甚至为负的产品特价,以期吸引那些也会购买价格更高、利润更高的产品的顾客。从式(6-8)可以看出,最优价格可能低于相关产品的边际成本,甚至可能为负值(参见第 14 章)。从商业的角度来看,没有理由禁止有相关产品的多产品企业以低于边际成本的价格销售某些产品。

式(6-8)也解释了为什么即使成本相同,同一产品的最优价格也会因企业而异。这就解释了为什么超市的加油站销售的天然气价格低于独立的加油站。

当产品线中同时存在**替代关系和互补关系**的产品时,我们不能明确式(6-8)中求和项的符号。在这种情况下,替代效应和互补效应的大小将决定最优交叉产品价格是高于还是低于单独最优价格。我们分别用一个替代关系和互补关系的例子来说明上述观点。

1. 替换关系示例

我们假设线性价格响应函数和成本函数的参数如表 6-11 所示。除交叉价格效应参数 b_{ij} 外,两种产品的参数相同。为了确定交叉产品的最优价格,我们使用式(6-8)并得到 $p_1^* = 18.16$ 美元, $p_2^* = 17.61$ 美元。由于所有直接价格效应参数都大于间接价格效应参数,因此满足了整体最大利润的充分条件。

表 6-11 替换关系示例的参数

产品 i	a_i	b_i	b_{ij}	C_i'
1	1 000	50	25	5
2	1 000	50	10	5

结果如图 6-13 所示。图 6-13 显示了用等利润曲线表示的 p_1 和 p_2 的不同组合的利润情况。表示每个产品利润(π_1 和 π_2)相等的曲线为虚线,总利润 π 由实线表示。箭头表示利润增加的方向。在价格 p_1 上涨而**其他因素保持不变**的情况下,随着需求量的上升,产品 2 的收入和利润将增加(假设产品 2 的价格不变,单位边际贡献为正)。企业的利益不是单个产品的利润,而是利润总额 π 。在图 6-13 中,星号表示最大总利润点。交叉产品最优价格 $p_1^* = 18.16$ 美元, $p_2^* = 17.61$ 美元。

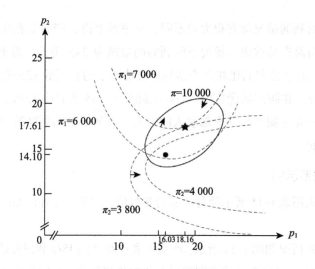

图 6-13 两种替代产品的 ISO 利润曲线（单位：美元）

为了进行比较，我们计算出独立的最优价格。我们得到了 $p_1^* = 16.03$ 美元，$p_2^* = 14.10$ 美元。在图 6-13 中，这一价格组合用大圆点表示。交叉产品和独立最优定价的结果如表 6-12 所示。

表 6-12 替代产品的最优值示例

最优值	交叉产品		单独产品	
	产品 1	产品 2	产品 1	产品 2
价格 p_j^*（美元）	18.16	17.61	16.03	14.10
数量 q_j	532	301	551	455
收入 R_i（美元）	9 663	5.305	8 835	6 418
利润 π_j（美元）	7 003	3.798	6 078	4 143
利润总额 π（美元）	10 801		10 221	
价格弹性 ε_j	−1.71	−2.92	−1.50	−1.50
交叉价格弹性 ε_{ij}	0.83	0.60	0.64	0.35

产品 1 和产品 2 的交叉产品最优价格分别比各自的独立最优价格高 13.3%和 24.9%。产品 2 的价格差异更大，因为较低的价格 p_1 对产品 1 的销量的负面影响远大于对产品 2 的影响。这可以用较高的交叉价格效应系数来解释（产品 1 和产品 2 的系数分别是 25 和 10）。

跨产品价格优化的总利润是 580 美元，比单独最优情况下的总利润高 5.7%。然而，单个产品的利润情况却有很大的不同。从逻辑上讲，产品 2 在单独情况下的利润相对较高，与跨产品的组合情况下的利润的差额为 345 美元。对于产品 1，情况则正好相反；它的单独利润比在跨产品的组合情况下的利润低 925 美元。有趣的是，总收入与此相反。在跨产品优化中，总收入降低了 285 美元或 1.9%。在我们的案例中，企业故意放弃挖掘产品 2 全部收入的机会，以便从利润更高的产品 1 上获得更高的收入和利润。

2. 互补关系示例

我们仍然采用表 6-11 所示两种产品的参数值。但是，互补产品的交叉效应参数 b_{ij} 的符号为负。

互补产品的情况如图 6-14 所示。产品 1 和产品 2 的 ISO 利润曲线为虚线，实心椭圆代表总利润 π。星号表示使总利润最大化的价格组合。大圆点表示单独产品总利润最大的价格组合。箭头表示利润增加的方向。

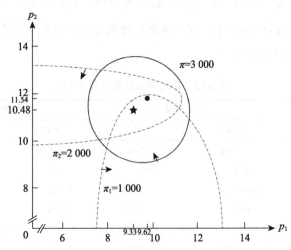

图 6-14 两个互补产品的 ISO 利润曲线（单位：美元）

与替代产品的 ISO 曲线相比，互补产品的 ISO 利润曲线系统进行了旋转。产品 1 的价格上涨会使产品 2 的利润下降，因为其销量 q_2 会有所减少。

结果如表 6-13 所示。在跨产品优化中，出现了产品价格降低，但总利润仍高于单独产品的情况。为了从产品 1 中获得额外的 110 美元利润，企业牺牲了产品 2 的 40 美元利润。在这种情况下，跨产品优化的收入要比单独情况高出 554 美元。

表 6-13　互补产品的最优值示例

最优值	交叉产品		单独产品	
	产品 1	产品 2	产品 1	产品 2
价格 p_j^*（美元）	9.33	10.48	9.62	11.54
数量 q_j	271	382	231	327
收入 R_i（美元）	2 532	4 010	2 219	3 772
利润 π_j（美元）	1 175	2 098	1 065	2 138
利润总额 π（美元）	3 273		3 203	
价格弹性 ε_j	−1.72	−1.37	−2.10	−1.80
交叉价格弹性 ε_{ij}	−0.97	−0.24	−1.30	−0.29

3. 产品线价格决策的实施

跨产品的价格优化比单独产品的价格优化更复杂。与此相关的问题有两个。第一，跨产品的价格优化只有在可以有效测量相应的交叉价格效应系数时才有意义。第二，前提是需要具有所有相关产品的集中价格决策能力。

为了测量交叉价格系数，企业基本上必须利用第 2 章所述的所有数据来源和分析方法。但是，对于更多的产品（$n>3$），还会面临其他困难。经济计量估计法的主要问题是各种价格之间存在多重共线性。更合适的方法是专家估计与联合测量法结合或任选其一。最好的方法是决策支持模型，可以对产品的替代关系或补充关系进行详细的模拟。西蒙顾和管理咨询公司已经对汽车、制药、银行和其他市场进行了数千次这样的模拟，并取得了令人满意的成果[43]。

跨产品的优化在分权的组织中会引起冲突，因为优化过程中可能会出现为了在其他产品上获得更高的利润而牺牲一个或多个产品的利润的情况。如果产品属于不同的利润中心，那么被"牺牲"的利润中心对跨产品的利润优化就不会有什么兴趣。这一点在替代关系和互补关系中都适用。

这些冲突在实践中的意义可能很大，如以下关系所示：

- 首次采购与零部件和服务（parts and service）；
- 机器与消耗品；
- 银行的商业客户与私人客户；
- 乘用车与商用车。

如果可能，应在组织的建立过程中考虑跨产品关系。另一种管理潜在冲突的方法是给为其他部门或利润中心贡献利润的被"牺牲"的利润中心提供奖励。虽然这种奖励在理论上是正确的，但可能会引起需要提供奖励的部门的抵制。各部门的利润贡献关系越能够进行可靠地衡量确定，这一机制被接受的可能性就越大。

6.3.2 捆绑定价

捆绑包括以一个综合价格提供两个或多个产品或服务。"当供应商将几种不同产品组合在一起，然后收取一个总（捆绑）价格时，就是价格捆绑"[44, p.12]。

我们发现了许多行业中都存在价格捆绑的例子。

- 快餐店以固定价格提供食品和饮料。
- 有线电视和电子通信提供商提供包含固定电话、移动电话、互联网和有线电视服务的套餐。
- 互联网或手机合同包括流媒体服务，如 Netflix 或 Spotify。
- 洗衣机和洗碗机制造商提供的产品包装中包括肥皂或清洁剂。
- 软件包包含多个应用程序。

企业使用价格捆绑来实现不同的目标。

- **通过价格差异化获得更高的利润**：在价格捆绑下，客户支付相同的捆绑价格，但由于他们对捆绑产品的支付意愿存在差异，因此存在隐性的价格差异化。
- **价格细分**：当客户有机会在捆绑产品和未捆绑产品之间进行选择时，捆绑产品的存在会形成不同的客户细分。
- **降低价格弹性**：当捆绑产品将弹性高的产品与弹性低的产品组合在一起时，价格弹性会降低。
- **掩饰个别价格**：如果仅显示捆绑价格，客户就无法轻易推断捆绑的单个产品的价格。
- **隐藏价格上涨**：价格捆绑是一种适当的工具，可以巧妙地沟通价格上涨，而不会让客户感受到不公平对待。
- **利用心理价格评估过程**：根据前景理论（详见第 4 章），为捆绑产品支付一个总价而不是为每个产品支付单独的价格可以降低支付多个价格所产生的负效用。

6.3.2.1 价格捆绑理论

价格捆绑有多种形式。如图 6-15 所示。大多数价格捆绑情况都涉及"是–否"决策，即客户要么购买捆绑产品，要么不购买。"可变数量"情况则发生在涉及营销和销售奖金的情况下。

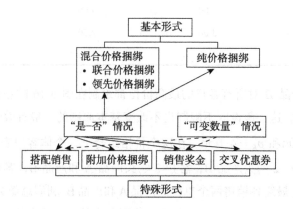

图 6-15　价格捆绑形式[44, p.35]

关于最优价格捆绑，以前的解释提到了生产、交易和信息成本的节约，以及捆绑产品之间的互补性[45~47]。很明显，节约成本使捆绑销售具备优势。互补性增强了价格捆绑的优势，但互补性并不是进行捆绑销售的前提条件。捆绑不互补的产品也有其意义。

Adams 和 Yellen[48]已经表明，比起以单独的价格进行销售，价格捆绑能让企业更好地提取异质客户的消费者剩余。因此，价格捆绑与非线性定价具有相似性。Oren、Smith 和 Wilson[49]运用了多个产品的非线性定价的概念，其主要区别如下。

- 价格捆绑只对异质客户有意义，而不论异质还是同质客户，非线性定价都是有利的。
- 价格捆绑主要与"是–否"情况有关，而与"可变数量"的情况关系不大，而非线性定价仅与后一种情况有关。

为了解释这些含义，我们来看一下表 6-14 中的例子。该表显示了产品 A 和产品 B 对 5 个客户的最高价格。最高价格代表各个客户从这些产品中获得的价值。产品包 A+B 的最高价格等于两个产品的最高价格之和。

表6-14 单个产品和价格捆绑的最高价格 （单位：美元）

客户	最高价格		
	A	B	A+B
1	6.00	1.00	7.00
2	1.80	5.00	6.80
3	5.00	4.00	9.00
4	3.00	2.50	5.50
5	2.40	1.80	4.20

产品 A 和产品 B 对所有客户的最高价位都绘制在图 6-16 的左侧。我们假设可变单位成本为零。这一假设既不限制也不改变基本原则的一般有效性。最优的单独价格是 $p_A^*=5$ 美元和 $p_B^*=4$ 美元。在这个价格组合下，个体客户表现如下：客户 1 购买产品 A，客户 2 购买产品 B，客户 3 购买产品 A 和产品 B，客户 4 和客户 5 两种产品都不购买。最终各销售两个单位的产品 A 和产品 B，利润总额为 5×2+4×2=18 美元。利润为 $\pi_A=10$ 美元，$\pi_B=8$ 美元，达到各自的利润最大值。

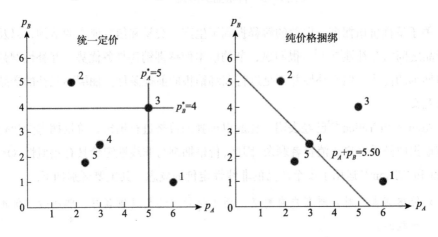

图 6-16 统一定价与价格捆绑（单位：美元）

6.3.2.2 价格捆绑形式

1. 纯捆绑

在纯捆绑的情况下，捆绑的产品只以套餐的形式用一个总价格出售。不能购买捆绑组合中的单个产品。客户只能决定是否购买整个捆绑产品。

当企业以价格捆绑的形式提供表 6-14 所示的产品 A 和产品 B 时会发生什么情况？最佳捆绑价格为 5.50 美元。这种情况如图 6-16 右侧所示。最优价格函数在斜率为负、与 X 轴呈 45 度角的直线上，$p_A + p_B = 5.50$ 美元。纯捆绑销售的效果是将之前的市场结构（四个客户细分市场，在图 6-16 左侧可以清楚地看到）转变为两个细分市场，即捆绑销售产品的买方和非买方。买方包括客户 1、2、3 和 4，而客户 5 是非买方。价格捆绑降低了客户之间的异质性[5, 50]。该企业在捆绑情况下产生的利润为 $5.50 \times 4 = 22$ 美元，比未捆绑情况下的最大利润高出 22%。十分令人惊讶的是，5.50 美元的捆绑价格远远低于 9 美元，即 A 和 B 两个单独的最优价格之和。为了赢得客户 5，产品的捆绑价格需要降低到 4.20 美元，这将使总利润减少到 $5 \times 4.20 = 21$ 美元。但这仍高于未捆绑情况下的最优利润。

利润从 18 美元提高到 22 美元的原因是，捆绑销售在提取消费者剩余方面更有效。纯捆绑意味着企业创造了一种新产品。捆绑价格的设定将一个产品的消费者剩余转移到新的组合产品中。在我们的示例中，未捆绑情况下，客户 1 在产品 A 上保留了 $6-5=1$ 美元的消费者剩余，但对产品 B 的支付意愿过低，只有 3 美元。当企业选择纯捆绑销售时，其价格代表客户 1 对产品 A 和产品 B 的两个最高价格之和减少后的结果。价格为 5.50 美元，足以激励客户 1 购买捆绑销售产品。客户 2 的情况则正好相反，他对产品 B 的消费者剩余为 1 美元，但对产品 A 的支付意愿过低，只有 3.2 美元。相对于 A 和 B 的两个单独最高价格之和，降低后的捆绑价格足以诱使客户 4 购买捆绑产品。尽管捆绑销售增加了整体利润，但与单独销售产品相比，企业通过捆绑销售从单个客户那里获得的利润可能更少。比如对客户 3 来说，如果以两种产品的最高价格之和进行购买，他需要支付 9 美元。在纯捆绑销售的情况下，客户 3 只需支付 5.50 美元，这将使来自客户 3 的利润减少 3.50 美元。

2. 混合捆绑

通过混合捆绑，客户可以以固定的价格购买捆绑，也可以以各自的价格单独购买捆绑中的任一产品。这也被称为可选捆绑。在大多数情况下，混合捆绑的捆绑价格低于产品单独价格的总和[51]。⊖

表 6-14 中的示例有助于说明混合捆绑的优点。除 5.50 美元的捆绑价格外，我

⊖ 不总是这种情况，对于整体来说，一整套产品的价格可能会高于各个产品单价的总和。

们还分别以 2.40 美元和 4 美元的价格提供产品 A 和产品 B（由于 p_B 必须高于 3.10 美元，因此，单个价格之和高于捆绑价格）。混合捆绑如图 6-17 所示。

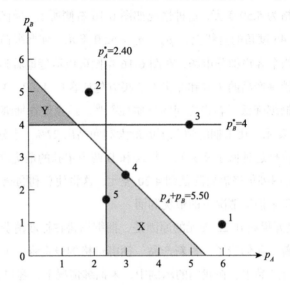

图 6-17　混合捆绑（单位：美元）

在图 6-17 的新模型中，客户 5 愿意购买产品 A（但只购买产品 A），因此，总利润从 22 美元上升到 24.40 美元。一般来说，三角形 X 中的客户是产品 A 的买方，三角形 Y 中的客户是产品 B 的买方，这高于并超越了购买捆绑产品的客户。混合捆绑形成了更精细的市场细分，并获取了更高的消费者剩余。

Schmalensee[50, p.227]总结了他对价格捆绑的看法："纯捆绑的优势在于能够减少有效的买方异质性，而非捆绑销售的优势在于能够对一些不关心其他货物价格的买方收取更高的价格。混合捆绑可以利用这两个优势，将捆绑产品销售给相应降低有效异质性的买方群体，同时向那些主要对两种商品中的一种感兴趣的分布在边缘的买方收取较高的价格。"

3. 价格捆绑的特殊形式

价格捆绑的特殊形式包括以下几种。

- **搭配销售**。这些是由主要产品（即主捆绑商品）定义的，客户必须购买一个或多个同类互补产品（被捆绑商品）。主捆绑商品通常是耐用品，而被捆绑商品是消耗品。例如，打印机和墨盒，或者剃刀和刀片。

- **附加价格捆绑**。只有在已经购买了主要产品的情况下，客户才可以购买次要产品（附加产品）。与捆绑销售不同的是，客户仍然可以在不购买任何附加产品的情况下使用主要产品。例如，针对电脑游戏，客户可以选择购买扩展游戏包，或只玩电脑里自带的基本游戏。
- **销售奖金**。在一段时间后，客户将收到固定金额或其总支出的百分比作为奖励或回报。这种形式的显著特点是，它不一定取决于客户在该时间段内购买的商品，即构成单个捆绑包的商品。总支出才是决定因素。这种形式的捆绑通常与客户忠诚度计划结合在一起。
- **交叉优惠券**。这意味着客户在购买产品 A 后会收到购买产品 B 的优惠券。这是价格捆绑的一种隐性形式。

4. 反捆绑

反捆绑（或解绑）是指把捆绑定价的产品或服务分开销售。在以下情况中选择反捆绑是有利的。

- **反捆绑带来更高的利润率**。当单个产品的价格弹性较低时，可能会出现这种情况。这种情况发生在捆绑价格随着捆绑"系统"的发展变得非常高的时候。
- **开发市场**。企业有时可以通过对产品进行反捆绑来开发潜在的需求或新的市场细分。
- **提高标准化和兼容性**。捆绑产品的标准化和兼容性越高，纯捆绑的风险就越大，因为客户可以选择将来自多个卖方的产品拼凑在一起形成相同的捆绑。这就在与竞争对手隔离（通过纯捆绑）和市场扩展的选择之间产生了矛盾。随着产品生命周期的发展和市场的成熟，天平会渐渐倾向于反捆绑。
- **转移附加值份额**。在许多行业中，对过去包含在产品购买价格中的服务，有单独收费的趋势。

一个有趣的例子是宝马 7 系汽车的电视功能。7 系的第一代导航系统包括电视，但对此不收取额外费用。后来的几代 7 系依然提供电视功能，但需要单独收费。第五代 7 系电视功能的单独价格为 1250 欧元[52]。

在电子书阅读的时代，把一本书分成几个章节出售的做法变得越来越普遍。哈佛商学院出版社以每份 8.95 美元的价格出售《哈佛商业评论》（HBR）中的章节和文章。其他出版商也采用了这种"按菜单点菜"的模式。这样的报价对读者有吸引力,因为他们可能只对一本书中的某些主题或方面感兴趣。HBR 的年订阅费用为 99 美元。一年阅读少于 11 篇文章的人最好选择单独购买。在"按菜单点菜"模式下,阅读 5 篇文章的人只需支付相当于年订阅费用 50%的费用。不过反捆绑给卖方带来了一定的风险,卖方在推出产品之前应该仔细考虑潜在的后果。

苹果应用软件 iTunes 引入了一种革命性的反捆绑形式,这使消费者能够在不购买整个专辑的情况下,购买单首曲目。它的巨大成功部分可归功于创新的价格模式,但这并不能保证未来的成功。Spotify、亚马逊、Deezer 和 Tidal 等音乐媒体服务都提供统一的价格模式,允许客户在线和离线收听任意数量的音乐,并按月收取订阅费[53, 54]。同样,亚马逊也为其 Prime 订阅客户提供亚马逊音乐的无限访问权限。

另一个具有争议的反捆绑例子是将托运行李与机票分开。从瑞安航空公司开始,许多航空公司都开始对托运行李收取附加费。德国 Sanifair 公司在公路休息区的收费厕所概念也是一个反捆绑的案例。传统上,在德国州际公路(高速公路)上使用厕所是免费的。从 2003 年开始,除了低于一定身高的儿童,每个人使用这些厕所的费用是 50 分。这是一种家庭友好型的价格差异化形式。残疾人也可以免费使用卫生间。作为收取 50 分的回报,客户会收到一张优惠券,可以在休息区的任一家商店使用。这种价格模式在那些只想使用厕所(并且必须支付 50 分)的人和那些想获得 50 分优惠券购买其他产品(即免费使用厕所)的人之间进行了差异化。2010 年,使用厕所的价格提高到了 70 分,但优惠券的价值仍然保持在 50 分。

5. 价格展示

价格捆绑的实施分两步进行。首先,企业决定价格捆绑的形式。然后,企业使用以下三种方法之一来设定价格水平。

(1) **累积价格捆绑**。捆绑价格完全对应于单个产品的价格总和。我们观察到亚马逊对书籍、厨房和家用产品都使用了累积价格捆绑。

(2) **超累积价格捆绑**。捆绑价格高于单个价格之和。这种形式相当罕见。其中一个例子是完整的邮票集,卖方可以要求对一套完整的邮票收取更高的价格。

(3) **次累积价格捆绑**。捆绑价格包含折扣,即低于单个价格之和。这是典型的方法。

次累积价格捆绑的一个重要方面是降价的表达方式。展示价格和/或折扣有三种选择。

- **联合捆绑定价**。包含折扣的捆绑价格与单个产品的价格一起显示(例如,餐馆菜单）。

- **主要产品捆绑定价**。客户以常规价格购买主要产品，但以大幅折扣甚至免费购买额外捆绑产品。服装零售商，如 TieRack 或 Jos.A.Bank 使用这种方法以全价出售主要产品，以半价或更低价格出售其他产品。
- **复合捆绑定价**。捆绑销售的所有产品都会获得折扣。一个例子是一家在线葡萄酒服务商，当客户订购 6 种葡萄酒时，该服务商可以提供总价减免 15 美元的折扣。

将多个产品以一个总价捆绑在一起，是一种有效获取潜在利润的方法。捆绑降低了需求的异质性。它可以是单纯的，也可以是混合的。企业必须根据具体情况进行考虑：使用哪种形式会为企业带来更好的结果，反捆绑是否可以带来更好的结果。不可能提供统一的规则，因为捆绑决策取决于客户支付意愿的分配。

本章小结

在本章中，我们描述了多维价格的优化过程以及对利润的影响。我们将本章总结如下：

- 与一维定价相比，多维定价可以产生更高的利润。原因是，从几何角度来看，潜在利润类似于三角形的面积。一个一维或统一的价格只能从中划出一个矩形，其面积一定小于三角形的总面积。
- 与一维定价相比，多维价格的优化需要更深入的理解和更差异化的信息。
- 当客户在支付意愿或与定价相关的其他方面存在差异时，应考虑价格差异化。价格差异化可以基于时间、地区、产品、数量或其他买方特征，也可以把几种形式结合起来。
- 多维性可以从不同的价格参数中得出。我们可以通过直接的数量折扣、固定价格和可变价格的组合、两部或多部定价的形式或通过离散的价格点来实现基于数量的价格差异化。在所有情况下，保持有效的隔离都是至关重要的，也就是说，要防止有较高支付意愿的客户以较低的价格购买产品。这是尽可能从利润三角中提取潜在利润的唯一途径。无效的隔离会带来很大的风险。
- 多人定价涉及将剩余或未提取的支付意愿从一个客户转移到另一个客户身上。

- 提供多个产品的企业在优化价格时应考虑成本和产品之间的相关性。应同时优化相关性产品的价格。我们应该考虑一种产品的价格对其他产品利润,甚至企业的总利润的影响。
- 对于替代产品,一般规则是,产品的交叉最优价格与其单独的最优价格之间的差额取决于替代产品的数量、交叉价格弹性以及这些产品的单位边际贡献。这些因素越大,交叉最优价格和单独最优价格之间的差额就越大。
- 对于互补产品,则相反。这些因素越大,产品的交叉最优价格与单独最优价格的差额就**越低**。在这种情况下,产品的最优价格可以低于边际成本,甚至可以是负值。
- 价格捆绑时,产品以套餐的形式提供,而不是单独销售。通常,捆绑价格低于单独价格的总和。价格捆绑可以采用纯形式(客户只能购买捆绑产品)或混合形式(客户可以购买捆绑产品或单独购买其中的产品)。捆绑销售的优势在于从一种产品到另一种产品身上的潜在支付意愿的转移。这就相当于降低了客户的异质性,从而使价格差异化变得更加有效。价格捆绑可能导致显著的利润提升。
- 价格差异化会增加复杂性和成本。因此,我们在追求价格差异化时,应该权衡其成本和收益。我们所追求的不应是最大的价格差异化,而应是边际收益和边际差异化成本之间的最佳平衡。我们还应该牢记组织和法律方面的情况。

虽然我们不能对价格差异化的优势做出一般性的有效阐述,但价格差异化几乎总是有意义的。然而,正确使用的前提包括全面彻底了解其各种形式,获取必要的数据和信息,以及有效的实施。如果企业未能成功地将具有不同支付意愿的客户进行细分,那么价格差异化实际上会损害企业的整体利润。如果使用得当,则会产生可观的利润增长。

背景信息

为了确定最优价格 $p_i^*,...,p_n^*$,我们先确定包含全部价格的利润函数的偏导数。将得到:

$$\frac{\partial \pi}{\partial p_j} = q_j + \left(p_j - C_j'\right)\frac{\partial q_j}{\partial p_j} + \sum_{\substack{i=1 \\ i \neq j}}^{n}\left(p_i - C_i'\right)\frac{\partial q_i}{\partial p_j} = 0$$

其中 C_i' 为产品 i，$i=1,\ldots,n$ 的边际成本。对于产品线的整体优化，我们需要对所有 n 个产品计算导数为零的情况（必要条件）。通过简单的公式转化（除以 q_j，乘以 p_i，代入由式（6-7）与式（6-8）计算出的弹性）就可以得到最优条件。

参考文献

[1] Poundstone, W. (2010). *Priceless*: *The Myth of Fair Value (And How to Take Advantage of It)*. New York: Hill and Wang.

[2] Hays, C. L. (1999, 28 October). Variable Price Coke Machine Being Tested. *The New York Times*, p. C1.

[3] Morozov, E. (2013, 10 April). Ihr wollt immer nur Effizienz und merkt nicht, dass dadurch die Gesellschaft kaputtgeht. *Frankfurter Allgemeine Zeitung*, p. 27.

[4] Fassnacht, M. (1996). *Preisdifferenzierung bei Dienstleistungen: Implementationsformen und Determinanten*. Wiesbaden: Gabler.

[5] Philips, L. (1983). *The Economics of Price Discrimination*. Cambridge: Cambridge University Press.

[6] Pigou, A. C. (1932). *The Economics of Welfare* (ed. 4). London: Macmillan.

[7] Pechtl, H. (2014). *Preispolitik: Behavioral Pricing und Preissysteme* (ed. 2). Wirtschaftswissenschaften. Konstanz: UVK / Lucius.

[8] von Thenen, S. (2014). E-Commerce in privaten Haushalten 2013. *Wirtschaft und Statistik* 8, 450–454.

[9] Netflix International (2018). https://www.netflix.com/. Accessed 27 February 2018.

[10] Financial Times (2016). https://sub.ft.com/spa2_5/?countryCode=USA. Accessed 15 December 2016.

[11] Hannak, A., Soeller, G., Lazer, D., Mislove, A. & Wilson, C. (2014): Measuring Price Discrimination and Steering on E-Commerce Web Sites, in: *IMC '14 Proceedings of the 2014 Conference on Internet Measurement Conference*, pp. 305-318.

[12] Gossen, H. H. (1854). *Entwicklung der Gesetze des menschlichen Verkehrs, und der daraus fließenden Regeln für menschliches Handeln*. Braunschweig: Vieweg.

[13] Tacke, G. (1989). *Nichtlineare Preisbildung: Höhere Gewinne durch Differenzierung*. Wiesbaden: Gabler.

[14] BestParking.com (2016). http://www.bestparking.com/houston-parking. Accessed 15 December 2016.

[15] Tefft, B. C. (2012). Motor Vehicle Crashes, Injuries, and Deaths in Relation to Driver Age:

United States, 1995-2010. AAA Foundation for Traffic Safety. November 2012.

[16] Swiss Travel System (2015). http://www.swisstravelsystem.com/de/tickets/swiss-travel-pass.html. Accessed 18 November 2015.

[17] Fitness-Center Scheel (2015). http://www.fitness-center-scheel.de/fitness-center/preise-beitraege. Accessed 18 December 2016.

[18] Flughafen Köln/Bonn (2015). http://www.koeln-bonn-airport.de/parken-anreise/parken.html. Accessed 18 December 2016.

[19] Cinedom Kinobetriebe (2015). http://cinedom.de/kino/tree/node1006/city78. Accessed 18 December 2016.

[20] Wald & Schlosshotel Friedrichsruhe (2015). http://schlosshotel-friedrichsruhe.de/. Accessed 18 December 2016.

[21] Wienand, K. (2015). BILD lüftet das Geheimnis der Achterbahn-Preise. BILDplus. http://www.bild.de/bild-plus/geld/wirtschaft/online-shopping/wann-man-billig-einkaufen-kann-40108716.bild.html. Accessed 18 March 2015.

[22] Iona Hotels (Deutschland) (2015). http://www.lemeridienparkhotelfrankfurt.com/de/. Accessed 18 March 2015.

[23] Accor (2015). http://www.mercure.com/de/hotel-1204-mercure-hotel-residenz-frankfurt-messe/room.shtml. Accessed 18 March 2015.

[24] Maritim (2015). http://www.maritim.de/de/hotels/deutschland/hotel-frankfurt/uebersicht#hotel_content. Accessed 18 March 2015.

[25] Marriott International (2015). http://www.marriott.de/hotels/travel/fradt-frankfurt-marriott-hotel/. Accessed 18 March 2015.

[26] LE-BE Hotel (2015). http://www.sheratonfrankfurtairport.com/de/club-lounge. Accessed 18 March 2015.

[27] Steigenberger Hotels (2015). http://de.steigenberger.com/Frankfurt/Steigenberger-Frankfurter-Hof. Accessed 18 March 2015.

[28] Hecking, M. (2014). Wenn der Algorithmus die Macht übernimmt. manager magazin. http://www.manager-magazin.de/unternehmen/handel/uber-mytaxi-co-wenn-der-computer-den-preis-macht-a-946122.html. Accessed 13 June 2015.

[29] Cramton, P., Geddes, R. R., & Ockenfels, A. (2018). *Markets for Road Use – Eliminating Congestion through Scheduling, Routing, and Real-Time Road Pricing.* Working Paper. Cologne: University of Cologne.

[30] Apple (2016). https://support.apple.com/en-us/HT204939. Accessed 19 December 2016.

[31] Spotify (2016). https://www.spotify.com/us/family/. Accessed 19 December 2016.

[32] Wilger, G. (2004). *Mehrpersonen-Preisdifferenzierung: Ansätze zur optimalen Preisgestaltung für Gruppen.* Wiesbaden: Deutscher Universitätsverlag.

[33] Hertz Autovermietung (2015). www.hertz.de. Accessed 18 December 2016.

[34] American Marketing Association (2017). Membership Pricing. https://www.ama.org/membership/Pages/Dues.aspx. Accessed 27 March 2018.

[35] DB Rent (2015). https://www.flinkster.de/index.php?id=416&. Accessed 18 March 2015.
[36] The Economist (2016). https://subscription.economist.com. Accessed 19 December 2016.
[37] Berke, J., Bergermann, M., Klesse, H.-J., Kiani-Kress, R., Kroker, M., & Seiwert, M. (2007). Die Welt ist flat. *Wirtschaftswoche*, 52, 88–94.
[38] Fritz, M., Schlereth, C., & Figge, S. (2011). Empirical Evaluation of Fair Use Flat Rate Strategies for Mobile Internet. *Business & Information Systems Engineering*, 3(5), 269–277.
[39] Simon, H. (1985). *Goodwill und Marketingstrategie*. Wiesbaden: Gabler.
[40] Niehans, J. (1956). Preistheoretischer Leitfaden für Verkehrswissenschaftler. *Schweizerisches Archiv für Verkehrswissenschaft und Verkehrspolitik*, 11(4), 293–320.
[41] Krelle, W. (1976). *Preistheorie* (ed. 2). Tübingen: J.C.B. Mohr.
[42] Selten, R. (1970). *Preispolitik der Mehrproduktunternehmung in der statischen Theorie. Ökonometrie und Unternehmensforschung*. Berlin: Springer.
[43] Simon, H. (2012). How Price Consulting is Coming of Age. In G. E. Smith (Hrsg.), *Advances in Business Marketing and Purchasing. Visionary Pricing. Reflections and Advances in Honor of Dan Nimer* (pp. 61–79). Emerald: Bingley.
[44] Wübker, G. (1998). *Preisbündelung: Formen, Theorie, Messung und Umsetzung*. Wiesbaden: Gabler.
[45] Coase, R. H. (1960). The Problem of Social Cost. *The Journal of Law & Economics*, 3(1), 1–44.
[46] Demsetz, H. (1968). The Cost of Transacting. *The Quarterly Journal of Economics*, 82(1), 33–53.
[47] Burstein, M. L. (1960). The Economics of Tie-In Sales. *The Review of Economics and Statistics*, 42(1), 68–73.
[48] Adams, W. J., & Yellen, J. L. (1976). Commodity Bundling and the Burden of Monopoly. *The Quarterly Journal of Economics*, 90(3), 475–498.
[49] Oren, S., Smith, S., & Wilson, R. (1984). Pricing a Product Line. *The Journal of Business*, 57(1), 73–100.
[50] Schmalensee, R. (1984). Gaussian Demand and Commodity Bundling. *The Journal of Business*, 57(1), 211–230.
[51] Prasad, A., Venkatesh, R., & Mahajan, V. (2015). Product Bundling or Reserved Product Pricing? Price Discrimination with Myopic and Strategic Consumers. *International Journal of Research in Marketing*, 32(1), 1–8.
[52] Bayerische Motoren Werke (BMW) (2015). http://www.bmw.de/de/neufahrzeuge/7er/limousine/2012/start.html. Accessed 05 November 2015.
[53] Garraham, M., & Bradshaw, T. (2015, 4 April). Jay Z Relaunches Tidal as a Friend of Artists. *Financial Times*, p. 10.
[54] Gropp, M. (2015, 1 April). Eine musikalische Unabhängigkeitserklärung: Popstars wie Madonna, Rihanna und Jay-Z fordern digitale Musikdienste mit einem eigenen Angebot heraus. *Frankfurter Allgemeine Zeitung*, p. 15.

PRICE MANAGEMENT

第7章

决策：长期价格优化

摘要：任何企业的目标都应该是长期而不是短期的利润最大化。这一目标与股东价值最大化在本质上是相同的。到目前为止，我们还没有研究过跨时期的关系。对于长期价格优化，必须考虑到最优价格的决定因素（目标、价格响应函数和成本函数）是动态的。竞争状况通常也会在产品或市场的生命周期中发生变化。在这一章中，我们将重点讨论价格变化效应、传递效应和经验曲线会如何影响价格的最优发展。在产品的引入阶段，我们将研究两种标准策略——撇脂策略和渗透策略。然后，我们使用一些案例来说明短期和长期最优价格之间的差异。本章将从定性的角度对价格管理和关系营销进行总结。

7.1 长期最优价格的决定因素

在第 5 章中，我们研究了**一维价格**。针对一种产品、一个价格和一个时期进行价格优化。在第 6 章中，我们扩展了维度，引入了**多维价格决策**，即一个产品的多个价格或多个产品的多个价格。在这两章中，我们假设这些分析只涵盖一个时期，即所谓的**静态分析**。当我们谈到基于时间的差异化时，并没有包括不同时期之间的关系。换句话说，我们选择了一种**相对静态**的角度。在本章中，我们将明确考虑几个时期，这意味着当前的价格会影响未来的销量和利润。当企业制定当前的价格时，必须考虑到这种影响。然后，我们将分析局限在只有一个产品的情况中[1]。**多时期**角度的目标是设立长期的最优价格。

7.1.1 长期目标函数

动态情况会影响价格决策的所有决定因素：

- 目标函数（即我们试图最大化的东西）；
- 价格响应函数；
- 成本函数。

在现实中，大多数情况下企业不会最大限度地提高在一个时期的短期利润，而会努力在长期实现利润的最大化。这就是第 2 章所讲的股东价值的含义。将多个时期纳入计划意味着现金流产生在不同的时间点。在**长期目标函数**中，我们通过折现回决策时点 $t=0$ 来消除这些时间差。长期利润最大化的目标函数如下：

$$\pi_L = \sum_{t=1}^{T}(p_t q_t - C_t)(1+i)^{-t} \qquad (7-1)$$

其中，π_L 是折现利润的总和（指数 L 代表长期），p_t 是 $t=(1,...,T)$ 时期的价格，q_t 是 t 时期的销量，C_t 是 t 时期的成本，i 是折现率。

如果存在跨时期的影响，则在决策中必须同时考虑所有价格 p_t，$t=(1,...,T)$ 必须同时纳入决策，以实现长期利润的最大化。**长期价格优化**的主要挑战在于——是考虑更高的短期利润还是更高的长期利润，较高的利率 i 导致后期现金流的折现幅度较大，这意味着其对长期总利润的贡献较小。折现率越高，长期最优价格与静态价格就越接近。然而，在实践中，企业只设定并实施 $t=1$ 时期的捆绑价格。因此，企业通常会优化第一期的价格，并以定量形式或以最小的定性形式考虑未来的影响。

7.1.2 长期价格响应函数

从长期的角度看，价格响应函数将得到扩展：

- 产品的市场和竞争状况会随时间的推移而发生变化，并且通常遵循产品生命周期的模式；
- 当前的价格会影响未来的销量和价格。

这些状况是长期价格优化的基本决定因素。

7.1.2.1 产品生命周期

产品或品牌的**生命周期**由销售的时间序列来表示。生命周期的概念是描述和解释销售如何随着时间的推移而变化发展的最流行的方法。我们通常将产品生命周期划分为 4 个阶段：导入期、成长期、成熟期和衰退期。这一概念不存在得到一致认可的理论基础。典型的 S 形生命周期曲线通常通过扩散研究的结果来解释。其中特别值得一提的是 Rogers[2]的假设。该假设认为，从产品推出到被个体消费者采用之间所经过的时间间隔的分布近似于正态分布，即相对于经过中等长时间后采用该产品的人，那些在短时间内快速采用新产品的人和过了很长时间才采用新产品的人所占的比例较小。

生命周期概念对市场营销思维产生了很大的影响，然而，人们应该避免对生命周期曲线的形状做出一般性的假设。产品的生命周期并不是按照某种一般性的规律演变发展的，而是从一系列具体到每个产品的**因果要素**（casual factors）演变而来的。这些因素包括创新的程度、客户和分销商熟悉产品所需要学习的知识多少以及竞争动态等。价格会对扩散速度有很大的影响。

生命周期概念对于后期阶段的用处较小。所有产品都遵循一个自然的生命周期，衰退期后将自动结束它们的生命，这样的假设，不仅易使人产生误解，也很危险。有许多产品，特别是那些知名品牌的产品，尽管过了很长时间，但仍会有持续不断的需求，也依然广受欢迎。例如福特、可口可乐等美国品牌以及阿司匹林（Aspirin）、妮维雅、梅赛德斯-奔驰等德国品牌的历史都超过 100 年，而且没有一个有衰老的迹象。当然，这些品牌背后的产品和设计已经进行了调整改进，以反映新技术，并迎合大众喜好。因此，人们不能仅仅因为产品或品牌在市场上已经存在了一定的时间就认为它会自动衰退。我们必须逐个分析和了解可能导致这种衰退的潜在因素。

价格弹性动态变化

在价格管理中，一个最有趣的问题是在整个生命周期中**价格弹性**是如何演变的。我们可以在 Mickwitz[3]的著作中找到对这一问题的第一个明确的解释。他假设价格弹性在开始时很低，在前三个阶段（导入、成长和成熟期）上升，然后在衰退期下降。许多其他的作者已经采用了这一假设。扩散研究似乎证实了这一点——早期采用者，即新产品的第一批购买者和使用者，往往比随后的采用者有更高的收入，对价格的敏感度较低[4, 5]。然而，Simon[6]用实证测量（empirical measurement）发现了相反的模式：在导入期绝对价格弹性相对较高，在成长期和成熟期下降，然后在衰退期再次上升。Friedel[7]也证实了这些发现。

对整个生命周期中价格弹性的发展做出普遍有效的阐述是不可能⊖。然而，区分**真正的创新**和**模仿产品**似乎是有意义的。在一般有效性的情况下，我们可以这么认为：对于真正的创新，在生命周期开始时价格弹性可能相对较低，然后会随着时间的推移而上升，特别是随着竞争对手数量和竞争强度的增加以及产品标准化程度的提高而上升。模仿产品从一开始就面临竞争，因此，在导入期价格弹性相对较高。随着客户认知度和信任度的增加，弹性会随着成长期的推移而降低，在成熟期达到最低，然后在衰退期再次增加。

7.1.2.2 竞争动态状况

在生命周期中，竞争状况的变化对长期的价格管理是非常重要的。一些作者将**典型的竞争状况**归因于生命周期阶段。因此，竞争对手的数量和竞争强度在生命周期的第一个阶段上升，在成熟期达到最大值，然后，在衰退期再次下降。这种发展可能随着竞争强度而急剧增加或降低。因此，作为竞争工具，在这些阶段，价格的重要性有所不同。

从价格管理的角度来看，考虑需求与产能之间的比率比单纯考虑竞争对手的数量更有意义。在整个生命周期中，**当产能过剩**积累起来时，企业可能会更激进地利用价格。理论上，在生命周期的任何阶段，都可能出现产能过剩。然而，在成熟期最为典型，特别是当企业高估了增长的时候。这在进入衰退期时也很常见，此时，企业没有预料到会出现衰退。在这些阶段，激进地使用价格和价格战的可能性会大幅增加。然而，有时甚至在导入期就会爆发价格战，因为企业的目标是获得市场份额，确立市场领导地位。其中的一个例子是定时运营的长途巴士。2013 年，德国首次允许这种巴士运营。这个领域从一开始就经历了一场价格战，导致大多数竞争者在头两年就退出市场。

7.1.2.3 跨期价格效应

当前价格 p_t 可以产生超出当前时期的效应。这些效应具有多种形式和不同的原

⊖ 详见本章后面的背景信息。

因。首先，t 时期的价格可作为未来价格的锚。价格心理学表明，这种锚定效应可能是显著的。从这一意义上讲，只有两种类型的价格决策：新产品的**推出价格**（introductory price）的决策和维持还是改变**现有价格**（existing price）的决策。企业只有在推出新产品时才有机会重新定价，之后的每个价格都反映了改变或维持现行价格的决策。

在静态分析中，没有考虑因价格变化而产生的独立效应，价格效应和价格弹性仅取决于所考虑时期的绝对价格。这一假设在很多情况下是不现实的，10 美元的价格可能会产生不同的效应，这取决于产品在前一段时间的价格是 15 美元、10 美元还是 5 美元。第一种情况是指价格下降 33%，第二种情况表示价格稳定，第三种情况下客户面临 100%的价格增长。

这些情况会引发以下问题：

- 价格变化会产生什么效应？
  - 对称还是不对称，即降价与涨价会产生相同还是不同的效应？
  - 成比例还是不成比例？
- 价格变化后如何恢复到均衡？
  - 立即恢复还是逐渐恢复？
  - 相对于新的均衡，在销量方面是否存在短期反应过度或反应不足？

在许多情况下，我们已经观察到不对称的价格效应。尽管如此，人们不能一概而论，是价格下降还是价格上涨会产生更明显的效应[7]。这取决于竞争反应以及一些其他因素。前景理论（详见第 4 章）假设了这种不对称，因为人们从损失中感受到的影响比同等大小收益的更大。这将意味着，如果价格上涨带来的感知损失等于价格下降带来的感知收益，那么价格上涨的价格弹性将大于价格下降的价格弹性[8]。

关于价格变化效应的比例问题，我们可以做一般性假设：微小幅度的价格变化具有低于价格变化比例的效应（underproportional effects），而大幅度价格变化则具有高于价格变化比例的大幅效应（disproportionately large effects）。⊖ 这一假设与**古腾堡假设**一致（详见第 3 章）。在大多数情况下，专家调查证实了这种形式。

另一种价格变化效应称为**预期或投机效应**（expectation or speculation effects）。当客户基于以前的价格变化对未来价格形成某些预期时，这些效应就会出现。这些

⊖ 这里的意思是，微小的价格变化会带来更小比例的销量变化，而大幅的价格变化则会带来更大比例的销量变化。——译者注

可能会导致看似矛盾的消费者反应，例如，价格下降可能导致需求降低。当客户预期价格会进一步降低，从而推迟购买时，就会出现这种情况。价格上涨会产生相反的影响，如果客户担心价格会进一步上涨，这可能会导致更高的需求。因此，尽管目前的价格更高，但实际上他们还是会在短期内购买更多的产品。取暖油价上涨通常被视为进一步涨价的前兆，为了保护自己不受那些预期的进一步涨价的影响，即使油价刚刚上涨，消费者也会囤积取暖油。相反的效应对于电子产品来说是特别典型的，价格下降支持了价格将进一步下跌的预期，客户往往会等待而不是购买产品。

相反，如果客户预期涨价或降价只是暂时的，则会出现相反的购买行为。价格上涨将抑制需求，因为人们预期价格随后会下降。降价后，需求会被提前刺激（pull-forward），以便抓住机会以更低的价格购买。后一种效应尤其适用于折扣的特价优惠，或通常被称为"限时优惠"的产品。暂时的降价通常不会导致整体销售额的增加。相反，客户在限时优惠期间购买更多，然后在随后的期间减少购买。对于消费品来说，这有时会被称为"囤货"。对于耐用品来说，这意味着客户提前购买。

通用汽车的一个案例研究说明了这种提前消费效应（pull-forward effect）。由于 2005 年春季的业务非常糟糕，通用汽车决定让整个市场获得通常只向员工提供的折扣率。这一决策于 2005 年 6 月 1 日开始实施，一直持续到 9 月底，其结果如图 7-1 所示。

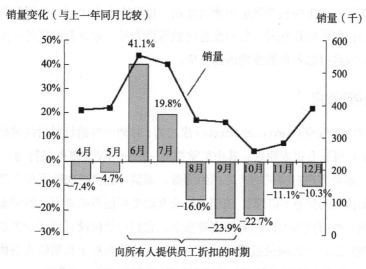

图 7-1　通用汽车员工折扣促销——提前消费效应

这一不寻常的决策促使通用汽车公司的销量突飞猛进：6 月份销量同比增长 41.1%，7 月份同比增长 19.8%。然而，这种势头很快就消退了。事实证明，夏季几个月的增量购买是从未来"借来"的。尽管这一决策持续到了 9 月份，但 8 月份的销售额就开始出现了大幅下降。在 2005 年的剩余时间内，通用汽车公司的销售增长率为负值。图 7-1 中折线显示销量从 8 月份开始大幅下降。在 6 月份售出近 60 万辆汽车后，通用汽车 10 月份的销量不到 30 万辆。通用汽车给出的平均折扣是每辆车 3623 美元，亏损达 105 亿美元。其市值从 8 月份的 209 亿美元降至 12 月份的 125 亿美元。

价格变化后销量如何调整的问题也值得关注。为了讨论这一问题，我们假设销量对于原有价格和新价格都有一个**均衡水平**。在图 7-2 中，展示了 3 种调整形式，每种形式分别用于价格增加和价格下降的情况。在情况 A 中，价格调整措施是立即实施的，需求对价格的变化也立即做出反应。短期和长期价格弹性是相同的。在情况 B 中，销量逐渐接近其新的均衡。这就是所谓的**局部调整模型**。短期价格弹性低于长期价格弹性。相比之下，情况 C 显示了价格变化的反应，这种反应在短期内非常强劲，但随着时间的推移会逐渐消退。短期价格弹性（绝对值）高于长期价格弹性。在消费品扫描数据的实证分析中，Kucher[9]证实了情况 C 中所示的调整形式占主导地位。

在动态状况下，销量不仅受当前价格水平的影响，还受前期价格的影响。降价可以刺激销量。产生的相关效应可能成比例，也可能不成比例，可能对称，也可能不对称。当预期效应存在时，价格变化将被解释为某一方向上出现进一步价格变化的指标，需求将根据各自的预期做出反应。

7.1.2.4 传递效应

我们将传递效应（carryover effects）描述为 t 时期中的销量对后续时期销量的影响。这种影响可能有很多原因，其中最重要的一个原因是**重复购买行为**（repurchase behavior）。如果客户对购买的产品感到满意，则很可能会再次购买该产品。客户传播有关购买体验的信息（口碑）。他们的社交互动也可能意味着当前的销量对未来的销量有影响。所有这些原因的共同之处在于，它们与价格没有直接的关系，而是与产品的功能特征、个人决策过程和社交有关。这些关系对于长期的价格优化非常重要，因为 t 时期的价格通过传递效应会继续影响未来时期的销售额。

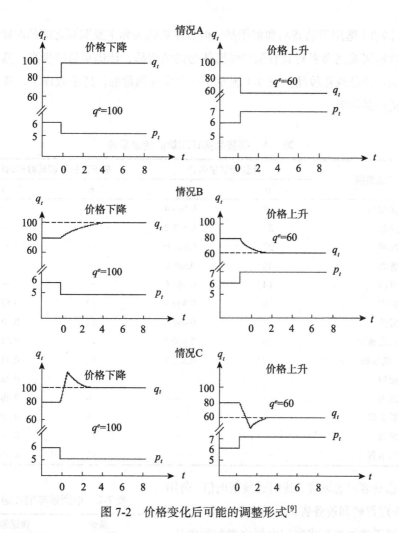

图 7-2 价格变化后可能的调整形式[9]

如果价格响应函数是线性的，那么其传递效应的最简单形式如下所示：

$$q_t = a + \lambda q_{t-1} - bp_t \tag{7-2}$$

我们将参数 λ 称为**传递系数**（carryover coefficient）。⊖ 参数 λ 已经在许多研究中得到了实证估计，并且几乎都是在解释销量是如何变化发展方面做出了重大贡献。然而，在得出与长期价格优化相关的因果关系的结论时，应该谨慎。λ 还可以体现潜在的市场趋势，而这些趋势不是基于销量 q_t 和 q_{t-1} 之间的因果关系。⊜

⊖ 文献中包含了许多类似的描述，如"品牌忠诚度参数""新买方保留率"或"重复购买参数"。
⊜ 详见本章后面的背景信息。

式（7-2）适用于消费品和耐用品，但需注意购买和重复购买之间的时间差。对于习惯性购买或消费者对其有强烈情感依恋的消费品，传递系数特别高，这些产品包括香烟、药品或化妆品。表 7-1 显示了一个实证测量的传递系数样本，其中 n 表示调查的产品种类。

表 7-1 消费品实证测量的传递系数

产品类别	计量经济学估计		基于消费者调研数据的计算	
	n	λ	n	λ
化妆品	9	0.634 4	—	—
药品	25	0.627 2	—	—
饮料	22	0.608 0	—	—
香烟	46	0.568 0	—	—
汽油	14	0.563 0	—	—
咖啡	16	0.504 4	12	0.529 4
橙汁	7	0.494 0	12	0.383 9
人造黄油	25	0.460 3	12	0.513 9
洗衣粉	29	0.383 2	12	0.419 5
面粉	—	—	9	0.488 5
纸巾	—	—	6	0.481 1
番茄酱	—	—	8	0.394 8
牙膏	—	—	12	0.374 9
沐浴露	—	—	12	0.308 4

考虑到客户忠诚度，我们还预期电信、公用事业、医疗保健和税务咨询等服务有较高的传递系数。对于诸如汽车或家用电器之类的耐用品，更换购买之间存在较长的时间间隔，但公式中表达的关系仍然适用。高档洗衣机市场领导者美诺（Miele）品牌的首次购买者中，超过 90%的客户再购买一款美诺产品作为替代品。表 7-2 显示了所选的紧凑型轿车的传递系数。

表 7-2 小型轿车的传递系数

品牌	传递系数 λ
大众高尔夫	0.615
欧宝 Kadett	0.460
菲亚特 128	0.503
福特 Escort	0.656
标致 204	0.357

传递效应的强弱与**客户价值**（customer value）或**客户终身价值**（customer lifetime value）的概念密切相关。我们将在后面详细探讨两者之间的关系。传递效应是重复购买和品牌忠诚度的结果，可以对消费品和耐用品的销售起重要作用。传递系数的

大小可以用来衡量这种效应。该系数的实证值通常在 0.3~0.6，并因产品种类和品牌而异，且传递效应会对长期最优价格产生影响。

7.1.3　长期成本函数

从长远来看，我们不能假设单位成本和边际成本是恒定的。在整个生命周期中，存在两个导致成本变化的因素。首先，随着产量和销量的增加，企业可以使用更有效的生产过程，从而实现**规模经济**（economies of scale）。然而，这些本质上是一种静态现象。静态规模经济与动态成本关系之间的根本区别在于前者的规模效益仅仅是由于增加额外产量所需的时间在没有延长的情况下实现了更大的产量。相反，后者是一个耗时的学习过程。生产和营销活动本身就是学习过程，这些过程促使了知识、技术和经验的积累，对这种经验的一种习惯测量方法是测量各自产品的总生产量，或**累计产量**（cumulative volume）。

经验曲线

累计产量（cumulative volume）与**单位成本**（unit cost）之间的关系被称为经验曲线。经验曲线假设单位成本随累计产量的增加而呈指数下降。在管理中，**经验曲线**（experience curve）被广泛用于战略规划，也是科学研究的长期传统课题。第一次系统的调查可以追溯到 1936 年，当时莱特兄弟[10, pp.122-128]分析了制造一架飞机所需的小时数和累计生产的飞机数量之间的关系。第二次世界大战期间的许多研究同样观察到了这种关系。Henderson[11-13]的研究工作帮助这一概念实现了管理层级上的突破，将其应用到了战略规划中。经验曲线在电子行业中扮演了重要的角色。德州仪器、美国国家半导体和英特尔等公司根据这种稳定的一致性关系制定战略。图 7-3 是一个当代的例子。这一例子显示了 2001~2015 年，由国家人类基因组研究所（NHGRI）跟踪和分析 DNA 测序方面的成本。该信息是评估 DNA 测序技术改进和建立 NHGRI 基因组测序计划（GSP）的 DNA 测序能力的重要基准。我们观察到，由于 DNA 测序技术和数据生产流水线的改进，从 2008 年起成本开始迅速下降[14]。

如今，人们对经验曲线保持一定的怀疑态度。一些企业在使用这一概念来制定它们的定价策略时容易走极端，如果高估了经验曲线将使其能够实现的竞争优势的程度，它们就会陷入困境。向竞争对手传播经验的速度似乎比以前认为的要快。

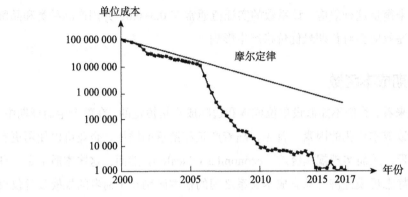

图 7-3 DNA 测序中每个基因组成本的经验曲线[14]

由经验曲线假设的单位成本 k_t（经过通货膨胀调整后）和累计产量 Q_t 之间的关系可以正式表示为：

$$k_t = k_0'(Q_t / Q_0)^\chi \text{，} \qquad (7\text{-}3)$$

其中，k_0' 是 $Q_t = Q_0$ 时的初始单位成本，Q_0 是初始产量（或当 $t=0$ 时的制造量，如试生产），χ 是个参数，且 $\chi<0$。

参数 χ 是单位成本相对于累计产量的弹性。它表示当累计产量增加 1% 时，单位成本下降的百分比数量。式（7-3）中的模型具有恒定的弹性，即 k_t 中基于累计产量 Q_t 的变化的百分比下降是常数。然而，绝对成本递减将随着累计产量的增加而变小。由于 Q_0 是一个常量，所以，我们可以将式（7-3）简化为：

$$k_t = k_0 Q_t^\chi \text{，其中 } k_0 = k_0' / Q_0^\chi \qquad (7\text{-}4)$$

对上式取对数后，可得到一个线性函数：

$$ln k_t = ln k_0 + \chi ln Q_t. \qquad (7\text{-}5)$$

图 7-4 显示了经验曲线的指数和对数形式。在典型的形式中，经验曲线的概念是：每增加一倍的累计产量，实际单位成本就会下降一定的百分比。我们可称之为**学习率**（learning rate）⊖。在图 7-4 中，我们假设学习率 $\alpha = 20\%$，初始成本 $k_0=10$。

尽管有一些观察家持批评态度，但经验曲线在实践中仍发挥了重要的作用。其主要应用于对成本和价格的预测。经验曲线与摩尔定律（Moore's Law）有一定的相似性。至 2015 年，摩尔定律的发现已过了 50 周年。该定律表示晶体管的单位成本每隔 18~24 个月会下降一半。在过去的 50 年里，摩尔定律一直都是有效的，在接下来的数年内，我们预计其还会继续保持有效性。

⊖ 详见本章后面是背景信息。

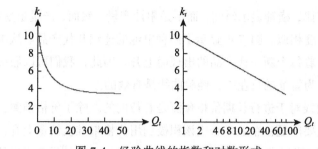

图 7-4 经验曲线的指数和对数形式

图 7-5 和图 7-6 说明了两种成本大幅下降的情况[15]。图 7-5 显示了每个晶体管周期的成本（以美元为单位），其中纵轴的维度是对数。

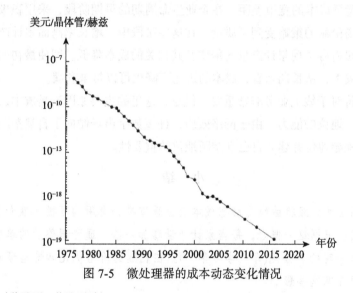

图 7-5 微处理器的成本动态变化情况

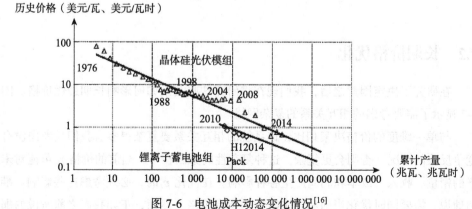

图 7-6 电池成本动态变化情况[16]

根据摩尔定律，横轴表示时间，而不是累计产量。然而，产量也呈指数级增长，与成本下降的速度相似。图 7-6 显示了两种电池的连续几代产品。从中可以看出，成本递减效应随着每个新一代产品的出现而上升。因此，我们可以假设，在几乎所有以高技术进步为特征的行业中，经验曲线是有效的。

这些经验曲线对于进行长期价格预测是有帮助的。除了价格预测，长期价格优化还有另一个重要问题：企业是否应该积极利用价格来推动销量上升，从而降低成本，或者企业应该等到成本下降后再降低价格？Henderson[12]最初提出的观点呼吁积极降价，以获得尽可能高的相对市场份额。相对市场占有率是企业自己的市场占有率与最强竞争者的市场占有率之比，可以衡量相对累计产量的**竞争差距**（competitive gap），从而衡量成本的竞争差距。在企业生命周期的早期阶段，采用积极的价格政策以增加市场份额的策略受到了质疑。在这些阶段中，增长率高而累计产量低，因此，在短时间内可实现累计产量的倍增及其相关的成本降低。即使最初的价格接近或低于单位成本，从长期来看，成本的迅速下降也可以带来利润。

这种定价对于线上业务非常重要。但是，这里的主要原因不是成本，而是快速确立市场主导地位的能力。由于网络效应，许多数字市场倾向于自然垄断。这表明了抢占市场领导地位并建立自己准垄断地位的重要性。

小　结

> 总而言之，经验曲线是动态成本效应最重要和有用的可操作性专业术语表达方式。根据这一概念，每当累计产量增加一倍，通胀调整后的单位成本就会下降一定的百分比(即"学习率")。在长期的价格优化和价格预测中，我们必须考虑这些影响。

7.2　长期价格优化

在研究了决定因素之后，我们现在将研究这些关系如何影响长期最优价格。图 7-7 显示了需要考虑的相互关系的复杂网络。

与单一维度的价格决策相比，该系统的相互关系要复杂得多。我们只考虑没有竞争反映的情况，否则会更复杂。这种复杂性的原因在于，当前的价格 p_t 可能对未来的销量、收入、成本和利润产生各种影响。在优化 p_t 时，必须考虑这些影响。准确地说，需要同时优化当前和未来时期的所有价格。然而，正如我们之前所说的那

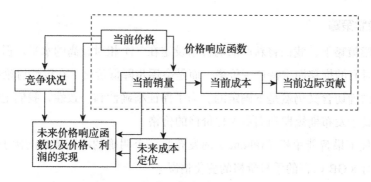

图 7-7 长期价格优化体系的相互关系

样,只有价格 p_t 是具有约束力并可以立即实现的。所有未来的价格都是不确定的,如果在预期或实际发展中存在偏差,可以在之后进行修正。在实践中,**同时优化**所有未来价格并不会起什么作用,因此,假设将我们自己局限于 t 时期的长期最优价格上。我们对该价格偏离短期最优价格的程度尤为感兴趣,而短期最优价格仅考虑当前时期。在什么情况下会更高,在什么情况下会更低?首先,我们需要了解长期价格优化的**定性经验法则**,然后将分析动态价格响应的决定因素和成本函数对长期最优价格的影响。

7.2.1 长期价格决策的经验法则

针对产品生命周期的定价,目前学术界已提出了各种经验法则。虽然这些策略只以定性的方式考虑长期价格优化的决定因素,但仍然包含了实用的建议。

1. 发布期和成长期的价格决策

对于新产品在发布(即导入)和成长期的长期定价,有两个基本建议:**撇脂策略**(skimming strategy)和**渗透策略**(penetration strategy)。这两种策略的理想化形式如图 7-8 所示。

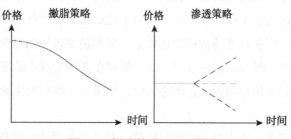

图 7-8 撇脂策略和渗透策略

2. 撇脂策略

在**撇脂策略**下，我们将新产品的价格设定在一个相对较高的水平。但我们通常不会随着时间的推移而维持这一价格，而是会逐步降低价格。在定性讨论中，"高"发布价格的确切含义仍然是不确定的。为了保证精确性和一致性，我们把撇脂价格称为明显高于发布期短期利润最大化价格的价格。

第一代苹果智能手机（iPhone）的发布是一个明确的撇脂策略的例子。图 7-9 显示了具有 8 GB 内存的手机价格的变化情况。

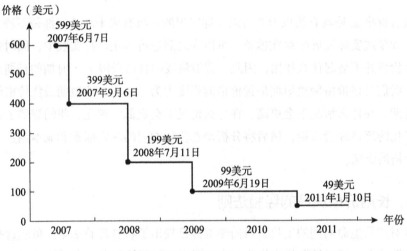

图 7-9　8 GB 内存型苹果智能手机（iPhone）的撇脂策略

由图 7-9 可得，599 美元的发布价格可以说是非常高的，仅仅 3 个月后，苹果就将价格大幅下调至 399 美元。那么发布价格高的原因可能是什么？599 美元的价格标志着最高的技术能力、质量和声誉。尽管价格很高，但在苹果智能手机发布时，仍有很多客户在苹果商店外排起了长队。399 美元的大幅降价带来了需求的强劲增长。我们假设这种增长（在降价 200 美元后）比最初发布价格为 399 美元时的需求更强劲，换言之，存在显著的价格变化效应。根据前景理论的精神，降价本身代表着额外的效用收益。然而，另一方面，这一折扣在那些为该产品支付了 599 美元的早期购买者中引起了愤怒和抗议。作为回应，苹果为这些初始买家提供了 100 美元的优惠券。

在随后的几年里，苹果进一步大幅降价。苹果公司明确的撇脂策略（旨在利用随时间推移而产生的支付意愿的差异），并不完全是由需求驱动的。由于技术进步和销量的"爆炸式增长"，产品成本大幅下降。在 2013/2014 财年，苹果销售了 1.69 亿部手机，这产生了 1019 亿美元的收入，约占苹果总收入的 55%[17]。每部手机的平均价格为 603 美元。相比之下，财报中的成本数据更为有趣。根据 IHS Technology 的数据，苹果公司 2014 年手机的制造成本从 iPhone 6 的 200 美元到 iPhone 6 Plus 的 216 美元不等[18]。随后的几代苹果手机继续取得了成功。在最初的 10 年里，共销售了 12 亿部苹果手机，累计收入达到 7680 亿美元，总利润超过 1000 亿美元。2017 年年末，苹果公司的市值为 8980 亿美元。这使其成为世界上最具价值的企业。所有苹果手机的平均售价是 640 美元，大约是所有其他智能手机价格的两倍。凭借这种突出的价格优势，苹果手机的利润占全球智能手机市场利润的约 80%[19]。我们可以说，价格策略为这一成功做出了非常重要的贡献。

3. 渗透策略

当产品推出时，**渗透策略**要求制定明显的低价。渗透价格应该明显低于发布期的短期利润最大化价格。然而，新产品发布后，随着时间的推移，价格会发生什么变化，并没有普遍性的规则。

丰田公司在美国推出其新的高端品牌雷克萨斯时，采用了典型的渗透策略。雷克萨斯是一个不为人知的新品牌，相关广告也并没有将雷克萨斯和丰田联系起来。尽管如此，众所周知，雷克萨斯是由丰田公司制造的。丰田公司每年在美国销售的汽车超过 100 万辆。丰田的卡罗拉和凯美瑞车型销量最高，这两款车型在可靠性和高剩余价值方面享有卓越的声誉。尽管这些不足以使消费者相信丰田有能力推出一款高端价位车型，但雷克萨斯以 35 000 美元的价格进入市场，并在第 1 年就卖出了 1.6 万辆。

在随后的 6 年时间里，雷克萨斯的价格总共上涨了 48%。第 2 年，销量跃升至 6.3 万辆。雷克萨斯 LS400 的早期购买者对该产品评价颇高。*Consumer Reports* 在其年度刊中满腔热情地描述了 LS400："LS400 将先进的技术与几乎所有可以想象得到的舒适、安全和配件结合在一起，使这款车成为我们测试过车型中获得最高评级的汽车。"LS400 成为其细分市场中高性价比的标准，并一直在客户满意度排名中名列前茅。最初关于丰田公司能否造出一款真正的高档车的疑虑已经消失了。丰田公司不断提升雷克萨斯车型的售价。丰田公司设定的较低入门价格有助于雷克萨斯进入市场，并吸引人们的注意，开始建立良好的声誉。这是一个渗透策略的经典例子。

刚推出该车型时，35 000 美元的价格肯定太低，无法使丰田公司实现短期利润最大化，但它为该品牌的长期成功奠定了基础。与雷克萨斯在美国的成功形成鲜明对比的是，雷克萨斯从未在德国站稳脚跟。其中一个原因可能是，与美国相比，德国的高档和豪华汽车的价格是其产品更强有力的质量和市场地位的指标。在这种情况下，渗透策略无法奏效。

芯片制造商英特尔（Intel）提供了另一个成功实施渗透策略的例子。英特尔在 2007 年推出了用于服务器系统的 x86 芯片，售价为 429 美元。低廉的价格帮助英特尔在这一领域取得了市场领导地位。至 2014 年，英特尔将 x86 芯片的价格逐步提高到 629 美元。实现这种价格上涨的能力证明了英特尔在该行业具有相当大的定价权。然而，在其他芯片市场，即使是英特尔的产品价格也有所下降，例如，笔记本电脑的芯片大幅下降了 33%。图 7-10 显示了英特尔在美国服务器芯片市场的渗透定价策略。

图 7-10　英特尔的渗透策略[20]

这两种策略选择都涉及表 7-3 中列出的各个方面。

这两种策略的特点都是不言自明的。因为两者是截然相反的，所以各自的特征也是相对应的。从本质上讲，定价决策可以归结为企业如何根据自身情况来考虑策略选择：权衡短期相对确定的利润与长期相对不确定的利润。撇脂策略在早期会产生更高的利润，而从长远来看，渗透策略将带来更高的利润。对一种策略的偏好也取决于企业的财务实力。需要短期流动性的企业会选择撇脂策略，因为该策略更注重短期利润和现金流。当不存在长期影响或目前无法估计长期收益时，这是明智的做法，因为它们太不确定或者折现率非常高。相比之下，假如有长远的规划，从更长远的角度来看，渗透策略是合理的。它可能需要在短期内做好接受损失的准备，具有更强的财务实力，以及更高的风险偏好。

表 7-3 撇脂策略和渗透策略的特征

撇脂策略	渗透策略
• 实现更高的短期利润，不受折扣影响	• 尽管单位边际贡献较低，但通过销量快速增长实现了较高的总边际贡献
• 对于真正的创新：在垄断市场地位期间实现利润，降低长期竞争风险，快速摊销研发支出	• 由于积极的个人内部传递效应（消费品）或人际传递效应（耐用品），建立长期优越的市场地位（未来更高的价格和/或更高的销量）
• 在企业生命周期的早期实现利润；降低过时的风险	• 快速获得市场领导地位，并确立垄断地位
• 创造降价的余地，并利用潜在的积极价格变化效应	• 利用静态规模经济，降低短期成本
• 在可能的情况下逐步获取消费者剩余支付意愿（即获得基于时间的价格差异化带来的利润）	• 累计产量快速增加，从而快速向下移动经验曲线，建立成本优势
• 避免价格上涨的需要（出于安全考虑）	• 较低的发布价格与较低的失败概率相关，从而降低失败风险
• 高价代表正面的价格和质量指标	• 防范潜在竞争对手进入市场
• 避免建立高产能，从而降低对财务资源的需求	

在电子商务和软件行业，也有许多企业实施渗透策略的例子。亚马逊公司成立于 1994 年，到 2015 年为止，仅在一个财年中实现了盈利[21]。但在 2017 年年末，亚马逊的市值达到 5710 亿美元。尽管沃尔玛的收入是亚马逊的 3 倍多，但亚马逊的市值是沃尔玛市值（2880 亿美元）的两倍。自 1999 年成立以来，Salesforce 公司也经历了类似的发展。这家软件公司从来没有在一个完整的财年实现盈利。然而，它在 2017 年年末的市值为 770 亿美元。亚马逊和 Salesforce 都追求一种全面和持久的明确渗透策略，甚至定价偶尔会低于成本，其目标是建立尽可能大的客户和收入基础，并希望这一基础最终能够产生高利润和股东价值。证券交易所的反应显然已经表示支持这一策略。

Spann、Fischer 和 Tellis[22]对数码相机市场进行的一项研究表明，大多数企业既不选择撇脂策略，也不选择渗透策略，而是根据竞争对手的价格水平来确定他们的发布价格。根据以往经验，这也同样适用于折扣政策。甚至是创新产品也可能在生命周期的早期以很高的折扣出售。根据我们在第 5 章中介绍的分类方案，相机制造商正在实行以竞争为导向的定价策略。这表明在这一竞争激烈的市场中，产品差异化程度相对较小，而且价格管理也是短期导向的。

4. 后期价格决策

随着成熟期的开始，有时是在成长期，因为各时期之间的界限可能是模糊的，其他竞争者会进入市场。同时，一旦市场成熟，竞争就变成了零和博弈。换句话说，只有以牺牲竞争对手为代价才能实现增长，因为一个竞争对手夺走了其他竞争对手的市场份额。这种转变会对价格管理产生重大的影响。

在预期竞争对手进入市场时，企业可以选择如图 7-11 所示的不同策略。**主动降价策略**（proactive price cut）意味着已经进入市场的企业在竞争对手实际进入市场之前降价。主动降价代表了在短期和长期利润最大化之间的妥协。在短期内，企业牺牲了一些利润，但更有效地捍卫了其长期市场地位。这一策略还避免了企业在新进入的竞争对手的剧烈压力下不得不降价的情况，避免了挫伤现有客户。尽管有这些潜在的优势，但在实践中，主动降价往往是一种例外的选择。只要没有竞争，很少有企业愿意主动降低价格。另一种观点是，降低的价格会阻止竞争对手进入市场，形成了所谓的**进入限制性定价**（entry-limit pricing）。然而，在现实中，如果市场是有吸引力的，这种方法仍然很难阻止竞争对手的进入。

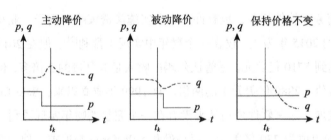

图 7-11　竞争对手进入市场的不同策略选择

由于这些原因，先进入市场的企业往往倾向于选择第二种策略。这种策略要求在新竞争者进入后降价，我们称为**被动降价**（reactive price cut）。成熟的竞争者只有在竞争对手进入市场并且市场份额受到实际威胁时才会降价。德国的超市就提供了一个例子。当奥乐齐超市将新的品牌产品添加到其产品分类中时，无论是与竞争对手的价格水平持平还是略低于竞争对手的价格水平，利多超市（LIDL）都会大幅降低产品的日常价格。奥乐齐超市也跟随降价。在某些情况下，其他折扣店也会加入竞争，直到价格稳定在远低于之前的价格水平。2015 年，奥乐齐超市以 0.95 欧元的价格出售 250 毫升的罐装红牛饮料。连锁超市 EDEKA 和 REWE 将它们的价格降低到相同的水平，这样人们就可以在那些商店以同样 0.95 欧元的低价购买同样的罐装红牛[23]。

剃须专业品牌吉列则采取了不同的方法。当法国 BIC 公司表示计划进入一次性剃须刀市场时，吉列公司选择主动降价。在 BIC 公司实际进入市场的几个月前，吉列公司推出了一款比以前产品便宜 31% 的新型产品。吉列公司因此捍卫了自己的市场地位，抵御了来自 BIC 的竞争。显然，吉列公司吸取了之前与 BIC 公司在圆珠笔和打火机市场竞争失败的教训。在这些市场上，吉列公司之前只是在 BIC 公司已经占据了相当大的市场份额之后才选择降价，而最后吉列公司在这两个市场上都失去了市场领导地位。

在保持价格不变的策略下，即使在竞争对手进入并有意识地接受市场份额的一些损失后，市场领导者仍保持其原有的较高价格。如果在市场上具有领导地位的企业计划退出市场或推出后续产品，那么这一策略是合理的，也是有利可图的。如果企业拥有非常忠诚的客户基础，那么原有的老产品仍然可以在较长一段时间内产生利润。

进入衰退期后，竞争性产品会出现一种新的情况，需要提高对定价的警惕性。如果我们仅仅局限于即将结束生命周期的产品，那么当价格弹性（绝对值）增加时，降低价格通常是最优的选择。这一措施不能完全阻止销量的下降，但与价格保持不变的情况相比，可以减轻销量下降带来的不利影响。然而，定价措施基本上无法阻止或减缓过时或不再具有竞争力的产品的衰退。

除降价策略，另一种选择是"**收获策略**"（harvesting strategy），即企业在产品衰退期仍维持较高的价格。这一策略是有实际意义的：企业接受销售额下降，但继续保持高利润率。如果企业计划推出一种新产品来取代老产品，那么保持高价也是必要的。这样就可以避免相对于老产品的低价而需大幅提高新产品的价格。此外，价格相对较高的老产品也会加速同类竞争，从而加速老产品的退出。企业不会主动将其撤出市场，因为这会有惹恼现有客户的风险。而与之相反，由于老产品的高价，客户愿意转而购买新产品。

7.2.2 长期价格的定量优化

在本节中，我们将讨论长期最优价格与其决定因素之间的相关性，以及其与短期最优价格之间的差异。我们首先只考虑一个决定因素——动态价格响应函数或动态成本函数，以便独立地分析各自的影响。

7.2.2.1 动态价格响应函数的长期最优价格

我们根据目标函数式（7-1）最大化长期利润，并利用动态价格响应函数 $q_t = f(p_t, ..., p_{t-T})$。经过一些调整，我们得到了长期最优价格的条件[24]：

$$p_t^* = \frac{\varepsilon_t}{1+\varepsilon_t}C_t' - \frac{\varepsilon_t}{1+\varepsilon_t}m_t = \frac{\varepsilon_t}{1+\varepsilon_t}(C_t' - m_t) \quad (7\text{-}6)$$

其中 p_t^* 是长期最优价格，ε_t 是短期价格弹性，

$$m_t = \sum_{\tau=1}^{T} \frac{\varepsilon_{t+\tau,t}}{\varepsilon_t}(p_{t+\tau} - C_{t+\tau}') \times \frac{q_{t+\tau}}{q_t}(1+i)^{-\tau} \quad (7\text{-}7)$$

$$\varepsilon_{t+\tau,t} = \frac{\partial q_{t+\tau}}{\partial p_t}\frac{p_t}{q_{t+\tau}} \quad (7\text{-}8)$$

$\varepsilon_{t+\tau,t}$ 是动态价格弹性，它可以确定在 t 时期采取的价格措施对 $t+\tau$ 时期销量的影响。按照一般的表示方法，q_t 表示销量，p_t 表示价格，C_t' 表示边际成本，i 表示折现率。

式（7-6）中的条件非常适合进行生动直观的解释。长期最优价格的条件与短期最优价格的条件不同，阿莫罗索–罗宾逊关系（式（5-6））增加了 m_t 项，该项对应于由于 t 时期的价格变化而产生的未来边际贡献的折现现金价值。这些在后期产生的影响可归因于在 t 时期内采取的价格措施，因此，其表现就如同边际成本的减少或增加（取决于符号），金额等于其现金价值。长期最优价格与短期最优价格的偏差意味着企业放弃短期利润以换取更高的长期利润。

当修正项 m_t 为正时，长期最优价格低于短期最优价格。当所有的动态价格弹性都为负时就是这种情况，即今天的较低价格导致未来的较高销量。很明显，对于积极的传递效应来说，这是正确的。另一方面，当所有动态价格弹性均为正时，长期最优价格高于短期最优价格。这就是说，目前较低的价格将会减少未来的销量。当本期的额外销量是从未来的销量中"借来"时，就会发生这种情况（提前消费效应）。价格变化效应的存在也可能导致负的 m_t，从而导致更高的长期最优价格。

当动态价格弹性的正负号一致时，我们可以得出以下的结论（其他条件不变）：在下列情况下，长期最优价格与短期最优价格的偏差越大，

- 动态和短期弹性的比率 $\varepsilon_{t+\tau,1}/\varepsilon_t$ 绝对值越大；
- 未来的边际贡献越大；
- 折现率 i 越低；

- 规划期限 T 越长；
- 比率 $q_{t+\tau}/q_t$ 越大。由于其他条件不变，这一比率在生命周期曲线向上增长的成长期部分比在后期阶段大，所以在生命周期开始时价格之间的偏差将比后期阶段大。

以上陈述的共同点是，相关偏差越大，当前价格措施对未来利润的影响就越大。m_t 的绝对值越大，通过动态修正产生的边际成本变化就越大。

与长期价格优化相关的短期利润牺牲可以被解释为产生长期利润的"营销投资"。

1. 具有传递效应的长期最优价格

如果根据式（7-2）存在传递效应，我们可以非常简单地表示修正项 m_t。假设未来单位边际贡献 $p-C'$ 是常数：

$$m_t = \left[\frac{1}{1-\lambda/(1+i)} - 1\right](p-C') \tag{7-9}$$

我们可以通过一个传递系数 $\lambda=0.45$ 时的例子来说明这一点。我们从表 7-1 得知，这一幅度对于消费品来说是典型的。时期长度为 2 个月，折现率 i 为 2%（相当于每年 12.6%）。根据式（7-2）的线性动态价格响应函数，参数为 $a=100$，$b=10$，$C'=5$ 以及 $q_0=40$。

表 7-4 总结了长期和短期的最优价格、销量和利润。时期 1 的长期最优价格比短期最优价格低 9%。而对于时期 2，尽管价格差异较小，情况正好相反。企业采取渗透策略达成长期优化，使时期 1 销量较高，但利润较低。在时期 2，由于传递效应带来的较好起始情况，可促使获得更高的利润。时期 1 的利润损失为 5.78 美元。这种"营销投资"带来的总利润为 227.88 美元，比短期优化高出 5.68 美元。这种差异越大，传递效应就越强。

表 7-4 以优化长期利润为目标和以优化短期利润为目标的比较

优化	t	p_t（美元）	q_t	利润（美元）	资本价值（美元）
长期	1	7.64	41.6	109.82	225.57
	2	8.44	34.3	118.06	
短期	1	8.40	34.0	115.60	220.11
	2	8.27	32.6	106.60	

2. 具有价格变化效应的长期最优价格

现在我们来看一种对称的价格变化效应，即同等幅度的涨价或降价对销量有同样的影响。这种效应导致长期最优价格低于短期最优价格。通过设定较高的初始价格，企业为未来的降价创造了余地，由于价格变化效应，进而刺激了销量。在生命周期的初始阶段，价格变化效应更有利于实施撇脂策略后再进行降价。

价格变化效应是不对称的，这意味着降价对销量的影响比价格上涨更大，从而产生了一种称为**波动**（pulsation）的长期最优价格策略。最优价格在上下限之间"波动"。图 7-12 显示了这种**波动策略**（pulsation strategy），具有以下动态价格响应函数（+ 表示价格上涨，- 表示价格下降）：

$$q_t = a_t - C_1(p_t - p_{t-1})^+ - C_2(p_t - p_{t-1})^-$$

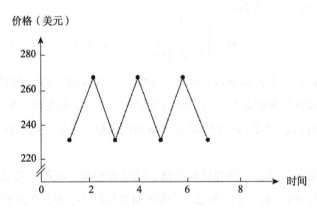

图 7-12 不对称价格变化下的波动价格策略

一个耐用消费品的实例说明了这一策略。由于在这种情况下广告发挥了重要作用，因此我们引入了一个对数广告变量 lnA_t，并估计了以下函数：

$$q_t = 2866 + 1249.5 lnA_t - 39.57(p_t - p_{t-1})^+ - 40.48(p_t - p_{t-1})^- \quad (7-10)$$

所有参数在 5% 的水平上都是显著的，且价格上涨和价格下降有不对称的影响。当边际成本为 $C'=180$ 美元时，折现率为零，最优价格下限为 233.40 美元，上限为 269.48 美元。使用波动策略的每个时期的平均利润是 176.15 美元。最优的统一价格为 242.26 美元，并将产生 153.39 美元的利润，利用价格波动实现利润增长 14.8%。所谓的"高-低"（Hi-Lo）折扣策略遵循这种**波动模式**[25]。高价和低价以或多或少有规律的节奏交替出现，不对称的价格变化效应为这种定价方案提供了一个合理的解释。

对于**不成比例的价格变化效应**，正如古腾堡模型所暗示的，如果价格变化较小，价格变化效应也是较轻微的，且变化效应是低于两者比例的；而对于较大的价格变化，则价格变化效应更明显，且变化效应是超比例的。这种响应模式有利于实行重复的大规模降价，然后再逐步小规模地提高价格。这种不对称波动如图 7-13 所示。

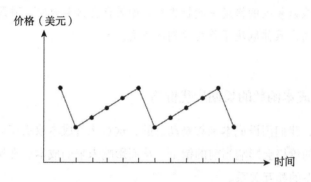

图 7-13　超比例价格变化策略的波动效应

在现实中，我们确实可以观察到向上的价格调整是分几个步骤进行的。在咨询业务中，专家有时会建议客户使用这种策略。关于增税之后快速消费品的价格上涨，有一句这样的名言："根据我们的经验，两次温和的价格上涨对市场份额的负面影响将小于一步到位的大幅上涨的负面影响。"[26]

在一款工业用呼吸口罩的联合测量分析中，发现该产品为客户提供的优越价值允许制造商将其价格提高 25%。该企业没有使用这一特权进行一次性的大幅提价，而是分三次进行了价格上调，每次上涨 7%，从而几乎没有损失销量和客户。

然而，在进行大规模降价时，应该小心谨慎，因为有可能无法将价格恢复到原来的水平。一些国家的竞争法禁止企业这样的做法：为以后的折扣或促销活动时的大幅降价而提高当前价格。当企业为之后的促销活动设定的当前较高价格（以此来计算折扣）仅在不合理的很短时间内有效时，用大幅降价来吸引客户可能会产生误导。因为这类情况取决于以前的价格水平和有效时间，所以举证责任在卖方。

小　结

在价格变化效应下（即降价为销量提供额外的刺激），长期最优价格高于短期最优价格。在这种情况下，需要撇脂策略，随后再进行降价。设定较高的初始价格会产生**降价潜力**，可以用来在以后的时期推动更高的销量。如果价格变化效应是不对称的，即价格下降比价格上涨有更大的影响，那么波动定价是最优的。如果价格变化的效应是不成比例的，那么建议价格调整也是不对称的，即价格上涨应分多步进行，每次涨价幅度不能太大，而降价应该以较大的幅度一次性进行。如果存在预期效应，则最优价格路径也会不同，具体取决于价格预期的方向。

7.2.2.2　动态成本函数的长期最优价格

在本节中，我们假设成本函数是动态的，这意味着成本取决于以前的销量和价格，并且当前的价格会影响当前的销量，从而影响未来的成本。在销售方面，我们假设不存在动态的相互关系。

我们将动态成本函数 $k_{t+\tau}=k(p_t, \cdots, p_{t+\tau-1})$ 代入长期利润的目标函数（式（7-1））中，并对 p_t 进行微分。t 时期内的单位成本 k_t 是恒定的。经过几次简化后，我们可以将长期最优价格的条件表示如下[24]⊖：

$$p_t^* = \frac{\varepsilon_t}{1+\varepsilon_t}(k_t - z_t) \tag{7-11}$$

其中

$$z_t = -\sum_{\tau=1}^{T} \frac{\chi_{t+\tau,t}}{\varepsilon_t} \times k_{t+\tau} \times \frac{q_{t+\tau}}{q_t}(1+i)^{-\tau}, \quad \chi_{t+\tau,t} = \frac{\partial k_{t+\tau}}{\partial p_t} \times \frac{p_t}{k_{t+\tau}} \tag{7-12}$$

如果单位成本弹性 $\chi_{t+\tau,t}$ 为正（这是正常情况），则长期最优价格将低于短期最优价格。在下列情况下，两个价格之间的差异越大：

- 单位成本弹性 $\chi_{t+\tau,t}$ 越大；
- 单位成本 $k_{t+\tau}$ 越大；
- 比率 $q_{t+\tau}/q_t$ 越大，在生命周期开始时，这一比率可能会特别高，因此，在

⊖ 推导过程：详见本章末尾处的背景信息。

这一阶段，利用"投资"会获得很好的回报；
- 折现率 i 越低。

我们前面对动态价格优化的解释是"投资"，这里也可以进行类似的解释。短期的利润牺牲是值得的，因为长期而言可以获得更有利的成本地位，而这又会带来更高的长期利润。

综上所述，我们得出以下关于成本动态的结论：如果当期降价，以及由此导致销量的增加，并使后续期间的单位成本降低，那么长期最优价格低于短期最优价格。低于短期最优价格意味着接受短期利润牺牲，有利于在长期获取更高的利润。

考虑动态因素可能导致长期最优价格低于当前单位成本（包括单位总成本和边际成本）的情况。在动态状况下，一般无法确定价格的固定下限。传递效应和经验曲线可以显著降低长期最优价格。在下列情况下，长期最优价格越有可能低于边际成本：

- 短期最优价格与短期下限（即边际成本）之间的差异越小；
- 传递系数越高；
- 经验曲线的学习率越大。

低于成本的价格对于新产品而言尤其具有实际意义，因为新产品的传递效应和学习率往往较高。如果边际成本为零或接近零，那么长期最优价格甚至可能为负，许多数字产品都是如此（参见第 14 章）。

7.2.2.3　长期价格优化概要

在本章前面的章节中，我们说明了需求和成本的动态关系如何影响长期最优价格。通过将长期最优价格与短期最优价格进行比较来构建最优条件。这种方法使人们更容易理解长期的价格优化，并从动态影响的角度得出明确的结论。在实践中，我们建议采用逐步确定长期最优价格的方法，即首先确定短期最优价格，然后确定与该价格的动态偏离的符号和大小。表 7-5 总结了基于各自独立动态效应的相关建议。

表 7-5 列出的每种效应都是单独分析的，因此，表 7-5 中的结论仅适用于各自独立的效应。在现实中，这些影响可以同时发生，既可以相互加强，也可以相互抵消。因此，如果存在正向传递效应和并发的经验曲线效应，则长期最优价格会急剧下降。这两种效应都支持渗透策略。而对于同时发生的传递效应和价格变化效应，我们无法带来任何明确的指导意见，因为这两种效应是互相抵消的。

表 7-5　动态效应及其对长期最优价格的影响

动态效应的种类	长期最优价格（与短期最优价格相比）
正向传递效应	更低
负向传递效应	更高
部分正向、部分负向传递效应	不确定
价格变化效应	更高
不对称的价格变化效应（降价带来的销量增幅更大）	波动
超比例的价格变化效应	大幅降价，一步到位；小幅涨价，分步到位
预期降价的预期和投机效应（反之亦然）	不确定
经验曲线	更低

反向动态价格和成本效应的可能性对于长期价格优化具有重要的意义。对于长期最优价格的水平和变化发展，不存在一般的方法和指导。哪些动态效应将占据主导地位、它们之间的相对强度以及它们将在多长时间间隔内起作用，这些都取决于产品和市场的情况。

7.3　长期价格决策与关系营销

近些年来，市场营销一直非常专注于**客户关系**（customer relationship）。因此，我们也来讲一讲**关系营销**（relationship marketing）。通常，交易营销问的是"如何销售产品"，关系营销则问"如何获取并留住客户"。如果可以确定客户并获取和存储客户的交易数据，关系营销就变得至关重要了。关系营销的兴起，部分原因是信息技术（客户账户、客户关系管理、互联网等）的改进和传播。当然，传统上客户是已知的，他们的交易在许多部门都有记录，如银行、保险公司、书友会、报纸和杂志出版、能源公用事业、电子通信、邮件定购和B2B业务。但是，例如，客户卡的渗透使越来越多的企业能够系统地记录和影响客户交易和客户关系，其中包括航空公司、铁路客运、实体零售、酒店和许多其他服务提供商。可以说，互联网与电子商务为更深入地理解客户和供应商之间的关系做出了巨大的贡献。

关系营销并不特别专注于价格，也不局限于价格，而是涵盖了整个营销组合。尽管如此，它还是为定价提供了许多触点（touch points）。像亚马逊这样的大型线上零售商在一天中会有一些价格变化。例如，一台电视机上午的价格可能比下午便宜100美元。潜在的动态变化分析了客户数量及其在给定时间点的偏好。这种方法现已经扩展到实体零售商，他们在商店的货架上安装电子价格标签，从而可以更频繁地更改价格。个性化价格是电子商务中的一个热门话题，可以根据不同的客户特征为每个客户量身定制不同的价格。然而，到目前为止，亚马逊等线上零售商更多关注客户的个性化折扣[27]。

关系营销涉及最大化客户产生的长期利润。长期目标函数式（7-1）也可以应用于单个客户或客户群。所谓**客户价值**（customer value）⊖就是特定客户将为企业提供的边际贡献的净现值。诸如传递之类的效应源于客户忠诚度。由于稳定的客户关系降低了交易成本，因此也可能存在成本动态变化。如果一家企业与客户建立了可靠的长期关系，就可以免除信用检查或接受并遵守口头协议。亚马逊的关系营销就是这方面的一个例子。为了实现更紧密的客户关系，亚马逊推出了"Fire 电视棒"（Fire-TV Stick），使客户可以在电视屏幕上观看高清在线视频，而这些视频最好是通过亚马逊 Prime 计划流媒体服务提供的。为了使这一优惠更具吸引力，亚马逊在德国提供的年度订阅服务只需 7 欧元，而不是通常的 39 欧元[28]。

客户价值这一话题在财务报告中受到越来越多的关注和重视。客户基础的价值（或者说客户资产、客户终身价值[29]或客户资本[30, 31]）可以对企业的整体价值做出重大贡献。重要的不是客户的数量或他们的忠诚度，而是每个时期和每个客户的现金流，这反过来又取决于价格。这种对价格的依赖有几个原因。一方面，价格直接影响每个客户的平均收入（有时将其称为 ARPU）；另一方面，客户忠诚度和关系持续时间取决于价格和价格激励的形式。2014 年，电信公司 O_2 向英国客户提供了免费的通话时长、短信数量和数据流量，并根据客户在特定套餐下的使用时间长短进行调整。例如，已使用"3G Pay&Go Go Go"套餐 3 个月以上的客户将收到 150 分钟通话、1000 条短信和 500 MB 数据流量的免费额度，而不是通常的 75 分钟通话、500 条短信和 250 MB 的数据流量，价格与之前一样，是 10 英镑。客户价值是获得新客户、保留现有客户和重新吸引流失客户方面投资的决定性标准。相应的投资可以以支出（促销、赠送等）的形式或者以折扣的形式出现。

1. 长期价格决策和客户获取

价格在获取新客户方面起决定性的作用。不同行业中的许多价格优惠都是针对新客户制定的。

⊖ 需要区分客户价值和对客户的价值（value to customer），即使在实践中两者通常是同义词。对客户的价值表示的是一项业务提供给客户的益处（详见第 3 章）。

- 电信和有线电视公司通常会提供特价优惠以吸引新客户或正在寻求更换供应商的客户。而长期客户则经常需要以停止合约、更换商家为由来威胁企业以便获得与新客户同样的优惠[32]。
- 计算机或软件公司会以非常低的价格甚至免费向学校和其他教育机构提供设备或产品，以便让学生习惯于他们的系统，并在未来获得这些新客户。
- 在制药行业，医生通常会收到免费的新药样品。医生可以了解最新的药物，如果他们的经验表明药物是有帮助的，那么他们可能会定期开出这些药品处方。
- 一种非常普遍的策略是新租户免租期。这样的优惠对新租户很有吸引力，因为他们已经负担了搬家和翻新的费用。同时，如果房东想要出售他的房子，而租金有助于确定房子的价值，这样就避免了名义上降低租金的需要，不会影响房东未来出售房子。
- 软件即服务（SaaS）通常包括低入门价格或让新客户在有限时间内免费使用，例如，Scopevisio公司会提供30天的免费测试版。
- 一些企业如亚马逊（例如亚马逊Vine）有更进一步的策略，他们会向潜在客户支付测试新产品的费用。
- 新客户有时会收到一笔费用来成为企业的固定客户。德国商业银行向每个新客户支付50欧元；在产品推出阶段，PayPal向新客户支付10美元；中国自行车租赁服务公司摩拜向使用自行车的客户支付费用。这种做法可以被解释为负价格，因为客户不仅不需要支付任何费用，而且实际上还从商家那里收到了钱[33]（见第14章）。

这些案例都涉及以降价形式进行的"营销投资"。最佳的投资水平取决于各自的客户价值。对于年轻的客户而言，在每个周期支出相同成本的情况下，其花费的成本比老客户更高。从这方面来看，大众汽车为刚拿到驾照的人提供特别折扣的策略是有道理的。同样，保险公司利用低保费来获取年轻客户也是有吸引力的，因为他们的成本比老客户低得多，而且许多人在很长一段时间内仍然信赖其保险公司。在这些机制下，长期最优价格总是低于短期最优价格。

价格沟通在采购阶段起到重要的作用。与现有客户相比，非客户群体对供应商价格的了解更少，新客户不会像老客户那样感知到价格的差异化。因此，对企业来说，解释价格差异化背后的原因是很重要的，但同时，区分新老客户的交易也是有利的。新客户只有在感觉到价格优势时才会购买。聪明的价格沟通也可以触发客户和企业之间的第一次接触，其中包括经常重复报价，例如，Dollar Shave Club 以企业的名义向客户提供剃须刀每天的价格，创新甚至幽默的价格设置可以使潜在客户产生兴趣。例如，一家眼镜连锁店根据客户的年龄提供折扣，伦敦奥运会对儿童也采用了同样的方法。

2. 长期价格决策和客户保留

客户忠诚度是衡量企业长期盈利能力的一个因素。研究表明，企业可以从忠诚度较高的长期客户那里获取高于平均水平的利润[34]。与获得新客户相比，保留现有客户的成本要低得多。价格是客户保留的重要工具。许多研究指出了客户更换供应商的原因。西蒙顾和管理咨询公司的跨行业研究发现很有代表性：52%的客户将服务或员工行为方面的问题作为更换供应商的主要原因，而 29%的客户认为价格是主要原因，18%的客户将产品质量差作为更换供应商的主要原因。价格在客户保留中起着核心作用，部分原因在于它比服务、员工行为或产品质量更容易得到快速改正。然而，这并不意味着企业有足够的降价空间以留住有更换供应商倾向的潜在客户，也不意味着提供这样的折扣是明智的。在采取这样的举措时，企业应该谨慎，以避免对边际贡献产生不利的影响。一般来说，现有客户，特别是所谓的具有"战略"意义的客户，往往会获得过高的折扣。因此，我们坚定地认为，企业不要对现有客户做出过早或不必要的让步。企业的目标不是最大化客户满意度，而是最大化长期利润，因此，企业可以为了利润而牺牲一些客户满意度。一般来说，企业应该做到让客户对其性能表现感到满意，而对价格一定程度的不满是可以容忍的，而且通常是不可避免的[35]。

如今，客户保留或忠诚度计划非常流行。客户忠诚度对企业的发展具有积极的作用，因此，几乎每一家企业都觉得有义务培养这种忠诚度。大多数客户忠诚度计划都含有某种特殊的价格成分。客户忠诚度定价中潜在的间接衡量标准包括：基于客户购买数量的折扣以及基于时间和忠诚度的价格[36]。**以客户保留为导向的定价**的一个典型例子是，航空公司为经常飞行的旅客提供积分计划，这些积分可以兑换未来的机票。

旨在提高客户忠诚度的定价政策通常侧重于商家根据持续时间或强度（在收入、购买频率等方面）做出的让步。**忠诚的回头客**购买频率高且购买数量多，在商家的眼中比偶尔惠顾的客户具有更高的地位。

- 汽车保险公司的合约长度以及事故发生频率可以降低或提高客户的保费。随着时间的推移,差异可能会变得相当大。
- 当客户和企业之间存在合同关系时,随着时间的推移,企业可以给客户提供折扣。在这样的合同下,商家经常会收到客户的定期付款,因此,折扣中包含的"投资"成本可以通过来自客户的现金流来摊销。例如,杂志订阅的时间越长,订阅的价格就越低。《时代》杂志以两年期订阅的形式提供"首选客户"(preferred customer)价格,价格比报摊价格低86%。如果客户选择立即付款,则订阅将额外免费延长6个月[37]。
- 一家区域性公用事业公司为其合同客户提供了奖金制度。客户的合同时效越长,奖金就越高,而奖金可用于抵消客户年费。一年的奖金是5%,两年的是10%,三年以上的是15%。
- 在零售业中,一个常见的制度是以优惠券的形式而不是以现金的形式发放奖金。办公供应链史泰博、体育用品零售商Dick's和Gap等服装店都采用这种方案。
- 一个历史上经典的例子是折扣邮票,例如,在美国流行了几十年的Sperry and Hutchinson(简称S&H)绿色邮票。根据其购买的数量和价值,客户会收到一定数量的折扣邮票,然后将这些邮票粘贴在小册子中。客户可以将已贴完的小册子兑换一定金额,传统上约为购买价格的3%。在智能手机应用程序中也有这种情况,例如星巴克的奖励星星,在客户积累了一定数量的星星(相当于过去一整本邮票)后,客户可以将这些星星兑换成他们选择的任何符合条件的产品。在这种情况下,折扣是可变的,而不是固定的,因为它取决于客户在兑换星星时选择的产品。
- 更有效但不太常见的做法是要求客户进行预付款的系统,这使得他们有权在指定的时间段内获得后续购买的折扣。最成功和最著名的一个例子是亚马逊的Prime计划,它的结构类似于德国铁路公司的铁路卡(见第4章)。Prime计划确保客户将在两天内收到货物。该计划还包括免费电子书、电子书和视频的折扣,以及访问视频和音乐流媒体内容。亚马逊的这一计划在欧盟的定价是69欧元/年,在美国的价格是99美元/年。2017年全球加入Prime计划的人数约有6500万,他们创造了650亿美元的收入。亚马逊Prime计划的会员每年在亚马逊上的平均消费额超过 1000 美元，是非 Prime 会员的 4.6 倍。购买 Prime 计划的美国客户在亚马逊的支出是非 Prime 计划会员的 3 倍，达到每年 1500 美元。然而，据称，亚马逊无法从 Prime 计划的会员费中盈利，因为为每位 Prime 会员提供相应的服务的成本超过了会员费用。亚马逊将该计划视为对客户忠诚度的投资。一位前亚马逊经理说："如果能让客户更忠诚，就能创造更多的利润，即使必须对 Prime 计划进行补贴也是值得的。"这种计划产生了比忠诚奖金更好的效果，因为客户想要赚回他们支付的预付款。因此，这些类似的计划项目对于其他行业同样具有巨大的潜力。

在与价格相关的客户保留或忠诚度计划方面，企业仅受其自身想象力的限制，只要能够想到，都可以实施。但是，企业也应该仔细权衡这些项目和计划的成本和效果。现实中的忠诚效应有多强？可以测量和验证吗？当与企业牺牲的折扣和边际贡献进行比较时，这些项目和计划能够带来相应的回报吗？另一个问题是，大多数的客户忠诚度计划，特别是那些纯粹基于折扣的计划，很容易被竞争对手复制。许多客户忠诚度计划提供的只不过是折扣形式的降价。当每个竞争对手都可以简单地复制这种方法时，唯一能实现的就是价格的螺旋式下降。最终，客户忠诚度没有净增长，价格却降到了较低的水平。因此，企业在考虑使用价格作为一种手段来提高客户忠诚度时，应该谨慎行事。

3. 长期价格决策和赢回客户

价格和**赢回客户**是一个较困难的问题。经验以及文献表明，**旨在赢回客户的计划必然是有效的**。在几个行业中，我们已经确定可以重新赢回 10%~30% 的流失客户。价格可以在这方面起决定性的作用。通常情况下，企业会为流失的客户提供较便宜的商品，但必须再次关注这些客户对利润的影响。企业的目标不是为了赢回客户**本身**，而是为了改善企业的盈利状况。如果企业向客户提供的条件没有产生足够的边际贡献，甚至导致负边际贡献，则该条件不符合利润目标，那么尝试通过更好的服务或质量赢回客户会更有意义，这样就可以避免做出损害边际贡献的价格让步。如果为赢回客户而提供的条件只在有限的时期内适用，那么此举实际上符合长期价格策略。这种情况类似于获取新客户，这意味着为了获得（或者，在该情况下是重新获取）有利可图的客户而进行的临时投资。

本章小结

考虑多个时期使价格决策变得更复杂。但在许多行业中，跨时期的效应较大，以至于忽视这些效应可能会损害长期利润。我们将本章总结为以下几点：

- 长期价格优化涉及价格决策的每个决定因素，即目标函数、价格响应关系和成本。
- 企业的目标不是短期或单一时期利润最大化，而是在几个时期内实现利润最大化。这需要对未来时期的现金流进行折现。
- 动态价格响应函数反映了产品生命周期的情况和不同时期的影响。
- 产品生命周期不遵循固定的规律，而是表明市场和竞争条件以及最佳价格水平会随着时间的推移发生变化。
- 价格弹性和竞争动态的模式对长期价格优化产生一定的影响。
- 不同时期的价格响应关系可以分为传递效应、价格变化效应以及预期和投机效应。
- 成本动态，特别是经验曲线的形式，对长期价格优化起重要的作用，但应谨慎使用经验曲线。
- 撇脂策略和渗透策略为长期导向的价格决策提供了指导。撇脂策略要求以相对较高的价格推出新产品，随后降价。渗透策略以较低价格推出新产品，但随后的价格轨迹还没有可遵循的一般模式。
- 当新竞争者进入时，特别是当它发生在成长期或成熟期早期时，可以通过主动或被动降价来应对。主动降价旨在维护先进入者的市场领导地位，但也涉及牺牲短期利润的风险。当面对新的竞争压力时，被动降价可能会使客户感到不安，且被动降价会引发价格螺旋式下降。第三种选择是保持价格不变，但这需要接受市场份额的部分下降。
- 在成熟期，企业应将重点转向利润导向的竞争，因为缺乏市场增长会导致零和博弈。应该避免激进的价格战，争取一种更和平的价格竞争形式。
- 在衰退期，企业可能会考虑降价以抵消需求下降带来的影响。但通常情况下，将价格保持在高位并采取收获策略会更有意义。
- 定量分析可以确定长期最优价格高于或低于短期最优价格的确切条件。
- 在以下情况下，长期最优价格低于短期最优价格：

- 存在正向传递效应;
- 适用经验曲线。
- 相比之下,在以下情况下,长期最优价格高于短期最优价格:
  - 存在负向传递效应;
  - 存在价格变化效应;
  - 出现预期和投机效应(在某些情况下)。
- 不对称或不成比例的价格变化效应有利于采用价格波动策略。
- 超比例的价格变化表明,企业应该在一次性的价格调整中实现大幅度降价,而分几次小的调整进行逐步涨价。
- 在关系营销的背景下,企业应该考虑长期的价格优化。定价在关系营销的所有三个阶段都扮演重要的角色:客户获取、客户保留和赢回客户。
- 价格对客户价值的影响,以及因此对企业价值产生的影响对于财务报告来说非常重要。价格对现金流、客户数量和客户忠诚度产生直接和间接的影响,因此,价格在企业价值确定方面起重要作用。

我们在本章的讨论表明,长期的价格优化需要对其有深入的理解以及非常详细的信息资料。我们的主要目标是直观地说明各因素间的相互作用,并希望读者已经获得了有助于更好地实现长期价格管理的知识。

背景信息

(1)分析价格弹性的各个组成部分有助于了解弹性如何随时间发展。

$$\varepsilon_t = \frac{\partial q_t}{\partial p_t} \times \frac{p_t}{q_t}$$

上式是绝对价格效应 $\partial q_t / \partial p_t$,销量 q_t 和价格 p_t。

如果我们假设一个典型的生命周期具有上升趋势和下降趋势,那么销量 q_t 将在成熟期增长至最高水平。假设价格效应不变且价格相同(其他条件不变),ε_t 将在生命周期的上升趋势中下降,下降趋势中上升。销量的增加往往伴随着价格的下降。在这种情况下,弹性的下降将会加剧。为了使价格弹性(绝对值)在生命周期的上升趋势中变得更大,正如 Mickwitz[3] 所假设的那样,必须满足以下条件。

- 在价格不变的情况下,价格效应必须比销量的增速更快。当我们回想到销量

- 如果价格下降，那么价格效应需要比比率 p_t/q_t 降速更快。这种变化更不可能，尤其是在经验曲线效应较强的市场。在几年之内，计算器、石英表、手机或数码相机的价格已降至其最初价格水平的一小部分。

我们应该牢记价格弹性是一种相对的衡量标准。如果在导入期降价 10%，并且销量从 10 个单位增加到 14 个单位（即额外增加 4 个单位），那么 $\varepsilon_t = -4$。如果销量后来增加到 1000 个单位，那么同样幅度的降价必须使销量增加 400 个单位，这样才能使弹性 $\varepsilon_t = -4$。这样的变化不太可能，至少在市场结构没有重大变化的情况下是不可能发生的。

（2）在式（7-2）中，假设传递系数为常数，但是，在遵循产品生命周期的情况下，产品保留现有客户或吸引新客户的能力将随着时间的推移而减弱。这至少在成熟期和衰退期开始时是可以预期的。因此，传递系数将随着时间的推移而下降。如果我们假设指数下降的速率为（1−r），则会导致对式（7-2）做出以下修改：

$$q_t = a + \lambda r^t q_{t-1} - b p_t$$

从衡量的角度来看，这种随时间变化的传递模型仍然是简单可操作的。这一模型可以获取截然不同的生命周期形式[6]。

（3）当在式（7-3）中插入 $Q_t = 2Q_0$ 以及 $k_t = (1-\alpha)k_0$ 时，学习率 α 和弹性 χ 之间的联系变得清晰起来。

当 $Q_0 = 1$ 时，我们可以得到：

$$(1-\alpha)k_0 = k_0 2^\chi$$

在对其取对数并求解后得到：

成本弹性 $\chi = \ln(1-\alpha)/\ln 2$

或者：学习率 $\alpha = 1 - 2^\chi$

差值（1−α）称为经验曲线的"斜率"。

（4）具有动态成本函数的长期最优性条件的推导：

如果我们区分关于 p_t 的长期利润函数，则可以得到：

$$\frac{\partial \pi_L}{\partial p_t} = q_t + (p_t - k_t)\frac{\partial q_t}{\partial p_t} - \sum_{\tau=1}^{T} \frac{\partial k_{t+\tau}}{\partial p_t} q_{t+\tau}(1+i)^{-\tau} = 0$$

乘以 p_t/q_t 并代入 ε_t 以获得价格弹性，得到的结果为：

$$p_t + (p_t - k_t)\varepsilon_t - \sum_{\tau=1}^{T}\frac{\partial k_{t+\tau}}{\partial p_t} \times \frac{p_t q_{t+\tau}}{q_t}(1+i)^{-\tau} = 0$$

用 $k_{t+\tau}/k_{t+\tau}$ 扩展加数项并代入下式作为在期间 $t+\tau$ 中的单位成本弹性，

$$\chi_{t+\tau,t} = \frac{\partial k_{t+\tau}}{\partial p_t} \times \frac{p_t}{k_{t+\tau}}$$

求解 p_t 得到：

$$p_t^* = \frac{\varepsilon_t}{1+\varepsilon_t}k_t + \frac{1}{1+\varepsilon_t}\sum_{\tau=1}^{T}\chi_{t+\tau,t} \times k_{t+\tau} \times \frac{q_{t+\tau}}{q_t}(1+i)^{-\tau}$$

该式可写成：

$$p_t^* = \frac{\varepsilon_t}{1+\varepsilon_t}(k_t - z_t)$$

其中

$$z_t = \sum_{\tau=1}^{T}\frac{\chi_{t+\tau,t}}{\varepsilon_t} \times k_{t+\tau} \times \frac{q_{t+\tau}}{q_t}(1+i)^{-\tau}$$

参考文献

[1] Simon, H. (1985). *Goodwill und Marketingstrategie*. Wiesbaden: Gabler.
[2] Rogers, E. M. (1962). *Diffusion of Innovations*. New York: The Free Press.
[3] Mickwitz, G. (1959). *Marketing and Competition*. Helsingfors: Centraltryckeriet.
[4] Robertson, T. (1960). The Process of Innovation and the Diffusion of Innovation. *Journal of Marketing*, 31(1), 14–19.
[5] Rogers, E. M. (1983). *Diffusion of Innovations*. New York: The Free Press.
[6] Simon, H. (1979). Dynamische Erklärungen des Nachfragerverhaltens aus Carryover-Effekt und Responsefunktion. In H. Meffert, H. Steffenhagen, & H. Freter (Ed.), *Konsumentenverhalten und Information* (pp. 415–444). Wiesbaden: Gabler.
[7] Friedel, E. (2014). *Price Elasticity: Research on Magnitude and Determinants*. Frankfurt am Main: Peter Lang.
[8] Thaler, R. H. (1985). Mental Accounting and Consumer Choice. *Marketing Science*, 3(4), 199–214.
[9] Kucher, E. (1985). *Scannerdaten und Preissensitivität bei Konsumgütern*. Wiesbaden: Gabler.
[10] Wright, J. (1936). Factors Affecting the Cost of Airplanes. *Journal of Aeronautical Sciences*,

4(3), 122–128.
[11] Henderson, B. (1968). *Perspectives on Experience*. Boston: The Boston Consulting Group.
[12] Henderson, B. (1984). *Die Erfahrungskurve in der Unternehmensstrategie*. Frankfurt am Main: Campus.
[13] Henderson, B. (1984). The Application and Misapplication of the Experience Curve. *Journal of Business Strategy*, 4(3), 3–9.
[14] National Human Genome Research Institute (2016). The Cost of Sequencing a Human Genome. https://genome.gov/sequencingcosts/. Accessed 19 December 2016.
[15] Kurzweil, R. (2005). *The Singularity Is Near*. New York: Penguin.
[16] Korstenhorst, J. (2015). *The Accelerating Energy Revolution*. Rotterdam: Cleantech Summit.
[17] Apple Annual Report 2014 (2015). http://investor.apple.com/secfiling.cfm?filingid=1193125-14-383437. Accessed 14 February 2018.
[18] Kirst, V. (2014). Ein iPhone 6 kostet 156 Euro in der Produktion. http://www.welt.de/wirtschaft/webwelt/article132573424/Ein-iPhone-6-kostet-156-Euro-in-der-Produktion.html. Accessed 22 February 2015.
[19] Anonymous. (2017). Die Welt des iPhone. *Absatzwirtschaft*, 12/2017, 26–27 and own calculations.
[20] Clark, D. (2014, May 14). Intel's Sway Boosts Prices for Server Chips. *The Wall Street Journal*, p. 10.
[21] Clark, M., & Young, A. (2013). Amazon: Nearly 20 Years In Business And It Still Doesn't Make Money, But Investors Don't Seem To Care. http://www.ibtimes.com/amazon-nearly-20-years-business-it-still-doesnt-make-money-investors-dont-seem-care-1513368. Accessed 30 November 2015.
[22] Spann, M., Fischer, M., & Tellis, G. J. (2015). Skimming or Penetration? Strategic Dynamic Pricing for New Products. *Marketing Science*, 34(2), 235–249.
[23] Reichmann, E. (2015). ALDI und LIDL liefern sich erbitterten Preiskampf. http://www.stern.de/wirtschaft/news/preiskampf--discounter-aldi-und-lidl-werden-noch-guenstiger-6346226.html. Accessed 3 September 2015.
[24] Simon, H. (1992). *Preismanagement: Analyse – Strategie – Umsetzung*. Wiesbaden: Gabler.
[25] Fassnacht, M., & El Husseini, S. (2013). EDLP vs. Hi-Lo Pricing Strategies in Retailing – A State of the Art Article. *Journal of Business Economics*, 83(3), 259–289.
[26] Anonymous. (1991, June 14). Zigaretten werden in zwei Schritten teurer. *Frankfurter Allgemeine Zeitung*, p. 21.
[27] Gassmann, M., & Reimann, E. (2015). Wann Sie im Internet am billigsten einkaufen. http://www.welt.de/wirtschaft/article138271393/Wann-Sie-im-Internet-am-billigsten-einkaufen.html. Accessed 6 June 2015.
[28] Anonymous. (2015, March 25). Amazon bindet jetzt auch die Fernsehkunden an sich. *Frankfurter Allgemeine Zeitung*, p. 21.
[29] Berger, P., & Nasr, L. (1998). Customer Lifetime Value: Marketing Models and Applications.

Journal of Interactive Marketing, 12(1), 18–30.

[30] Reinartz, W., & Kumar, V. (2000). On the Profitability of Long-Life Customers in a Noncontractual Setting: An Empirical Investigation and Implications for Marketing. *Journal of Marketing*, 64(4), 17–35.

[31] Rust, R., Lemon, K., & Zeithaml, V. A. (2004). Return on Marketing: Using Customer Equity to Focus Marketing Strategy. *Journal of Marketing*, 68(1), 109–127.

[32] Budras, C. (2015). Kunden, wacht auf!. http://www.faz.net/aktuell/finanzen/meine-finanzen/geld-ausgeben/rabatte-kunden-wacht-auf-13442417.html. Accessed 23 February 2015.

[33] Kuhr, D. (2013). Amazons zweifelhafte Sternchen. http://www.sueddeutsche.de/geld/exklusive-kundenbewertungen-amazons-zweifelhafte-sternchen-1.1791159. Accessed 28 February 2015.

[34] Wieseke, J., Alavi, S., & Habel, J. (2014). Willing to Pay More, Eager to Pay Less: The Role of Customer Loyalty in Price Negotiations. *Journal of Marketing*, 78(6), 17–37.

[35] Simon, H., Bilstein, F., & Luby, F. (2006). *Manage for Profit, not for Market Share.* Boston: Harvard Business School Publishing.

[36] Simon, H., & Dahlhoff, D. (1998). Target Pricing und Target Costing mit Conjoint Measurement. *Controlling*, 10(2), 92–96.

[37] Anonymous. (2015). Abonenntenangebot. *Time*. Woo, S. (2011). Amazon "Primes" Pump for Loyalty. http://www.wsj.com/articles/SB10001424052970203503204577036102353359784. Accessed 28 February 2015.

PRICE MANAGEMENT

第 8 章

价格管理与制度环境

摘要： 在前几章中，我们在不考虑制度或经济环境的情况下研究了价格决策。例如，我们在分析中并没有考虑通货膨胀或通货紧缩所带来的影响，而现实中是存在这样的现象的，但问题是其是否以及会在多大程度上影响最优价格。国际化也对价格管理提出了特殊的挑战。由于贸易实践和消费者偏好的不同，各国的市场环境通常是不同的。国内市场可以在一定程度上受到关税、贸易壁垒和不同货币的保护。本章讨论通货膨胀和通货紧缩、外汇和国际化对价格的影响。

8.1 价格与通货膨胀

至少是从 1971 年金本位制废除以来，我们已经观察到许多国家的通胀趋势。中央银行的目标一般是把年通货膨胀率固定在 2% 左右。图 8-1 显示了 1991~2015 年美国消费者价格的变化发展状况。在此期间，消费价格指数（CPI）从 100 上升到 157[1]。这相当于平均每年 1.9% 的通货膨胀率。如图中曲线所示，这导致美元贬值了 36.3%。换句话说，1991 年的 100 美元在 2015 年的购买力只有 63.69 美元。1.9% 的年通货膨胀率看起来不是很高，但自 1991 年以来，通胀的累积效应已导致美元大幅贬值 1/3 以上。

如图 8-1 所示的美国 CPI 走势对于大多数高度发达的国家来说是典型的。日本是一个例外，自 20 世纪 90 年代初以来，日本的物价上涨幅度很小。值得怀疑的是，

2014~2017 年西方国家通胀率下降甚至通缩的趋势是否会持续下去。欧洲、美国和日本的央行在 2009 年大萧条后大规模扩张货币供应，可能会在中期再次导致更高的通货膨胀率。可以说，通货膨胀这一话题仍与价格管理息息相关。

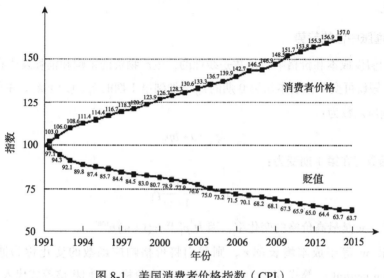

图 8-1 美国消费者价格指数（CPI）

1. 变化的通货膨胀率和净市场头寸

从整体经济的通货膨胀率来看，可发现这样一个隐含的事实：通货膨胀影响各个行业和企业的方式很不一样。2000~2010 年，德国电信部门实现了 5%的名义收入增长（在整个期间，不是每年）。然而，经通胀调整后，由于电信价格大幅下降，该行业的实际价值下降了 10%。尽管有许多创新和明显更优的性能，但该行业还是无法以通货膨胀率提高价格。相比之下，德国汽车业同期的名义增长率为 30%，实际增长率为 11%。基于其改善的性能，该行业能够将其价格的提高幅度超过通货膨胀率[2]。在西蒙顾和管理咨询公司进行的全球定价研究中[3]，对世界各地的 3904 名管理人员进行了调查，大约 1/3 的受访者表示，他们的价格提高幅度低于通货膨胀率，另外 1/3 的价格提高幅度高于通货膨胀率，剩余 1/3 的价格提高幅度等于通货膨胀率。这意味着各个企业和行业受到通胀的影响截然不同。一些企业从通胀趋势中获益，而另一些企业必须接受价格的实际下降。

通货膨胀对销售价格以及采购价格（即成本）都会产生影响。销售成本和采购成本之间的差异因时而异的情况对企业的利润状况是有决定性影响的。我们把这种差异称为"净头寸"（net position），该指标表明企业可以在多大程度上转移其所面临的价格上涨，以及企业在多大程度上必须吸收它们[4, p.442]。以下分析中，我们假设企业必须接受采购价格的趋势，那么很明显，净头寸如何演变将取决于价格响应函数的变化。

2. 通胀中性的趋势

我们假设成本和价格响应函数是线性的，生产物资的采购和消耗发生在同一时期。我们假设可变单位成本从第 0 期的 k_0 增加到第 1 期的 $k_1 = (1+r)k_0$，并且第 0 期的价格响应函数为：

$$q_0 = a - bp_0 \tag{8-1}$$

该函数将在第 1 期变为：

$$q_1 = a - \frac{b}{1+w}p_1 \tag{8-2}$$

其中，w 是最高价格的变化率，因为 $p_1^{\max} = (1+w)p_0^{\max}$。

如果 w 等于成本增长率 r，则我们将价格响应函数的变化称为**通胀中性**（inflation-neutral）。等式 $p_1' = (1+r)p_0$ 适用于所有价格。我们将该等式代入式（8-1）后，可得到：

$$q_1' = a - b\frac{1+r}{1+w}p_0' = a - bp_0' = q_0 \tag{8-3}$$

换言之，如果最高价格以与成本相同的速率增长，则销量不会改变。

如果 $w=r$，那么最优价格 p_1^* 也以这一速率上涨，同样，名义利润 π_1 也以该速率增加。而经通胀调整后的实际利润 $\pi_1^{\text{real}} = \pi_1 \div (1+r)$ 保持不变。

3. 非通胀中性的趋势

如果价格上涨率 w 偏离成本增长率 r，则成本和销量的变化趋势不是通胀中性的。如果 $r>w$，即可变单位成本以比最高价格更快的速度增长，则：

- 最优价格增长百分比小于成本；
- 名义利润的增长率可以比成本的增长率低或高，或与成本的增长率相同；
- 实际利润，即经通胀调整后的利润下降。

当 $r<w$ 时，可得出相反的结论。在这种情况下，企业可能会收获意想不到的利润（例如，在化学工业或航空业，当油价下跌时，企业可以获得较高利润）。但这种

情况大多是暂时的。

我们可以用一个数字例子来说明这种关系，其中 $k_0 = 4$，$a = 100$ 以及 $b = 10$。最优价格以及名义利润和实际利润如表 8-1 所示。

表 8-1　成本和最高价格的不同增长率对最优价格和利润的影响
（最上面数字为最优价格，中间数字为名义利润，最下面数字为实际利润）

		成本增长率 r（%）			
		0%	10%	15%	20%
最高价格增长率 w（%）	0%	7.00 90.00 90.00	7.20 78.40 71.30	7.30 72.90 63.39	7.40 67.60 56.50
	10%	7.50 111.40 111.40	7.70 99.00 90.00	7.80 93.09 80.95	7.90 87.36 72.80
	15%	7.75 122.28 122.28	7.95 109.58 99.62	8.05 103.50 90.00	8.15 97.58 81.32
	20%	8.00 133.30 133.30	8.20 120.33 109.30	8.30 114.08 99.20	8.40 108.00 90.00

我们应特别注意 $w=10\%$，$r=15\%$，以及 $w=15\%$，$r=20\%$ 时的情况。在这些情况下，名义利润增加，但实际利润下降。

这一例子表明，以简单的方式将成本增加转嫁给客户是危险的。

从该讨论中可得出最重要的结论如下。

- 当以更高价格的形式转嫁增加的成本时，企业必须意识到价格响应函数是否随时间变化以及如何变化。
- 只有当最高价格也以相同的速度增长时，最优价格增长率才会与成本的增长率相对应。在这种情况下，实际利润保持不变。在所有其他情况下，最优价格的增长率与成本不同。

4. 价格与通货膨胀的战术思考

我们在各项研究中观察到，高通货膨胀率会导致更高的价格弹性。因此，对成本方面进行单一方向的研究可能会导致严重的错误。对于通货膨胀率极高的国家，例如巴西，高通胀导致高价格弹性这一观点已经开始转变。在一项研究中，我们发现其价格弹性接近于零。参考或锚定价格可以用来解释这一令人惊讶的发现：当通货膨胀率极高时，买方就会失去这一参考基础。这些发现强调了企业在销售方面保持警惕的重要性。然而，衡量价格响应函数的变化会带来重大问题。我们可以考虑通过定期对照最新数据，分析价格响应函数来对参数进行滚动调整。

在通胀环境下，价格管理还有另一个值得注意的方面。当市场中的所有供应商都受到相同成本增加的影响时，如果一个供应商提高价格，那么很可能所有供应商都会跟进。在这种情况下，向消费者完全转嫁增加的成本可能是最佳的做法。这适用于市场上的总销量不随价格变化且市场份额取决于价格的情况。

B2B 市场中的可调整价格条款可以在一定程度上自动调整所需的价格变化，从而减轻客户的抵触心理。但企业也应该小心。根据 Shapiro[5]的研究报告：一家制造商将产品价格与铜的价格挂钩，因为其产品中含有大量的这种金属。但由于其他成本和支付意愿的变化与铜价不一致，随着时间的推移，价格变得越来越不合适。

在根据通胀调整价格时，企业应牢记以下几点战术建议。

- 自上而下地设定明确的提价目标。
- 按不同客户细分、产品细分和渠道分解价格目标。
- 通过实施具体的措施来实现提价目标：提高定价、更改折扣制度、更改支付条件、引入附加费等。
- 通过适当的沟通制定定价措施：
  - 由首席执行官（CEO）进行高层沟通、发布公告等，如通过访谈；
  - 与销售人员进行内部沟通；
  - 向客户提供令人信服的理由；
  - 审核合同；
  - 使用可调整价格条款或指数。
- 实施提价措施：
  - 规划各项细节，例如，将客户进行内部排序、确定目标客户；
  - 密切监测落实情况，必要时调整措施；
  - 仔细观察竞争状况；
  - 根据提价的实施情况奖励销售团队。
- 精确监控：尽可能随时将价格上涨幅度与初始目标进行比较。

通胀变化发展带来的最大风险是企业太迟实施必要的提价措施，或者根本没有实施，以致错过机会后难以弥补。

而当经济出现通货紧缩时，情况正好相反。企业应该避免过早降价，并设法阻止价格下跌。在通货紧缩的环境下，当务之急是避免价格螺旋式下降和价格战[6]。日本的通货紧缩已经持续了 20 多年，这或许可以解释为什么 84%的日本企业会卷入价格战。这一比例远远高于其他国家的平均水平——仅 46%[3]。通货紧缩的价格趋势也可能是日本企业在所有经济合作与发展组织（OECD）国家中销售回报率最低的背后原因[7, p.33]。

8.2　国际价格管理

货物和服务的国际交易的增长速度远远超过大多数国家的国内生产总值的增长速度。随着世界经济一体化程度的不断提高，国际价格管理的作用会不可避免地发生变化。有两种与此相关的互相对立的趋势。一方面，当企业的海外销售份额上升时，国际价格管理的重要性就会增加。另一方面，实施和维持国家间的价格差异化会变得越来越困难。之所以这样是因为现代交通和信息技术与政治发展相结合，使以前截然不同和分离的国家市场更加相似，并降低了它们之间的壁垒。

在欧洲一体化市场尤其如此，预计欧洲一体化市场的建立将导致价格的强烈趋同。但即使到了今天，这一期望仍然只是部分实现。德国联邦银行的一份报告[8, p.21]显示："欧元区和德国之间的通货膨胀率差距在过渡期趋于平稳，现已略有扩大。"

8.2.1　问题和实践

国际价格管理面临的一个挑战在于各国之间存在巨大的价格差异。下面我们揭示了所选行业产品的国际价格差异。

智能手机在不同国家之间有巨大的价格差异，如表 8-2 所示的苹果 iPhone 手机。

国际品牌 Zara 在全球范围内也实行显著的价格差异。表 8-3 显示了女式基本款皮鞋的价格。

时尚公司 Brax 在欧洲各国的价格都有所不同。一条棉质裤子在德国的售价为 99.95 欧元，而同样的裤子在丹麦的价格为 120.50 欧元，在瑞士的价格为 174.47 欧元。这些差异分别为 21%和 74%。

国际价格差异化是地区价格差异化的一种特殊形式。区别在于其特殊的特征，

表 8-2　32G 的苹果 iPhone7 手机的价格差异[9]

国家	价格（不含增值税）（美元）	与均值偏差（%）
美国	649.00	−11.4
日本	631.87	−13.78
德国	807.01	+10.12
英国	758.62	+3.52
法国	817.68	+11.58

表 8-3　女式基本款皮鞋价格的差异[10]

国家	价格（美元）	与均值偏差（%）
英国	152.00	−17.58
美国	189.00	+2.48
日本	257.60	+39.67
俄罗斯	192.85	+4.57
欧盟	178.25	−3.35
西班牙	128.20	−30.49

如不同的货币、平行进口、海关或其他形式的政府干预。当进行跨国销售时，与在国内的相似距离相比，可能存在较高的套利成本。只要存在这样的障碍，虽然实际距离大致相同，而且互联网使各国之间的价格容易比较，但从经济上讲，波士顿离蒙特利尔的距离要比离费城更远。在食品和食品杂货中，通常存在较高的国际价格差异。一瓶法国红酒在德国的售价为 1.99 欧元，而同一瓶葡萄酒在瑞士的售价为 6.99 瑞士法郎，在英国的售价为 4.50 英镑，这相当于价格差异超过 160%[11]。另一个国际价格差异化的例子是奢侈品牌香奈儿在欧洲和中国的手袋价格。香奈儿在欧洲的经典款手袋售价为 3350 欧元，而同一款手袋在中国的价格为 5444 欧元，比欧洲高出 63%。然而，香奈儿正计划改变其价格策略，通过提高在欧洲的价格和降低在中国的价格来缩小这一差距[12]。

我们可以发现，即使是性能水平完全相同，也存在相当大的国际价格差异。机票销售就是一个例子。其票价取决于预订的地点。在旅行社 Opodo 的德国网站上，从巴黎到法兰克福的机票价格为 202 欧元，但在爱尔兰网站上的价格是 247 欧元。根据一位专家的说法，这样的价格差异通常会达到 20%。基于这一原因，价格搜索引擎 Kayak.com 已经将其搜索国际化。换句话说，它可以在几个国家搜索同一航班的价格[13]。欧盟的一项新法规表明，互联网可以在很大程度上限制价格差异化。该法规禁止诸如 Netflix 公司之类的视频服务对其用户进行"地理屏蔽"。这意味着客户可以跨境获取他们在本国付费购买的内容[14]。

国际价格差异化背后的原因是多方面的：

- 购买行为和偏好；
- 竞争结构和行为；
- 成本；
- 货币波动；
- 交付和付款条件；
- 国际品牌定位；
- 平行进口；
- 税收、关税、配额和其他政府措施。

与国内定价实践相比，国际定价实践在更大程度上由成本加成思维主导[15]。在许多国际营销方面的书籍中，人们会发现具有成本加成性质的定价建议[16, 17, p.258]。学者和实践者往往争论国际贸易业务应该使用哪种成本基础：边际成本还是总成本[18]。老观点认为，出口业务是国内核心业务的增量或补充，因此可以使用边际成本作为计算基础。根据这一观点，国内核心业务应该涵盖固定成本和可变成本，而出口业务只需要产生边际贡献。只要出口收入占总收入的一小部分，人们就可以接受这种做法。如果一家企业用这种方法定价，那么国外价格往往会低于国内的价格。但是，在每种具体情况下，价格也取决于出口的额外成本。

但是，如果很大一部分收入来自国外，就像今天许多企业的情况那样，习惯使用总成本计算。在这种方法下，国外销售价格的计算不仅包括固定成本，还包括运输、保险、包装、分销等方面的额外成本。这导致国外价格通常高于国内价格。我们将国外价格较高的这种现象称为"国际价格升级"[18, 19]。在实践中，人们可能会观察到国外的价格高于或低于相应的国内价格，这取决于产品本身以及原产国和销售国的情况。

喜欢采用成本加成思维的一种解释是，在海外开展业务时，企业往往会感到更高的不确定性，而这会导致企业更强烈地依赖于更安全的成本加成计算方法。当然，这种方法对于外国企业和国内企业来说都是不合适的。国际环境下的成本加成定价既没有考虑到需求方国家的具体情况，也没有考虑到竞争因素。

另一个令人瞩目的现象是，企业通常尽最大可能用本国货币对出口业务开具发票。许多企业将此视为其市场和竞争优势的指标。以本国货币开票的供应商的主要优势在于其将汇率风险转移到客户身上。而一旦把价格转换成客户方的货币，价格可能就不是最优的了。但想用本国货币开具发票，从而来消除汇率问题，这只是一种幻觉。

本地市场的特点是其特殊的客户行为和竞争结构。这可能导致不同的最优价格，即地区价格差异化，如我们在第 6 章中所说。在国际层面上，很明显，企业需要注意客户的购买力和偏好以及竞争对手的规模、数量和行为。应按照这些思路对每个国家进行分析，并在此基础上制定适当的价格策略。其中存在的一个问题可能是有效市场数据的可用性（特别是在新兴市场），因此，国际价格的协调只有在以上阶段完成后才能着手。然而，近年来，全球咨询和市场研究公司的普及使得情况有所改善。

各国的通货膨胀率往往不同，这也会影响各自的价格。在自由市场机制下，这些通胀差异反映在汇率变化上，这种变化是国际价格管理的一个重要因素。然而，在欧元区内，因为只有一种货币欧元，因此这一问题已经不存在了。

汇率的变化会对价格管理产生非常重大的影响。当瑞士国家银行从 2015 年 1 月 15 日开始允许瑞士法郎浮动时，瑞士法郎突然升值了 20%。这标志着德国的产品以瑞士法郎计算突然便宜了很多，而瑞士向德国客户提供的产品变得更贵了，瑞士超市中商品的价格比德国高出 39%。这种巨大的价格差异降低了瑞士的进口成本，瑞士零售商可以从中受益[20]。增值税报销（即退税）提高了在德国购物的瑞士客户的价格优势。在此期间，边境的一家德国超市每天开出 2000 张收据，因为瑞士购物者为了退回增值税而提交了相应的发票。结果是德国商店出现了抢购现象。但是，不仅仅是瑞士客户感受到了德国和瑞士之间价格差异的影响，德国境内也出现了价格差异。在瑞士边境附近，完全相同的产品的价格高于德国其他地区：在靠近瑞士边境的罗拉镇，一包燕麦片的价格是 1.49 欧元，但在曼海姆市的价格则为 69 分[21]。巴塞尔当地交通管理部门在延伸至莱茵河畔魏尔部署了更多的轻轨列车，而瑞士零售商则采取了大量折扣，以避免失去更多的客户[22]。这个案例显示了汇率影响的一个重要后果。这不仅影响出口商，而且影响汇率"边界"两侧的供应商。瑞士法郎的升值不仅给瑞士出口商带来了出口困难，也让从欧元区进口商品到瑞士的企业变得更容易。仅在瑞士销售的供应商（例如，边境地区的零售商）和仅在德国销售的供应商（同样边境地区的零售商）都感受到了正面或负面的影响。这些影响不仅仅限于零售业，也同样适用于任何与其他货币区企业竞争的企业。

在下一节中，我们将分析货币波动、平行进口和政府干预如何影响国际价格管理。

8.2.2 价格和汇率

为了进一步了解汇率，我们来看一家欧洲企业。它希望最大化以欧元计算的利润。该企业开展出口美国的业务，其产品的销售价格是以美元计价的。为了简单起见，我们忽略税收、关税、额外的出口成本等。我们还假定欧洲和美国市场完全分离，即不存在平行进口等相互依存关系。最后，我们假设价格响应和成本函数是线性的。

由于美国的价格是以美元为单位的，则其在美国的价格响应函数如下：

$$q = a - bp_\$ \qquad (8\text{-}4)$$

其中，q 是在美国的销量，$p_\$$ 是以美元为单位的售价，a 和 b 则为参数。

但是所有的成本都是以欧元计算的，因此，成本函数如下：

$$C_{\text{Euro}} = C_{\text{fix}} + kq \qquad (8\text{-}5)$$

其中，C_{fix} 是固定成本，k 是以欧元为单位的可变单位成本。

从而，我们可以得到以下以欧元为单位的利润函数：

$$\pi_{\text{Euro}} = (a - bp_\$)(wp_\$ - k) - C_{\text{fix}} \qquad (8\text{-}6)$$

其中，w 是美元对欧元的汇率。

在求导并重新调整后，我们可得到最优的美国售价公式：

$$p_\$^* = \frac{1}{2}\left(\frac{a}{b} + w \times k\right) \qquad (8\text{-}7)$$

与通常的最优价格公式形成对比的是，可变单位成本（以欧元衡量）乘以汇率 w，以将其转换为美元。分数 a/b 表示以美元计价的最高价格。式（8-7）表明，可变单位成本相对于最高价格越高，汇率对最优价格的影响越大。如果边际成本为零（例如数字产品），汇率对最优价格没有影响。在这种情况下，只有最高价格才有意义。

我们用一个数字例子来说明对利润的影响，并将参数设为 $a = 200$（单位）以及 $b = 10$（单位/美元）。因此，最高价格是 $200 \div 10 = 20$ 美元。边际成本为 5 欧元，汇率为 1.33 美元/欧元。根据式（8-7），可得到 13.33 美元的最优价格。该公司在美国市场上销售了 67 单位的产品，并获得了 $(0.75 \times 13.33 - 5) \times 67 = 334.83$ 欧元的利润。如果美元的价值上升到与欧元一致，相当于欧元贬值 25%，最优价格将降至 12.50

美元，这仅是 6.2%的跌幅。如果销量上升到 75 单位，利润增长到 562.50 欧元，则增长了 68%。换句话说，这种汇率变化对利润产生了巨大的影响。

图 8-2 说明了 $w=2$ 美元/欧元~$w=0.77$ 美元/欧元范围内汇率变化的影响。美元对欧元的实际汇率，在 2002 年是 0.85 美元/欧元的低位，而在 2008 年则达到 1.59 美元/欧元的高位。2017 年 1 月 1 日美元对欧元的实际汇率为 1.05 美元/欧元，12 月底为 1.20 美元/欧元。

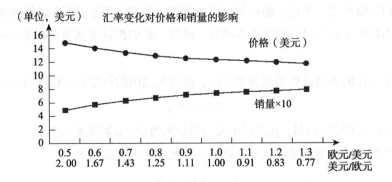

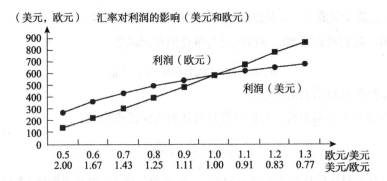

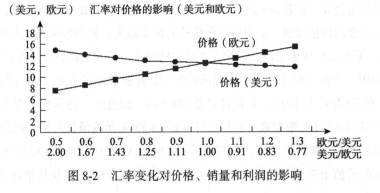

图 8-2 汇率变化对价格、销量和利润的影响

图 8-2 的第 1 张图显示了以美元表示的最优价格和销量受汇率变化影响的函数。随着美元升值，价格呈下弧线比例关系下降。我们还可以看到，销量的增长不是汇率变化的直接结果，而是以美元计算的售价下降的结果。

第 2 张图中，我们可以看到以美元和欧元计算的利润分别是如何变化发展的。以美元计算的利润随着美元的增值呈下弧线比例关系增长。然而，由于这两个因素的影响，以欧元计算的利润以上弧线比例关系增长。首先，销量增长是因为以美元计算的较低售价，但这种增长并不会如同人们对以一种货币的定价所预期的那样，伴随着单位边际贡献的下降。事实上，情况正好相反。随着美元的增值，以欧元计算的售价的单位边际贡献（欧元）会随之增加。之所以会发生这种情况，是因为以美元计算的售价与汇率呈下弧线比例关系下跌。而以欧元计价的售价与汇率呈线性增长，如图 8-2 中的最后一张图所示。更高的销量和更高的以欧元计算的售价以及单位边际贡献的结合解释了以欧元计算的强劲利润增长。

美国出口商自然会面临汇率变化的相反影响。他们以欧元计算的最优价格将上涨，而利润将随着美元的升值而下降。

小　结

当企业以目标国家/地区的货币设置价格并以本国货币计算成本时，将面临以下影响：

- 以目标国家货币计算的最优价格将随着汇率的上升而下降。
- 价格的下降是呈下弧线比例关系的。
- 由于销量和单位贡献边际效应的同时增加，其对以本国货币计算的利润产生强烈影响。

需要强调的是，在这一例子中，我们只改变了汇率。在现实中，当汇率发生变化时，可能会产生其他后果。这些可能包括更高的成本（如果某些成本以美元计算）或价格响应函数的转移。在这种情况下，我们不可能做出上述那样明确的说明。

次优价格的结果

当企业在汇率变化后进行次优价格调整时会发生什么情况？我们来看以下两种不同的调整方案。

- 美元的价格保持不变。
- 欧元的价格保持不变。

选择第一种方案的论点是，美国买方和美国国内竞争对手对欧元与美元之间的汇率变化不感兴趣。简而言之，这一论点认为，如果想在美国市场销售，就应该以与本地竞争对手相同的方式行事，而本地竞争对手不受汇率变化的影响。保持价格不变可以保持价格的连续性。在这种方法下，进口到美国的供应商将承担全部的汇率风险。

选择第二种方案是相当于用欧元开具发票，这意味着可以保持欧元价格的连续性，并将汇率变化的影响转移到国外的客户身上。这相当于美国客户在美国购买，但用欧元支付。在这种情况下，客户将承担全部的汇率风险。

我们来看一下前面的例子，其中 $a=200$，$b=10$，$k=5$ 欧元。我们一开始的汇率是 1.33 美元/欧元。正如我们所看到的那样，利润最大化的价格是 13.33 美元，销量是 67 单位，利润是 334.83 欧元。我们假设欧洲的售价是 10 欧元，这相当于现行汇率的美元价格（$0.75 \times 13.33 = 10$ 欧元）。

在"美元的价格保持不变"的情况下，尽管汇率发生变化，企业仍将价格维持在 13.33 美元，销量保持在 67 单位。但由于汇率的变化，以欧元计算的单位收入发生了变化。在"欧元的价格保持不变"的情况下，该企业的目标是将单位收入保持在 10 欧元不变，因此，汇率的每一次变化都会直接影响美元的价格。图 8-3 显示了两种方案的效果，并与式（8-7）所确定的最优行为进行了比较。

在图 8-3 中，第 1 张图描绘了最终的美元价格。在第 2 种情况（即"欧元价格保持不变"）中，美元价格的反应比最优行为下的反应更为明显。这就是说，美国客户的支付意愿被误解了。该情况忽略了这样一个事实，即美国客户以自己的货币计算，因此，当美元升值时，最终支付的金额会减少。美元价格的进一步下降意味着企业牺牲了利润。当美元出现贬值时，情况正好相反。在这种情况下，美元的价格上涨过快，美国客户被错误地当作欧洲客户了。

美元价格保持不变的策略忽略了汇率变化对单位边际贡献的影响。当美元走强时，降低美元价格是最优的，因为这将推动更高的销量，并增加单位边际贡献，且增量比欧元计价的单位边际贡献高得多。而美元价格不变意味着企业无法利用这一机会。由于最优价格设置考虑了其他两个次优策略忽略的影响，因此，美元的最优价格介于两个次优策略的价格之间。

尤为重要的是，在图 8-3 的第 2 张图中有一个明确的发现：在高汇率下，欧元价格不变所带来的预期利润机会远远大于美元价格不变所造成的利润损失。如果汇

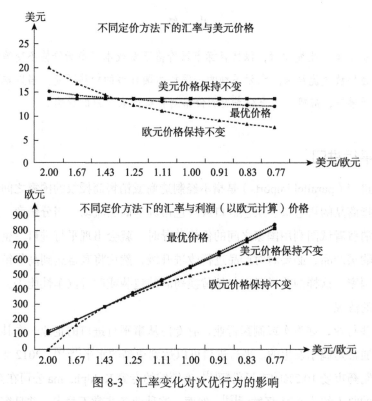

图 8-3 汇率变化对次优行为的影响

率是 1.67 美元/欧元，保持欧元价格不变带来的利润损失是 18.40%，但保持美元价格不变的利润损失只有 2.1%。

同时，我们还可以观察到，在保持欧元价格不变的策略下，2.00 美元/欧元的汇率意味着销量下降到零了。在欧元价格保持在 10 欧元以及汇率保持不变的情况下，美元价格将上升到 20（=10÷0.5）美元，这与最高价格（200÷10=20 美元）相对应。这就是销量为零的价格点。在最优的情况下，企业将在该汇率下设定 15 美元的价格，并且仍然可以产生 125 欧元的利润。保持以欧元计算的单位收入不变可以使企业"计算"其退出市场的方式。

如上所述，在一些欧元国家以欧元开具发票的流行做法，并不等同于保持以欧元计算的单位收入不变，但可以类似地看待它。尽管汇率发生了变化，但当给美国客户仍然以与欧洲客户相同的欧元价格开发票时，次优行为的风险尤其可能发生。如上所述，由于汇率变化，企业应当考虑以不同的欧元价格向不同国家的客户开具发票。因此，为了充分利用各个国家的利润潜力，企业需要知道以欧元或特定国家的折扣率计算的各国价目表。

小　结

当汇率发生变化时，保持目标市场价格不变或本国市场价格不变等做法可能会导致次优结果。尤为不利的是保持本国货币的价格不变。当以本国的货币开票时，应确保已充分考虑到价格对目标国家客户的影响。

8.2.3　平行进口

平行进口（parallel imports）是指不经制造商或销售商授权的国家之间的货物流动，也可指商品的再进口、灰色进口或灰色市场等商品流动。当分销商、其他中间商或最终消费者试图利用国家之间的价格差异时，就会出现平行进口。企业可以在低价国家购买产品，必要时对产品进行改进升级，然后将其运送到高价销售或消费该产品的国家。这样的改进可以包括替换药品的包装或改进汽车性能等，使其符合高价国家的法规。

在一些行业，如汽车或制药行业，有专门从事平行进口的企业。在其他行业，这种进口通常是偶尔发生的。平行进口可以达到很高的水平[18, 19]。2012年，平行进口占德国制药市场10.2%的市场份额[23]。该领域的专家Kohlpharma公司在其2013/14财政年度的收入约为6.21亿欧元[24]。然而，这种业务非常不稳定，并且容易受汇率波动的影响。作为主要进口商之一的CC Pharma在欧元贬值后解雇了近40%的员工。这种贬值侵蚀了平行进口所依赖的相当一部分价格优势[25]。此外，平行进口绝不是狭隘地局限于特定经济区域或相邻的一些国家。英国《金融时报》在一篇关于平行汽车进口的文章中称，某国在允许这些进口之后，"灰色进口"汽车的数量急剧增加。仅一家批发商就进口了20 000辆汽车，且主要来自美国或中东国家[26]。

以下因素有利于平行进口：

- 持续的国际价格差异；
- 运输成本下降；
- 国际通信和信息系统的改进；
- 国际贸易自由化，限制了制造商保护本国市场的可能性；
- 国际和全球品牌的渗透。这些品牌通常在每个市场上都有统一的外观，并且产品的使用也是标准化的；
- 消费者日益国际化，对"外国"产品的接受度有所提升。

价值高、套利成本相对较低的产品是最适合平行进口的。容易运输的奢侈品就属于这一类产品，品牌和高价值工业品也是如此。

要协调全球品牌和产品策略是有困难的。这要求各国间存在差异化极大的价格策略。价格差异化不能忽略套利成本。许多企业努力防止或完全消除平行进口，若仅从定价的角度来看，这种过于谨慎的立场是不可取的。试图阻止平行进口的首要目标是避免销售渠道的冲突，避免损害企业形象，以及防止内部冲突。平行进口经常会导致企业在各个国家的运营单位之间产生摩擦。目标市场中的当地部门开发市场，支付广告费用，并开辟销售渠道，但同一企业内在另一个国家的业务部门，却因此获益。这些部门通常隐藏在灰色市场经销商和分销商的后面。这使企业总部处于尴尬的境地。

为了分析平行进口的影响，简单起见，我们考虑了一个高价格和一个低价格的两国模型。Bucklin[27]使用这样的模型得出的结论是：如果不对平行进口给予适当的关注，可能会降低企业的利润[28]。如果协调价格，即企业缩小价差，则可以将利润损失降低到可接受的水平。如果生产商确实有能力管理进口产品的价格，那么平行进口甚至可以带来更高的利润。从这个意义上讲，平行进口是一种价格差异化的方法。然而，在实践中，除非自己组织平行进口，制造商往往不具备控制或管理平行进口商品价格的能力。

除了纯粹只与价格相关的措施外，还可以采取一些策略来增加套利成本。各国独立的最优价格差异越大，就越应该在这类策略上进行投资。其中包括产品差异化、不同品牌的使用、国家标志或标识以及销量承诺的使用。然而，企业应该牢记，这些措施是需要成本的，采取这些措施与生产、物流和销售的规模经济背道而驰。这种差异化也不符合全球化的统一品牌战略。

1. 国际价格走廊

实施价格差异化策略变得越来越困难。这种策略要求每个国家根据当地条件单独确定最优价格。那么应如何应对这种情况？一个极端的选择方案是将所有价格降低到最低价格的水平。但这样的策略会导致利润的急剧下降，通常并不值得推行。或者，可以将所有价格与最高现行价格保持一致，但这种策略可能会导致市场份额的巨大损失。在这两个极端之间的解决办法是在现有的价格范围内设定一个统一的国际价格。一般来说，这三种方案都不能有效地解决问题，因为不同国家的客户偏好、竞争条件、成本等各不相同。这反过来意味着最优价格也应因国家而异。协调国际价格的压力不应导致所有国家都有一个统一的价格，也不应导致在每个国家的基础上进行单独的价格优化。当国家之间的价格差距过大时，就会促进灰色市场，并导致分销商和企业当地运营部门之间的困境。相反，统一的价格会牺牲相当大的利润潜力。据估计，如果在欧洲统一价格水平，汽车行业的利润将减少 25%[7, p.160]。

一个更好的选择方案是提高一部分商品价格，降低另一部分的价格，以创造一个适当的价格差。目的是同时优化各个国家的价格。这是通过包括所有国家的价格的所谓价格走廊（price corridor）来实现的。图 8-4 说明了这一概念。国际价格走廊代表了统一价格和各国单独的价格优化之间的妥协。这一走廊考虑了国家之间的差异和价格协调的压力。价格走廊必须包括市场的规模、不同的价格弹性、灰色进口、成本结构和套利以及各个国家的竞争和销售情况。走廊的宽度应以限制平行进口和灰色市场的方式确定，但不一定要消除这两者。

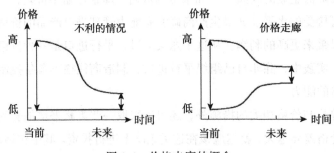

图 8-4　价格走廊的概念

在设置最优价格走廊方面重要的是平行进口量对国际价格差的敏感度。这种敏感度越高，价格走廊就越窄。如果价格一致，则利润的牺牲的大小程度也会明确起来。

在实践中，我们需要将价格走廊的宽度设置得刚好低于套利成本，以便精确地实现阻止平行进口的预期目标。从这一意义上讲，套利成本包括平行进口商的预期利润。然而，阻止平行进口也会产生机会成本。企业必须权衡这一预期利润和阻止平行进口所带来的利益，但是往往难以量化这一利益。因此，需要再次强调的是，完全消除平行进口并不总是一个明智的目标。

当然，引入价格走廊会产生相关成本。这需要有关市场的详细信息。但根据我们的经验，灰色市场的抑制和利润状况的改善抵消了这些成本。价格走廊试图在期望的价差和不可避免的价格协调之间找到一个折中的方案。此外，它在一定程度上也利用了价格差异化的机会。价格走廊遵循"尽可能多差异化,尽可能多协调"的原则,以系统和量化的方式来找到一个较好策略。

以下例子说明了不同方法的效果以及价格走廊的利益。我们假设两个国家 A 和 B 具有以下价格响应函数:

A 国:$q = 100 - 1p$

B 国:$q = 100 - 2p$

每种情况下的边际成本都是 20 美元。如果我们把价格统一设定为 60 美元,那么在 A 国将销售 40 单位的产品,利润是 1600 美元,而在 B 国则没有产品被售出。相反,如果单独优化每个国家的价格,我们就会得到如表 8-4 所示的结果。

表 8-4 两个国家单独的价格优化

	价格(美元)	销量(单位)	利润(美元)
国家 A	60	40	1 600
国家 B	35	30	450
总计	–	70	2 050

通过单独的价格优化,这两个国家的最大潜在利润为 2050 美元。但这造成了 42% 的价格差。如果套利成本很低(如 20%),这种情况可能会诱发平行进口。

图 8-5 显示了专家估计的价格差异化与平行进口之间的关系。42% 的价差所导致的平行进口份额占总平行进口的 40%。该假设下的结果如表 8-5 所示。

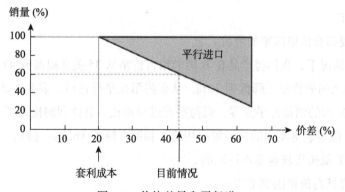

图 8-5 价格差异和平行进口

由于平行进口,利润下降了 400 美元。这一水平比没有平行进口的利润水平低 19.5% 左右。

表 8-5 平行进口的利润情况

	销量份额（%）	销量（单位）	单位边际贡献（美元）	利润（美元）
官方销售——A 国	60	(0.6×40)=24	(60−20)=40	960
平行进口——A 国	40	(0.4×40)=16	(35−20)=15	240
总计——A 国	100	40	(50−20)=30	1 200
B 国	100	30	(35−20)=15	450
总计（A 国+B 国）	—	70	—	1 650

这就导致了不同的价格方案，我们必须理解和比较其效应。这些方案包括：

- 统一价格；
- 提高低价格国家的售价；
- 降低高价格国家的售价；
- 价格走廊。

（1）统一价格。

这种方法要求在两个国家设定一个统一的价格。为了优化这个价格，我们为两个国家/地区引入了价格响应函数，从而得到以下函数：

$$q = 200 - 3 \times 统一价格$$

最优统一价格为 43.33 美元，销量为 70 个单位。总量保持不变，但利润下降到 1633 美元，比平行进口之前的利润水平下降了 20.3%。这种利润下降主要是因为制定统一价格而没有考虑到具体国家的差异。从积极的方面来说，统一的价格意味着没有平行进口。

（2）提高低价格国家的售价。

在这种情况下，我们将产品在 B 国的销售价格从 35 美元提高到 48 美元。这使 A 国和 B 国之间的价格差降低到 20%，从而将阻止平行进口。表 8-6 显示了该情况下的利润。B 国的销量几乎为零，但与平行进口相比，总体利润提高了 3.7%，达到 1712 美元。但与表 8-4 中的初始情况相比，利润下降了 16.5%。但是，仅凭以上分析就完全放弃低价市场也是不可取的。

（3）降低高价格国家的售价。

在这种情况下，A 国将产品的价格从 60 美元降至 43.75 美元，价格差同样也是 20%，也足以阻止平行进口。表 8-7 显示了该情况下的结果，与表 8-6 中显示的结果相比，销量和利润都有所改善，但与表 8-4 中的理论利润相比，利润下降了 12.9%，情况仍不理想。

表 8-6 提高低价格国家的售价的利润情况

	售价（美元）	销量（单位）	利润（美元）
A 国	60	40	1 600
B 国	48	4	112
总计	–	44	1 712

表 8-7 降低高价格国家的售价的利润情况

	售价（美元）	销量（单位）	利润（美元）
A 国	43.75	56.25	1 336
B 国	35.00	30	450
总计	–	86.25	1 786

价格走廊提供了更好的利润结果。该情况下，产品在 A 国的售价降低，在 B 国的售价提高，与我们的假设一致，当国家之间的价格差达到或低于最大值 20%时，平行进口就会消失。如果我们允许价格走廊的最高水平为 20%，那么 A 国和 B 国的最优价格是 50.88 美元。与目前平行进口的情况相比，销量有所减少。如表 8-8 所示，利润仅比初始情况低 7.2%。

表 8-8 有价格走廊的利润情况

	售价（美元）	销量（单位）	利润（美元）
A 国	55.88	49.12	1 517
B 国	40.70	18.60	385
总计	–	67.72	1 902

表 8-9 比较了不同价格策略的利润，其中，统一价格策略的利润情况是最糟糕的，而从实用性上来说，价格走廊则是最好的方案。

表 8-9 不同价格策略的利润和相对利润下降情况

价格策略	利润（美元）	相对于理论上可能的利润的利润下降（%）
统一价格	1 633	20.3
提高低价格国家的售价	1 712	16.5
降低高价格国家的售价	1 786	12.9
价格走廊	1 902	7.2
单独国家价格优化（只是理论上的，实际并不可行）	2 050	0.0

2. 实际案例

在下面这一案例中，我们为 SYNOP 药品创建了一个价格走廊。SYNOP 是由一家世界领先的药品制造商销售的药品。为了确定国际层面上的最优价格策略，我们对以下 5 个国家进行了分析：美国、英国、法国、意大利和德国。根据结果，确定了每个国家的最优价格，如图 8-6 中的第一张图所示。这些价格并不反映国家之间的任何相互依存关系。这意味着如果企业成功地建立了有效的区隔，即国家之间的壁垒，这些价格就是最优的。

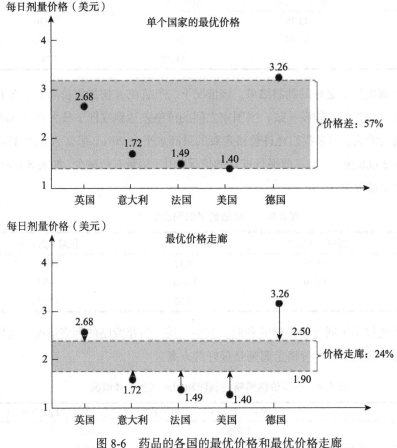

图 8-6 药品的各国的最优价格和最优价格走廊

资料来源：西蒙顾和管理咨询有限公司。

这些单独的最优价格之间存在相当大的差异。美国的最优价格比德国的最优价格低 57%，比英国的最优价格低 48%。当价格差异如此之大时，国与国之间的壁垒将被克服或规避。此时，区隔是无效的，企业可以预测将发生大量的平行进口。SYNOP 项目的目标是利润最大化，而不是消除所有平行进口。对于进口商来说，只要它们的进口价格属于最优价格，那么就应该允许它们克服壁垒。在与相关管理人员为期一天的研讨中，我们根据图 8-6 创建了平行进口的价格曲线。事实证明，如果该公司以特定国家的最优价格推出 SYNOP，那么来自美国的平行进口将获取约 32%的德国销售额。相比之下，如果价格差异小于 20%，则不会发生对德国的平行进口。

我们使用由西蒙顾和管理咨询公司开发的 INTERPRICE（国际价格）系统来优化价格走廊。结果显示在图 8-6 的下半部分。最优的国际价格走廊从 1.90~2.50 美元不等。相对于上限，走廊的宽度是 24%，所有价格必须在走廊内。这意味着德国和英国的单独最优价格将降至 2.50 美元，而意大利、法国和美国的价格则将上调至 1.90 美元。由于价差为 24%，这意味着德国将受到来自法国和美国的平行进口的冲击，但根据平行进口的价格曲线判断，平行进口的销量只占德国市场销量的 5%以下，尚处于可以接受的范围内。

此外，我们还研究了所有市场的统一价格，这将阻止平行进口。价格走廊从 1.90~2.50 美元不等，对平行进口一定程度的接受产生了比统一价格策略高得多的利润。与实践中无法实施的单独最优价格相比，利润牺牲是可以接受的。价格走廊也在很大程度上避免了平行进口引起的摩擦。

8.2.4 价格与政府干预

与国内市场相比，影响价格管理的政府干预形式在跨境贸易中发挥更重要的作用。

1. 关税和税收

一般的企业税可能会影响经营地点的选择。除此之外，我们在这里不考虑政府对企业征收增值税或其他消费税时所带来的影响。商品的总价（指未打折或参加任何促销活动前的价格）是消费者做出购买决策的基准。

一方面，企业面临调整特定国家的具体价格以反映当地需求的问题；另一方面，企业必须协调从最优总价中得出的净价格差。欧洲汽车市场就是这方面的一个例子。从德国的角度来看，由于较高的增值税和奢侈品税，在丹麦销售的汽车总价要比德国高很多，但净价却比德国低很多。根据欧盟的货物自由流动原则，欧盟的任何企业或个人都可以从一个欧盟国家向另一个欧盟国家进出口货物。这同样适用于汽车贸易[29]。然而，汽车制造商利用各种法律方案来限制跨境贸易[30]。在此基础上的价格差异为制造商和经销商带来了显著的额外利润。

高间接税对净价产生影响。在税法不断调整的背景下（例如增值税的调整），企业需要调整他们的净价，以便充分利用允许的价格范围。

2. 进口关税

进口关税可以根据商品的单位或价值来征收，并应以与税收相同的方式对待。根据商品单位征收的关税实质上等同于单位成本的增加。基于价值的关税按进口货物价值的百分比征收。

为了说明基于价值的关税的影响，我们使用了价格响应函数 $q=100-10p$，并假定可变单位成本为 5。我们研究了 0%、10%和 20%的基于价值的关税情况。表 8-10 显示了各自的最优价格和一些其他的必要数值。

表 8-10 不同关税的最优价格

关税(%)	最优制造商销售价格（美元）	单位关税（美元）	最终消费者税后价格（美元）	销量（单位）	利润（美元）	关税收入（美元）
0	7.50	0.00	7.50	25.00	62.50	0.00
10	7.04	0.71	7.75	22.50	45.90	15.98
20	6.67	1.33	8.00	20.00	33.40	26.60

最优的制造商销售价格或生产者价格随着税收百分比的增加而下降，而最终消费者价格则会上升，从而导致销量下降。较低的单位边际贡献，加上销量的下降，意味着较高的关税会大幅减少利润。

关税和税收之间最重要的区别与竞争相关。虽然税收对一个国家所有竞争产品的影响是相等的，但关税只影响进口产品，从而恶化了其相对于国内产品的竞争地位。这些考虑因素揭示了美国总统唐纳德·特朗普引入关税可能产生的后果。

3. 反倾销税

反倾销税是一种特殊的进口关税。倾销是指以低于"正常出口价格"（包含特定成本和利润率）或低于原产国制造成本的价格进行出售的一种行为。倾销因其性质会导致目标国家的经济损失[19]。从广泛的市场营销角度来看，这个定义并不是很有说服力，因为可能有一系列原因（动态、产品线、非线性定价、市场细分）使得向国外出口的价格低于本国国内价格，甚至低于单位成本，这反而对出口商来说是较优策略。

实行倾销的企业可能会存在引起反倾销税的风险。美国和欧洲都存在这样的关税。倾销价格差通常是原产国的价格与目的地国的价格之间的差额。反倾销税影响价格的方式与任何其他基于商品价值或单位的关税相同。20世纪90年代，日本和韩国的消费电子产品面临反倾销关税，而如今这种关税倾向于针对中国和其他新兴市场的产品。

4. 配额

配额是另一种限制进口的政府干预形式。一般说来，配额固定了销量的上限，但偶尔会有配额要与市场份额相配的情况。其中的一个例子就是美国和中国就某些纺织品达成的进口配额协议。在消费领域，根据原产国的不同，许多商品都有固定的销售上限，包括酒精饮料、烟草产品、咖啡和汽油等。

只有当最大进口量小于自由贸易产生的进口量时，最大进口量才有意义。在这些条件下，最好设定价格使销量恰好达到允许的最大值。要做到这一点，需要知道价格响应函数。其中一个著名的例子是日本汽车在美国市场的最大进口配额。作为回应，日本制造商精确地设定了能够达到最大允许销量的价格，这使利润牺牲保持在可接受的范围内。此外，还存在两个意想不到的副作用。一方面，配额在日本汽车制造商中形成准卡特尔（quasi-cartel）的效果，因为市场份额基本上是固定的。另一方面，它将规模较小、更具价格攻击性的日本制造商挡在了美国市场之外，因为这些企业由于开始时市场地位较低，只获得了非常小的配额。在这样的情况下，它们的销售潜力有限，建立广泛的销售网络对它们来说毫无意义。

最低价格，只要高于自由竞争产生的价格，就具有与最大进口量类似的功能。企业可能会收取最低价格，但在这种情况下，企业也应了解自己的价格响应函数，以确保自己的最优价格实际上不高于最低价格。这样的价格通常是为整个产品组设定的，而不是针对单个产品。

8.2.5 国际环境下的具体实施

在本节中，我们将讨论国际环境下的具体实施方面的情况，如交货和付款条款、融资、价格决策机构的位置、转让价格和全球战略等。

1. 国际交货和付款条款

交货和付款条款通常是报价和谈判过程的一部分。在国际商业中，标准化术语已由国际商会（International Chamber of Commerce）编纂为"国际贸易术语"（incoterms）。这些条款规定了国际贸易中的风险转移，并规定了转移的哪些成本（如运输、保险费用）由卖方承担，哪些由买方承担。这类最知名的术语包括：

- exworks：工厂交货；
- FAS：装运港船边交货；
- FOB：装运港船上交货；
- CFR：成本加运费；
- CIF：成本、保险费加运费（到岸价格）。

考虑到国际贸易术语中的许多形式，国际客户使用哪个价格作为比较基础是很重要的。竞争的结果取决于协商同意采取的形式。

2. 融资

国际贸易中的金融风险大于国内贸易中的金融风险。一方面，货币波动构成了一种风险，当贸易完全以一种货币进行时，这种风险是不存在的。另一方面，国际贸易中的付款到期日期更长。此外，国外市场也存在更大的政治风险和法律风险。企业可以通过出口保险和对冲货币风险，在一定程度上降低这些金融风险。

然而，这些风险与价格管理本身无关。因此，建议将定价和财务职能分开，从而避免责任的稀释。当然，在定价时应该考虑到承担风险的成本。一般情况下，这些是与订单相关的可变成本。从同样的意义上讲，易货贸易或其他补偿交易并不是定价问题。对于价格管理来说，最重要的是由此产生的净收益。

3. 价格决策权的分配

价格决策权的组织层级位置在国际范围内可能是一个敏感的话题[31]。一方面，一个国家内部的商业或经营单位一般都有盈亏责任。但如果不允许他们定价，他们就失去了一个重要的利润驱动因素。另一方面，如果这些当地部门拥有完全的定价权，由此产生的国际价格差异可能会危及企业的整体目标，例如全球战略定位或避免平行进口。价格是企业总部与外国分支机构之间发生摩擦的原因之一，因为各方往往有不同的利益，很难找到一个各方都完全满意的解决方案。我们引入的价格走廊代表了一种妥协，这种妥协已经在实践中一次又一次地得到了证明。

随着全球化的发展，我们注意到集中价格管理的趋势，而销售或分销等其他职能通常是分散的。价格管理的集中化是贸易壁垒降低的必然结果。如果没有一定的定价权力集中，全球协调战略是很难实现的。但同时，企业也不能不关注当地市场的需求，每个企业都需要确定自己的集中度，并根据细分市场的情况进行区分。在这种情况下，确保分散管理的部门得到正确的激励是非常重要的。

跨国企业之间关系的另一个方面是企业内部交付的**转移定价**（transfer price）问题。这并不是本书价格管理方面的主要问题，本书的重点在于面向客户的价格。决定转移定价的因素包括国家对利润的最优征税以及各自国家组织的激励效应。

本章小结

考虑到国际和制度环境的价格管理是涉及多个方面的课题。针对通货膨胀和国际化，我们提出以下建议：

- 通货膨胀给价格管理带来了挑战。起决定性作用的是企业净头寸如何转移。这种转移的程度反过来决定了企业可以将多少成本增量转嫁给客户。
- 在不同国家市场上，相同产品的价格往往存在很大的差异。由于国际贸易的强劲增长和市场的协调一致，国际价格管理变得更加重要。
- 国际市场不是同质的，它们之间可以有明显的不同。这需要仔细分析每个国家的市场。相关方面包括购买行为、竞争结构、分销渠道、成本、平行进口、货币和政府干预。
- 在制定不同货币区的价格时，必须考虑汇率的变化。汇率变化对最优价格和利润有较大的影响。
- 以本国货币向外国客户开具发票或在目标国家保持价格不变的普遍做法可能不是最优的。
- 应该密切关注国际价格差异化和标准化之间的平衡。价格走廊代表了在各国间设定最优价格的最佳方法。
- 政府干预在跨境贸易中比在国内市场中发挥更重要的作用。例子包括不同的税率、进口和反倾销关税以及限额。企业在定价时需要考虑这些因素。
- 国际贸易有特殊的交货和付款条款。融资、货币对冲和法律方面的问题也同样重要。
- 最后，企业需要管理总部和国外运营部门之间的价格决策权的分配。市场关联程度的提高导致定价权力更加集中。

随着全球化的发展，价格管理变得越来越具有挑战性。由此产生的更大的复杂性既带来了机会，也带来了风险。掌握国际价格管理理论、工具和具体实施方法的企业将从这种日益复杂的情况中获益。

参考文献

[1] Bureau of Labor Statistics (2016). CPI Detailed Report – Data for October 2016. https://www.bls.gov/cpi/cpid1610.pdf. Accessed 15 December 2016.
[2] Simon-Kucher & Partners (2011). *Inflation – Secure Your Profits*. Bonn.
[3] Simon-Kucher, & Partners (2011). *Global Pricing Study 2011*. Bonn.
[4] Koll, W. (1979). *Inflation und Rentabilität*. Wiesbaden: Gabler.
[5] Shapiro, B. P., & Jackson, B. B. (1978). Industrial Pricing to Meet Customer Needs. *Harvard Business Review*, 56(6), 119–127.
[6] Beeck, S., Müller, J., Ehrhardt, A. (2014). *Pricing in der Deflation*. GDI Impuls (3), 70–74.
[7] Simon, H. (2015). *Confessions of a Pricing Man*. New York: Springer.
[8] Deutsche Bundesbank (2012). Monatsbericht Februar 2012, 18–21.
[9] Apple Inc. (2015). http://www.apple.com. Accessed 7 December 2015.
[10] Anonymous. (2012). Zara Prices Worldwide Comparative: Spain is the Cheaper. http://zaraforwarding.com/spain/zara-prices-worldwide-comparative-spain-is-the-cheaper/. Accessed 27 February 2015.
[11] Eckert, W. (2012). Les Vignerons SWR1. http://www.swr.de/swr1/rp/tipps/2012-les-vignerons/-/id=446880/did=14928578/nid=446880/vr9jq9/index.html. Accessed 24 November 2015.
[12] Chow, J. & Masidlover, N. (2015, 18 March). Chanel Says Week Euro Worsens Gray Market. *Wall Street Journal*, p. 18.
[13] Anonymous (2017, 8 February). Wenn das Flugticket im Ausland billiger ist. *Frankfurter Allgemeine Zeitung*, p. 19.
[14] European Commission (2017). Digital Single Market: EU negotiators agree on new rules allowing Europeans to travel and enjoy online content services across borders. http://europa.eu/rapid/press-release_IP-17-225_en.htm. Accessed 19 November 2017.
[15] Skugge, G. (2011). The Future of Pricing: Outside-in. *Journal of Revenue & Pricing Management*, 10(4), 392–395.
[16] Berndt, R., Altobelli, C. F., Sander, M. (2013). *Internationales Marketing Management*. Berlin: Springer.
[17] Sarin, S. (2013). *Business Marketing: Concepts and Cases*. New Delhi: McGraw Hill.
[18] Keegan, W., & Brill, E. A. (2014). *Global Marketing Management*. London: Prentice Hall.
[19] Ghauri, P. N., & Cateora, P. R. (2014). *International Marketing*. London: McGraw-Hill.
[20] Jones, C. (2015, 19 August). Strong Franc Hits Swiss Retailers in the Pocket. *Financial Times*, p. 3.
[21] Ritter J., & Soldt R. (2015, 26 January). Rösti ausverkauft. *Frankfurter Allgemeine Zeitung*, p. 3.
[22] McLucas, N. & Morse, A. (2015, 20 January). "Euro Discount" Sales Draw Swiss Shoppers. *Wall Street Journal*, p. 3.

[23] VFA – Verband forschender Arzneimittelhersteller (2012). Entwicklung des GKV-Arzneimittelmarktes. http://www.vfa.de/de/wirtschaft-politik/entwicklung-gkv-arzneimittelmarkt-2011.html. Accessed 28 February 2015.

[24] Kohlpharma (2015). Der Grundgedanke. http://kohlpharma.com/de/import_arzneimittel/was_sind_import_arzneimittel. Accessed 24 February 2015.

[25] Waschbüsch, H. & Hübner, M. (2015, 25 July). Bittere Pille für 160 Mitarbeiter. *Trierischer Volksfreund*, p. 7.

[26] Mitchell, T. (2015, 19 January). China's Parallel Auto Imports Speed Ahead. *Financial Times*, p. 16.

[27] Bucklin, L. P. (1990). *The Gray Market Threat to International Marketing Strategies.* Marketing Science Institute Working Paper Series. Report, Vol. 90/116. Cambridge: The Marketing Science Institute.

[28] Xiao, Y., Palekar, U., Liu, Y. (2011). Shades of Gray – the Impact of Gray Markets on Authorized Distribution Channels. *Quantitative Marketing & Economics*, 9(2), 155–178.

[29] Bundesamt für Verbraucherschutz und Lebensmittelsicherheit (2015). Grenzüberschreitender Handel. http://www.bvl.bund.de/DE/01_Lebensmittel/01_Aufgaben/05_Grenzueberschreitend erHandel/lm_grenzueberschrHandel_node.html. Accessed 26 February 2015.

[30] Backhaus, K., & Voeth, M. (2010). *Internationales Marketing*. Stuttgart: Schäffer-Poeschel.

[31] Cavusgil, S. T. (1996). Pricing for Global Markets. *The Columbia Journal of World Business*, 31(4), 66–78.

PRICE
MANAGEMENT

第 9 章

实　　施

摘要：在前面的章节中，我们已经讨论了价格策略、分析和决策，但是任务还没有完成。价格决策需要付诸实践，而这又需要明确过程和责任。在本章的第一部分，我们将研究价格管理中设立和组织过程的问题。其中包括讨论首席执行官的任务职责及定价软件、人工智能和定价顾问的使用。销售人员是成功实施价格策略的核心。销售人员应该有什么样的定价权？企业应该如何建立激励体系，才能达到预期的目标？折扣、条款和条件也很重要。价格的影响取决于沟通的方式。因此，价格沟通方面也需要企业进行详细周全的考虑。我们在本章的后面部分将着眼于价格监控。在理想情况下，这方面不应局限于价格策略的实施，而应包括整个定价过程。在本章中，我们将使用来自各个不同行业的真实案例研究来说明各个方面的课题。

9.1　简介

在前面的章节中，我们已经讲述了如何确定最优价格，但还没有阐述诸如由谁来做出价格决策，如何沟通价格，销售团队如何在客户端具体执行价格策略，或者如何监控企业内部的实际定价行为等方面。

近几年来，我们已经注意到执行意识有了明显的提高，因此，价格管理也愈发受到高层领导的关注。特别是，我们观察到企业的首席执行官越来越多地参与定价过程。价格管理对企业业绩的最终贡献取决于有效实施的程度,至少不低于前面阶段的价格策略、分析和决策取决于专业精神的程度。"最好策略的90%在于能够实施"这句话也适用于价格管理。

本章将介绍以下几个方面:
- 职责;
- 销售/销售人员;
- 价格沟通;
- 价格控制。

9.2 价格管理中的职责

诸如谁来制定价格或最终由谁来决定价格等问题,可能会在大多数企业内部引发尴尬。在许多企业中,谁做出哪个价格决策,谁有最终决定权,或者谁对这一决定性的利润驱动因素——价格负有责任,既没有明确的规定,也没有明确的管理。这一方面的文献也很有限。Freling 和 Wölting [1, p.420]对此评论说:"关于组织价格管理的必要性,我们只找到零星的参考资料。"Dutta、Zbaracki、Bergen [2]以及 Wiltinger [3]对这一问题进行了更深入的研究,但都是特例。当人们将价格管理过程的所有阶段的专业组织视为能够产生竞争优势的能力时(从基于资源的方法的意义上说),令人惊讶的是,定价职责的控制和管理没有得到更多的关注[4]。

从根本上说,设立运营和组织方面的指导原则是为了确保构成价格管理过程的任务得到持续有效和系统地执行。价格决策必须由明确指定的领导或团队成员做出。这些决策需要非常广泛的信息,相应的各责任部门必须提供这些信息。

组织结构确定任务,给员工和部门授权,划分各个组织单位,并建立部门之间的互动方式。需要根据价格管理过程的各个阶段来分配任务。过程化的观点认为,其目标不是单独孤立的价格优化,而是价值创造过程,包括所有与价格相关活动的规划、实施和监控。组织结构的目标必须是最大限度地整合定价权,同时将必要的决策权授予和客户直接联系的员工或部门(例如外国子公司、销售团队等)。**价格决策权**的授权影响了价格管理过程的划分和若干部门的整合。由此产生的问题需要通过明确的权责规定进行管理,必要时还需要建立价格管理者或定价部门的协调职能。

9.2.1 任务的确定

从过程的角度可以最好地说明价格管理必须掌握的各项任务。图 9-1 概述了过程的四个阶段：策略、分析、决策和实施。

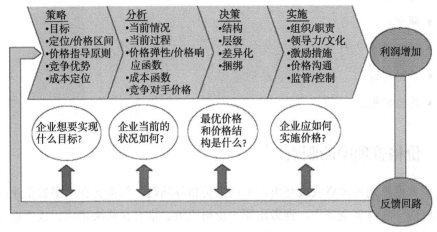

图 9-1 价格管理过程中的任务

从定价对象的角度来看，图中列出的任务可以进一步细分和扩展，包括新产品定价、现有产品的价格维护、租赁价格、服务合同价格、更换零件等。价格沟通可以进一步区分为目录价格的管理、请求报价的处理以及在广告或销售点中的价格展示。对于所有这些和许多其他任务，必须明确职责。

一般的价格管理过程如图 9-1 所示，即大多数企业的价格管理任务大致按照这一形式。但对具体的情况来说，这是不够的。经验表明，不同行业的价格管理过程差别很大，甚至可能是因企业而异的。一般性的价格管理过程只是更深入更完善地明确各项任务和职责的起点。在图 9-2 中，我们用一个连锁酒店的详细价格管理过程说明了这一点。

在这种情况下，有 6 类基本的任务对于酒店业来说是典型任务。对酒店来说，促销（如周末或节假日的促销）起了重要作用。商务客户和私人/休闲客户之间的差异化也对产能利用率和利润产生重要影响。通常，酒店行业需要非常关注价格沟通和处理报价咨询的方式。一般来说，像 booking.com 或 hrs.com 这样的预订系统需要在其网站上展示具有特别吸引力的价格。为了正确理解价格管理过程并相应地指导组织实施，必须深入了解企业的具体特征和细微差别。需要注意的是，不能对这些组织问题进行肤浅的标准化处理。

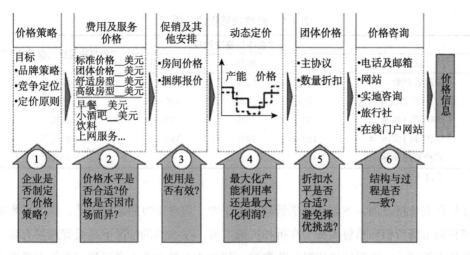

图 9-2　连锁酒店价格管理过程

通常,员工和部门甚至都没有意识到明确的**职责**划分问题,如下面的案例所示。在一家大型软件公司,公司第三层级的员工史密斯先生负责管理公司复杂的价目表。然而,当我们询问首席执行官时,他告诉我们,史密斯先生是后勤岗位的员工,而不是具有决策权的相关管理人员。我们向该公司最大海外市场的销售经理询问了价格制定的方法。他向我们解释说,他可以决定一定程度的折扣和特殊条款,任何超过这一层级的权限必须得到总部的批准。然而,当我们问他,与总部的谁联系申请批准时,他的回答是史密斯先生。在这一市场上,超过 3/4 的公司业务是在史密斯先生决定或批准的特殊条款下进行交易的。高层管理人员都没有意识到这种情况已经持续了很多年。

9.2.2　价格决策权的分配

目前关于价格决策权分配的实证研究结果十分匮乏。Fassnacht、Nelius 和 Szajna[5]已经研究了消费品制造商组织价格管理的方式,尤其关注了其价格决策权的最终层级问题。他们区分了**价目表价格**、**折扣**和**价格促销**[5, p.69, 6, p.180]。此外,Nelius[6]还研究了不同职能人员在定价中所起的作用。表 9-1 显示了针对这些不同主要层级的研究结果。

该研究证实,对于消费品制造商来说,价格决策权和价格决策的参与权主要分配给高层管理者,销售、营销以及大客户经理(key account managers)等面向市场的职能人员参与度较高。在大多数情况下(73%的企业),最终的**价格决定权**,至少

表 9-1 价格决策权的分配[5, 6]

职能人员	"最终价格决策权"			"价格决策权的参与度"①
	价目表	折扣	价格促销	
高层管理者	73%	52%	43%	89%
财务/控制管理人员	1%	1%	<1%	50%
营销部门领导	5%	3%	9%	66%
销售部门领导	15%	34%	39%	81%
客户管理领导	<1%	5%	4%	45%

①可多选。

在价目表价格方面，掌握在高层管理人员手中。但对于短期定价活动，权力平衡明显转向市场营销和销售人员。在折扣决策方面，在 52%的情况下高级管理层有最终价格决策权。价格促销的情况与此类似，其中 43%的企业由高层管理者做出最终决策。这与销售部门领导的权力形成鲜明对比，销售部门领导在做短期决策时，如折扣和促销，其决策权会显著增加。在 39%的情况下，销售部门领导制定促销方面的最终决策。虽然他们的最终价格决策权相当低，但销售部门领导在 81%的时候参与价格决策。此外，这些研究结果还表明，财务和控制部门的职能存在相当大的差异。在半数的情况下，财务和控制部门的人员参与价格管理过程，并对价格决策产生重大影响，但只有 1%的情况下，他们有对价目表价格、折扣和促销的最终价格决策权。Atkin 和 Skinner[7]在对英国工业企业最终价格决策权的研究中也得出了类似的结论。Nelius[6]发现，在 45%的情况下，大客户经理参与了价格管理过程，但很少有价格决策权。

市场导向部门和生产、控制、财务、会计等内部职能部门之间的合作是价格管理成功的关键。图 9-3 显示了这些部门相互之间的联系。最优价格的决定因素既与成本有关，也与市场有关，因此，价格管理也需要这两个方面的共同参与。在图中，箭头表示信息流。

正如以上引用的研究所表明的那样，多方共同达成最终价格决策的确切层级是因企业而异的。通常，在下列情况下，价

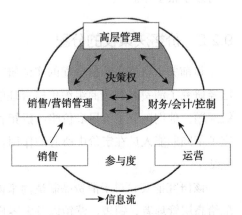

图 9-3 价格决策的决策权和参与度

格决策权越应该处于更高的层级：

- 对于企业而言，某一特定的产品对企业越重要；
- 高层管理人员对产品和市场越了解；
- 市场的同质化程度越高，动态性越低；
- 不同细分市场的价格协调越关键；
- 低层管理者和员工的文化和行为越少关注企业的总体目标；
- 清晰且一致的信号对竞争对手和客户越重要。

虽然面向市场的部门更关注对客户的价值的增加、价格的可实施性以及竞争对手的价格反应等方面，但与利润和成本相关的信息从财务部门输入。通常情况下，财务部门会比市场部门倾向于制定更高的价格。在定价时应该有意识和建设性地运用这些对立的观点，而不是视其为矛盾冲突。

在许多跨国企业中，在**总部**和**分部**之间，例如，总部和国外运营部门之间的价格决策权的分配，是一个持续存在争议的问题。总部对定价行为的一定程度的控制和协调感兴趣；而下属部门则希望获取尽可能多的价格决策权。它们根据自己的盈亏责任和当地市场的特点来证明这一点，而当地的市场特征可能因国家或地区而存在很大的差异。这一问题没有简单的解决方案。根据各种不同的情况（例如汇率波动），总部可以而且必须承担更大的价格决策权，或者相反，可以授予地方运营部门更大的权力。这一问题在结构上类似于我们在下面将要讨论的将定价权授予销售人员的情况。

我们用三个简单的案例研究来说明这一问题。

在一家活跃于 150 多个国家的物流企业中，国家级的经理有价格决策权。一项分析显示，为了完成销售和产能指标，价格决策权被"滥用"。我们观察到使用激进的定价来实现尽可能高的产能利用率的强烈倾向。因此，国家内部和国家之间都存在极端的价格差异。这种行为使得很大一部分的交易无利可图，而且全球主要客户的价格透明度提高，使企业面临价格暴跌的威胁。解决方案要求建立集中管理的价格和折扣体系，但这并不意味着全国价格的完全统一，而是需要确保使用相同的标准来设定价格。该企业还引入了集中价格监控，从而消除了大量的亏损交易。在采取这些措施后，企业销售回报率提高了 1.5 个百分点。

对于一家移动通信设备制造商，产品和价格是基于战略中的国家层级制定的。全球客户变得更加重要，他们可以比较各国的价格。这带来了许多问题，并使高价格国家有必要做出价格让步。该案例的解决方案是建立一个总部定价部门，该部门需要审查所有产品和价格的一致性，然后决定是否批准它们。这一程序虽然限制了各个国家的价格决策权，但也消除了国际主要活跃客户的不一致性和严重的利润率下降。

第三个案例是关于一个非常分散的工业市场中的供应商。公司总部的部门一直以来都负责定价。每个国家当地的运营部门提供折扣的空间非常有限，并且没有进一步的价格决策权。一项分析揭示了各国市场和竞争状况的极端差异。总部的管理人员离当地太远，不熟悉当地情况，导致无法确定最优价格和了解竞争反应。该案例的解决方案是将价格决策权重新分配给当地运营部门。总部将其自身价格决策权限制在内部工厂交货价格或内部转移价格。这一变化带来了国际价格的巨大差异化，并对利润和市场份额产生了非常积极的影响。而总部只有在利润过低或发生平行进口时才会进行干预。

这些简单的案例研究表明，在总部和分部之间的价格决策权的分配必须根据具体情况确定和管理。然而，我们确实可以发现价格管理有更加集中的趋势。在西蒙顾和管理咨询公司[8]进行的全球定价研究中，在2713名受访者中，约有39%的人表示，近年来他们的价格决策权变得更加集中，而只有11%的人表示有更多的分权。

9.2.3 价格相关的组织

价格管理的重要性日益增加，从而产生了具有这种职能的组织结构设计。这些组织结构中包括价格经理和定价部门。一些企业还实行六西格玛定价，以消除其价格管理过程中的缺陷。在此背景下，我们还将讨论企业是否应该利用定价软件和人工智能，还是聘请定价顾问。

1. 价格经理

以上我们所描述的协调需求的一个解决方法是设置**价格经理或定价经理**。这一趋势始于20世纪90年代的美国。如今，全世界许多企业都设有专门的价格经理。在美国的 indeed.com 网站上，价格经理有71 090个职位空缺；而在德国，则有782个职位空缺。专业定价协会（Professional Pricing Society）有5000多名成员，主要在世界各地举办研讨会和其他各种会议，其成员多是价格经理。

价格经理的职位描述并不统一，因各企业具体情况而异。如图9-4所示的是企业通常在寻找价格经理时的一些要求和职位描述。

价格经理	
工作内容： 　　价格经理负责定价分析、改善所有客户的利润率并提供客户绩效数据的可操作性分析。此外，该职位将负责我们市场上所有产品的报告、建议推广和实施工作，并成为产品营销和业务管理团队的一员。我们正在寻找一名具有较强分析能力，对我们的产品、业务和战略有浓厚兴趣，具备较好的沟通能力、执行能力和领导意识，能够建立高绩效团队的经理。价格经理需要与不同的群体合作，并会有非常高的曝光率。 **主要要求：** ● 在审核和建立新定价政策方面具备 5~7 年的相关经验。 ● 具备优秀的分析能力，能够从数据中确定和清楚阐述最佳的行动方案。 ● 具备优秀的沟通能力，能够在各个业务层面开展工作。 ● 具备出色的问题解决能力和统计能力。 ● 对构建和管理过程充满激情。 ● 具有较强的直接和间接影响/领导能力。	**职位描述：** ● 制定定价策略。 ● 制定、提出和实施各种产品和服务的定价建议，同时考虑到销量和利润的相互依存关系以及市场状况。 ● 与不同的团队合作，提供定价分析和建议。 ● 建立战术框架，与高层利益相关者做好内部协调，并制定谈判策略。培训面向客户的销售人员。 ● 与定价运营部门紧密合作，确保完美顺利地执行所有必需的定价操作。 ● 积极参与业务管理团队，并处理特殊项目和相关要求。 ● 创建并维护合理有效的定价分析和报告的基础设施。 **教育背景要求：** 　　财务、工程或相关领域学士学位或工商管理硕士学位。

图 9-4　价格经理的招聘广告

该招聘广告的职位描述列出了典型价格经理最重要的任务。职位是否以及在多大程度上为经理提供了真正的价格决策权，取决于职位的层级等因素。通用电气是将价格经理的角色置于组织高层的先行者。通用电气的榜样导致许多其他企业也采取了类似的举措。客户方面的采购专业化加速了这一趋势，而这反过来又要求卖方具备更好的相应价格管理技能。

2. 定价部门

对于品类繁多（例如家装商店）和/或需要频繁进行价格决策的企业，建议设立一个专门的**定价部门**。我们在电信、制药、汽车和电子产品企业以及零售商中经常可以看到这样的部门。本书中描述的复杂的价格分析和定价方法需要高度的专业知识和完整可靠的信息库。这些角色只能由专家担任。在西蒙顾和管理咨询公司的全球定价研究中[8]，约 58%的受访者表示他们的企业具有专门的定价部门。其中，美国的比例最高，为79%，而德国的比例接近平均水平，为57%。与市场相关的方面通常是企业设立定价部门时的瓶颈。掌握定价所需的全部方法，同时又有足够的市场知识的员工很少，而且通常很少能在企业内部找到。建立这样一个部门最好的，但往往也最耗时的方式，就是聘请相关领域的高学历研究人员。另一方法是聘请前咨询顾问。寻找控制或成本方面的合适人才通常相对容易一些。当前存在的一个问题是专有技术的连续性和保留性。我们经常观察到，有资质且有抱负的员工只想在定价部门工作一段有限的时间，以便进入职业生涯的下一阶段。除了需要合适的人员外，信息和软件基础设施的支持也是设立价格部门必不可少的前提条件。不过，也不应孤立地考虑这一前提条件，这样的基础设施支持通常也是关于市场和竞争对手的综合信息系统的一部分。

3. 六西格玛定价

六西格玛最初是由摩托罗拉和通用电气开发的一种生产过程，其目的是最大限度地减少制造过程中的错误或缺陷，是提高效率和质量的有效方法。六西格玛方法也同样可以应用于价格管理[9]。目标是消除价格管理方面的缺陷及其根本原因，特别是在实施价格决策方面[10]。这些失败的根本原因或根源包括错误的决策规则、不遵守折扣原则、超出价格决策权限或使用不充分或过时的信息等。总之，整个过程中出现失误的机会很多。理想的六西格玛过程包括五个步骤：定义（define）、测量（measure）、分析（analyze）、改进（improve）和控制（control），概括为缩写DMAIC。目标是消除价格决策过程出现失败的所有可能因素。我们使用西蒙顾和管理咨询公司所做的项目中的一个例子来说明这些步骤。

Zalaxy Corporation获评美国《财富》500强企业，其9个事业部门创造了约70亿美元的年收入，税前销售回报率为8.4%。几十年来，该公司在已经非常饱和的、技术密集性和高度竞争性的市场上实现了持续增长。在过去的5年中，Zalaxy在其制造过程中应用了六西格玛，并组建了一个由100多个黑带（Black Belts）⊖组成的内部团队。该公司现在希望将其六西格玛理论应用于定价过程。

该方法在工业零部件部门进行了试点。该部门的收入为12.5亿美元。根据六西格玛对定价过程进行了重组，使收入增加了7500万美元，利润增加了2500万美元。这意味着销售回报率提高了2个百分点。根据这一结果，作为六西格玛定价项目的一部分，该公司分配了18个黑带（平均每个部门两个），花了整整一年的时间专门用于改

⊖ 本指柔道中的高手，在这里指那些能够系统、熟练地运用质量管理的工具和方法，成功地解决质量问题的高手。——译者注

进定价过程。黑带们首先参加了为期一周的价格管理研讨会，然后他们在各自的部门花了 3 个月的时间评估现有的定价方法，在随后的 3 个月探索解决方案，在接下来的 6 个月实施这些解决方案。Zalaxy 的营业利润最终增长了 1.4 亿美元，相当于销售回报率提高了 2 个百分点。这些改进措施在六西格玛定价过程开始后的两年内得到了巩固。

虽然六西格玛最初是为制造过程设计的，但是在价格管理领域具有非常大的应用前景。需要注意的是，六西格玛应用到价格管理过程存在一定程度的限制。其中一个限制是信息。与制造过程相比，有关定价过程的可用信息的范围和质量是有限的或不准确的（例如，客户的真实支付意愿、竞争性报价的内容和中间商的行为）。来自外部销售团队的定价问题通常是在时间紧迫的情况下解决的，并没有足够的时间来彻底验证这一过程。同样，内部定价部门难以交叉核对从销售人员那里收到的信息，因为销售人员可能会有意识地歪曲一些信息。在许多情况下，销售人员先向客户做出价格承诺，然后再在事后请求批准。六西格玛过程并不能解决所有定价问题，但它可以从根本上改善定价规则，并避免重大的失误。

4. 定价顾问

鉴于专业化程度的不断提高，价格分析应在多大程度上由内部进行或委托外部专家进行是值得思考的。对于许多企业来说，聘请具备相应的专业知识技能的全职员工在财务上是没有意义的。人们应该牢记，在许多企业中，只有重要的价格决策才需要进行广泛分析。这些分析包括新产品的推出、战略的重新定位、重大的成本调整或者重要的竞争反应。这种分析在本质上比常规的市场研究更具战略意义，而且经常需要求助外部咨询顾问。只有那些品类繁多、产品价格经常需要审查或分析研究的企业，才需要在企业内部采用整套定价方法。在其他情况下，当需要复杂的分析时，企业需要引入专业的咨询服务机构。

如今有专门的提供价格咨询服务的企业，但在能力上有相当大的差异。在 1976 年，Atkin 和 Skinner[7] 的研究表明，在价格决策方面，不应使用外部顾问。在 1979 年，本书的作者之一第一次遇到了一个自称为"定价顾问"的人。自那以后，价格咨询的发展在我们参考的一篇文章中有详细的描述[11]。

我们估计全世界大约有 2000 家专门从事价格咨询的企业。其中绝大多数是个体企业和小企业。假设平均员工人数为 5 人，每个员工的平均收入为 20 万美元。全球价格咨询服务市场总额约为 21 亿美元，是过去 10 年收入的 3 倍，市场可能还会继续增长。价格咨询领域的世界市场领导者是西蒙顾和管理咨询公司，其 2017 年的营收为 3 亿美元，约占全球市场份额的 15%。

价格咨询的服务范围从简短的研讨会到持续数月的项目。表 9-2 列出了一家建材行业的企业为期一天的价格管理研讨会的计划方案。该研讨会的准备工作包括内部价格分析和简短的客户调查。它还包括了与管理人员和销售人员代表就研讨会将要涵盖的主题进行的 5 次讨论。其目的是使 15 名研讨会参与者熟悉现代定价方法和确定需要继续研究的问题。

表 9-2　价格管理研讨会示例

时间	内容
9:00~9:30	参与者介绍 收集参与者与会的目的与期望
9:30~10:45	企业的定价方法 • 讨论利润驱动因素和价格变化的影响 • 价格和客户反应 • 价格与竞争 • 对所选产品的深度分析
10:45~11:00	休息时间
11:00~12:30	价格差异化和创新定价方法：每个客户都有自己的价格 • 价格差异化的目标 • 市场细分：概念和解决方案 • 企业新的价格差异化方式
12:30~13:30	午餐时间
13:30~14:30	找到合适价格的方法 • 确定最优价格所需的信息 • 价格决策规则和指南 • 计算机辅助定价
14:30~15:30	价格决策和实施 • 价格利益相关者、目标和潜在冲突 • 集中和分散的价格决策权 • 市场价格的实施 • 定价活动的组织
15:30~15:45	休息时间
15:45~16:30	优化折扣政策、条款、条件
16:30~17:00	总结及确定需要继续研究的问题

价格管理方面的咨询项目可以持续数月，图 9-5 列示了一家私人银行的价格咨询项目的进度表。

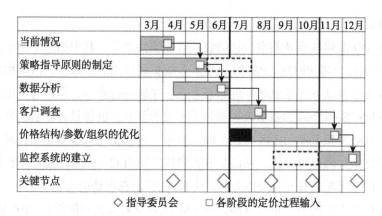

图 9-5　价格咨询项目进度表

这个项目涉及价格管理的各个方面，从对现状的分析到控制系统的建立，历时 10 个月。该项工作涉及广泛的客户调查。

5. 定价软件

由于高复杂性和存在各种基本过程，大多数企业使用单独开发的运营价格管理的解决方案。尽管如此，自 20 世纪 80 年代以来，一系列标准定价软件包已经进入市场。在过去的 10 年里，出现了为各个行业提供服务的软件专家。这些软件供应商大多来自美国。

市场上的解决方案大致可分为两种：①价格优化和管理（POM）解决方案，②"配置、定价、报价"（CPQ）解决方案。POM 解决方案提供分析价格、设置价格以及实施折扣和条款/条件系统的功能。它们主要用于需要频繁进行价格决策、品种繁多或有大量客户的企业。CPQ 解决方案在销售中用于复杂产品的自动化生产和定价过程，例如包含大量不同产品线项目的商品。

定价软件的市场高度分散，缺乏在企业资源规划（ERP）或客户关系管理（CRM）解决方案中可见的明确标准化。POM 的重要供应商包括 PROS、Vendavo 和 Zilliant。还有一些供应商，如 Navetti、Syncron 和 Servigistic，专注于售后业务。CPQ 的市场更加分散。除了 SAP 和甲骨文公司（Oracle）等大型 ERP 供应商外，这一市场还包括 BigMachines 和 IBM-Sterling 等著名供应商。

POM 供应商没有涉及的一个行业是零售业，其中竞争导向的定价及价格促销的实施和评估是最重要的。在该领域，还有一系列的专家，如 ProfitLogic、KSS Retail、Upstream Commerce 或 Boomerang Commerce，为在线零售商提供解决方案。银行业也是类似的，有专门的供应商，如 Nomis 和 Earnix。

一些 POM 供应商从航空公司的收益管理软件着手。其中的一个例子是成立于 1985 年的美国公司 PROS。PROS 已将其系统扩展到酒店、旅游、汽车租赁及类似行业，收益管理也一直是 PROS 的基石之一。在这些行业中，同样有突出的专家。Sabre Airline Solutions 为航空公司提供了重要的服务，就像是各家航空公司的内部 IT 部门。IDeaS 和 Easy RMS 专注于酒店业务。这些企业从运筹学和管理科学中借鉴方法和技术。因此可以说，它们是方法和技术驱动的，并且还通过专利保护其软件组件。仅 PROS 就有 9 项美国专利，还有 27 项正在申请的专利[12]。

标准解决方案的一个重要方面是与 SAP 或者甲骨文公司的综合 ERP 系统集成。例如，SAP 和定价软件供应商 Vendavo 之间存在营销伙伴关系。最近还观察到了与客户关系管理（CRM）系统的集成，例如 Salesforce 或微软的动态客户关系管理系统（Dynamics CRM）。这些系统尤其适用于销售人员可以直接使用的 CPQ 解决方案。

6. 定价中的机器学习

如今，人工智能（AI）总是能引起媒体的高度关注。人工智能背后的基本理念是开发自动化分析和决策过程的系统，而这些过程过去通常是由人类专家执行的。实现这一目标的一种方法是机器学习（ML），即一组自动"学习"的算法，根据观察到的数据获取专家知识，特别是历史数据。

无论是在学术上的研究还是在商业中的应用机器学习都已经有相当长的一段时间了。亚马逊的成熟的推荐引擎就是一个典型的例子。用于向上和交叉销售的系统不再需要专家不断地重新编程；它们可以通过分析消费者的行为进行自我更新，在定价、市场营销和销售方面的潜在应用领域方面发挥着重要的作用。机器学习算法可用于自动化潜在客户评分、计算价格弹性、预测客户选择、估计支付意愿、推荐折扣、预测客户流失率、评估特定价格下交易的获胜可能性以及确定促销的最佳目标等。

虽然这种技术听起来大有前途，但企业在考虑使用机器学习时必须注意避开四个主要陷阱。

- **应用性**：并非所有问题都可以通过机器学习解决。机器可以帮助解决涉及预测目标变量、识别模式、分类数据项或查找关系的问题。但是，如果在数据中无法观察到机器得出结论所需的信息，机器学习将不会提供任何有意义的输出。这一陷阱类似于在潜在的情况发生变化时使用计量经济学方法。

- **专业知识**：尽管市场上出现了越来越多的现成软件包和云服务，但仍然需要数据专家从企业收集的海量数据中得出有意义的信息。除了数据聚合、异常值检测和数据清理，专家还提供了另一种称为"特征工程"（feature engineering）的重要功能，即应用领域知识重新组合或重新解释用于训练机器的变量。特征属性解释与输入机器方式的细微变化可能会对模型的预测值产生很大影响。

- **数据可获取性**：为了针对机器学习算法进行训练，必须提供必要的数据。与定价相关的问题通常需要在交易层面上进行观察。对于更具体的问题，通常需要额外信息，而这些信息不一定会被自动收集。例如，如果一家企业没有会导致失去订单的价格方面的任何信息，那么它如何在 B2B 模式下建立盈利或亏损预测模型？此外，机器学习通常是基于历史数据的，这存在两个固有的问题。首先，一个经过长期训练的模型最终可能会重复过去的错误。其次，人们不能从战略的角度解释有意义但现有数据中不存在的因素。在实践中，人们将应用额外的规则和防护措施来调整模型以产生所需的结果。

- **自动定价的长期影响**：这通常很难评估。利用客户支付意愿的即时利润率增长是否会导致客户忠诚度的下降，或者从长远来看是否会对价格形象产生负面影响？销售人员是否会接受机器推荐的折扣？在习惯于稳定价格的市场中，客户将如何应对频繁的价格变化？为了避免负面的长期影响，最主要的是对系统进行彻底的测试，建立一个明确清晰的监控系统，超越系统优化的一个或两个关键绩效指标（KPI），允许人工干预，并利用自动价格保护措施（例如价格变化限制），以防止机器做出可能造成长期损失的定价决策。

许多定价软件供应商将机器学习作为其解决方案的一部分。在这里我们区分两种类型的机器学习供应商。第一类提供基于机器学习的动态定价和促销解决方案。它们通常会集中在某个行业，如零售、电子商务或收益管理。诸如 Boomerang Commerce、Blue Yonder、Smart Pricer 和 PerfectPrice 之类的企业提供数据科学服务，并创建定制的机器学习模型。第二种类型的供应商通过提供机器学习来计算销售团队的特定交易的推荐价格，主要瞄准的是 B2B 行业，包括 Zilliant、PROS 和 Price f(X)等。

我们观察到算法和机器在预测质量方面存在不同的透明度。当然，一家企业可以创建一个根据自己的定价模型定制的机器学习模型，这赋予了企业更多的控制权和透明度，但它的实施需要投入更多的专业人员，付出更多的努力。

9.2.4　首席执行官的角色

首席执行官（CEO）的首要任务是维护和增加股东价值。这一目标在本质上与长期利润最大化是相同的。而价格是股东价值的一个非常有效的驱动因素（详见第2章）。因此，价格及其实现的责任落在最高管理层的肩上，且由 CEO 最终负责。当然，很显然，一家大型企业的负责人不可能对每一个价格都做出决策，有些企业有成千上万个价格。同样，CEO 不可能在每一次价格谈判上都签字拍板，更不用说参与其中了。那么，在价格管理中，CEO 的角色到底是什么？

以下几点是 CEO 的任务，包括但不限于[13]：

- 提高对价格重要性的认识；
- 设定明确的目标；
- 制定战略和价格定位；
- 组织系统性的定价过程；
- 创建预防价格战的文化；
- 建立价格领导能力（如果可能的话）；
- 建立价格纪律；
- 在投资者关系中使用价格。

近年来，我们看到 CEO 对价格管理方面的兴趣和参与程度都有了很大的提高[14]。在西蒙顾和管理咨询公司的全球定价研究中[8]，约有 82% 的受访者表示，近年来，参与定价事宜的最高管理层人数有所增加。这一比例因国家和行业的不同而略有不同。然而，关键在于，CEO 参与价格管理的企业平均实现了 15% 的税息折旧及摊销前利润率（EBITDA），而没有 CEO 参与的企业只有 11%。此外，CEO 参与价格管理的企业定价能力和价格上涨的成功率也较高。表 9-3 总结了研究结果。

表 9-3　CEO 的参与及结果

关键指标	有 CEO 参与	没有 CEO 参与
税息折旧及摊销前利润	15%	11%
高定价能力	35%	26%
价格上涨成功率	60%	53%

从表 9-3 中可以得出，CEO 参与价格管理会带来更好的运营和财务结果。

杰克·韦尔奇是这一领域的先驱。在 1982~2001 年期间他担任通用电气的 CEO。

他引入了一个高级价格管理者的角色，即所谓的首席定价官（CPO）。他的继任者杰弗里·伊梅尔特（Jeffrey Immelt）也延续了这一创举。他告诉本书的一位作者，价格控制的水平已有显著的提高，预期价格目标的实现也比以前做得好。首席定价官还担任了教学和培训的角色，这使得通用电气的销售人员为价格谈判做好了更充分的准备。总而言之，这一定价举措是超乎预期的。

投资者沃伦·巴菲特认为："评估企业的最重要的决定因素就是定价能力。"这将投资者和 CEO 的注意力引向了价格。[⊖]微软前 CEO 史蒂夫·鲍尔默（Steve Ballmer）呼应了这一观点。他说："这一叫作'价格'的东西真的很重要。我仍然认为很多人都低估了这一点。对很多初创企业来说，成功和失败的唯一区别在于是否知道如何赚钱，成功者往往深入思考了收入、价格和商业模式的问题。我认为这一点在总体上没有得到足够的重视。"[15]

作为这一发展的一部分，CEO 越来越多地谈到了企业的价格管理问题。谈论的场合包括访谈、路演、交易会和年度股东大会。同样，我们也看到高层管理人员对价格方面的咨询项目表现出越来越大的兴趣。在价格实现和创造相应文化方面的统一领导，这是 CEO 无法授权给其他人的任务。我们通过一系列高层管理人员对我们上面提到的具体任务和课题的引用来阐明这一点。这些选择背后的高管都有一个共同的特点：他们领导的企业都有很高的市值。

在企业目标、定位、市场份额和避免激进定价方面：

- 宝马公司 2006~2015 年的 CEO 诺伯特·雷斯霍夫（Norbert Reithofer）表示："在任何时候，高折扣都不能与溢价完全兼容。它们既不利于品牌，也不利于企业。因此，我们决定不惜任何代价捍卫我们在德国的市场份额。利润比销量重要。"
- 1992~2009 年担任保时捷公司 CEO 的温德林·维德金（Wendelin Wiedeking）认为："我们制定政策，保持价格稳定，保护我们的品牌，并防止二手车价格下跌。当需求下降时，我们会减少产量，但不会降低价格。"这句话与保时捷的战略、定位和品牌政策相一致，为整个组织提供了明确的价格管理指导原则。保时捷通过解雇相关负责的经理来坚决惩罚违反这些原则的行为（例如在美国市场）。
- 特斯拉的 CEO 埃隆·马斯克（Elon Musk）说："自从 10 年前开始接受订单

⊖ 摘自 2010 年 5 月 26 日金融危机调查委员会（FCIC）开会前对沃伦·巴菲特的采访记录。

以来，我们坚持不谈判、不打折扣的价格政策是至关重要的。这是我们诚信的基础。"[16]

- 全球集装箱航运市场领导者马士基航运的 CEO 索伦·斯库（Soren Skou）表示："我们的战略从'增长速度超过市场'转变为'增长速度与市场保持一致'。我们希望我们的竞争对手对这一目标感到满意。"
- 以下的引用表达了安抚市场和创造更和平的竞争氛围的愿望："丰田汽车的董事长奥田硕（Hiroshi Okuda）告诉记者，日本的汽车行业需要给底特律'喘息的时间和空间'。他甚至暗示，丰田可能会提高在美国销售的汽车价格，以缓解通用汽车公司和福特汽车公司的竞争压力。这两家企业最近都披露了财务业绩和市场份额的下降。东京一些汽车业的高级职员认为，奥田先生的言论是一系列旨在降低紧张局势的先发制人举措中的最新举措。"[17]

在价格领导方面：

- 全球门禁系统市场领导者亚萨合莱（Assa Abloy）的 CEO 约翰·莫林（Johan Molin）表示："到目前为止，我们是市场领导者，市场领导者的职能是帮助价格上涨。"[18]

在定价过程和定价规则方面：

- 全球卫生技术市场领先企业吉博力集团（Geberit）的前 CEO（2005~2014 年）及现任董事长艾伯特·贝尼（Albert Baehny）说："只要有积极的价格管理、明确的定价流程、明确的价格决策规则以及明确的价格执行和价格控制责任，利润率就可能会显著持续地增加。如果定价是委托授权给其他人的，或最糟糕的是——交给市场去定价，那么你永远都不会摆脱平庸。"[19]
- 通用电气 CEO 杰弗里·伊梅尔特（2001~2017 年）年谈道："我们正在让销售人员接受更好的培训，并为其配备更好的工具和指标。一个很好的例子是我们在建立定价规则方面所做的工作。不久前，对我们的定价进行分析后发现，其中约 50 亿美元是可自由支配的。考虑到销售人员可以自行做出的决定，这是多么大的金额，是我听过的最令人震惊的数字。而在成本方面，我们绝不会允许这样的事情发生。当涉及我们需支付的价格时，我们会进行研究，绘制图表，加以解决。但就我们收取的价格而言，我们太草率了。"[20]

然而，CEO 应注意不要对具体的价格决策和正在进行的定价过程进行过多的干预。在实践中，CEO 的行为远远超出我们建议的范围，从而带来负面后果的例子并不少见。一些案例说明了这一点。一家大型物流服务提供商的 CEO 养成了拜访企业主要客户公司的 CEO 的习惯。这些客户公司的 CEO 经常提到价格的话题，并设法从物流公司的 CEO 那里获得额外的价格让步。这些行为破坏了其销售团队长达数月的努力。一旦首席执行官停止了这些友好访问，企业的利润率就会有明显提高。总体而言，我们认为将 CEO 和其他高级经理排除在价格谈判之外是明智的。

一家知名汽车公司的 CEO 曾经告诉我们，其公司的公开盈利目标和公司的实际行为之间存在很大的差异。其公司的高级经理经常强调利润的重要性，但一到紧要关头，销量和市场占有率目标总是成为优先事项，从而导致价格让步，损害了企业的利润率。

日本一家大型电子产品集团公司多年来的利润率低于平均水平。在与该公司东京总部高层管理人员的一次会议上，与会者一致认为，需要将利润率提高到令人满意的水平，并收取更高的价格，以利用其品牌溢价。而后，其全球首席营销官评论说："如果我们这样做，我们将失去市场份额。"讨论就立即停止了。失去市场份额是这家日本公司的禁忌，因此，任何可能导致这种结果的战略或战术都是不被允许的。在随后几年出现亏损后，新任 CEO 终于宣布，从现在起，企业将专注于"高附加值业务，而不是扩大市场份额"。

在一家大型欧洲银行的项目开始时，其 CEO 告诉我们："我们需要大幅提高利润。所以我们正在努力优化我们的价格，但有一个条件，我们不能失去任何客户，一个都不能。如果报纸上出现了关于客户流失的事情，董事会就会来找我的麻烦了。"很明显，这个目标很难实现，因为一个最优的定价策略可能实际上需要失去一些无利可图的客户。诚然，我们可以在一定程度上理解 CEO 的困境。在这种情况下，真正的问题在于董事会。

极其重要的是，高层管理人员应在定价方面采取一致的行动，并避免向员工发出相互冲突的信号。具体目标可能因地区或细分市场而异，但目标仍必须进行沟通，不仅要清晰一致，而且要可持续。最后一点的关键是价格管理和企业文化之间的协调。企业文化指的是企业的价值和目标体系，员工把这看作他们必须履行的义务。Diller[21, p.455]扩展了这个概念，并谈到了"价格文化"。与价格相关的价值观、目标和优先事项的意识必须深深扎根在员工的头脑中，否则，矛盾行为就会一而再、再而三地出现。溢价或奢侈品价格定位应建立在不同的价值和能力而不是低价或超低价定位的基础上。管理层需要达成相应的优先事项，并在内部持续进行沟通，以使这些事项能够在组织中扎根。

CEO 和首席财务官（CFO）的一项重要任务是与投资者沟通，这主要在路演、定期报告、电话会议和公司年度股东大会上进行。在这种情况下，传统上的价格几乎不起任何作用，而这与其作为股价和企业价值驱动因素的重要性相矛盾。分析师报告也是如此。我们在上面引用的沃伦·巴菲特的话似乎开启了一个新的方向。如今，在高层管理人员与投资者和分析师的沟通中，价格越来越受到重视[22]。

在领导力方面，值得关注的一个重要方面是企业的**定价智慧**（pricing intelligence）。这指的是参与定价过程的每个人的知识水平：他们对与定价相关的相互关系的理解程度如何？他们在多大程度上掌握了定价方法？我们经常观察到定价智慧低的情况。对于员工的相关培训大多局限于基本的计算方法和**价格谈判策略**。许多企业迫切需要大幅增加与价格相关的培训和教学。

9.3 销售队伍的角色

销售队伍在价格的实施中发挥着核心作用[23]。在本节中，我们将交替使用术语"销售部门、销售团队、销售人员、销售队伍和外部销售部门"。在许多企业中，销售行为发生在客户所在地，这就产生了术语"'外部'销售队伍"。同时，许多企业都有"内部销售队伍"或"内部销售部门"，这往往涉及达成交易，同样会对价格实施产生一定的影响。

在 B2B 企业中，通过外部销售队伍销售很流行，其价格几乎都是要经过谈判的。虽然目录价格是由内部制定的，但最终的交易价格(与利润相关的)是销售过程的结果。目录价格和交易价格经常会有显著的差异。由此产生的理想价格和实际价格之间的差异通常被归因于市场上的普遍价格下降，但真正的根本原因有时是销售队伍表现不佳[3]。

目录价格的**实施**存在两个可能导致失败的因素。首先，因为有不同的目标，销售人员有时会为了自己而非企业的利益使用他们的价格决策权，这是个意愿的问题。为了解决这一问题，企业需要限制销售人员的决策权，或者设计其激励计划，使销售团队的利益与企业的利益相一致[24]。其次，当销售人员缺乏他们需要的信息或没有得到促进有效执行的知识或培训时，价格实施可能会受到影响，这是能力的问题。企业可以通过更完善的信息系统、更恰当的沟通和适当的培训来解决这一问题。

9.3.1 销售人员的价格决策权

当销售人员和客户进行价格谈判时，需要明确销售人员是否以及在多大程度上具有价格决策权[25]。在实践中，我们最常看到的是以下三种情况。

- 销售人员对价格有较大的影响力，在某些情况下有完全的决策权。
- 销售人员的决策权有限，即他们有权决定高于设定的下限的价格，但若要突破这一下限，需要得到更高管理层的批准。
- 销售人员没有价格决策权，即任何低于预先设定的价格都需要得到更高管理层的批准。

将价格决策权授权给销售人员存在争议。Kern[26, p.44]是这样描述的："让销售人员制定价格，就像雇狐狸看守鸡舍。"

1. 定性观点

在将价格决策权授权给销售人员方面有许多定性的观点，有赞成的也有反对的[26-29]。赞成授权的一方认为：

- 授权能够提高销售人员的地位，从而提高他们的积极性。
- 销售人员最了解个体客户的支付意愿，从而能够实现最优的价格差异化[27, 30]。
- 授权消除了销售人员和总部之间内部反复沟通的需要。这避免了组织回应的延迟，并创造了高度的灵活性。销售人员可以对特定情况和市场条件的变化做出快速反应。
- 复杂的产品和价格问题往往需要在谈判中同时解决。如果销售人员缺乏决策权，经常需要得到总部的批准，可能会使谈判过程变得烦琐。

以下是反对将价格决策权授权给销售人员的观点：

- 销售人员在价格谈判中往往过于让步，因为一般来说，他们都有强烈的动机去争取交易成功。即使他们的佣金收入是基于边际贡献的，也是如此。"总想安全顺利地获取订单。"[31, p.48]
- 对销售人员来说，价格决策权的集中是一种心理上的解脱。根据 Zarth 的说法："大多数销售人员都害怕价格讨论。"[32, p.111]
- 价格决策权的集中还减少了购买者可以施加的压力。"有个传统的购买公理：看看销售人员是否可以降价，如果可以，那么就坚持让他这样做。"[28, p.27]
- 价格决策权的集中减少或避免了在单个客户或细分市场之间产生价格不一

致的风险。
- 在某些情况下，价格决策需要复杂的成本、产能或竞争分析，只有集权的团队才能进行这些分析。

这些赞成和反对的观点也恰好表明，没有普遍适用的规则。最佳解决方案取决于具体情况[33]。正如 Krafft[34]所说的那样，销售人员的动机结构异常复杂。我们现在先从理论的角度对这些方面做一些说明。

2. 理论观点

基于决策理论和**委托代理理论**，在以下情况下，将全部价格决策权授权给销售人员是最优的：
- 企业和销售人员以利润最大化的方式行事；
- 销售人员的佣金与边际贡献成正比。

对于佣金率 α，企业的利润（边际贡献）定义为：

$$\pi = (1-\alpha)(pq - C) \tag{9-1}$$

以及销售人员收到的佣金 P 为：

$$P = \alpha(pq - C) \tag{9-2}$$

因为只有第二组括号中的表达式决定利润 π 和佣金 P 的最大值，而这些表达式是相等的，这意味着企业和销售人员拥有完全一致的目标。由于销售人员通常可以比高级管理人员更好地估计各自业务伙伴的价格弹性，因此，将完全的价格决策权转让给销售人员是有意义的[30]。Weinberg[35]已经证明，当销售人员没有争取绝对收入最大化，而是在最短的时间内追求某一目标收入时，这个准则仍然是最优的。

相比之下，当企业按收入支付佣金 β 时，价格决策权的授权并不是最优的。在这种情况下，企业扣除佣金后的利润为：

$$\pi = (1-\beta)pq - C \tag{9-3}$$

而销售人员收到的佣金为：

$$P = \beta pq \tag{9-4}$$

销售人员显然对最大化收入感兴趣。但假设边际成本不为零，企业利润最大化的价格高于收入最大化的价格，那么将价格决策权授权给销售人员，他们往往会把收入最大化放在首位，从而使得从企业的角度来看价格过低。当企业使用与收入挂钩的佣金作为销售人员薪酬时，通常建议不要将价格决定权授予销售人员。

我们假设销售人员一贯希望最大化他们的收入，而这一假设在多大程度上符合现实是很难评估的。这一假设的有效性对于我们提出的理论考虑是至关重要的。在我们的经验中，企业经常激励销售人员去达成交易，而非最大化他们的收入。

许多研究提供了其他的理论见解。Joseph[36]不仅考虑了销售人员对客户的支付意愿有更充分的信息，而且还考虑了具有价格决策权的销售人员，为了达成交易，会用**价格折扣**来替代需要投入的**时间和努力**。通过给予折扣来达成交易要比花更多的时间来说服客户更容易。根据这两种对立力量的净效应，可以确定最佳策略：完全授予还是部分授予价格决策权。Joseph[36]指出，一般而言，限制价格决策权会增加销售人员需要投入的工作量。因此，销售人员将专注于能够提供最高回报的客户。Bhardwaj[37]从需求是价格和销售人员所做出的努力的函数这一角度研究了价格决策权的授权。这两个维度上的竞争强度决定了何时应该将定价权委托给销售人员。当价格竞争激烈时，授予定价权是有利的。当销售人员的努力存在激烈竞争时，集中定价权是更好的选择[37, 38]。基于契约理论，Mishra 和 Prasad[27]的研究表明，当合同的形式是最优时，集中决策权至少与授予价格决策权一样有利[39]。合同必须披露销售人员的个人信息。

综上所述，对销售人员的价格决策权的授权问题，理论上没有得出明确的结论。我们也在这一问题上提供了正反两方面的论点。因此，我们应仔细研究具体的情况，并做出适当的决定。无论如何，与边际贡献成正比的佣金是授权价格决策权的必要前提。最近的大多数理论研究倾向于限制销售人员的价格决策权。

3. 实证研究结果

现有的实证研究结果支持这一趋势。当我们比较销售人员产生的收入与由此产生的边际贡献时，我们经常观察到巨大的差异性。表 9-4 以一家环卫技术公司为例来说明这一点。

这 33 名销售人员有充分的价格决策权。平均而言，他们实现了 810 775 美元的收入和 11.1%的边际贡献。编号为 31 的销售人员实现了 29.8%的边际贡献，远远高于平均水平，但只产生了 288 499 美元的收入。2 号销售人员的边际贡献率最低（5.3%），但收入却是第二高（178 万美元）。就绝对值而言，两者的边际贡献相似（85 972 美元与 94 193 美元）。收入与边际贡献的相关系数为–0.4，呈显著负相关。换句话说，随着收入的增加，边际贡献趋于下降。这表明，产生最多收入的销售人员倾向于"按价格销售",而收入较低的销售人员倾向于"按价值销售"。这就凸显了利润导向和收入导向之间的差异。在这一案例中,一个明显的结果是:降低了销售人员的定价权,重组了激励体系。一些"价格销售者"也被"价值销售者"所取代。

表 9-4 销售人员的收入和边际贡献——对一家环卫技术公司的案例研究

销售人员	收入(美元)	边际贡献(%)	销售人员	收入(美元)	边际贡献(%)
1	1 829 900	9.7	18	759 932	6.4
2	1 777 249	5.3	19	741 547	10.3
3	1 517 807	10.0	20	738 556	14.8
4	1 376 467	10.2	21	669 649	9.8
5	1 333 197	6.3	22	597 963	12.2
6	1 330 938	9.6	23	536 645	14.5
7	1 135 605	7.3	24	452 553	14.0
8	1 084 862	9.8	25	418 409	6.4
9	1 046 956	9.5	26	367 133	8.1
10	940 204	5.9	27	350 644	9.6
11	925 717	6.7	28	339 007	10.0
12	909 453	6.0	29	309 307	26.1
13	904 090	7.5	30	308 264	9.2
14	842 032	10.1	31	288 499	29.8
15	820 331	23.0	32	281 164	24.3
16	790 327	9.7	33	271 067	7.0
17	771 646	8.0	—	—	—
—	—	—	33 名销售人员均值(∅)	810 775	11.1

Stephenson、Cron 和 Frazier[28]探究了销售人员的价格决策权与企业成功之间的关系。他们的样本覆盖了 108 家向医院销售医疗产品的企业。他们根据授予销售人员的价格决策权的程度(无、有限、充分)对企业进行分类,然后根据几个绩效指标分析了每个类别。表 9-5 显示了其调查结果。

由表 9-5 可知,除"收入/销售人员"之外,其余所有绩效指标都显示,销售人员的价格决策权程度与企业绩效之间存在负相关关系。在有限的价格决策权的情况下,只有收入/销售人员的数值是最高的。结果非常明显,因为样本中几乎所有的企业都支付了与边际贡献成比例的佣金,这满足了价格决策权授权的理论前提。作者认为,这些发现的根本原因在于我们上面提到的**价格让步**,这种让步随着价格决策权的增加而提高。结果表明，简单的收入最大化假设并不能公正地反映销售人员复杂的动机结构[34]。

表 9-5 销售人员的价格决策权与企业成功之间的关系[28, p.24]

销售人员价格决策权	企业编号	标准化绩效指标			
		边际贡献		收入/销售人员	收入增长	利润率(%)
		扣除销售成本前	扣除销售成本后	—	—	—
无	31	1.057 0	1.043 6	0.869 7	1.393 9	11.79
有限	52	0.982 7	0.997 8	1.211 6	0.990 5	10.49
充分	25	0.943 4	0.953 7	0.759 1	0.560 5	9.65

Hansen、Joseph 和 Krafft[40]实证了我们上面描述的理论想法，根据这些想法，价格决策权的授予和销售人员信息的正面影响以及折扣和销售人员努力之间的次优替代（从企业的角度来看）相关。在对来自不同行业的 222 家企业进行的调查中，他们发现，当时间和努力取代价格折扣的风险较高时，企业倾向于更集中的价格决策权。Stephenson、Cron 和 Frazier[28]所做的研究也发现企业间在授予价格决策权方面存在很强的差异性。Alavi、Wieseke 和 Guba[41]在 B2C 领域的一项研究表明，从客户的角度正确评估价格重要性的销售人员可以大大降低折扣。在另一项研究中，Wieseke、Alavi 和 Habel[42]发现在零售价格谈判中，对客户忠诚度的考虑会导致销售人员给予客户更高的折扣，这一方面是由于有客户对其忠诚度回馈的要求，另一方面是由于客户在价格谈判中期望拥有更强的议价权。

在对 87 家大型企业的实证研究中，Wiltinger[43]调查了各种环境因素对授予价格决策权的影响。他发现，在以下情况下，企业会向销售人员授予更多的价格决策权：

- 客户希望立即获取价格信息；
- 个体客户对企业的财务比较重要；
- 销售人员对客户有很深入的了解；
- 销售人员非常认同企业的目标。

将价格决策权授予销售人员无法一概而论，我们希望慎重对待这一问题。在我们看来，将价格决策权完全授予销售人员是不可取的，授予有限的价格决策权在必要时足以提供灵活性。

此外，应该把销售人员的受教育程度视为与价格决策权的授予密切相关的因素。

他们越了解某些价格决策的内部和外部影响，企业就越容易将价格决策权授予他们。Kern[26]阐述了一个成功的授权例子，之所以奏效，是因为销售人员在计算机模拟游戏的帮助下接受了大量的培训。

9.3.2 价格导向的激励体系

对销售人员的激励，对于确保价格执行与企业目标一致起着决定性的作用。"与企业目标一致"意味着激励以及从结构到**激励**的实际配置与企业的战略目标高度一致。实际操作中最普遍使用的形式是基于收入的佣金计划。正如我们已经说明的那样，这种形式的激励在与价格决策权结合时是没有意义的。价格决策权应该与基于利润或边际贡献的激励制度挂钩，但这种形式在实践中存在问题。第一，向销售人员披露利润或边际贡献数据存在风险，此类信息可能会落入客户手中。一般而言，这不是我们希望看到的情况。第二，有关边际贡献的特定客户信息并不像收入数据那样容易收集，需要建立信息系统，而许多企业通常都没有信息系统。

为了解决这些困难，有一些行之有效的体系，近似基于边际贡献的激励，可以避免基于收入的佣金带来的不利影响。图 9-6 说明了**价格执行溢价**（price implementation premium）的使用情况。可变薪酬的基础仍然是销售人员产生的收入，但用额外的"溢价"奖励个体销售人员对价格的控制，可根据目标价格和实际价格的相对差异来进行考核。在销售时对价格进行控制的销售人员将得到比打折多得多的薪酬。经验表明，这样的系统可以带来持续的利润改善。

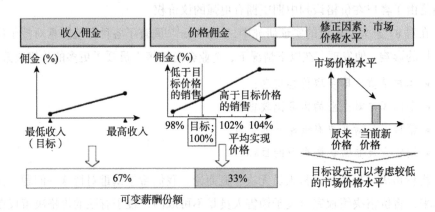

图 9-6　价格执行佣金

资料来源：西蒙顾和管理咨询公司。

我们用图 9-7 中的例子来说明另一种激励方案。该方案也避免了实际边际贡献的披露。在这种情况下，佣金率取决于折扣的大小，销售人员给予的折扣越高，佣金率（否则仍然取决于收入）就越低，这被称为"反折扣激励"（anti-discount incentive）。为了放大激励的效果，可以实时计算额外激励的金额，并显示在销售人员的笔记本电脑上。销售人员可以立即看到，当他们将折扣从 5%提高到 10%时，佣金会发生怎样的变化。这一体系对企业的利润产生了显著的影响。在 2 个月内，平均折扣从 16%下降到 14%，且没有损失客户和销量。这相当于边际利润提高了两个百分点，相当于价格上涨了 2%。

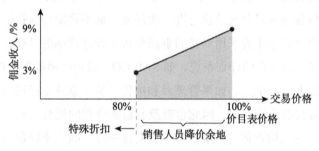

图 9-7　反折扣激励

资料来源：西蒙顾和管理咨询公司。

销售人员的激励体系应满足三个标准：

- 简单性；
- 公平性；
- 平等性。

简单性确保体系维护的成本保持合理，销售人员了解激励的效果。公平性意味着销售人员按照企业的要求行事可以获得实际经济回报。平等性意味着同等水平的绩效得到同等的经济回报。

即使企业坚持这些原则，并制定了基于边际贡献的激励制度，也不能排除企业与其销售人员之间会出现目标冲突的可能性。每当销售人员追求最大化自己的空闲时间而不是收入目标时，或者当销售人员极度风险规避时，往往会存在这种风险[44, 45]。一个喜欢更多闲暇时间的销售人员会愿意牺牲一些佣金来获得更多的空闲时间。如上所述，拥有价格决策权可允许销售人员使用价格优惠来"购买"更多的空闲时间或更少的努力。这种行为明显不符合企业的利益。原因在于，销售人员在自己的效用函数中，将更高的价值归因于空闲时间或较低的精神压力，而不是更多的收入[46]。从企业的角度来看，极度风险规避的销售人员也存在一定问题，由于他们害怕失去交易，想将失去订单的风险降到最低，那么他们往往会顺从客户的价格要求[45]。

1. 目标管理

在本节中，我们将提出一种新的方法。这种方法基于目标管理（MBO）的概念。目标管理是彼得·德鲁克在20世纪50年代制定并推广开来的，但有更早的渊源，实际上可以追溯到19世纪普鲁士军队推行的所谓"任务导向的控制系统"。另一种我们要提出的是美国军方历史上使用的"过程导向的控制系统"。一方面，任务导向或目标管理是指领导者只分配给执行者一项任务，而不规定如何执行这项任务。而另一方面，过程导向意味着采用周密的事前分析来设计详细的过程，执行者应该严格遵循这个过程。最流行的计划系统，如SAP-CO，只允许销量和价格的一个组合，即价格响应曲线上的一个点。如果管理者和销售人员同意并承诺这一点，销售人员就没有价格决策权的回旋余地，因此也就没有目标管理的机会。

可以按如下方式构建替代体系。为了说明这一点，我们来回顾一下图1-2中的数据：价格为100美元，销量为100万台，可变单位成本为30美元，固定成本为3000万美元。在这一基本情况下可产生1000万美元的利润。根据目标管理的理念，管理者可以设定至少1000万美元的利润目标，但让销售人员选择实现这一目标的方式。图5-2显示了为了实现至少1000万美元的利润，销售人员在价格和销量方面的选择。例如，80美元的价格意味着销售人员需要销售200万台，即图1-2中基本情况所示销量的两倍，才能实现1000万美元的利润。相比之下，120美元的价格将允许销售人员损失高达1/3的基本销量。如果销售人员所得利润超过或低于基本利润，他将受到相应的奖励或惩罚。这一体系的一个重要优点是，决定价格的人是最接近客户的人，因此其评估客户的支付意愿的能力最强。同时，双方同意的利润目标降低了销售人员行为可能会损害利润的风险。MBO鼓励销售人员专注于有利可图的客户，并阻止他们降价。如果销售人员经验丰富，知道哪些销售活动最有效，并且能够得到企业的授权，这种激励制度就特别有效[47]。

2. 非货币型激励

除货币型激励外，非货币型激励在销售中也发挥了重要作用，同时也可以用于价格管理[48]。大多数销售组织经常使用诸如销售竞赛、荣誉奖励、月度最佳销售人员、旅行奖励、百分百俱乐部[⊖]等概念。然而，在价格实施方面，尽管也有一些有趣的激励方式，但很少采用这种激励。管理者可以为最高价格、最低折扣、最高边际贡献或最具创意的定价解决方案提供奖励。内部沟通也可以创造或加强非货币型的激励。在销售团队或销售管理的会议上，通常会讨论市场价格趋势、当前定价问题、必要的涨价和价格策略。这样的机会可用来为更好的定价策略提供奖励。

Spiro、Stanton 和 Rich 的一项研究表明[49]，非货币型激励可以对价格实施产生积极影响。在一家医疗技术企业中，新任总经理引入了报告制度。该制度披露了给予高折扣的情况，而后该企业价格的实施情况得到了改善。他评论道："一年前在这里开始工作时，我要求每天打印出所有根据我们的折扣条款批准的最低价格的交易。在最初的几个月里，清单上有数百个项目。现在每天打印出来的项目可能只有 10 个，这些通常是我自己签署的。尽管这一政策非常严格，但是在显著提高利润的同时，我们只失去了很少的客户。"

没有销售人员愿意当"价格输家"（price loser）或臭名昭著的折扣者，因而销售人员往往有较强的动力将价格维持在一定水平。

通常来说，大多数企业都有**折扣、交易条款方面的体系**。这些体系在销售人员有限的价格决策权或没有价格决策权的情况下发挥关键作用。该体系的作用是确保为单个客户设置适当的价格。体系具有灵活性，而在其他情况下，这种灵活性来源于销售人员的价格决策权。**交易条款**是根据客户的具体情况对衡量供应商表现的标准方法的修订以及客户如何对其表现提供报酬的共同协议。它们通常受到标准条款的约束，适用于现货交易和持续发展的商业关系中。卖方给予的优惠条件反映了卖方对客户的差异化待遇。相反地，要求一定的优惠条件则反映了客户对卖方的差别对待。制定交易条款有助于卖方实现两个目标：最大限度地提高支付意愿（因客户而异），以及激励客户按照有利于卖方的方式行事。此类客户行为可能包括增加购买的产品和服务的数量及范围、订单的交货期延长、交货频率降低或付款速度加快。

图 9-8 显示了交易条款和折扣的分类。在左侧，针对特定客户修改了标准表现水平。这允许卖方向客户提供特权，如交换权或退货权，向客户提供物质或经济上的津贴（如产品样品、广告补贴），或执行诸如订单分拣或物流后勤等功能。右侧显示了如何通过折扣、延长付款期限或让客户承担某些物流职能（例如，自行提货）来修改标准客户条款。

⊖ 百分百俱乐部是对完成或超额完成销售定额的销售人员的一种奖励。——译者注

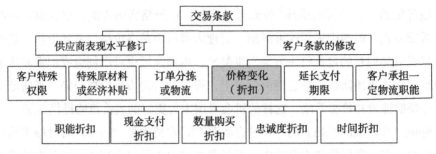

图 9-8　优惠条件和折扣分类[50, 51, S.577]

以降价形式进行的价格调整称为**折扣**。它们通常在购买或在开发票时产生。因此，折扣决定了**交易价格**，即客户最终支付的实际价格。我们可以根据给予折扣的理由对折扣进行分类。

- 向客户特别是中间商提供**职能折扣**（functional discounts），以换取该方代表卖方执行诸如仓储、产品展示或咨询之类的职能。
- 向在预定期限内付款的客户提供**现金支付折扣**。
- 向购买了一定数量产品的客户提供**数量折扣**。一般来说，客户购买的数量越多，折扣越大。奖励是数量折扣的一种特殊形式。它们并不是在开发票时授予，而是根据特定时期内购买的数量来决定。
- 向主要或专门从一家企业购买产品或服务的客户提供**忠诚度折扣**。
- **时间折扣**是指购买或交付的时间，包括预付、季节性、介绍性或清货折扣。

除了这些最普遍最常用的形式之外，还有其他许多类型的折扣。Pechtl[52]统计了大约 40 种折扣和优惠条件。制造商有时使用 70 多种不同的折扣条款、交易条款和回扣与中间商（如分销商或零售商）打交道。在实践中，折扣通常在**折扣体系**的框架内以组合的形式提供。为了保持内部透明度，折扣体系不应过于宽泛或复杂。关于折扣体系的一个核心问题是，企业在其市场上竞争是否真的需要特定的折扣。企业提供的各种折扣往往不是理性规划的结果，而是多年积累下来的"折扣丛林"。

"折扣丛林"的一个典型标志是，尽管客户并没有做到他们承诺的条件，但是他们还是得到了这些条件对应的折扣。在其他情况下，对于与卖方有长期关系的客户而言，一次性或特殊折扣逐渐演变为标准做法。这些标志非常普遍，许多企业都有机会通过对它们提供的折扣采用更严格的"绩效薪酬"原则来填补这些收入和利润的"漏洞"。

大多数的交易条款体系都有一个独有的特征：随着时间的推移，企业中没有人知道为什么首先要创建和实施某些指导方针、特殊例外和补充协议。折扣的泛滥，再加上折扣水平的提高，导致了体系的不透明，导致客户对供应商的不信任，并破坏了他们对卖方价格公正性的信任。由于零售商在进行自己的价格计算时依赖于折扣水平，这可能导致价格、利润率和利润的下降。用于折扣和交易条款的数千万美元或数亿美元预算的情况很常见。一家大型建材供应商的交易条款预算占总收入的30%以上。企业投入相当多的时间和费用来降低成本，以提高利润。但它们低估了对自己的折扣和交易条款体系进行系统性优化的利润潜力。对于刚才提到的材料制造商来说，平均折扣水平只降低了2个百分点，利润就增加了15%以上。挖掘这种潜力需要对价格和条款条件体系进行全面改革。对新的体系的要求应该取决于企业当前的市场状况及其战略关键点。我们建议企业可以通过6种方式为其折扣条款和交易条款政策建立一致的、目标驱动的绩效导向。

3. 通过限制折扣降低价格竞争

一家女性时装生产商见证了零售商之间的价格竞争日益激烈，基本上是无差异化的高折扣所引起的。这种情况并不罕见，因为这些折扣对小型零售商是有利的，使之可以与更强大的零售商进行价格竞争。在这种情况下，重新设计折扣结构的目标是为零售商提供更坚实、更可靠的计算基础。该企业通过差异化的折扣结构实现了这一目标。该结构严格基于性能标准，并不歧视个体零售商。

4. 利用系统奖金抵御激进的竞争对手

一家门业制造商有两个业务领域（仓储和项目），这两项业务都与分销商紧密相关。当制造商感觉受到激进竞争者的威胁时，其产品优势足以抵挡住对价格敏感的项目业务的威胁，但它需要采取行动来支持其仓储业务。为了在激励和压力之间建立适当的平衡，制造商引入了基于两个组成部分的奖金系统：仓储收入和总体收入（仓储加项目）。总体收入高、仓储业务强劲的分销商完全符合制造商的目标，因此获得了最高的奖金。但该系统也为总体收入水平较低但仓储业务份额较高的分销商，以及总体收入较高但仓储业务份额较小的分销商提供了强有力的激励。

5. 利用价值奖金减轻价格压力

当需求疲软时，市场上的价格可能会受到压力。分销商和零售商急切地想要提供更多廉价的替代方案，以便以任何可能的方式创造收入。为了提高"收入质量"，制造商需要设计激励体系，让这些中介机构销售价值更高的产品。一家领先的汽车设备制造商将价值奖金纳入其交易条款体系，以应对其市场的价格压力。价值奖金旨在刺激高价值产品的销售。

6. 避免滥用基于项目的交易条款

由于规模庞大，大型项目通常需要某种形式的价格优惠。项目业务的一个根本问题是其精确定义及其与标准业务间的明确界线。太模糊和解释空间过大有时会诱使中间商滥用价格优惠体系，试图让标准业务获得更优惠的项目条件，例如，声称"我的仓库是我最大的项目"。这类交易实际上在销售团队和中间商之间并不少见。为了消除这些滥用的机会，一家制造商重新设计了项目业务的交易条款：只有在产生具体的、可核实的结果时才会给予项目交易条款。

7. 利用合作伙伴概念深化与战略客户的关系

交易条款体系的重新设计通常是为了更多地关注战略客户的需求。当这种情况发生时，规模较小的老牌分销商担心他们会失去来之不易的特权，可能在新的体系下变得更糟糕，甚至有些可能会导致终止与卖方的业务关系。一家园艺工具制造商发现自己处于这种情况。它的目标是更好地选择具有战略重要性的分销商（在收入、地区地位和竞争力方面）。其目标是：

- 为具有战略重要性的业务合作伙伴提供更大的回报；
- 根据分销商的服务表现适当提供奖励；
- 与选定的分销商进行联合规划。

合作伙伴的概念只有在遵循明确的指导方针并避免弱化通行的交易条款体系时才会起作用。在这种情况下，制造商为有资格获得奖金的收入制定了透明的预算指导原则。

交易条款体系的重新设计必须符合制造商的内部要求和交易伙伴的实施需求。即使在概念阶段，让销售人员参与也是很重要的。实践证明，他们的投入通常是非常有价值的，因为他们最了解自己的交易伙伴。同时，还应该在概念开发阶段让选定的交易伙伴参与进来。此外，企业应该分析具体的客户数据。其中包括确定相互关系方面的精准客户结构，而不仅仅是其收入和适用于他们的交易条款。这些数据可以作为计算机模拟新交易条款和条件的影响的基础。这种模拟将预先确定哪些交易伙伴将是重新设计的体系下的"赢家"和"输家"。这是为客户制定个体衡量标准并将新的期望传达给"赢家"的最佳方式。企业还可以向"输家"展示他们可以采取的步骤和可以调整的行为，从而可以提高他们的交易地位，获取更优惠的条件。

企业应提前明确具体的要素，并与交易伙伴密切合作，确保新体系在市场上遇到的阻力最小。其更大的挑战是在中长期保持体系的完整性和一致性。一旦企业开始给予例外或特殊照顾，它就有可能迅速回到折扣丛林的道路上。针对新的交易条款体系的强化训练是必不可少的，为了确保销售人员能够信服新体系，并在新体系的背景下向每个客户展示如何改善其状况，这是唯一的方法。否则，销售人员可能会无法适应新体系。

8. 风险分担

全球风力发电技术领导企业 Enercon 采用了一种非常成功的定价模式，其中包括一种新的风险分担形式。根据 Enercon Partner Concept（EPC），客户可以根据基于 Enercon 涡轮发电量的价格签署维护、安全服务和维修方面的合同。换句话说，Enercon 通过与风电场的运营商分享这些风险来降低客户的经营风险。客户觉得这一优惠非常具有吸引力，因此，其中超过 90% 的客户签署了 EPC 合同。

与所有风险承担和保证一样，提供商需要考虑潜在成本。在 Enercon 的案例中，由于其卓越的产品质量，成本是可控的。缺少齿轮（齿轮是故障的首要原因）意味着 Enercon 可以保证客户的正常运行时间达到 97%；竞争对手通常不能保证超过 90% 的正常运行时间。在现实中，Enercon 产品实现了 99% 的正常运行时间，其无须任何成本即可保证 97% 的正常运行时间。这是供应商和客户之间最佳风险分担的理想案例，可以显著降低客户的购买阻力。Enercon 还承担 12 年合同期的前半期所有服务费的一半。这为风电场投资者提供了大量倍受欢迎的财务帮助，因为他们可能会在建立风电场的这几年里陷入财务困境。

9.4 价格沟通

第 4 章讲的是价格心理学，我们解释了从感知到评估再到形成偏好的几个过程在价格管理中所发挥的重要作用。在很大程度上，价格的影响取决于其展示和沟通的方式。这主要适用于现有的和潜在的客户，但价格沟通同样也可以针对竞争对手及自己的员工。

2012 年伦敦奥运会的巨大成功证明了明智的价格沟通可以成为价格管理的一个基本要素。负责管理票务的保罗·威廉森（Paul Williamson）[53]不仅将价格用作有效的收入和利润的驱动因素，而且还用作有针对性的强有力的沟通手段。不做任何附加说明，就用价格本身的数字来传递信息。其制定的最低标准的票价是 20.12 英镑，最高是 2012 英镑。"2012"这个数字一而再、再而三地出现在价格点上，大家立刻就能发现这些价格点指的是奥运会。

另一个创意是伦敦奥运会的某些比赛为 18 岁以下的孩子推出特殊的价格结构。其口号是"按年龄支付"：6 岁的孩子支付 6 英镑，16 岁的支付 16 英镑。但老年人也可以购买低价门票。所有这些措施都帮助组织者践行了其观点：伦敦奥运会是"每个人的盛会"[54]。这些价格结构产生了非常积极的共鸣，媒体也进行了连篇累牍的报道，甚至连英国的女王和首相都公开赞扬了"按年龄支付"策略。这些价格不仅是一种有效的沟通手段，而且被认为是非常公平的。

伦敦奥运会门票的价格结构的另一个重要特征是绝对没有折扣。伦敦奥运会的管理层坚定地坚持了这一政策，即便某些赛事的门票并没有售罄也绝不打折。这就给观众发出了价值方面的明确信号：门票和活动都是物有所值的。管理团队还决定不进行任何捆绑，捆绑即管理团队将有吸引力和不太吸引人的比赛或项目组合到一个捆绑包中，是体育赛事中的一种常见做法。

在沟通和销售方面，团队都非常依赖互联网。大约 99%的门票都是在网上销售的。通过巧妙的价格结构和沟通活动，威廉森和他的团队创造了 8.24 亿美元的门票收入，比预期高出 75%，并且比前三届奥运会(北京、雅典和悉尼)的门票收入总和还要多。这一案例清楚地显示了强有力的价格沟通的潜力。

9.4.1　外部价格沟通

价格必须要和客户沟通，不仅要沟通价格本身的信息，而且还要进行这样的沟通：影响客户的感知和评估，使之觉得所购买的产品或服务是物有所值的。下面我们将讨论可用于价格沟通的工具和技巧。

德国公司 Teekampagne 是种植有机大吉岭茶的市场领导者。我们可用它作为例子来说明如何进行明智有效的外部价格沟通。通过完全一致的价格透明度，并根据会计报表中披露的 300 多个项目来说明如何得出销售价格。1 千克茶叶的商品成本为 16.94 欧元，海外运费为 0.23 欧元，保险费和税金为 1.30 欧元。其他成本还包括包装填充物、袋子和标签的 1.31 欧元，有机控制和认证的 0.52 欧元，办公费用和数据处理的 1.23 欧元等。该公司对所有这些项目进行了汇总，得出 29.50 欧元/千克的价格[55]。这些成本清单项目构成了该公司对其价格组成部分的可靠描述。这使得销售价格对于客户来说是透明和容易理解的。

1. 价目表

最基本和最常用的价格沟通媒介是价目表，它有几种不同的形式。总价目表列示最终消费者的价格。零售商、分销商和其他中间商可从总价中获得折扣。折扣代表对其履行职能的报酬。在仍允许固定价格协议的行业部门，中介机构有义务履行总价。尽管在德国固定价格协议通常是被禁止的（处方药、书籍、杂志和香烟除外），德国在这方面有一些例子。在所有其他市场，只允许制造商为最终消费者建议或推荐价格，但该价格对交易伙伴没有约束力。实际上，价目表上的推荐价格代表最高价格。只要消费者知道这一价格，这一价格就形成了消费者的参考依据。零售商通常收取比制造商推荐价格更低的价格，以获得优势，但零售商的现实情况往往偏离预期的定价自由模式。对于制造商，特别是那些拥有强大品牌的制造商来说，会保持警惕，向零售商施加压力，要求他们坚持建议或推荐的价格。这符合品牌产品制造商的利益，因为统一的价格是强大品牌的重要元素。在零售环节执行价目表价格的困难促使一些制造商，特别是奢侈品制造商，建立了自己的销售渠道，从而可以完全控制价格。历峰集团、LVMH 和开云集团（Kering）等奢侈品集团的大部分收入都来自自营门店。

净价目表包含制造商销售产品的价格。它们的交易伙伴可以自由设定自己的销售价格。为了避免与交易伙伴发生冲突，一些制造商已经从总价定价转为净价定价。结果，它们几乎放弃了对产品终端客户价格的所有影响力。当然，净价定价体系下也有折扣。但这些并不是对分销商提供服务的报酬，而是基于销量或者特定职能的折扣，后者反映了交易伙伴承担的某些特定任务（如自费提货）。

此外，制造商需要考虑是将其价目表提供给客户，还是留着它们仅供内部使用和参考。当供应商公布价目表时，它们已经有效地确立了最高价格。即使客户的支付意愿更高，供应商通常也不能收取比价目表更高的价格。然而，这些上限有时会在供给出现短缺的时候被突破。在一些大城市的高峰时间，很难以平常的标准价格打到出租车，司机可以要求更高的价格。要确定确切的价格就是谈判的问题了。相比之下，仅供内部使用的价目表允许提价和降价。它们主要作为指导原则来帮助员工报价，但这并不排除在允许的情况下收取高于价目表的价格（例如，供给缺乏或当客户可能有更高的支付意愿时）。此外，不对外公开价目表也使降价的回旋余地更大。客户可以从公布的价目表价格中获得很高的折扣，但结果可能会损害企业的信誉。如果客户不知道价目表的价格，那么降低价格就不会危及信誉。简而言之，内部使用的价目表比公开的价目表提供了更大的价格差异化的可能性。因此，我们建议企业在价格透明度较低、客户异质性较大的市场中使用内部价目表，而不是公开价目表。

传统上，价目表价格是用纸张打印出来的，如果在外部使用，则分发给客户。对于有大量品种和客户的企业来说，这是一项成本很高的活动。正因为如此，企业不会经常调整价目表价格，通常每半年或一年调整一次。而互联网彻底改变了这一情况。当价目表主要或仅在网上发布时，不仅可以节省相当多的成本，而且可以随时更改价格。然而，在许多行业中，印制价目表和电子价目表仍然并存。

2. 与价格相关的广告

企业的定位具体表现在产品、价格和沟通上。正如高端供应商在广告中强调与质量相关的口号（例如，美诺的"永远更好"或梅赛德斯–奔驰的"唯有最好"）一样，那些从价格中获得竞争优势的企业把与价格相关的口号放在它们沟通的最前面。这些价格驱动的信息的不断重复对它们的价格形象有很好的影响。零售商，特别是折扣店，通常会频繁地使用价格广告。沃尔玛和奥乐齐超市等连锁店发布的报纸广告主要用于价格广告。时尚零售连锁店 H&M 的广告口号是"以最优惠的价格提供时尚和品质"。价格形象取决于几个因素，实际价格本身对其影响最大，但是价格广告对价格形象也有很大的影响。例如，一些企业成功地建立起特别优惠的价格形象，尽管客观地说，它们的价格不一定是最低的。它们的理念是持续密集地使用价格广告。

- 企业长期使用的价格相关的广告口号的例子有：
    - "无与伦比的价格"——百思买
    - "始终低价"（以前的口号），然后是"省钱，生活更美好"——沃尔玛
    - "期待更多，支付更少"——塔吉特
- 企业还经常使用价格方面的广告口号来进行限时的特定活动，例如：
    - "心动的价格，诱人的旅行"——1-2-Fly⊖

⊖ 原版德语口号："Bei diesen Preisen muss man reisen"。

- "酒好价廉"——52weine.de⊖
- "令人幸福的价格"——Galeria Kaufhof⊜
- "更好的价格，更好的生活"——Ratiopharm⊜

有些企业，例如，Save-A-Lot（节省很多）、Dollar Tree（一元店）和 Five Below（五元以下），甚至在企业的名称中传达了其优惠价格的形象。类似地，互联网企业也使用它们的名称和网址来传达有吸引力的价格形象，例如，Cheapprices.com（价格便宜）和 Megacheaphardware.com.au（非常便宜五金制品）。在价格沟通中，一些流行的词语和短语直截了当地传达了优惠的价格，例如，"大降价""非常便宜""我们不会被低估"或者"大甩卖"等。

这些例子用价格相关的口号传达了我们想表达的意思。当稳定的广告印象在很长一段时间内与实际价格保持充分一致时，这样的口号可以有效地将企业的价格形象引导到其所期望的方向。然而，也必须小心，不要越过"廉价"形象的界限，影响消费者对质量的看法。

3. 价格保证

一种不很常见的价格沟通的形式是价格保证。这超出了纯粹的沟通措施，因为如果消费者以更低的价格从另一家供应商处发现相同的产品，价格保证要求企业有义务接受产品退货并赔偿价格，或者向消费者支付差价。百思买使用了这种沟通方式："我们在价格上不会被打败。我们会与主要线上和本地竞争对手的价格一致。"[56]壳牌公司通过其在欧洲的新客户卡，保证其目前收取的油品零售价格永远不会比该地区其他加油站高出 2 美分[57]。

价格保证传递了一个强烈的信息。即使消费者很少利用它们，也会向客户传递一种高度的感知保证，即它们支付的价格即使不低于竞争对手提供的价格，也是可以负担得起的。卖方面临的一个风险是，其竞争对手将它们的价格保证作为一种损害它们利益的方式。但在实践中，竞争对手实现这一点的能力是有限的，特别是如果卖方的产品分类中有相当一部分是其特有的，因此，竞争对手没有同样的产品。价格保证通常只适用于价格水平确实较低的企业。

⊖ 原版德语口号："Große Weine. Kleine Preise"。
⊜ 原版德语口号："Preise, die glücklich machen"。
⊜ 原版德语口号："Gute Preise, gute Besserung"。

4. 价格变化的沟通

当涉及价格变化时，卖方的利益是不对称的。卖方希望客户能最大限度地关注降价，而对于涨价，则尽量避免客户关注，以便将对销量的负面影响降到最低。这种不对称导致了价格沟通方面的一些重要观点。

- 应通过密集的沟通来支持降价，突出低价的优势，其目标是增加价格弹性（绝对值）。
- 通过加强沟通，强调产品质量，来缓解价格上涨带来的负面影响。其目标是降低价格弹性（绝对值）。

我们用一个消费品品牌的例子来说明这些影响，如图 9-9 所示。

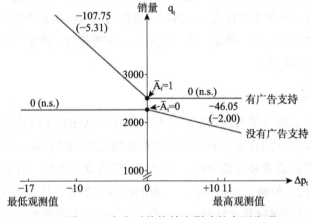

图 9-9　广告对价格效应影响的实证发现

在这种情况下，降价与密集的广告相结合可以带来非常强劲的销量增长。然而，如果降价没有得到广告的支持，那么销量的增长并不显著。而相反，没有广告支持的价格上涨会对销量产生强烈的负面影响。同时，如果有广告伴随企业的价格上涨，那么销量并没有明显的下降[58]。这些发现得出的结论是，价格上涨和价格下降都需要适当的广告来支撑。

以下介绍的奥乐齐超市的价格沟通富有启发性。在德国奶农罢工后，牛奶的采购价格每升上涨了 0.10 欧元。奥乐齐超市在报纸上整版刊登广告宣称："采购价格上涨 0.10 欧元，而零售价格只上涨 0.07 欧元！奥乐齐超市不会将全部涨价转嫁给您。相反，我们愿意为我们国家的奶农承担责任。"大家会觉得消费者欣赏这种广告，因为在这种情况下，消费者本以为奥乐齐超市很可能会涨价 0.10 欧元。根据前景理论的观点，消费者认为上涨 0.07 欧元，这一价格更优惠了，因为他们"节省"了 0.03 欧元。以类似的方式，某一服务提供商表示，只将员工工资成本增长的 70%转嫁出去。我们想在这里指出，从利润最大化的角度来看，完全转嫁成本增长并不是最优的。如果我们假设价格响应函数是线性的，那么只应该转移成本增长的一半，这与价格弹性的水平无关（详见第 5 章）。在奥乐齐超市的例子中，消费者的价格上涨 0.07 欧元，这一数值与理论最优值比较接近。

我们观察到，使用其他沟通工具，如展示、海报等，对零售业的价格弹性有很大的影响。辅助性广告、店内特殊布置和店内标牌可以扩大降价对销量的影响，与单独使用降价而没有这种广告沟通的情况相比，这可以扩大降价对销量的影响。图 9-10 说明了这一点[59]。在没有广告支持的纯价格下降情况下，每单位价格下降促使市场占有率提高 0.6 个百分点。而如果价格下降得到广告的支持，每单位价格下降，市场份额的增加将提高 2.5 个百分点。如果降价辅之以展示，市场份额将提高 2.6 个百分点，大致与前者相同。如果企业将这两种工具结合起来，每单位价格的下降将使市场份额提高 4.7 个百分点。换句话说，当企业结合使用店内展示和广告时，降价的效果是没有相关价格沟通工具支持情况下的 8 倍。

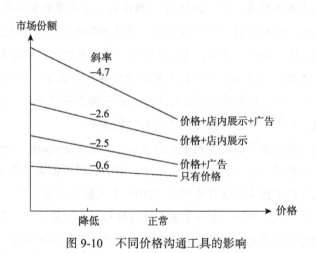

图 9-10　不同价格沟通工具的影响

另一项发现说明了感知和沟通的重要性。我们发现卖方仅仅提到折扣，即使没有实际的降价，也能刺激销量。在实际中，这种伎俩并不少见，但卖方需要注意，随着时间的推移，这可能会破坏消费者对商家折扣政策的信任。

对于涨价，企业有以下几种方法可以用来软化感知并减少负面的销量效应。

- **偏好构建广告**：价格上涨辅之以强调质量的广告。报纸和保险公司在宣布涨价时经常使用这种策略。
- **保密**：企业"偷偷"地涨价，希望客户不会注意到这一变化。这种策略只对客户很少购买或不熟悉价格的产品有效。在其他情况下，这可能会损害企业的形象，破坏客户的信任。
- **包装尺寸的缩小**：当企业想要避免超过价格门槛，或者受到总价的约束（比如在自动售货机中）时，这种方法就会发挥作用。对于使用单位因客户而异或因场合而异的产品（例如一杯冰激凌、一卷纸巾、一盒谷类食品）或缺乏明确的标准包装尺寸（例如一瓶果汁）的产品，这种策略是常见的。甚至香烟的数量也会偶尔进行调整，以保持绝对包装价格不变。2015 年，亨氏将黄色芥末的包装尺寸从 9 盎司缩小到 8 盎司来提高黄色芥末的价格。2016 年，亿滋国际（Mondelez）决定通过加大三角形包装中巧克力"尖峰"之间的间隙，来改变其在英国出售的三角巧克力棒 Toblerone 的形状。形状的改变将巧克力的净含量从 170 克减至 150 克，但零售价保持不变。亿滋国际为这一行动进行了辩护，声称"由于瑞士法郎汇率高，瑞士的生产成本更高，原材料成本也更高"[60]。2015 年，德国的一家冷冻食品公司 Iglo 成功地利用包装尺寸的缩小对一些产品实现了超过 40%的实际价格上涨[61]。
- 欧洲药店的一个例子表明，当制造商缩小包装尺寸时，零售业并不总是会配合的。该连锁店使用了一个标志来提示顾客注意高露洁-棕榄公司减少了管中牙膏的含量，但保持包装价格不变。这一例子不同寻常，因为零售商通常不会明确告知客户这种秘密或隐晦的价格变化。
- 2016 年，达能旗下的世界领导水品牌之一的依云(Evian)，将德国一款受欢迎的饮用水瓶子的容积从 1.5 升减少到 1.25 升，同时提高了价格。这使得它被德国最负盛名的全国性日报评为"2016 年欺骗性包装"[62]。
- **提高声誉和客户信任**：当一家企业提高价格时，如果该企业具有出色的声誉和强大的信任基础，客户通常不会将负面动机归因于该企业。如果企业专注于建立和维持这种信任水平，可以减轻价格上涨引发的负面看法[63]。但尽管如此，企业也不应该滥用其商誉。

5. 价格结构与沟通

多维和其他复杂的价格结构对消费者的理解和价格效应有很大的影响。这为价格沟通创造了机遇，也带来了挑战。这适用于多维和非线性价格结构，也同样适用于价格捆绑和类似结构。当复杂性达到一定水平时，客户对价格进行可靠评估的唯一方法就是进行一些非常复杂的计算（例如，德国铁路卡的盈亏平衡点、投资回报或生命周期成本计算）。

许多实证研究表明，价格的展示（总价格与价格组成部分的细分）对价格感知有很强的影响。在旅行社预订邮轮就是这方面的一个例子。代理商不是提出 1500 美元的一维价格，而是传达多维价格（例如，旅行本身 1350 美元，150 美元附加的港口费等）。这种做法在廉价航空公司中也很常见。对它们来说，各种附加费加起来往往超过机票本身的价格[64]。客户可能会认为这些多维价格展示更实惠（即使金额相等），并会相应地增加他们的需求。为了抵消这种影响，欧洲法院要求，当客户在线预订时，最终（总）价格必须首先展示给客户[65]。

Xia 和 Monroe [66]发现，多维价格的影响按 U 形变化。随着价格组成部分的增加，客户认为产品或服务越来越优惠，但价格参数（成分）到达一定数量后，客户开始认为价格昂贵。对于具有两到四个价格组成部分的产品或服务，使用多维定价可以使产品或服务看起来更便宜。如果价格组成的数量超过这一点，客户会认为价格结构太复杂。缺乏透明度使得价格结构对他们没有吸引力。因此，卖方应该仔细考虑价格组成部分的数量。对于最优数量，没有一般性的规则，因产品而异。例如，手机的价格组成部分的数量远远少于汽车，而汽车可能会有各种各样的单独定价选项。价格组成部分的数量也可以成为一个区别于竞争对手的卖点。如果所有卖方都使用具有多维价格的复杂结构，那么一维价格可以作为一种有效的差异化形式。移动运营商和互联网服务商通常使用这种方法，例如，采用统一价格或三重播放捆绑价格（triple-play bundles）。

多维价格的一个重要方面是价格组成部分的相对权重。我们在实践中观察到两种典型的形式。一种形式包括主要价格部分，通常占总价格的 75%以上。另一种形式包括几个大致比例相当的组成部分。在第一种情况下，具有重要权重的价格组成部分称为基本价格，对应于产品或服务的最基本水平，例如邮轮，其中旅行本身的价格是基本价格，而以其他收费（如港口费）作为该价格的补充。实证研究表明，基本价格的存在具有锚定效应。换句话说，客户会对基本价格进行评估，然后在考虑不太重要的价格组成部分时调整对基本价格的印象[67]。因此，基本价格在客户对产品或服务的评估中起着至关重要的作用。只有在客户对基本价格进行评估之后，才会考虑其他价格组成部分。在前面的例子中，如果客户认为 150 美元的港口费太高，这会影响整体印象。例如，最初对"非常便宜"的总体评估可以转变为"不贵"。这种顺序评估过程使基本价格具有不成比例的高权重。在这种情况下，将基本价格定得尽可能低，并使之成为沟通的焦点是有意义的。

当客户认为多个价格组成部分同样重要时，建议使用另一种沟通形式。例如，汽车租赁合同包括一次性付款加上每月定期付款，就属于这一类。在这些情况下，价格组成部分并不是按顺序接受客户的评估，而是被并行考虑的。对于汽车租赁，Herrmann 和 Wricke [68] 调查了每月付款、一次性付款和合同期限的影响。与一次性付款相比，每月费率对整体评估的影响更大。根据研究者的说法，原因是客户根据他们的月收入来看待每月付款，并考虑他们可支配收入的减少比例。一次性付款被视为一种一次性支出，不会直接降低他们每月的购买力。这些发现与前景理论的预期一致，特别是符合心理账户理论（详见第 4 章）。因此，租赁公司应该将月租设得更低，并使之成为卖方与客户沟通的主要焦点，一次性支付价格可以更高，并在沟通时展示。

价格捆绑和相关的沟通也会带来机会。当涉及单个组件及其价格的沟通时，由几个甚至许多部件组成的产品会突破限制[69]。相反，捆绑及其优惠价格可以有针对性地进行广告宣传。一个典型的例子是汽车，其可以包括几十个不同的部件。然而，当这些被组合成捆绑或特价套餐（运动、舒适、安全等）时，它们可以有效地针对目标群体，其中的信息强调了捆绑价格相对于单个价格的优势。餐厅里的特殊套餐或组合，如麦当劳的套餐组合，也与此类似。通过更有效地沟通捆绑及其价格，可以大幅增加捆绑销售中固有的利润（详见第 6 章）。

许多国家都有法律规定和限制价格沟通的限度。这些法规背后的理念是确保消费者为他们收到的商品或服务支付的价格的完整性和清晰度[70]。例如，这取决于透明度，即客户可以明确地将产品与提供的价格匹配，反之亦然。美国联邦贸易委员会有广泛的准则来定义欺骗性广告行为。这些包括在价格沟通中使用诸如"批发""免费"和"有限"之类的词语，或在价格实际反映正常水平时造成商品正在打折的印象[71]。关于要求零售商既要展示商品总价又要展示单价⊖的规定因国家而异。这些准则尤其适用于折扣价格和参考价格的比较。后者通常基于制造商的推荐、之前的要价或竞争对手的价格，会显得较高。许多国家（如美国和德国）明确禁止使

⊖ 意思是，例如，在货架标签上不仅要展示一瓶饮料 x 元，还要展示其中每 100 毫升 y 元。——译者注

用人为抬高的参考价格,以造成现行价格较便宜印象的行为。

6. 支付条款

支付条款很大程度上不是一种沟通工具,但其具有感知相关性,因此也是一种沟通辅助工具。例如,进行分期付款的报价可以帮助客户与相应的总价区别开来。租赁费率也是如此,虽然从财务会计的角度来看,这些价格仍是可以进行比较的,但这些影响也会发生。这些发现为设计和价格沟通带来了有趣的机会。汽车行业很早就认识到了这一点,并提供了许多融资和租赁选项。它们知道,赊购汽车的客户倾向于订购更多的选项。我们假设一辆车的空调设备,如果客户要买,费用为1200美元,但如果客户租用,则每月只需20美元。可以假设租车的客户更有可能购买空调设备。从沟通的角度来看,20美元看起来比1200美元更划算。

正如我们从第4章了解到的那样,**支付流程的时间和设计会带来额外的影响**。例如,在健身中心,随着时间的推移,在年初一次性支付年费的客户使用设施的频率会越来越低,续费率也明显低于每月缴纳会员费的客户。因此,对于俱乐部经营者来说,推广按月付款方案更有意义。与汽车租赁相比,这里强调的是对客户忠诚度的影响,而不是支付本身(更低的)水平。

对消费者行为和价格沟通产生影响的另一个因素是支付和实际消费的时间间隔。Gourville 和 Soman[72]在购买剧院门票时证明了这一现象。两个人都购买了同一场演出的门票。A 提前购买了门票,而 B 只在演出前一天购买了门票。我们假设演出当天的恶劣天气会使去剧院的行程非常不愉快。对 B 来说,尽管天气不好,但还是有很强的动机去观看演出,因为门票是最近才购买的。相比之下,A 早在几周前就买了票。因此,A 会感觉到不使用门票带来的负面影响要小得多。这种效应被称为**支付折旧**(payment depreciation)。

企业可以通过多种方式来利用支付折旧的效果。人们可以通过适当的沟通和额外的价格激励(提前预订折扣、预售价格等)来影响付款时间。消费品制造商可以提供更大的包装尺寸,这增加了付款和完全消费之间的时间延迟,因此减少了感知到的价格牺牲。此外,较大的包装尺寸往往会导致消费增加[73, 74]。而在消费后很长时间后才付款,就会发生相反的效果。在这种情况下,消费的感知价值会随着时间的推移而减少,从而导致对价格牺牲更负面的感知。这方面的一个例子是服务型企业在执行实际服务后很久才开具发票。服务提供商应避免延迟开具发票的做法,或至少应该进行一些能减轻负面影响的沟通。

因此，延长支付期限的影响和感知价值的影响是相互抵消的。延长付款时间减少了单位时间内支付的金额，这可以帮助企业挖掘新的客户细分，但这也意味着支付时间推迟，通常超出消费时间。在价值感知和价格牺牲方面，这是一个不利的因素，特别是在客户重复购买的机会方面。

另一个相关的方面是价格相对于时间单位的设计和沟通。Salesforce.com 提供月度价格，但客户需要按年度付费。Gourville[75]建议企业展示每天的成本，而不是每月的成本，这使产品从客户的角度看似乎更划算。与每月 1200 美元的信息相比，"每天只需 40 美元就能驾驶保时捷"的信息似乎是一个更划算的交易。而对于省钱方面来说，情况与上面的正好相反。每年节省 3650 美元听起来比每天节省 10 美元更令人印象深刻。这些比较表明，即使两个支付金额在客观上和数学上是相同的，支付金额的方式和伴随的沟通也会对消费者的感知和行为产生重要的影响。

9.4.2 内部价格沟通

除了外部价格沟通外，内部价格沟通也值得密切关注。企业应该确保销售人员能够随时掌握最新的价格信息。但当企业有大量的产品和进行频繁的价格变化时，这一要求并不容易实现。在以前，通常通过打印和分发目录价格来实现内部价格沟通。现在，一般的做法是将价格列示在网上。这些系统同样也可以用于将价格之外的信息传达给销售人员。此类信息可以包括边际贡献、可变薪酬以及支持销售人员的在线工具。在专业定价协会进行的一项研究中，约 36%的企业表示，交易的实时盈利能力，与客户的实时确定和沟通，是价格实施最重要的信息之一。几乎一半的受访者(42%)认为，使用价格管理软件可以提高销售人员的价格控制能力[76]。

企业应告知销售人员价格是如何确定的，以及价格变化背后的理由。这样的信息可以激发销售人员的积极性，并为他们提供所需的信息，以帮助他们面向客户进行更好的销售。然而，在这方面，许多企业内部的沟通和信息开放仍有许多不足之处。销售人员并不总是完全了解价格是如何组成的，每个因素在定价中的作用，以及潜在的定价过程。这些信息缺失可能导致销售人员缺乏充分的沟通和价格说明。

为了促进价格和价格变化的沟通，企业可以为其销售人员提供一些帮助销售的**话术指南**（argumentation guideline）。这些指南涉及从价格、价值角度看产品的优势，以及与具体竞争对手和整体市场的比较。它们可以帮助高端的商家将销售谈判转向价值论证，而不是价格争论。一些低价的商家应确保销售人员的内容不仅包括对他们有利的价格定位，还包括他们能够提供质量可靠的产品。

现代价格体系正变得越来越复杂，而信息技术的出现和发展帮助降低了一些复杂性，但这仍然给销售人员带来了不小的挑战。其结果是对沟通和培训更大的需求，销售人员必须具备处理这种复杂性的能力，否则，这些复杂的价格体系可能会使销售组织不知所措，从而导致企业内部的混乱。当我们秘密地在一家物流公司购买相同的服务时，我们收到了6个不同的报价。即使能够获得信息技术的支持，销售人员也无法管理复杂性。他们不了解价格结构，无法向客户进行解释。向销售人员和客户解释价格系统所需的时间随着系统复杂性的增加而超比例地增长。当企业构思和设计一个价格系统时，不仅应该考虑客户能否充分理解它，还应该考虑自己的销售团队能否同样理解并与客户进行沟通。

9.5 价格控制

价格控制（price controlling），也称**价格监控**（price monitoring），贯穿价格管理过程的每个阶段。价格控制的前提是以明确和可衡量的方式制定计划和价格目标。对于持续进行的业务，价格控制要求检查计划和价格目标是否已经实现。在出现偏差或差异的情况下，应找出根本原因并制定相应的对策，或考虑未来更加现实的目标。对于"控制"这个词，可以有许多种理解。广义的理解是，控制需要承担所有计划和监控活动的全部责任。狭义的定义将控制局限在对结果的审查或审计上。在本节中，我们主要关注狭义的控制，尽管我们也承认控制可以在价格管理的其他阶段发挥作用，包括内容和过程。我们甚至可以认为，控制在价格管理中发挥了特别重要的作用，因为企业面向市场的一面并不总是与涉及定价的企业内部职能协调一致。

9.5.1 价格控制职能

具体来说，价格控制职能需要回答以下问题：

- 是否实现了计划的价格和销量？
- 价目表价格和实际交易价格之间的偏差有多大，如何解释这些差异？

- 计划的提价能否成功执行？
- 交易为什么不成功？价格和其他因素有什么影响？
- 是否在每个阶段都提供了必要的信息？
- 价格促销和折扣是否达到了预期的效果？
- 在后面的定价中是否会汲取以前交易中的经验教训？
- 是否遵守了商定的目标和条件？
- 激励体系是否有效，或是否受到了破坏或被钻了漏洞？
- 在运营部门、细分市场或国家/地区之间是否存在价格方面的摩擦？

以上列出的只是一部分问题。每家企业都应该提出自己的问题，并随着时间的推移对其进行调整，以解决所有相关的问题。

9.5.2 对信息技术的要求

价格控制的复杂性在很大程度上取决于具体的商业模式。在许多企业中，复杂性以及由此产生的对信息技术的需求非常高。以下几个因素可对其进行解释。

- 零售商、配件供应商或服务提供商所提供的各种产品服务无以计数。航空公司在一年的时间里进行了数百万次的价格调整。无论是按天还是按周，旅行社不仅需要根据不同的城市设定和监控每家酒店和每个房间类别的价格，还需要设置和监控附加产品和服务、租车等价格。
- 价格差异化、单个价格谈判和复杂的价格结构意味着**事实**上每笔交易都有自己的具体价格。
- 折扣和交易条款是价目表价格和交易价格之间存在较大差异的原因。

显然，只有在满足相应的信息技术需求的情况下，有效的价格控制才能成功。企业的信息系统应该能够提供与定价相关问题的广泛数据。这就需要一个**定价数据库**、适当的软件及合格的团队成员。例如，SAP 以及类似供应商的标准化软件已经提供了大量与价格相关的数据，客户关系管理系统提供了更大范围的数据，专业定价软件提供了标准化业务和交易所需的所有重要信息。

以下例子说明了如何在实践中达成必要的透明度：一家材料制造商有两个销售渠道，它们的项目业务向大型承包商直销，其余的市场是通过专业贸易间接提供服务的。每个渠道的价目表价格都是有所区别的，专业贸易的价格明显较高。交易条款在交易中发挥了重要的作用，销售人员几乎可以随意操纵交易条款。确定每个渠道的真实交易价格，并找到进行比较的标准，花费了 3 名团队成员 6 周的时间。该企业非常惊讶地发现，与其想法相反，其专业贸易的利润率低于其项目业务的利润率。

一家银行想要分析每个分行的价目表价格和实际交易价格之间的差异以及特殊条款和交易条款的授予情况。事实证明，收集必要的数据来进行以上分析是非常复杂的，以至于一个两人的团队需要花费 3 个月的时间才能得出可进行比较的数字。表现最好的分支机构仅比标价(基准利率)低 15 个基点(0.15 个百分点)，而表现最差的分支机构则比基准利率低 35 个基点。这对银行管理层来说是全新的信息。

表 9-4 中销售人员收入和利润率的比较只有在环卫技术公司采用新软件之后才可能实现。在安装之前，企业无法将边际贡献细分到单个销售人员的层面。

理想情况下，操作人员只需按一下按钮即可获得上面案例中提到的所有信息以及其他一些必要的信息。而现实中，大多数企业离这一理想状态还相距甚远，但情况正在不断改善。

9.5.3 价格控制工具

由于价格控制涉及问题的数量和多样性，企业需要一定的方法和工具。在本节中，我们将描述如何选择这些工具。这些工具已经在实践中得到了验证。

1. 价格实现

价格控制最简单、最根本的问题是价格的实现。实际达到的交易价格是多少？这个问题可以按产品、客户、细分市场、销售渠道或地区进行细分。根据具体情况，可以查看交易价格与价目表价格、目标价格、平均价格或其他基准之间的偏差以及与竞争对手价格的偏差。我们可以对同一类型企业进行分析和利润比较。

图 9-11 显示了一家技术公司客户的价格实现情况。这种情况下的比较基础是平均价格。条形图表示与平均价格的差异。

由图 9-11 可知，平均价格和个体客户支付价格之间有很大的差异。客户 1 支付的价格比平均价格低 17.92%，而客户 7 和客户 8 支付的价格比平均价格高出 30% 以上。这种价格差异在实践中并不少见。第一步是确定并披露它们，使其透明化。第二步是调查差异的原因，因为差异本身并不说明它们是否有意义，负责任的管理层应该意识到这种价格差异的存在事实。根据本书的论点，企业必须考虑这些差异对价格差异化是否合适。

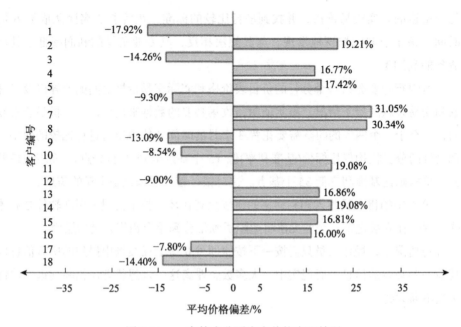

图 9-11 一家技术公司客户价格实现情况

资料来源:西蒙顾和管理咨询公司。

表 9-6 列示了一家化学产品公司各个主要客户的价格实现情况。这种情况下的比较基础是预先设定的目标价格。11 个客户中有 4 个成功地实现了目标价格,有 2 个客户实际实现的价格远低于目标价格,差异分别为每千克 0.42 美元和 0.36 美元。平均而言,该企业价格比目标价格低了 0.17 美元/千克,即 7.5%。当利润目标为 18% 时,该偏差较大。在这种情况下,管理层认为其价格实现是相当有效的,只有少数例外存在较大的价格差距,从而拖累了整体利润率。

跟前两个例子一样,只有在客户数量较少的情况下,才能用手工的方式对价格实现情况进行详细分析。在分类广泛、客户量大或价格参数众多的情况下,此类分析需要汇总价格指标或者需要自动化流程。

图 9-12 展示了包装行业的一家企业两个地区的汇总**价格实现分析**,包括了两个地区的所有客户和产品。该图展示了实现价格随时间的变化趋势。价格是以指数为基础显示的,两个地区第一个月的指数均设定为 100。

从图 9-12 可以看出,这两个地区的价格实现方法截然不同。地区 1 的价格上涨了约 10%,而地区 2 的价格下降了约 10%。在这种情况下,企业需要调查原因并采取适当的调整措施,从而减少对利润的影响。

表9-6 一家化学品公司主要客户的价格实现及与目标价格的偏差（单位：美元/千克）

	目标价格	实现价格	价格差
客户 A	2.07	1.65	0.42
客户 B	2.19	2.16	0.03
客户 C	2.12	2.11	0.01
客户 D	2.51	2.15	0.36
客户 E	2.53	2.53	0.00
客户 F	2.47	2.43	0.04
客户 G	2.52	2.52	0.00
客户 H	2.34	2.18	0.16
客户 I	2.33	2.16	0.17
客户 J	2.55	2.55	0.00
客户 K	2.47	2.47	0.00
总计	2.28	2.11	0.17

资料来源：西蒙顾和管理咨询公司。

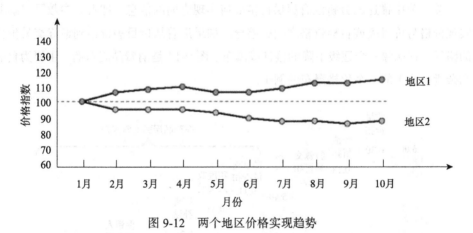

图 9-12 两个地区价格实现趋势

当价格实现分析涉及多个价格参数时，建议企业采用自动化系统。事实证明，"红绿灯"配色方案是一种有效的方法，可以使这种系统的结果一目了然。绿色表示情况良好，黄色表示需要进一步监控，红色表示必须采取行动，如重新谈判价格。图 9-13 显示了这种价格红绿灯的例子。持续监控每个客户的收入趋势、与价格目标的偏差以及利润交叉检测有助于企业保持其盈利能力。

客户编号	平均收入(过去3个月)	收入趋势	检测1:收入趋势	过去12个月同样趋势出现的次数	目标收入	目标偏差	检测2:目标实现程度	过去12个月同样趋势出现的次数	等级	类别	最高折扣	检测3:盈利能力	有效折扣
141232344	0	—	○	—	1 000	—	○	—	1	A	10%	●	22%
145432342	1 520	−19%	●	8	1 500	+1%	○	12	1	E	0%	○	19%
	4 736	−4%	◐	5	5 000	−5%	◐	4	3	C	0%	○	36%
146463321	5 007	+11%	○	5	6 500	−23%	●	6	4	B	5%	●	46%
145644546	—	—	—	5	1 000	—	—	—	1	A	0%	○	23%
	6 897	−27%	●	6	8 000	−14%	◐	6	4	A	5%	●	42%
148786764	582	+20%	○	4	2 000	−71%	●	8	2	D	10%	●	31%
	2 276	+3%	◐	2	2 000	+14%	○	10	1	B	0%	●	24%
144563454	1 157	+178%	○	2	3 000	−61%	●	5	3	E	0%	●	39%
143654565	3 786	−74%	●	1	4 000	−5%	◐	10	3	A	5%	○	35%

○ 绿　◐ 黄　● 红

图 9-13　价格红绿灯

资料来源：西蒙顾和管理咨询公司。

2. 价格瀑布

前一节中描述的分析没有提供价格如何实现方面的信息，即哪些参数可以解释实现价格与价目表或目标价格之间的差异。如果沿着从价目表价格到最终交易价格的路径，它就像一个逐级下降的楼梯或瀑布。图 9-14 是消费品制造商（主要为食品和杂货行业）的一个价格瀑布的例子。

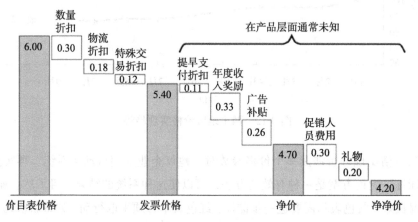

图 9-14　价格瀑布

资料来源：西蒙顾和管理咨询公司。

价格瀑布的概念向我们解释了以下几个方面。首先，它一目了然地表明了各个价格和利润下降的因素数量及其幅度大小。根据我们的经验，几乎在所有的情况下，这些价格和利润率降低原因(或"利润漏洞")的总体情况是未知的，当然也不透明。在目前的情况下，这些影响加起来高达30%，可以说是一个惊人的幅度。其次，价格瀑布暗示了一些可以减少利润漏洞的机会。正如我们在折扣和交易条款体系方面所指出的那样，需要更严格地应用"按绩效付费"的原则。当客户不再执行最初为他们赢得折扣或条款的活动或功能时，必须取消最初一次性授予的现行折扣条款或交易条款。

3. 折扣丛林

分析客户或交易规模与折扣水平之间的关系通常会很有启发。所有折扣体系一般都设想基于规模大小或数量的某种形式的折扣，但在许多情况下，现实情况与设想大不相同。图9-15以一家软件公司为例说明了这一点。阶梯实线表示明确的数量折扣标准。实际上，实际折扣与这些标准关系并不大。第一，几乎所有的折扣都超过了规定的幅度。第二，客户的购买量和他们收到的折扣之间似乎没有任何相关性。我们可以用"折扣丛林"真实地说明这一情况。我们在大多数企业都观察到了类似的情况，虽然如此极端的情况可能并不总是出现。然而，这一发现本身并没有说明这些折扣在多大程度上是有意义的。从理论上讲，这些折扣中的每一个都有合理的理由，但实际上这是不可能的。这类调查结果使企业可以制定具体措施来改善价格实现。在正常情况下，最小的客户不应该得到最高的折扣。仅仅通过降低小客户获得的折扣水平，企业通常就可以显著提高利润率。

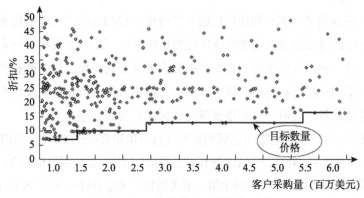

图9-15 一家软件公司的折扣丛林

图 9-16 显示了折扣产生的典型模式，即将折扣取整的倾向。这个例子取自一家行业服务供应商。几乎所有的折扣都取整数，例如 10%、15%或 25%。折扣的范围也很广。如果将折扣水平定为只比整数低几个百分点的目标，就会对利润产生巨大影响。同样，企业也可以在谈判时减少折扣之间的阶梯数。我们经常观察到折扣会以 5 或 10 个百分点的间隔变化，这样对企业来说比较方便。如果企业成功地缩小了这些间隔，通常会导致整体折扣水平的降低。价格控制可以且应该关注这种影响利润的做法，以便企业能够改善它们。

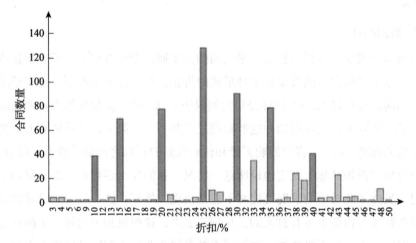

图 9-16　取整到 0 或 5 导致利润减少的折扣

资料来源：西蒙顾和管理咨询公司。

4. 责任分析

上述分析揭示了在客户和地区层面上的价格实现和折扣以及其结构和分布。同样甚或更有趣的是使价格实现决策责任透明化的分析。图 9-17 说明了一家美国工业制造商的这样一种细分的情况。这些数据符合美国市场情况。对于谁有权授予在一定水平及以下的折扣，有明确的规定。例如，销售人员的折扣权上限为价目表价格的 10%。除此之外，还有一系列逐级提高的标准，直到总部。

分析表明，大多数折扣是由地区销售经理或全国销售经理批准的。销售员自己可决定的折扣相对较少。对这一发现的解释并不简单。销售员是否因为他们自己的权限过低而将大部分决策委托给权力链的上游？或者销售经理是否过于宽松，没有保证销售人员能够利用他们的权力？他们是否应该更加坚持拒绝销售人员或客户的更高折扣要求？既然全国总经理和总部只能给予少量的折扣，他们是否应该参与到这一过程中来？或者给全国销售经理最后的决定权和价格的完全决定权会不会更好？合理提出这些问题的先决条件是价格控制者能够提供对当前形势的清晰、详细和真实的看法。

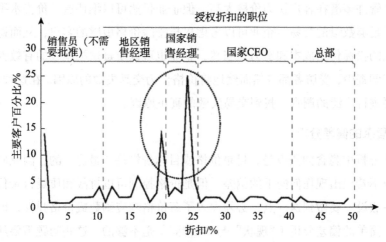

图 9-17　按职位划分折扣的授予

资料来源：西蒙顾和管理咨询公司。

5. 失败交易

对于价格控制而言，对**失败交易**的分析是一个非常有启发性但存在一定问题的认识来源。当然，这样的分析并不局限于价格，但价格在几乎所有失败的交易中都扮演了关键的角色。图 9-18 显示了一家工程公司的情况，该企业分析了大量失败的交易。这家企业的"成功率"为 35%，争取的交易的失败率达到了 65%。

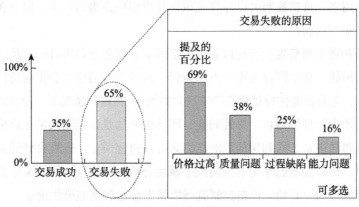

图 9-18　失败交易分析

在这一案例中，通过内部调查和外部（客户）调查来确定交易失败背后的原因。在交易失败的一系列原因中，价格过高是首要原因。该调查结果具有一定的客观性，管理层应予以考虑。然而，要确定这种情况是否需要采取措施，则需要做进一步的评估。尽管许多潜在客户认为价格太高，但企业仍然可以维持这一价格水平，只要仍能赢得足够数量的交易。企业可以考虑尽早排除价格敏感的客户，从而避免为成功率较低的投标付出成本和努力。当然，企业也可以质疑这类调查的有效性。在内部和外部调查中，受访者都自然而然地将价格作为交易失败的原因。在这种情况下，企业需要进行广泛的调查，找到交易失败的真正原因。

6. 复杂的偏差分析

上述分析中隐含的假设是，目录价格或目标价格是"最优"的，因此应予以遵守，企业不希望出现任何向下的偏差。但是价格控制可以挑战和质疑目录价格是最优的这一假设。要做到这一点，必须深入了解价格响应函数或价格弹性，而要做到这一点，简单的偏差分析（"现状"与"目标"）是不够的。这些问题需要从根本上更复杂地分析企业已经实现的实际价格和销量的组合。而价格控制能否进行这样的分析是不确定的。我们将使用两个例子简要讨论这种情况。第一个例子是位于芝加哥的希尔顿酒店，我们在第 12 章中，在收益管理的背景下对这个案例进行了更详细的探讨。假设某一天晚上，在 1600 个可用房间中，大约有 13 个房间是空的。价格控制必须回答的问题是，酒店应收取更高的价格同时容忍更多的空房间数，还是应该稍微降价以减少剩余的空房？第二个例子是，一家汽车制造商推出了一种新车型，其第 1 年的需求远远超过了其制造能力，该企业可以设定更高的价格，并仍可实现全部产能利用率。价格控制可以并且应该估计价格应该提高多少，以及在较低的价格下牺牲了多少利润？

当市场和竞争形势发生变化或其他外部因素迫使企业调整自己的价格时，也会出现类似的挑战。这也同样适用于内部运营。营销组合的变化会影响价格反应，即使价格上涨，企业也能保持销量不变（反之亦然）。在这种情况下，价格控制不能承担起营销和销售管理的角色。尽管如此，明智的做法是让控制人员在价格管理过程开始阶段就参与进来，并利用他们的能力来提高过程质量。管理良好的企业已经采取这一步骤。价格控制的作用不应局限于**事后**分析，以确定定价政策中的错误，而应该从定价过程的一开始，价格控制就可以帮助制定和实施最优价格。

本章小结

价格管理的成功最终取决于实施。其任务是明确价格方面的责任,设计与企业目标相一致的激励制度,有效地沟通价格,最后监督价格的实现。我们的主要观点总结如下:

- 企业应对价格管理过程中的每一项不同的任务和职责进行责任分配。
- 价格管理过程的每一部分和每一组织部门都应该尽可能地根据自身的业务模式进行定制。
- 一般情况下,我们建议把价格决策权分配到较高的组织层级。在某些特定条件下,我们更强烈地建议这样去做。
- 定价的一个先决条件是确保面向市场和内部的职能部门之间的合作和信息的畅通。
- 越来越多的企业正在设立定价经理的角色,建立定价部门,并使用专业价格顾问的服务。
- 专业软件和人工智能(机器学习)在价格管理中的应用越来越多。
- CEO 在价格管理中的作用正变得越来越重要。CEO 必须确保目标得以实现,优化设计流程,并确保在定价方面培养以利润为导向的文化。
- 销售人员在价格实施中起关键作用。将价格决策权授予给销售人员是一个极具争议的问题,企业对此应谨慎处理。
- 如果销售人员确实有价格决策权,那么他们的薪酬体系就不应该以收入为基础。相反,佣金和其他激励措施应该基于贡献边际。激励体系应该关注销售人员如何实施价格,并相应地对他们进行奖励。
- 折扣和优惠条件体系应提供必要的价格灵活性,即使销售人员有很少或根本没有价格决策权。这些体系也可以用价格差异化来管理和影响客户行为。
- 价格对客户的影响在很大程度上取决于价格沟通,因为客户会根据他们对价格的感知和评估做出反应。
- 外部价格沟通有许多工具、机会和场合,其中包括价目表、与价格相关的广告、使用复杂的价格结构以及广义上付款条件的确定。
- 价格及其定价基础也应该在内部进行沟通,这可以提高销售团队的动力,增强他们解释和维持价格的能力。
- 有效的价格控制是必不可少的,但需要一流的信息技术的支持。
- 目前有许多已经得到验证的工具可用于调查价格实现、价格差异化、折扣实践、价格瀑布以及各职能和责任。
- 理想的价格控制将涉及整个价格管理过程,但是只负责监控结果。

每一策略都只有在实施时才能奏效。这句话也适用于价格管理。随着价格管理专业化的提升，高层管理人员应该更加注重实施，其中包括定价经理或定价部门、目标驱动的决策和激励体系及价格控制和监测的现代方法等组织创新。

参考文献

[1] Freiling, J., & Wölting, H. (2003). Organisation des Preismanagements. In H. Diller, & A. Herrmann (Ed.), *Handbuch Preispolitik: Strategien – Planung – Organisation – Umsetzung* (pp. 419–436). Wiesbaden: Gabler.

[2] Dutta, S., Zbaracki, M., & Bergen, M. (2003). Pricing Process as a Capability: A Case Study. *Strategic Management Journal*, 24(5), 615–630.

[3] Wiltinger, K. (1998). *Preismanagement in der unternehmerischen Praxis: Probleme der organisatorischen Implementierung*. Wiesbaden: Gabler.

[4] Kossmann, J. (2008). *Die Implementierung der Preispolitik in Business-to-Business Unternehmen*. Nürnberg: GIM.

[5] Fassnacht, M., Nelius, Y., & Szajna, M. (2013). Preismanagement – nicht immer ein Top-Thema bei Konsumgüterherstellern. *Sales Management Review*, 9(2), 58–70.

[6] Nelius, Y. (2011). *Organisation des Preismanagements von Konsumgüterherstellern – Eine empirische Untersuchung*. Frankfurt am Main: Peter Lang.

[7] Atkin, B., & Skinner, R. (1976). *How British Industry Prices*. Old Woking: The Gresham Press.

[8] Ehrhardt, A., Vidal, D., & Uhl, A. (2012). *Global Pricing Study*. Bonn: Simon-Kucher & Partners.

[9] Sodhi, M., & Sodhi, N. (2008). *Six Sigma Pricing: Improving Pricing Operations to Increase Profits*. Upper Saddle River: Financial Times Press.

[10] Hofbauer, G., & Bergmann, S. (2012). *Professionelles Controlling in Marketing und Vertrieb*. Erlangen: Publicis Publishing.

[11] Simon, H. (2013). How Price Consulting is Coming of Age. *Journal of Professional Pricing*, 22(1), 12–19.

[12] PROS Holdings (2014). Annual Report 2014. http://investors.pros.com/phoenix.zhtml?c=211158&p=irol-reportsAnnual. Accessed 6 July 2014.

[13] Mühlberger, A. (2013). Chefsache Preis. *Sales Management Review*, 12(1), 8–11.

[14] Tacke, G., Vidal, D., & Haemer, J. (2014). Profitable Innovation. http://www.simon-kucher.com/sites/default/files/simon-kucher_ebook_profitable_innovation_2014.pdf. Accessed 27 July 2015.

[15] Sawers, P. (2014). Be all-in, or all-out: Steve Ballmer's advice for startups. http://thenextweb.

com/insider/2014/03/04/steve-ballmers-advice-startups/#!za6rp. Accessed 6 July 2015.

[16] Doyle, M. (2018). Elon Musk pricing strategy email to Tesla dealers – we all can learn from this email. https://www.linkedin.com/pulse/elon-musk-pricing-strategy-email-tesla-dealers-we-all-michael-doyle/?trackingId= BfNlN2X11WonSdTlP65w1g%3D%3D. Accessed 10 March 2018.

[17] Anonymous. (2005, April 27). *The Wall Street Journal*, p. 22.

[18] Earnings Conference Quarter II 2011.

[19] Anonymous. (2008). *Handelszeitung*, No. 27, pp. 2–3.

[20] Stewart, T. A. (2006). Growth as a Process. https://hbr.org/2006/06/growth-as-a-process. Accessed 7 July 2015.

[21] Diller, H. (2007). *Preispolitik* (4th ed.). Stuttgart: Kohlhammer.

[22] Credit Suisse (2010). Global Equity Strategy, 18. Oktober 2010. Zürich.

[23] Lehmitz, S., McLellan, K., & Schulze, P. (2015). Pricing's Secret Weapon: A Well-Trained Sales Force. McKinsey on Marketing and Sales. http://www.mckinseyonmarketingandsales.com/pricings-secret-weapon-a-well-trained-sales-force. Accessed 17 April 2015.

[24] Stadie, E., & Clausen, G. (2008). B-to-B-Pricing-Excellence. *Marketing Review St. Gallen*, 25(3), 48–51.

[25] Fassnacht, M. (2009). Preismanagement: Eine prozessorientierte Perspektive. *Marketing Review St. Gallen*, 26(5), 8–13.

[26] Kern, R. (1989). Letting your Salespeople Set Prices. *Sales and Marketing Management*, 141(9), 44–49.

[27] Mishra, B. K., & Prasad, A. (2004). Centralized Pricing Versus Delegating Pricing to the Salesforce under Information Asymmetry. *Marketing Science*, 23(1), 21–27.

[28] Stephenson, P. R., Cron, W. C., & Frazier, G. L. (1979). Delegating Pricing Authority to the Sales Force: the Effects on Sales and Profit Performance. *Journal of Marketing*, 43(2), 21–28.

[29] Walker, O. C., Orville, C., Churchill, G. A., & Ford, N. M. (1977). Motivation and Performance in Industrial Selling: Present Knowledge and Needed Research. *Journal of Marketing Research*, 14(2), 156–168.

[30] Lal, R., & Staelin, R. (1986). Salesforce Compensation Plans in Environments with Asymmetric Information. *Marketing Science*, 5(3), 179–198.

[31] Nimer, D. (1971). Nimer on Pricing. *Industrial Marketing*, 56(3), 48–55.

[32] Zarth, H. R. (1981). Effizienter verkaufen durch die richtige Strategie für das Preisgespräch. *Markenartikel*, 43(2), 111–113.

[33] Voeth, M., & Herbst, U. (2011). Preisverhandlungen auf Commodity-Märkten. In *Commodity Marketing: Grundlagen – Besonderheiten – Erfahrungen* (pp. 149–172). Wiesbaden: Gabler.

[34] Krafft, M. (1999). An Empirical Investigation of the Antecedents of Sales Force Control Systems. *Journal of Marketing*, 63(3), 120–134.

[35] Weinberg, C. B. (1978). Jointly Optimal Sales Commissions for Nonincome Maximizing Sales Forces. *Management Science*, 24(12), 1252–1258.

[36] Joseph, K. (2001). On the Optimality of Delegating Pricing Authority to the Sales Force. *Journal of Marketing*, 65(1), 62–70.
[37] Bhardwaj, P. (2001). Delegating Pricing Decisions. *Marketing Science*, 20(2), 143–169.
[38] Roth, S. (2011). Koordination von Preisentscheidungen in konkurrierenden Wertschöpfungsketten. In H. Corsten, & R. Gössinger (Ed.), *Dezentrale Koordination ökonomischer Aktivitäten: Markt, Hierarchie, Hybride* (pp. 91–122). Berlin: Erich Schmidt.
[39] Roth, S. (2006). *Preismanagement für Leistungsbündel*. Wiesbaden: Gabler.
[40] Hansen, A.-K., Joseph, K., & Krafft, M. (2008). Price Delegation in Sales Organizations: An Empirical Investigation. *Business Research*, 1(1), 94–104.
[41] Alavi, S., Wieseke, J., & Guba, J. H. (2015). Saving on Discounts through Accurate Sensing – Salespeople's Estimations of Customer Price Importance and Their Effects on Negotiation Success. *Journal of Retailing*, 96(1), 40–55.
[42] Wieseke, J., Alavi, S., & Habel, J. (2014). Willing to Pay More, Eager to Pay Less: The Role of Customer Loyalty in Price Negotiations. *Journal of Marketing*, 78(6), 17–37.
[43] Wiltinger, K. (1996). Der Einfluß von Umweltcharakteristika auf die Delegation von Preiskompetenz an den Außendienst. *Schmalenbachs Zeitschrift für betriebswirtschaftliche Forschung*, 48(11), 983–998.
[44] Krafft, M. (1995). *Außendienstentlohnung im Licht der Neuen Institutionenlehre*. Wiesbaden: Gabler.
[45] Schmidt, S., & Krafft, M. (2005). Delegation von Preiskompetenz an Verkaufsaußendienstmitarbeiter. In H. Diller (Ed.), *Pricing-Forschung in Deutschland* (pp. 17–28). Nürnberg: Wissenschaftliche Gesellschaft für Innovatives Marketing.
[46] Albers, S., & Krafft, M. (1992). Steuerungssysteme für den Verkaufsaußendienst. *Manuskripte aus den Instituten für Betriebswirtschaftslehre*, No. 306, Christian-Albrechts-Universität zu Kiel.
[47] Zoltners, A. A., Sinha, P., & Lorimer, S. E. (2006). *The complete guide to sales force incentive compensation: How to design and implement plans that work*. New York: Amacon.
[48] Albers, K., & Krafft, M. (2013). *Vertriebsmanagement: Organisation – Planung – Controlling – Support*. Wiesbaden: Gabler.
[49] Spiro, R. L., Stanton, W. J., & Rich, G. A. (2007). *Management of a Sales Force*. Boston: McGraw-Hill.
[50] Meffert, H., Burmann, C., & Kirchgeorg, M. (2011). *Marketing: Grundlagen marktorientierter Unternehmensführung: Konzepte – Instrumente – Praxisbeispiele* (11th ed.). Wiesbaden: Gabler.
[51] Steffenhagen, H. (2003). Konditionensysteme. In H. Diller, & A. Herrmann (Ed.), *Handbuch Preispolitik: Strategien – Planung – Organisation – Umsetzung* (pp. 576–596). Wiesbaden: Gabler.
[52] Pechtl, H. (2014). *Preispolitik: Behavioral Pricing und Preissysteme* (2nd ed.). Konstanz: UVK.
[53] Williamson, P. (2012). *Pricing for the London Olympics 2012*. Simon-Kucher & Partners

World Meeting, Bonn.

[54] Bertini, M., & Gourville, J. T. (2012). Pricing to Create Shared Value. Harvard Business Review, 6. https://hbr.org/2012/06/pricing-to-create-shared-value/ar/1. Accessed 17 May 2015.

[55] Teekampagne (2017). Exclusive Darjeeling tea at an affordable price. https://www.teacampaign.com /Transparency/Exclusive-Darjeeling-tea-affordable-price. Accessed 19 February 2018.

[56] Best Buy Price Match Guarantee (2016). http://www.bestbuy.com/site/clp/price-match-guarantee/pcmcat290300050002.c?id=pcmcat290300050002. Accessed 21 December 2016.

[57] Stech, J. (2015). Bonner Unternehmen Simon-Kucher: Der Trick der Pizzabäcker. General-Anzeiger Bonn. http://www.general-anzeiger-bonn.de/bonn/wirtschaft/der-trick-der-pizzabaecker-article1677143.html. Accessed 12 July 2015.

[58] Simon, H. (1992). *Preismanagement* (2nd ed.). Wiesbaden: Gabler.

[59] Eskin, G. J. (1982). Behaviour Scan: A State of the Art Market Research Facility Utilizing UPC Scanning and Targetable Television. Paper presented at The European Congress on Automation in Retailing.

[60] Chaudhuri, S. (2016). Mind the Gap: Toblerone Customers Feel Short-Changed by Shape Change. The Wall Street Journal. http://www.wsj.com/articles/mind-the-gap-toblerone-customers-feel-short-changed-by-shape-change-1478612997. Accessed 21 December 2016.

[61] Verbraucherzentrale Hamburg (2015). Anbieter sparen – Verbraucher zahlen: Kleinere Menge zum gleichen Preis!. www.vzhh.de/ernaehrung/32535/Versteckte%20Preiserh oehungen.pdf. Accessed 7 July 2015.

[62] Anonymous. (2017, January 21). Evian ist Mogelpackung des Jahres. *Frankfurter Allgemeine Zeitung*, p. 18.

[63] Cox, J. (2001). Can Differential Prices be Fair?. *Journal of Product and Brand Management*, 10(4/5), 264–275.

[64] Winkelmeier-Becker, E. (2015, January 16). Reiseportale müssen bei Flügen stets den vollen Endpreis nennen. *Frankfurter Allgemeine Zeitung*, p. 23.

[65] Bundesgerichtshof (2015). Preisdarstellungen bei Flugbuchungen im Internet. http://juris.bundesgerichtshof.de/cgi-bin/rechtsprechung/document.py?Gericht=bgh&Art=pm&Datum=2015&Sort=3&nr=71812&pos=0&anz=133. Accessed 9 September 2015.

[66] Xia, L., & Monroe, K. B. (2004). Price Partitioning on the Internet. *Journal of Interactive Marketing*, 18(4), 63–73.

[67] Morwitz, V. G., Greenleaf, E. A., & Johnson, E. J. (1998). Divide and Prosper: Consumers' Reactions to Partitioned Prices. *Journal of Marketing Research*, 35(4), 453–463.

[68] Herrmann, A., & Wricke, M. (1998). Evaluating Multidimensional Prices. *Journal of Product and Brand Management*, 7(2), 161–169.

[69] Huber, C., Gatzert, N., & Schmeiser, H. (2012). Price Presentation and Consumers' Choice. *Zeitschrift für die gesamte Versicherungswissenschaft*, 101(1), 63–73.

[70] Völker, S. (2002). *Preisangabenrecht* (2nd ed.). München: Beck.

[71] Government Publishing Office (2018). Electronic Code of Federal Regulations. https://www.ecfr.gov/cgi-bin/text-idx?SID=866b1c600a4f619ef31ce1d14ad49a2c&mc=true&tpl=/ecfrbrowse/Title16/16cfrv1_02.tpl#0. Accessed 19 February 2018.

[72] Gourville, J. T., & Soman, D. (1998). Payment Depreciation: The Behavioral Effects of Temporally Separating Payments from Consumption. *Journal of Consumer Research*, 25(2), 160–174.

[73] Ailawadi, K. L., & Neslin, S. A. (1998). The Effect of Promotion on Consumption: Buying More and Consuming it Faster. *Journal of Marketing Research*, 35(3), 390–398.

[74] Busch, R., Dögl, R., & Unger, F. (2008). *Integriertes Marketing: Strategie – Organisation – Instrumente*. Wiesbaden: Gabler.

[75] Gourville, J. T. (1998). Pennies-a-Day. The Effect of Temporal Reframing on Transaction Evaluation. *Journal of Consumer Research*, 24(4), 395–408.

[76] Professional Pricing Society, Atlanta 2007.

P R I C E

M A N A G E M E N T

第 10 章

消费品价格管理

摘要：消费品价格管理最重要的方面是制造商通常不会将产品直接销售给终端消费者。相反，零售商或其他第三方会作为中间商参与其中。为了设定最优价格，制造商必须在价格决策中考虑经销商的行为。这方面有许多形式可供选择，包括纵向固定价格协议（vertical price fixing）或转售价格限制协议（resale price maintenance）（制造商设定批发价格和消费者的终端价格），以及共同利润最大化的策略。一般来说，目前零售商可以自行设定针对消费者的销售价格。在设定自己的价格时，制造商需要考虑零售商是使用成本加成算法还是以利润最大化的方式来计算销售价格。制造商和零售商之间的权力平衡在价格实施中起关键作用。不同的协作方式和行为模式会对利润产生强烈影响。我们可以观察到朝多渠道策略发展的明显趋势，互联网促进了这一策略的发展，但也对消费品的价格管理提出了不同寻常的挑战，其中包括线上与线下的价格差异以及避免渠道冲突的问题。

10.1 简介

第 1~9 章介绍了价格管理的分析、决策和实施过程。但这些章节没有详细介绍具体行业在价格管理方面所面临的挑战。本章和接下来的 3 章将专门讨论几个最重要行业的特征。我们将以相应的适当方式处理消费品、工业品、服务、零售等行业供应商所面临的定价问题。当然其中会有些重叠，但对每个行业来说，我们在价格方面所关注的重点确实都是不同的。

消费品最接近到目前为止我们所采取的一般性观点。消费品价格管理的一个重要方面，也是我们尚未探讨的一个方面，是消费品通常不是由制造商直接销售给终端消费者的，而是通过零售商或其他中介机构完成整个销售过程。在这种情况下，制造商必须考虑零售商和其他第三方的行为。我们越来越多地观察到，消费品制造商正在使用各种销售渠道直接向终端消费者销售产品。这种多渠道的销售方式会引起潜在的利益冲突，影响价格管理。互联网可让制造商直接联系消费者，并使影响价格管理的新商业模式成为可能。

10.2 纵向价格管理

本书前面部分的分析都是基于这样的假设：制造商直接向终端用户销售产品并自行制定终端售价。这一假设符合许多行业的现实状况。但在大多数情况下，该假设适用于工业产品行业、技工行业、银行业以及保险业，而其他行业的企业则直接或间接地销售产品，如汽车、家具、家庭耐用品和鞋业等。对于消费品来说，通过零售商销售，即使不是唯一的，也是非常**典型**的重要销售模式。例如，食品、服装、消费性电子产品以及书籍等消费品就是通过这种方式销售的。在这种市场中，在制造商与终端消费者之间都存在中介。这样的市场可称为**多级**或**多层市场**。

本章将重点介绍间接销售产品给终端用户的消费品制造商。这些企业需要了解自己的价格策略和战术会如何受到中介（如零售商或其他交易伙伴）的影响。决定这种影响的性质和程度的因素如下所示：

- **终端（消费者）价格**对销量的影响；
- 零售商的**定价行为**；
- 制造商与零售商之间的相对**权力平衡**。

图 10-1 是对这一系统中相关因素的相互依存关系的简单概述。

下面的几种模式值得我们关注。

（1）制造商决定**自己的销售价格**以及**终端消费者价格**，那么**零售商的利润**也就确定了。这种状况的概念性表达方式就是典型的纵向固定价格协议。现在，这种维持纵向或转售价格的方式，只有在少数行业是合法的，而在许多司法管辖范围内，这种限价方式本身通常都是违反反垄断法的。如果严格执行制造商建议的零售价格，那么其就是属于这种限价方式的。

（2）制造商**只**制定自己的销售价格，但不影响终端消费者价格，这一价格由零售商决定。

（3）零售商制定制造商的销售价格，而制造商只有接受或拒绝该销售价格的权力。这种情况通常发生在大型零售商与小型制造商的交易过程中。但零售商背后巨大的需求能力意味着，即使是大型的制造商，可能也会面临相同的窘境。在这种情况下，制造商没有自己独立自主的价格政策。面对零售商的"价格指令"，制造商只有"同意或不同意"的决策权力。显而易见，在这种情况下，制造商对终端消费者的价格没有影响力。

（4）制造商与零售商**一起追求共同利益的最大化**，利润的分配主要通过管理制造商制定的销售价格。这一价格可以随后通过谈判协商确定。

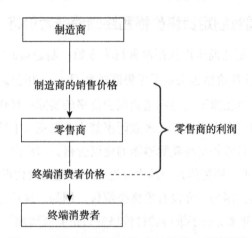

图 10-1　制造商通过中介进行销售时的关联性

制造商的权力平衡因零售商而异，因此，上述几种情况或许可以同时适用于某一制造商生产的相同产品。普通客户管理与**大客户管理**（key account management）需要尽量利用差异化的需求。制造商与零售商之间的权力平衡并不完全取决于规模大小（规模经济），还取决于产品种类的宽度（范围经济，也称范畴经济）。在谈判桌上，零售商对于产品种类丰富的制造商显然比产品种类单一的制造商的依赖度更高，而产品种类丰富的制造商也有更大的话语权（议价能力）。在这方面，菲利普·科特勒[1, p.8]指出："向超市销售 100 多种产品的宝洁公司，与只向超市销售一种产品的公司相比，具有明显的权力优势。"

接下来，我们将讨论制造商间接，也就是，通过中介（经销商）将产品销售给终端消费者的价格优化过程。对于消费品的制造商来说，这种中介或交易伙伴通常是零售商。我们只关注制造商有机会实施积极价格策略的情况：

- 制造商决定自己的销售价格和终端消费者价格；
- 制造商只决定销售给零售商的价格；
- 制造商和零售商一起追求共同利益的最大化，通过协商制造商的销售价格来分配总利润。

我们只讨论静态的情况。在制造商与终端消费者之间只存在一层的分销。但这与包含多个销售或分销层级的情况分析并没有本质上的区别。研究人员已经多次讨论过多层级市场的定价问题了，如本章所列参考文献 2~8 所示。

10.2.1 制造商同时制定销售价格和终端消费者价格

在这种情况下，制造商可以控制两种行为参数：制造商的销售价格 p_M 和终端消费者价格 p。制定这些价格也决定了零售商的利润 s，可用公式表示为 $s = p - p_M$。

对该决策而言，真正重要的是制造商期望价格的实际可操作性。期望价格在法律上是否可行并不重要。事实上，大多数国家禁止严格意义上的纵向限价的做法。非约束性建议零售价是零售交易**实际遵循**的建议价格，与纵向（转售）价格管理具有相似性。在某些行业，销售体系中的中介充当了制造商的代理，或进行提成销售。这类体系也是类似的，因为中介没有价格决策权。例如，这适用于通常充当代理商的加油站的情况。近年来，关于维持转售价格的讨论有所增加[9-11]，因为品牌产品制造商为了保护自己，试图阻止零售商为了招揽顾客而亏本出售自己产品的行为。他们担心零售商的这种行为会损害品牌形象。这至少导致了一起上诉到美国联邦最高法院的诉讼：Leegin Creative Leather Products, Inc.起诉 PSKS, Inc.。美国联邦最高法院最终做出了有利于制造商 Leegin 的判决。这种情况仍有实践意义，因为制造商（尤其是大型制造商）以及零售商（尤其是小型零售商）都十分重视制造商的建议零售价（MSRP）。在专业零售行业，对建议零售价的服从程度是最高的，而激进的销售渠道一般都会制定低于建议零售价的价格。电子商务加剧了这种情况。

有两种建议价格，一种是零售商建议价格，另一种是消费者建议价格。**零售商建议价格**通常只有零售商知晓，终端消费者对此一无所知，零售商建议价格通常会比终端消费者了解的**消费者建议价格**更高一些。小型零售商重视建议价格，将其作为自己定价的一个支持性依据。相比之下，大型零售商则将削减建议价格视为获取更多客户的机会。从竞争的角度来看，这些不同的行为导致了价格建议很少能够成功地阻止零售层面的价格竞争。如今，通过选择性分销，也就是**拒绝向激进定价的零售渠道供货**，可以更有效地实现这一目标。许多制造商投入了大量精力来稳定和协调整个零售商层面的价格，即执行他们所期望或建议的价格。

综上所述，我们可以说，在实践中，制造商有效制定销售价格和终端消费者价格的情况仍然非常重要。

1. 终端价格与利润的最优化

基于以上假设，制造商的价格–利润–响应函数关系可以表述如下：

$$q = q(p, s) \tag{10-1}$$

其中 p 表示终端消费者价格，s 表示零售商利润。

终端价格水平会促使消费者做出反应，因此，终端价格的价格弹性通常为负。利润的高低决定了**零售商愿意为产品付出的努力程度**。利润越高，零售商的努力程度也会越高。这种努力对销量的影响是**正面的**。类似于价格弹性，我们也可以定义利润弹性：

$$\gamma = \frac{\partial q}{\partial s} \times \frac{s}{q} \tag{10-2}$$

这一公式表示零售商利润每变化 1% 对销量产生的影响（假设终端消费者价格 p 保持不变）。

利润与终端消费者价格具有**抵消**效应，终端消费者价格上涨会引起消费者的负面反应，但在假设制造商销售价格不变的情况下，这会增加零售商的利润。利润的增长促进了零售商进行更多的促销活动，因而抵消了消费者的负面反应。直观明了的是，终端消费者价格和零售商利润的最优组合恰好位于这两种相反效应的抵消点上。以下的分析也可以类似地应用于优化经销商、代理商或者制造商销售代表的佣金的情况。

为了得到终端消费者价格与零售商利润的利润最大化组合，我们需要对制造商的利润函数式（10-3）求相对于 p 和 s 的微分。

$$\pi = (p - s)q(p, s) - C(q) \tag{10-3}$$

经过几步求微分后我们可以得到：

$$p^* = \frac{\varepsilon}{1+\varepsilon+\gamma} \times C' \qquad (10\text{-}4)$$

$$s^* = \frac{\gamma}{1+\varepsilon+\gamma} \times C' \qquad (10\text{-}5)$$

C' 通常是边际成本，ε 和 γ 分别是价格弹性和利润弹性。因为制造商销售价格 p_M^* 是终端价格 p 与利润 s 之间的差值，所以我们可以得到：

$$p_M^* = \frac{\varepsilon+\gamma}{1+\varepsilon+\gamma} \times C' \qquad (10\text{-}6)$$

因此，消费者价格和利润同时优化的最优条件，可用如式（5-6）所示的阿莫罗索–罗宾逊关系式的类似方法来表示。

根据上述情况，并假设**其他条件不变**，我们可以得到以下结论。

- 价格弹性 ε 的绝对值越小，终端消费者价格 p^*、利润 s^* 以及制造商销售价格 p_M^* 就会越高。
- 利润弹性 γ 越大，终端消费者价格 p^*、利润 s^* 以及制造商销售价格 p_M^* 就会越高。对于终端价格 p^*，如果降低价格弹性，利润弹性就会产生相同的效应。
- 当制造商制定终端消费者价格 p 和经销商利润 s，并且利润弹性为正的情况下，相比直接销售，通过零售商或者中介进行销售，会产生**更高**的终端价格。然而，这一结论假设可变分销成本为零，因此，直接销售的成本可能比间接销售更高。
- 当价格弹性 ε 下降时，假设利润弹性 $\gamma>1$，利润 s^* 增长的速度会高于制造商销售价格 p_M^* 以及单位边际贡献增长的速度。当利润弹性 $\gamma<1$ 时，情况就会相反。
- 假设价格弹性（绝对值）$\gamma>2$，当利润弹性 γ 上升时，利润 s^* 的增速比制造商销售价格 p_M^* 更大。

如果零售商的单位可变分销成本为 k，那么以上的推导过程将会产生变化，我们就可以用净利润 $(p-p_M-k)$ 来取代总利润 $(p-p_M)$。推导的过程类似，对于价格和利润弹性的影响的结论没有变化。

基于价格和利润弹性的"高"和"低"两种类型，表10-1总结了对终端价格与零售商利润政策的定性化建议。

为了验证这一结论，我们假设弹性不变，弹性的计算结果来自价格–利润–响

表10-1 对制造商终端价格与零售利润政策的定性化建议

价格弹性	利润弹性	
	低	高
低	终端价格高	终端价格高
	利润低	利润高
高	终端价格低	终端价格低
	利润低	利润高

应函数：

$$q = ap^{\varepsilon} s^{\gamma} \quad (10-7)$$

假设边际成本为常数 C'，如式（10-4）和式（10-5）所示的决策规则可以直接加以应用。如图10-2所示，最优终端消费者价格与制造商销售价格是价格弹性 ε 与利润弹性 γ 的函数。两条曲线之间的差值就是利润 s^*。通过该图，我们可以很容易地验证上述结论。

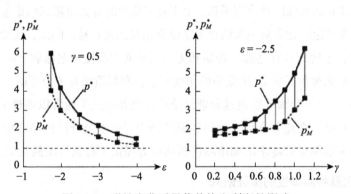

图10-2 弹性变化对最优价格和利润的影响

2. 制造商和零售商的份额

最优总利润 $(p^* - C')$ 如何在制造商和零售商之间分配，这一问题非常有意思。制造商在最优总利润中的份额为 $(p_M^* - C')/(p^* - C')$。如果我们利用式（10-6）和式（10-4）来替代其中的 p_M^* 和 p^* 并简化，我们就可以得到制造商的份额为 $1/(1+\gamma)$，而零售商的份额则为 $\gamma/(1+\gamma)$。

制造商和零售商的份额比率为：

$$\frac{制造商份额}{零售商份额}=\frac{1}{\gamma} \quad (10\text{-}8)$$

这种关系并不取决于价格弹性。当利润弹性 γ 等于 1 时，制造商利润和零售商利润是相同的。当 $\gamma>1$ 时，在总利润 $(p^{*}-C')$ 中，零售商将持有较高的份额；当 $\gamma<1$ 时，制造商则会获得更高的份额。这个结果是有道理的，因为当 $\gamma>1$ 时，制造商利润的边际减少量会被较高利润弹性所驱动的销售额增量超额补偿。

3. 作为竞争工具的零售商利润

在零售层面，许多产品都在货架空间和终端消费者的需求上有激烈的竞争。在这种典型的情况下，零售商利润可以成为重要的竞争工具。当客户已经做出基本的购买决策，但还必须选择品牌的时候，零售商就可以影响客户的选择。

如果竞争产品的价格和质量大致相似——在后一种情况下，买方通常不能确定自己的判断是否正确，零售商就会推荐利润最高的产品。以上所有的分析都可适用于竞争的情况中。类似地，价格的寡头垄断理论也可以适用于利润，这意味着我们可以定义交叉利润弹性以及响应函数。由于是对前面的有关价格的结论进行倒转，把对价格的相关结论转化为对利润的相关结论会相对比较容易，因此，此处不再赘述。

实际上，零售商自有品牌、普通和无名商品通常会比知名品牌产品有更高的利润率（有时是绝对利润额）。从竞争的角度来看，利润策略与（公开的）价格策略的透明度不同。 由于利润可以通过分别给予的非公开返点（通常以各种奖金的形式）进行管理，所以，在竞争方面，操纵利润的透明度低于公开的价格变化。因此，零售商利润为采取隐秘措施来增加市场份额的行为提供了有利可图的基础。

4. 零售商利润弹性的实证研究

到目前为止，我们提出的理论分析为利润弹性、最优价格以及交易利润之间的关系提供了有用的结论。然而，实际的执行还需要利润效应方面的数值。如果已经确定价格响应函数，那么，理论上测量利润效应的各个参数就不会有什么困难了。与价格效应类似，我们可以使用计量经济学方法或专家评判法来测量这些参数，而客户调查则不是一种有用的方法。

然而，利用计量经济学测量方法并不容易，因为制造商设定的利润几乎无法为分析提供足够的变化区间。一种变通方法是估计促销预算的弹性。制造商可以提供额外的货币激励，其效果与利润增长类似，因此可以认为此类促销预算的弹性与利润弹性类似。事实上，在交易过程中，我们通常同等对待折扣与促销预算，这意味着其有效地充当了"利润"。但促销预算具有特别的优势：往往具有足够的变化区间。而这有助于效应的测量。然而，问题是促销效应的短暂性。表 10-2 列示了 3 种消费品的促销和价格弹性估算值。

表 10-2 利用计量经济学方法估算的促销预算弹性
（作为利润弹性的近似值）与价格弹性

产品	促销预算弹性	价格弹性
A	0.742	−2.190
B	0.401	−4.130
C	0.363	−1.157

如果我们将最优利润 s^* 表示为制造商销售价格的函数，在该价格弹性与交易弹性下，制造商销售价格 p_M^* 的加价率如下：

产品 A：51.2%

产品 B：29.3%

产品 C：45.7%

这些加价率是符合实际情况的，而这就意味着表 10-2 中估算的弹性值似乎是合理的。

从理论上，我们可以得出关于利润弹性的实证数据的某些结论。基于最优条件，不同的价格弹性和制造商销售价格 p_M 的不同加价所产生的隐含的利润弹性如表 10-3 所示。它们的计算方法是将交易利润表示为制造商销售价格的百分比：$s = -\gamma p_M / (\varepsilon + \gamma)$，然后求解 γ。根据上述计算，我们可以认为，实际的利润弹性在大约 0.2~1.5 的范围内。表 10-3 中的数值都在此区间范围内。

表 10-3 不同价格弹性和加价下利润弹性的隐含数值

加价 （s 占 p_M 的百分比%）	价格弹性		
	$\varepsilon = -2$	$\varepsilon = -3$	$\varepsilon = -4$
10	0.18	0.27	0.36
25	0.40	0.60	0.80
50	0.67	1.00	1.33
100	1.00	1.50	2.00

小 结

如果制造商可以对终端消费者价格和零售利润施加影响（尽管纵向固定价格是被禁止的，但上述情况在某些市场依然适用），那么我们就可以描述两个参数同时优化的简单条件。价格和利润的最优值取决于价格弹性和利润弹性。终端消费者价格与制造商边际成本之间的总利润的划分仅由利润弹性决定。

作为一项竞争工具，利润与终端价格相比，透明度较低，这会对竞争性反应产生影响。利润弹性的测量很困难，且实证结果不稳定。不同思路方式显示，其实际值在 0.2~1.5 之间。

10.2.2 制造商仅设定制造商销售价格

由于禁止纵向限价，除特殊情况外，制造商的合法权利是只能设定具有法律约束力的制造商销售价格。然后其交易伙伴有权自主地决定他们的利润以及销售给终端用户的价格。

1. 交易行为

为了设定利润最大化的销售价格，制造商需要掌握以下信息。

- 关于**终端消费者需求**的价格响应函数。
- **交易伙伴在设定终端消费者价格时的行为**（作为制造商销售价格的函数）。

从逻辑上讲，这里的决策类似于寡头垄断中的情况，因为制造商根据对交易行为的某种"响应假设"来设定价格。以下"响应假设"值得关注。

- 交易伙伴根据经验法则设定终端消费者价格，即交易伙伴运用**固定**百分比加成来设立制造商销售价格（成本加成算法）。
- 交易伙伴采取利润最大化方法，即根据制造商销售价格 p_M 的函数和终端用户价格响应函数来设定利润最大化的终端消费者价格。

鉴于成本加成算法在交易中的广泛使用，第一种方法更为常见。而交易伙伴的专业化程度越高，则遇到第二种情况的可能性就会越大。

2. 交易伙伴使用成本加成算法时制造商销售价格的优化

当交易伙伴使用成本加成法时，我们可以运用式（10-9）来确定终端消费者价格，α 表示加成因子，k 表示交易伙伴的可变成本：

$$p = \alpha(p_M + k) \tag{10-9}$$

如果将式（10-9）中的 p 代入终端价格响应函数 $q = q(p)$，那么制造商的利润最大化函数为：

$$\pi = p_M q\big[\alpha(p_M + k)\big] - C(q) \tag{10-10}$$

经过常规的计算步骤之后，我们得到制造商销售价格的最优条件：

$$p_M^* = \frac{\varepsilon(\alpha)}{1+\varepsilon(\alpha)}\left(C' - \frac{k}{\varepsilon(\alpha)}\right) \tag{10-11}$$

当分销成本 $k = 0$ 时，该公式就是我们熟悉的阿莫罗索–罗宾逊关系式。然而，表示为 $\varepsilon(\alpha)$ 的价格弹性取决于加成因子 α。在等弹性价格响应函数（iso-elastic price-response function）为 $q = ap^b$ 的特殊情况下，我们得到 $\varepsilon(\alpha) = \varepsilon = b$，制造商的最优销售价格并不取决于制造商是直接销售还是通过贸易伙伴销售。但是，这种说法并不适用于其他形式的终端价格响应函数。

如果我们将加成函数式（10-9）代入最优制造商销售价格函数式（10-11），我们将获得以下终端消费者价格：

$$p = \frac{\alpha\varepsilon(\alpha)}{1+\varepsilon(\alpha)}(C' + k) \tag{10-12}$$

在等弹性价格响应函数中，假设产品分销的边际成本相同，只要 $\alpha > 1$，终端消费者价格就将高于直接销售时的价格。

我们对线性价格响应函数进行具体的分析，就可以得到如下的最优值：

$$p_M^* = \frac{1}{2}\left(\frac{a}{b\alpha} + C' - k\right) \tag{10-13}$$

和

$$p = \frac{1}{2}\left(\frac{a}{b} + \alpha C' + \alpha k\right) \tag{10-14}$$

假设分销成本相同，p_M^* 比直接销售时的最优价格低，而 p 则比直接销售时的最优价格高。加成因子 α 越高，则制造商的销售价格越低，终端消费者价格越高。

图 10-3 展示了在线性价格响应函数的情况下，制造商和交易伙伴之间的利润状况和利润分解。该结果基于下列情况：终端价格响应函数为 $q = 100 - 10p$，边际成本恒为 $C' = 4$，可变分销成本 $k = 0$。我们假设交易加成为 25%（$\alpha = 1.25$）。

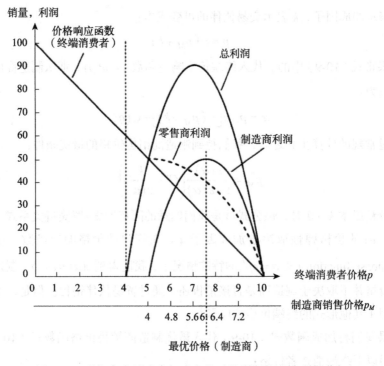

图 10-3　零售商实施成本加成定价时的利润状况和利润分解

最优终端消费者价格 $p^* = 7.50$ 美元，最优制造商销售价格 $p_M^* = 6$ 美元。制造商利润为 50 美元，而交易伙伴利润为 37.50 美元。双方未能获取最大可能的利润。[译注]

双方的利润曲线表明其存在严重的**利益冲突**。在 $p = 7.50$ 美元的右边，双方都会对降价感兴趣，而在这一价格的左边，双方的利益则相互冲突。交易伙伴希望获得最低的终端消费者价格，由于交易伙伴采用固定成本加成计算法，因此，这种情况只有在制造商销售价格尽可能低的情况下才有可能。在这样的情况下，交易伙伴将对制造商施加相当大的压力。

由于相较于销量，单位边际贡献的变化对制造商和交易伙伴的影响是不同的，因而出现了低价格领域对制造商和交易伙伴的抵消利润效应。当终端消费者价格 $p = 7$ 美元（制造商的售价 $p_M = 5.6$ 美元）时，交易伙伴和制造商的单位边际贡献分别为 1.6 美元和 1.4 美元。如果 p 降至 6 美元，p_M 降至 4.8 美元，则交易伙伴的单位边际贡献下降 0.4 美元，降至 1.2 美元（降幅为 25%），而制造商的单位边际贡献

[译注] 这里指的是将零售商和生产商视为一体的共同利润的最大化。——译者注

下降 0.6 美元，降至 0.8 美元（降幅为 42.8%）。由于价格下降 1 美元，销量从 30 件增加到 40 件，增长了 33.3%。因此，按百分比计算，对交易伙伴而言，销量的增长大于交易伙伴单位边际贡献的下降，在价格较低的情况下，交易伙伴会表现得更好。但制造商的情况恰恰相反，其单位边际贡献下降的速度比销量上升的速度快，从而会降低制造商的利润。这一观点与实证观察的结果一致，即交易伙伴对高销量非常感兴趣。

3. 交易伙伴利润最大化时制造商销售价格的优化

假定分销单位成本为 k，由交易伙伴设定终端消费者价格，使其利润

$$\pi_D = (p - p_M - k) q(p) \tag{10-15}$$

最大化，这意味着，在这种情况下，阿莫罗索–罗宾逊关系式是适用的：

$$p^* = \frac{\varepsilon}{1+\varepsilon}(p_M + k) \tag{10-16}$$

我们可通过对 p_M 的利润函数进行微分来优化制造商的销售价格，在上述函数式（10-16）中用 p_M 替代 p，从而可得出最优的制造商销售价格：

$$p_M^* = \frac{\varepsilon}{1+\varepsilon}\left(C' - \frac{k}{\varepsilon}\right) \tag{10-17}$$

当交易伙伴使用成本加成定价时，该条件函数式与最优制造商销售价格的条件函数式（10-11）相对应。当 $k=0$ 且 ε 取值为常数的情况下，即当交易伙伴的目标是利润最大化时，制造商在不考虑其交易伙伴的情况下确定其销售价格。如果分销成本 k 为正且 ε 为常数，则制造商的销售价格较高。

利用式（10-16）可以获得下列终端消费者价格：

$$p = \frac{\varepsilon^2}{(1+\varepsilon)^2}(C' + k) \tag{10-18}$$

假设分销成本相等，该价格**高于**直接销售时的最优价格。为了利润最大化，作为中间商的交易伙伴提高了终端消费者价格。利用线性价格响应函数可推导出容易理解的结论。

最优制造商销售价格为

$$p_M^* = \frac{1}{2}\left(\frac{a}{b} + C' - k\right) \tag{10-19}$$

当 $k=0$ 时，p_M^* 与直接销售的最优价格相同。因此，在此条件下，制造商可以

忽略交易伙伴自行设定价格。如果分销成本为正，则在相同的分销成本下，最终的最优终端消费者价格高于直接销售时的最优价格。

图 10-4 说明了线性终端价格响应函数 $q=100-10p$、固定边际成本 $C'=4$ 和可变分销成本 $k=0$ 的情况。

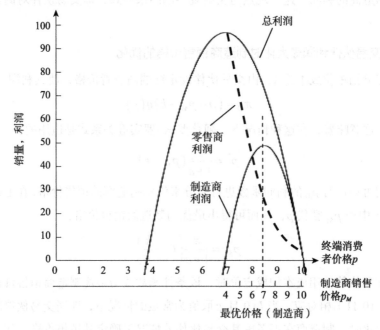

图 10-4　零售商实现利润最大化时的利润状况与利润分解

从制造商的角度看，最优的终端消费者价格 $p^*=8.5$ 美元（此时最优的制造商销售价格 $p_M^*=7$ 美元）。制造商赚取 45 美元的利润，而交易伙伴需要赚取 22.50 美元的应有利润。

当观察最优终端消费者价格 p^* 的左边时，可发现制造商和交易伙伴之间存在利益冲突，原因与成本加成法相同，但比较这两个数值的示例，在（使）交易伙伴利润最大化的数值示例中，冲突更为明显。制造商为了使终端消费者价格降低 1 美元，就需要将销售价格降低 2 美元，制造商在降价中"牺牲"的单位边际贡献是交易伙伴的两倍。

4. 两种情况的比较

利用线性价格响应函数，我们可以比较交易伙伴的两种行为的后果。图 10-5 解释了这两种情况。实线表示终端消费者价格的相应价格响应函数,而虚线表示制造商销售价格的价格响应函数。参数 $a=10$,$b=10$,加成因子 $\alpha=1.25$。箭头表示终端价格是如何从制造商的销售价格($C'=4$)中得出的。

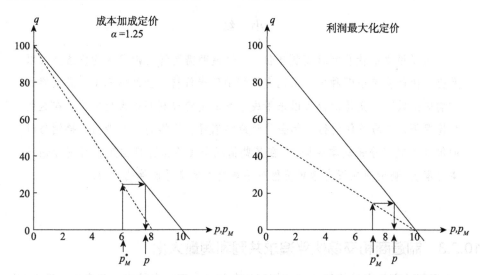

图 10-5 两种零售定价方法(成本加成定价和利润最大化定价)的比较

简单来说,成本加成定价法意味着,交易伙伴在 p_M 较低时采用较低的成本加成量,在 p_M 较高时采用较高的成本加成量。当交易伙伴追求利润最大化时,其行为就会与之相反。换言之,交易伙伴最大限度地利用了制造商收取的价格与终端消费者支付意愿之间的**差额**。表 10-4 显示了可变分销成本 $k=0$ 和 $k=1$ 时的最优价格和利润。

在这两个例子中,相比追求利润最大化,当交易伙伴使用成本加成法时,他们和制造商得到的利润**更高**。但是,这一结论并不普遍适用,对于较高的加成因子(例

表 10-4 不同交易伙伴行为和直接销售的价格和利润

交易伙伴行为	$k=0$				$k=1$			
			利润				利润	
	p_M^*	p	制造商	交易伙伴	p_M^*	p	制造商	交易伙伴
成本加成,$\alpha=1.25$	6	7.50	50	37.50	5.50	8.13	28.10	30.50
利润最大化	7	8.50	45	22.50	6.50	8.75	31.30	15.60
直接销售	—	7	90	—	—	7.50	62.50	—

如，$\alpha = 2$），成本加成法将导致更糟糕的结果。但通常可以说，无论交易伙伴是否使用成本加成法或寻求利润最大化定价法，与制造商直接销售相比，中间商（交易伙伴）的存在导致了更高的终端消费者价格和更低的总利润。

小　结

为了设立最优化制造商销售价格，制造商需要终端消费者的价格弹性以及交易伙伴将使用哪种方法来确定终端消费者价格方面的信息（交易伙伴的"响应函数"）。交易伙伴可以采用成本加成定价或利润最大化定价。在这两种情况下，交易伙伴的行为都会导致最终消费者价格高于制造商直接销售时的价格（假定分销成本相同）。在某些情况下（价格弹性恒定，可变分销成本为零），制造商在设定销售价格时不需要考虑交易伙伴的行为。

10.2.3 制造商和交易伙伴追求共同利润最大化

鉴于制造商与交易伙伴之间的相互依存关系，双方自然应一起合作，追求共同利润的最大化。该决策过程分为两个步骤，反映了双方各自不同的利益。

第一步是设定终端消费者价格，使共同利润最大化。双方都应该使总利润尽可能大，因为双方的利益是一致的。第二步，总利润必须在制造商和交易伙伴之间分享。在第二步中，由于可以分配的利润是固定的，两者的利益是**截然相反的**，因此，利润分配是**零和博弈**。一方得到的越多，另一方得到的就越少。实际上，利润分配是通过对制造商的销售价格进行谈判来完成的。

共同利润最大化**本身**是最有意义的方法。令人惊奇的是，这也是对终端消费者有利的解决方案。但是，在实践中它的相关性很难衡量，因此，实现共同利润最大化面临许多困难。

1. 价格优化

我们假设在这种情况下没有竞争影响。因此，第一步确定最优价格非常简单。此时，制造商的收入 $p_M \times q$，在总利润 π_G 的函数中出现了两次，且符号相反，因此，这两项相互抵消，此时的总利润 π_G 为：

$$\pi_G = p_M q(p) - C(q) + (p - p_M - k)q(p) \qquad (10\text{-}20)$$

因此，总利润 π_G 只取决于终端消费者价格 p。这可以作为一个简单的价格优化，

我们可以使用阿莫罗索–罗宾逊关系式（包括分销成本 k），即

$$p = \frac{\varepsilon}{1+\varepsilon}(C' + k) \tag{10-21}$$

假设分销成本相同，逻辑上，p^* 必须与直接销售的最优价格相同。因此，共同利润最大化策略下的最优终端消费者价格低于我们之前讨论的两种交易伙伴行为下所产生的价格。

图 10-6 用一个例子展示了这些关系。假设线性终端价格响应函数 $q = 100 - 10p$，固定边际成本 $C'=4$，分销成本 $k=0$。

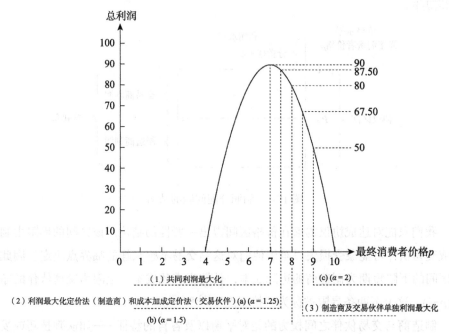

图 10-6　各种价格策略下的终端消费者价格和总利润[5]

在共同利润最大化的策略下，终端消费者价格为 7 美元，共同利润为 90 美元。在制造商和交易伙伴各自利润最大化的情况下，最优的终端消费者价格为 8.50 美元，利润显著低于 67.50 美元（见表 10-4）。当交易伙伴采用成本加成定价法而制造商采用利润最大化定价法时，终端消费者价格会提高，而共同利润会降低。随着价格上涨，总利润会随着交易商加价率的提高而下降。在这些假设下，制造商和交易伙伴本着最大化共同利润的精神进行合作，对于销售双方整体（虽然就制造商或交易商单独一方而言并非如此）和终端消费者而言，都能比制造商和交易伙伴单独行动时

取得更好的结果。

2. 利润分配

虽然制造商和交易伙伴的利益在第一步是一致的,但在涉及它们之间的利润分配时,却是完全对立的。最优价格并未提及利润分配,因为在总利润的优化中,制造商的销售价格仅仅是一个中间项。利润分配通常通过制造商的销售价格的协商来决定,这一价格决定了双方在交易中的获利程度。协商问题的结构如图 10-7 所示。一方要想提高自己的收益,就必须使对手方降低相应数额的收益,因此,这是一场零和博弈。

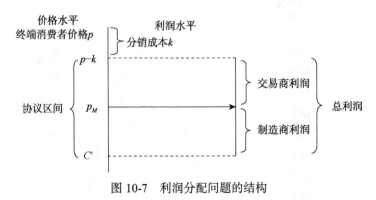

图 10-7 利润分配问题的结构

我们只能对达成协议的潜在价格区间得出一般性的结论。该区间的界限由制造商或交易伙伴可能蒙受损失以至于他们对这笔交易不感兴趣的临界点决定。因此,该区间的下限短期为制造商的边际成本,长期为满载成本。上限为交易伙伴的净收入 $(p-k)$。这上下两条界限被称为"挤压点"[12, p.417]。

制造商与交易伙伴之间权力的相对平衡以及各自的特征——如谈判技巧或妥协意愿,决定了双方可协议的价格区间。

3. 制造商与交易伙伴的关系

以上的分析清楚地揭示了制造商和交易伙伴之间棘手的**根本**利益冲突。这种现象不仅发生在共同利润最大化的情况下,而且还发生在利润已知,仅仅存在利润分配问题的情况下。

利润分配是制造商与交易伙伴之间利益根本性冲突的根源。权力平衡的不断变化造成的不良影响,已经导致许多消费品制造商怨声载道。制造商失去的权力转移给了零售商,这是两种发展趋势产生的结果。一是零售业(需求侧权力)的日益集中，二是由此导致的在许多高度发达和竞争激烈的市场中，分销而非制造已成为发展的瓶颈。

如果制造商想在这种"天然"的矛盾冲突中取得更好的结果，就需要改善和提升自己的权力（例如，通过更好的品牌定位、创新或更有效的拉动式沟通等）。交易伙伴最终还是得依靠产品对终端消费者的吸引力。这种吸引力越强，制造商也就越有机会掌握交易价格的决定权。

在实践中，谈判的主要形式是包含价格和销量的年度协议。谈判往往牵涉制造商的最高管理层。这也反映了谈判是利害攸关的问题。最近我们发现在与零售商"讨论的唯一话题是价格和条件，与企图索取荒谬的折扣及条件的零售商反复谈判……"，而这些荒唐的条件实际上成为价格的组成部分。据报道，[13]零售商在合并销售渠道时要求"婚礼奖金"，在开设新店时要求投资支持，甚至在年轻经理加入公司时要求"年轻人奖金"。"他们不断索取，却不提供任何实质性回报。"[13]

围绕"折扣"和"支付条款"的协商谈判变得极为艰难，有位品牌顾问[14]将其描述为"心理战"，是野蛮和耻辱的结合。下面的评论反映了制造商和渠道交易伙伴在价格争论中的紧张局势："经理们刚刚落座，窗帘就关上了，在经理们眼前的墙上，播放着展现这家连锁零售店傲人实力的影片。伴随着紧张的音乐和鼓声，在影片的最后，一位发言人宣布，'我们决定基调'。"[14]一位零售专家[13]表示，只有强大品牌的制造商才能在这种厚颜无耻的谈判方法面前站稳脚跟，因为"任何零售商都无法承受 Nutella 或汰渍退市的后果"。这些"年度协议"不仅仅是谈判，更是一场"涉及巨大利益的权力斗争，这对参与者的精神会产生巨大的压力"。[15]

实际上，所有这些斗争最终都是为了**利润分配**。从经济学的角度看，这种分配如何被"包装"成价格和交易条款并没有什么不同。交易条款似乎更应该被理解为受谈判策略或寡头垄断动机(不透明，掩盖真实价格)所驱动的心理因素。

4. 共同利润最大化的实践

考虑到共同利润最大化能使制造商和交易伙伴处于最佳的总体状态，同时也有利于终端消费者，因此，在实践中探索实现这一方法的可能性是非常有价值的。

年度谈判中同时就价格和销量达成一致的行为表明，现实情况并没有完全偏离这种行为方式。但与此同时，我们所描述的理想化方法也面临一些障碍。

（1）**时间/资源分配**：需要对各自具体的定价问题进行深入细致的共同处理。然而，由于制造商拥有大量的客户，因此，只能与重要客户进行这种合作。而与此同时，交易伙伴经销的产品种类十分丰富广泛，这意味着它可以投入到单个产品或类别的时间是有限的。

（2）数据：共同利润最大化的一个前提条件是制造商和交易伙伴对价格弹性有相似的估计。然而，不同商店的弹性可能会有很大的差异，而评估各地的弹性差异是非常困难的。

（3）目标：利益可能会产生分歧，例如，当交易伙伴的策略要求利用某种产品招揽客户而亏本出售时，制造商为了保持品牌形象希望将售价保持在较高水平。

（4）信任：共同利润最大化要求一方对另一方提供的成本数据高度信任，而将夸大的成本数据纳入优化过程，对双方来说，都具有巨大的诱惑力。

有个例子可以说明这最后一点。假设价格响应函数为 $q=100-10p$，制造商的边际成本 $C'=4$，交易伙伴的分销成本 $k=1$，双方约定利润对半开。根据式（10-21），最优终端消费者价格 p^* 为 7.50 美元。由此产生的总利润为 62.50 美元，双方各获得 31.25 美元。如果制造商没有透露其真实边际成本 C' 为 4，而是谎报边际成本为 5 美元，则最优价格 p^* 为 8 美元，"公布"的共同利润为 40 美元。制造商的利润是 20 美元，但制造商实际上还赚取了额外"隐藏"的利润 20 美元。这使得制造商的收益明显高于披露真实边际成本时的情况。同样的道理也适用于交易伙伴及其分销成本。双方都有谎报超额成本的动机。尽管这对双方都有潜在的好处，但追求共同利润最大化的前提条件往往不能得到满足。尽管如此，对于大型制造商和交易伙伴来说，这种行为形式与实际行为并没有太大的偏离。⊖

小　结

在制造商和交易伙伴实现共同利润最大化的两个步骤中，第一步是确定最优的终端消费者价格；第二步则是利润分配，可以通过协商制造商销售价格来达成。共同利润最大化策略下的最优终端消费者价格低于双方单独定价或制造商制定的保持转售价格。一般来说，当双方协商利润分配时，只能确定潜在协议区间的界限。下限是制造商的边际成本，上限是交易伙伴的净收入。在这个区域内，解决方案取决于双方的权力平衡及其谈判技巧。共同利润最大化的先决条件是高度的信息共享和相互信任。结果对于所有参与者

⊖ 这里的意思是实际中双方基本上还是以最大化共同利润为目标。——译者注

（制造商、交易伙伴和终端消费者）都是有利的。在实践中，制造商和交易伙伴倾向于最大限度地接近而不是以纯粹的形式实现利润最大化。

10.3 多渠道价格管理

除了通过贸易伙伴进行销售，一直以来都还有一些不同的消费品销售渠道，但通常会被认为是例外。几十年来，诸如雅芳和特百惠之类的公司一直都在实行直销，而戴尔公司一开始就建立了直销模式，传统的面包店和肉店通常都是将其产品直接销售给消费者。同时，还有许多企业采用的是直接和间接混合的销售渠道。德国的 Tchibo 最初是一家直接邮购的企业，但后来开设了直销门店，同时也通过其他商店来销售自己的产品。服装和时装企业通常实行工厂直销，这意味着消费者可以"在工厂"满足自己的需求。餐具和炊具制造商 WMF 一直都有自己的商店，同时也通过专业零售商销售其商品。但总体而言，直销模式对于消费品制造商来说长期以来并没有那么重要。

近年来，由于一些原因，这种情况发生了巨大的变化：许多品牌制造商为挖掘更高的利润开设了自己的专卖店。苹果公司表示："企业直接销售通常会有比通过渠道合作伙伴间接销售更高的相应毛利。"[16]

制造商不仅可以更好地控制自己商店的销售活动和商品价格，还能扩展价值链，因为它们可以获取原本落到第三方零售商手中的收入份额。许多制造商都采取这种前向整合作为增长策略，在奢侈品和时装行业，这种现象特别明显。例如，雨果博斯越来越关注通过自己的门店、网点和线上渠道进行直销。2016年，该公司的直接销售收入占总收入的62%，比上一年增长2%。相比之下，通过零售商的间接销售额下降了3%。[17] 再如，香水连锁店 Douglas 的直接销售（电子商务）收入在总收入中的份额稳步增长：2017年，直接销售收入占公司总收入的14%（2015年为10%）。与此同时，Douglas 通过引入跨渠道服务建立全渠道零售，如 Click & Collect、智能手机上的 Douglas Card 以及移动测量设备 Douglas Color Expert[18]。各种零售商都在为它们的分销系统增加渠道。全球最大的零售商沃尔玛以30亿美元的价格收购了 Jet.com，并在其投资组合中增加了一些小型电子商务公司。电子商务的领导者亚马逊则反其道而行之，以134亿美元的价格收购了全食超市（Whole Foods）。为了可以完全控制其产品的销售活动和定价，路易威登、特斯拉或 Nespresso 等公司专注于直销，而其代价是高昂的固定成本，这可能会在经济衰退或危机时期成为负担。

近年来，工厂直销中心迅速发展。顾名思义，这一销售渠道显然不再局限于工厂交货。这一渠道传统上用于商品清仓，但现在越来越多地用于销售各种时新的产品。由于在大多数市场中，接触消费者可能有些困难，因此，许多制造商更多地依赖于多渠道策略。对于制造商来说，为了接触终端消费者而采用**所有**相关的销售渠道并不再罕见。这种情况就是人们所讲的全渠道零售策略。

这种转变背后的最重要的原因就是互联网。这使制造商能以更容易及成本更低的方式避开传统的中间商。从原则上来说，现在每个制造商都可以无须通过中间商直接接触和服务消费者。虽然这一发展仍处于早期阶段，B2C 电子商务在美国已经获取了 4090 亿美元的市场份额，并且预计在未来几年会实现两位数的增长率[19]。在数字产品取代实体产品的市场中，这种转变最明显。Netflix 公司的流媒体互联网平台使传统的视频租赁商店惨遭淘汰，电子书也对印刷书籍构成了强烈的竞争威胁。

互联网还为艺术家、作家和其他创意服务供应商提供了直接接触终端消费者的途径。在传统的图书行业中，作者寻找到的出版商不仅包揽作品的宣传，而且还要决定图书的价格。然后，印刷好的书籍才能通过批发商进入书店，供读者购买。随着现代自助出版工具的出现，作者可以将出版和营销的决定权掌握在自己手中。他们自费制作电子书或印刷品，然后通过亚马逊或类似的电子商务渠道进行销售。作者自己为其图书产生"拉动效应"（pull effect）完全负责，这不仅使出版商、批发商和图书交易变得多余，而且还会导致价格计算方式发生本质性的变化。作者可以以较低的成本提供图书，而且还能享有比传统的出版模式更高的利润。例如，我们知道有一些作者以十分低廉的价格进行直接营销，最终销量超过 10 万本，而在他们采用传统出版模式时，销量大约只有 1 万本而已。但这些自助出版商非常依赖 Facebook、Twitter 和领英（LinkedIn）等社交媒体来产生"拉动效应"。

以类似的方式，音乐制作人、电影制作人、艺术家和记者可以直接联系他们的客户，而无须发行商作为中介。在音乐界，18 名超级明星通过 Tidal 的名义聚集起来，齐心协力，与粉丝进行直接交流。具体原因是这些明星对 Spotify 的定价政策，尤其是免费音乐的低版权费，深感不满。Tidal 提出产品和价格的差异化，他们对标准版的定价与 Spotify 的订阅价格相当，即每月 9.99 美元，但是 Tidal 同时还提供了更高质量的高级版本，价格为每月 19.99 美元[20]。我们也观察到几家通过付费博客产生显著收益的知识提供者。

过去专注于第三方分销的企业正试图利用其他方式直接与终端消费者联系。例如，富士康是全球最大的电子产品合同制造商，生产苹果公司的大部分智能手机和平板电脑。富士康的产品通常经由苹果等品牌所有者通过各种多层次的分销渠道销售给终端消费者。换句话说，富士康是一个上游生产商，与终端消费者隔着较远的距离。富士康与其合作伙伴（包括麦德龙零售集团）一起试图开设自己的专卖店，但并未成功。富士康创建了电子商务网站富连网商城，销售自己的产品和一些名牌商品[21]。同时富士康还持有印度电子商务公司 Snapdeal 的股份[22]。每一项举措都显示了富士康试图占据更多的价值链环节，并对下游营销活动和价格进行更有效的控制。

以前通过贸易伙伴销售产品，现在，当决定直接与终端客户对接时，制造商会面临哪些价格管理问题？首要的问题是这些制造商并不具备为终端消费定价的经验，他们需要获取相关的能力，例如，经济与心理分析、制定价格决策与实施等。同时，这一举措无须从头开始。他们可以从与零售商和中间商合作的经验中学习，并在必要时对终端消费者市场进行研究。沿着价值链和多渠道方式"顺流而下"⊖意味着需要对定价组织和过程进行重塑。最重要的区别是直接销售使制造商对其产品的终端定价拥有完全的自主权。向终端消费者直接销售的制造商可以充分利用价格促销、价格差异化、价格捆绑或非线性定价等策略，而这需要适当的知识技能或外部建议。

多渠道和全渠道策略使价格管理的协调问题变得困难起来。与实体店相比，客户在互联网上支付的意愿往往更低[23]。消费者期望更低的线上价格，并认为只有低价才"公平"[24]。互联网提高了价格的透明度，消费者可以轻松地进行价格对比，这引起了不同销售渠道之间的激烈竞争。当制造商直接销售时，就要与自己的交易伙伴竞争，而价格会成为冲突的焦点。这会产生一个棘手的问题：在不同渠道中是需要尽可能地统一价格，还是故意容许价格差异的存在？

毫无疑问，互联网使价格差异化更容易。在线下世界，消费者首先要找到商店，才能及时获得商品。相比之下，线上销售提供了便利的优势，客户可以筛选他们觉得合适的价格和渠道，但无法立即得到商品。这是二阶价格差异化的情况。Unterhuber[25]发现，更高价格的线上价格差异化（指线上价格高/线下价格低的差异化）会对价格公平、购买倾向和客户口碑产生负面影响。即使线上价格只比线下价格高 5%，也足以引发强烈的负面反应。同时，当实体店价格高于线上价格的 15%

⊖ 在这里"顺流而下"是指向下游拓展的意思。——译者注

时,也会出现类似的结果。另一个发现是,买方会用自己对各个渠道销售成本的隐性假设来评估不同的价格水平。通常,线下渠道被视为销售方成本更高的方式,因此,消费者有可能会接受相对较高的线下价格。而当客户认为两个渠道在成本方面类似时,他们一般只能接受5%的价格差异。因此,应谨慎控制线上和线下渠道之间的价格差异,以免引发消费者的强烈反应[26]。

实际情况更复杂。首先,线上价格与线下价格差异化有所增加[27]。较高的线上销售成本(例如,包装材料或运输成本)可能导致更高的价格[28,29]。一项研究表明,91%通过不同渠道实现价格差异化的零售商在线上设定了更高的价格[27]。相比之下,一家欧洲连锁药店保证实现线上及其实体商店的日常低价格,但考虑到运费较高,需收取4.95欧元的附加费用[30]。其首席执行官解释了他们的战略:"我们不会像一些竞争对手那样以较高的价格掩饰物流成本。相反,我们以公平透明的方式将实际运输成本展示给客户。"[30]英国超市连锁店Tesco也采用了类似的方法[31]。还有些在线供应商在客户订单数量高于预设的最低水平时免收运费。

苹果公司采取广泛的多渠道策略,但指出了潜在的风险:"一些经销商认为企业扩展直接销售与企业产品分销商和经销商的商业利益相冲突。这种看法可能会阻止经销商在分销和销售企业产品方面投入资源,甚至导致他们停止销售。"[16]不同渠道的价格差异化可能导致消费者混淆和受挫,并导致企业自己的销售渠道互相残杀[32]。通过这种方式,多渠道策略可以限制企业的定价自主权。一些企业在多渠道环境中实行"自我匹配"。如果客户能够证明某商品在另一渠道正在以较低的价格销售,则该客户可以以较低的价格获得商品[33]。多渠道标价的"自我匹配"类似于我们在第9章中讨论过的价格保证,存在一定的价格风险,因此,应谨慎使用。

本章小结

消费品价格管理的特征源于分销结构,以下是我们总结的最重要的知识。

- 消费品制造商传统上主要通过零售商或其他中间商销售产品。因此,他们必须在设定价格时将这些交易伙伴列入考虑范围。
- 通常禁止的最严格的纵向固定价格模式仅适合当今的少数行业,制造商决定自己的销售价格以及终端消费者的价格,从而确定交易伙伴的利润率。在做出这些决定时,制造商必须考虑终端消费者的价格弹性和交易伙伴的利润弹性。
- 如果制造商只能确定自己的销售价格,则必须考虑交易伙伴会使用哪种方法设定终端消费者价格。制造商的最优售价在当交易伙伴使用成本加成算法与使用利润最大化方法时明显不同。

- 如果制造商和交易伙伴追求共同利润最大化，则分两步进行。第一步，将终端消费者价格设定在总利润最大化的水平。第二步，双方必须就如何分配总利润达成一致，一般会通过制定制造商的销售价格做到这一点。对于如何做到这一点没有具体的方案，只能确定价格区间的上下限。
- 消费品制造商正越来越多地转向直销和多渠道策略。这些举措的动机有：希望沿价值链进行扩张、产生额外增长及对其品牌的商品推销和定价进行更有效的控制。特别是奢侈品制造商和时装公司正在开立自己的门店，这在成本结构中体现为可变成本向固定成本的转移，从而改变了企业的风险状况。
- 互联网为制造商创造了绕过中间商的机会，已成为制造商进行直接销售的最重要驱动力。对于书籍、电影、音乐和保险之类能以数字形式提供产品的供应商而言，这些优势是极其重要的。
- 渠道方案的扩展为制造商的价格管理带来了全新的挑战和潜在的冲突。直接销售扩大了制造商可以使用的策略范围，包括价格促销、价格差异化和价格捆绑，而这又要求制造商掌握制定终端消费者价格的新能力。多渠道和全渠道策略通常不仅会促使不同交易伙伴之间的竞争，而且还会导致制造商与其交易伙伴之间的竞争，其中价格是主要的冲突点。价格管理需要谨慎处理两方之间微妙的平衡，并帮助避免冲突。

消费品的分销及由此产生的价格管理的机会和风险处于快速变化的状态。从这一意义上讲，本章介绍的内容只是这一动态变化过程中某一时点的状况，而不是对未来的合理预测。企业应该提高警觉性并保持灵活，未来在消费品价格管理上将会出现更多的变化。

参考文献

[1] Kotler, P. (2015). *Confronting Capitalism*. New York: Amacom.
[2] Baligh, H. H., & Richartz, L. E. (1967). *Vertical Market Structures*. Boston: Allyn and Bacon.
[3] Jeuland, A. P., & Shugan, S. (1983). Managing Channel Profits. *Marketing Science*, 2(3), 239–272.

[4] Coughlan, A. T. (1982). *Vertical Integration Incentives in Marketing: Theory and Application to International Trade in the Semiconductor Industry.* Dissertation. Stanford University.

[5] Coughlan, A. T. (1985). Competition and Cooperation in Marketing Channel Choice: Theory and Application. *Marketing Science*, 4(2), 110–129.

[6] Gabrielsen, T. S., & Johansen, B. O. (2015). Buyer Power and Exclusion in Vertically Related Markets. *International Journal of Industrial Organization*, 38(C), 1–18.

[7] Martin, S., & Vandekerckhove, J. (2013). Market Performance Implications of the Transfer Price Rule. *Southern Economic Journal*, 80(2), 466–487.

[8] Herweg, F., & Müller, D. (2013). Price Discrimination in Input Markets: Quantity Discounts and Private Information. *The Economic Journal*, 124(577), 776–804.

[9] Bilotkach, V. (2014). Price Floors and Quality Choice. *Bulletin of Economic Research*, 66(3), 231–245.

[10] Rey, P., & Vergé, T. (2010). Resale Price Maintenance and Interlocking Relationships. *The Journal of Industrial Economics*, 58(4), 928–961.

[11] Olbrich, R., & Buhr, C.-C. (2007). Handelskonzentration, Handelsmarken und Wettbewerb in der Konsumgüterdistribution – Warum das Verbot der vertikalen Preisbindung abgeschafft gehört. In M. Schuckel, & W. Toporowski (Ed.), *Theoretische Fundierung und praktische Relevanz der Handelsforschung* (pp. 486–505). Wiesbaden: DUV.

[12] Krelle, W. (1976). *Preistheorie*. Tübingen: Mohr-Siebeck.

[13] Amann, S. (2010, 03 April). Geradezu verramscht. *Der Spiegel*, pp. 66–67.

[14] Braun, C. (2010). Genug ist genug. http://www.brandeins.de/archiv/2010/irrationalitaet/genug-ist-genug/.Accessed 02 July 2015.

[15] Geisler, B. (2015). Der Nivea-Zoff. http://www.welt.de/print/die_welt/hamburg/article13827-5809/Der-Nivea-Zoff.html. Accessed 02 July 2015.

[16] Apple (2014). K-10 Annual Report. http://investor.apple.com/secfiling.cfm?filingid=11931-25-14-383437&cik=. Accessed 4 July 2015.

[17] Hugo Boss (2016). Annual Report 2016. http://group.hugoboss.com/files/user_upload/Investor_Relations/Finanzberichte/Geschaeftsbericht_2016.pdf. Accessed 01 March 2018.

[18] Douglas (2017). FY 2016/17 Financial Results. https://ir.douglas.de/websites/douglas/English/9999.html?filename=FY2016-17_Investor_Update.pdf. Accessed 01 March 2018.

[19] Statista (2016): Annual desktop e-commerce sales in the United States from 2002 to 2014. https://www.statista.com/statistics/271449/annual-b2c-e-commerce-sales-in-the-united-states/. Accessed 19 December 2016.

[20] Anonymous. (2015, 01 April). Eine musikalische Unabhängigkeitserklärung – Popstars wie Madonna, Rihanna und Jay-Z fordern digitale Musikdienste mit einem eigenen Angebot heraus. *Frankfurter Allgemeine Zeitung*, p. 15.

[21] Luk, L. (2015, 05 March). Foxconn Takes on Giants of E-Commerce in China. *The Wall Street Journal Europe*, p. 19.

[22] Luk, L., & Machado, K. (2015). Alibaba, Foxconn in Talks to Invest $500 Million in India's

Snapdeal. http://www.wsj.com/articles/alibaba-foxconn-in-talks-to-invest-500-million-in-indias-snapdeal-1434444149. Accessed 14 July 2015.

[23] Kacen, J. J., Hess, J. D., & Chiang, W. K. (2013). Bricks or Clicks? Consumer Attitudes toward Traditional Stores and Online Stores. *Global Economics and Management Review*, 18(1), 12–21.

[24] Jensen, T., Kees, J., Burton, S., & Turnipseed, F. L. (2003). Advertised Reference Prices in an Internet Environment: Effects on Consumer Price Perceptions and Channel Search Intentions. *Journal of Interactive Marketing*, 17(2), 20–33.

[25] Unterhuber, S. (2015). *Channel-Based Price Differentiation – Literature Review and Empirical Consumer Research*. Frankfurt am Main: Peter Lang.

[26] Fassnacht, M., & Unterhuber, S. (2016). Consumer Response to Online/Offline Price Differentiation. *Journal of Retailing and Consumer Services*, 28, 137–148.

[27] Wolk, A., & Ebling, C. (2010). Multi-Channel Price Differentiation: An Empirical Investigation of Existence and Causes. *International Journal of Research in Marketing*, 27(2), 142–150.

[28] Yan, R. (2008). Pricing Strategy for Companies with Mixed Online and Traditional Retailing Distribution Markets. *Journal of Product & Brand Management*, 17(1), 48–56.

[29] Zhang, J., Farris, P. W., Irvin, J. W., Kushwaha, T., Steenburgh, T. J., & Weitz, B. A. (2010). Crafting Integrated Multichannel Retailing Strategies. *Journal of Interactive Marketing*, 24(2), 168–180.

[30] Anonymous. (2015, 17 July). dm will Verluste im Netz in Grenzen halten. *Lebensmittel Zeitung*, p. 8.

[31] Anonymous. (2015, 17 July). Tesco erzürnt seine Online-Kunden. *Lebensmittel Zeitung*, p. 8.

[32] Pan, X., Ratchford, B. T., & Shankar, V. (2004). Price Dispersion on the Internet: A Review and Directions for Future Research. *Journal of Interactive Marketing*, 18(4), 116–135.

[33] Nalca, A., Boyaci, T., & Ray, S. (2010). Competitive Price-Matching Guarantees under Imperfect Store Availability. *Quantitative Marketing and Economics*, 8(3), 275–300.

PRICE MANAGEMENT

第 11 章

工业产品价格管理

摘要：工业产品价格管理涉及许多特殊的方面，其总体特征是各种广泛的价格模型和定价方法。由于这些特殊的方面，进行分析时需要全面了解具体情况，其中包括个人和群体的作用，即所谓的购买中心。许多工业产品供应商面临"衍生需求"（derived demand），而这会对价格管理产生影响。价格决策会受到一些截然不同过程的影响。根据项目的不同，这些因素可能会更多地受到对客户的价值的影响。对工业产品来说，这通常是可以量化的，或者说更多的是受到成本的影响。拍卖在其中扮演重要的角色，而且由于互联网的存在，它的作用越来越大。实施过程中重要的是在冗长乏味的价格谈判和价格风险的合约规避方面的技能和谨慎。

11.1 简介

工业产品是组织（工业制造企业、公共机构、政府机构）而不是终端消费者购买的产品和服务，组织用其来生产其他产品或提供其他服务，然后其生产的这些产品或提供的服务直接或间接地销售给终端消费者[1, p.3, 2]。工业产品的范围非常广泛，从发电厂或铁路系统等复杂系统的安装到螺丝钉或办公用品等标准产品。相应地，其定价问题的范围和过程非常广泛多样。工业产品可能会与消费品产生重叠，因为有些产品既可以用于消费也可以用于生产。例如食品，既可以由终端消费者购买，也可以由大型自助餐厅、饭店、餐饮供应商等购买。然而，在大多数情况下，出售给消费者的产品与出售给企业的产品在展示形式、包装尺寸和价格方面会有所不同。一般来说，人们认为卖给组织或企业的产品是工业产品。其中还需要提及的是企业对企业（B2B）的市场营销。

工业产品市场营销的研究对价格的关注相对较少。诸如组织的购买行为、策略或计划之类是最重要的研究领域[3,4 p.9]。而价格相关方面，如经济价值分析、投标过程、拍卖或价格谈判等是本章的重点。我们将根据所涉及的商业或商业交易的分类方法来研究工业产品定价的特征，然后深入探讨分析、决策和实施阶段。

工业产品的一种常见分类方法是根据"业务关系的强度"和"产品的个性化"对交易进行分类[1, p195, 5, p842, 6, p1058]。分类方法如图 11-1 所示。**产品/现货业务**（product/spot business）与传统的消费品市场营销有一定的相似性。标准化产品（如办公用品、螺丝或电脑）销售给许多客户。同类商品则适合拍卖。在其他情况下，基于价值的定价是可能的。在**工厂和项目业务**（plant and project business）中，产品或服务是为单个客户量身定制的。由于通常没有市场价格，人们使用特殊的成本计算程序或由买方企业组织投标。在**系统业务**中，第一次购买引起了随后的消耗品、替换部件或维护服务的一系列购买活动。大多数 B2B 业务或交易形式都涉及某种类型的价格谈判。

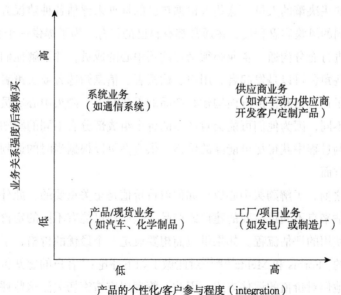

图 11-1　工业产品市场业务类型划分方法[6, p.1058]

工业产品市场具有以下特点[1, pp. 7-10, 7, p. 161, 8, pp. 3032]:

- 购买决策涉及一个由几个利益不同的人组成的购买中心。
- 通过全面的供应商分析,在大多数情况下,买方的购买决策都有良好的信息基础。工业产品的性能往往比消费品的性能更容易量化。
- 大型项目通常是跨组织的,这意味着其中涉及银行、其他企业或外部顾问等。
- 许多项目都是独一无二的,并按照客户的要求执行。
- 购买或采购通常遵循公式化的流程,通常只有在招标或投标过程后才会签订合同。
- 一些工业产品供应商觉得受到衍生需求的制约,在这种情况下,应在定价时考虑价值链下游的活动(即其客户的客户)。
- 在供需两侧通常只有少数企业(双边寡头垄断)。例如,只有几个公认的汽车发动机活塞供应商。

11.2 分析

因为工业产品的客户是组织,必须研究和理解它们的购买行为,即它们如何做出购买决策。**购买中心**(buying center,BC)的概念发挥了核心作用。购买中心包括所有参与购买决策的人员。这些人根据自己的标准来评估各种建议方案。通常每个人具有不同的风险容忍程度,并通常都有自己的目标。为了提供一个合适的价格-价值产品并进行充分沟通,企业必须确定购买中心的成员,并了解他们各自的偏好和角色。这些角色可以是发起者、用户、购买者、信息筛选者或决策者。该分析为供应商提供了在价格和价值方面构建其产品的重要洞见。购买中心成员对价格的反应可能有所不同,因为他们可能会对产品的各个组成部分有不同的感知和评估。为了在价格谈判过程中获得尽可能高的价格,供应商可以根据当时的谈判伙伴强调其产品的不同方面。

在谈判之前,了解购买中心成员如何看待价值是至关重要的。此外,我们应该了解如何评估来自不同供应商的建议或产品。供应商可能有不同的定价自由度,这取决于买方使用的评估流程。如果供应商想要设定一个最优的价格,了解评估方案是必不可少的。Forbis 和 Mehta[9, p. 50]对此做了如下评论:"客户的感知价值在很大程度上取决于他们对价值的评估方式,因此,管理层应该密切关注这些评估进行得有多好、有多全面彻底。"这些洞见显然可以用于谈判和沟通,而不仅仅是准备产品。

衍生需求

许多供应商面临一种被称为"衍生需求"的情况。我们用一个生产侧视镜等零部件的汽车行业供应商的例子来解释这一概念。这类部件的销量完全取决于包含该部件的相应车型的销量。就侧视镜而言,每辆销售的汽车需要两个,而且只需要两个。然而,这些单个部件的价格对汽车的最终价格或汽车销量没有重大影响。换言之,侧视镜供应商不能影响市场对其产量的需求。对于供应商来说,销量是给定的。这种情况如图 11-2 所示。为了简单起见,我们假设只有一个供应商,即单一采购的情况。

价格响应函数是水平的,即销量不取决于零部件的价格。然而,供应商能否签订合同,则确实取决于其提供的价格。边际贡献(因而也是利润)随价格呈线性增长。这是因为销量是固定的。供应商面临的挑战是实现最高(最大)价格。因此,谈判策略必须旨在提高客户的支付意愿。当然,

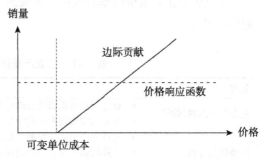

图 11-2 衍生需求

竞争对手的价格将发挥重要作用。但是,当客户只选择一个供应商时,该部件的销量并不取决于其价格。无论价格高低,需求都是固定的:汽车制造商只需要一定数量的侧视镜。

当买方打算将其总需求分散到几个供应商时,情况就有些不同了。为了降低供应商的风险,并对价格施加更大的压力,许多工业客户实行这种多方采购策略。在大多数情况下,需求是按固定的百分比分配的,例如 70%/30%。在这些份额中,情况类似于我们在上面描述的单一采购的情况。

售后市场的情况则有所不同,即替换零件的销售。在存在竞争的情况下,也就是从原始设备制造商(OEM)以外的企业获得替换零件时尤其如此。在这种情况下,该部件面临一个负斜率的价格响应函数,而这又会导致一个"正常"的利润函数。

11.3 决策

基于价值的定价、成本导向的定价以及拍卖对于价格决策非常重要。我们将在接下来的小节中介绍每一种方法。

11.3.1 基于价值的定价

使用基于价值的客观定价方法更适合工业产品而不是消费品,因为工业产品的性能(以及价值)往往更易于量化。在此背景下,"基于价值"指的是一种定价形式,通过这种定价形式,可以用量化的性能或价值指数作为价格决策的指导方针。

然而,工业产品对客户的价值和性能的概念不应仅局限于功能。除了员工的安全感("从来没有人因为购买 IBM 而被解雇"),内部形式和外观(象征性能)对工业产品也很重要,甚至连美观(情感性能)也是很重要的。

价值衡量作为定价的基础发挥了重要的作用。表 11-1 介绍了价值衡量的一些方法[10, pp. 6-11]。

表 11-1 工业产品的价值衡量方法

名称	方法说明
企业员工的内部评估	• 通过测试对价值进行内部评估 • 需要非常熟悉产品的使用/应用和生产流程
经济价值分析	• 进行客户访谈并编制产品的所有成本组成部分方面的详尽清单 • 计算的成本与客户当前使用的产品成本的比较(产品生命周期成本) • 定价自由度估计
焦点小组评估	• 焦点小组讨论产品(实际或概念) • 对专家(客户企业的员工、顾问或其他专家)进行支付意愿方面的调查
重要性评级	• 对产品的某些方面或特征的重要性进行调查(初步研究) • 就这些相同方面或特征的性能对供应商进行评估
联合测量	• 不同产品的购买偏好调查(初步研究) • 性能属性的系统变化程度 • 各种部件的不同属性及其层级的价值效用计算

焦点小组和重要性评级是经常使用的价值衡量方法。经济价值分析是一种经过试验和测试的成熟的评估定价自由度的方法。因此,必须对客户进行实际的经济价值分析。一个简单的例子可以说明这一点:与现有的杀虫剂相比,一种新产品可以使小麦产量每公顷增产 100 千克。与此同时,使用新款杀虫剂使每公顷小麦的成本增加了 5 美元。由于农民每增产 100 千克小麦可以增加收入 15 美元,新款杀虫剂的价格比老产品高出的上限为 15–5=10 美元。然而,为了激励农民使用新产品,应该把价格定在这个上限以下。

对于耐用品,即预期能够使用数年的产品,这种考虑更为复杂。这种情况下的经济价值分析需要比较现金收入的流入或支出的流出。了解客户的经济价值分析是至关重要的。我们以购买一辆商用卡车为例来进行说明。客户根据净现值(NPV)

做出决策,其定义如下:

$$NPV = -a_0 + \sum_{t=1}^{T} CF_t(1+i)^{-t} \qquad (11\text{-}1)$$

对于卡车来说,其销售价格取决于多个变量。

- 购买卡车需要支付的金额 a_0。
- 现金流 CF_t(日后的支出、运营维护费用和或有的融资成本)。

以下数字用于计算主要竞争产品(卡车 A)的净现值:

使用天数(每年)	200 天
每天使用的收入	500 美元
每天使用的运营成本	250 美元
采购价格 a_0	100 000 美元
产品生命周期	5 年
剩余价值	0 美元
股权投资	50 000 美元
资金成本(利率)	10%/年

贷款将在 5 年之后一次性偿还。

每年的现金流计算如下:

每年收入	100 000 美元
运营成本	−50 000 美元
支付利息	−5 000 美元
折旧	−20 000 美元
税前利润=	25 000 美元
税后利润=	12 500 美元
现金流(税后利润+折旧)	32 500 美元

5 年期间贴现现金流的总额为 123 200 美元,因此,净现值(NPV)为 23 200 美元(123 200 美元减去购买价格)。

新卡车(卡车 B)的故障率更低,同时,运营成本也更低,因此,运营商可以在 210 天的使用期中把运营成本降至每天 225 美元。

在本例中,卡车 B 的净现值可以表示为卡车价格的线性函数:

$$NPV = 118\,936 - 0.810\,5p \qquad (11\text{-}2)$$

与竞争对手产品净现值中性（NPV-neutral）的价格为 118 120 美元。在这个价格下，卡车 A 的净现值也将达到 23 200 美元。如果卡车 B 的价格低于 118 120 美元，那么它将比卡车 A 便宜（反之亦然）。

然而，只有当净现值是客户的决策标准时，这种评估方法才适用。如果客户根据其他标准进行投资决策，则竞争中性价格（competition-neutral price）水平是不同的。表 11-2 概述了以净资产收益率（ROE）、资产收益率（ROA）和偿还期以及净现值为标准得到的竞争中性价格。很明显，制造商 B 的可行价格自由度取决于客户对该投资的决策标准。竞争中性价格介于 114 010~125 833 美元。

表 11-2　不同投资决策标准下的竞争中性价格

标准	卡车 A 的价值	卡车 B 的竞争中性价格
净资产收益率（ROE）	25%	125 833 美元
资产收益率（ROA）	12.5%	114 010 美元
偿还期	3.08 年	114 225 美元
净现值（NPV）	23 200 美元	118 120 美元

这一简单的例子说明了对于一家工业产品制造商来说，准确了解客户的经济价值分析是多么重要。这些思路也为销售谈判和客户培训提供了出发点。如果客户以前使用偿还期作为其决策标准，并且制造商成功地使该客户相信净现值方法是一种更合适的方法，那么制造商可以证明更高的差价 3895 美元是合理的。

11.3.2　成本导向定价

成本导向的定价法在工业产品中很流行。对于特定的项目和客户定制的产品（如工厂或设施），通常没有市场价格，而需要单独的报价。我们可用不同的方法来进行这样的单独报价[11,12]。首先，我们使用内部数据来提出对价格的初步想法。我们将在下面展示最常见的方法，并进行简要描述。有些方法不使用数量指标，有些方法则使用（见图 11-3）。

重量成本法（weight-cost method）使用基于经验的"每千克设备"成本值来计算报价[13, p.129]。当然，这种方法并不局限于重量指标。你也可以使用"封闭空间的体积"（建筑行业的惯例）或"生产线的长度"来获得一个粗略的产品价格。

材料成本法（material-cost method）假定材料、劳动力和其他成本之间存在恒定的关系。如果这种关系是从以前的项目中得知的，则可以根据预期的材料成本来估

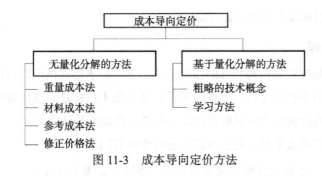

图 11-3 成本导向定价方法

计制造成本。

与这些仅使用一个成本变量来计算报价的简单方法相比,我们还可以使用多个成本函数。第一步是确定潜在的成本参考变量。然后在多元回归分析中将这些作为自变量输入,以估计自变量与制造成本之间的关系和影响强度。借助回归方程,可以估算出新项目的成本。

在**修正价格法**(modification price approach)下,用已完成的类似工程作为计算基础。考虑到不同的修改和修正因素(例如,考虑到项目的特殊性质,如地质、气候、通货膨胀率等),估计当前项目的实际总成本。

另一种方法,**粗略预测**(rough projections),使用了一种粗略的技术概念,根据预期的成本对各个部件进行评估。在得到基准价的基础上,再加上特定的一次性成本(如差旅费、运输费、保险费),以确定根据客户定制的基准价。此外,如果考虑到特殊交货或付款条件(融资成本、仓储或其他仓储成本),就会提到"调整后的基准价",即投标的起始价格。

学习方法(learning approach)的基本思想是在数据库中系统地确定并逐项列出以前完成的项目。对于新项目,可以了解各个部分以及相关的成本信息,并使用这些信息来制定报价。我们需要对分析性学习方法和搜索计算进行区分[14]。在分析性学习方法下,我们依靠现有的技术解决方案和不断扩展的数据池。在搜索计算下,我们会查找相似的特性,以便确定相似的项目。这些将作为新项目报价的基础。

成本加成定价的缺陷也适用于上述成本计算方法。此外,这些方法没有充分考虑到服务的特殊性[1,pp.383f.]。如今,这一点非常重要,因为设施和工厂设备的供应商也日益成为服务提供者(即提供培训、咨询、融资、运营或维护服务)。

11.3.3 拍卖

工业产品的合同往往是通过招标和拍卖获得的。自互联网出现以来,拍卖的使用，尤其是在线拍卖的使用急剧增加。

1. 招标流程

招标或投标过程是一种特殊的拍卖形式，客户要求潜在供应商为执行或完成指定的任务提交书面招标文件。在许多工业产品市场上招标是司空见惯的，而在其他市场（例如向政府机构或组织提供产品和服务）招标则是法定的。

从供应商的角度来看，我们可以区分两个决策问题。

- 选择有潜在价值的投标或招标项目，即决定是否参与投标。
- 假设企业决定参与（"竞争性投标"），然后设定报价。

在本节中，我们将重点讨论第 2 个决策问题：设定报价。起点是对理想商品和服务进行详细描述或说明。这种描述将价格作为评价各种投标的唯一决策标准，从而将价格作为竞争的唯一焦点。

由于投标人需要付出巨大的努力，而且很多的项目合同都是通过投标程序获取的，因此，竞标的成败与否会对供应商的财务状况产生很大的影响。所以，确定最优报价至关重要。原则上，目标是找到低于竞争对手最低价格的最高可能价格。

然而，竞标者通常既不知道其他竞标者的数量，也不知道他们各自的报价。在所谓的"首价密封"投标中，供应商可以提交且只能提交一份投标书，提交后不能进行调整。如果供应商中标，那么合同和价格具有约束力。然而，额外的投标回合或后续谈判并不少见[15]。

博弈论方法（game-theory approaches）或决策理论方法（decision-theory approaches）是确定最优价格行之有效的方法[1, pp. 393-396, 16, pp. 1064-1075, 17, p. 198, 18, pp. 21f.]。

博弈论模型（game-theory models）经常应用于移动电话、能源、收费系统等领域的许可证授予过程中。这些工作通常涉及一系列广泛的目标。因此，有人也称其为"市场设计"。我们可以参考专门的文献[16,p.1074, 18,pp.21f.]。⊖

我们将集中讨论**决策理论模型**（decision-theory models）。对于投标报价，我们假设投标环境（包括其他投标人的行为）是独立的，并且大家都将做出合理的决策[16, p.1064]。

Friedman[21]提出了投标报价的量化模型。从他的研究出发，又有了几项扩展性研究[22, 23]。下列因素对报价决策至关重要：

⊖ 关于博弈论，我们请读者阅读参考文献[15,19,20]。

- 供应商的目标函数；
- 项目和投标准备的成本；
- 竞争对手的行为；
- 潜在客户选择供应商的标准。

完全可以想象，不同的投标人将有不同的目标[21, p105]。这些目标包括预期损失最小化或即使会导致财务损失，但为了尽可能保持产能利用率，还是要努力中标。当然，这些不同的目标带来了不同的解决方案。然而，总体来说，目标是最大化利润的期望值[24, p.315]。

竞争性招标的基本模型是在项目中最大化边际贡献 $E(\pi)$ 的期望值。在这里，固定成本忽略不计。

$$E(\pi) = (p-k-C)Prob(p<\overline{p}) - C[1-Prob(p<\overline{p})] \quad (11-3)$$

其中，p 为报价，k 为项目可变成本，C 为准备投标的成本，$Prob(p<\overline{p})$ 为企业以 p 价格中标的可能性。

表 11-3 给出了一个数值示例，其中 C=500 000 美元，k=1000 万美元。

表 11-3 不同报价的期望利润

报价 p （百万美元）	边际贡献 （$p-k-K$） （百万美元）	中标可能性 $Prob(p<\overline{p})$	期望成本（未中标） $K[1-Prob(p<\overline{p})]$ （百万美元）	期望边际贡献 （百万美元）
40	29.5	0.24	0.38	6.7
35	24.5	0.32	0.34	7.5
30	19.5	0.44	0.28	8.3
25	14.5	0.50	0.25	7.0

计算不同价格下的边际贡献，并估计成功的概率。然后，将各自的概率和边际贡献相乘，并减去竞标失败情况下的成本。最后一列显示了各种投标的期望边际贡献。在这种情况下，3000 万美元的报价达到了最大的期望利润。

这一过程理论上很简单，但在实践中也会面临一些问题。首先，成本可能会有巨大的变化。中标可能需要扩大产能（导致固定成本逐步变化），或者必须考虑机会成本，因为中标意味着放弃其他有价值的项目。另一方面，很难估计中标的可能性。这样做实际上包括估计竞争对手提供报价的概率分布。人们通常会利用过去的经验数值来进行计算[16, p1065-1068]。

竞争性招标常常导致所谓的**赢家诅咒**（winner's curse）[25, pp.50-62]。即使使用这里描述的方法来寻找最优的投标价格，中标方也经常遭受损失。问一个简单的问题："当我出价最低时，这意味着什么？"有两个可能的答案。这可能意味着其他投标方已经做好了牺牲利润的准备，也可能意味着其他投标方低估了成本。后者在许多情况下是正确的，即使所有投标者(基于以前的投标结果)已经对项目的成本进行了正确的平均估计，并且其中有些投标者为了盈利已经增加了额外费用。主要原因是中标并不是所有投标的随机样本。人们往往会得到那些他低估了成本的项目。项目中标后的盈利能力往往低于项目中标前的预期。更糟糕的是：竞标者越多，中标者遭受经济损失的可能性就越大。

2. 线上拍卖

根据弗若斯特沙利文咨询公司（Frost & Sullivan）的研究[26]，全球 B2B 电子商务将保持强劲增长的趋势，预计到 2020 年行业收入将达到 6.7 万亿美元，大约是 B2C 电子商务的两倍。互联网使购买过程发生了深远的变化。价格透明度显著提高[27, p.113]。这引发了人们的期望，认为完全透明的市场将会出现，从而使几乎所有的项目都变成了普通商品。然而，这种发展尚未发生[28, p.8]。

网上拍卖已经变得非常流行。关于拍卖的潜在形式和用途的概述，我们请读者参阅参考文献[15, p104-124, 29, 30, p.158, 31, 32, p.104]和第 3 章。同类产品特别适合拍卖。在这种情况下，价格如果不是唯一的购买标准，往往也是最重要的。规模较大的企业会自行进行此类拍卖。通用电气是这一领域的先驱。早在 1995 年，通用电气就已经建立了自己的内部拍卖网站。有许多采购合作社（co-ops）和市场，如阿里巴巴、eBay Business 或 ThomasNet，它们都使用拍卖进行采购。

与每种拍卖一样，供应商在这里的处境艰难。如果是纯价格拍卖，那么只有供应商的价格是赢得合同的决定因素。在工业采购市场中，**荷兰式拍卖**（Dutch auctions）很常见。拍卖由买方发起（"反向拍卖"）。这与传统的招标流程类似。客户（单独或作为采购合作社的一部分）在招标中表示需要货物或服务。与投标或"首价密封投标"或"次价密封投标"相比，反向拍卖会出现一系列的报价。价格逐步下降，最终最低的价格中标。

表 11-4 从供应商的角度列出了**线上拍卖的优缺点**[27, p.113, 32, p.105]。一个重要的决策是是否参与拍卖。如果供应商决定参与，就应该尝试对拍卖条件施加一些影响。例如，高端供应商可以尝试收取价格溢价。这种差异化在实践中更为常见[15]。在内部，供应商也应该**预先**设定一个终止投标的价格。

表 11-4 线上拍卖的优点及缺点（供应商角度）

优点	缺点
• 更大的市场	• 更激烈的竞争
• 确定买方立即购买的价格的可能性（买断定价）	• 没有个人联系
• 实时交易	• 中介费用
• 减少交易成本	

其中有一种风险是，竞标者可能会陷入恶性循环：它们会不断压低对方的出价。下面的实际例子说明了这一点。发电行业维护合同的供应商参加了一场激烈竞争的线上拍卖。图 11-4 显示了该特定供应商的投标进展情况。最后的出价明显低于最初设定的价格下限。尽管如此，该合同还是被竞争对手获得。人们知道哪家企业中标（另一家大型竞争对手），但不知道是以什么价格获得的。在这种情况下，总共有 20 个投标步骤。

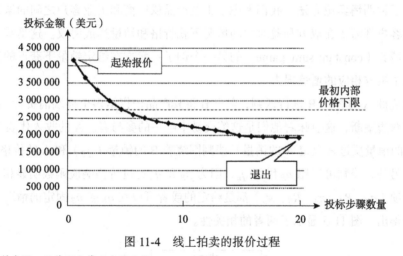

图 11-4 线上拍卖的报价过程

资料来源：西蒙顾和管理咨询公司。

突破最初设定的价格下限的一个原因是投标过程的动态性。在 4 个小时内，每个供应商都要做出许多决策。在这种情况下，投标供应商需要保持冷静，并时刻牢记其预先设定的价格下限。在某些情况下，在某一点之后，竞争对手可能会继续降低报价，以压低其他供应商的价格，从而损害中标的竞争对手。这当然是一种非常危险的策略，因为激进的竞标者实际上可能以低价赢得合同，并成为赢家诅咒的受害者。

11.4 实施

价格谈判和价格合同对工业产品有重要作用。

11.4.1 价格谈判

工业产品市场的销售合同在大多数情况下是通过谈判达成的。谈判可能涉及交易的所有方面。除了技术解决方案，谈判还可能涉及价格、付款条件和融资等方面。谈判技巧是成功的关键因素。

我们区分了基于理论和基于管理的方法[33]。理论方法包括博弈论和行为经济学。博弈论的方法旨在分析和优化谈判结果。行为经济学方法试图回答如何确定谈判条件以便将谈判结果导向预期方向的问题。这些方法较少关注实际的谈判过程本身。**与管理相关的方法**则强调谈判过程，并试图为谈判提出具体的战略和战术建议。

为了说明**博弈论方法**，我们考虑了工业产品供应商和工业客户之间的谈判。供应商和客户都需要在双方利益对立的情况下就价格和销量达成协议。这是零和博弈或常和博弈（constant-sum game）的另一个例子：卖方在给定销量下获得的额外收入代表了买方相应的增量损失。

供应商 A 与客户 B 进行谈判，客户 B 将其产品销售给多个终端消费者。A 和 B 形成了双边垄断，这意味着他们是这笔交易中唯一的参与者。A 的收入代表 B 的成本，B 的销量反过来决定 A 的销量。谈判围绕着 B 的销量（q_B）和 A 的价格（p_A）展开。另外，谈判可以用 p_B 代替 q_B，因为 p_B 和 q_B 通过价格响应函数明显相关。所有其他项（q_A、R_A、π_A、R_B、π_B）都是给定的或者可以在 q_B 或 p_B 固定的情况下用公式计算得出。图 11-5 显示了两者的相关性。

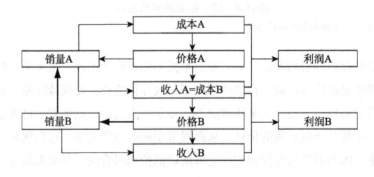

图 11-5 双边垄断中的系统相关性

A 的收入只是一个中间项,因此对共同总利润没有影响。利润只取决于 p_B 和 q_B。如果谈判各方理性行事,应分两步达成协议。

(1)以总利润最大化的方式确定 p_B(或 q_B)(假设合伙人之间诚实且不存在利益冲突)。

(2)关于 p_A 的谈判决定了双方之间的利润分配(抵消利益)。

两家公司的利润函数如下(假设为线性成本函数):

$$\pi_A = (p_A - k_A) q_A \tag{11-4}$$

$$\pi_B = (p_B - p_A - k_B) q_B \tag{11-5}$$

A 的销量单位被定义为每一单位 B 正好包含一单位 A($q_A = q_B$)。共同利润 π_T 为:

$$\pi_T = \pi_A + \pi_B = (p_B - k_B - k_A) q_B \tag{11-6}$$

我们会发现 π_T 并不取决于 p_A,所以 B 的最优价格可以独立于 p_A(步骤(1))。

我们用一个线性价格响应函数的数值例子来说明这种谈判情况:

$$q_B = 100 - 10 p_B \tag{11-7}$$

供应商 A 固定边际成本为 $k_A = 3$,而 B 的边际成本为 $k_B = 2$。如图 11-6 所示。纵

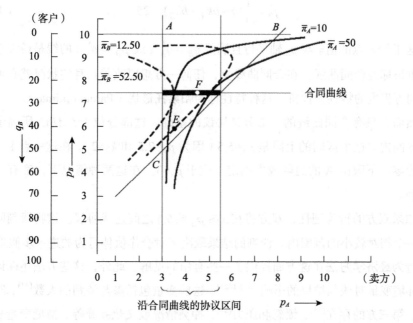

图 11-6 等利润线系统下的谈判情况

轴显示价格 p_B 和对应的销量 q_B（根据价格响应函数），横轴显示价格 p_A。

只有当任何一方都没有遭受损失的情况下才能达成协议。前提条件在 $\triangle ABC$ 中得到满足。在 AB 线上，没有销量，因为 $q_B=0$。在 AC 线上，供应商 A 没有盈利（$p_A=3=k_A$）。在 BC 线上，客户 B 利润为零（$p_B=p_A+k_B$）。

为了确定协议区间，我们来看一下点 E（$p_A=3.5$，$p_B=6$）。点 E 在 $\triangle ABC$ 中且在原则上能够达成潜在的协议。这一价格组合产生了以下利润：

$$\pi_A = 20, \ \pi_B = 20, \ \pi_T = 40 \ （总利润）$$

然而，企业可以通过将价格 p_A 提高到 4.5，p_B 提高到 7.5 来改善这种情况。这将导致利润 $\pi_A=37.5$ 和 $\pi_B=25$，总利润 $\pi_T=62.5$。

然而，除了点 F，双方不可能同时提高利润。这是价格 p_B（或数量 q_B）最大化共同利润 π_T 的点。

通过确定联合利润函数的 p_B^* 和 q_B^*，我们可以通过算术方法对结果进行检验。

$$p_B^* = \frac{1}{2}\left(\frac{a}{b}+k_A+k_B\right) = 7.5 \qquad (11-8)$$

$$q_B^* = \frac{1}{2}(a-bk_A-bk_B) = 25 \qquad (11-9)$$

这正是 F 点的值。与 p_A 轴平行且满足 $q_B=q_B^*$（或 $p_B=p_B^*$）的线是最大总利润线，也被称为合同曲线。在合同曲线上，任何一方想要改善自身的状况就必须以另一方同等程度的牺牲为代价。这种特性称为**帕累托最优**（Pareto optimal）。

然而，只有合同曲线的一部分是协议的基础。这部分位于 $\triangle ABC$ 所确定的总协议区间内。这个区间的上限是 $p_A=5.5$（因为 $p_B=7.5$ 和 $k_B=2$）。在这一点上，B 的利润为零。下限由 A 的边际成本确定，位于 $p_A=3$。在这两种情况下，都有一方无法盈利。

如果双方的行为理性，双方将在 $3 \leq p_A \leq 5.5$ 之间达成协议。这将谈判问题限制在一个相对较小的范围内。谈判的结果取决于对合作伙伴行为的进一步假设。

行为经济学方法在这方面提供了一些有用的见解。此外，这些方法还探讨了情境或环境变量对谈判结果的影响[33, p.1025]。这些变量包括参与谈判的人数[34]、时间压力[35]、第三方的存在[36]、愤怒和压力[37]、冲突情况或文化差异等。情境变量是特定的，通常不会受到影响，这意味着人们无法从中获得进行谈判的具体建议。然而，人们可以获得更好的评估现有情况的一些见解[33, p.1025, 38, p.281]。

我们用买卖双方之间力量平衡的例子来详细说明这一点。权力的平衡会影响任何一方的操作空间（回旋余地）[39, p.76, 40, p.308, 41]。买方或卖方的强弱，即哪方具有定价权，取决于许多因素。买方的权力是由诸如规模、过去的购买量、未来订单的预期水平和信誉等因素驱动的。卖方的实力取决于卖方的性能水平（质量、形象、售后服务）及其产品和服务的可替代性。可以通过对这些因素加权并计算分数来评估买方和卖方的权力（评分模型）。通过这种方法，人们可以获得有价值的见解，了解在定价方面是否有操作空间，以及操作空间的大小。

可以使用历史交易数据进行此类分析。一种是根据相关因素（从卖方的角度）对权力平衡进行量化，然后将其结果与谈判的实际结果（例如已达成的价格或数量）进行比较。这使得卖方可以为其追求的谈判结果确定具体的基准。西蒙顾和管理咨询公司经常使用这种方法。团队的谈判技巧也对结果有显著影响。在众多的项目中，西蒙顾和管理咨询公司量化了同一企业内部不同谈判团队的技能和能力，并将其与各自所取得的谈判结果进行比较。发现了非常显著的相关性。

客户关系的性质也会影响操作空间。在实践中，我们可以区分两种形式的客户关系。在第一种情况下，有互相信任的基础，谈判往往是公平进行的。在第二种情况下，关系紧张，谈判就是一场斗争。第一种情况的典型特征是人员之间的连续性，而第二种情况的特征是频繁的人员变动和买方的激进目标。公平的关系并不意味着轻松的谈判过程，但这种谈判一般不会令人不快。我们一次又一次地观察到，客户试图通过直接与供应商的首席执行官交谈来获得额外的优惠。这似乎是一个软肋。因此，供应商应尽可能避免让首席执行官参与价格谈判。对买方来说，情况可能正好相反。

在实际的谈判过程中（**基于管理的方法**），**心理和策略**会发挥一定的作用。期望价格的实现最终取决于心理和战术谈判才能。除了少数几篇具体讨论价格谈判的文章[42, 43]，还有大量一般性谈判策略方面的文献[44-46]。下面我们将介绍一些经过考验的秘诀和技巧。

对于非常复杂的产品或服务，我们通常建议卖方尽可能详细地向客户介绍产品的优点。在转向价格之前，首先应该把重点放在性能上。与客户的深入讨论有助于经验丰富的销售人员更好地评估单个客户的支付意愿（最高价格）。因此，理想情况下，谈判后期提出的价格要高于早期提出的价格。在谈判的后期确定价格的潜在缺点是，在获取信息或为客户准备提案方面投入了大量的时间和精力，而客户的支付意愿却太低。因此，确定价格的首个时间点与探索客户支付意愿的过程相协调，是至关重要的。在意识到客户的支付意愿过低之前，企业往往要付出相当大的成本。

谈判的目的是在合理的价格水平上成交。谈判的两个基本原则是共同利益原则和"针锋相对"原则。在**共同利益原则**下，要强调并关注各方的共同利益[45, 47]。**针锋相对原则**要求只有当一方得到相应价值的回报时才做出让步[48, p.53, 49]。

不存在两种相同的谈判情况，这就意味着没有一种普遍适用的谈判技巧[50-52]。但是，谈判的内容不能只局限于价格。决定因素总是性价比。当价格是谈判的唯一对象时，即使价格不是买方的唯一决策标准，我们也不应该对价格会成为决策的主导因素感到惊讶："成功的谈判者认识到经济因素并不是一切，会关注重要的非价格因素。明智的谈判者会兼顾除价格外的更大利益。"[47, p.90f.]

客户必须看到功能和特性方面的价值。成本-效益分析有助于明确产品的价值。然而，由于一些原因，这种方法并不常用。首先，实施的成本相对较高；其次，供应商对记录具体的成本节约和生产率提高持谨慎态度。这些记录可能会被客户视为供应商的一种隐性承诺。但是，如果供应商提供细致的估计，并提前向客户澄清基本假设和使用的数字是否反映了现实情况，则可以将这种风险降到最低。

其他支持性技术包括减法技巧和分割技巧。在减法技巧下，当买方要求更低的价格时，卖方会从原始产品（original offer）中去掉一部分功能。通过这种方式，卖方可以了解到买方是否只是在争取价格优惠，或客户是否真的不重视产品的某些部分。

根据**分割技巧**（division technique），卖方将成本分解为与客户生产过程相对应的较小的单元。假设某一企业提供的生产设备价值为 204 万美元，比竞争对手的产品贵 2%。卖方可以提出以下论点：

（1）客户的产量是每天 5000 台；

（2）每台售价 40 美元，利润率为 50%。

假设设备的平均使用寿命为 360 天，那么每台设备的成本仅为 1.13 美元。因此，每台产品的差价仅为 0.02 美元左右（200 万美元/（360×5000）=1.11 美元），如果新工厂能"拯救"一个生产日，这一差价将得到更大的补偿。失去一天的产量将会损失 100 000（=5000×20）美元的利润。这将谈判的重点放在最终价值上，并向客户证明，与停工风险或其他不利因素相比，价格差异是可以忽略不计的。

此外，建议卖方调整其行为和销售策略以满足谈判伙伴的要求。这种调整被称为**适应性销售**（adaptive selling）[52, 53]，可能发生在与同一合作伙伴的谈判、与不同合作伙伴的谈判或谈判的不同阶段中。单个功能的重要性经常在谈判过程中发生变化，或者购买中心的个别成员对这些特征的感知不同。卖方必须考虑到这一点。

在本节结束之前，我们来分析一下在价格谈判中的折扣和其他条款及条件。**给予折扣**并不总是等同于价格谈判，但许多工业产品的折扣是可以谈判的。标价通常只是价格谈判的起点。

大幅降价在实践中很常见。重要的是不同的标价和折扣组合对销量和利润的影响。同样的净价可以通过不同的方式实现。可以想象，卖方设置了高的标价，并提供了高折扣，或者设置了低标价与低折扣相结合。这两种情况可能会引起客户不同的反应，即使净价格相同。工业客户绝不会对我们在第 4 章中讨论的价格心理影响具有免疫力。这些反应可能会是由不同的价格感知或买方的激励制度所引起的。当买方所在企业根据谈判所达成的折扣水平对卖方进行评估考核甚或提供薪酬时，折扣的影响尤其强烈。我们知道有些情况：买方建议提高起拍价以便能显示更高的折扣。在这种情况下，更高的起售价加上更高的折扣是显而易见的答案[1, 54, p.511]。

11.4.2 价格合同与价格对冲

长期合同或耐用投资产品产生的风险有三种基本类型：功能风险、交付风险和成本风险。一个重要的决策是如何在合同各方之间分配这些风险。供应商有机会通过承担更多的风险来提高自己的竞争地位。

功能或技术风险可以通过担保或交换产品的权利来降低。为客户降低风险的一种创新方法是就基于性能的定价达成协议：这可以采取多种形式[55, p.54-57]。购买价格的高低取决于双方事先同意的性能参数在多大程度上得到满足。如果达到了约定的水平，客户就支付约定的价格。价格的上涨（或下跌）取决于产品相对于目标性能的好坏。基于性能的价格的潜在参数可能是基于时间（上升时间、维持时间）、质量（质量水平、生产公差、客户投诉量）和数量或价值（运营活动、产出、收入或边际贡献份额、消耗品的成本变化、燃料或能源或人员成本）等方面的。

价格对冲的工具

对于长期合同，有必要达成协议来调整潜在的成本波动。商品或原材料价格或劳动力成本的价格波动使成本预测不确定，因此难以制定价格。这样的波动会对项目的盈利能力产生很大的影响。供应商有几个工具可以处理这些风险：固定价格、条件价格、开放式计费或浮动比例价格条款。

对于**固定价格产品**通常会在报价中加上固定的加价（例如5%），以反映未来可能的价格上涨。一旦达成一致，这一价格就不再变化，这意味着客户不再承担任何价格风险。如果未来的成本变化被低估，供应商必须弥补差额。如果成本被高估，供应商将获取额外的利润。

价格有变化的协议，即**条件价格**，允许供应商将记录的已发生的成本转移给客户。根据协议内容，在这种情况下，客户承担部分或全部风险。例如，所谓的不可抗力条款允许供应商在双方无法控制的情况下（如自然灾害）取消合同约定的价格，并就反映变化情况的新价格进行谈判。有个例子，当低密度聚乙烯（LDPE）出现供应短缺时，许多化学产品供应商在合同中强制执行不可抗力条款，并宣布自己无法履行交货承诺。这使得低密度聚乙烯的平均价格在4个月内上涨了约20%[56]。

在**开放式计费**的情况下，客户独自承担成本增加的风险。供应商和客户在生产过程中就供应商交付的产品和实际成本达成一致。这类支付方式适用于在谈判期间无法可靠估计的供应商的部分服务或交货费用。双方可以约定金额上限，以控制客户的风险。

浮动价格条款允许在客户的最终价格中反映某些基本成本（如劳动力、材料）的变化。这方面的标准价格公式来自联合国欧洲经济委员会（ECE）[1, pp.398f.]。

$$P = \frac{P_0}{100}\left(a + m \times \frac{M}{M_0} + w \times \frac{W}{W_0}\right) \quad (11\text{-}10)$$

其中，P 为最终价格；P_0 为付款期初始时的价格；a 为不可调整的价格份额；m 为在价格中材料成本的份额；w 为劳动力成本在价格中的份额；M_0 为材料成本（付款期开始）；M 为材料成本（付款期结束）；W_0 为劳动力成本（付款期开始）；W 为劳动力成本（付款期结束）以及 $a+m+w=100$。

实施这一方法需要确定权重和起始值，以及监测各个因素[1, pp.398–402]。这些数据，如劳动力成本在价格中所占的份额，往往不为人知。因此，人们倾向于回到采用传统的行业平均水平。由于浮动价格条款，也造成了计划的不确定性，所以许多客户坚持采用固定价格合同。另一个问题是这些条款对供应商的透明度提出了要求。客户通常要求供应商在价格公式中进行全面的细分，但供应商通常不希望如此详细地披露自己的所有成本。租赁协议通常有价格指数条款，这些条款通常使用消费者价格指数（CPI）作为指标。租金会在一段时间或指数超过预定值时进行部分或全部调整。

本章小结

工业产品价格管理具有许多特殊的性质。在价格管理过程的不同阶段，应该注意以下方面。

- 在分析阶段，目标是了解**购买中心**。购买中心包括所有对购买决策有影响的人。根据在购买中心中的角色或影响程度，各个成员将受到不同考虑因素的激励。这些都应该在决定产品的形式和与供应商如何进行谈判时加以考虑。了解购买中心如何评估产品（即评估方案或标准）有助于优化报价。
- 在价格决策阶段，基于价值的定价、成本导向定价和拍卖开始发挥作用。在**基于价值的定价**中，供应商使用性能或价值指数作为定价标准。为了衡量价值，供应商可以根据自己的员工、经济价值分析、焦点小组的评估或联合测量进行评估。
- 对于特定的项目和定制的产品，可以使用**成本导向算法**来设置价格。取决于一个变量的方法包括重量成本法、材料成本法和修正价格法。其他方法，如粗略预测和学习方法，取决于从参考项目和现有数据或估计中提取的多个变量。
- 许多工业部门和公共部门采用拍卖来授予合同。根据一套规范或招标书（RFP），几个投标者提交他们的报价。出价最低的供应商通常中标。原则上，供应商的任务（从他们的角度）是找到仍然低于价格最低的竞争对手价格的可能最高价。这里可以应用博弈论和决策理论模型。从形式上讲，决策理论模型是在考虑中标概率的情况下最大化利润的预期价值。
- **线上拍卖**在工业采购中非常普遍。它们主要用于同类产品和服务。从卖方的角度来看，这些拍卖的优势在于它们提供了一个服务于更大市场的机会，或降低交易成本的能力。同时，由于竞标过程的自然动态变化，有一种风险是，竞标者可能会降低**预先**为自己设定的价格下限。
- 在执行阶段，价格谈判和价格合同，或价格对冲，是很重要的。
- 对价格谈判的研究区分了理论方法（博弈论和行为科学）和基于管理的方法。
- 根据价格谈判理论（**博弈论**），在最简单的情况下（双边垄断），理智的各方之间的谈判包括两个步骤。第一步，确定使共同利润（共同利益）最大化的销量。第二步，在合作伙伴之间分配共同利润（利益冲突）。利润的分配是由价格决定的。协议的潜在区域是由合同曲线的某一部分产生的，该部分由其中一个合作伙伴的利润为零的点所限定。合约曲线上的点的最终选择取决于合作伙伴之间的权力平衡。

- **行为科学方法**和系统量化（基于其他情况相同的历史数据）可以为评估合作伙伴之间的权力平衡提供指导。
- **基于管理的方法**关注谈判过程本身。谈判的两个基本原则是共同利益原则和针锋相对原则。其他支持性工具包括减法技巧和分割技巧。在减法技巧中，如果客户要求更低的价格，则从原始产品方案中扣除某些部分。在分割技巧中，为了使竞争的价格差异看起来更小，成本被分解成更小的单元。
- 对于长期合约，采取**对冲价格**的措施是必要的。最后，这些都围绕供应商和客户将如何分担未来成本变化的风险。固定价格报价、条件价格、开放式计费和浮动价格条款都是可选方案。

综上所述，工业产品领域的特点是价格模型和方法的多样性。找到最优解决方案需要对各自的情况有深入的了解。

参考文献

[1] Backhaus, K., & Voeth, M. (2014). *Industriegütermarketing* (10th ed.). München: Vahlen.
[2] Engelhardt, W. H., & Günter, B. (1981). *Investitionsgütermarketing*. Stuttgart: Kohlhammer.
[3] Kossmann, J. (2008). *Die Implementierung der Preispolitik in Business-to-Business-Unternehmen*. Nürnberg: GIM-Verlag.
[4] Reid, D. A., & Plank, R. E. (2000). Business Marketing Comes of Age: A Comprehensive Review of the Literature. *Journal of Business-to-Business Marketing*, 7(2-3), 9–186.
[5] Plinke, W. (1992). Ausprägung der Marktorientierung in Investitionsgütermärkten. *Schmalenbachs Zeitschrift für betriebswirtschaftliche Forschung*, 44(9), 830–846.
[6] Homburg, C. (2015). *Marketingmanagement – Strategie – Instrumente – Umsetzung – Unternehmensführung* (5th ed.). Wiesbaden: Gabler.
[7] Barback, R. H. (1979). The Pricing of Industrial Products. *European Journal of Marketing*, 13(4), 160–166.
[8] Forman, H., & Lancioni, R. (2002). The Determinants of Pricing Strategies for Industrial Products in International Markets. *Journal of Business-to-Business Marketing*, 9(2), 29–64.
[9] Forbis, J. L., & Mehta, N. T. (1981). Value-Based Strategies for Industrial Products.

McKinsey Quarterly, 2, 35–52.
[10] Anderson, J. C., Jain, D. C., & Chintagunta, P. K. (1993). Customer Value Assessment in Business Markets: A State-of-Practice Study. *Journal of Business-to-Business Marketing*, 1(1), 3–30.
[11] Feller, A. H. (1992). Kalkulation in der Angebotsphase mit dem selbständig abgeleiteten Erfahrungswissen der Arbeitsplanung. Karlsruhe: Institute for machine tools and industrial engineering at the Karlsruhe Institute of Technology.
[12] Funke, S. (1995). Angebotskalkulation bei Einzelfertigung. *Controlling*, 7(2), 82–89.
[13] Plinke, W. (1998). Erlösgestaltung im Projektgeschäft. In M. Kleinaltenkamp, & W. Plinke (Ed.), *Auftrags- und Projektmanagement* (pp. 117–159). Berlin: Springer.
[14] Nietsch, T. (1996). *Erfahrungswissen in der computergestützten Angebotsbearbeitung*. Wiesbaden: Deutscher Universitäts-Verlag.
[15] Berz, G. (2014). *Spieltheoretische Verhandlungs- und Auktionsstrategien* (2nd ed.). Stuttgart: Schaeffer-Poeschel.
[16] Alznauer, T.,& Krafft, M. (2004). Submissionen. In K. Backhaus & M. Voeth (Ed.), *Handbuch Industriegütermarketing: Strategien – Instrumente – Anwendungen* (pp. 1057–1078). Wiesbaden: Gabler.
[17] Näykki, P. (1976). On Optimal Bidding Strategies. *Management Science*, 23(2), 198–203.
[18] Römhild, W. (1997). *Preisstrategien bei Ausschreibungen*. Berlin: Duncker & Humblot.
[19] Holler, M. J., & Illing, G. (2009). *Einführung in die Spieltheorie* (7th ed.). Berlin: Springer.
[20] Milgrom, P. (2004). *Putting Auction Theory to Work*. Cambridge: Cambridge University Press.
[21] Friedman, L. (1956). A Competitive Bidding Strategy. *Operations Research*, 4(1), 104–112.
[22] Edelman, F. (1965). Art and Science of Competitive Bidding. *Harvard Business Review*, 43(4), 53–66.
[23] Willenbrock, J. H. (1973). Utility Function Determination for Bidding Models. *Journal of Construction*, 99(1), 133–153.
[24] Slatter, S. S. P. (1990). Strategic Marketing Variables under Conditions of Competitive Bidding. *Strategic Management Journal*, 11(4), 309–317.
[25] Thaler, R. H. (1992). *The Winner's Curse: Paradoxes and Anomalies of Economic Life*. New York: The Free Press.
[26] Kaplan, M. (2015). B2B Ecommerce Growing; Becoming More Like B2C. http://www.practicalecommerce.com/articles/85970-B2B-Ecommerce-Growing-Becoming-More-Like-B2C. Accessed 5 July 2015.
[27] Lancioni, R. (2005). Pricing Issues in Industrial Marketing. *Industrial Marketing Management*, 34(2), 111–114.
[28] Lichtenthal, J. D., & Eliaz, S. (2003). Internet Integration in Business Marketing Tactics. *Industrial Marketing Management*, 32(1), 3–13.
[29] Skiera, B., & Spann, M. (2004). Gestaltung von Auktionen. In K. Backhaus, & M. Voeth

(Ed.), *Handbuch Industriegütermarketing: Strategien – Instrumente – Anwendungen* (pp. 1039–1056). Wiesbaden: Gabler.

[30] Daly, S. P., & Nath, P. (2005). Reverse Auctions for Relationship Marketers. *Industrial Marketing Management*, 34(2), 157–166.

[31] Lucking-Reiley, D. H. (1999). Using Field Experiments to Test Equivalence between Auction Formats: Magic on the Internet. *American Economic Review*, 89(5), 1063–1080.

[32] Sashi, C. M., & O'Leary, B. (2002). The Role of Internet Auctions in the Expansion of B2B Markets. *Industrial Marketing Management,* 31(2), 103–110.

[33] Voeth, M., & Rabe, C. (2004). Preisverhandlungen. In K. Backhaus, & M. Voeth (Ed.), *Handbuch Industriegütermarketing: Strategien–Instrumente–Anwendungen* (pp. 1015–1038). Wiesbaden: Gabler.

[34] Marwell, G., & Schmitt, D. R. (1972). Cooperation in a Three-Person Prisoner's Dilemma. *Journal of Social Psychology*, 21(3), 376–383.

[35] Pruitt, D. G., & Drews, J. L. (1969). The Effect of Time Pressure, Time Elapsed, and the Opponent's Concession Rate on Behavior in Negotiation. *Journal of Experimental Social Psychology*, 5(1), 43–60.

[36] Pruitt, D. G., & Johnson, D. F. (1972). Mediation as an Aid of Face Saving in Negotiation. *Journal of Social Psychology*, 14(3), 239–246.

[37] Gomes, M., Oliveira, T., Carneiro, D., Novais, P., & Neves, J. (2014). Studying the Effects of Stress on Negotiation Behavior. *Cybernetics and Systems*, 45(3), 279–291.

[38] Bazerman, M. H., Curhan, J. R., Moore, D. A., & Valley, K. L. (2000). Negotiation. *Annual Review of Psychology*, 51(1), 279–314.

[39] Jain, S. C., & Laric, M. V. (1979). A Framework for Strategic Industrial Pricing. *Industrial Marketing Management*, 8(1), 75–80.

[40] Laric, M. V. (1980). Pricing Strategies in Industrial Markets. *European Journal of Marketing*, 14(5/6), 303–321.

[41] Marwell, G., Ratcliff, K., & Schmitt, D. (1969). Minimizing Differences in a Maximizing Difference Game. *Journal of Personality and Social Psychology*, 12(2), 158–163.

[42] Detroy, E. N. (2009). *Sich durchsetzen in Preisgesprächen und Verhandlungen* (14th ed.). Zürich: Moderne Industrie.

[43] Zarth, H. R. (1981). Effizienter verkaufen durch die richtige Strategie für das Preisgespräch. *Markenartikel*, 43(2), 111–113.

[44] Bänsch, A. (2013). *Verkaufspsychologie und Verkaufstechnik* (9th ed.). München: Oldenbourg.

[45] Lewicki, R., Saunders, D. M., & Barry B. (2014). *Negotiation* (7th ed.). Burr Ridge: McGraw-Hill.

[46] Nirenberg, J. S. (1984). *How to Sell Your Ideas*. New York: McGraw Hill.

[47] Sebenius, J. (2001). Six Habits of Merely Effective Negotiators. *Harvard Business Review*, 79(4), 87–95.

[48] Sidow, H. (2007). *Key Account Management: Wettbewerbsvorteile durch kundenbezogene*

Strategien (8th ed.). Landsberg am Lech: Moderne Industrie.
[49] Jensen, O. (2004). *Key-Account-Management: Gestaltung-Determinanten-Erfolgsauswirkungen* (2nd ed.). Wiesbaden: Deutscher Universitäts-Verlag.
[50] Thompson, J. W. (1973). *Selling: A Managerial and Behavioral Science Analysis*. New York: McGraw Hill.
[51] Weitz, B. A. (1979): A Critical Review of Personal Selling Research: The Need for a Contingency Approach. In G. Albaum, & G. A. Jr., Churchill (Ed.), *Critical Issues in Sales Management: State of the Art and Future Research Need* (pp. 72–126). Eugene: University of Oregon.
[52] Weitz, B. A., Sujan H., & Sujan, M. (1986). Knowledge, Motivation, and Adaptive Behavior: A Framework for Improving Selling Effectiveness. *Journal of Marketing*, 50(4), 174–191.
[53] Pettijohn, C. E., Pettijohn, L. S., Taylor A. J., & Keillor, B. D. (2000). Adaptive Selling and Sales Performance: An Empirical Examination. *Journal of Applied Business Research*, 16(1), 91–111.
[54] Voeth, M. (2015). Preispolitik auf Industriegütermärkten - Ein Überblick. In K. Backhaus, & M. Voeth (Ed.), *Handbuch Business-to-Business Marketing: Grundlagen, Geschäftsmodelle, Instrumente des Industriegütermarketing* (2nd ed.) (pp. 499–516). Wiesbaden: Gabler.
[55] Hüttmann, A. (2003). *Leistungsabhängige Preiskonzepte im Investitionsgütergeschäft: Funktion, Wirkung, Einsatz*. Wiesbaden: Deutscher Universitäts-Verlag.
[56] Anonymous. (2015, May 13). Mit höherer Gewalt zu höheren Preisen. *Frankfurter Allgemeine Zeitung*, p. 30.

P R I C E

M A N A G E M E N T

第 12 章

服务价格管理

摘要：在高度发达的经济体中，服务业通常占国内生产总值的 3/4 以上。服务具有一系列对价格管理非常重要的特殊性质。服务的价格管理涵盖的范围非常广泛，从航空公司使用的复杂收益管理系统到许多子行业日常的直接价格设定。本章主要讨论价格管理中的具体服务问题，并遵循定价过程中的分析、决策和实施过程。与价格管理相关的服务特征包括无形、客户资源的整合、固定成本与可变成本的比率、缺乏客户之间的可转移性、体验和信任的重要性以及服务的本地性质。和实体商品相比，服务的价格差异化程度及其回报更大，因为许多服务都是高度定制化的。此外，可以更有效地实施差异化价格，并且更容易被客户所接受。服务无可避免地受到互联网的影响，其价格透明度、价格和价值竞争一直都在急剧增加。

12.1 简介

服务具有许多特殊的性质和定价改善的巨大潜力。我们首先讨论这些特殊的性质及其对定价的影响。包办（跟团）旅游、音乐会、体育赛事、保险和银行业务都是服务项目；律师事务所、咨询公司、医院、发廊、健身俱乐部、职业体育团队和清洁工都是服务提供者。服务包括呼叫中心、软件即服务（SaaS）以及 Spotify、苹果音乐和 Netflix 等网络娱乐服务。在高度发达的国家中，现代经济中极为多样化的服务业贡献了 3/4（或更多）的国内生产总值。

人们经常用各种不同的术语来表示服务的"价格"。常见的表达方式包括酬金、佣金、费用、关税、保费、会费或费率。但在所有这些情况下，这些名词只不过是价格的另一种名称。这些"价格"根据特殊规则计算：通过个人花费的时间（酬金）、活动（参加体育比赛或竞技）、使用实体商品的时间（租金）、获取某些资源（会员资格或每月会费）或另一种商品价值的百分比（佣金、经纪费）。

服务具有以下特殊性质。

- 它们是**无形**的，具有影响感知和支付意愿的基本标准。在购买之前，客户通常无法自信地评估服务质量。从本质上讲，客户购买的是对执行过程的承诺。这不仅适用于理发，也适用于复杂的咨询项目。声誉、咨询和价格作为**事前**质量指标发挥了重要作用。由于其无形性，因此不存在物理上的存储或运输服务。

- 实体商品是在没有客户参与的情况下提前生产然后再出售的，但大多数服务只能在客户或客户的财产（即所谓的客户资源）的参与下进行。我们称之为**客户资源的整合**（integration of customer resources）。这些资源的形式可以是人（例如，理发或医疗）、物体（例如，汽车）、权利、信息或金融资产。这不仅意味着可以检查和验证服务接收者的身份，还意味着可以比实体商品更有效地实施差异化价格。

- 可把消费和生产的不可分离性称之为**非分离原则**（uno-actu principle）。例如，教育服务、体检、看戏剧或听音乐等。服务不仅涉及人员的整合，还涉及物体、信息和权利的整合。因此，"不可分离性"不仅适用于客户，还适用于所涉及的客户资源。消费和生产在时间上重合就不可能通过套利破坏现有的价格差异化。

- **客户资源的异质性**，即服务提供的外部因素，几乎不可避免地导致结果出现更大的异质性。需要修理的汽车不同，病人的疾病和律师处理的法律事务也不同。因此，提供服务的过程和实际结果将因客户而异。

- 实体商品的制造商可以独立自主地决定何时以及如何使用其生产能力，但这并不适用于服务提供者。如果某一晚酒店房间仍然空置，那么当晚的收入机会就永远失去了。

- 即使是明显简单或标准化的服务，也可能包含非常不同的性能和价格参数，从而使比较变得困难。例如，活期存款账户是最基本的银行产品，然而，正如一位专家所指出的："活期存款账户相对难以比较，因为它们包含一整套服务，因此有一系列不同的价格。"[1]因此，在各种不同的活期存款账户中观察到巨大的价格差异也就不足为奇了。表 12-1 显示了所选银行的这些差异，比较了账户的月度费用和使用打印收据进行交易的费用。纸质收据交易的最高价格比最低价格高 167%。

表 12-1　活期存款账户管理和纸质收据交易的费用

公共机构	账户	账户管理费 （欧元/月）	纸质收据交易 （欧元/交易）
Volkswagen Bank	活期存款	0.00	2.00
Berliner Sparkasse	活期存款	2.00	1.90
Ostsächsische Sparkasse	Saxx tempo	3.00	1.50
Deutsche Bank	AktivKonto	4.99	1.50
Hamburger Volksbank	VRNetKonto	3.95	1.50
Postbank	Giro plus	0.00	0.99
Stadtsparkasse Wuppertal	Giro Klassik	5.25	0.75

一项服务的无形、整合和个性化的程度越高，客户行为的不确定性就越大。对于此类服务，供应商不能轻易地标准化其报价，并且有义务为客户提供单独定制的服务。典型的情况包括管理顾问、律师或精神科医生所提供的专业服务等。

因为客户不仅从实际结果中获得价值，而且也从过程本身获得价值，所以，我们需要区分服务潜力、服务过程和服务结果。

服务潜力（service potential）包括供应商资源。这是执行服务的先决条件。供应商资源包括供应商的建筑物、人员、机器和其他资源。这些明显的特征通常会影响客户选择供应商的决策。只有在被客户或客户资源整合激发之后，服务潜力才得以使用。例如，当顾客进入餐馆（人），将衣服带到干洗店（物品），或发送提示供应商启动工作的电子邮件（信息）时，才会激发产生服务的潜力。客户的整合启动了客户积极体验的**服务过程**。服务过程依赖于客户资源，而未使用的生产能力是不能持久的。这一事实对价格管理具有重要的影响。

服务的类型可帮助我们确定定价的起点。我们将服务分为三类：资本密集型、技术密集型和劳动密集型。

对于**资本密集型服务**（capital-intensive services），固定成本远远超过可变成本。

这些服务通常是集体服务，这意味着服务同时提供给多位客户，而这也就需要固定的产能。资本密集型服务的例子包括酒店、航空公司、电影院和剧院。

技术密集型服务（technology-intensive services）的特点是与可变成本相比，固定成本相对较高。例如，在线账户、自动售票机和移动电子通信。技术密集型服务往往是单独使用的，个体客户不会同时使用这些服务。尽管需求可能波动，但由于技术要求（例如，售票机的数量、银行的服务器容量或移动运营商的网络容量）较高，大多数情况下，产能是固定的。因此，供应商提供了足够的产能来应对最大限度的使用情况。

对于**劳动密集型服务**（labor-intensive services）来说，人们所做的工作是最重要的，人工成本一般都超过固定成本。这些服务通常是个性化服务，即通常通过预约获取的个人服务（例如医生会诊、咨询服务或家教辅导）。所提供服务的人工成本是固定的还是可变的，取决于雇佣合同的性质。出租车司机的工资通常是根据他们创造的收入来支付的。这意味着他们获得的报酬是完全可变的。

资本、技术和劳动密集型服务之间的差异对定价非常重要。对于资本密集型服务，产能（例如，酒店的床位数量）是固定的。价格管理的任务是随着时间的推移使需求趋于平稳，尽可能减少闲置产能。在差异化价格的帮助下，可以对需求进行管理。收益管理为产能管理服务，从而达到利润最大化的目标。

提供技术密集型服务的基础设施要按照利用率远高于平均水平的标准建设。例如，如果供应商可以使用适当的价格管理技术在一天中更均匀地分散对车票的需求，那么供应商就可以减少售票机。电信和电力公司采用的基于时间（一天中的不同时间、一周中的不同天）的价格差异化正是反映了供应商试图使其需求更稳定地与产能保持一致。尽管如此，一种与之不同的策略日显重要，这就是固定费率[2]。人们可以从高固定成本和低可变成本中发现实行统一价格的理由。固定费率提高了产能利用率，因为用户的"边际价格"为零。与此同时，技术密集型服务的固定费率对供应商不构成重大风险，因为它的边际成本很低或接近于零。

对于劳动密集型服务，供应商原则上可以根据需求调整其保留的人员产能。因此，通过调整或重新分配产能水平，可以在一定程度上实现产能利用率的管理。例如，很大一部分法律建议涉及咨询之前的准备工作和后续服务。律师可以灵活安排这段时间，以便充分利用员工在咨询之外的产能。但是，当外部资源主要是其他人员，而不是信息时，就很难有效地分配工作人员。在需求低迷的时期，牙医可以安排其工作人员进行其他工作，例如，日常管理，但由于牙医的服务主要涉及的外部资源是"病人",所以,牙医在需求较低时重新分配产能的能力要比律师有限得多。另外,也可以根据计划或临时调整产能,例如,餐馆可以让服务员随时待命。提供劳动密集型服务的企业可以通过调整产能和差异化价格进行需求管理来实现利润最大化。管理和调整产能越困难,价格管理的作用就越重要,这与资本和技术密集型服务相似。图12-1显示了3种类型的服务及其对利润最大化和价格管理的影响。

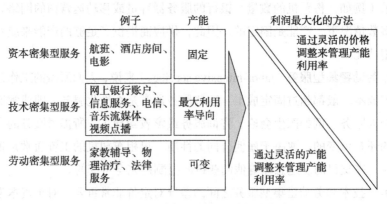

图12-1 不同类型服务的利润最大化

12.2 分析

在第3章中,我们将企业、客户和竞争对手视为影响价格的因素,而这三个因素也都与服务相关。

12.2.1 企业信息

与服务定价相关的一个重要特征是成本分析。对于服务而言,由于客户资源的参与及其异质性,往往无法**事先**确定可变成本[3]。例如,事先几乎不可能可靠地逐项列出法院案件法律支持服务的成本和产量[4]。基于经验的估算可能有助于让客户容易了解成本的内容,但是服务过程的不可预测性会导致与预期成本的显著偏差。另一方面,根据小时费率的结算会使客户面临价格风险,这同样适用于医疗手术,因为在手术开始之前,一些问题和并发症不会被发现。

区分固定成本和可变成本是服务定价的核心。除了其他因素,这方面的信息可用于设定**价格下限**,即确定可以接受工作或合同的最低价格。但是,以可变单位成本设定价格下限要求可以在市场上单独提供服务。而情况并非总是如此。我们来看一下像航空公司这样的资本密集型服务的例子。航空公司承担机务人员、航空燃油、着陆费用等可变成本。这些可变成本与销售的座位数量无关，主要取决于航班数量，因此，可变成本是基于每个航班而不是每个乘客产生的。由于容量是固定的，未出售座位的可变成本可视为沉没成本，因此，人们可以把一个座位几乎可以忽略不计的边际成本看作价格的下限。即使一个座位的价格非常低，也会产生边际利润。

然而，收取接近零的价格会带来相当大的风险。如果按边际成本设定此类集体服务的价格下限并使用该标准进行降价，后果可能是毁灭性的。首先，这样的举动可能会导致支付全价的客户产生极大的不满；其次，必须考虑以这种方式设定价格的长期后果。如果经常有机会以最后一刻价格进行购买，这就会告诉客户，等待更低的价格是值得的。但正如低成本航空公司所证明的那样，还有其他方法可以提供非常低的价格，从而使该公司仍能实现可接受的甚至良好的财务业绩。

一种特别适合于服务的成本核算方法是**作业成本法**（activity-based costing）[5]。作业成本法是把共同成本分配给整个过程的各个步骤或分散的活动，而不是每个数量单位[6]。这可以更公平地将成本分配给真正的来源，而不是将成本分摊给所有的成本来源。事实证明，作业成本法是一种有价值的管理工具，主要用于工业，也可用于银行、保险公司和公共管理机构等服务提供商[7]。尽管如此，作业成本法本质上仍然是一种满载成本核算的形式，存在所有相关的缺陷。

另一个对定价非常重要的企业信息是目标函数。在前面的章节中，我们已经表明，利润最大化是唯一合适的目标函数，只有此函数才能以正确的逻辑方式考虑收入和成本。但是对于服务，利润最大化和产能利用率之间通常存在内在的冲突。原因在于我们描述的成本结构以及价格响应函数的不确定性。

有个案例可以说明这一点。芝加哥地标性建筑——希尔顿酒店的收益经理在会议上描述了以下情况。酒店一共有 1600 间客房，前一晚有 13 间客房空置。经理解释说，13 间空房太多了。显然，房间未售出，他们就没有机会获取收益。这是一个"硬"数据。然而，收入经理在讨论中没有提到的是没有利用的支付意愿，这是一个"软"数据。我们假设客人为每间客房支付的费用为 100 美元。当晚的收入为：100×1587=158 700 美元。如果酒店当晚每个房间多收取 10 美元，并容忍 50 间空房（而不是 13 个），收入将是 110×1550=170 500 美元，这显然是个更好的结果。为了在两种备选方案之间进行可靠的比较，需要精确了解价格响应函数或价格弹性。从利润角度来看，服务提供商常见的固定产能利用率可能会产生误导。

12.2.2 客户信息

价格响应函数可以确定客户对不同价格的反应，并隐性假设该函数随着时间的推移具有一定的稳定性，还假设所讨论的服务保持一致的（如果不是恒定的）质量水平。但是，对许多服务而言，这种恒定的质量水平仅适用于非常有限的范围。正如我们已经解释过的那样，提供服务所需的客户资源根据定义来说是异质性的，而这通常会对结果产生直接影响。对于劳动密集型服务，诸如员工的经验、同情心或心态等因素可能导致质量产生相当大的波动，因此，人们通常不能期望稳定的量价关系。

高度标准化的服务通常是技术密集型（例如，移动电信）或资本密集型（例如，电影院）服务。价格响应函数是用于确定其最优价格的有用工具。然而，对于劳动密集型和高度个性化的服务，人们应谨慎使用这种系统的量价关系，因为这些服务的价格可以更加个性化。与 Oriental Bazaar 的商人非常相似，服务提供商可以尝试估计个体客户的支付意愿，并相应地调整其价格。

服务产品的无形性以及购买时服务尚未提供的事实导致客户很难对服务进行评估。一项服务，例如，个人培训或看病，不能事先观察或试用，因此，不能在**事先**进行可靠地评估。对于体验类商品，如驾驶员培训课程，客户至少可以在事后对结果进行评估，但是对于咨询项目，客户即使**事后**也不能做出有效的评估。事实上，客户和服务提供者之间的能力差距往往非常大，以至于客户无法对结果进行合理的评估，例如复杂的医疗诊断案例。因此，客户无法判断价格–价值之间的关系是否合适，特别是对于劳动密集型服务，如法律咨询，往往是体验型和信任型商品，价格作为一个**质量指标**发挥了突出的作用。虽然体验型商品的质量只能在购买和消费后才能进行评估，而信任型商品的质量不能在购买前甚至购买后进行有效的评估。卖方总是比买方更了解服务的性能，这意味着存在信息不对称，提前收集相应的信息需要耗费相当大的努力和费用（信息费用），这增加了不确定性以及犯错误的风险。在最初的购买决策中，对服务提供者的信任和信心起着至关重要的作用。后续购买或重复购买则基于客户第一次购买的体验。正如我们在第 4 章中所解释的那样，客户倾向于认为价格和质量之间存在正相关关系，因此，往往将高价视为高质量的标志，价格为 30 美元的理发标志着比 12 美元的理发具有更高的质量。这同样适用于餐馆和酒店。

与实体商品相比，由于存储服务能力的有限性，使得客户不能在低价时购买更多数量的服务。虽然可以储存洗衣粉或纸巾，并在价格下降时购买更多，但对于航班、住院或体育锻炼来说，这既不明智，也不可行。然而，供应商可以提供价格结构，其中包含购买更多服务的激励。例如，健身房的多次体验券、餐馆优惠券或会员卡、体育赛事的季节票。

我们在这里必须区分个体和聚合价格响应函数（见第 3 章）。服务通常属于"是-否"的情况，而非"可变数量"的情况。换句话说，客户通常只购买一个单位的服务（例如，一次医疗检查），或不购买任何服务。个体价格响应函数和聚合价格响应函数的形式如图 3-3 和图 3-4 的左边所示。这意味着折扣或低价可以导致更高的服务需求量，就像实体商品一样。然而，这一增加的需求量并不是因为单个客户购买了更多的服务，而是因为更多的客户购买了一个单位的服务（如体检）。从这一意义上说，有些服务类似于耐用品，而不是消耗品。

区分目标客户群体是必要的，这也为价格差异化提供了许多机会。教育就是一个例子。它显示出强劲的全球增长趋势，私人教育机构扮演着越来越重要的角色。这进而导致价格更大程度地渗透到教育领域。政府过去免费提供的教育服务，现在由以营利为目的的私营企业以一定的价格提供。全球最大的教育供应商是英国培生集团（Pearson PLC），年收入 50 亿英镑。培生集团的目标客户群体包括自己支付教育费用的个体客户、为员工提供培训资金的企业客户以及政府运营的教育项目，比如在美国，有成千上万的学校使用培生集团出版的考试材料。这些目标群体的支付意愿和购买过程完全不同，定价必须承认并反映这些差异。

在第 3 章中，我们演示了利用**联合测量**方法确定价格响应函数和价格弹性的过程。将此方法应用于服务时，有几个特殊方面，联合测量非常适用于易于量化的服务，包括银行账户（技术密集型服务）以及航班和汽车租赁（资本密集型服务）。但这种方法不太适用于劳动密集型服务，因为如友好程度或个人形象等方面难以描述或概括。在服务过程中，员工和客户之间会发生定期的互动。这些"见证真相的时刻"（moments of truth）对消费者的质量认知和支付意愿都有决定性的影响。这不仅适用于咨询师的客户导向，也适用于管理员的友好态度。这些价值的"软"成分可以强烈地影响消费者整体的价值感知，但是很难精确地定义和量化。因此，他们对价值的贡献很难用联合测量方法进行衡量。服务环境也存在类似的问题。由于酒店房间的布置或餐厅的氛围无法用简单的术语或数字描述，因此使用联合测量法也不合适。人们可以建立模型，展示电影或视频，或在简短的文字中描述氛围。然而，这种刺激的信息价值仍然有限。

目标定价（target pricing）涉及在服务构思设计之前确定支付意愿和评估价值属性。目标定价适合标准化的资本密集型或技术密集型服务。当开发快餐店的主菜时，为产品设定一个不能超过的目标价格是有意义的。目标定价也考虑到了标准化的维护、修理或咨询服务，例如，汽车检查、干洗、互联网连接安装或标准税务服务。虽然这种方法在实体商品中很受欢迎，也证实了其有效性，但针对服务的目标定价的机会还未被充分挖掘。目标定价不仅对价格有影响，还可能需要重新设计服务提供过程。在这方面，许多服务领域都存在很大的改进潜力。

12.2.3 竞争者信息

竞争强度是决定服务价格弹性的重要因素。服务所包含的搜索和体验属性越少，信任和信心属性越多；客户对价格就越不敏感。例如，具有密集互动和显著异质性的个性化服务，比如医生或律师提供的服务。对于此类服务，客户往往不会通过转换供应商来应对价格变化。转换供应商这种行为可能适用于移动通信等非常同质的市场。在后者市场中，竞争对手的特征易于比较和评估，竞争产品在性能方面类似。因此，价格成为许多客户选择供应商的决定性因素。

许多服务面临潜在买方的"自制或购买"决策，要么客户自己完成任务，要么从外部购买服务，例如，园艺和园林绿化、食品服务、清洁、家庭装修或纳税申报准备。客户成为服务提供商的潜在竞争对手，决定是购买服务还是自己完成工作取决于价格、客户的购买力、个人喜好以及时间的机会成本。当企业进行竞争分析时，不仅要考虑竞争服务提供商，还要考虑客户自己完成任务的成本。

12.3 决策

12.3.1 决策支持方法

成本加成定价、盈亏平衡分析和竞争导向定价都可以应用于服务定价，**成本加成定价**的一个特殊方面是，由于客户资源的整合，不能可靠地预估服务的成本，这就是为什么有一些服务，例如，与工匠的合同需要从成本估算开始。这些估算最终可能成为一个有约束力的合同。在这种情况下，供应商需要承担所有成本超支的风险。这一估算也可能不具约束力，合同双方同意随后可以更正这一估算，使之尽可能与实际发生的费用相符。

在对服务进行**盈亏平衡**分析时，重要的是固定成本与可变成本的比率。图12-2显示了三类服务的典型结构。假设资本密集型服务的固定成本为200美元，价格为2美元。可变单位成本为零，达到盈亏平衡的销量为100个单位。由于成本曲线保持在一个恒定的水平上，当销量超过盈亏平衡点后利润急剧上升。对于技术密集型服务，我们假设固定成本为100美元，可变单位成本为1美元。这种情况下的盈亏平衡销量同样是100个单位。但是，销量超出盈亏平衡点后的利润增长率会低于资本密集型服务的利润增长率。对于固定成本为50美元，且可变单位成本为1.33美元的劳动密集型服务，价格为2美元时的盈亏平衡点销量为75个单位。然而，盈亏平衡点之后的利润增长幅度会急剧下降。每增加一个单位的数量，资本密集型服务的利润增加2美元，技术密集型服务的利润增加1美元，劳动密集型服务的利润仅增加67美分。

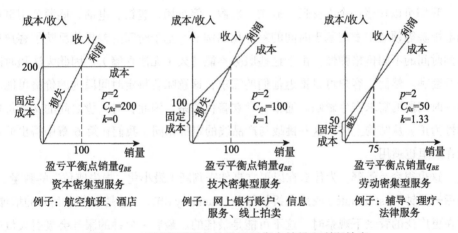

图12-2　不同类型服务的盈亏平衡点销量和利润效应

由于存在这些差别，资本密集型服务的产能利用率是一个极其重要的问题。以尽可能高的价格获得尽可能高的产能利用率是收益管理的目标，我们将在下面详细讨论。

盈亏平衡点分析常被用作旅游和教育部门的决策支持工具。例如，一家公交公司会计算出需要卖出多少座位才能实现收支平衡。在这个过程中，公司会考虑不同的价格，然后选择价格，这一价格有极大的可能性会超出盈亏平衡点。在某些情况下，如果旅客没有达到人数下限，旅游运营商有取消旅行的权利，这同样适用于研讨会。

竞争导向定价在服务中也很常见。许多服务都是按小时定价的，供应商往往根据竞争对手的收费来确定价格。这同样适用于以数量为基础的价格，例如理发。许多理发店在店内张贴明显的价格信息，这使得竞争对手很容易比较价格，并将其作为自己定价的参考。对这种方法的批评不仅适用于实体产品，也适用于服务。

12.3.2 服务的价格差异化

服务定价最重要的特殊方面是**价格差异化**。价格差异化背后的基本理念是客户有不同的支付意愿，可以通过价格差异化来获取这些差价。服务为各种形式的价格差异化和复杂的价格结构提供了良好的机会。

12.3.2.1 基于时间的价格差异化

我们可以在诸如个人交通、旅馆、度假、停车场、餐馆、电话、能源公用事业和电影院等领域中发现基于时间的差异化的例子。基于时间的差异化反映了客户在不同时间的不同价格弹性。由于这些服务不能持久（无法存储），因此无法随时间进行套利。然而，客户可以推迟他们的需求，这意味着特定时间段内的价格可能对另一时间段的需求产生影响。通常，存在替代关系。因此，时间段之间的交叉价格弹性为正。从结构上讲，这一挑战与产品线的定价相同。我们在第 6 章中得出的结论在这里也适用。

这也很容易解释，为什么在以孤立事件来判断（最小化"损失座位"的数量）**最后一分钟**（last minute）或**后备折扣服务**（stand-by offers）总是会带来利润的增加，但在更广泛的背景下观察时，这不可能是最佳的。最后一分钟的服务会吸引大量的正常需求（即交叉价格弹性可能非常高），以至于供应商的净收益没有增加，甚至可能变得更糟。

人们可能会认为，基于时间的差异化的主要目标是拉平产能利用率。但这是错误的！定价的目标是**利润最大化**，而不是产能利用率最大化。然而，以价格弹性为导向的价格将导致产能利用率更加平稳。在需求较低的时段，也就是价格弹性较低的情况下（例如，凌晨 2 点至早上 6 点之间乘客对出租车服务的需求），降低价格是没有意义的。基于时间的价格差异化的关键点不在于某一时期的需求是高是低，而在于该时期的需求会对价格变化做何**反应**，即价格弹性的高低。

高峰负荷定价（peak-load pricing）可以解决基于时间的服务价格差异化的特殊

问题。一个核心问题是，在产量达到峰值或相对较低的时期，定价的成本基础应该是什么。Joskow 描述了美国使用的流程[8, p. 198]："普遍接受的结果是高峰期用户应支付边际运营与边际产能成本，而非高峰期用户仅应支付边际运营成本。"这意味着高峰时段的用户将按照满载成本收费，而在需求疲软时段的用户将按边际成本收费。如果从长期的角度来看，产能成本是可变的，那么这种方法是合理的。但是这种方法没有明确考虑不同时间点的价格弹性。为了达到真正的最优价格，还必须考虑不同时间价格弹性的差异以及交叉价格弹性。由此产生的动态价格优化问题类似于多产品企业面临的问题（见第 6 章）。

当企业错误地估计价格弹性时可能会产生的一种效应，即所谓的峰值逆转（peak reversal）。在德国和美国的电话系统中，已经可以在特定时点观察到这种现象了。当"月光"（moonlight）⊖价格相对于正常价格过于低廉时，在理论上产能没有得到充分利用的情况下产生了产能瓶颈。在这种情况下，解决方案是提高非高峰价格，使需求回落到可供使用的产能水平之下。

12.3.2.2　基于地区的价格差异化

服务享有地区价格差异化的广泛选择。由于服务无法存储或运送，基本上排除了套利的可能性。例外情况是可以通过电信、互联网或邮寄提供的服务，这导致这些服务可以在任何地方使用，而不依赖于服务的执行地点。此类服务包括数据库、远程维护、咨询以及呼叫中心。它们还包括软件即服务以及基本上可以线上提供的任何服务，因为原则上这些服务不受地域限制。然而，政府在这些方面进行了干预，导致某些市场地域上的分离。例如，许多西方互联网服务不被允许在中国运营。

一般而言，地区定价的价格差异不应大于**套利成本**，否则，服务可能存在不同方向的流动，例如，当某人想要在另一个国家进行医疗手术时。具有显著地区价格差异的行业包括酒店、航空公司、汽车租赁服务、贸易和医疗或健康方面的服务。

12.3.2.3　基于个人的价格差异化

当企业根据个人特征（如年龄、教育状况或职业）向基本相同的服务收取不同的价格时，就会发生基于个人的价格差异。有趣的是，比起产品，消费者似乎更能

⊖　德国邮政部 1974 开始实施夜间错峰话费（夜里 10 点到早上 6 点），称为月光费率（moonlight tariff）。但非高峰时间的用量由于新话费政策而激增，于是在 1980 年取消这一政策。——译者注

容忍服务价格的巨大差异。就像 Mönch 所写的[9, p.236]：" 即使没有进行进一步的社会论证，人们也不会反对给老年人的旅行机票打五折。但很难想象，如果同样的价格歧视发生在一种实体商品上，他们还会表现出同样的容忍度。" 人们对服务价格差异化的这种接受态度有利于实现个人的价格差异化。

服务和产品之间存在重要差异。当购买产品时，购买本身是可以控制的，但是购买之后发生的事情是卖方无法控制的。对于服务，将客户整合到服务过程中导致将服务转移给其他人变得非常困难。以下示例说明了这一点。俱乐部可以在门口控制进出，比如只允许 18 岁以上的人进入，或者向女性免费开放。该俱乐部可能会对酒精饮料的销售实施类似的规定（如 21 岁及以上可以喝酒或女性可享受折扣或免费饮料），但在执行方面面临更大的挑战，因为一旦客户购买了饮料，他/她就可以给另一个人喝。

12.3.2.4 基于性能的价格差异化

通常，通过性能差异化来支持价格差异化是明智的。典型的例子是飞机或火车上的乘客类别。价格差异可能是巨大的。我们来看看纽约和伦敦之间的航班。2017 年 3 月 4 日美国航空公司 6143 航班最便宜的经济舱机票价格为 881 美元。相比之下，头等舱的价格是 7168 美元[○]。最昂贵的机票价格是最便宜的机票价格的 8.1 倍。当然，经济舱和头等舱旅行提供的是不同的体验，但这两种舱位的乘客都在同一架飞机上飞行并同时到达。基本性能，即航空运输，是相同的。回到 1907 年，德国的火车出现了 4 个等级的席位，当时的价格差距大约是 10 倍，与今天的航空旅行类似。

基于性能的价格差异成功的关键是 " 等级 " 之间的感知价值差异很大。从理论上讲，可实现的价格差异不能大于价值差异。在铁路交通的早期，最低等级的车厢的座椅是木制的长椅，车厢顶是空的。1849 年的一段话解释了其中的原因：" 一些公司的三等车厢是安装了带木凳的敞篷车厢，这并不是因为装潢三等车厢的车顶或座位需要花费几千法郎。该公司试图做的是阻止能够支付二等车费的乘客选择三等车票，这让穷人不舒服，但不是因为想要伤害他们，而是为了吓唬富人。出于同样的原因，这家公司对三等座乘客近乎残忍，对二等座乘客很吝啬，而在对待一等座乘客时则变得十分慷慨。在拒绝给穷人提供必需的服务后，却给富人提供奢侈的服

○ 2016 年 12 月 21 日 aa.com 机票报价：不可改签机票的经济舱价最低，可改签机票的头等舱票价最高。

务。"[10, p. 216]人们需要一个足够大的价值差距，以便能够定位具有明显更高价值的其他类别。现代火车的二等车厢是否满足这一要求是一个有趣的问题。它们为一等的车厢提供了类似的功能性舒适度，但在地位方面不一定具有相同的价值。如果等级之间的"差距"值太小，就会鼓励乘客选择较低的级别。这种现象经常发生在短途航班上。商务舱实际上是空的，而经济舱则相当充实。对于长途航班，情况则有所不同。经济舱座位缺乏充足的腿部空间同时有其他限制，足以诱使商务旅客在乘坐长途航班时，选择商务舱，甚至头等舱。软件即服务（SaaS）供应商及其服务合同中也存在基于性能的价格差异。云服务供应商的比较表明，这些企业不仅在其定价模型中采用不同的方法，而且还在相关的合同条款、计费周期、取消期限和可扩展性方面采用不同的方法。尽管如此，价格差异化是决定性的。

12.3.2.5 基于数量的价格差异化

基于数量的价格差异化可以采取多种形式。这些形式的实施对于服务比对产品更容易。第一，通常不可能将服务从一个人转移到另一个人；第二，可以轻易地控制服务的实际使用。这两个方面密切相关，但不完全相同。除了直接取决于数量的价格外，飞行常客计划和奖励计划还代表了批量折扣的形式。基于数量的价格差异化的服务的例子包括：

- 大客户的订阅；
- 亚马逊 Prime 服务计划和德国铁路卡；
- 银行的多部分费用；
- 出租车费用，包括起步价加上每段距离的行驶费用；
- 线上统一价格，例如，音乐或视频流服务。

联合测量是优化多维价格或分段定价（block tariff）的理想工具。这种价格结构很适合设计联合测量，因此，人们可以期待有效的结果。

12.3.2.6 价格捆绑

价格捆绑（price bundling）是指将几个组件（可以是产品或服务）组合成一个捆绑。捆绑的价格通常低于捆绑内单个组件的价格总和。价格捆绑能够帮助企业提取消费者剩余，从而增加其利润。捆绑可以以纯粹的形式（仅提供捆绑）或混合的形式（可以购买整个捆绑产品或其中的部分组件）进行。

一些研究者对捆绑服务的评论如下：

- "捆绑服务比捆绑产品更受欢迎。" [11, p.228]
- "捆绑销售的使用范围似乎一直在扩大，特别是对于消费者服务。" [12, p.74]
- "高开发成本的服务或商品（如高科技产品或软件）通常通过价格捆绑带来的收益高于边际成本高的商品，如耐用消费品或工业品。" [13, p.70]

除了通常适用于捆绑的论据之外，还有一些具体原因可以解释为什么捆绑服务可能是有利的：

- 各个服务组成部分通常是互补的（例如航班、汽车租赁和酒店；银行服务，例如活期存款账户、储蓄账户和投资建议；各种形式的保险；审计和税务建议）。
- 许多服务企业扩展了它们的产品线，因此，它们有更多的捆绑机会（例如，会计公司进军管理咨询行业；酒店建立健身中心）。
- 高比例的固定成本意味着有最广泛的分配固定成本的基础。

一些企业将其产品的广泛性作为其定位的一个显著特征。一个例子是 Club Med，其旅行套餐包括旅行、住宿、膳食（含饮料）和娱乐。价格捆绑已经广泛用于电信服务。一个例子是美国电话电报公司提供的套餐，允许客户在一个套餐中享受互联网和电话固定费率、高清硬盘录像机（DVR）和高清电视（HDTV）服务。

捆绑服务为创建和营销明确定义的"品牌"提供了有趣的机会。当客户因为各个组成部分的多样性或复杂性而难以了解其价值和价格时，这尤其有潜力。捆绑销售对客户来说是一种简化，同时降低了他们与竞争产品进行价格比较的能力。这方面的一个很好的例子是一揽子保险。全球第二大保险公司安联集团（Allianz）提供的旅行保险套餐包括一系列多样化的保险，如海外健康保险、行李保险、旅行取消或中断保险以及 24 小时热线电话。

一种与捆绑相反、旨在突出服务核心的方法是反捆绑（详见第 6 章）。这描述了从捆绑中剥离某些组成部分并单独提供这些服务的价格。瑞安航空多年来一直实行反捆绑。首先是对机上提供的零食和饮料分别收费。然后是对信用卡预订和行李托运收取费用[14]。这种价格结构使乘客能够决定他们想要购买哪些不同的服务。

12.3.3 收益管理

在资本密集型服务中，例如，客运、空运、汽车租赁和酒店等，收益管理非常普遍。美国航空公司前任首席执行官罗伯特·L.克兰德尔（Robert L. Crandall）这样总结收益管理的本质:"如果我在一条航线上有 2000 名客户,有 400 种不同的价格,那么显然,我缺失了 1600 种价格。"其目标是向对高价格敏感的客户提供价格较低的各种性能类型,并向低价格敏感的客户(如商务旅行者)提供价格较高的性能类型。收益管理是利用价格和产能管理,以利润最大化的方式配置可用的(在大多数情况下是固定的)产能。在不同的时间点或特定条件下,以不同的价格分配产能。每一价格都有一定的限制[15]。由于可变成本较低(通常为零),收益管理的典型目标是收益最大化,这与边际成本为零时的利润最大化相对应。收益管理已被证明是一个非常有效的利润驱动因素。已实施该计划的企业报告收入提高了 2%~5%[16]。动态定价使用了与收益管理类似的方式,但也可以简单地表示为基于时间的价格差异化。作为产能管理的优化系统,收益管理是服务领域的一个创新的概念。航空公司不是唯一使用这一工具的企业。酒店、邮轮公司、汽车租赁公司和在线服务供应商也在使用这种战略工具[17]。

对供应商而言,收益管理的先决条件是:
- 服务供应商的产能是固定的。
- 执行服务的可变成本很低,而产能扩张的固定成本很高。
- 产能是不能持久的,即如果不使用就过期。

在需求方面,收益管理的先决条件是:
- 服务是可以提前购买的。
- 需求可以被分为独立的细分市场,即可以构建围栏(fencing)。
- 需求不确定。
- 需求波动。

供应方的先决条件,特别是固定产能,导致未使用的产能单位的机会成本非常高。如果一间酒店客房某晚没有被使用,就永远失去了机会。需求方的先决条件也同样重要,以便通过对报价,即对价格等级,进行特定部分的调整,来平滑需求,并提高产能利用率。最后,收益管理解决了酒店经理面临的典型问题:"我是应该今天以更低的价格出租这一房间,以避免空置,还是等待客户来支付更高的价格?"

有效的收益管理需要高度发达的信息和数据基础。如果这一数据涉及定价方面的参数,则我们讨论的整套工具就可应用于客户细分、性能类型的定义以及价格弹性的计算。"在繁忙的一天中,我们航空公司票价变动数千次的情况并不罕见"[18],这句话恰如其分地描述了航空公司高度发达的工具分析数据并在此基础上确定新价格的速度有多快。然而，收益管理并不限于价格方面的参数，还可以优化所提供的产能（例如，飞机的类型），整合分销系统，并以针对性的方式与潜在客户进行沟通。当服务不能持久时，时间和速度起到至关重要的作用。收益管理不是一种纯粹的定价工具，而是一种全面的营销和竞争工具。

价格的上限是由对客户的价值和在性能水平相当的情况下的竞争对手价格决定的：采用两个数值当中较低的一个。价格下限由边际成本（短期）和满载单位成本（长期）决定。对于资本密集型服务，边际成本以及价格的短期下限非常低，通常接近于零。为了充分利用产能，可以给对价格最敏感的客户提供其最感兴趣的低价产品。与此同时，人们试图利用价格不敏感客户的支付意愿，并试图收取接近上限的价格。然而，只有在企业成功地隔开这两个细分市场，即两个细分市场必须互相分离时，这种区别才能起作用。

我们可以在旅游预订时观察到这种行为。短时间内预订的旅行比提前较长时间预订的旅行更贵。这是基于这样一种信念，即在预订接近出发日期时，订票的紧迫性和付款的意愿都会更高。商务旅行者不能或不愿意提前很长时间做出承诺，并表现出更高的支付意愿。在这种情况下，人们会提到"承诺成本"[19]。当一个人需要提前很长时间对某个特定的日期做出承诺时，就会出现这种情况。商务旅行者试图避免承诺成本，而选择在预订时接受更高的价格。由于个人原因进行旅行的人往往会有更高的价格敏感性，并选择提前预订。

尽早做出承诺和相关的承诺成本对客户来说是有利的。我们可用职业体育方面的一个例子来说明这一点。2012年8月24日，当德国足球甲级联赛赛季开始时，拜仁慕尼黑足球俱乐部宣布，本赛季所有主场比赛的门票已经售罄。显然，相对于球队的吸引力而言，票价太低了。只有当俱乐部预料到这是一个疲软的赛季，并在整个赛季大家对球队兴趣一直都在下降时，如此低廉的票价才有意义。然而，2012~2013赛季拜仁慕尼黑表现非常好，赢得了德甲冠军。在这种情况下，购票者的早期承诺当然得到了回报，特别是考虑到后来黑市上观察到的价格。尽管球迷们可能享受到了低廉的票价，但俱乐部管理层也应该考虑一下自己的定价政策。然而，提前付款并不总是值得的。有很多这样的例子，客户提前付款，却看到企业宣布破产（如德国市场上的廉价电力供应商）。人们应该注意这句话："如果你想生气，就请提前付款。"

廉价航空公司有自己的特定系统来优化其产能利用率。随着出发日期临近，价格趋于上涨。与传统航空公司的提前预订时段（例如 7 天或 21 天）相比，对客户来说，廉价航空公司的价格何时上涨以及可能上涨多少是不透明的。图 12-3 显示了从法兰克福哈恩机场到都柏林的一班瑞安航空公司航班的价格变化情况。所有价格点均适用于 2015 年 8 月 16 日起飞的同一航班。提前两个月预订可以比旅行前一天预订节省 184 欧元。由于税费的原因，这名乘客实际支付的价格应该比这里显示的报价要高。价格变化因不同的航空公司和不同的时间而有所差异。

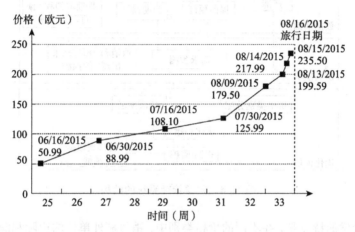

图 12-3　法兰克福哈恩机场至都柏林特定航班价格随时间而发生的变化[20]

收益管理的关键考虑因素和优化问题是能否以较低的价格提前销售产能单位（航空公司的座位、酒店的房间、生产机会），或者供应商是否应该等待后来购买和有更高的支付意愿的客户。在收益管理出现之前，解决这种优化问题的最佳方法是依靠酒店或航空公司员工的经验。随着信息技术和高度发展的方法和算法的出现，我们现在有更大的能力用基于实证和数量的决策取代基于经验的决策。

利用优化产能利用率的机会需要**数据基础**以及**预测**和**优化**模块。数据基础包含以下信息：

- 需求结构的历史数据；
- 预订模式随时间变化的历史数据；
- 按时间和细分市场分类的价格弹性；
- 取消和"预订却未出现"方面的历史数据；
- 产生需求的活动（例如会议）方面的数据；
- 竞争方面的数据（产品、产能、价格等）。

有一系列统计方法可用于分析这些数据并提取决策方面的信息。"收益管理系统能够在需求数据中确定更有规律的模式，供应商的价格就能更准确地适应每种可能的情况"[21, p.250]。建立历史数据基础意味着需要几年的时间才能引入全面可靠的收益管理系统。市场上也有标准化软件。图 12-4 显示了收益管理系统的基本结构。这也是人工智能和机器学习具有巨大潜力的领域。

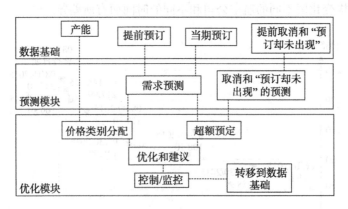

图 12-4　收益管理系统的结构

利润最优的特点是，在不同的价格类别中，销售额外单位的边际利润是相同的。但是，从**优化模块**得出的价格–销量最优化实际上是通过"预订却未出现"和延迟取消来抵消的。这意味着预订了一个单位（座位、酒店房间等）的客户要么没有出现，要么很迟才取消预订，以至于该单位无法转售。这就导致了供应商的闲置成本，他们试图通过超额预订来避免这种成本，即通过销售比实际产能更多的产品。收益管理系统的预测模块对于优化这一过程至关重要。人们必须尽可能准确地预测将会发生多少"预订却未出现"和延迟取消的情况。如果预测正确，就可以用利润最优的方式利用产能。如果预测不准确，企业可能会面临两种后果：如果预测空房过多，然后超额预订，一些已确认预订的客户将被拒绝服务（没有座位、没有酒店房间）。这进而会导致两种后果，即客户会感到愤怒，企业为客户寻找替代住宿、重新预订的溢价或其他补偿[22]产生额外成本。不准确预测的另一个后果是，企业错误地过少预估超额产能，因此，没有进行充分的超额预订。这使企业损失了潜在收入[23]。一个积极的副作用是这些信息将流回数据库，并帮助改进未来的预测。

尽管很受欢迎，但在一些领域，收益管理仍然很少被使用。其中的一个例子是停车场，特别是在寻找停车位很重要的地区，例如，在机场或火车站。收益管理意味着随时间变化（例如，每小时或每天），每单位产品没有固定的价格。相反，价格是可用空间的函数。在伦敦的希思罗机场以及英格兰的其他停车场中都在使用这一系统。在美国城市也在运用，例如，芝加哥和旧金山。以这样的方式管理价格，使具有相应支付意愿的客户总能找到停车位。本书的作者之一曾因无法在机场找到停车位而两次错过航班。在这种情况下，他的支付意愿非常高，但由于机场的停车价格统一，所以，它们已经满位了。这对停车场来说也不是一个好结果，因为它们失去了大量的利润。在这种情况下的产能管理会为客户和停车场经营者提供更多的益处。

对动态定价的概念产生误解的情况并不罕见。在一个大型城市的市中心停车场，停车费用在工作日为 2.50 美元/小时，而星期天价格仅为 1 美元/小时。尽管如此，大多数星期天车库都是空的。哪里出错了？车库经营者将低需求误认为是高价格弹性。星期天车库是空的，不是因为 2.50 美元/小时的价格太高了。停车场空闲的原因是因为很少有人在星期天开车进城。降价毫无意义。经营者只是在牺牲利润。

在一个针对大型连锁电影院的项目中，西蒙顾和管理咨询公司发现了类似的误解。在某些工作日和一天中的某些时段，该连锁店提供高达 25% 的折扣，但并没有带来任何实质性的需求增长。西蒙顾和管理咨询公司建议的价格结构是系统地在高需求期间获取利润。只有一天有折扣，利用广告宣传为"便宜日"，但折扣仅仅高至可以使剧院满座。在推出之前，新系统已在多个连锁店进行了测试。虽然整体落座率略有下降，但利润大幅增加。

为了更深入地研究收益管理和动态定价的复杂方法和挑战，我们建议读者阅读参考文献[24-27]。收益管理利用运筹学中很先进的方法。它的应用已日益扩展到工业合同制造等其他行业。从根本上说，收益管理适用于满足上述供应方和需求方先决条件的任何行业或部门。收益管理系统有几个专门的供应商。其中许多人都出身于航空产业。收益管理可以帮助服务提供商提高收入和利润，超越了纯粹的定价措施。

12.4 实施

服务定价措施的执行涉及以下各个方面：差异化价格的实施、个案价格与固定价格、价格沟通。

12.4.1 差异化价格的实施

服务最重要的特殊方面可能是更有效地实施差异化的价格。这适用于所有形式的价格差异化。客户资源的整合——无论是客户自己（如患者、乘客等）还是物体（如要维修的汽车、需要维护的加热器或炉子），都可以进行精确控制。接受服务的人是购买服务或为服务付费的人。人与人之间套利是不可能的。构建区隔，即保持客户细分隔离的能力，对于服务而言，比对实体商品更有效。对于实体商品而言，可以一个人购买而另一个人消费。价格差异化在时间和地区差异化方面都很有效。客户通常无法跨时间段或地点自由转移需求。例如，有学龄儿童的家庭只能在孩子不上学的情况下休假。商务旅客尽最大的努力履行他们预约的行程。保健服务只能在客户实际出现时实施。然而，视频会议和电视购物等线上交流和互动形式在一定程度上削弱了这些时间和地点方面的差异化。这可能使实施差异化价格变得更加困难。研究、预订、呼叫中心服务、放射性诊断和远程维护的执行可以不受客户位置的影响。这可以解释为什么这些服务中的许多已经转移到东欧或印度。

与实体商品相比，客户在服务方面可以接受更大的价格差异化。这同样适用于价格上涨。在许多实体商品市场，价格上涨遇到了极大的阻力。但是，对于服务来说，这种阻力不太明显。与此一致的是，一些价格不断变化。有些大型航空公司的报告宣称，它们可能在一天内进行数百万次的价格调整。但是，当价格长期保持不变时，价格上涨会有阻力。例如，火车旅行或邮资的价格上涨就会面临这种情况。一个原因是，长期稳定的价格会在客户心中固化。锚定效应（anchor effect）会发挥作用，并带来相应的负面的价格变化效应。

12.4.2 固定价格或个案价格

对于服务，供应商是否应提前向客户提供固定价格或**事后**按照个案确定价格？通常以固定价格提供的服务例子有家教辅导、洗车、维护协议或健身中心健身。第二种形式，即根据服务的实际时间**事后**计算价格，是汽车维修、数据库使用、熟练工匠的工作或税务咨询服务计价的主要形式。在某些行业中，这两种形式都存在，或者由同一供应商提供不同方案。例如，苹果公司提供"AppleCare 保护计划"，允许客户获取 MacBook 的免费硬件服务以及直接询问苹果公司技术人员。按照该计划，3 年需要花费 249 美元。这项维护合同每月费用为 6.90 美元，对客户而言，似乎比个案定价的维修更有利。对于经常需要维护的产品，客户通常可以选择涵盖所有方面风险的固定价格维护合同，或选择逐次计费。

双方的利益是显而易见的。固定价格意味着供应商承担全部的价格风险，因为它只收到预先确定的固定金额，而不考虑供应商最终需要贡献给客户的实际时间。然而，客户面临更高的质量风险，因为服务提供商的动机是最小化其服务时间。对于个案定价，则正好相反。客户承担全部的价格风险，但质量风险较低，因为服务提供商没有最小化其时间的动力。事实上，相反的情况往往是正确的。固定价格系统似乎更适合标准化服务。需求越具体和个性化，使用个案定价就越合适。两种形式也应该从营销角度进行不同的评估。标准化服务的营销与典型品牌产品类似，后者已明确了产品的固定价格。

许多服务在其生命周期中日益标准化，就像产品一样。对于税务顾问、律师、医务工作和医院等服务提供者而言，固定价格的标准化服务正变得越来越普遍。确定标准化服务的最优固定价格与产品的价格优化类似。最重要的是，必须确定价格响应函数和成本函数，并且可以应用于所有现存的方法。相比之下，个案定价更类似于成本加成思维，因为成本方面占主导地位，并且未明确考虑客户的支付意愿。同时，我们必须意识到，无论是**事先**估计还是**事后**计费，服务的时间要求通常是设定价格的最可靠的起点。但是，这里需要注意的是使用满载成本法的危险。低产能利用率意味着固定成本分配给数量较小的产品，而这会导致更高的单价。因此，在设定计时费率时，应假设产能利用率为正常或标准的情况，而且不允许短期波动影响这些费率。

12.4.3 价格沟通

对于购买产品来说，购买行为和**价格沟通**，或者更确切地说，是价格协议，经常同时发生。对于服务来说，情况通常是不同的。某些服务的提供（从供应商的角度来看）或利用（从客户的角度来看），没有预先达成价格协议。在许多情况下，患者不会事先询问医生检查或治疗的费用。另一方面，可能难以预先估计服务需要多少时间和精力（例如，诊断和修复有缺陷的加热装置或计算机）。在实践中，由于这些关系，人们观察到非常多样化的价格沟通形式。服务提供商的价格沟通不仅可以在自己的主页上公开进行，还可以用隐蔽的方式进行。当个体客户的折扣高于个人网站提供的折扣时，建议服务提供商应该尽量谨慎，以免激怒自己的常客[28]。

一些服务提供商会通过广告牌、小册子或在线上宣传特定服务的价格。这可以自主决定或按照监管要求进行，这一类型的服务有酒店、餐馆和洗车等。其他服务行业根据小时、日或月费率计费。然后，服务的价格是所花费时间（写在发票上）的函数，这一类型的服务有工匠、律师和顾问等。另一种模式是基于成功的定价。在这种情况下，价格取决于其他变量。基于成功的定价形式包括房地产经纪人的佣金，还包括 Enercon Partner Concept，根据该计划，风力涡轮机的维护价格取决于其产量[29]（详见第9章和第14章）。

互联网对服务的价格沟通和价格比较产生了巨大的影响。对于诸如航班或度假、酒店和租赁汽车等标准化服务，线上价格比较和购买占主导地位。Yelp 等众包服务门户网站允许潜在买方比较和评估当地企业和合同承包商。亚马逊提供了一个服务的在线门户网站——Amazon Home Services。此类产品可提高价格透明度，并加剧价格竞争。它们还提高了价值透明度。这在很大程度上要归功于它们的审查系统。我们将在第14章更深入地研究这一课题。服务价格的影响在很大程度上取决于沟通的有效性。因此，我们需要对这方面进行密切关注。

本章小结

在本章中，我们研究了服务价格管理的特殊方面。我们总结了以下要点：

- 与价格相关的服务的特殊方面包括无形性、客户资源的整合、固定和可变成本之间的关系、无法在人与人之间转移服务、基于体验和信任的性质以及服务的位置方面的性质。
- 服务是非常异质化的，这一事实反映在各种各样的定价实践中。
- 客户资源（客户本身或其物品）的整合会影响服务的成本和结果。因此，这种整合会影响服务的个性化及其价格。
- 由于这种整合，服务的人际转移是不可能的（除非服务提供商允许）。这一特色使基于个人的价格差异化能够得到更好和更有效的实施。
- 无法存储服务（即其不可持久性）有助于基于时间的价格差异化。
- 价格非常适合作为与固定产能相关的产能管理的工具，这对于资本密集型和技术密集型服务来说很常见。
- 服务的地方化性质有利于地区价格差异化。然而，新技术可以削弱或克服服务的地方化性质。
- 服务为非线性、多维和类似的复杂价格结构以及价格捆绑提供了良好的机会。

- 当满足某些供应方和需求方条件时（例如，固定产能、低可变成本、提前预订的异质性客户），建议进行收益管理。这种方法超越了纯粹的定价措施。旨在实现利润最大化的产能利用率。收益管理需要广泛的数据基础以及复杂的预测和优化模型。
- 服务提供商能够比物质商品的销售者更有效地实施价格差异化。其中的一个原因是客户倾向于接受比物质商品更大的价格差异。
- 在决定是事先提供固定价格还是**事后**提供个案价格时，应密切关注供应商与客户之间的风险感知和分担。

在服务业，差异化和成熟完善的价格管理为获取更高的利润提供了巨大的机会。然而，在利用这些机会时，供应商需要对复杂的相互关系有深入透彻的理解。在许多服务行业，价格管理不如制造行业发达。这与服务业占高度发达经济体 3/4 经济产出的事实形成鲜明对比。改善服务价格管理有巨大的价值创造和盈利潜力。

参考文献

[1] Atzler, E. (2015, February 06). Besser Online überweisen. *Handelsblatt*, pp. 36–37.

[2] Meffert, H., & Bruhn, M. (2012). *Dienstleistungsmarketing, Grundlagen, Konzepte, Methoden* (7th ed.). Wiesbaden: Gabler.

[3] Corsten, H. (1985). *Die Produktion von Dienstleistungen: Grundzüge einer Produktionswirtschaftslehre des Tertiären Sektors*. Berlin: Erich Schmidt.

[4] Weber, J., & Schäffer, U. (2001). Controlling in Dienstleistungsunternehmen. In *Handbuch Dienstleistungsmanagement: Von der strategischen Konzeption zur praktischen Umsetzung* (pp. 899–913). Wiesbaden: Gabler.

[5] Corsten, H., & Gössinger, R. (2007). *Dienstleistungsmanagement*. München: Oldenbourg.

[6] Franz, K.-P. (1990). Die Prozesskostenrechnung: Darstellung und Vergleich mit der Plankosten- und Deckungsbeitragsrechnung. In D. Ahlert, K.-P. Franz, & H. Goppel (Ed.), *Finanz- und Rechnungswesen als Führungsinstrument, Festschrift für H. Vormbaum* (pp. 109–136). Wiesbaden: Gabler.

[7] Remer, D. (2005). *Einführen der Prozesskostenrechnung: Grundlagen, Methodik, Einführung und Anwendung der verursachungsgerechten Gemeinkostenzurechnung* (2nd ed.). Stuttgart: Schäffer-Poeschel.

[8] Joskow, P. L. (1976). Contributions to the Theory of Marginal Cost Pricing. *The Bell Journal of Economics*, 7(1), 197–206.

[9] Mönch, C. T. (1979). Marketing des Dienstleistungssektors. In U. Dornieden (Ed.), *Studienhefte für Operatives Marketing* (Vol. 5, pp. 217–255). Wiesbaden: Gabler.

[10] Philips, L. (1983). *The Economics of Price Discrimination*. Cambridge: Cambridge

University Press.
[11] Dolan, R. J. (1987). Managing the Pricing of Service-Line and Service-Line Bundles. In L. K. Wright (Ed.), *Competing in a Deregulated or Volatile Market*, MSI Report, (Vol. 87-1111, pp. 28–29).
[12] Guiltinan, J. P. (1987). The Price Bundling of Services: A Normative Framework. *Journal of Marketing*, 51(2), 74–85.
[13] Stremersch, S., & Tellis, G. J. (2002). Strategic Bundling of Products and Prices: A New Synthesis for Marketing. *Journal of Marketing*, 66(1), 55–72.
[14] van Spijker, B. J. (2015). *Enhancing Profits Through Service Monetization. Achieving TopLine Power*. Baarn: Simon-Kucher & Partners. 10/11/2015.
[15] Phillips, R. L. (2005). *Pricing and Revenue Optimization*. Stanford: Stanford University Press.
[16] O'Connor, P., & Murphy, J. (2008). Hotel Yield Management Practices Across Multiple Electronic Distribution Channels. *Information Technology & Tourism*, 10(2), 161–172.
[17] Jallat, F., & Ancarani, F. (2008). Yield Management, Dynamic Pricing and CRM in Telecommunications. *Journal of Services Marketing*, 22(6), 465–478.
[18] Hobica, G. (2009). Confessions of a Fat Fingered Airline Pricing Analyst. http://www.airfare-watchdog.com/blog/3801877/confessions-of-fat-fingered-airline-pricing-analyst/. Accessed 23 June 2015.
[19] Pechtl, H. (2003). Logik von Preissystemen. In H. Diller, & A. Herrmann (Ed.), *Handbuch Preispolitik: Strategien – Planung – Organisation – Umsetzung* (pp. 69–91). Wiesbaden: Gabler.
[20] Ryanair (2015). www.ryanair.com, Access Dates: 16/06/2015, 30/06/2015, 16/07/2015, 30/07/2015, 09/08/2015, 13/08/2015, 14/08/2015, 15/08/2015.
[21] Enzweiler, T. (1990). Wo die Preise laufen lernen. *Manager Magazin*, 20(3), 246–253.
[22] Tscheulin, D. K., & Lindemeier, J. (2003). Yield-Management – Ein State-of-the-Art. *Zeitschrift für Betriebswirtschaft*, 73(6), 629–662.
[23] von Wangenheim, F., & Bayon, T. (2007). Behavioral Consequences of Overbooking Service Capacity. *Journal of Marketing*, 71(4), 36–47.
[24] Klein, R., & Steinhardt, C. (2008). *Revenue Management*. Berlin: Springer.
[25] Cross, R. G. (1997). *Revenue Management*. New York: Broadway Books.
[26] Tscheulin, D. K., & Helmig, B. (2001). *Branchenspezifisches Marketing*. Wiesbaden: Gabler.
[27] Sölter, M. (2007). *Hotelvertrieb, Yield-Management und Dynamic Pricing in der Hotellerie*. München: Grin.
[28] Scherff, D. (2015, February 15). Wie günstig sind die Spezialtickets der Bahn? *Frankfurter Allgemeine Sonntagszeitung*, p. 24.
[29] Enercon GmbH (2010). http://www.enercon.de/p/downloads/Enercon_EPK_2010_deu.pdf. Accessed 29 January 2015.

P R I C E
M A N A G E M E N T

第 13 章

零售商价格管理

摘要：本章论述了零售价格管理的特点。对于许多零售商而言，价格是最重要也是最有效的竞争手段。由于利润率较低，零售价格差异对利润的影响比工业产品或服务更大。零售商优先考虑的是其价格定位，即为商店或直销店以及单个产品类别设定总体价格范围。零售商的价格形象非常重要，因此必须进行仔细管理。由于产品的种类繁多，消费者通常不了解每件产品的价格，因此，只能依靠商店的价格形象来进行选择。零售商通常比制造商掌握更多消费者方面的信息，但他们仅在有限的范围内使用这类信息来制定价格。零售渠道比其他行业更容易获取竞争对手的价格信息。标准价格策略，如天天低价（EDLP）或高–低价（Hi-Lo）是常见的。折扣具有复杂的效果，但我们只能部分理解，并且不能完全测量这些效果。在零售商的定价过程中，组合效应（assortment effect）很重要，但也难以量化。

13.1 简介

对于许多零售商而言，价格是最重要的竞争工具。电子商务的渗透使价格变得更为重要，因为在线零售商通常会将它们的成本优势以低价的形式转移给消费者。为了推动增长并提高消费者的数量，这些零售商多年以来一直专注于低价而放弃利润。亚马逊就是一个典型的例子：从1994年成立到2015年，没有获得任何可观的利润。尽管价格至关重要，但零售商主要通过直觉、经验和经验法则或者根据竞争对手的做法来设定价格。一家大型杂货零售商的首席执行官告诉我们，数百种关键价值商品的价格（占总收入的 1/4）是根据全球领先的折扣店之一——奥乐齐超市的价格设定的。这家公司实际上已经将大部分定价权委托给了奥乐齐超市。

零售商的价格管理环境既复杂又具有挑战性。首先也最重要的是品种的规模，有数以万计的品种。这不仅适用于专业零售商或批发商，也适用于 B2C 零售商和 B2B 经销商。零售商必须对品种繁多的每种商品做出价格决策。大型零售连锁店每个季度都需要制定近 50 万种商品的价格。每个管理者可能需要为 15 000 多种商品设定价格。显然，在这种情况下，估算每种商品的价格响应函数和价格弹性是不可行的。零售业的另一个特征是消费者经常一次性购买多种商品。消费者在特定的时间和地点集中购物，我们称之为一站式购物。在制定价格时，零售商必须考虑品种之间的相关性。这为零售价格管理创造了重要机遇，但同时也增加了管理的复杂性。对于在多个楼层有多个收银台的百货公司来说，发现个体消费者的这些相互关系的唯一方法是通过消费者个性化，通常是借助消费卡之类的工具。当消费者进行一次性购物时（如到超市），就更容易追踪他们的购买行为及其相互关系。无论是公司专用的还是多个公司共用的消费卡，如美国的 Plenti 卡或欧洲的 PAYBACK 卡，都在建立令人印象深刻的数据库，而其在价格管理方面的潜力尚未得到开发。在电子商务中，将消费者的购买组合在一起，并分析商品之间的相互关系的影响是相对容易的，因为消费者必须将个人身份信息与这些购买行为联系在一起。

零售或线上商店的价格形象起着重要作用。许多消费者选择他们的购物地点，不是出于对单个商品的价格的考虑，而是基于对商店整体价格水平的评估。

零售业有两种基本的价格策略。第一种策略是，商店或连锁店间歇提供折扣和进行价格促销。这就是"Hi-Lo"策略，其名称来源于 High-Low（"高–低"）。广告传单通常通过电子邮件发送，甚至通过邮件或报纸以实物形式作为补充。消费者还可以在相应商店的网站或聚合网站（aggregated sites）（如 www.befrugal.com）上查看传单。另一种策略是 EDLP 策略，是"天天低价"（Every Day Low Prices）的缩写。在 EDLP 的策略下，价格促销几乎没有什么作用[1]。在奢侈品行业，有些商店原则上从不进行打折或清仓大甩卖，而会把季节性商品放在直销专卖店出售。

电子商务的渗透已经改变并将继续改变零售业。各个零售行业会受到不同的影响。这些变化绝不仅限于价格，但价格发挥了突出的作用。一个不可避免的问题是，零售连锁店应该如何将实体业务和在线业务结合起来管理。甚至连亚马逊也在美国的几个州开设了实体店，并在其他百货商店共同设立了"弹出式"（pop up）商店[2]。亚马逊还以 134 亿美元的价格收购了高档的全食超市连锁店。全食超市在美国、加拿大和英国开设了 460 家实体店[3]。而沃尔玛则与亚马逊背道而驰，和谷歌进行合作。

我们现在来看一下价格策略，即价格定位和价格形象。像往常一样，我们将遵循既定的过程：分析、决策和实施。

13.2　策略

13.2.1　价格定位

与其他行业的企业类似，零售商也需要确定基本价格策略和价格定位。奥乐齐超市和沃尔玛的价格低于克罗格（Kroger）或西夫韦（Safeway）⊖。在时装行业，H&M 或 Zara 等连锁店在不同于传统时装行业的价格区间内展开竞争。宜家在家居行业具有明显价格优势。线上家居零售商也具备相同的价格优势，让实体家居店的日子不太好过。

然而，零售业中理想的典型价格定位通常不会是单一的形式。一方面，即使是一些价格定位较高的零售商，通常也会以较低的价格提供一些关键价值商品。另一方面，低价零售商需要在品类中选用一些价格较高的商品才能获得足够的整体利润率。因此，零售商需要在整体企业层面、产品大类别层面（例如，儿童护理或清洁用品）和产品小类别层面（例如，婴儿擦巾或餐具洗涤液）制定理想的价格定位。价格也因地而异，同一家连锁店的同样一篮子食品在旧金山等城市地区的价格会比在乡村地区贵 100 美元。这种多层次的价格定位构成了企业定位和行为的基础。

当我们回顾过去几十年零售业的发展情况时，我们会看到三种竞争类别：

- 传统零售商 vs.折扣店；
- 城市零售商 vs.郊区或乡村零售商；
- 实体店 vs.线上零售商店。

⊖　奥乐齐超市有两个运营单位：ALDI North 和 ALDI South。在美国，前者以奥乐齐超市的名称运作，后者在 Trader Joe's 的名下运作。

这些类别之间存在部分甚至日益增加的重叠部分。价格在三种竞争类别中都起了关键作用。

1. 折扣店

折扣店和硬折扣店（hard discounter）的市场份额多年来一直在增加。传统零售商通过降价来应对这种激进的价格策略，但没有像（硬）折扣店一样具备相应的低成本。通常，这些行为会引发价格战并导致利润的严重下滑。一个突出的案例是美国的零售连锁店凯马特（Kmart），在与沃尔玛的竞争和吸引消费者的过程中过度依赖折扣。然而，凯马特缺乏必需的成本优势，无法维持大幅的折扣。凯马特最终申请破产，退出市场。即使是像沃尔玛这样规模巨大且财力雄厚的连锁企业也已退出德国和韩国等重要市场。

通常，这种失败背后的原因是企业的战术行为与其基本战略和价格定位不一致。如果一家传统零售商，不考虑其高成本，而与成本基础已经优化的折扣商进行价格竞争，那么其成功的可能性从一开始就微乎其微。强调其他优势，如正面的购物体验，会比强调价格更有胜算。一项研究表明，购物体验在很大程度上与零售商的价格定位的吸引力无关[4]。

一些基本观点证明了改变价格定位所涉及的问题。我们用盈亏平衡分析来说明，为了弥补价格下降带来的损失，传统零售商需要在成本或销量上进行的改变[5]。假设总利润率为 25%，运营成本为 24%，那么净利润率仅为 1%，而对于许多食品和杂货零售商而言，这是一个较低但相当典型的净利润水平[6]。

如图 13-1 所示，假设成本保持不变，降价 7% 就需要增加 39% 的销量才能避免利润下降。这意味着很高的价格弹性：5.60。如果不能实现大幅的销量增长，企业就需要大幅削减成本。例如，如果销量仅增加了 10%，这意味着价格弹性为 1.42，运营成本就需要降低 20% 左右。这一简单的计算表明，对于传统零售商来说，向下重新定位价格是非常困难和危险的。

与传统零售商相比，折扣店的采购成本较低。其中的一个原因是它们有意识地只关注有限数量的供应商，因此，它们的购买力更强。此外，与传统零售商相比，它们具有更低的物流和劳动力成本，并且在大多数情况下，广告投入（占销售额的百分比）较少。传统零售商应该牢记，虽然奥乐齐超市和 LIDL 等折扣店的商品种类要少很多，但每种商品的收入却要高很多。相比之下，传统零售商提供品种繁多的商品，其中部分商品只是为了宣传企业形象，无利可图。

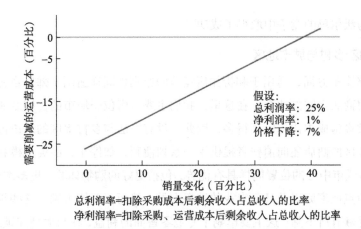

图 13-1　用盈亏平衡分析零售商降价的能力[5,p.23]

表 13-1 显示了奥乐齐超市与传统超市之间关键绩效指标（KPI）的比较。

表 13-1　折扣商店与传统超市部分关键绩效指标的比较[7,8]

关键绩效指标	折扣店	传统超市
商场面积（平方米）	400~1 200	400~2 500
净收入（千美元/年）	3 420	7 500
品种数量	2 000	10 100
收入/品类（美元）	1 716	744
商品种类/每平方米销售区域	2.7	9.9
员工数	6.9	27.5
收入/员工（美元）	495 000	272 760
消费者/天	880	1 531

这一 KPI 的比较非常清楚地表明，这两种零售形式反映了两种根本不同的策略。这些差异必然会在商店的价格中体现出来。一旦建立，零售商很难改变其策略和价格定位。如果传统零售商只与折扣店进行价格竞争，几乎没有成功的机会，更不用说生存发展了。零售需要做的应该是，在产品质量、购物氛围、商店选址、服务、便利性等方面对折扣店进行差异化。近年来，欧洲连锁超市已将这种观点熟练应用，改进了它们的商店和品类。这有利于阻止折扣店的进一步发展。麦德龙现购自运（METRO Cash&Carry）为消费者提供一系列的附加服务，如融资和租赁、保险和包裹运输。在美国，全食超市（现在是亚马逊的一部分）通过提供各类高档健康的

商品，在与沃尔玛的竞争中取得了成功[9]。

2. 郊区/乡村与城市地区

在价格竞争方面，适用于和折扣店竞争的原则也同样适用于郊区乡村地区和中心城市零售商店之间的关系。在这里，我们主要考虑位于城市的传统专业零售商。城市的基础设施成本比郊区高得多，因此，没有办法与乡村郊区的超市进行价格竞争。乡村郊区的商店还向消费者提供了一系列便利，如停车、品类规模和一站式购物等。城市或市中心的位置同样具有优势，包括更好的购物体验、更多类型的商店、靠近工作地点或家庭以及具备专业的销售人员。然而，总体来说，这些年来，城市的零售交易额有所下降。这主要影响了专业零售商的利益，在与大型连锁店竞争时，它们没有优势，后者往往采用一些激进的价格策略。

最近一种快速扩张的乡村郊区零售商店是所谓的工厂直销中心（FOC）。更准确地描述这一概念的术语是"有组织的直销商店集聚区"（Organized Outlet Agglomerations，OOA）。这些集聚区可以容纳100家甚至更多的商店，通常位于高速公路互通区域附近。美国有200多个FOC/OOA，而英国有36个，德国有14个[10]。它们的价格比中心城市商店至少低25%。虽然不像电子商务那样具有威胁性，但FOC/OOA具备从城市地区商店抢占大量市场份额的能力[11]。

3. 电子商务

2017年，线上销售额在零售总额中占据了将近9%的份额。各类贸易协会和研究机构预测，到2020年，线上零售额的比例将上升至12.5%，当然，各行业之间差距很大[12]。在美国，书籍的线上销售份额已达到40%，无论实体书还是电子书都是如此[13]。

在2016~2017营业年度，沃尔玛是全球规模最大的零售商和企业，收入达到了4859亿美元[14]。沃尔玛有230万员工。而规模最大的电子商务零售商——亚马逊公司，2017年的收入为1778.7亿美元[15]，约为沃尔玛总收入的1/3，而亚马逊只有56.6万名员工。计算每位员工创造的收益，可以发现，亚马逊员工的生产力大约是沃尔玛的1.5倍。然而，两家企业的增长率差异悬殊。2011~2017年，亚马逊每年增长24.4%，而沃尔玛每年仅增长1.4%。如果这两家零售巨头在未来几年继续以目前的速度增长，亚马逊的收入将在2025年达到约1万亿美元，远远超过沃尔玛，届时沃尔玛的销售额仅达到5430亿美元。许多专家认为，亚马逊会在2025年之前成为世界上规模最大的零售商。2014 年，中国的电子商务公司阿里巴巴在纽约证券交易所上市，万众瞩目。当时它的年收入仅为 85.8 亿美元，约为亚马逊的 1/10。但在过去的 4 年，阿里巴巴的年平均增长率为 63%。在 2017 年，它的销售额已经达到了 250 亿美元。如果继续保持这一增长速度，阿里巴巴的收入在 2025 年将远远超过 1 万亿美元，大幅领先亚马逊和沃尔玛。这些预测能否成真还有待观察。但不管怎样，目前这些数据显示了电子商务的巨大规模，以及未来可能通过电子商务而不是传统渠道销售获取的更大规模的销量。

传统零售商的电子商务数据同样令人感兴趣。2017 年沃尔玛的电子商务收入总计 146 亿美元，这个数字绝对不算小，但仅占沃尔玛整体收入的 3%。德国 Otto Group 曾是全球规模最大的电子商务解决方案及服务的提供商，其 2016/17 营业年度的线上销售额为 70 亿欧元，超过该集团总销售额的 56%。电子商务业务的增长率为 7.6%，而上一年的增长率仅为 5%[16]。

沃尔玛、亚马逊和阿里巴巴的商业模式具有本质上的不同，这体现在各公司的财务回报中。2016/17 年度沃尔玛的税后利润为 136 亿美元，销售回报率为 2.8%。亚马逊 2013 年的利润为 2.76 亿美元，2014 年净亏损 2.41 亿美元，2015 年盈利 5.96 亿美元，2016 年盈利 24 亿美元。尽管如此，自 1994 年进入市场以来，亚马逊一味地采用激进的定价来推动收入增长。相比之下，阿里巴巴就获益颇丰了。在 2017 年的收入为 230 亿美元，实现了整整 60 亿美元的利润，这意味着阿里巴巴达到了惊人销售回报率——26%[17]。相对于其成本，阿里巴巴的价格定位并不低，与亚马逊的价格定位完全相反。

但电子商务和相关的价格管理不仅在全球范围内发挥作用，还对本地零售业产生了变革性影响。以下案例出于保密原因需要匿名，我们将该企业简称为"家具店"。这一案例深刻地说明了这种影响。"家具店"每年的销售收入约为 500 万美元，其传统的实体店位于乡村地区。然而"家具店"的管理层在早期阶段就意识到了互联网的潜力，并保留了一个域名。该域名表明了它们的产品正以极具吸引力的价格出售，但没有进行更深入的说明。该企业于 2004 年推出了电子商务业务。当时，大多数专家认为，线上销售渠道与家具行业无关。这些专家的想法多么错误！现实是"家具店"线上销售的年收入为 5000 万美元，是之前实体店收入的 10 倍。消费者在线订购家具，然后，由企业承包的运输服务直接从制造商处提取商品并送货上门。由于"家具店"可以直接为消费者提供服务，而不需要任何实体建筑、仓储或相应的人员成本，因此，与传统家具店相比，可节省约 40%的成本。节约下来的成本允许"家具店"将自己定位在更低的价格范围内。该公司以较低的价格将大约一半的成本节约转移给消费者，仍然实现了高于实体业务的利润率。乡村地区的传统商店只能服务有限的地理区域，而电子商务则没有这样的限制，消费者可以来自全国各地。与此同时，该企业已经建立了一支具备实力的电子商务专家团队。只要企业能够满足消费者需求并及早采取行动，即使在一个非常传统的领域，电子商务模式也具备巨大的潜力，"家具店"就是这方面的一个鲜活案例。

有人可能会问，消费者在哪里会有机会第一次看到他们最终从"家具店"购买的家具？最有可能的地方就是实体店。"家具店"受益于所谓的展厅效应（showrooming effect），其定义如下："一个人进入商店，花时间试用产品或试穿衣服，然后，没有购买任何东西就离开了商店。"[18]

根据目前的一项研究，3/4 的消费者先通过商店了解商品，然后进行线上购买；也有约 14%的人直接通过智能手机进行购买。展厅效应并不是什么新鲜事。一直有消费者在专业零售商处咨询产品信息，然后在另一家商店（通常是乡村或郊区商店）以较低的价格购买他们选择的产品。互联网大大增强了展厅效应[19]。因此，实体和线上零售之间的交叉价格弹性正在急剧增加。避免由于展厅效应而损失收入问题的一种方法是为消费者创造更具吸引力的购物体验。体育用品零售商 Sports Basement Inc.是如何让消费者在店内购买商品的一个很好的例子。该零售商为消费者提供了使用手机应用程序扫描商店中的商品和搜索线上价格的服务。如果消费者找到较低的价格，零售商会采用这一价格。通过这种方式，消费者在商店里也能以最优惠的价格购买商品。这可以提高消费者对商店的忠诚度，并建立双方之间的信任关系[20]。

展厅效应的对立面是反展厅效应（webrooming）。反展厅效应意味着消费者在店内购物之前在线研究产品和信息。这仍然是许多消费者的购物偏好。因此，线上零售商越来越多地扩展其业务，开设实体店[21]。

13.2.2 价格形象

如前所述，消费者很少根据单个商品的价格选择商店。相反，消费者的选择是基于对商店价格水平的总体感知，即商店的价格形象。Nyström[22]将价格形象定义为个体消费者对商店价格水平的评估。在这一意义上，价格形象表示购物者的总体价格印象[23]。因此，它在零售价格管理中起核心作用，因为零售商品种类繁多，通常消费者记不住许多相关产品的价格，更不用说所有产品的价格。如果消费者考虑购买价格不熟悉的商品，商店的价格形象就会影响消费者对购物地点的决策。对于消费者而言，这是一个简单且相对有效的过程，否则他们将不得不研究并清楚地比较各个商店之间的价格（这是一个相当烦琐的过程）。当像奥乐齐这样的连锁超市遵循天天低价策略并保持价格基本稳定时，消费者希望能够找到相对较低的价格。但有时奉行"高-低"策略并提供不同价格促销方案的连锁店会以比天天低价商店的商品价格更低的价格出售商品。但是，为了了解是否可以获取这种较低价格的商品，消费者必须首先收集必要的信息。

　　费力收集信息的成本可能超过获得的利益。这意味着使用价格形象来概括特定商品的价格肯定是合理的。价格形象的重要作用并没有被互联网消除，而是随着零售业的变化而发展。互联网为消费者轻松了解每家商店对特定产品设定的价格创建了客观的信息基础，因而减轻了消费者对价格形象的依赖。在互联网的帮助下，潜在消费者可以在价格形象不利的零售商处找到具有吸引力的价格。反之亦然，即注意到商品的价格可能高于基于商店价格形象的预期价格。价格研究过程中，消费者更喜欢使用谷歌、亚马逊或许多熟悉的价格搜索引擎，如 nextag.com、pricegrabber.com 和 pricewatch.com。亚马逊为许多对一般或热门产品进行初步研究的消费者提供了价格基准。消费者特别热衷于查找电子产品（约 68% 的用户至少进行过一次电子产品的价格比较）、家居用品（59%）、服装和鞋子（50%）的价格[24]。互联网使价格信息更加客观，并降低了价格形象的影响。

　　然而，人们不应忘记，由于**动态定价**，现在价格经常变化，而且间隔时间更短。在线零售商可以在几秒钟内对需求波动做出反应，并每天多次更改价格，以实现利润最大化。亚马逊公开承认过这种做法[25]。一周中的某一天，而不仅仅是一天中的某一时间，也会产生价格的波动[26]。这可能导致付出高价的消费者产生迷茫和挫败的情绪，从而对零售商的价格形象产生负面的影响。图 13-2 举例说明了各个零售商销售的数码相框的价格在 10 天内变化的程度。特别是，中等价位的细分市场竞争激烈，零售商试图找到"正确"的价格。然而，Media Markt 线上商店的产品不仅价格最高，也很稳定。

　　价格形象和实际价格水平不需要一致。图 13-3 显示了法国大型零售商的这种偏差。虽然 Leclerc 的价格形象和价格水平是一致的，但 Intermarché 是价格最贵的供应商，但在人们眼中，其商品与欧尚和家乐福的商品一样，消费得起。人们在德国观察到了类似的现象。在消费类电子产品领域，Media Markt 和 Saturn 多年来一直借助广告宣传，营造出最廉价商店的形象。即使其他线上零售商提供更低的价格，它们也还是能够保持这种价格形象。

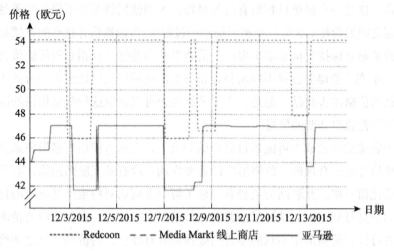

图 13-2　所选零售商在销电子相框价格变化趋势图[27]

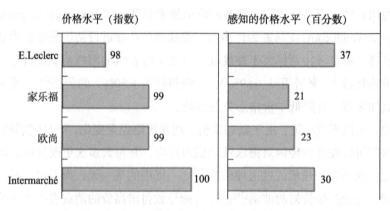

图 13-3　部分法国零售商的客观价格水平与价格形象

有两种关于零售商的价格形象是如何产生的相对假设。

- **假设 1**：价格形象源自少数商品的价格，特别是所谓的关键价值商品（KVI），以及企业广告中突出强调的折扣产品和商品的价格。
- **假设 2**：消费者以实际购买为导向，并在考虑了许多商品的价格后形成自己的价格形象。

假设 1，也称为关键价值商品假设，假设某些产品或产品种类对整体价格感知的贡献比其他产品更大[28, pp.125-128]。这些产品包括制造商的品牌（相对于商店品牌）以及高购买频率的产品[29, p.238]。这种假设下，值得一提的是亚马逊。零售商亚马逊认为，向消费者提供低价是成功的关键，为其 100 种最畅销产品（关键价值商品）提供的价格确实低于其他零售商。然而，对于其他种类的商品，亚马逊的价格更高。尽管如此，亚马逊还是被视为电子商务价格的领导者[30]。在关键价值商品假设有效的前提下，Müller[29, pp.235-254]确定了构建正面价格形象的关键点。为了实现有利（支付得起）的价格形象，不仅要降低价格，还要管理性价比。Diller[31, pp.505 f.]将价格–价值关系描述为初步和事先的感知水平。不仅价格，诸如产品外观、广告、产品类别、运营原则、服务和商店的外观等其他属性对价格–价值形象也有贡献。这是价格低廉的服装零售商在对其中一家商店进行现代化改造后失去一部分核心消费者的原因。更别致的商店布置（不准确地）向消费者传达出现在价格更高的印象。

价格形象是更全面的感知结构中的一部分。商家应该对那些对价格形象有很大影响的商品进行选择性的降价，以便对消费者感知的价格–价值关系产生积极的影响。由此产生的较低利润率恰恰表示了对价格形象的投资[29]。Kenning[32, p.240]调查了所选产品种类对仓储式商店价格形象的影响。他发现个人卫生用品、糖果/甜品和乳制品的影响力比纺织品、消费类电子产品和饮料的影响更大。从这一角度来看，零售商通过降低更有影响力的产品的价格来对其价格形象进行投资是有意义的。然而，这可能会导致零售商与制造商之间的冲突。相比之下，零售商可以把对价格形象影响较小的商品看作机会，实施相对较高的价格来提高利润。

折扣店面临的问题是，如何协调自己的价格形象与有充足数量的高价商品的必要性。典型的零售商的主要商品采用高价，并对商品有选择性地采用较低的价格，以营造有利的价格形象，而折扣商的主要商品则采用低价。同时，它们需要配置价格较高的商品才能获得合理的整体利润。图 13-4 采用了 Trader Joe's 超市的例子来说明价格差异化及其支持它的混合算法在实践中确实存在。

关键价值商品（KVI）①用价格支持形象	非关键价值商品①挖掘潜在利润	价格差异
三重奶油布里干酪：6.99 美元/磅	法式传统布里干酪 8.99 美元/磅	29%
意式番茄罗勒酱：0.07 美元/盎司	意式番茄罗勒酱（有机）：0.10 美元/盎司	43%
花生酱：2.29 美元/磅	花生酱（有机）：3.49 美元/磅	52%
特纯橄榄油：8.99 美元/公升	特纯橄榄油（上等）：15.98 美元/公升	78%

图 13-4　Trader Joe's 超市内关键价值商品与高端商品之间的价格差异[33]

① 所有产品信息来自 Trader Joe's。

换句话说，即使是折扣店的品类也离不开一些利润率更高的产品[34]。因此，它们在更多地采用价格较高的高端商店品牌，例如，奥乐齐超市的 Gourmet 系列或 LIDL 超市的 Deluxe 系列。相对于基本的商店品牌，这些高档品牌为消费者提供更多的享受和更高的品质，以及情感和身份象征方面的好处。这帮助德国的这些超市自有品牌在 2007~2017 年间的市场份额从 9.2%增至 14%，但侵蚀了厂商零售品牌的市场份额[35,36]。

但是，在使用折扣来改善零售商的价格形象时，应该谨慎。当折扣价和正常价格之间的差异过大时，消费者对价格和可购性的看法可能会产生分歧。消费者可能会认为商店临时打折的商品特别便宜，支付得起，但是认为正常价格的商品不是很实惠或具有吸引力。这类商店会成为贪便宜消费者的首选目标。实证结果支持这种假设和相关的风险[28,pp.134-137,37]。

在零售实践中，关键价值商品几乎被普遍接受为定价指南。因此，在一个品类中有三种不同的商品，每种商品的处理方式与定价都不同。**关键价值商品**或**重点商品**对价格感知有很大影响。它们可用于价格比较并影响消费者的购买频率。因此，这些商品的定价在很大程度上取决于竞争对手的行为。对这些商品进行定价的关键因素是准确了解竞争对手的价格，对竞争对手的价格变化做出接近实时的反应，以及基于个体商店所服务领域的竞争情况而制定的地区/本地价格差异化。这些商品中典型的例子是牛奶：除了一些品牌商品，牛奶的大部分收入都是以和竞争对手一致的价格或以统一的市场价格获取的。加油站汽油的价格水平因区域而异，与汽油类似，零售商也不能让牛奶的价格与当地竞争对手的价格明显脱节。产品越相似，要求统一价格的压力就越大。换句话说：牛奶很难差异化。产品是标准化的，规范保证了统一的质量，甚至包装也几乎是一样的。

对于**固定价格商品**，价格由制造商决定。零售商不再需要处理定价问题。这些包括受固定价格指南约束的商品或零售商遵循制造商建议零售价（MSRP）的商品。根据司法管辖区的不同，固定价格商品范围涵盖报纸、杂志、书籍和香烟以及处方药。这类商品还包括品牌制造商已预先印制或预先标记价格的商品（如印在书籍封底上的价格）。这种方法为零售商节省了一些定价工作，在时装零售业的品牌产品中很常见。但是，制造商必须很谨慎，不要侵犯零售商独立定价的权利，因为制定固定价格可能会违反反垄断法或竞争法[38]。为避免这种情况，建议零售商明确要求制造商提供价格标签，以便消除制造商的非法限制与约束。尽管如此，价格标签应该作为参考或建议而不是约束的价格。

其余的品类包括**撇脂产品**（skimming products）。这些商品对消费者的价格感知影响很小，也很难做比较。后者适用于零售商自有品牌或独家产品。在很多不同形式的零售中，零售商在为有大量商品的品类设定价格时，应考虑价格-销量关系。这有助于零售商系统地获取支付意愿。

13.3 分析

分析需要区分企业、消费者和竞争对手的信息。我们的分析仅限于与零售相关的特定方面。

13.3.1 企业信息

我们对其他行业的目标和成本的一般性观点同样也适用于零售业。但是，考虑到品类的规模大小，按照作业成本法等方法分配所有成本，包括销售或咨询/顾问成本，是不切实际的。因此，零售商通常使用采购成本进行计算。由于成本加成定价法的广泛使用，销售成本在零售商的定价中起关键作用。如果不同产品或类别之间的成本负担确实存在很大差异，那么可能是由于运输、存储、咨询或其他运营成本导致的，因此建议将这些成本列入相应产品或类别的价格计算中。这也包括不收费的服务项目。例如，当药房将低价药物送至患者家中时，该交易可能不会产生任何利润。它需要从消费者价值的角度证明自己的合理性。单独对服务收费是零售业利润改善的重要切入点。例如，饮料供应商可以考虑收取运费。如果没有单独收取运费，提供送货上门服务的食品和杂货电子商务企业很可能会出现经济问题。鉴于零售业的利润率很低，即使是服务产生的少量利润率也能够显著地改善零售业的盈利状况。这些额外服务的费用是通过提高商品的购买价格，还是通过对服务的额外收费获得，涉及消费者感知的问题。许多供应商不愿意为此类服务单独收费，因为这使得产品的成本在消费者进行价格比较的过程中更加透明，所以，大部分供应商还是以更高的商品价格形式对服务进行"隐性"收费。然而，通常情况下，单独对服务收费的效果可能更好。当消费者在价格比较过程中仅关注商品价格而忽视获取服务单独产生的费用时，将服务成本隐藏在商品价格中的行为可能会转为竞争劣势。

在分配成本时，企业需要密切关注把成本划分为固定成本和可变成本。在药房的案例中，人工成本可以是固定的，但是运送药物的汽车行驶成本是可变的。因此，与汽车相关的费用可根据作业成本法列入成本核算中，但人工成本不会纳入其中。然而，这一简单的例子表明，在实践中，完全按照作业成本法进行成本分配几乎不可行。

对边际利润和盈利情况进行全面综合的分析极为重要。鉴于商品种类繁多且利润率不统一，零售商必须了解从每个产品类别和商品中获得的收益。该信息不仅对价格管理很重要，而且也与品类决策、货架空间分配等类似方面有关。在这方面，由于扫描收银机、客户卡、射频识别标签和封闭式商品管理系统等创新，许多零售连锁店在过去几十年中已经取得了根本性的改进[39]。电子商务行业更是如此，现在它可以获取比旧系统更多的数据。大数据的出现使得零售商有可能对消费者行为进行更广泛深入的分析。尽管如此，在价格管理方面，大多数零售商还没有充分利用现有数据的潜力。许多零售商的分析能力还不能利用技术发展所带来的可行性。

13.3.2 消费者信息

第 3 章中描述的用于确定与价格相关的消费者信息同样也适用于零售商，因此，在这里不再赘述。第 3 章提到了几个应用情况，这些应用起源于或主要用于零售业，包括使用扫描仪或在线数据确定价格响应函数，或由邮购公司使用测试目录进行价格测试。当我们区分外部消费者信息（通常是为特定目的而收集）和内部消费者信息（由企业在正常业务过程中收集的数据衍生而来）时，我们发现后者对零售商起着更为重要的作用。与通常不直接与终端消费者打交道的制造商相比，直接与终端消费者打交道的零售商掌握更多消费者行为方面的信息。具体来说，零售商能做什么主要取决于他们收集到的具体信息类型。

1. 扫描收银机

扫描收银机和类似的销售点系统可以跟踪和获取每一笔销售信息，生成一组数据。企业可以使用这些数据非常详细地分析消费者行为，包括价格影响、对促销的反应、基于时间的行为模式以及关联购物。这些分析都属于"购物篮分析"概念。但如果无法通过客户卡确定个人消费者，则购物篮分析无法对基于个体消费者层面的动态购买模式提供任何有意义的见解。但它们在分析一次购物中购买的某些商品之间的关系时非常有效。这些数据允许在商品层面优化交叉销售活动。人们还可以得出适用于价格捆绑、促销、商品陈列和类似活动的结论。但由于相关的收据或购物篮仅代表一次单独的购物，因此，我们无法得出关于替代效应（substitution effect）、提前消费效应（pull-forward effect）或其他跨时期效应的结论。

2. 客户卡

零售商可以通过客户卡跟踪消费者基于时间维度的购买行为。与仅仅通过扫描收银机获取的数据相比，通过客户卡获取的数据允许零售商进行更深入和更丰富的分析。客户卡数据为零售商提供了洞察消费者忠诚度、消费者价值、忠诚度奖励效应等信息。结合购买单个物品的数据，例如，通过扫描收银机获取的数据，零售商可以分析个体消费者层面的关联购物和购物篮。基于这些数据和见解，零售商可以优化多个产品的价格并促进交叉销售。

图13-5显示了一个应用情况。消费者A以前只购买了产品组1（PG1）和产品组2（PG2）。对其他同样购买了PG1和PG2的消费者进行分析显示，他们会特别经常购买PG7（50%）和PG6（28.6%）。因此，我们可以假设PG1/PG2的买方与交叉销售PG6/PG7的潜力之间具有很密切的关系。在消费者A下一次的购物体验中，零

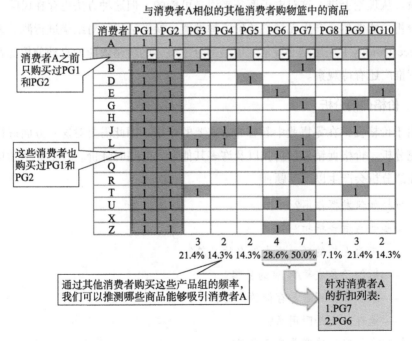

图13-5 通过客户卡确定交叉销售的潜力

售商以极具吸引力的测试价格向消费者 A 提供 PG6 和 PG7 的产品。这一活动大获成功。客户卡在支持市场细分和价格差异化方面具有很大的潜力。如果企业能够成功地将社会人口统计数据与行为数据（如在特定价格范围内购买商品或对价格变化的反应）相结合，零售商就可以通过价格活动直接确定细分市场。

3. 电子商务

如上所述，电子商务提供了极大的数据和信息潜力。亚马逊或德国大型购物网站 Zalando 等在线零售商准确地掌握了它们的消费者购买了什么。它们可以毫不费力地通过价格测试来优化价格。将这些详细的消费者数据与来自领英、Facebook 或 Twitter 等社交网络的数据相结合所带来的可能性几乎是无限的。电子商务目前正进一步致力于定向信息、广告和主动销售，而不是价格管理。这一事实令人震惊，因为价格管理的可靠信息基础相当容易建立。然而，人们必须能够进行有针对性的价格测试。繁多的商品种类是测试的一个限制因素。即使在电子商务中，零售商也无法实际测试成百上千种商品的价格弹性。此外，我们在第 3 章中详细讨论过对销量和价格历史数据进行分析所受到的限制。一种设想是自动测量价格弹性和随后的价格决策。从理论上讲，这对电子商务来说是可能的，但这种方法也存在风险，因为数据分析可能偶尔会产生无意义的价格弹性值。换句话说，对结果进行测试表面效度（face validity）仍然是必要的。但是部分或整体的价格效应的自动分析能否进行大范围推广还有待观察。

4. 价格促销分析

由于价格促销在零售业中起着非常重要的作用，因此需要对这一方面进行深入的研究分析。价格促销包括折扣以及许多其他形式的临时降价。价格促销和折扣效应方面的分析会产生以下问题：

- 折扣如何发挥作用？
- 哪些商品适合折扣？
    - ——广为人知的还是不太知名的品牌？
    - ——新的还是成熟/现有的品牌？
    - ——不易保存还是易存储的产品？
    - ——消耗品还是耐用品？
- 折扣产品应涵盖哪些产品种类？

- 价格应该降低多少？
- 折扣期何时开始？又该持续多长时间？
- 折扣的使用频率如何？
- 季节内的哪个时点需要使用折扣？
- 应在同一销售渠道还是不同的销售渠道提供折扣？

这些问题当中的大部分，没有实证有效的通用答案。对折扣进行全面的评估很困难，因为整体效果来自三种类型商品之间的相互作用所产生的各种难以确定的局部效应：

- 以折扣价提供的商品；
- 该商品类别中的其他商品（替代品）；
- 其他类别商品（存在关联购买的潜力）。

要获得整体评估，我们不仅要关注折扣期的影响，还要考虑折扣后续时期对消费者行为产生的动态影响。一位作者这样解释："对于零售商而言，跟踪商品促销后（至少持续两周）的动态情况非常重要。有些商品在促销时销量令人非常满意，但之后的销量往往会比其他商品下滑得更严重。"消费者学会预测何时会发生折扣并将只在折扣期间购买商品。消费者利用这些时机囤积库存（"储藏室充实"），这种行为导致商品的销量在折扣期后不可避免地下滑[40]。此外，区分普通消费者（没有折扣也会购物的消费者）和贪便宜的消费者是有意义的，后者往往只有在想购买的商品存在折扣时才会光顾商店。表13-2总结了这些系统性的影响。

表 13-2　折扣的短期和中期效应系统

商品类别	普通消费者		"贪便宜的消费者"	
	折扣期 t	折扣结束后续期间 $t+\tau$	折扣期 t	折扣结束后续期间 $t+\tau$
打折商品	+/0	+	+/0	−	+	+	+	0
与打折商品同类的其他商品（替代品）	0	−	0	−	0	0	+	0
产品组合内其他商品	0	–/0	0	0	+	0	+	0

当商品A有折扣时，每种商品类别顶行的符号表示销量变化。每种商品类别的底行中的符号意味着，例如商品B，当它以折扣价格出售时销量的变化（"+"表示销量增长，"0"表示无变化，"–"表示销量下降）。商品A和B的折扣效应模式存

在很大的差异。

商品 A

当商品 A 存在折扣时，有以下两种情况。

（1）普通消费者。

- 在折扣期 t 和后续期间 $t+\tau$ 购买相同数量或更多的商品 A（即正延滞（positive carryover））。
- 不以牺牲购买替代品为代价，购买更多数量的商品 A。
- 其他类别的商品不受影响。

（2）贪便宜的消费者。

- 在 t 和 $t+\tau$ 时期内购买商品 A。
- 在 $t+\tau$ 时期也会购买替代品，因为他们成了定期消费者。
- 在 t（由于关联购买）和 $t+\tau$（成为定期消费者）时期内购买其他种类的商品。

商品 B

作为比较，当商品 B 以折扣价出售时会产生以下影响。

（1）普通消费者。

- 在 t 期间内购买更多的商品 B，在 $t+\tau$ 期间购买更少的商品 B（t 时期内的购买量是从未来"借来的"，购买的商品 B 会被存储，即负延滞（negative carryover））。
- t 和 $t+\tau$ 时期内购买商品 B 的增量是以牺牲替代品为代价的。
- 其他产品不受影响，或者更确切地说，在 t 期间内，购买力将会转向商品 B，更多地购买商品 B。

（2）贪便宜的消费者。

- 仅在 t 期间内购买商品 B（逢低买入），不发生任何关联购物，这些消费者也不会成为定期消费者。

很明显，折扣在商品 A 和商品 B 的应用效果上存在极端。折扣对商品 A 的总体影响是正面的，而商品 B 非常不适合以折扣价进行销售。两个对立的情况清楚地表明，折扣对产品的影响是复杂的。

除了短期和中期影响，还必须考虑折扣对零售商价格形象的长期影响。认为零售商可以精确地分析量化所有影响是一种幻想。借助扫描收银机和电子商务数据，零售商至少可以测量一些折扣的主要影响，例如，折扣期间及后续期间的折扣商品的销售量。该表提供了用于分析这些复杂效应的实用结构。零售商至少应该以定性的形式考虑这些影响。

13.3.3 竞争对手信息

如上所述，竞争对手的价格在零售业中发挥着重要的作用。就某种程度而言，零售商大部分的价格决策权事实上都委托给了竞争对手。换句话说，许多零售商或多或少都有严格遵循被认为是价格领导者的某些竞争者设定的价格。这至少适用于关键价值商品。对于撇脂商品，零售商通常使用不太严格的定价政策，但仍可能密切监视其竞争对手的价格。

在消费品零售业中，零售商很容易获得竞争对手的相关价格信息。这适用于实体零售，尤其是线上零售。由于消费者可以获取价格信息，而竞争者可以化身"消费者"并获得相同的信息。在这种情况下，一种方法是"神秘购物"。对于线上零售，竞争对手的神秘购物者甚至不需要离开他们的办公室。收集竞争对手的价格确实需要一定程度的勤奋、速度和谨慎，但这项任务还没有上升到秘密情报活动的水平。零售商还可以求助专门从事零售价格市场研究的机构或应用程序，定期收集此类信息。Diffbot.com 就是该领域的一项重大创新，使用人工智能收集有关竞争对手价格的信息。Diffbot.com 获取网站，然后从网页中以结构化形式提取完整的价格数据。这一行为既可以自动也可以手动完成。

但仍然会出现零售商难以收集价格或折扣信息的情况。一个典型的例子是汽车行业。在该行业内，实际商定的折扣水平并不完全透明。即使市场研究人员对汽车进行神秘购物并与经销商协商折扣，他们得到的结果和他们获得的信息的有效性也是存在局限的。想在 B2B 零售行业中获取有关竞争对手价格的信息更是难上加难，因为价格通常是经过协商的。买方可能不愿意分享自己购买的价格信息，甚至可能故意透露错误的（具有误导性）的价格信息。

13.4 决策

零售方面的价格决策包括单个商品的价格范围和价格的设定、关联商品的定价及价格促销。

13.4.1 设定价格范围

零售价格决策始于价格范围及其结构的设定。图 13-6 显示了美国某一零售连锁店的案例。该连锁店通过三种渠道经营,每种渠道都有不同的价格定位。渠道 A 价格最低,每件商品的平均价格为 3.72 美元;渠道 B 为中等价位,每件商品的平均价格为 4.02 美元;渠道 C 的价格定位最高,每件商品的平均价格为 4.66 美元。

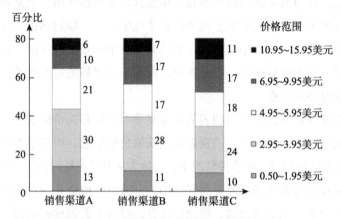

图 13-6 三种销售渠道的价格范围

资料来源:西蒙顾和管理咨询公司。

然而,除了平均价格,在这一案例中,价格的差异化程度不足。三种渠道的单个价格范围分布情况相似。缺乏差异化不能仅仅通过价格水平来缓解,还需要进一步的措施,如重新设计商店或改变产品种类等。

所选择的价格范围为零售商提供的产品种类提供了结构、清晰度和透明度。这使消费者更容易定位零售商并形成相应的价格形象。良好的价格范围结构可以实现更好的产品分类控制,并降低零售价格管理的复杂性,因为价格范围体现了零售商期望的价格定位。但这也存在相应的风险。当零售商过于严格地遵守预定的价格范围时,会降低自己对竞争对手做出反应的灵活性。另一方面,太多的例外情况将使价格范围结构失效。零售商还应注意不要将太多商品分配到一个价格范围内。有一家欧洲的超市,大致有 70%的果酱和果冻价格为 2 欧元左右,只有 10%的此类商品的价格为 1 欧元左右,剩余 20%左右的此类商品价格约为 3 欧元。2 欧元部分的商品"膨胀"过度⊖,几乎没有为消费者带来任何附加价值。减少"膨胀"的部分将

⊖ 这里的意思是 2 欧元区设置产品过多。——译者注

改善消费者商品的选择范围[41]。

在构建价格范围结构时，必须考虑消费者的意愿。首先要设定价格阈值，零售商可以通过消费者调查或内部分析确定。如果价格范围符合市场条件，那么必须调整成本以适应这一价格范围。这意味着，为了实现目标成本与预期目标利润，零售商应该仅采购那些可以实现目标盈利能力的商品。一些零售商将目标价格作为指导，定位自身的商店品牌，这些品牌与制造商品牌产品的价格定位不同。英国食品和杂货零售商乐购提供 Tesco Value、Tesco Standard 和 TescoFinest 等商店品牌时，时刻铭记着两大目标：在与折扣店竞争时展示其承担得起的价格特性，同时向消费者提供优质产品。

13.4.2 单个商品的价格决策

经验法则是零售商在设定单个商品价格时使用的主要方法。量化价格弹性方法是经验法则的一个例外。定价软件在某些情况下可以以基本形式衡量价格弹性。有时会自动计算弹性，例如，根据扫描收银机获取的数据进行计算，而我们应该对这些计算结果的有效性持适当的怀疑态度。

1. 经验法则

与其他行业相比，零售定价的特征是基于经验法则与成本加成法。成本加成法的基础一般就是销售成本加上某些情况下的产生的运营或交易成本。通常，零售行业的成本加成没有统一的标准。实际上，零售商主要根据经验标准对商品价格进行差异化。在实践中形成的价格差异化的经验法则包括[31, 42~46]以下几个。

- 法则 1：产品的价格绝对值越低，加价百分比越高。
- 法则 2：库存周转率越高，加成因子就应该越低。
- 法则 3：消费者具有特别强烈的价格感知的商品（关键价值商品，如面包、牛奶、黄油或汽油），加成因子应该非常低。
- 法则 4：大众商品的加成应低于专业商品。
- 法则 5：加价率应以竞争为导向。

2. 理论思考

单个商品的定价是典型的单一产品情况，最优价格由阿莫罗索–罗宾逊关系（式

（5-6））确定：

$$p^* = \frac{\varepsilon}{1+\varepsilon} C' \qquad (13\text{-}1)$$

换句话说，最优价格来自边际成本的加成。加成因子取决于价格弹性。当价格弹性 ε 和边际成本 C' 不变时，式（13-1）所表示的成本加成算法是最优决策的经验法则。在一个狭窄的取值区间内，阿莫罗索–罗宾逊关系可视为零售成本加成定价方法的实用理论基础。

我们确实可以找到令人信服的论据来证明上述经验法则。

- **法则 1**：对低价（绝对值）的产品采用较高的加成因子：这一规则遵循价格弹性随价格的绝对水平提高而上升的事实，即对较高价格水平（绝对值）进行价格变动，对销量的影响更大。
- **法则 2**：库存周转率越高，加成因子就应越低：较高的库存周转率往往表示个体消费者更高的购物频率。假设买方更了解他们频繁购买的商品的价格，那么比起购买频率较低的商品，他们会对前者的价格变化做出更敏感的反应。由此可见库存周转率越高，价格弹性越高（绝对值）。
- **法则 3**：降低关键价值商品的加成因子：在这种情况下，由于消费者的价格感知能力，关键价值商品的价格弹性更高。
- **法则 4 和法则 5**：这些经验法则的理由是不言而喻的。

但是，在将全部成本加成转嫁给消费者时，零售商应该谨慎。如果商品的价格响应函数是线性的，则不建议零售商向消费者转嫁全部的成本。当德国的牛奶批发价格上涨 0.10 欧元时，奥乐齐超市的零售价格仅上调 0.07 欧元（详见第 9 章）。奥乐齐超市[47]承诺："每当我们有机会，例如，当原材料价格下跌时，我们会立即通过降低价格将成本节余转移给我们的消费者。"

由于品类太多，精确测量所有商品的价格弹性和价格响应函数不太现实，因此只能关注重要商品。但零售经理通常了解大致的价格效应和价格弹性。虽然零售业企业不直接使用价格弹性导向的计算方法，但在实际中，尽管缺乏理论指导，它们也还是实践了上述经验法则。

弹性导向的加成算法可以成为按照商品类别进行定价的起点。在此类系统中，高层管理者为部门负责人按照商品种类设定平均加成因子。这些因子反映了不同商品种类各自的"类别弹性"。在一种类别中，价格计算者可以根据假定的特定商品的价格弹性来确定加成，只要加成符合规定的平均值即可。为了增加这种方法的可行性，零售商的团队必须要了解专业价格管理的基本原则。

然而，零售商的采购部门往往缺乏对消费者支付意愿的准确了解。这主要源于采购和仓库管理之间的分工。采购部门设定价格，而仓库经理负责获取必要的商品。一旦价格设定，采购量/销量主要由计划收入决定。

专业价格管理的前提是融合这些不同的想法。采购人员必须明白，价格决定了可实现的销量。实践这种想法需要采用系统的渐进式试错的方法来找到最优价格：采购人员需要估算一种商品在不同终端消费者（零售）价格下的销量，然后，应计算每种价格–销量估计值下的边际利润，这有助于采购人员确定利润最大化的价格。

当然，采购人员的价格决策应该得到所有相关信息的支持。相关信息包括额外的销售数量和参考商品的价格数据。参考商品一般是具有类似价格–销量表现的商品。定价团队还应该利用外部数据库，其中包含有关竞争对手价格和销量的信息。价格测试在特殊情况下是有意义的，以便对单个产品分类中的基本相互关系进行全面评估。价格测试的结果可作为检验采购人员的估算与得出的最优价格的工具。同时，采购人员可以将自己的估算与测试结果进行比较，并从测试结果中学习，将后者作为未来进行估算的参考数据。这种方法与更自动化的软件方法之间的区别在于，信息系统支持采购人员的决策，但不会取代它们，采购人员的主观意识会充分反映在最终估计中。

如果估计了弹性，我们就可以获取单个商品需要价格上涨还是下降的提示。可以在商品分类层面获取价格弹性和利润率。零售商应该降低在商品类别层面具有高弹性和中高利润率的产品的价格。反之，应该提高具有低价格弹性的产品的价格。图 13-7 展示了不同的商品类别。在这种差异化流程的帮助下，具备广泛商品种类的零售商或是其他类似性质的企业就可以显著改善自身的盈利状况。

弹性导向的定价主要适用于撇脂商品，而较少用于固定价格商品或关键价值商品。竞争导向的定价主要适用于关键价值商品。真正重要的是组合效应，而不是单个商品的边际利润。关键价值商品类似于打折商品，用于吸引消费者光顾商店，即他们是引流者，而其直接利润贡献则是次要的。

13.4.3 价格决策与组合效应

如本章开头所述，消费者在一个地点购买许多不同的商品（"一站式购物"）是有利的，因为这种行为降低了消费者的搜索和购置成本，在食品和杂货店购物尤其如此，但关联购买在其他零售行业中也起重要作用，如服装/时装店、加油站和家居装修用品商店等。

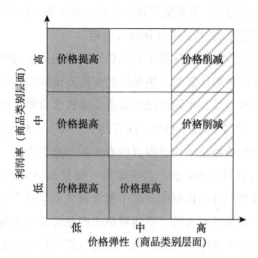

图 13-7　根据价格弹性和利润率得出的定价建议

这种关联购物产生的一种后果是许多商品之间的交叉价格弹性不为零。商品 j 的降价吸引了新的消费者。他们不仅购买商品 j，还购买其他商品。即使产品之间不存在严格的技术或功能方面的互补性，但零售中的这些组合效应通常是互补的。或者说，这种互补性是由购物这一行为自身形成的。

我们已经在第 6 章中讨论了互补性销量关系的情况，并且可以从第 6 章中得出各自的结论和价格优化的观点。在不考虑组合效应的情况下，相对于单独的最优价格，在其他情况相同的前提下，综合最优价格 p_j 会由于以下原因下降：

- 互补商品数量越多；
- 互补商品的交叉价格弹性越大（绝对值）；
- 互补商品的边际贡献越高；
- 商品 j 的直接价格弹性越接近 1；
- 互补商品 i 和 j 的相关性越高。

简单地说，这些观点意味着某一商品对总销售量和品类利润的贡献越大，它的价格就应该越低。该条件是零售定价政策的数学精确表述，称为混合算法（mixed calculation）。在零售商店，对于产品种类丰富的企业来说，其目标不是最大化每个商品的利润，而是实现整体商品种类的可能的最大利润。这意味着单个商品的最优价格甚至可能低于其边际成本，理论上来说甚至是负利润[48]。我们将这些产品称为"亏损引领者"（loss leaders）。

在这里，我们将使用最优条件的简化表达式（6-8）。这种简化表达式基于可观察的组合购买。如果当消费者购买商品 j 时，也会购买平均 a_{ij} 单位的商品 i，而商品 j 是导致消费者购买商品 i 的原因（即消费者如果没有购买商品 j，也是不会购买商品 i 的），我们可以这样表述最优条件：

$$p_j^* = \frac{\varepsilon_j}{1+\varepsilon_j}(C' - m_j) \quad (13\text{-}2)$$

其中

$$m_j = \sum_{\substack{i=1 \\ i \neq j}}^{n} a_{ij}(p_i - C_i') \quad (13\text{-}3)$$

m_j 表示由于购买商品 j 所导致的购买其他商品而产生的总边际贡献。这一边际贡献与商品 j 减少的边际成本相等。商品 j 导致的其他商品的销售增量越多，商品 j 的最优价格越低。

我们可用一个例子来说明这些相互关系。在服装店，购买 1 套西装的消费者平均会购买 2 件衬衫和 1.33 条领带。每件衬衫和领带的平均边际贡献为 15 美元。西装的价格响应函数估算如下：

$$q = 1000 - 2p \quad (13\text{-}4)$$

由式（13-4）可以得出西装的最高价格为 500 美元。如果西装的边际成本为 200 美元，那么不考虑关联购买，西装的最优价格应该是 350 美元。价格弹性为–2.33。根据阿莫罗索–罗宾逊关系得到的加成因子是 1.75（200×1.75 = 350）。如果这家商店出售了 300 套西装，那么这将促使额外销售 600 件衬衫和 400 条领带。由此产生的边际贡献如下：

- 西装为 45 000 美元；
- 衬衫为 9000 美元；
- 领带为 6000 美元；
- 总共 60 000 美元。

如果零售商将关联购物的情况纳入西装的定价，那么西装的边际成本将减少（2+1.33）×15 = 50 美元。西装新的最优价格将为 325 美元，比原来不考虑关联购买的情况少 25 美元。该商店 3 种商品的销量会有所提升：350 套西装（+50）、700 件衬衫（+100）、466 条领带（+66）。新的边际贡献如下：

- 西装为 43 750 美元；
- 衬衫为 10 500 美元；
- 领带为 6990 美元。

总边际贡献为 61 240 美元，比起单独优化西装价格的情况，总边际贡献增加了 1240 美元或者说总边际贡献提升了 2.07%。该商店虽然在西装上损失了部分边际贡献，但是由于衬衫和领带创造了更高的边际贡献，这部分损失的边际贡献被超额补偿了。

正如我们在分析部分中所描述的那样，零售商可以使用扫描收银机、客户卡或电子商务产生的数据比较容易地测量这些互补系数。最终数据所揭示的关系可以为零售经理提供有价值的决策支持。

13.4.4 价格促销决策

价格促销涉及所选商品的临时、短期降价。它们可以有多种形式，其中包括折扣、特殊包装尺寸、忠诚度折扣、优惠券或返现。我们已经指出，这些策略并没有得到价格促销的直接和间接影响方面的相应的强有力的理论支持。许多在实践中接受的规则既没有理论也没有经验基础。我们将重点讨论零售业中最常见的以消费者为核心的价格促销。这类促销既可以由制造商也可以由零售商发起，不过消费者通常不知道哪一方才是促销发起人。

1. 价格促销的形式

关于所需的决策，我们将价格促销的形式描述如下。

- 折扣意味着产品的价格暂时降低，而在其他情况下则保持不变。折扣决策涉及折扣金额、时限以及频率。折扣通常会得到特殊广告的支持。折扣价既可高于，也可以等于甚至低于零售商的销售成本。消费者通常会考虑相对于正常价格的折扣金额。正常价格就是价格锚定。在一些国家，法律禁止具有市场支配地位的企业进行价格低于销售成本的销售，除非是偶尔/不频繁地进行这种销售或具有客观的商业理由。德国的一家折扣店违反了这项法律，因为它提供的各种乳制品的价格比相应的销售成本低 40%。德国竞争管理机构对这方面做出了更加详细的法律规定："如果在半年内发生这种销售行为的时间超过 3 周，则超出了'偶尔/不频繁'的限制。"[49]

- 特殊包装尺寸意味着改变包装尺寸。绝对价格实际上可能保持不变，但每单位的售价（每公斤、每升、每盎司、每英磅、每加仑等）会发生变化。促销最常见的形式就是增加实际包装尺寸。吉列经常改变剃须膏的包装尺寸。零售商还可以以较低的总价提供几个相同的产品。另一种常见的方法是当消费者购买一个（或多个）单位产品时，再加赠一单位免费的商品。这种方法在零售中称为"买一送一"（BOGO）。关键的决策是确定特殊包装的尺寸。

- 忠诚度折扣可以在消费者重复购买时降低商品的价格。关键的决策是折扣的力度和条件。药品和仓储连锁店 Müller 采用了一种特殊的忠诚度折扣。在消费者的收据上，它们打印了可供下次购物时使用的享受 3%折扣的优惠券。

- 价格优惠意味着某些消费群体可以享受优惠后的低价格。这种方法的一个特殊方面是价格优惠的沟通。对于那些因不属于首选群体而需要支付正常价格的消费者而言，这种价格优惠对他们的吸引力也是明显可见的。药品连锁店 Rite Aid 对属于 Plenti 积分项目会员的消费者提供许多商品的永久性降价，这类似于欧洲的 PAYBACK 项目。货架上的价格标签会告知消费者商品的正常价格以及降价后的价格。Rite Aid 的竞争对手 CVS 公司也同样如此，CVS 根据消费者是否有 CVS 卡提供不同的价格。开放式沟通的目的是激励不属于商店项目内的消费者加入，从而获得更低的价格。

- 优惠券促销包括通过报纸、店内展示、互联网或其他媒体发布折扣或其他优惠券。消费者可以在销售点兑换优惠券以免费或降低后的价格购买产品。这里需要做的决策是决定优惠券的面值及可以使用的商品和条件。优惠券在美国已经很成熟，且十分受欢迎，但这种做法在其他发达国家并不普遍。优惠券增长的一个领域是结账优惠券（check-out couponing）。在结账时，消费者会收到这种特殊的优惠券，其适用的产品和金额基于对消费者刚刚购买商品的自动分析。例如，当有消费者购买两瓶葡萄酒时，商店可能会提供一张优惠券，消费者可以在下次购买时兑换优惠券并获得更低的葡萄酒价格。如果有消费者购买品牌 A 的啤酒，商店可能会为品牌 B 或商店品牌 C 提供折扣优惠券。许多商店利用这种机会分发互补产品的优惠券。在消费者购买玉米片时可能会收到辣味调料的优惠券，或者购买尿布时可能会收到购买婴儿湿巾的优惠券。这种方法非常有效，并且可以通过客户卡获取消费者的历史购买记录，对消费者进行优惠券的个性化定制。根据此类客户卡信息，英国零售连锁店乐购通过电子邮件向消费者发送个性化优惠券。欧洲的另一家零售商在店内也采用了类似的方法。在扫描客户卡后，商店即在收银台打印同时反映消费者即时购买行为和客户卡内记录的整体购买行为的优惠券[50]。这种方法符合我们在分析部分中描述的交叉销售机制的模式。它不仅可以促进更高的销售额，也可以吸引消费者购买其他产品。与传统的优惠券相比，它的散播损失（scatter loss）⊖很低，可以准确测量成功率[50]。优惠券的一个固有优势在于其并不代表有利于所有消费者的全面降价。本着价格差异化的宗旨，唯一受益于优惠券的是那些符合条件并会实际兑换优惠券的消费者。而对于所有其他的消费者，价格保持不变。由于这些优点，我们可以预测优惠券的使用量会有所增加。

- 另一种在未来应该大受欢迎的零售促销形式是部分货款返现。在过去，消费者需要经历将购买收据发送给制造商的烦琐过程，才能获得所支付价格的部分退款。随着智能手机的出现，这一过程变得更加简单。现金返还手机应用程序，如 SavingStar、Scondoo（德国）和 Checkout51（加拿大）为消费者提供了可以在购买产品后立即获得返现的许多方法。消费者使用智能手机拍摄收据照片，并使用相应的应用程序上传照片，账户内就可以收到已支付的部分货款。制造商的优势在于它消除了与零售商的复杂协调过程，并允许所有参与的零售商得到回扣。

大多数零售商都使用价格促销。这一发现似乎证明了促销的效用。然而，针对价格促销效用的研究结果表明，促销行为实际上往往不能为零售商创造利润[51]。研究表明，某些零售经理将 80% 的时间用于促销管理，尽管这些行为只能贡献 20% 的收入[52]。在这种背景下，毫无疑问，有些零售商取消了折扣，而转向"天天低价"策略，例如，德国杂货连锁店 dm[53]，沃尔玛也同样如此。想要全面评估价格促销对利润的影响依旧困难重重。尽管进行了大量的科学研究，但没有得出一般或简单的经验法则[1]。区分价格促销产生的短期和长期效应至关重要。

2. 短期效应

通常，在促销期间，零售折扣可以产生显著的销量增长。折扣的短期价格弹性通常比基于正常价格变化的弹性（绝对值）更高[54]。因此，当零售商的目标是在短

⊖ 意指促销活动散播到了非目标客户所带来的损失。——译者注

期内推动销量时，打折是一种有效的方法，例如，清仓或出售多余库存。

当通过展示、广告单、传单或店内媒介（如视频屏幕或广播通告）宣传折扣优惠时，销量可能会成倍增加[55]。根据一项研究的结果，大约41%的价格促销活动得到了额外措施的支持并取得了更好的成效[56]。限购与降价相结合也可以带来更高的销量[57]。时间限制，例如，限时特价，同样也会在短期内推动销量增长。

Ivens[58]评论道："准确地说，价格促销的评估通常过分强调了短期销量效应。"这样做的理由主要是销量变化易于测量。然而，销量的短期增长并不一定会带来更高的利润。通常情况下，往往会导致企业利润的下滑。主要原因是因为增加的销量不足以弥补降低的边际贡献。我们假设毛利率为25%，折扣为20%。在这种情况下，销量需要增加 5 倍才能使利润有所提高。这意味着价格弹性需达到 20（销量增加400%/降价 20%）。即使是打折商品，这么高的价格弹性也极为罕见。

促销的提前消费效应经常发生，这意味着短期内销量的增加实际上是由于消费者的提前购买或囤货式购买（"充实食品储藏室"）。比如，消费者在促销时可以以同样的价格购买更大包装的汰渍产品。一项研究表明[50]，美国药店连锁店 CVS 的数据显示，价格促销导致的销售增量中，10%是由于消费者的囤货式购物，45%是由于店内的品牌转换。例如，在欧莱雅打折时，商店的常客会选择购买欧莱雅而不是妮维雅的面霜。但是从零售商的角度来看，与制造商相比，促销或折扣商品的收入是否上升并不重要，重要的是商店内整个品类的收入和盈利表现[59]。

对零售商而言，更重要的问题是，短期销量的增长是由于现有消费者的消费额增加，还是来自新转换过来的消费者的购物。采用 CVS 数据的研究表明[51]，在总销量增加部分中，约有 45%是"真实的"销量增长，即现有消费者的消费增加或新消费者的购买。除了保留现有的消费者，让其余消费者转换商店才是零售商的首要目标。要吸引新的消费者购买那些边际利润更高的商品。离其他竞争商店的距离越近，商店转换的概率就越大[60]。具备数量或尺寸优势的价格促销，即基于更大尺寸的产品包装或更多包装数量的价格促销往往能实现消费者数量真正的增长[61]。可口可乐公司的营销总监说过："一旦可乐进入冰箱，孩子就会关注它。"⊖

值得特别提及的是高档商品与奢侈品商店的价格促销。正如第 2 章中所描述的那样，打折或类似的价格活动与高档商品的价格定位格格不入，对于奢侈品价格定位来说，则更是如此。然而，即便是在这一价格范围的商品也无法避免的事实是：

⊖ 意思是只要冰箱里有可乐，小朋友就会不停地喝。——译者注

在过季后，时尚商品会失去价值，只能以大额的折扣（通常为 5 折）出售。然而，奢侈品销售商试图避免这种销售与它们当季的商品并列进行，折扣商品通常会从高价零售店撤柜，在远离一线商店的单独直销店销售。解决这一问题的另一种方法是邀请特定的消费者参加不对公众开放的销售活动。柏林的奢侈品零售商 Quartier 206 百货公司就采用这种方式，美国的奢侈品珠宝商和高端时装公司也是如此。

线上价格促销具有可以直接面对个体消费者的优势。因而零售商能够在消费者细分中实现更具体的价格差异化[56]。因此，我们预期在线价格促销会更加普遍和频繁。

3. 长期效应

价格促销的长期效应可能是正面的，也可能是负面的，但长期效应的量化要比短期效应困难得多。兴趣点是品牌效应、购物场所以及价格形象。

一方面，零售商希望通过折扣吸引的消费者习惯于使用它们的品牌或购物场所，并继续选择它们。这就是我们在第 7 章中所描述的"延滞"或忠诚效应。另一方面，消费者可能会习惯于定期促销。这会导致消费者只有在商品打折时才会购买。消费者会根据零售商的促销周期调整自身的购买行为[62]。Lodish 和 Mela[63, p.6]指出："消费者在等待交易。如果他们在等待下一笔交易，他们就不会以正常价格买进。"

借助互联网，获取折扣的信息变得很容易了。零售商可以假设这只会增强消费者的折扣"习惯"，并加强对折扣商品的系统性搜索。

当然，折扣会对消费者的未来购买决策产生负面影响，尤其是消费者将低价与低质量联系在一起时[64,65]。折扣也会形成较低的价格锚点和参考价格，因此，在没有折扣的时候，消费者会认为价格太贵。有趣的是，一项研究结果表明，当商品以"买一送一"的方式出售时，以上提到的负面影响就会比较少[66]。一般而言，价格促销存在风险，会导致消费者不受商店或品牌的限制，即降低对产品或商店的忠诚度，转而支持价格促销[67]。

零售商的价格形象可能存在相互矛盾的效应。一方面，折扣确实有助于形成实惠的价格形象，这方面的效应类似于"天天低价"。另一方面，折扣可能导致混乱或不一致的价格形象，廉价的折扣商品与昂贵的正常价格商品放在同一购物通道。在极端情况下，这可能会导致分裂的价格形象："这家商店的促销商品很便宜，但其他商品很贵。"

总而言之，无法就短期或长期的折扣是否有利达成一般性的结论。零售经理需要认识到，尽管短期内销量会有所增加，但折扣可能会对消费者的未来购买决策产生负面影响。价格促销和折扣的使用必须与价格策略和基本价格定位匹配。追求高档定位的零售商应谨慎使用折扣。然而，折扣对于大众市场零售商来说是不可或缺的。即使是严格遵守天天低价策略并将其传达给消费者的沃尔玛也会利用折扣（如"降价"行动）。零售商在选择折扣商品和类别时也应非常谨慎。

13.5 实施

在实施方面，我们将集中讨论零售的具体组织和监控方面的情况。

1. 组织

在许多零售组织中，主要由高层管理人员进行价格的集权决策。根据这种自上而下的方法，高级管理人员与部门领导一起制定定价原则，并设定收入和利润目标。他们还确定各个产品类别和产品组的价格范围。图 13-8 显示了零售商的典型组织结构。

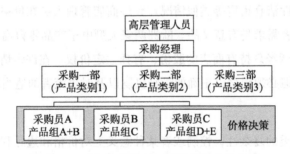

图 13-8 零售商的典型组织结构与定价职责

在预定目标和指导原则的基础上，采购部门各自制订计划期间的运营目标，为各个产品组设置价格范围。根据历史销量数据和市场评估制订计划销量。

最后，采购部门根据目标销售量、价格范围、收入和利润采购商品。销售价格往往在采购之前确定。这是一种基于价格的目标成本法，即销售价格决定采购价格[68]。这一过程对于零售来说非常典型，并解释了为什么零售商通过调整采购量而不是价格变化来应对需求的变化。在 2014 年巴西世界杯足球赛期间，零售商通过增加采购量，而不是提高价格以应对消费者对足球更大的需求。零售商倾向于将价格固定在设定的范围内，通过调整采购量来适应新的需求。然而，酒店所做出的反应则是完全不同的，例如，在高峰需求时期，如贸易展销会等情况下，酒店通常会提升住房价格（一般是正常价格的数倍）（详见第 6 章）。产生差异是因为酒店的房间数有限，而零售商则只要有足够的准备时间，就可以调整商品数量。

我们已经讨论过的关联关系必须在零售商的组织结构和目标中加以考虑。应采用与普通产品不同的标准评估关键价值商品或亏损领导者。这影响了激励机制。当个别产品组特别适合作为关键价值商品或亏损领导者时，仅基于产品组制定的激励系统对整体利润可能是不利的。

一个难题是价格决策权的集权化和分权化。如前所述，在零售业中，价格决策表现出较强的集权化。例如，在奥乐齐超市，除了不易保存商品等特殊情况，价格决策都是集中制定的。在加油站业务中，总部通常也会设定价格。一些零售商不允许地区价格差异化，这意味着几乎所有决策都要集中进行。一家大型欧洲零售商，除了商店自有品牌外，每家商店在设定价格方面有一定的自由。然而，更常见的情况是大多数价格是集中设定的，但是分权的管理者，通常是地区或商店的管理人员，确实有一定程度的定价权。这部分定价权适用于区域性产品、清仓甩卖商品、不易保存商品、季节性清仓销售等类似情况。允许商店管理人员在价格制定过程中考虑当地情况和消费者需求是有意义的。欧洲两家大型电子产品零售商 Media Markt 和 Saturn 的本地运营经理持有商店的股份，有独立定价权。在许多情况下，应该考虑将定价权分散，但必须辅之以正确的激励机制以及对决策者的适当培训。

2. 控制

由于商品种类的复杂性，控制或者某种意义上对价格和边际利润的监控，是零售行业中极其重要的任务。高层管理者必须了解具体的门店和时间的商品价格，以及实现了多少利润。零售商还必须不断关注竞争对手的相关价格。图 13-9 显示了处于领导地位的零售商的管理者用于持续监控的关键绩效指标的重要性。

这些关键绩效指标中只有 3 个指标：收入、毛利润和竞争对手的价格指数，与价格直接相关。基于价格的关键绩效指标（KPI）或基准，例如，整体业务或产品类别的相对价格、价格弹性、交叉价格弹性、价格定位数据以及价格促销的频率和程度均未出现在该研究中。这一发现证实了我们的怀疑，即大多数零售商在价格管理专业化方面仍有很长的路要走。

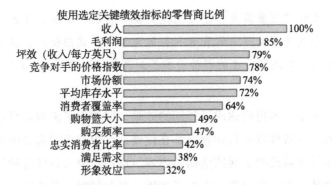

图 13-9　在零售业中监控关键绩效指标的重要性[69,p.7]

3. 价格沟通

在价格沟通中需要考虑零售的具体情况，其中包括价格形象沟通、销售点的价格说明以及价格促销的广告。

长期以来，许多零售商一直都在专注于宣传其价格形象。我们在下面列举了世界各地的许多著名例子。

- 眼镜连锁店 Fielmann（欧洲市场领导者）：它们的口号已经从"我父亲甚至不需要支付一分钱"演变成"免费购买眼镜"。如果消费者每年购买 10 欧元的保险，他每隔两年就能免费收到一副新眼镜。这两个口号都表达了同样的观点，即 Fielmann 在不收取任何费用的情况下出售眼镜，除了消费者需要支付的健康保险，这意味着消费者在眼镜上的消费确实为零。
- 折扣商沃尔玛使用了"永远低价"的口号，后将其改为"省钱，让生活更美好"。
- 越来越多的零售商将价格信息与产品功能相结合，更倾向于表达产品的质量和自身提供的服务。快时尚零售商 H&M 使用"兼顾时尚和质量的最优价格"的口号，而美国的百思买采用"卓越的服务，无与伦比的价格"作为口号。
- 德国杂货连锁店 dm 对其价格形象进行了非同寻常的沟通宣传。高露洁将牙膏品牌 Dentagard 的包装容量从 100 毫升减少到 75 毫升，但保持价格不变。这相当于将产品价格隐性地大幅提高了 33.3%。该杂货连锁店的反应是将 Dentagard 的货架清空，只写了一行大字标题："同样的价格更少的产品：我们抗议！"并做了解释[70]。一方面，零售商如此公开地指责制造商是不寻常的。通常，制造商和零售商之间的此类冲突都发生在消费者看不见的幕后。另一方面，本着"注重低价，不让制造商耍花招的"宗旨，零售商承担了为消费者监督制造商或捍卫消费者利益的角色，并试图提高自身的价格形象。这一受到大众高度关注的事件造成了对高露洁和 Dentagard 品牌的负面价格传播。

在这些例子中，零售商达成了预期的效果，即传达了消费者可承受的价格形象。持续时间、一致性以及折扣频率都在促销活动中起至关重要的作用。而实际上零售商都在数年后改变了促销活动的内容。这不禁令人怀疑这种纯粹与价格相关的促销活动是否在一定时期后丧失了作用。与此同时，单纯以价格为导向的商店形象促销活动可能会适得其反。德国家居装修用品连锁店 Praktiker 的例子说明了这一点。Praktiker 多年以来一直使用"全部商品八折"的口号，最终却以破产告终。

销售点的价格沟通非常重要。有很多沟通工具可供选择：从加油站的大型价格显示屏（来往车辆都可看见）到货架上关于单个商品的价格标签。毫无疑问，既令人瞩目又简单易懂的价格沟通会限制附近加油站的定价范围。无线网络支持的电子货架标签或 ESL 电子货架标签系统都为单个商品的价格标签或展示带来了重要的变化。一方面，它们使零售商能够在几秒钟内远程（如从总部）或在商店内通过电子方式更改价格。这节省了大量的人员成本，因为零售商不再需要在每次促销活动时手工更换货架上的价格标签。另一方面，零售商现在可以更灵活地进行促销，并且可以在更短的时间内进行促销，以应对线上零售商的较大价格波动。这一点对于关键价值商品尤其重要，因为大多数零售商都会对竞争对手的价格变化即时做出反应。

价格促销与折扣通常通过广告进行宣传。在每周进行一次促销活动时，大多数零售商会采用整个版面的报纸进行宣传，与此同时，其余零售商会通过分发广告传单和试用品进行宣传。零售商也会使用广播和电视等媒体进行促销活动的宣传。价格一般都是这些促销活动的重点。在广告中经常会划掉正常价格，在销售点更是如此，折扣价格会与被划掉的正常价格同时出现，同时也会以百分比的形式表示折扣。这些信息都使用了我们在第 4 章中提到的价格锚定效应。价格沟通的形式和强度会对折扣效应产生很大的影响。

在价格促销过程中，线下和线上结合也越来越常见。在消费者靠近特定的商店时，智能手机会通过地理位置识别功能，发送商店的独家优惠信息给消费者，吸引消费者进入商店购物。信标技术（Beacon technology）甚至可以在商店内定位智能手机注册用户的确切位置。如果消费者正站在衣物洗涤用品的货架前面，那么商店就可以立即通过手机软件向消费者发送洗涤剂折扣信息。在付款时，消费者必须允许收银员对软件中显示的折扣码进行扫描，这一行为为零售商提供了个体消费者的额外信息，即消费者刚刚购买的全部商品内容。随后，零售商就可以使用这些信息为消费者未来的购物推荐更加准确和个性化的折扣商品。Shopkick 这款软件则采用了完全不同的思路：当消费者在进入特定商店或使用智能手机扫描产品时，他们会收到可以兑换成优惠券的积分，也称为得分（kicks）。在美国，下载并使用 Shopkick 软件的消费者在各自商店的平均花费明显高于以前[71]。

在与消费者进行线上价格促销沟通时，应该注意不要提供过多的信息。虽然消费者能够相对快速地处理离线价格促销的信息，但是由于笔记本电脑、平板电脑、智能手机或智能手表显示屏的面积小，能够在显示屏上进行价格沟通的信息有限，因此，消费者在处理线上价格促销信息上存在更多的困难。

在某些情况下，线上零售商根本不公开独家商品的价格。线上家具商店允许消费者从各种各样的配件和配置中进行选择，从而创造出他们想要的产品。作为回应，消费者会接收到针对他们所选择商品的个性化报价。这为零售商提供了进行价格差异化的机会，而在预期价格沟通中则没有这样的机会。这在常客的情况下尤其有趣，他们之前的购买行为为零售商提供了有关他们支付意愿的线索，所以，零售商也可能实行以消费者为导向的定价，消费者先向零售商提出建议价格，而后者决定是否以该价格完成交易[72,p.141]。

竞争导向定价的一种极端方法是**价格匹配**（price matching）：如果消费者在竞争对手的商店找到了相同的商品，但是价格更低，那么消费者可以用同样的低价购买商品或得到两个价格之间的差额作为回报。这基本上为消费者能够永远以最实惠的价格购买商品提供了保证。虽然一些线下零售店仅参考其余线下商店的价格，但已经有部分线下商店也对线上竞争商店的价格进行参考。以德国零售商 Bauhaus 为例，如果消费者在购买后的 14 天内有其他线下商店以更便宜的价格出售同样的商品，那么消费者不仅可以获得两者价格之间的差额，还附加较低价格 12%的金额作为补偿[73]。一些电子产品零售商会认可消费者提供的基于亚马逊或 redcoon.de 等最主要的在线零售商售价的证明。显然，这一策略会对线下零售店的盈利情况造成极大的影响。

本章小结

零售价格管理有许多特殊的方面,其中包括要设置大量的商品价格、关联购买、价格形象的作用以及价格促销的密集使用等。我们总结了以下一些要点:

- 传统零售商、城市或城镇零售商、折扣店、郊区或乡村商店以及电子商务之间的平衡在过去几十年中发生了天翻地覆的变化。价格在这种转变中发挥了核心作用。随着电子商务行业的极速增长,这些转变还将继续。
- 鉴于其成本结构,许多传统零售商还没做好准备与折扣店和线上零售商进行价格竞争。传统零售商需要从根本上重新思考并改变它们原有的商业模式。传统零售商可以考虑与线上零售店结合,虽然目前这一做法的优势并不明显。
- 零售商店的价格形象对消费者选择购物地点有很大影响。因此,零售商必须深思熟虑,从而能够理解、控制和沟通价格形象。
- 除了典型的标准价格策略,EDLP(天天低价)、高低价(Hi-Lo,定期进行价格促销)、高档/奢侈、混合策略和混合价格定位也得到了广泛使用。零售商必须为其价格策略制定明确的战略框架。在没有正当理由的情况下,定价不应偏离这一战略框架。
- 由于零售业的品类繁多,想要对某一品类内的每件商品进行作业成本的分配实际上几乎是不可能的。因此,商品成本通常作为设定销售价格的基础。
- 通过扫描收银机、无线射频识别以及通过线上购买(笔记本电脑与智能手机)所获取的客户数据,可以用于获取价格方面的消费者信息。但实际上,零售商还没有充分挖掘获取客户数据的潜能。
- 在B2C零售业中,获取竞争对手价格方面的信息相对容易。零售商应该充分利用这一点,因为竞争对手的价格与自己的价格之间的关系是获取成功的一个关键要素。而在B2B零售业中,很难获取竞争对手价格方面的可靠信息,因为价格主要通过协商决定。
- 经验法则在单个商品的价格决策中起主要作用。在实践中,这些经过实践检验的建议与价格优化的理论规则相当吻合。零售商在制定价格时应及时了解价格管理情况,以便在制定价格时更好地考虑到价格–数量关系。

- 同一商品种类内的关联购买对于零售商的价格决策非常重要。最优条件会导致这一结果：某一商品对其余商品的销量产生的正面影响越大，这些其余商品的单位贡献边际越大，那么该商品的价格就应该越低。
- 一方面，价格促销非常流行；另一方面，价格促销的整体效果很难评估。促销在短期内通常卓有成效，但对利润以及销售业绩的长期影响却值得怀疑。我们建议零售商在折扣幅度、促销商品数量及促销活动次数等方面，切勿过度使用价格促销。
- 在零售业，采购部门负责价格决策。零售业倾向于集中定价。对于许多零售商而言，只要它们有适当的激励机制和培训，力度更大的分权决策就值得考虑。
- 零售行业的价格因素未得到充分监控。
- 总的来说，互联网和无处不在的智能手机为零售价格管理创造了广泛而全新的可能性。我们预计在这一领域会发生重大变化。

价格是到目前为止许多零售商的最重要的营销工具。由于零售行业整体利润率偏低，价格是最强劲的利润驱动因素。然而，在大多数情况下，零售业的定价主要依赖于传统方法。因此，通过专业化的价格管理提升零售业利润的潜力不可估量。

参考文献

[1] Fassnacht, M., & El Husseini, S. (2013). EDLP vs. Hi-Lo Pricing Strategies in Retailing – A State of the Art Article. *Journal of Business Economics*, 83(3), 259–289.

[2] Anonymous. (2015, 4 November). Amazon eröffnet ersten eigenen Laden. *Frankfurter Allgemeine Zeitung*, p. 19.

[3] Wingfield, N. and de la Merced, M. J. (2017). Amazon to buy Whole Foods for $13.4 Billion. https://www.nytimes.com/2017/06/16/business/dealbook/amazon-whole-foods.html. Accessed 28 February 2018.

[4] Schuckmann, E. (2015). *Shopping Enjoyment: Determinanten, Auswirkungen und moderierende Effekte*. Frankfurt am Main: Lang.

[5] Hoch, S. J., Drèze, X., & Purk, M. E. (1994). EDLP, Hi-Lo, and Margin Arithmetic. *Journal of Marketing*, 58(4), 16–27.

[6] Haucap, J., Heimeshoff, U., Klein, G. J., Rickert, D., & Wey, C. (2014). Wettbewer-

bsprobleme im Lebensmitteleinzelhandel. In P. Oberender (Ed.), *Wettbewerbsprobleme im Lebensmitteleinzelhandel* (pp. 11–38). Berlin: Dunckler & Humblot.

[7] EHI Europäisches Handelsinstitut. (2010). Handel aktuell 2009/2010. Köln: EHI.

[8] Lademann, R. (2013). Wettbewerbsökonomische Grundlagen des Betriebsformenwettbewerbs im Lebensmitteleinzelhandel. In H.-C. Riekhof (Ed.), *Retail Business. Perspektiven, Strategien, Erfolgsmuster* (3. ed., pp. 3–30). Wiesbaden: Gabler.

[9] Kowitt, B. (2014, 28 April). Whole Foods Takes Over America. *Fortune.* pp. 28–35.

[10] Humphers, L. (2015). Betting on outlets – 2015 State of the Outlet Industry. https://www.icsc.org/vrn/uploads/2015_VRN_State_of_the_Outlet_Industry_story.pdf. Accessed 28 February 2018.

[11] Mueller-Hagedorn, L. (2017, 28 August) Outlet-Center fordern Innenstaedte heraus, Frankfurter Allgemeine Zeitung, p. 16

[12] Statista (2016). Online Anteil am Umsatz im Einzelhandel in den USA. https://de.statista.com/statistik/daten/studie/379363/umfrage/online-anteil-am-umsatz-im-einzelhandel-in-den-usa/. Accessed 28 December 2016.

[13] Anonymous. (2015, 19 February). Ich glaube an das gedruckte Buch. *Frankfurter Allgemeine Zeitung (FAZ)*, p. 11.

[14] Walmart (2017). Annual Report 2017. http://s2.q4cdn.com/056532643/files/doc_financials/2017/Annual/WMT_2017_AR-(1).pdf. Accessed 28 February 2018.

[15] Statista (2018). Net sales revenue of Amazon from 2004 to 2017 (in billion U.S. dollars. https://www.statista.com/statistics/266282/annual-net-revenue-of-amazoncom/. Accessed 28 February 2018.

[16] Otto Group (2017). Annual Report 2016/17. https://www.ottogroup.com/media/docs/en/geschaeftsbericht/Otto_Group_Annual_Repo rt_16_17_EN.pdf. Accessed 13 March 2018.

[17] Alibaba Group (2017). Alibaba Group Announces March Quarter 2017 and Full Fiscal Year 2017 Results. http://www.alibabagroup.com/en/news/press_pdf/p170518.pdf. Accessed 13 March 2018.

[18] Kilian, K. (2015, January). Showrooming. *Absatzwirtschaft*, p. 9.

[19] Fassnacht, M., & Szajna, M. (2014). Shoppen ohne einzukaufen – Der Trend Showrooming im Einzelhandel. In R. Gössinger, & G. Zäpfel (Ed.), *Management integrativer Leistungserstellung. Festschrift für Hans Corsten. Betriebswirtschaftliche Schriften* (Volume 168, pp. 287–304). Berlin: Duncker & Humblot.

[20] Spivey, S. (2016). Consumers have spoken: 2016 is the year of "webrooming". https://marketingland.com/consumers-spoken-2016-year-webrooming-180125. Accessed 13 March 2018.

[21] Graham, S. (2017). Using Competitive Online Pricing to Drive In-Store Sales. https://www.growthmattersnetwork.com/story/using-competitive-online-pricing-to-drive-in-store-sales/?source=social-global-voicestorm-None&campaigncode=CRM-YD18-SOC-GETSOC.

Accessed 13 March 2018.
[22] Nyström, H. (1970). *Retail Pricing – An Integrated Economic and Psychological Approach*. Stockholm: Economic Research Institute, Stockholm School of Economics.
[23] Hamilton, R., & Chernev, A. (2013). Low Prices Are Just the Beginning: Price Image in Retail Management. *Journal of Marketing*, 77(6), 1–20.
[24] GMI Global Market Insite (2014). Internet World Business: Wer den Cent nicht ehrt. http://heftarchiv.internetworld.de/2014/Ausgabe-14-2014/Wer-den-Cent-nicht-ehrt2. Accessed 10 March 2015.
[25] Anonymous. (2015, 2 November). Amazon lässt die Preise schwanken. *Frankfurter Allgemeine Zeitung*, p. 26.
[26] Riedl, A.-K. (2015). Studie zeigt: Preise bei Amazon schwanken um bis zu 240 Prozent. The Huffington Post. 25.02. http://www.huffingtonpost.de/2015/02/25/zockt-uns-amazon-ab_n_6749748.html?utm_hp_ref=germany. Accessed 20 March 2015.
[27] ZDF WISO (n.d.). Preis € Wert – So dynamisch sind die Preise im Netz. http://module.zdf.de/wiso-dynamische-preise-im-netz/. Accessed 13 March 2018.
[28] Schindler, H. (1998). *Marktorientiertes Preismanagement*. St. Gallen: Schindler.
[29] Müller, I. (2003). *Die Entstehung von Preisimages im Handel*. Nürnberg: GIM.
[30] Fishmann, J. (2017). Amazon, the Price Perception Leader. https://www.gapintelligence.com/blog/2017/amazon-com-the-price-perception-leader. Accessed 13 March 2018.
[31] Diller, H. (2008). *Preispolitik* (4 ed.). Stuttgart: Kohlhammer.
[32] Kenning, P. (2003). Kundenorientiertes Preismanagement: Ein Beitrag zur Renditenverbesserung im Handel. In D. Ahlert, R. Olbrich, & H. Schröder (Ed.), *Jahrbuch Vertriebs- und Handelsmanagement* (pp. 85–102). Frankfurt am Main: Deutscher Fachverlag.
[33] Authors' own study, prices as of December 6, 2017.
[34] Fassnacht, M. (2003). *Eine dienstleistungsorientierte Perspektive des Handelsmarketing*. Wiesbaden: Deutscher Universitäts-Verlag.
[35] Adlwarth, W. (2014). No-Names drängen stärker in die „Feine Welt". Lebensmittelzeitung.net. http://www.lebensmittelzeitung.net/business/themen/maerkte-marken/protected/Handelsmarken-_130_15510.html?dossierid=130&tid=104958&page=1 (Created 16 May). Accessed 11 March 2015.
[36] Statista (2018). Marktanteile von Hersteller- und Handelsmarken in Deutschland in den Jahren 2012 bis 2017. https://de.statista.com/statistik/daten/studie/205728/umfrage/marktanteilsentwicklung-von-mehrwert-handelsmarken/. Accessed 13 March 2018.
[37] Novich, N. S. (1981). *Price and Promotion Analysis Using Scanner Data: An Example*. Master's Thesis. Sloan School of Management. Massachusetts Institute of Technology.
[38] Haucap, J., & Klein, G. J. (2012). Einschränkungen der Preisgestaltung im Einzelhandel aus wettbewerbsökonomischer Perspektive. In D. Ahlert, P. Kenning, R. Olbrich, & H. Schröder (Ed.), *Vertikale Preis- und Markenpflege im Kreuzfeuer des Kartellrechts* (pp. 169–186).

Wiesbaden: Springer Gabler. Forum Vertriebs- und Handelsmanagement.

[39] Pezoldt, K., & Gebert, R. (2011). RFID im Handel – Vor- und Nachteile aus Unternehmens- und Kundensicht. In N. Bach, G. Brähler, G. Brösel, D. Müller, & R. Souren (Ed.), *Ilmenauer Schriften zur Betriebswirtschaftslehre* Volume 8/2011 Ilmenau: VERLAG proWiWi e.V.

[40] Talukdar, D., Gauri, D. K., & Grewal, D. (2010). An Empirical Analysis of the Extreme Cherry Picking Behavior of Consumers in the Frequently Purchased Goods Market. *Journal of Retailing*, 86(4), 337–355.

[41] Preuss, S. (2015, 18 July). Kaufland will lokalen Anbietern eine Chance geben. *Frankfurter Allgemeine Zeitung*, p. 25.

[42] Gabor, A. (1988). *Pricing: Concepts and Methods for Effective Marketing* (2 ed.). Hants: Gower.

[43] Holdren, B. R. (1960). *The Structure of a Retail Market and the Behavior of Retail Units*. Englewood Cliffs: Prentice-Hall.

[44] Holton, R. H. (1957). Price Discrimination at Retail: The Supermarket Case. *Journal of Industrial Economics*, 6(1), 13–32.

[45] Monroe, K. B. (2003). *Pricing: Making Profitable Decisions* (3 ed.). Boston: McGraw-Hill.

[46] Preston, L. E. (1963). *Profits, Competition and Rules of Thumb in Retailing Food Pricing*. Berkeley: University of California.

[47] ALDI Süd (2015). Aldi Süd Philiosophie. https://unternehmen.aldi-sued.de/de/ueber-aldi-sued/philosophie/ (Created 23 February). Accessed 09 March 2015.

[48] Simon, H. (2016). Negative Prices – A New Phenomenon, *The Journal of Professional Pricing*, Fourth Quarter 2016, pp. 18-21.

[49] Anonymous. (2007). Pressemeldung des Bundeskartellamtes vom 30.10.2007: Bundeskartellamt setzt klaren Maßstab für das Unter-Einstandspreis-Verbot. http://www.advokat.de/infodienst/startseite/marken-und-wettbewerbsrecht/marken-und-wettbewerbsrecht/datum/2007/11/04/bundeskartellamt-setzt-klaren-massstab-fuer-das-unter-einstandspreis-verbot/. Accessed 27 May 2015.

[50] Rode, J. (2014). Kaiser's testet individuelle Coupons. Lebensmittelzeitung.net. http://www.lebensmittelzeitung.net/news/it-logistik/protected/Kaisers-testet-individuelle-Coupons_1054 34.html?id=105434 (Created 12 June). Accessed 5 May 2015.

[51] Ailawadi, K. L., Harlam, B. A., César, J., & Trounce, D. (2007). Quantifying and Improving Promotion Effectiveness at CVS. *Marketing Science*, 26(4), 566–575.

[52] Bolton, R. N., Shankar, V., & Montoya, D. Y. (2006). Recent Trends and Emerging Practices in Retailer Pricing. In M. Krafft, & M. K. Mantrala (Ed.), *Retailing in the 21st Century: Current and Future Trends* (pp. 255–270). Wiesbaden: Gabler.

[53] dm (2015). Der günstige dm-Dauerpreis. http://www.dm.de/de_homepage/services/service_erleben/dm_dauerpreis_garantie/. Accessed 04 May 2015.

[54] Hanssens, D. (Ed.) (2015). *Empirical Generalizations about Marketing Impact*. Cambridge,

MA.: Marketing Science Institute.

[55] Kaiser, T. (2014). *Direct-Mail-Couponing: Eine empirische Untersuchung der langfristigen Absatzwirkung*. Wiesbaden: Springer Gabler.

[56] Fassnacht, M., & Königsfeld, J. A. (2015). Sales Promotion Management in Retailing: Tasks, Benchmarks, and Future Trends. *Marketing Review St. Gallen*, 32(3), 68–77.

[57] Wagner, U., Jamsawang, J., & Seher, F. (2012). Preisorientierte Aktionspolitik. In J. Zentes, B. Swoboda, D. Morschett, & H. Schramm-Klein (Ed.), *Handbuch Handel* (pp. 585–607). Wiesbaden: Springer Gabler.

[58] Ivens, B. (2013). *Geleitwort zu: T. Kaiser. Direct-Mail-Couponing: Eine empirische Untersuchung der langfristigen Absatzwirkung*. Wiesbaden: Springer Gabler.

[59] Fassnacht, M., & Königsfeld, J. A. (2014). Wertschöpfung im Handel durch Preismanagement. In W. Reinartz, & M. Käuferle (Ed.), *Wertschöpfung im Handel* (pp. 62–83). Stuttgart: Kohlhammer.

[60] Gedenk, K. (2003). Preis-Promotions. In H. Diller, & A. Herrmann (Hrsg.), *Handbuch Preispolitik: Strategien – Planung – Organisation – Umsetzung* (pp. 597–622). Wiesbaden: Gabler.

[61] Chandon, P., & Wansink, B. (2011). Is Food Marketing Making Us Fat? A Multi-Disciplinary Review. *Foundations and Trends in Marketing*, 5(3), 113–196.

[62] DelVecchio, D., Krishnan, H. S., & Smith, D. C. (2007). Cents or Percents? The Effects of Promotion Framing on Price Expectations and Choice. *Journal of Marketing*, 71(3), 158–170.

[63] Lodish, L., & Mela, C. F. (2008). *Manage Brands over Years, not Quarters. The Pricing Advisor*. Marietta: Professional Pricing Society.

[64] Xia, L., & Monroe, K. B. (2009). The Influence of Pre-Purchase Goals on Consumers' Perceptions of Price Promotions. *International Journal of Retail & Distribution Management*, 37(8), 680–694.

[65] Yoon, S., Oh, S., Song, S., Kim, K. K., Kim, Y. (2014). Higher Quality or Lower Price? How Value-Increasing Promotions Affect Retailer Reputation Via Perceived Value. *Journal of Business Research*, 67(10), 2088–2096.

[66] Palmeira, M. M., & Srivastava, J. (2013). Free Offer ≠ Cheap Product: A Selective Accessibility Account on the Valuation of Free Offers. *Journal of Consumer Research*, 40(4), 644–656.

[67] Dubey, J. (2014). Personal Care Products: Sales Promotion and Brand Loyalty. *Journal of Contemporary Management Research*, 8(1), 52–71.

[68] Swenson, D., Ansari, S., Bell, J., Kim, I.-W. (2003). Best Practices in Target Costing. *Management Accounting Quarterly*, 4(2), 12–17.

[69] Universität Essen, & Mercer Management Consulting (2003). Retail-Studie – Preis- und Sortimentsmanagement als Erfolgshebel im Einzelhandel. https://www.cm-net.wiwi.uni-

due.de/fileadmin/fileupload/BWL-MARKETING/Management_Summary_Retail_Studie_1_.pdf. Accessed 28 April 2015.

[70] Reimann, E. (2015, 27 August). dm boykottiert Mogelpackungen. *Generalanzeiger Bonn,* p. 6.

[71] Happel, S. (2015). Nun wird der Kunde ferngesteuert und vermessen, Wirtschaftswoche. http://www.wiwo.de/unternehmen/handel/smartphone-app-shopkick-nun-wird-der-kunde-ferngesteuert-und-vermessen/11223624-all.html (Created 15 January). Accessed 16 March 2015.

[72] Schröder, H. (2012). *Handelsmarketing: Strategien und Instrumente für den stationären Einzelhandel und für Online-Shops* (2. Aufl.). Wiesbaden: Springer Gabler.

[73] Bauhaus (2015). Bauhaus Garantien. http://www.bauhaus.info/service/leistungen/garantien. Accessed 27 March 2015.

PRICE MANAGEMENT

第 14 章

价格管理创新

摘要：价格管理领域的创新一直以来都是断断续续的。拍卖、非线性定价和捆绑早在当代之前就已出现。在过去，定价方面的创新很少，传播速度也很慢，但现在我们已经看到了快速、广泛的定价创新，这在很大程度上要归功于互联网。测量技术（允许精确的价格度量）、更强大的计算机（支持大数据分析）和创新的商业模式都有助于价格管理创新。互联网简化了价格比较，从而提高了价格透明度。然而，从长远来看，"价值透明度"的提高对企业来说可能更为重要。诸如统一费率、免费增值（freemium）、由你定价和随你付之类的创新使企业能够挖掘更多的利润潜力。同时，企业在选择新的定价模式时应该谨慎，一旦策略使用不当，每一定价策略都会带来相当大的风险。允许企业从两个来源获得收入的双边价格体系日益普遍。也许我们是第一次在一些市场上观察到负价格。零边际成本和共享经济正在影响价格决策，并对当前的商业模式产生颠覆性影响。此外，新的支付系统和新的货币形式，如比特币等，也可能会对价格管理产生现在还无法估量的影响。

14.1 定价创新：历史概述

我们今天认为高度发达和完善的许多价格战术和策略并不新鲜，其实已经使用了很长一段时间了。但与过去使用的那些较为初级的战术和策略相比，我们现在所使用的战术和策略更为复杂，而这也意味着今天我们所使用的一些定价过程和方法与早期的那些几乎没有相同之处。

在古代市场，通常没有固定的价格。集市上的商人试图通过并尽可能地利用讨价还价来衡量客户的支付意愿。他们所践行的是一阶价格差异化（见第 6 章）：如果他们对支付意愿的评估是正确的，那么他们就能提取全部消费者剩余。我们称之为完美的价格差异。当代的跳蚤市场也盛行同样的做法。

自古以来拍卖都很流行，尤其是在农业市场。其中的一个最著名的例子是 17 世纪荷兰的郁金香拍卖，包括现货市场、期货合约甚至卖空。有个被称之为郁金香狂热（tulip mania）的投机泡沫以价格暴跌而告终。我们还不能确定德国最著名的诗人歌德（Johann Wolfgang Goethe）是否发明了维克里拍卖（详见第 3 章），即最高出价者胜出，但支付第二高出价的金额。但在将手稿拍卖给出版商时，他使用了这一聪明的方法。维克里拍卖的特别之处在于激励投标人表明其真正的支付意愿[1]。

当客户以分期付款的方式进行购买时，购买价格并不是一次性支付的，而是在一段时间内分次支付，且支付的金额分次递增。实际上，分期付款方式一直都存在，只是其形式不是系统性的，而是个性化的。客户从经销商或交易商那里获得信贷，然后分几次还清债务。在 19 世纪出现了系统性的分期付款方式。人们认为这是由爱德华·克拉克（Edward Clark）发明的。他利用了分期付款系统来促进缝纫机的销售。

从支付过程的角度来看，租赁类似于分期付款购买。这两种方法的特点是将一次性支付的高价分摊到很小的每月支付金额。租赁和分期付款之间的主要区别在于租赁是客户根据分期付款方式购买产品的使用权，并不购买和拥有租赁产品的所有权，即客户必须在租赁结束时支付余额或退回使用过的产品。房地产租赁是一种既特殊又常见的长期租赁形式。事实上，租赁的精神之父可能是亚里士多德（公元前 384—前 322 年）。他指出，好东西的价值在于使用而非拥有。总的来说，在租赁中融资起了重要作用。租赁的财务和税收优势推动了其强劲的发展，但租赁价格对客户来说仍然很重要。相对于购买价格，租赁费率是可控的，人们可以按固定的月利率进行租赁。美国电话制造商贝尔公司推出了第一个系统租赁服务，于 1877 年开始租赁而非出售电话设备。国际商用机器公司（IBM）也是租赁的先驱。从 20 世纪 20 年代开始，IBM 出租打卡机并实行价格捆绑销售（详见第 6 章）——使用制表机（所谓的打孔卡片制表机（Hollerith machines））的客户必须使用 IBM 穿孔卡。租赁业务现已极具规模，有人估计全球租赁业务每年的收入超过 1

价格捆绑中一个值得注意的创新是"卖片花"（即整批订购），是由制片人阿道夫·朱克（Adolph Zukor）在 1915 年引入电影行业，并在随后的几十年里推广到了整个行业。电影院经营者购买的不是单个的电影，而是整批或一系列的电影。这些整批的电影中包括受欢迎和不太受欢迎的电影。在某些情况下，电影院经营者甚至不能事先检查电影，这被称为"盲订"（blind booking）。1948 年，美国最高法院最终禁止了"卖片花"。直到后来才形成了价格捆绑优势的理论基础（见第 6 章）。Coase[2] 和 Demsetz[3]用成本优势论证了该策略的合理性。Burstein[4]的方法取决于产品的互补性。Adams 和 Yellen[5]首先提供了更为重要的解释，即通过价格捆绑而不是对每种产品单独定价，可以更好地利用不同客户的消费者剩余。在其他情况下，实际情况中经过时间考验的定价实践也先于理论的解释性尝试。在实践中一直都在应用非线性定价，因此，也出现了理论落后于实践的情况。Gossen 的边际效用递减定律的理论基础可以追溯到 1854 年，但是直至 100 多年后 Oren、Smith 和 Wilson 才将这一理论扩展到异质化市场[6]。

可以在一段时间内租用汽车的想法曾经看起来过于异想天开，因为人们通常会怀疑，除了拥有者，其他人并不会好好对待车辆，而这会缩短车辆的使用寿命。自 1904 年以来，美国一直存在短期租车现象。1918 年沃尔特·L. 雅各布斯（Walter L.Jacobs）创立了赫兹（Hertz）汽车租赁公司的前身。

统一费率也已存在很长时间。私人用水量最初是根据家庭的人数计算的。在引入水表之前，无法跟踪实际的消耗量和费用。水表允许自来水公司按每立方米收取费用。在这种情况下，可以说是引入了一个新的"价格度量指标"。我们将在后面详细讨论这一问题。另一种全新的商业模式是"任您享用"（all you can eat）。在 20 世纪六七十年代的美国，这种服务很受欢迎。这种食品的统一费率只有在超过一定的经济水平的前提下才有意义。如果收入太低，支付意愿就会太低，消费也会太高，这会使餐馆达不到一定的利润水平。

价格管理与音乐

音乐的价格管理创新的历史是极具动态性和启发性的。因此，我们更详细地探讨了该行业的业务和价格模式的历史发展。直到 19 世纪末，体验音乐的唯一途径是现场表演。有趣的是，这种营销音乐的形式已在互联网时代卷土重来。留声机唱片基于 1877 年授予爱迪生的一项专利，使人们第一次有可能在更广泛的基础上以储存的形式销售音乐。后来，录制个人歌曲作为"单曲"出售。业内盛行的价格模式是简单和一维的，即一首音乐的价格为 x。

1948 年，哥伦比亚公司推出密纹（Long-Play，LP）黑胶唱片时，一张唱片上可以录存很多歌曲。LP 里一般有 12~14 首歌曲，以一套价格为 y 的形式打包出售。该行业利用这一技术突破，推出了一种新的价格模式——价格捆绑。除了少数单曲外（因 7 英寸唱片在转盘上以 45 转/分的速度转动而被称为 45 转唱片），消费者再也不能单独购买任何歌曲。与电影的"卖片花"类似，音乐公司将有吸引力的和不太有吸引力的歌曲打包。通过这种方式，更受欢迎歌曲的超额支付意愿被转移到不太受欢迎的歌曲上。这种价格模式在过渡到光盘（CD）后仍然存在，光盘模式为业界带来了近 20 年的巨额收入和利润。但许多客户讨厌被迫购买 14 首歌曲才能得到他们真正想要的两三首歌曲。音乐爱好者对该商业模式的不满和对不同商业模式的开放态度不断增强。

互联网出现后，对该模式的冲击也随之产生。用户之间开始交换音乐，最大的文件共享交易网站 Napster.com 在 P2P 平台上运营。仅在 2001 年 1 月，该网站的用户之间就分享了 20 多亿首歌曲，所有这些歌曲的价格都是零。由于法院宣布该网站上的文件共享是非法的，Napster 最终被关闭了。如今，Napster 是 Rhapsody 旗下的一个品牌，提供音乐的统一月费为 9.99 美元。时至今日，音乐行业仍在因非法复制或"盗版"的歌曲录制而损失大量的潜在收入。在电影和其他行业也是同样的情况。

在 21 世纪初，价格模式创新的时机已经成熟。苹果公司在 2003 年推出 iTunes 音乐商店填补了这一需求。每一首歌都可以单独购买，就像单曲时代一样，我们称之为解绑。据称，史蒂夫·乔布斯亲自拜访了五大音乐公司的首席执行官，为其 iTunes 音乐商店获得了音乐版权和解绑专辑的许可。这对音乐行业来说是一场革命。iTunes 的音乐品类现在宣称有超过 4500 万个单独的商品，其中包括歌曲、电子书、电影和应用程序。歌曲售价为 0.69 美分、0.99 美分或 1.29 美元。对于其他商品，iTunes 提供不同的价格类别，也提供每周特价。苹果从其音乐商店和其他服务中获得的收入，从 2014 年的 181 亿美元增加到了 2017 年的 300 亿美元[7]。苹果音乐商店的巨大成功归功于其创新的价格模式，这在当时看起来可能是音乐行业的"价格创新的终结"。

然而，这种想法本身就是错误的。音乐流媒体服务经历了爆炸式增长，该领域的先驱是网络电台 Pandora，是在 iTunes 之前成立的，而 Spotify 在 2015 年成为市场领导者。流媒体服务通过免费增值模式提供音乐，逐渐威胁到 iTunes 和类似服务，使其看似过时了。Spotify 提供 3000 多万首歌曲可供选择，在 2017 年，它有约 1.59 亿用户，其中 40%以上的用户为 Spotify 高级套餐支付每月 9.99 美元的统一费率。虽然到目前为止 Spotify 公开的财务状况都是亏损，但该公司于 2018 年 4 月在纽约证券交易所上市，市值为 287 亿美元[8]。在 Spotify 推出后，苹果公司花了 9 年时间才通过推出其名为苹果音乐（Apple Music）的流媒体服务来应对 iTunes 收入的下降。然而，要达到与 iTunes 相同的收入水平，苹果音乐需要吸引的用户数量是 Spotify 成立以来的两倍[9]。与 Spotify 不同的是，苹果公司不使用免费增值模式，在免费增值模式下免费内容通常会被常规的广告中断，以此来吸引用户切换到没有广告的付费或高级会员模式。相反地，苹果公司在新用户注册时为其提供 3 个月的免费服务，以及"家庭计划"——允许最多 6 位用户以每月 14.99 美元的价格共享同一账户[10]。亚马逊推出 Amazon Music Unlimited 服务，拥有约 1600 万付费用户，用户可以访问 4000 万首歌曲。它还为 Prime 客户提供有限的音乐流媒体服务，其价格包含在 Prime 会员的费用中。

Spotify 或苹果音乐等流媒体服务现在是否代表音乐行业"价格创新的终结"是有待论证的。总的来说，在音乐行业中，特别是许多明星，对他们从流媒体服务中获得的版税感到不满。Spotify 表示，每次播放向版权持有人支付的平均金额在 0.006~0.0084 美元。对于明星艺人来说，在实体购买和数字下载萎缩的时代，拒绝向流媒体服务提供专辑可能是增加传统销量的一种方式。其中一个著名的例子是歌手阿黛尔（Adel），她的专辑《25》在发行 7 个月后才向流媒体服务商提供版权[11, 12]。区块链技术使艺术家能够分销自己的内容，从而减少流媒体平台和品牌或商标的影响。未来，这项技术可能会导致另一次行业的转型。

音乐行业的总收入从 2002 年的 250 亿美元下降到 2015 年的 150 亿美元。数字销售的份额（45%）超过了实体形式收入的份额（39%）。2017 年订购音乐的消费者人数超过 1 亿。这个数量似乎仍然很少，但它仍比 2010 年高出 12 倍以上，当时只有 800 万付费用户[12]。付费订购再次推动了美国音乐行业的强劲发展，其 2017 年的收入增长了 16.5%，达到 87.2 亿美元。2016 年的收入同比增长了 11.5%[13]。

小 结

以上简短的历史回顾表明,价格管理始终在创新,但这些创新十分有限,而且需要很长时间才能传播开来。然而,随着互联网的出现,这种情况在过去 20 年间发生了根本性的变化。我们正在经历一系列价格管理创新,但这波浪潮并非完全归功于互联网。在这些努力的背后还有其他因素,如高级管理人员对价格管理更敏锐的意识、对商业模式更系统的思考以及传感器等技术的发展。这些技术可以更有效地测量使用时间、消费或传递的实际价值。我们不妨再回顾一下水表的发明。谷歌广告关键字(Google AdWords)的价格体系也适用这种情况。传统媒体将广告价格设定为广告位的函数,而谷歌则使用点击数。这是一种衡量潜在客户实际反应的指标。在下一节中,我们将看到许多创新的方法,并讨论它们对价格管理当前和未来的意义。

14.2 透明度增加导致价格响应函数的变化

互联网最直接和最重要的一个影响是导致透明度的大幅提高。在过去,对价格和价值进行全面比较是一个烦琐、昂贵且耗时的过程。而如今,我们在笔记本电脑或智能手机上就可以进行这样的实时比较,并可以随时随地获取这些信息。价格比较可以说是影响最为广泛的一种创新。与此同时,我们应该思考价值比较是否比纯粹的价格比较更重要,或者说其在将来是否会变得比纯粹的价格比较更重要。

1. 价格透明度

在互联网时代以前,收集价格信息意味着需要召集几家供应商,访问不同的商店,获得替代产品的报价,或查找和阅读打印的测试报告和目录。由于这些必要且耗时又耗力的过程,客户掌握的不同供应商的价格信息水平普遍较低。如今,nextag.com、pricegrabber.com 以及 pricewatch.com 等大量在线服务都提供不同行业的价格比较。此外,几乎每个行业或部门都有跟踪价格的专门服务。carrentals.com 帮助客户寻找价格最低的租车服务;cheaphotels.com、kayak.com 以及缤客(booking.com)等网页可以进行旅行的价格比较;bankrate.com 显示了银行服务的价格;LendingTree 为消费贷款提供量身定制的价格比较;Gas Guru 应用程序近乎实时地提供各个加油站的价格信息,该应用程序从油价资讯服务公司 Oil Price

Information Service 中获取汽油价格信息，因此，其提供的价格总是最新的[14]。如今，大多数消费者使用在线价格比较网站，其中年龄在 20~59 岁的男性最活跃。最常见的比较是度假（48%），其次是电力和天然气（47%）、电子和家庭用品（45%）、保险（42%）、手机合同（39%）、航班（35%）和酒店（32%）[15]。

由于智能手机和其他移动设备，价格透明度变得非常具体和本地化。使用合适的应用程序，例如，苹果手机（iPhone）的应用程序"Shopsavvy"，可以扫描商店产品的条形码，并立即收到附近商店中相同产品的价格信息。这严格限制了基于地区和时间的价格差异化，而在以前是很容易进行价格隔离的。实行相同产品或服务的差异化价格变得更加困难。客户非常精明，如果有疑问，他们会从价格最低的商家那里购买。在巴西，一家名为 Premise 的初创企业开发了一款智能手机应用程序，允许用户之间分享食物图片和价格信息。利用收集到的数据，该公司可以在政府公布官方数据前 25 天左右确定巴西市场食品的消费者价格指数[16]。

最近的一项研究表明，全世界 40%的消费者已经在商店中使用手机进行价格比较。其中韩国（59%）、中国（54%）和土耳其（53%）消费者最常使用他们的智能手机来比较价格[17]。社交网络还促进了更积极的价格透明度。例如，当麦当劳试图将芝士汉堡的价格提高 0.39 美元时，遭到了顾客的强烈抵制。在 48 小时内，大约有 8 万 Facebook 跟帖对涨价发布了负面反馈。这一举措迫使麦当劳取消了涨价[18]。

有一些网站不仅允许用户使用"被动"的价格比较，而且在用户设置的价格条件满足时主动通知他们。例如，当产品的价格降到用户预先设定的数字之下时，这种情况就会出现。pricegrabber.com 和 onlinepricealert.com 等网站为用户提供了价格警报选项，当他们选择的一个或多个产品的价格下降时，这些网站会立即通知用户。hrs.de 和缤客等平台在用户搜索时提供最低价格。而 trip-rebel.com 则沿用预订时酒店房间的价格，如果价格在入住前下降，原来的预订就会取消，采用当时较低的价格。因此，客户可在预订后的任何时间获得房间的最低价格。这一过程损害了收益管理的基础。随着搜索引擎和程序的日益完善，价格透明度将进一步提高。换句话说，消费者掌握的价格信息在不断改善。价格透明度增加对价格响应函数的影响如图 14-1 所示。

即使在价格没有变化的情况下，提高价格透明度也会导致销量的增加或减少。带有问号的垂直箭头表明了这一现象。但是，我们可以明确说明在降价或企业自己的价格与竞争对手价格之间的相对差异发生变化时会发生什么。与价格透明度较低时相比，低于竞争对手价格的降价会使销量增长更为强劲。在价格上涨或与竞争对手价格差距变大的情况下则恰恰相反，销量会更剧烈地下降。

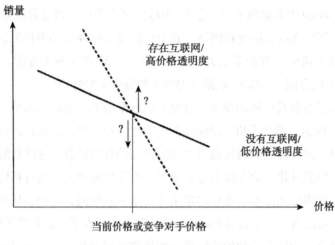

图 14-1 提高价格透明度的影响

2. 价值透明度

价格透明度的提高是迄今为止互联网对价格管理最显著的影响。不过，我们考虑了这样一种假设，即在更长的时期内，价值透明度的增加可能会产生更大的影响。正如《线车宣言》(*The Cluetrain Manifesto*)中所指出的[19]，互联网使客户能够在前所未有的广度进行相互沟通，从而对供应商或产品的好评或差评都变得透明化，任何有兴趣的人都可以看到。1939年，Domizlaff[20]对"乡村集市推销员"和"当地商人"进行了区分。乡村集市推销员每年出现一次，然后就消失了。他以高价卖给客户质量差的东西。当客户第2天注意到质量不佳时，推销员早就走了。第2年，当他再次出现时，客户已经不记得他了，然后会再次上当。而当地商人的行为则不同，他不能像乡村集市推销员那样行事。如果他以高价提供低质量的产品，客户的负面评价将在镇上迅速传播，客户很快就会避开他。他需要努力通过"赢得客户的信任来留住客户"，并将"对质量的承诺视为盈利和持久业务的先决条件"[20, p.61]。

在某种程度上，我们可以这么简单地说，在互联网上，"乡村集市推销员"类型的卖方不会持续销售很长时间，只有"当地商人"类型的供应商才能长久地在互联网上进行交易。无论是 eBay 上的卖方、缤客上的酒店运营商、优步上的司机还是 Yelp 上的服务提供商，都很难通过低价来抵消负面的客户评价。这一系列质量、可信度和可靠性方面的信息过去只能在同一地区内获取和沟通。现在，同样的信息可以在网上普遍获取。那些以过高的价格提供低质量的商品和服务的欺诈者和供应商会发现，即使可能也很难建立一个持久成功的在线业务。相反的情况也适用于以合理价格提供高价值产品或服务的商家，互联网提高了他们的价值，因为他们提供的优质商品或服务可以打破时间和地域的限制进行传播和交流。当然，我们不能完全排除操纵在线反馈和评论的可能性，但是更大的传播量和更多的评论使这种操纵变得更加困难。此外，在线供应商及其网站管理员试图通过部署适当的监控软件来防止此类操纵。评论和评价的形式也因此变得更加差异化，不止于"星级"系统或其他一维尺度。

所谓的"信任标志"（trust marks）在价值透明度中发挥了重要的作用。在本质上，这些并不是什么新鲜事。年长的美国读者肯定会熟悉"产品质量许可证"（Good Housekeeping Seal of Approval）。这是 1909 年首次使用的信任标志，至今仍在积极颁发。此类认可印章由好管家（Good Housekeeping）或欧洲的值得信任商家（TrustedShops）等服务机构在对供应商进行仔细检查后颁发。它们为消费者在情感上提供了一定程度的安全感。信任标志为知名度不高的在线企业提供了一个获得潜在客户接受并收取更高价格的机会。今天一个常见的例子是在许多食品杂货上贴上"非转基因工程认证"（Non-GMO Project Verified）的标志，表示没有使用转基因生物（GMO）制造的产品。相比之下，对于有良好声誉和拥有值得信赖品牌的较大供应商来说，信任标志就不那么重要了[21]。

图 14-2 说明了提高价值透明度对销量的影响。这些影响在根本上与产品的正面和负面评价对销量产生的影响不同，并且是不对称的。首先，与图 14-1 类似，人们期望在给定价格或与竞争对手价格的给定差距下，具有正面评价的产品，销量将增加；反之，销量将下降。如果产品通常的评价是负面的，那么与价值透明度较低的情况相比，降价的影响是较弱的。在比竞争对手价格低时也是如此。相反，价格上涨或比竞争对手的价格更高时，其对销量的负面影响要大于透明度较低时的负面影响。相反的情况也适用于在网上得到正面评价的产品。降价对销量有更强的正面影响，而价格上涨的影响比其在透明度较低时更弱。

最优价格的结果是复杂的，它取决于价格响应函数的斜率。我们首先来看一下大多数客户反馈是正面的情况。如果左侧的斜率非常陡峭，则最好进行降价处理。如果右侧的斜率非常平坦，则提高价格是最佳选择。此外，如在古腾堡函数的情况下（详见第 3 章），将会出现两个局部利润最大值，紧接着需要确定最大利润的价格是较低的还是较高的。在大多数是负面反馈的情况下，最有可能的结果是价格保持

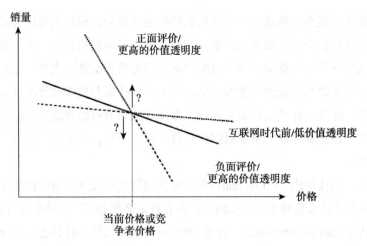

图 14-2 提高价值透明度对价格响应函数的结构性影响

在前面的水平,因为降价不会显著增加销量,而价格上涨会导致销量大幅下降。这种现象类似于广告对价格响应函数的影响,如图 9-9 所示。两者基本的区别是,供应商可以通过自己的广告决策来管理图 9-9 所示的影响,而对于图 14-2 所示的影响,则取决于市场。供应商只能通过改进其产品和服务来影响图 14-2 中的情况,但这通常是一个困难和漫长的过程。

14.3 创新定价模式

新的商业模式和技术可以推动价格管理的创新。在某些情况下,这些推动因素是不言自明的。"商业模式"确定了企业提供产品或服务的方式,并以价格的形式将价值货币化[22-24]。

14.3.1 统一费率

在统一费率下,客户在每种情况或时间段支付固定的价格,并且可以根据自己的选择使用所获取的商品或服务。典型的统一费率形式包括公共汽车或火车的月票以及健身房或类似组织的会员费。一般而言,统一费率意味着大多数消费频率较低的用户补贴少数高频用户[25]。统一费率目前在电信和上网方面非常流行。有线电视的每月统一费率允许用户选择所有的频道。他们可以根据自己的喜好观看这些频道。德国铁路公司的 BahnCard 100 也采用统一费率,持卡人可以在一年时间内随意乘坐火车。统一费率是一个非常有效的价格差异化工具，密集型或高频用户可从统一费率中获得高折扣。如果在德国一个人经常乘坐火车出行，按正常价格，需要支付 20 000 欧元，而如果使用二等座的 BahnCard 100，则可以实际享受 79.6% 的折扣。

统一费率是定价领域中最常见的创新之一。在麦当劳吃饭的顾客会拿到一个杯子，只要顾客待在餐厅，就可以免费喝饮料，数量不限。正如"任您享用"的口号所暗示的那样，自助餐也使用统一费率体系。吃三块牛排客人的收费并不比只吃一块牛排的多。由于客人吃喝的数量有限，因此，餐厅老板的风险是有限的。在日本餐馆，统一费率是较为流行的定价模式，允许客人在一定时间内尽情吃喝。价格从 1 小时 1500 日元、2 小时 2500 日元到 3 小时 3500 日元不等。这些统一费率在日本学生群体中大受欢迎。据报道，对于使用统一费率的客人，其服务速度也明显变慢，因此，时间限制有助于降低经营者的风险。在旅游业中，"全包服务"（all-inclusive offers）形式的统一费率也很受欢迎。此类服务包括统一费率的成分组合（例如，餐饮）以及价格捆绑（例如，航班、酒店和汽车租赁）。一位旅游业专家表示，在土耳其或多米尼加共和国等地，超过 90% 的服务都是"全包"型的[26, p.8]。

除了我们在前面提到过的音乐流媒体服务外，还有电影和视频流媒体服务的收费也是统一的。其中最受欢迎的是 Netflix。在统一的月费下，订阅用户可以不受限制地使用服务。Netflix 的收费在 7.99~13.99 美元，具体取决于订阅的类型[27]。截至 2017 年，Netflix 在全球有 1.09 亿用户。当前其自制广泛流行的节目，如 Stranger Things 等，一次性发布一整季（多集）的节目[28]。亚马逊也为其亚马逊 Prime 服务计划的会员提供视频流服务[29]。

然而，统一费率的应用会使供应商面临风险和潜在的不利因素。电信和互联网业务的发展说明了这些危险。对产品或服务使用频率较高的用户会对供应商施加压力，要求供应商引入统一费率，因为这样用户才能获得最大收益。移动数据流量套餐合同（也包括语音和短信）表明，价格模式**本身**并不存在好坏，只有合适或不合适。在移动网络的早期发展阶段，客户对其持怀疑态度，几乎没有人能弄清楚一兆字节的数据量意味着什么。为了减轻消费者对不可预测或无法计算的费用的担忧，越来越多的供应商推出了数据包和数据统一费率。这些价格指标在早期激励了消费者对移动网络服务的接受，消除了对所谓的"意外高额话费账单"（bill shock）的担忧，并增加了市场渗透度。

在市场竞争的引导下，互联网统一费率成为市场标准。但随着市场接近饱和以及每位用户的数据用量的不断增加，互联网统一费率也出现了问题：10%的用户占用了总数据使用量的 80%。由于维持网络质量的成本增加，加上无法提高每位客户的费用，导致该收入模式受到了质疑。与此同时，统一费率使互联网初创企业能够在电信公司的基础设施上提供新服务，并蚕食其产品。WhatsApp、微信、iMessage（短信）以及 Skype（网络电话）和 FaceTime（视频通话）的出现和发展使免费短信和语音通信成为可能。在某些情况下，这些服务的质量更高。这些服务也更易于使用，且具有多媒体功能。这导致了电信公司的传统服务收入（如短信和语音）大幅下降。电信公司的一个潜在解决方案是仅销售数据包而不是统一费率的无限数据。目前，电信公司提供统一费率合约，一旦套餐内包含的高速流量包使用殆尽，就会降低数据传输速度。这是为了鼓励客户减少数据使用量，购买额外容量或升级合同。通过这种方式，电信公司正试图在以兆字节计费（不可预测、意外高额话费账单风险、消费者抵制）和以统一费率计费之间达成妥协。但同时他们也推出了短信和语音的统一费率，这显然是一种浅层次的尝试，旨在支撑这两个行将消失的业务。尽管如此，这些业务仍继续越来越多地转向 WhatsApp 等公司。由于激烈的竞争，电信公司是否能够通过更高的价格水平获得更多收入是值得怀疑的。在这方面，使用统一费率的价格模式来支持诸如短信和语音之类的传统服务是有道理的。

当前，许多消费者希望统一电价，但目前只有 5%的企业使用这种价格模式。一个令人担忧的问题是，随着电动汽车的普及，客户在家中定期充电，电力消耗将大幅增加。根据一些观察者的说法，这可能会导致家庭用电量翻一番[30]。

从消费者的角度来看，统一费率具有许多优点。即便不是最便宜，一些消费者还是愿意以统一费率的方式购买。这就是所谓的"统一费率偏见"（flat rate bias）。这意味着客户更喜欢统一费率，即使根据用量计价会更便宜。出现这种情况的原因如下。

- **保险效应**：客户希望避免每月账单的波动。
- **计程表效应**：统一费率下的使用比根据用量计价更令人愉快，因为"计程表"没有一直在动。
- **便利效应**：客户选择统一费率以节省时间并避免搜索成本。
- **高估效应**：客户选择统一费率是因为他们高估了自己的服务使用量。

从前景理论的角度来看，每次通话或在线互动都提供了正面的价值。我们几乎每天都会使用这些功能，它们的总和大于我们每月支付一次的统一费率的负效用。

提供统一费率的一个重要的先决条件是零或接近零的边际成本水平。杰里米·里夫金（Jeremy Rifkin）[31]为探讨这一现象及其结果专门写了一本书《零边际成本社会》(The Zero Marginal Cost Society)。零或接近零的边际成本确实是互联网时代的新现象，至少在广泛的基础上是这样。然而，我们对这一点持怀疑态度。在一定的限度或范围内，边际成本确实有可能接近于零，但如果需求呈爆炸式增长，产能需求将大幅扩张，企业的固定成本会发生阶段性质变。这意味着只有当考虑单个或少数用户时，边际成本为零或接近零才有可能，而对于大量用户则不然。我们在下面将仔细研究零边际成本问题。

如果消费或使用不受某些自然或人为限制的约束，企业对统一费率应该非常谨慎。对企业来说，低频和高频用户分布的详细信息以及对其进行严格的模拟至关重要。否则，企业会体验到统一费率的"令人讨厌的惊讶"。如果高频用户数量很大，统一费率会使利润面临相当大的风险。这就解释了为什么总部设在美国的在线图书订阅服务商 Scribd 从无限制的服务转变为有限制的书目选择，订阅者每月只有交 8.99 美元才可以访问。Scribd 必须为每次下载向出版商支付许可费，而读者下载的图书太多，以至于 Scribd 提供的服务变得无利可图[32]。然而，当边际成本真的为零时，企业还是应该谨慎，因为定价最终是为了获取客户的支付意愿，而不仅仅是边际成本。

14.3.2 免费增值模式

免费增值（freemium）是一种在网上广泛使用的定价创新。免费增值源于"免费"（free）和"增值"（premium）两个词，指的是一种价格策略，在这种策略下，客户可以免费使用基本产品或服务，或者付费使用更高价值的高档产品或服务。对于免费增值模式，至少对于基本产品或服务而言，边际成本为零或接近于零甚至比统一费率更重要。这确保了免费的基本方案不会成为供应商的过重负担。类似免费增值的模式也存在于线下交易中。银行用免费的储蓄账户来吸引客户，但如果客户想要基本服务以外的任何东西，就必须付费。免费提供基本的银行账户通常是有条件的，如最低存款金额要求等。银行为客户提供这样的选择看起来就像是免费增值模式。客户其实是在支付费用，这是因为他们从其存款中赚取很少的利息或没有利息收益。类似的隐藏支付也会发生在零售商或汽车经销商提供的"零利率"融资服务中，融资成本通常隐藏在购买价格中[33]。

免费增值模式的目标是使用免费商品来吸引尽可能多的潜在客户。一位对免费增值服务持批评态度的作者称这一过程为"用免费商品养肥客户，然后再从他们身上挤出牛奶来"[34]。企业认为，如果用户对基本功能感到满意，他们就会有更多的兴趣支付功能更强、更先进或提供附加功能的商品。免费增值模式非常适合体验性商品，只有在客户有机会使用商品时才能发现其全部价值。在这些情况下，我们可以将免费增值解释为特定形式的渗透策略。

免费增值模式日益流行。典型的应用包括软件（如 Skype）、媒体和娱乐（如 Spotify）、游戏（如 Farmville）、应用程序（如愤怒的小鸟）、社交网络（如领英）或网页服务。一种差异化形式是免费商品是否与广告结合。对于许多免费增值服务，免费是真正的"免费"，即没有广告。例如，微软 Office 软件的智能手机和平板电脑版本，客户可以免费获取基本版本[35]。然而，用户是用其数据"付费"的。领英是另一个例子。享受其免费基本服务的用户必须接受伴随或中断服务的广告。Spotify 也是如此，为高级版本支付 9.99 美元的用户将免受广告打扰，而免费版的用户则偶尔会受广告打扰。在这种情况下，用户用其注意力"付费"。词典 leo.org 免费提供服务，但同样会显示广告。如果有人试图阻止广告，网站就会要求用户付费。这可以被解释为"随你付"（pay-what-you-want）模式的一个变体，我们将在下面对其进行详细阐述。

领英更进一步地推出了高级版本，并根据用户的需求来进行价格差异化。其中，"找到理想的工作"（Land your dream job）版本的月费为 29.99 美元；高级版本"选择和发展网络"（Select and nurture your network）的月费为 59.99 美元；"打开销售机会"（Unlock sales opportunities）版本的月费为 79.99 美元。显然，领英认为求职者、网络人员和销售人员为其服务付费的意愿有很大的差异。此外，如果用户提前一年预订，将获得大约 20%的折扣。尽管通信软件 Skype 提供了完整的功能，但仅限于在其网络内的免费通话。一旦用户习惯了直观的用户界面，他们就可能愿意付费拨打蜂窝或固定线路网络电话。一开始，Skype 专注于以分钟为单位销售通话时间。后来，它将其改为与传统电信公司结构相似的服务方案。目前的付费服务方案包括为选定的国家网络提供的分钟套餐或统一费率。

免费增值模式的关键成功因素主要包括：

（1）有吸引力的基本产品或服务，帮助吸引大量用户；

（2）基本版本和高级版本之间进行适当的界定，以便转换足够数量的首次购买者；

（3）将免费用户转变为具有最高客户终身价值的忠实重复购买者的概念。

在（1）和（2）之间存在一种权衡关系。如果基本版本的吸引力很强，那么就会很难构建高级版本。换句话说，企业获得了大量用户，但只有少数用户会升级到高级版本。同样，如果基本版本太过单薄，吸引力不足，企业就无法吸引足够数量的免费用户升级到高级版本，即企业高级版本的转换率可能较高，但付费客户的总体数量仍然很少。基本版本和高级版本之间构建围栏是通过特征、产品版本或使用强度的差异来实现的。

在数字内容领域的"免费文化"发展多年后，报纸行业也开始使用免费增值模式。在过去的几年里，大多数线上报纸都是通过广告来获取收入的。为了直接从读者那里获得资金，许多出版商实施了"付费墙"（paywall）。在这种情况下，设置围栏的主要工具不是价值更高的版本，而是使用强度。《纽约时报》允许读者每月免费浏览最多 10 篇文章[36]。如果读者想阅读更多的文章，就需要付费。而印刷版的订阅者可以免费访问在线版的报纸。值得注意的是，《纽约时报》每月电子版的订阅价格为 0.99 美分/月，而纸质版标价在 15~35 美元，Kindle 版的订阅价格为 19.99 美元/月。

让客户跨越"一分钱差距"（penny gap）是免费增值服务面临的最大障碍。对于出版商而言，面临的主要挑战是让客户脱离"免费文化"并将数字内容建成付费服务。IBM 经理索尔·伯曼（Saul Berman）[37]称之为"10 年的挑战"——出版商如何让读者为在线内容付费？出版商甚至可能面临更糟糕的情况，正如以下评论所暗示的："后续几代人将忘记如何在阅读内容上花钱，因为他们认为阅读内容是免费提供的，只需点击鼠标即可，甚至已经无法再判断文化的价值。"同样，应用程序领域也是如此："在下载时，只有百分之一的应用程序需要付费。"[34]

迄今为止，很少有媒体公司试图仅从它们的新闻工作中获得收入。其中一个例子是法国报纸 *Mediapart*，由前 *Le Monde* 主编埃德维·普莱内尔（Edwy Plenel）负责。该报纸只提供在线阅读，有 14 万名订阅者，每月对个人用户收取 11 欧元的订阅费，合计产生 1100 万欧元的收入。它目前是法国第三大报纸，仅次于 *Le Monde* 和 *Le Figaro*。更令人惊讶的是，它的利润非常可观，销售回报率高达 16%[38]且不接受广告。

我们服务的一个使用免费增值模式的社交网络客户在项目开始时只有 8%的用

户是高级版本用户。通过在线价格测试，我们发现价格变化几乎不会影响收入。因为公司面临许多旗鼓相当的竞争对手，有些提供完全免费的产品和服务，在测试中，使高级版本用户数量在价格上涨后迅速下降。相比之下，降价并没有吸引到许多新客户，它的价格弹性大致为–1。这意味着价格变化对收入没有什么影响，因为销量变化抵消了价格变化的影响。然而，产生影响的是产品组合和产品或服务本身的变化。凭借更好、更丰富的内容，高级版本用户的份额从 8% 上升到 10%。份额增长了 25%，与收入增长比例完全一致。从中我们可以确认用户所扮演的核心角色。要使客户跨越"一分钱差距"，"免费"和"付费"之间的价值差异必须足够大。

在网络游戏中，免费增值模式已经非常流行，甚至于一些经典游戏制造商也开始提供许多免费在线游戏，目的是通过个性化特色赚钱。基于其广受欢迎的 *Need for Speed* 赛车游戏，美国 Electronic Arts 开发了一款名为 *Need for Speed World* 的免费增值产品。玩家可以用真钱购买游戏币，然后，他们可以用这些游戏币来购买额外的汽车或可选设备以改善他们的汽车性能。在这些产品中小额支付发挥了重要作用。事实上，许多用户支付的少量金额累积起来可以达到相当大的金额。任天堂（Nintendo）的第一款完整的移动游戏应用程序超级马里奥酷跑（*Super Mario Run*）就是这方面的一个例子。玩家购买这款游戏需要花费 10 美元，但只可以免费玩前 3 个等级。在 2016 年 12 月推出这款游戏的应用程序后，任天堂的股价下跌了 11%。这结果来自其失败的免费增值模式：大量用户抱怨说，他们通过免费关卡太快，并且整个游戏的价格太高。[39]

从企业的角度来看，免费增值模式是否优于传统的价格结构或方案取决于竞争对手、目标客户和产品特征。[40]关键指标是高级版本用户的转换和客户终身价值。企业可以从这些高级版本用户那里获得数百美元，而基本版本的用户根本不会为其带来任何收入。根据我们的项目经验，使用免费增值模式对价格和产品进行系统优化通常可将收入和利润提高多达 20%。

然而，正如我们从美国一家领先杂志的项目中获悉的那样，媒体公司在不追求免费增值模式的情况下也可以做得很好。那家杂志在新的价格体系下，印刷版和线上版均以 118 美元/年的订阅价格单独提供。印刷版和线上版捆绑的价格为 148 美元，两个单独价格的总和为 236 美元，捆绑价格相当于在合并价格 236 美元上得到了 37% 的折扣。实施后，每位用户贡献的平均收入增长了 15%，且没有相关的用户流失。然而，我们应该注意到，这本杂志享有很高的声誉，客户认为印刷版和线上版的组合产生了真正的附加价值，他们显然愿意为此付费。

电动汽车制造商特斯拉（Tesla）为其客户提供免费服务，而非免费增值服务。在2017年之前购买汽车的客户可以随时在特斯拉安装的任何超级充电站免费充电。但从2017年开始购买汽车的消费者只能获得1000英里的免费充电，在之后则需要为电池充电付费。特斯拉创始人埃隆·马斯克（Elon Musk）最初的想法是，他可以以零边际成本从太阳能公司Solar City获得发电站的电力，该公司由马斯克创立，后被特斯拉收购[41]。在最好的情况下，该模式能在美国运行良好，并且仅在电费基本为零的情况下才有效。截至2017年年底，特斯拉已在全球安装了8250个超级充电站[42]。一篇文章[43]计算出2014年德国特斯拉司机在德国充电站消耗的电量超过50万欧元。除了电费，估计特斯拉还为充电站花费了260万欧元的安装费用。在产生成本或边际成本大于零的情况下，还提供免费服务，并不是一种长期有效的商业模式。特斯拉销售的汽车越多，这种免费模式的风险就越大，因此，从2017年开始，一旦销售的汽车耗尽1000英里的免费充电量，就会过渡到收费模式。

14.3.3 互动定价模式

在互动定价模式下，价格是通过买方和卖方之间的互动过程来确定的。从历史上看，互动定价模式一直在主导着商业。在集市上，价格的敲定总是需要经过谈判，就像今天在跳蚤市场一样。互联网使买卖双方更容易互动，为这种定价模式注入了新的活力。然而，机遇和挑战总是相伴而来的。

1. 由你定价

在第一次互联网浪潮中，人们对该价格模式曾寄予厚望。在此价格模式下，客户提供价格，然后卖方决定是否接受该价格。"由你定价"也称为客户驱动定价或反向定价，是卖方希望鼓励客户披露其真实支付意愿的过程。客户的价格具有约束力，通过信用卡号或自动清算中心（ACH）流程确保付款。一旦客户的报价超过卖方的最低价格（只有卖方知道），该客户就会竞标成功并支付由其指定的价格。这种约束价格提供了"真正的"价格响应函数。我们可以参考图3-13，即笔记本的价格响应函数。

美国公司Priceline.com是"由你定价"模式的发明者，但这种模式并不仅限于美国。在德国，有几个竞争对手，包括ihrpreis.de和tallyman.de。早期，这些网站提供的各类产品和服务中，电子和服务行业（如旅游、酒店等）处于领先地位。然而，事实证明，在此定价模式下，大多数客户提交了不切实际的低报价。主要原因是采用"由你定价"模式的网站只吸引一些经常讨价还价、价格敏感度较高的客户，或者是由于消费者为了以极低的价格购买产品而避免透露他们真正的支付意愿。最终证明该模式是失败的。但 Priceline.com 确实存活了下来，只是采用了不同的商业模式。如今，Priceline.com 是一家主要的互联网营销商，营收 92 亿美元，市值达到 705 亿美元。这些数字的最大贡献者是起源于荷兰的缤客网站。与之相比，"由你定价"这一价格工具对 Priceline 的收入贡献很小。缤客网平台向价格极其敏感的客户出售积压或超额产能，这些客户不介意以低价换取不便，例如，在一次旅行中需转机多个航班。Priceline.com[44]的主页上写着："由你定价®服务利用买方的灵活性，使卖方能够接受更低的价格，以便在不干扰现有分销渠道或零售价格结构的情况下出售剩余产能。"尽管从理论上讲，该模式在使客户表明他们真正的支付意愿方面具有推动作用，但到目前为止还未达到其预期效果。然而，这并不排除该模式在未来会"卷土重来"或将其作为处理积压或过剩产能手段的适用性。

2. 随你付

客户驱动定价的一种变化形式是随你付模式。当前，该模式正逐渐得到了关注。在随你付模式下，客户为其想要的东西付费，而卖方无法拒绝该报价。客户决定支付的金额取决于社会对买方和卖方之间公平分享各自估计的偏好价值。供应商想要长期留在市场上的意愿可以发挥作用[45]。在"随心所欲支付"（pay as much as you like）的口号引导下，一家动物园进行了几次营销活动，使游客数量增加了 5 倍，收入翻了一番。数据显示，游客平均只需支付正常价格的 40%，成人 14 欧元，儿童 7 欧元，因为较多的游客人数所带来的收入补偿了 60%以上的"折扣"。然而，有人怀疑，这种影响是不可持续的。这个模式也用来测试一座历史建筑的游客参观情况。测试结果显示游客人数没有增加，但所支付的门票费略高于通常价格[46, p.6]，成人为 2 欧元，儿童为 1.50 欧元。我们将两个实验的不同结果归因于价格水平的差异。在一家电影院进行的一项测试显示，该电影院的正常价格水平与动物园相似，而且消费者支付的价格也明显低于正常价格。

我们偶尔会看到餐厅、酒店或其他服务企业也尝试采用类似的方法。在用餐或退房后，客人支付其想要的任何价格。从定价的角度来看，卖方完全受买方的控制。在这种情况下，在一定数量的客户消费后，客户支付的价格会超过卖方的成本。其他客户可以利用这一机会只需支付很少的费用，甚至不支付任何费用。与使用这种模式的动物园、博物馆、电影院或其他设施相比，酒店尤其是餐馆会产生可变成本，这使随你付模式的风险要大得多。然而，一位在德国科隆机场经营一家移动按摩服务商店的年轻创业者认为，客户并不会利用随你付模式带来的好处，而是平均每分钟支付 1~2 欧元的费用。她将此归因于和客户面对面的沟通。

随你付模式的另一个变化形式是可变价格成分，其取决于客户满意度。这种方法偶尔会在咨询中使用。除固定费用外，双方还可商定可变费用，其金额由客户预定量尺衡量的满意度决定。在这种情况下，供应商也受客户的控制，这就是为什么我们对这些模式持怀疑态度。但是，如果供应商必须在提供前期折扣和同意基于满意度的可变价格成分之间进行选择，那么选择后者可能是有意义的。

我们可以认为小费是随你付模式的另一种变化形式。通常情况下，客户决定他们将支付多少小费。但在一些特定情况下，小费并不是真正自愿的。在大多数美国餐馆，社会习俗"要求"小费至少相当于消费额的 15%，以避免来自服务员的负面反应或抗议。这类小费通常是服务员薪酬的重要组成部分。

activehours.com 平台提供了一种创新的随你付模式。该公司根据薪酬提供现金预付款或贷款。Activehours 为短期贷款提供资金，在大多数情况下，债务人直接偿还给 Activehours。这意味着 Activehours 具有较小的信用风险。与其他金融机构不同的是，它不收取任何利息或费用。相反，它这样认为："不收费，只要小费。"公司是这样描述其支付模式的："一切都取决于你。支付你认为合适的价格，我们没有固定的费用——你可以自行选择为我们的服务所支付的金额。"[48]由于提供贷款只有很短的一段时间（例如，一周），即使是 1% 的小费也代表着极高的利率。我们可以想象，客户会想再次使用这项服务，因此会支付小费。这种"自愿"的随你付模式是否会持续，是否会面临政府干预，仍有待观察。我们也可以将捐赠理解为随你付的一种形式。但是不应该对捐赠赋予"价格"，因为没有有形的价值交换作为回报。

最近发表的一篇评论文章[49]总结了随你付模式的潜在好处，主要有以下几点：

- 随你付在各行各业都有广泛的应用；
- 在低周转率时期，随你付可以作为一种促销策略；
- 可以利用不同客户对产品和服务的评估；
- 随你付对客户忠诚度和对卖方的承诺有积极作用。

我们应保持一定的怀疑态度，更加批判性地看待这一模式。其中的一个原因是随你付和由你定价两种方式的客户驱动模式之间存在着根本的区别。在后一种模式中，卖方可以决定接受还是拒绝客户要求的价格，并且在交换任何商品或服务之前做出决定。而在随你付模式下，消费可以在要求支付之前或设定价格之前发生，或者在支付之后发生（如门票等），卖方不再有任何决定权。随你付是无条件的，并将卖方置于客户和他们的支付意愿的支配之下。因此，卖方应该非常谨慎地使用随你付模式。

3. 返利系统

德国网站 billig.de 是一个返利系统的例子。该网站将客户介绍给其附属合作商店，由于每次转介通常都会产生客户消费，因此，每次转介，该网站都会收到佣金，每个商店的佣金都不一样，然后，网站再以返利的形式将这笔金额记入客户的账户。在线平台 Shoop 也遵循同样的原则。Shoop 会收到每次转介的佣金，并将全部金额转给客户。Shoop 公开表示，如果进行足够多的转介，就会收到交易商的奖金，这就是该平台自我融资的方式。一项研究表明，收到返利的客户满意度会更高，取消交易的频率也更低，即使他们一开始支付了更多的费用[50]。我们在第 4 章中讨论的现金返还策略也可以解释为一种返利形式。从前景理论的角度来看，客户从返利中体验到了额外的有效价值。互动价格模式在网络领域的使用频率高于现实世界，且这个趋势仍在继续，更多创新互动价格模式的发展空间还很大。

14.3.4 按使用付费

传统的商业模式很简单：购买产品，支付价格，然后使用产品。一家航空公司为其飞机购买喷气式发动机；一家物流公司为其卡车和拖车购买轮胎；一家汽车制造商投资一家油漆厂，购买油漆，并对其汽车进行油漆，都属于这种交易模式。正如我们在本章前面部分所述的那样，租赁在某种程度上放弃了这种传统的交易模式。以需求为导向的观点为定价创造了完全不同的理论基础。客户通常并不想拥有产品，而想拥有产品所带来的好处、性能和需求满足。航空公司不需要拥有飞机的喷气式发动机，需要的是推力。同样，货运公司需要轮胎的性能，汽车制造商需要一辆油漆过的汽车。计算机用户需要计算能力或获取数据，而不需要本地服务器。这种观点表明,供应商应为其产品相应的性能或利益收取价格,而不是出售产品换取一次性付款。这就是创新的按使用付费模式的基础,也称为随用随付(pay-as-you-go)的价格模式。在许多情况下,这种模式的先决条件是一种可以对性能方面进行离散测量并对单个部件进行定价的新技术。

该领域的创新者包括喷气式发动机制造商通用电气和劳斯莱斯,为客户提供推力而不是喷气式发动机本身,并按小时收取费用。对于制造商而言,这可能意味着完全不同的商业模式,因为它标志着从产品到服务业务的转变。在这种模式下,企业不再销售产品,而是销售服务。更进一步来说,此类模式创造了比以前基于产品业务更大的收入潜力。例如,每小时的价格可以包括喷气式发动机的运行、维护和其他服务。航空公司从这种价格模式中获得了一些利益,如降低复杂性、降低资本支出以及减少固定成本和人员。

米其林是全球汽车和卡车轮胎市场的领导者,开发了一种创新的按使用付费模式,以更好地获取客户价值。客户不是购买轮胎并支付费用,而是按每公里或英里的价格付费。在美国,米其林还向一些公共部门提供此类模式,如校车。因为可以跟踪检测行驶里程数,米其林可以获取并利用这些实际数据。逐渐地,其他轮胎制造商也为卡车运输或行业车队的运营商提供类似的模式。我们假设一只新型轮胎的性能比之前的型号高出25%,但要收取高出25%的价格是极其困难的。正如我们从心理分析中所知道的,客户逐渐习惯了价格水平,随着时间的推移,价格水平形成了坚实的价格锚。这对于轮胎客户也是一样的。即使新产品性能更好,提高价格也会遇到阻力。按使用付费的模式克服了这一问题。客户按英里或公里支付使用轮胎的费用,如果轮胎使用寿命延长25%,则客户自动支付25%的额外费用。与传统的产品–价格模式相比,该模式允许卖方更大程度地提取附加值,客户也同样受益。因为只有当卡车实际开动时,客户才需要付费,这意味着车队正在产生收入。如果需求疲软,卡车仍然停放在停车场,那么轮胎就不会给企业带来任何成本。该模式还简化了卡车司机的业务核算。他们经常按英里或公里向客户收费,因此,当他们自己的可变成本(在本例中是轮胎成本)用相同的衡量指标表示时,简化了计算。对于飞机轮胎,可用着陆次数作为价格衡量指标,因为着陆是决定轮胎磨损程度的因素。

同样,汽车涂漆厂的全球市场领导者杜尔(Dürr)与汽车涂漆的全球市场领导者巴斯夫(BASF)合作,为汽车制造商提供了一种新模式:为每辆汽车的涂漆收取一个固定价格。这种模式为汽车制造商自己的财务核算提供了坚实的基础，因为它将油漆的价格和成本风险转移给了供应商。此外，这还降低了复杂性和资本投资的需要。工业水处理专家 EnviroFalk 公司将其设备免费安装在客户的设施中，然后按处理每立方米的水来收费。这些按使用付费的模式为供应商提供了可以在一段时间内计划的现金流，还允许他们在工厂、设备以及投入材料之间找到最佳的协调。飞利浦与阿姆斯特丹史基浦机场的一家荷兰能源公用事业公司合作使用的商业模式也是类似的。机场运营商不支付照明装置的费用，而是支付所需照明的费用，照明以勒克斯（lux）（lumen/平方米）为单位计量。同时，飞利浦保留整个安装设备的所有权[51]。

按使用付费的模式已经在一些人们可能无法想象如何应用的行业中付诸实践，例如，在保险业。当前有几个国家的汽车保险公司已使用以下系统：在客户的汽车上安装一个黑匣子，黑匣子连接到保险公司的 GPS 系统。客户按英里付费的价格取决于司机选择的路线、一天中的时间段以及该路线上的事故风险。这种对客户及其驾驶方式的详细了解让具有不同风险情况的司机相互补贴变得没有必要[52]。英杰华集团（Aviva）的前身是英国的一家保险公司——Norwich Union，就提供了这样一种模式，虽然很受欢迎，但由于技术成本高而并不经济。英杰华集团的一位发言人对其按使用付费模式的需求评论如下："我们只是比我们的时代领先了一点。"[53]美国公司 Metromiler 也提供了类似的概念，要求投保司机每月支付 35 美元的固定费用，外加 0.05 美元/英里的额外费用[51]。迄今为止，这种模式在美国汽车保险业务的覆盖面已经达到了 10%。可以说，之前使用的风险参数，如年龄和地点等，都被真正的因果风险参数所取代[54]。

端对端解决方案（end-to-end solutions）可以为客户提供更高的价值，因为它提供了更多的保证和更高的效率。澳大利亚澳瑞凯公司（Orica）是全球商业炸药市场的领导者，为采石场企业提供了一套完整的产品和服务线。澳瑞凯公司不仅提供炸药，而且还进行石层分析、钻探和爆破。因为澳瑞凯公司提供的每个解决方案都是为客户量身定制的，所以，客户很难进行价格比较。基于澳瑞凯公司提供的全面解决方案，每个客户的收入、效率和安全性都会提高。客户就不再需要关心爆破的整个过程。但与此同时，客户更换供应商也更加困难了。

如果拓宽这种以需求为导向的视角，我们可以想象得出利用按使用付费模式的许多其他机会。但是，要使这种价格模式具有成本效益，需要满足某些技术前提条件，其中包括简单的实际测量方法以及能够以低成本测量和传输使用数据的信息系统。例如，没理由要求人们每月以固定价格购买或租赁汽车，汽车经销商可以对提供驾驶这一服务进行收费，例如，用行驶距离和一天中时间等相关要素来构建价格函数，就像对电话或电力服务收费那样。按使用付费或按观看次数付费也正渗透到媒体行业中。在有线电视中，人们可以按实际观看情况收费，而不是按月收费。韩国公司 HanaroTV（SK Broadband 的一部分）很快就用这种模式签约了 100 万客户。按使用付费模式在设施管理中也有应用，例如，用于加热或空调系统的运行。可以根据机器的实际性能来定价，而不是按每天或每月收取固定的费率。这样的系统允许供应商更有效地提取价值，并提高客户的整体支付意愿。

不过，按使用付费模式并不是在每种情况下都会成功的。一些客户倾向于完全拥有他们的产品（例如，全天候可用性、清洁度），而另一些客户则愿意支付更高的捆绑价格，这样他们就不必不断跟踪其使用情况和支出。应一家领先制造商的要求，我们为大型办公楼的电梯开发了一种按使用付费的模式。最初的假设是，人们应该为"垂直"运输支付费用，就像他们为"水平"运输（公共汽车、铁路、出租车等）支付费用一样。根据按使用付费模式，电梯制造商将免费安装这些设备，但作为回报，将获得对电梯使用收费的长期权利。为了实现这一点，大楼中的租户将为他们的员工购买专用卡来跟踪电梯的使用情况，或者将价格模式和使用情况跟踪内置到大楼已在使用的安全卡中。这种按使用付费的模式恰当地分配了电梯的使用成本，比典型的一次性付费模式更"公平"，因为谁乘坐电梯越多，付费就越多。一次性付费模式通常将费用并入租金中，或者作为附加费增列。商家甚至可以根据楼层、使用强度或其他类似标准来进行价格差异化。然而，到目前为止，这种模式还没有得到广泛采用，或许因为过于创新，违背了当前的习惯，但值得肯定的是，它具有极大的发展潜力。

14.3.5 全新的价格参数

一种非常创新的方法是改变价格的计量方式。我们通常将这种方式称为价格参数。本章前面提及的情况涉及新的价格参数（例如，每英里与每个轮胎），但在大多数情况下，企业改变了商业模式，而不仅仅是价格参数。我们用建筑材料行业的一个案例来说明改变价格参数的潜在影响力。如果一家销售墙体建筑材料的企业，可以按重量（每吨价格）、按空间（每立方米价格）、按表面积（每平方米价格）或完整安装（成品墙面每平方米价格）收费，那么对于每一参数，该企业就可以收取不同的价格，并面临不同的竞争关系。例如，对于一种新型混凝土，以吨或立方米作为价格参数，市场领导者的价格比竞争对手的价格高 40%，但以平方米为参数，价格差异仅为 10% 左右。由于新的建筑模块允许团队更快更容易地建造墙体，因此，成品墙的每平方米价格带来了 12% 的价格优势。这清楚地表明，制造商应该尝试将这些新大楼的价格参数切换为按每平方米成品墙进行收费。但问题是，对长期建立的参数进行此类更改并不容易。产品越创新或制造商的市场地位越强，说服客户采用新参数的可能性就越大。

喜利得（Hilti）作为高性能电动工具的全球领导者，为其产品引入了一个新系统，类似于"车队管理"（fleet management）模式。喜利得为客户提供其"车队"所需工具，客户每月向喜利得支付固定价格。喜利得确保客户收到适用于该客户一系列工作的最优工具。喜利得还负责维修、电池更换和综合服务方面的一切工作。客户可以依靠可预测的固定的月度价格，并可以专注于其核心竞争力的提升，即工作现场的工作。

云计算的兴起也带来了新的价格参数。软件不再根据许可进行销售，然后在客户的服务器上安装，而是在线提供并按需收费。这种新的商业模式被称为软件即服务（SaaS）。微软的 Office 365 系列以每月或每年订阅的形式提供。Office 365 家庭高级版每月 9.99 美元，每年 99.99 美元。作为回报，客户可以即时在线访问最新版本和一系列附加服务。Salesforce 的 Sales Cloud 是在同一模式下用于管理客户联系、线索和机会的最好的客户关系管理（CRM）应用程序。最多可供 5 位用户使用有限功能的版本（SalesforceIQ CRM Starter）的初始价格为 25 美元/月。对于可供无限数量用户使用的扩展功能的版本（Lightning Professional），每人每月支付 75 美元。最昂贵和最全面的版本，即 Lightning Unlimited，每个用户每月需花费 300 美元。从这些不同的产品中，客户可以组合成一个适合其需求的在线业务软件包。客户还可以根据自己的需要调整每月用户许可的次数，从而每月的价格将根据客户的需求而相应地变化。这样的价格模式有可能成为云计算应用软件的标准。

汽车共享服务的价格参数并不是什么新鲜事，但就其精确度而言，超越了传统的汽车租赁模式。Zipcar、Car2Go 和类似的汽车共享服务都是按分钟收费。此外，一旦超过费率中包含的基本里程数，每英里费用的价格参数就会生效。数字技术的进步使商家可以在无须客户额外操作的情况下根据时间和里程向客户收费。

谷歌的 Google AdWord 的价格系统也基于新的价格参数。传统媒体公司使用覆盖率作为价格参数，尽管它对广告品牌的销量或形象的影响仍不清楚。相比之下，谷歌的 Adwords 使用按点击付费系统。显然，广告商认为这种定价与广告效果的因果关系更密切。事实证明，谷歌已经在在线广告市场上占据了大量份额。

全球风能技术领导者 Enercon 采用了一种非常创新的价格参数。它将其 Enercon Partner Concept（EPC）描述如下："从计划维护到安全服务，再到计划外维护和维修，所有可能发生的情况都包含在一份合约中。"其客户根据安装类型支付最低金额，这一最低费用包括：定期维护、可用性保证和维修，范围包括部件、运输、起重机成本和 24 小时远程监控。除此之外，客户根据风力涡轮机的实际年度能源产量付款。在风力好的年份，产量高，客户因此支付更多的费用；而在风力较差的年份，产量较低，客户支付的费用较少。为了在运营的前 5 年保持尽可能低的成本负担，Enercon 承担了在此期间 EPC 应付金额的一半。从运营的第 6 年开始，客户按照这一公式支付全额：价格=供给千瓦时×每千瓦时价格[55]。这一创新的报价显然在客户中得到了很高的接受度。其中超过 85%的客户签署了 EPC 合同。这种方法的创新之处在于 Enercon 是如何通过与客户分享这些风险来降低它们的经营风险。同时，我们需注意，对该合同的一个重要要求是，Enercon 可以测量风力涡轮机本身的产量，而客户无法操纵数据。

在健康保险领域，也在不断发现其他可用的一些价格参数。企业可以通过降低保费来激励一些对健康有益的活动。在健康领域运用新的价格参数还有许多其他可能的方法。智能手表、臂带传感器和其他形式的远程诊断使测量变得更简单。英国健康保险公司 AIG Direct（美国国际集团英国分公司）使用体重指数（BMI）作为确定月费率的基础，只有在特殊情况下才能获得豁免，例如，参加大量运动的人，他们的肌肉质量可能会影响 BMI 计算⊖ [51]。价格激励允许保险公司奖励所期望的行为并惩罚不当的行为[56]。

巴塞罗那喜剧俱乐部的 Teatreneu 推出了一种未来导向的价格参数，其在剧院的座位上安装了可以分析面部表情的传感器。剧院观众必须为传感器识别的每一次微笑支付 0.30 欧元，最高可达 24 欧元（即 80 次微笑）。付款是通过手机进行的。据报道，该剧院平均从每个人身上赚取的收入增加了 6 欧元[57]。这一例子可能会让人觉得有点匪夷所思，而且可能不会成为未来剧院的标准模式。但它表明了技术上的可行性。而且，比起无聊的戏剧表演，花更多的钱去看一场令人愉快的戏剧表演，

⊖ 这里的意思是运动达人并不适用这种方法，因为肌肉太壮，不能和一般人比较。——译者注

难道不是有意义的吗？

从根本上说，人们可以对每一传统的价格参数都提出质疑。我们来讨论一下其中的一个价格参数——时间。酒店（1天）、旅行团（1周）、公共交通（1个月）、博物馆（1年）或工匠（1小时）都使用时间价格参数。然而，餐馆通常使用基于菜单的参数，美发店根据不同情况进行收费，出租车根据距离参数收费。但可以想象，餐馆、美发店和出租车也可以使用时间参数。如果增加餐馆收入的瓶颈是可用餐桌的数量，那么按时间向客户收费以实现最高的营业额会更有意义。对价格参数的思考为价格管理开辟了新的途径。

在航空旅行中，传统上按人均价格设定价格，但也存在按年龄、地位或类似标准进行差异化的情况。萨摩亚航空公司（Samoa Air Ltd.）提出了不同的价格参数。它根据乘客的体重向乘客收费。从萨摩亚飞往美属萨摩亚的航班，起价为 0.92 美元/公斤。萨摩亚有世界上第三高水平的超重人群，远远领先于美国，这使得这样的价格参数对航空公司来说很有吸引力。尽管最初有人抗议这种价格参数，但首席执行官克里斯·兰顿（Chris Langton）仍希望坚持这一计划，他表示："这是一个按重量计算的系统，而且它会一直存在。"[58]可以用逻辑来说明一个系统，乘客的重量是航空公司真正的成本驱动因素，而不是年龄或地位。为什么货运要按重量收费，而不是按照运输的数量？一些美国航空公司已经开始要求超重乘客在满员航班上需购买两张机票。

新技术将越来越多地使基于性能的价格参数成为可能。正如前面所描述的情况，对于按使用付费模式和新的价格参数来说，对提供服务的测量至关重要。只有当结果可以自动测量时，这些模式才是经济有效的。软件即服务（SaaS）正在扩展到结果即服务（RaaS），它更接近客户希望接收的实际利益（如 Teatreneu）。传感器在这方面发挥了关键性的作用。可以想象，在医疗保健领域，可以使用传感器测量药物、医疗或其他服务的效果，然后可以根据实际功效或效率设定价格。对于与工厂自动化、预防性维护、环境相关的工业服务也是如此。当然，技术测量值必须接近客户价值，只有这样它们才能转换成价格单位。而这与尝试用价格表达客户价值这个一般性问题，并没有根本上的不同。

14.3.6 双边价格体系

双边价格体系利用了价值链两侧的收入来源。这些收入来源也被称为双边市场。

典型的例子是报纸和杂志，它们一方面向读者收取价格，另一方面从广告商那里获得收入。废物管理中也存在双边价格体系。废物产生者向废物管理公司支付清除费用，然后，废物管理公司出售废物产生了额外收入。清理建筑物或房屋的企业会收取服务费，并可以转售它们清理的物品。房地产经纪人有时会在同一笔交易中收到买卖双方的佣金。许多在线企业使用类似于传统媒体模式的双边系统，即一部分收入来自广告，另一部分来自用户支付的费用。Spotify 通过不付费用户所接触的广告为其免费版本提供资金，而高级版本的用户支付费用，但看不到广告。这种双边体系只有在各方受益时才有效。广告商有兴趣接触读者、观众或听众，用户喜欢以较低的价格观看这些媒体。如果没有第二个收入来源，用户的价格会有显著提高。媒体公司依赖于双边收入以获得适当的利润水平。奖金奖励计划公司 PAYBACK 在其部分业务中使用双边价格系统。除了从参与企业收取的费用外，持有 PAYBACK Visa 卡的客户在使用的第二年开始支付 25 欧元的费用。Yodlee 公司为美国 20 家最大的银行中的 11 家提供在线个人理财工具。银行因这项服务向 Yodlee 付费，同时 Yodlee 还可以获取数百万笔交易的数据。Yodlee 转手将这些数据卖给投资公司，后者为此支付高达 200 万美元/年的订阅费。这两个收入来源都对 Yodlee 的总体收入做出了重大贡献[59]。负利率的现象也可以导致双边的价格体系，我们将在下面做更详细的描述。以负利率为租赁资产融资意味着"当你从租户那里收取租金时，银行也会向你付款"[60, P16]。

双边体系为定价提供了更大的自由度。企业需要决定的是，是否将用户价格设置得更低，以便增加用户数量。更多的用户会带来更高的广告收入，这可以弥补增加用户数量放弃的边际贡献。相比之下，较高的产品价格可能会带来更高的直接收入，但会降低用户数量，并降低广告收入。

由于其网络性质，互联网为双边价格体系提供了新的机会。其最重要的一个能力是将供应商和客户联系在一起。eBay、谷歌和 Facebook 等网站都充分利用了这一能力。谷歌还将信息来源和信息搜索者联系在一起。双方的参与者都是可识别的。从技术上讲，eBay 或阿里巴巴可以向买方收取费用，而不仅仅只向卖方收费。谷歌使用单边价格系统，只有广告客户付费。但谷歌向信息搜索者收取费用在技术上是可行的。如果这些费用只是非常小的数额，即所谓的小额支付，许多用户仍然会通过谷歌搜索。维基百科（Wikipedia）也是如此，主要通过捐赠来筹集资金，既不收取使用费，也不收取广告收入。总而言之，与传统媒体相比，互联网使用双边价格体系的潜在方式更加多样化。我们预计这种定价创新在未来会有所增加。

14.3.7 负价格

在正常交易中，买方向卖方支付正价格，并获得产品或服务作为回报。对于负价格，情况正好相反。卖方付钱给客户购买产品或服务。乍一看，在废物处理中似乎一直存在负价格。但是，人们可以将这些负价格看作对废物处理的补偿，或认为废物本身具有负价值，因为清除是需要成本的。在大多数情况下，这适用于没有进一步利用价值的副产品（如化学废物），但这是生产具有价值的初级产品不可避免的结果。

负价格似乎是一种新的现象。撇开其他不谈，其发生频率也是前所未有的。自2009年以来，欧洲能源交易所（European Energy Exchange）多次出现负价格，且规模相当大。表14-1显示了2009~2016年出现负价格的天数。

在这些时间段里，电力客户向电力生产商支付每兆瓦时的负价格，即买方收到了电和钱。我们应该怎么解释这一现象？显然，一个先决条件是在价格为零时，供应仍然超过需求。换句话说，价格为零并不能在供需之间提供平衡，可能仍存在供过于求的情况。在这种情况下，电力公司通常会关闭生产。然而，对于某些形式的发电，例如太阳能电池板，这是不可能的。即使是传统发电厂在关闭和重启生产以应对供需的不平衡时也只有有限的灵活性。它们生产的电力必须有人接收，并且在某些时间段里，只有当生产者向买方支付负价时才会发生这种情况。这可以说是"基于时间的副产品"。为了在价格为正的时间段里

表14-1 欧洲能源交易所电价出现负价格的天数

年份	天数
2009	35
2010	18
2011	16
2012	15
2013	30
2014	28
2015	25
2016	24
2017	34

生产和赚取利润，生产者需要在负价格的时间段里补贴生产和消费。"电力生产商保持电厂正常发电比关闭电厂然后重新启动更便宜"[61]。如表14-1所示，负电价并不是暂时的现象。相反，一位专家说："当前的市场结构意味着，我们面临越来越频繁的负价格威胁。"

从历史上看，负价格的另一个例子是利率。一位作者将传统的观点描述如下："负利率的概念通常与我们的常识不符，因此，在经济学课程中都没有提到。"[60, p.16] 2012年丹麦首次出现负利率。几年后，这已经成为一个经常争论的广泛话题，其观

点有时带有哲学意味。瑞士央行行长托马斯·乔丹（Thomas Jordan）认为："负利率有违人性。"[62, p.29]丹麦、瑞士、德国、芬兰和奥地利等国有时以负利率筹集资金。2015 年，"货币市场利率欧元同业拆息利率（Euribor）首次以负收益率计算"[62]。2015 年 8 月，德国联邦政府以-0.25%的利率出售了两年期债券[63]。瑞士中央银行向其存款银行收取-0.75%的利率[64]。截至 2016 年，以负利率计算的未偿还主权债务价值超过 6 万亿欧元。在两年期债券上，瑞士的利率为-1.14%，丹麦的为-0.71%，德国的为-0.29%[65]。即使是私人客户也未能逃脱负利率的蔓延。2015 年 10 月，瑞士 ABS（Alternative Bank Schweiz）成为第一家为私人客户引入负利率的银行。对于高达 10 万瑞士法郎的存款，向储户收取-0.125%的利息；对于更高的存款金额，利率为-0.75%[66]。截至 2016 年，德国也出现了几家收取负利率的银行。

2016 年 4 月，负价格首次出现在销售融资中。家具经销商 Who's Perfect 提供 24 个月的"负利率融资"。贷款的利率为零，同时贷款人收到了融资金额的 1%返利。尽管百分比非常小，但融资的价格仍是负价格。这也是奔驰公司推广其 A 系 160 车型的方式，其实际提供融资的年利率为-1.26%。

同样，也存在负利率的贷款。2018 年，以 1000 欧元从在线门户网站 Check24 获得贷款的客户只需在 12 个月后支付 972.49 欧元，即利率为-2.7%。同样，另一个可与之相比的网站 Smava 提供 1000 欧元的 3 年期贷款，但只要求贷款人支付 923 欧元作为回报[67]。在丹麦、瑞典和西班牙，私人客户已获得负利率的房屋建设贷款。

经济学家卡尔-克里斯蒂安·冯·魏茨泽克（Carl-Christian von Weizsäcker）将"自然的负利率"称为"一种持久的现象"[68, p 189]。他认为原因在于"私人储蓄意愿与私人投资意愿的结构性供过于求"。在负利率的情况下，借款人不仅不支付利息，而且从贷款人那里获得利息。这在传统银行业是不可想象的。

如果市场上的货币供过于求，即使利率为零也无法用于投资，银行以-0.1%的利率贷出多余的钱比以-0.2%的负利率存入中央银行，甚至是以-0.75%的利率存入瑞士中央银行更有意义。当储户愿意以负利率向银行提供资金时，银行就可以较低的利率（绝对值）借出这笔钱，同时仍有正的利润率。

图 14-3 从结构上说明了正价格和负价格的情况。我们假设价格响应函数为 $q=100-10p$，其中 q 是销量，p 是价格。

在负价格下，收入将自动变为负值，因为我们将正数（销量）乘以负数（价格）得到结果为负。在负价格范围内，收入曲线的下降趋势变得越来越陡峭。这种急剧下降是由价格和销量的双重影响造成的。价格越低，销量越大，即两个因素的绝对值都越大，其乘积的绝对值迅速增大。

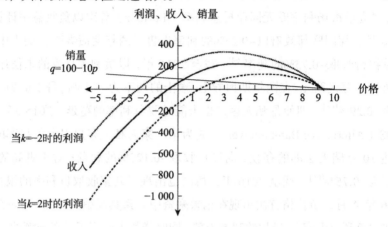

图14-3 正负价格的收入和利润

那么利润会发生什么变化？首先，我们将考虑一种可变单位成本为正（$k=2$）的情况。为了简单起见，我们假设没有固定成本。当价格为2时，利润为零，并且利润曲线快速下降，类似于当价格为负时收入曲线的急剧下降。价格为零将产生200美元的损失，而价格为-2将导致480美元的损失。利润曲线显示了当可变单位成本$k=-2$时，利润是如何变化的。这对应于银行以-2%的负利率从储户那里获得资金的情况，或者当电力转售商以负的价格获得电力时的情况。

在这些情况下，利润大于收入。利润最大值仍然在价格为正的区域，此时价格为4美元。该价格下的销量为60个单位。这导致单位边际贡献为6美元，其中4美元的收入来自买方，2美元来自支付负价格的供应商。这是一个双边价格模式，利润为360美元。企业仍然可以在0~（-2）的价格范围内获取利润。当价格为负时，利润曲线的下降速度与其他利润曲线相似，只是曲线的水平位置较高。如果在本例中可变单位成本$k=-12$，则利润最优价格将为-1，利润将为1120美元。因此，利润最大化的价格在理论上可能为负。然而，这种情况在现实生活中发生的可能性极小。

如今，负价格仍然非常罕见。德国商业银行会向新客户提供50欧元，这类似于麦德龙现购自运（Metro Cash & Carry）给新客户的等额优惠券。在初创阶段，PayPal也提供了负的价格，每个新客户都会收到20美元[69]。中国共享单车公司摩拜同样也向使用自行车的客户支付费用，以吸引尽可能多的客户，并将他们的数据用于促销、广告或本地化销售[70]。英国的一家大型出租车公司 Addison Lee，也向安装其应用程序的客户支付 10 英镑的费用。

在跨时间和跨产品的情况下，可能会产生负价格。当一家企业推出一种新产品时，以免费样品（例如，药品）来吸引客户非常常见。正如我们在第 6 章中所展示的那样，如果价格为零能刺激后续期间的单位销售，当价格不再为零且产品获得正的边际贡献时，这种策略是有意义的。但是，如果退一步想一下，如果卖方向最初的买方支付负价格，而不仅仅是以零价格分发产品，或许可以加快一种客户不熟悉的新产品的接受速度。我们通过一个简单的数据例子来证明，在一些情况下，负价格可以是最优的选择。我们考虑两个时期，新产品的发布期和后续销售时期。目标是使两个时期的总利润最大化。所讨论的产品是边际成本为零的数字产品。为了简单起见，我们不考虑折扣，也不考虑固定成本。忽略这些因素并不影响我们的基本论点。

在第 1 个期间，价格响应函数为 $q_1 = 50 - 10p_1$，而在第 2 个期间，价格响应函数为 $q_2 = 100 + \lambda * q_1 - 10p_2$，其中 q 为销量，p 为价格，λ 为延滞系数，π 为利润。对于 λ 的各种值，我们在表 14-2 中显示相应的结果，四舍五入到最接近的 0.5。

表 14-2 延滞的负价格

λ	p_1^*	p_2^*	π_1	π_2	总值
0.6	0	6.5	0	422.5	422.5
0.8	−0.5	7	−27.5	518	490.5
0.9	−1	8	−60	592	532

由于边际成本为零和延滞效应，负价格可能是最优的。但延滞系数必须相对较高（比较见表 7-1 和表 7-2），以便最优价格落入负值区域。在数字化时代，这些条件以及边际成本为零的情况是可以实现的。许多数字产品的延滞系数可能确实很高，因为一旦客户采用了一个系统，并对它感到满意，就会成为忠诚客户。

对于交叉产品效应，我们可以使用类似的论据。如果产品 A 促进了高利润产品 B 的销售，那么以负价格提供产品 A 是有意义的。这种效应链本身就是一种免费增值结构。典型的免费增值模式有一个基本版本，其价格为零。为什么最低价格只能限制为零呢？如果基本版本的体验真的推动了向高级模式的转换，那么为什么不向初始用户或早期使用者在使用基本版本时付费，即提供负价格而不是零价格呢？

使用负价格的另一个论据是价格的锚定效应，正如我们在第 4 章中讨论的那样。如上所述，摆脱零价格通常是困难的，特别是当客户长期习惯于零价格（例如，银行账户或在线信息）时。对于负价格，这种效应可能不那么严重。与零价格相反，负价格不是客户通常期望的价格。他们认为卖方收取正价格只是时间问题。如果这个假设是正确的，那就意味着价格从-1 上涨到 4 导致的销量下降或客户流失比价格从 0 上涨到 4 要少。但据我们所知，这一假设还没有经过实践检验。

我们还应注意到负价格在促销活动中可能起到的作用。尤其是对于新产品的发布，尽管这通常由大量的促销预算支持，但负价格也不一定是最优的。根据价格和促销弹性的相对大小，负价格可能比广告或类似措施更有效。如果这是真的，那么企业需要更好地在负价格上而不是在其他营销工具上投资可用资金。当前，负价格仍然是一个相当罕见的现象。在供过于求的情况下，是否会被更频繁地使用还有待观察。零边际成本可以促使商家更多地使用负价格，但在使用时也需要谨慎，因为不能排除某些客户利用负价格，之后却并未给企业带来预期的持续利润。

14.3.8　零边际成本与共享经济

正如我们从第 5 章所了解到的，边际成本是最优价格的两个决定因素之一。根据阿莫罗索-罗宾逊关系（第 5.4.3 节），利润最大化的价格等于边际成本乘以一个价格弹性系数。互联网的一个特点是，在许多情况下边际成本趋于零。边际成本等于或接近于零的现象并不完全是新现象。对于软件和某些情况下的药品和电子产品，边际成本相对于开发成本是非常低的。当存在未利用的产能时，这同样适用于航空座位或酒店房间的使用。一个额外的客人只会导致非常小的边际成本。而在互联网上，"零边际成本"的现象正呈现出更大的发展规模。杰里米·里夫金[31]认为这种现象是极具革命性的。在他的书《零边际成本社会》中，他甚至认为这种情况导致了资本主义的"萎缩"或"消亡"。受美国前财政部长劳伦斯·萨默斯（Lawrence Summers）的启发，里夫金的观点建立在价格本身正在接近边际成本水平的假设之上。如果边际成本接近于零，价格也将接近于零，没有资本主义企业家愿意再以这些价格生产商品或服务。然后必须有人承担这个角色，例如，政府或非营利组织。那将是资本主义的终结。

里夫金将其零边际成本范式扩展到许多经济部门。例如，通过所谓的慕课（MOOC），即大规模开放在线课程（Massive Open Online Courses）进行教育，还扩展到能源部门（风能、太阳能）和共享经济等领域。在共享经济中，诸如未使用的私人房间或汽车之类的可用空间容量将在市场上销售，并用于经济用途，而不是闲置着。毫无疑问，这些现象并不完全是新的，但由于互联网的出现，以前所未有的速度发展着，将对商业模式和价格模式产生重大影响。其中一些影响已经成为现实，但其中大部分都将在未来发生。

在现实中，边际成本真正为零的情况很少见。但值得肯定的一点是，在里夫金的书中，他通常将其描述为"接近零的边际成本"，而不是非常绝对的描述[31]。当边际成本为零时，利润最大化时的价格与收入最大化时的价格是相同的。在收入最高时，价格弹性为–1。当接近收入最大值时，阿莫罗索–罗宾逊关系是有效的（边际观点）。我们使用价格响应函数 $q=100-10p$ 来证明这一点，其中 q 是销量，p 是价格。当单位成本 $k=2$ 时，根据式（5-7），利润最大化的价格为 $p^*=6$。此时，供应商销量为 40 个单位，收入为 240 美元。如果我们假设固定成本为零，利润是 160 美元。价格弹性为–1.5，根据阿莫罗索–罗宾逊关系，加成因子为 3，那么当边际成本降至 0.1 时，最优价格 p^* 降至 5.05 美元，与收入最大化价格 5.00 美元仅略有不同。同时，销量增加到 49.5 个单位，收入增长到 249.98 美元，利润增长到 245 美元。此价格下的价格弹性是–1.0202，因此根据阿莫罗索–罗宾逊关系（式（5-6）），加成因子是 $-1.0202/-0.0202=50.5$。$50.5×0.1=5.05$ 美元的计算确认了最优价格。由于边际成本接近于零，因此不会对价格决策的指导方针构成任何根本问题。相反，竞争的加剧可能是由于价格的短期下限等于边际成本。当边际成本为零或接近零时，意味着价格的短期下限同样接近于零。因此，未来更频繁地出现极低的价格也就不足为奇了。当边际成本为零时，迫切需要流动性的卖方可以将其价格设定为略高于边际成本（即略高于零），但仍可赚取边际贡献⊖并产生现金流。

互联网和共享经济带来的零边际成本可能会对商业模式、价格水平和竞争产生极具颠覆性的影响。我们在本章开头已经讨论了其对音乐产业、印刷媒体（报纸和杂志）、图书出版商和经销商产生的巨大影响。YouTube、Netflix 等公司提供的服务形成了对电影和电视等视频媒体的一种新竞争。互联网能以零边际成本对相关内容进行传播分配，这对价格产生了巨大影响。互联网让以前的中介机构变得多余，并夺走了它们的收入基础。银行业也已经发生了变化，未来还会发生更大的变化。与

⊖ 这里指获取利润的意思。——译者注

传统的手工处理交易相比，数字处理的支付或证券交易造成的边际成本可以忽略不计。从而，绝大多数的人员和分支机构将变得多余。传统的商业模式产生了明显较高的边际成本，在价格上不再具有竞争力，并会因此消失。

共享经济对价格和价格竞争的影响也同样很大。通过爱彼迎（Airbnb）出租空置的私人房间对酒店造成了新的竞争威胁。优步和出租车业务的关系也是如此。显然，由于较好的体验感，消费者已经开始认可共享经济。在普华永道（PwC）的一项研究中，约43%的受访者表示，他们觉得拥有某种东西是一种负担，而分享可以减轻这种负担[71]。可以说，当前正不断有具有创新商业模式的新竞争者进入市场。在zilok.com平台上，人们几乎可以借到任何类型的产品。由贷款方支付的佣金以交易价值为基础，不同产品的价格差异很大。起源于法国的Blablacar公司每月安排200万次乘车共享，即拼车。Blablacar的价格低于火车，甚至低于价格非常低廉的长途巴士[72]。拼车这一现象是有历史先例的。在早期，人们会搭便车或通过拼车中心，但这些都或多或少是需要人工运营的。互联网为那些从A地开车到B地的人和想要在同一路段出行的人提供了更大的便利，创造了更大的拼车规模。同时，极低的价格又会刺激这种需求。

法国初创企业Drivy正试图以另一种方式将客户与未使用的可用车辆联系起来。平均而言，一辆汽车使用的时间不到10%。Drivy组织私人汽车的租赁服务，而不是专业汽车租赁。这个行业的边际成本也很低，在一些车主眼中，甚至可能是零。因此，Drivy可以采用极具优势的价格策略。安联是世界第二大保险公司，为所有租用的Drivy汽车提供全面保险[73]。在美国，GetAround提供类似的P2P汽车共享服务，其中也包括保险服务。通用汽车前研发副总裁劳伦斯·伯恩斯（Lawrence Burns）[74]估计，这样的共享经济可能意味着，减少约80%的汽车，但可以实现相同水平的移动性。移动服务提供商和汽车制造商都需要为这种新形式的价格竞争做好准备。

在讨论零边际成本时，我们不应忘记里夫金没有进行充分探讨的一个非常重要的见解[31]。边际成本决定了价格的短期下限。价格的长期下限由满载成本决定，即边际成本和分配的固定成本。从长远来看，任何企业都不能仅靠边际利润存活下来；总边际利润必须高于固定成本。这是获得利润的唯一途径。因此，我们很难接受里夫金关于资本主义未来的结论[31]。毫无疑问，边际成本为零将加剧价格竞争，但不会"废除"一家企业随着时间的推移需要筹集更多资金而不是花费更多资金这一根本规律。

14.3.9 创新的支付系统

新的支付系统将对价格管理产生更大的影响。近年来，除信用卡和借记卡、PayPal、苹果支付（Apple Pay）、三星支付（Samsung Pay）、安卓支付（Android Pay）、阿里巴巴支付宝、腾讯财付通、微信支付等多种支付系统以及比特币、以太币等新型加密货币也相继问世。令人惊讶的是，通过虹膜扫描支付的第一次试验发生在叙利亚的一个难民营，世界粮食计划署（WFP）在那里对该系统进行了测试[75]。新支付系统的发展趋势没有行将结束的迹象，事实上，许多其他的新型支付系统正在市场上不断涌现。哪些系统将成为市场标准，或与其他产品进行共存竞争，目前尚无法评估。但可以肯定的是，这些新系统的功能类似于支票、信用卡和其他普通支付形式，将影响客户的购买行为和支付意愿。

1. 预付系统

在预付系统下，消费者在使用服务或收到产品前付款。人们可以将这种方法理解为预购价格的一种变化形式。音乐会、会议等活动采用的预购折扣已成为一种常见的做法。使用现代预付系统时，消费者通常会在卡上或智能手机上存储一定金额，以便提前支付。然后，消费者随着时间的推移将逐渐消费所存储的金额。另一种变化形式是每月支付预付款，在年末根据实际使用情况进行对账。预付卡在许多行业都很受欢迎，例如，自助餐厅和其他提供类似服务的场所，消费者经常重复使用这种预付系统。其中的一个例子是星巴克会员卡，消费者可以不断续费。PAYBACK还提供预付卡和电子优惠券。另一种形式的"预付"通常用于礼品赠送。预付卡也越来越多地出现在许多意想不到的地方。其中的一个例子是在私人飞机领域的应用。该卡旨在取代私人飞机（例如，利捷公务航空有限公司）的全部或部分所有权的惯用模式。对于市场领导者Marquis的预付卡，飞行25个小时的费用为10万美元[76]。但即使是在这一极端奢侈品的细分市场，也有特别的促销活动。在PJS成立15周年之际，PJS提供了一张15小时的Jet卡，价格为71 895美元，包括了所有费用。

预付模式对卖方和客户各有利弊。因为卖方已经提前收到了钱，所以不付款的风险就被消除了。如果客户丢失了一张仍有未赎回价值的卡，卖方甚至还能因此赚到钱。对于卖方来说，存在的一个缺点是客户关系不如固定期限合同下的客户关系牢固。对于客户来说，预付费用保证了他们不会花费超过他们所能负担的金额，因为他们已经设定了一个限额，并且可以跟踪他们的支出。这是儿童预付费移动计划的一个重要方面。支付和消费之间的时间滞后也会产生有趣的心理结果。消费者可能只感知一次支付的负面价值，而将经历多次正面的消费体验。与即时支付相比，这种情况可能带来更高的消费量或较低的价格弹性。我们在上面引用的研究表明[71]，客户可能愿意提前支付更多的费用，以便以后获得返利。基于该研究，供应商为了保证客户在年底获得返利有意识地将每月预付款设置得更高[50]，这对其来说是有意义的。前景理论认为，返利带来了额外的价值，这些价值超过了提高的月预付款所产生的负边际效用。

预付卡在新兴国家较为流行。原因之一是许多低收入消费者没有银行账户。在这些国家，绝大多数移动电信通过预支付系统运行。此外，预付费也出现在新兴市场一些不同寻常的领域。在墨西哥，苏黎世保险公司（Zurich Insurance）提供预付汽车保险。客户购买一张卡，从他们决定激活该卡开始，就有权享受30天的保险。

2. 奖金系统

PAYBACK是欧洲一种流行的奖金系统。它于2000年推出，目前有3000万客户。Plenti是一个类似于PAYBACK的奖金系统，于2015年在美国推出。客户在参与商店购物时可获得奖励积分，包括在实体店和线上购物，并可兑换这些积分以获得奖励。折扣范围从0.5%~4%不等，具体取决于商店。虽然信用卡公司也提供客户可以兑换奖励的积分，但PAYBACK卡的功能正在不断增强。PAYBACK和Plenti与信用卡公司合作，以便客户也可以使用相应的卡进行支付。PAYBACK和Plenti可以采取更多方案给客户提供比以往更多的积分奖励。例如，它们可以分发电子优惠券，实现预付费功能以及采用移动应用程序。这些奖金系统与单个企业的客户积分卡之间的最大差别是PAYBACK和Plenti收集跨多个商店和部门的消费数据。这些数据非常适合数据挖掘和对消费者购买行为进行全面深入的分析。出于这一原因，PAYBACK受到了保护个人数据机构的严密审查。从本质上讲，PAYBACK是一种折扣系统，其收集客户数据的这一特点促使了其成功。该系统利用了许多与客户互动的机会，并将继续发展。

3. 互联网导向的支付系统

PayPal 有超过 2.27 亿会员账户，是西方世界使用最广泛的互联网支付系统。中国支付服务支付宝有 4.5 亿活跃客户，在这方面远远超过 PayPal，但该服务范围主要限于中国，仅有 50 万零售商。然而，支付宝已计划向其他国家扩展[77]。PayPal 成立于 1999 年，2002 年被 eBay 收购，在向普通市场开放之前，它为 eBay 交易提供了多年的定制化服务。eBay 在 2015 年与 PayPal 脱离。在美国，使用 PayPal 的企业的每笔交易需支付 30 美分外加收入的 2.9%。PayPal 每天处理 1500 万笔交易。支付宝每天处理的交易量高达 10 亿次，是 PayPal 的 67 倍[78]。PayPal 于 2015 年推出的一项重要创新是一键式支付。该服务的一项测试结果显示："企业从一键支付中看到了更高的销售数字，可以吸引新客户。"[77]亚马逊的一键式订购流程多年来一直备受推崇。它们的一键订购流程的独特之处在于消除了具体的付款步骤。优步也采用了类似的方式。与典型的出租车出行相比，优步的乘客在乘坐结束时可立即离开车辆，而无须关注费用的支付。更为先进的是亚马逊的 Dash 按钮，允许客户重复之前设定的订单。2016 年，亚马逊在其总部所在地西雅图开设了一家没有收银台的测试超市。所有需要在亚马逊的"Amazon Go"商店购物的消费者都可使用智能手机上相应的应用程序进行购买。传感器自动识别购物者从货架上取出的产品。当完成购买后，顾客只需直接离开商店。不久之后，亚马逊会从客户的亚马逊账户中扣除所花费的金额[79]。换句话说，付款是以数字方式处理的，就像优步一样。客户在购买之前以透明的形式接收到价格信息，但不需要亲自"付款"。这些创新是否会导致支付意愿的变化，目前还不清楚。在任何情况下，许多客户从简化交易过程中获得价值，这意味着卖方可能期望作为回应的支付意愿有所增加。苹果公司的苹果支付（Apple Pay）系统只能与苹果产品（例如 iPhone、iPad 和 Apple Watch）配合使用。此外，苹果公司向银行合作伙伴收取交易金额 0.15% 的费用。由于庞大的客户群，苹果支付可在互联网支付服务中获得相当可观的市场份额。与苹果支付类似，新推出的移动安卓支付（Android Pay）超越了近距离通信（NFC）运行模式。通过此次发布，谷歌母公司 Alphabet 也看到了新的机会，可以进一步渗透到用户日常生活中，以获取有关购买行为的信息[80]。三星以三星支付（Sumsung Pay）的名义提供类似的付费服务。该服务采用磁安全传输（MST）技术，因此可以在 90% 的支付终端上运行[81]。尼日利亚政府与万事达卡（MasterCard）合作，开发了个人身份证。该卡也可以用作借记卡使用[57]。

然而，我们不能忽视消费者可见的媒介（卡、智能手机）背后复杂的支付基础设施。支付的成本、速度和安全性都需要复杂的硬件（例如，终端）和软件。像Gemalto、Wirecard、Square 或 G&D 等活跃在这一领域的供应商几乎不为公众所知，但对系统的运作和采用至关重要。

面向互联网的支付系统发展将超越其单纯的支付功能。其面临的一个挑战是小额支付的商业处理。支付极少的金额的能力为在线内容、娱乐、游戏模块和银行服务带来了巨大的潜力。但只有在小额支付处理成本不高的情况下，才能挖掘这种潜力。创新的支付系统还可以改善我们在本章开头讨论的价格和价值。亚马逊的一键式流程和类似的服务（如 PayPal）为客户提供了更大的便利，密码和个人识别密码（PIN）将被指纹识别器和人脸或虹膜识别所取代，新的系统允许整合个性化的折扣和特价优惠、最优价格保证、优惠券等。它们极大地扩展了价格管理的选择和操作范围。

4. 现金和比特币

从根本上说，货币是信息，因此可以数字化。实物形式的货币并不是实现这种信息功能的必要条件。实物形式的货币确实有很大的优势，比如匿名性和一次性完成购买的能力。现金支付结束了买方和卖方之间的交易过程。如果双方互不认识，则交易保持匿名，这使得卖方无法通过一个客户连接多笔购买来识别客户的购买模式。支票、电汇、借记卡或信用卡等付款方式需要额外的步骤来完成交易，并且是可追踪的，即不存在匿名性。最后一点是哈佛大学经济学家肯尼思·罗格夫（Kenneth Rogoff）[82]和其他人主张取消现金的原因之一。他们认为，如果所有的账户交易都是可追踪的，那么对于黑市经济以及非法或无证劳工来说，这将是一个巨大的阻碍。囤积现金也将不可能实现，这意味着政府或中央银行可以有效地管理储蓄和消费行为。负利率可能会迫使有钱的人消费，从而刺激经济发展。现金还会带来诸如伪造或盗窃等安全风险，从而产生成本。

全世界 46%~80% 的支付形式仍然是现金支付。从价值角度来看，各个国家之间存在着很大的差异。在德国和奥地利，现金支付占交易价值的 50% 以上，而在美国、加拿大和法国，现金支付仅占所有交易价值的 1/4[81]。其中，在德国，绝大多数人反对取消现金。在市场研究机构 YouGov[83]进行的一项研究中，德国约 74% 的受访者表示反对废除现金作为任何交易的法定货币。而在一些其他国家，现金被认为是过时的。在瑞典，据说银行抢劫犯没有完成抢劫就逃跑了，因为银行不再储存现金[84]。

由于需求不足，丹麦中央银行决定不再印刷纸币，较小的商店和加油站将不再被迫接受现金。但不可否认的是，即使在丹麦，流通货币也在继续增长，主要原因是人们囤积了大量现金。同样，对于德国和瑞士来说，人们囤积的现金也越来越多[85]。在意大利，现金支付超过 1000 欧元是禁止的。相比之下，不管交易规模大小，许多新兴经济体仍然主要以现金为基础。在阿曼，甚至每月的租金、房地产购买和汽车购买都是用现金结算的。

我们认为现金消失的概率很低。正如俄国作家陀思妥耶夫斯基所写："现金是创造出来的自由。"如果我们通用的现金被禁止，那么人们会想出替代的办法。在石器时代，人们交换贝壳时就是如此；第二次世界大战后，人们交换香烟和其他有价值的物品时也是如此。对于金额较大的支付，黄金可以作为现金的替代品。我们预计使用黄金的消费行为将类似于使用现金的行为，但前者不太可能像使用信用卡时那样随意或轻率。取消现金的倡导者真正争取的是他们被"保姆国家"⊖相对限制的自由。如果黄金重新以货币的形式出现，与他们的期望相反，最终可能会达到相反的效果。干预主义者的下一步将是禁止私人拥有黄金。

互联网可以取代我们今天的现金，但不会消除其功能。在这个时代，我们最熟悉的是国家政府发行的货币。这与传统社会不同，传统社会的货币通常是由私人银行发行并进入流通领域的。因此，不同的货币会并行存在。在互联网时代，私人资金可能会经历一次复兴。其中最引人注意的是比特币。"比特币是一种电子货币，是通过在线对等网络以分布式记账的方式创建的，并在数字签名的基础上进行加密"[86, 87]。当两台计算机连接到互联网上时，就会发生交易。与传统支付的不同之处在于，比特币交易不需要中央结算功能，参与交易的余额存储在个人数字钱包中。此外，比特币的市场价值取决于供求关系。2008 年，一位作者以"中本聪"（Satoshi Nakamoto）的笔名撰写的一份白皮书中首次描述了比特币。2009 年，开源比特币软件问世[88, 89]。在随后的几年里，比特币的价格波动很大。

我们在本章没有必要非常详细地描述比特币系统。从价格管理创新的角度来看，比特币一方面与传统现金非常相似，另一方面又与黄金非常相似。用比特币支付完成交易时，支付是匿名的。但现金效应，即比信用卡消费自由度更小，是否也适用于比特币，这个问题尚未明确。与黄金的相似之处在于，比特币的数量被限制在 2100 万左右。同样，比特币或其他加密货币，例如，以太币或瑞波币，是否能被广泛接

⊖ 过度保护其公民，并使他们过于依赖政府。——译者注

受，也同样有待时间验证。

本章小结

纵观历史，我们可以发现价格管理始终存在创新，但过去很少发生，并且步幅不大。互联网和其他新技术的出现和发展极大地增强了创新力度。

- 互联网对价格透明度产生了最直接和最强烈的影响，使价格透明度大幅提升，从而促使价格弹性相应增加。价格上涨正在产生比过去更强的负面销量效应，同样，价格下降也带来更强的正面效应。
- 中长期而言，价值透明度的增加可能产生与互联网同等甚至更重要的影响。如果产品收到差评，在很大程度上，降价措施会无法产生效果，而价格上涨将导致销量的急剧下降。相比之下，正面评价降低了价格上涨的价格弹性，并在价格降低时增加了价格弹性。
- 新商业模式或传感器等新技术推动了价格管理的创新。在许多情况下，这两种驱动因素都在同时发生作用。
- 统一费率已经相当普及，尤其是在在线和信息技术业务上。它们为客户提供了控制风险和避免"出租车计程"效应的优势。从供应商的角度来看，应谨慎看待统一费率。即使边际成本为零也应谨慎使用，因为企业可能会牺牲高频用户的巨大收入潜力。
- 免费增值是一种非常流行的在线价格模式。确定免费和付费产品之间的界限很困难，但对企业的成功至关重要。一种变化形式是通过广告为该模式的免费部分提供部分或全部资金。
- 一般而言，内容定价是企业面临的一个主要障碍。许多在线产品的"免费文化"是个难以克服的历史包袱。免费竞争产品也是如此。它们对定价施加了很大的限制。
- 客户自主定价是一个互动式的价格模式。开始时人们对该模式抱有很大期望，但它并没有按期待的那样发展。人们对其印象仍然是，潜在买方并没有透露他们真正的支付意愿，而相反，只是在寻找便宜货。但这并不排除这种模式会复兴起来的可能。
- 在我们看来，随你付价格模式，更多的是由幻觉而不是由现实驱动的。它仅适用于特殊情况，而非可持续策略。
- 按使用付费的价格模式正在渗透到越来越多的市场。其基础通常是传感器技术。它提供了一种低成本的方法来跟踪性能或使用情况，从而使新的价格衡量参数成为可能。按使用付费模式和新价格参数的定价创新具有广阔的前景。

- 双边价格体系不仅增加了收入，还扩大了价格参数的回旋余地。在这方面，互联网提供了比传统经济更多的机会。
- 负价格是一种新现象，主要出现在电力市场和利率上。负价格带来了双边价格体系。在这种情况下，最优价格可能是负数。
- 零边际成本将价格的短期下限降至零，并可能导致非常激进的价格策略。这对于以正边际成本运营的供应商而言，尤其具有威胁性。在共享经济的背景下，使用未充分利用的产能是这一趋势背后的一大重要推动力。同时我们需注意，价格的长期下限在于满载单位成本。
- 新技术和互联网产生了许多创新的支付系统，包括比特币等加密货币。这些系统可能会影响购买行为和支付意愿，但要在当前完全估计其最终效果为时尚早。

我们认为与价格管理相关的创新并不会结束，而会继续发展壮大。虽然完全取消现金的可能性很小，但越来越大的交易份额正在以数字化的方式进行和处理。价格管理仍然是一个令人兴奋的话题。

参考文献

[1] Barrot, C., Albers, S., Skiera, B., & Schäfers, B. (2010). Vickrey vs. eBay: Why Second-price Sealed-bid Auctions Lead to More Realistic Price-Demand Functions. *International Journal of Electronic Commerce (IJEC)*, 14(4), 7–38.

[2] Coase, R. H. (1960). The Problem of Social Cost. *Journal of Law and Economics*, 3(1), 1–44.

[3] Demsetz, H. (1968). The Cost of Transacting. *Quarterly Journal of Economics*, 82(1), 33–53.

[4] Burstein, M. L. (1960). The Economies of Tie-In Sales. *Review of Economics and Statistics*, 42(1), 68–73.

[5] Adams, W. J., & Yellen, J. L. (1976). Commodity Bundling and the Burden of Monopoly. *Quarterly Journal of Economics*, 90(3), 475–488.

[6] Oren, S. S., Smith, S. A., & Wilson, R. B. (1982). Nonlinear Tariffs in Markets with Interdependent Demand. *Marketing Science*, 57(1), 287–313.

[7] Statista Inc. (2018). Apple's revenue from iTunes, software and services from 1st quarter 2013 to 1st quarter 2018 (in billion U.S. dollars). https://www.statista.com/statistics/250918/apples-revenue-from-itunes-software-and-services/. Accessed 12 March 2018.

[8] Fortune (2018). Spotify Stock Goes Public, Giving the Streaming Music Giant a $30 Billion Market Cap. http://fortune.com/2018/04/03/spotify-stock-market-cap-ipo-direct-listing. Accessed 19 April 2018.

[9] Bradshaw, T. & Garrahan, M. (2015, 6 June). Apple Streaming Service Leaves iTunes Behind.

Financial Times, p. 12.

[10] Garrahan, M. (2015, 10 June). Apple and Spotify to Face the Music. *Financial Times*. p. 12.

[11] Coscarelli, J. (2016). Adele's '25' Finally Comes to Streaming Services. https://www.nytimes.com/2016/06/24/arts/music/adele-25-streaming-spotify-tidal-apple.html?_r=0. Accessed 16 January 2017.

[12] Anonymous. (2015). How much do musicians really make from Spotify, iTunes and YouTube? https://www.theguardian.com/technology/2015/apr/03/how-much-musicians-make-spotify-itunes-youtube. Accessed 16 January 2017.

[13] Christman, E. (2018). U.S. Music Industry Hits Highest Revenue Mark in a Decade, Fueled by Paid Subscriptions. https://www.billboard.com/articles/business/8257558/us-music-industry-2017-highest-revenue-in-decade-fueled-paid-subscriptions. Accessed 19 April 2018.

[14] Goldman, D. (2014). 5 best apps to find cheap gas. http://money.cnn.com/2014/12/29/technology/mobile/gas-price-apps/. Accessed 16 January 2017.

[15] Anonymous. (2013, 23 August). Deutsche vergleichen Online Preise. *Lebensmittel Zeitung*, p. 44.

[16] De La Merced, M.J. (2015, 17 July). Data Start-up Lands Big Name. *International New York Times*, p. 16.

[17] GfK (2015). Handys sind wichtige Einkaufsbegleiter. GfK-Studie zur Nutzung von Mobiltelefonen im Geschäft. Nürnberg. http://www.gfk.com/de/news-und-events/presse/pressemitteilungen/seiten/handys-sind-wichtige-einkaufsbegleiter.aspx. Accessed 30 June 2015.

[18] Anonymous. (2015, 28 May). Eine Ethik für das Digitale Zeitalter. *Handelsblatt*, pp. 12-13.

[19] Levine, R., Locke, C., Searls, D., & Weinberger, D. (2011). *The Cluetrain Manifesto*: 10th Anniversary Edition. New York: Basic Books.

[20] Domizlaff, H. (1982). *Die Gewinnung des öffentlichen Vertrauens: Ein Lehrbuch der Markentechnik* (New Edition). Markentechnik. Hamburg: Marketing Journal.

[21] Stadie, E., & Zwirglmaier, K. (2015). Neue Technologien im Preismanagement. In L. Binckebanck, & R. Elste (Ed.), Digitalisierung Im Vertrieb. Strategien Zum Einsatz neuer Technologien in Vertriebsorganisationen. Gabler, Wiesbaden, pp. 105–121.

[22] Rentmeister, J., & Klein, S. (2003). Geschäftsmodelle – Ein Modebegriff auf der Waagschale. *ZfB-Ergänzungsheft*, 73(1), 17–30.

[23] Stähler, P. (2001). *Geschäftsmodelle in der digitalen Ökonomie*. Lohmar: Eul.

[24] Burkhart, T., Krumeich, J., Werth, D., & Loos, P. (2011). Analyzing the Business Model Concept – A Comprehensive Classification of Literature. *Proceedings of International Conference on Information Systems (ICIS)*, 1–19.

[25] Simon, H. (2000). Internet und Flatrates. Workshop. Bonn: Deutsche Telekom. November 20.

[26] Anonymous. (2015, 31 March). Rundumverpflegt in die Ferien. *Tierischer Volksfreund*, p. 8.

[27] Netflix.com (2015). Wählen Sie den Plan, der Ihren Bedürfnissen am besten entspricht.

https://www.netflix.com/getstarted?locale=de-DE. Accessed 7 June 2015.

[28] CNBC (2018). Netflix adds 5.3 million subscribers during third quarter, beating analysts' estimates. https://www.cnbc.com/2017/10/16/netflix-q3-2017-earnings.html. Accessed 15 January 2018.

[29] Garrahan, M. & Bond, S. (2015, 22 January). Jeff Bezos, the Great Disrupter who has Turned the Book Publishing and Retail Sectors on their Heads, is Shaking up Film and Newspapers, but Both Sectors will Test his Customer-First, Profit-Later Strategy. *Financial Times*, p. 9.

[30] Tix, M. (2017). Strom-Flatrate ist Ladenhüter. http://www.energate-messenger.de/news/176990/strom-flatrate-ist-ladenhueter. Accessed 12 March 2018.

[31] Rifkin, J. (2014). Die Null-Grenzkosten-Gesellschaft: *Das Internet der Dinge, kollaboratives Gemeingut und der Rückzug des Kapitalismus*. Frankfurt am Main: Campus.

[32] Anonymous. (2015, 1 September). Zu viel gehört – Digitalhändler in Amerika reduziert Hörbuch-Flatrate. *Frankfurter Allgemeine Zeitung*, p. 11.

[33] Anonymous. (2013, 3 April). Nicht jedes Angebot ist ein Schnäppchen. Null-Prozent-Finanzierungen werden für den Handel immer wichtiger. *General-Anzeiger Bonn*, p. 6.

[34] Anonymous. (2015, 20 April). Heftiger Flirt mit der App. *Frankfurter Allgemeine Zeitung*, p. 22.

[35] Anonymous. (2015, 22 January). Microsoft überrascht mit Computerbrille. *Frankfurter Allgemeine Zeitung*, p. 19.

[36] The New York Times (2015). Choose the Times Digital Subscription that is Best for You. http://international.nytimes.com/subscriptions/inyt/lp87JWF.html?currency=euro&adxc=277706&adxa=406556&page=homepage.nytimes.com/index.html&pos=Bar1&campaignId=4LH46. Accessed 8 June 2015.

[37] Zitzmann, M. (2015). Webzeitung „Mediapart" – Ein Vorbild für investigativen Journalismus. http://www.nzz.ch/feuilleton/medien/ein-vorbild-fuer-investigativen-journalismus-1.18459759. Accessed 16 January 2017.

[38] Anonymous (2016). Super Mario Run reviews hit Nintendo share price. http://www.bbc.com/news/technology-38365559. Accessed 16 January 2017.

[39] Shmilovici, U. (2011). The Complete Guide to Freemium Business Models. http://techcrunch.com/2011/09/04/complete-guide-freemium/. Accessed 15 July 2015.

[40] Vance, A. (2015). *Elon Musk – Tesla, SpaceX and the Quest for a Fantastic Future*. New York: HarperCollins. Kindle Version: Position 2266.

[41] Lambert, F. (2018). Tesla plans expansion of Fremont factory Supercharging station – making it the biggest in America. https://electrek.co/2018/03/01/tesla-supercharger-fremont-factory/. Accessed 16 March 2018.

[42] Tesla (2017). Supercharger. https://www.tesla.com/supercharger. Accessed 16 January 2017.

[43] Priceline (2015). Investor Relations. http://ir.pricelinegroup.com/index.cfm. Accessed 15 July 2015.

[44] Schmidt, K. M., Spann, M., & Zeithammer, R. (2015). Pay What You Want as a Marketing Strategy in Monopolistic and Competitive Markets. *Management Science*, 61(6), 1217–1236.

[45] Anonymous. (2013, 18 March). Zwischen Fairness und Schnäppchenjagd. *General-Anzeiger Bonn*, p. 6.

[46] Activehours.com (2015). https://www.activehours.com/. Accessed 18 May 2015.

[47] Roggentin, A. S. & Bues, M. (2017). Pay-What-You-Want Pricing. A structured Review on Drivers of Prices Paid by Customers. *Marketing Review St. Gallen*, 6/2017.

[48] Schulz, F., Schlereth, C., Mazar, N., & Skiera, B. (2015). Advanced Payment Systems: Paying Too Much Today and Being Satisfied Tomorrow. *International Journal of Research in Marketing*, 32(3), 238–250.

[49] Oldemann, O. (2015). Innovating your Price Model: Pricing for TopLine Power. Amsterdam: *Simon-Kucher & Partners*. November.

[50] Friemel, K., & Malcher, I. (2006). Gewusst wie. *McKinsey Wissen*, 18, 18–25.

[51] Brignall, M. (2017). Pay-as-you-go car insurance – perfect for the low mileage driver? https://www.theguardian.com/money/2017/feb/11/pay-as-you-go-car-insurance-low-mileage-driver-cuvva-just-miles Accessed 4 December 2017.

[52] Siebenbiedel, C. (2014). Revolution der KfZ-Versicherung. http://fazarchiv.faz.net/document/showSingleDoc/FAS__SD12014011241539332?q=Revolution+der+KfZVersicherung&dosearch=new&&annr=223006&highlight=%5CeJxzs9LisrFSUODSs8pOqwLTZalFxZnJGalFpXnpQAE7oKyBjgFQoii1LD%2BntCQzPw%2BsLiW1CEi7WcVTZgAA3wUjLg%3D%3D%5C. Accessed 15 June 2015.

[53] ENERCON GmbH (2010). ENERCON Windenergieanlagen – PartnerKonzept (EPK). http://www.enercon.de/p/downloads/Enercon_EPK_2010_deu.pdf. Accessed 26 January 2015.

[54] Zuboff, S. (2015, 23 March). Die Vorteile der Nachzügler. *Frankfurter Allgemeine Zeitung*, p. 15.

[55] Morozov, E. (2013, 2 November). Unser Leben wird umgekrempelt. *Frankfurter Allgemeine Zeitung*, p. 14.

[56] Craymer, L. (2013). Weigh More, Pay More on Samoa Air. http://www.wsj.com/articles/SB10001424127887323646604578399943583708244. Accessed 15 September 2015.

[57] Hope, B. (2015, 10 August). Company Tracks Bank Cards and Sells Data to Investors. *Wall Street Journal*, 10–11.

[58] Stewart, J. B. (2015, 24 April). Chasing a Negative Mortage-Rate. *International New York Times*, p. 16.

[59] Anonymous. (2018). What are negative prices and how do they occur? http://www.epexspot.com/en/company-info/basics_of_the_power_market/negative_prices. Accessed 16 March 2018.

[60] Anonymous. (2015, 25 April). Negativzins widerspricht nicht der menschlichen Natur.

Frankfurter Allgemeine Zeitung, p. 29.

[61] Anonymous. (2015, 20 August). Negativrendite bleibt gefragt. *Frankfurter Allgemeine Zeitung*, p. 25.

[62] Anonymous (2015, 5 May). Großanleger erwägen Flucht ins Bargeld. *Frankfurter Allgemeine Zeitung*, p. 23.

[63] Anonymous (2015, 24 November). Mehr als 2 Billionen Euro Staatsanleihen mit Negativzins. *Frankfurter Allgemeine Zeitung*, p. 23.

[64] Anonymous. (2015, 23 October). Negative Zinsen auch für ganz normale Privatkunden. *Frankfurter Allgemeine Zeitung*, p. 23.

[65] Reinhardt, D. (2018). Kredit von Smava und Check24: So viel Geld gibt es mit Minuszins. https://www.focus.de/finanzen/banken/ratenkredit/ratenkredite-von-smava-und-check24-so-viel-geld-gibt-es-mit-minuszins_id_8544941.html. Accessed 16 March 2018.

[66] von Weizsäcker, C. C. (2015). *Kapitalismus in der Krise? Perspektiven der Wirtschaftspolitik*, 16(2), 189–212.

[67] Veerasamy, V. (2016). PayPal's $60m Referral Program: A Legendary Growth Hack. https://www.referralcandy.com/blog/paypal-referrals/. Accessed 12 March 2018.

[68] Lee, F. (2017, 18 March). Pekings Plage mit den Fahrrädern. In Chinas Hauptstadt boomt der Markt mit Leihrädern. Nutzer werden teilweise sogar bezahlt. *General Anzeiger Bonn*, p. 11.

[69] Anonymous. (2015, 26 March). Wer teilt was mit wem? *Frankfurter Allgemeine Zeitung*, p. 26.

[70] Anonymous. (2015, 27 April). Mit Vollgas zum Transportnetzwerk. *Frankfurter Allgemeine Zeitung*, p. 18.

[71] Anonymous. (2015, 28 April). Der Fremde in meinem Auto. *Handelsblatt*, p. 23.

[72] Burns, L. (2013, 9 May). A Vision of our Transport Future. *Nature*, 497, 181–182.

[73] Anonymous. (2017). http://www.globaltimes.cn/content/1052839.shtml. Accessed 12 March 2018.

[74] Roberts, D. (2015, 1 April). The Rise of the Jet Card. *Fortune*, p. 14.

[75] Chip (2015). Ein-Klick Payment mit PayPal schnell und einfach bezahlen ohne Passwort. http://business.chip.de/news/Ein-Klick-Payment-mit-PayPal-Schnell-und-einfach-bezahlen-ohne-Passwort_78753875.html. Accessed 3 May 2015.

[76] Millward, S. (2016). China's Alipay just saw a record 1 billion transactions in a day. https://www.techinasia.com/alibaba-alipay-1-billion-transactions. Accessed 12 March 2018.

[77] Anonymous. (2016, 7 December). Amazon testet Supermarkt ohne Kassen. *Frankfurter Allgemeine Zeitung*, p. 23.

[78] Barr, A. (2015, 29 May). Google Unveils New Rival to Apple Pay. *Wall Street Journal*, p. 17.

[79] Anonymous (2015, May). Mobiles Bezahlen – Wettkampf der Systeme. *Der Handel – Das Wirtschaftsmagazin für Handelsunternehmen*, p. 44.

[80] Rogoff, K. S. (2016). *The Curse of Cash*. Princeton: Princeton University Press.

[81] Anonymous. (2015, 28 May). Die Deutschen wollen das Bargeld nicht aufgeben. *Frankfurter Allgemeine Zeitung*, p. 25.

[82] Anonymous. (2015, 9 May). Ein weiterer Schlag gegen das Bargeld. *Frankfurter Allgemeine Zeitung*, p. 31.

[83] Anonymous. (2015, 13 June). Bürger horten immer mehr Bargeld. *Frankfurter Allgemeine Zeitung*, p. 30.

[84] bitcoin.de. (2015). Retrieved from www.bitcoin.de. Accessed 30 April 2015.

[85] Nestler, F. (2015). Deutschland erkennt Bitcoins als privates Geld an. http://www.faz.net/aktuell/finanzen/devisen-rohstoffe/digitale-waehrung-deutschland-erkennt-bitcoins-als-privates-geld-an-12535059.html. Accessed 6 March 2018.

[86] Nakamoto, S. (2008). Bitcoin: A Peer-to-Peer Electronic Cash System. https://bitcoin.org/bitcoin.pdf. Accessed 28 April 2014.

[87] Davis, J. (2014). The Crypto-Currency: Bitcoin and its Mysterious Inventor. http://www.newyorker.com/magazine/2011/10/10/the-crypto-currency. Accessed 15 June 2015.

PRICE MANAGEMENT

致谢

我们在此感谢许多伙伴和同事提供的建议、案例、技术与方法支持、编辑以及校对。同时，我们还要感谢来自 WHU 奥托贝森管理学院营销与商业专业团队的 Philipp Babicky、Patricia Gräfin Kerssenbrock、Jonas Schütz、Alexander Schultze 和 Sarina Steiger。平面画家 André Zimmermann 帮助我们制作了全部的图表。最重要的是，我们十分感谢我们项目团队的负责人 Anna-Karina Schmitz 所付出的全部努力。

我们衷心感谢西蒙顾和管理咨询公司的众多合作伙伴对本书所做出的贡献：Omar Ahmad、Kai Bandilla、Christoph Bauer 博士、Jens Baumgarten、Thomas Beducker、Men-Andri Benz 博士、Philip Biermann 博士、Maximilian Biesenbach、Mark Billige、Joshua Bloom、Grigori Bokeria、Eduardo Bonet、Daniel Bornemann 博士、Franck Brault、James Brown、Tim Brzoska、Thomas Buchholz、Hong-May Cheng、David Chung、Gunnar Clausen 博士、Peter Colman 博士、Martin Crépy、Björn Dahmen、Philip Daus、Sven de Labey 博士、Juriaan Deumer、Michael Dilger、Robert Dumitrescu、Allison Dupuy 博士、Peter Ehrhardt、Jan Engelke 博士、Francesco Fiorese、Chuck Gammal、Frank Gehrig、Martin Gehring 博士、Ignacio Gomez、Josh Goodman、Razmic Gregorian 博士、Tobias Maria Günter 博士、Jan Hämer、Thomas Haller 博士、Eddie Hartman、Klaus Hilleke 博士、Dimitris Hiotis、Thomas Hofmann 博士、Florent Jacquet、Lisa Jäger、Volker Janßen 博士、Andreas Jonason、Dirk Kars、Wei Ke 博士、Nicholas Keppeler、Lovrenc Kessler、Gabor Kiss、Petra Knüsel、Jochen Krauss 博士、Jörg Krütten、Eckhard Kuche 博士、Michael Kühn、David Lee、Susan Lee、David Lefevre、Matthias Liefner 博士、Andrea Maessen 博士、Marc Matar 博士、Rainer Meckes 博士、Wolfgang Johann

Mitschke、Jens Müller 博士、Ursina Müller、Clemens Oberhammer 博士、Onno Oldeman、Rainer Opgen-Rhein 博士、Raf Onclin、Manuel Osorio、Christoph Petzoldt、Betty Pio、Madhavan Ramanujam、Christian Rebholz、Kornelia Reifenberg、Juan Rivera、Damien Robert、Stephen Rosen、Ricardo Rubi、Guillermo Sagnier、Nina Scharwenka、Dirk Schmidt-Gallas 博士、Gerald Schnell 博士、Christian Schuler、Fabian Schulz 博士、Stephan Schurz、Othmar Schwarz、Karl-Heinz Sebastian 博士、Deepak Sharma、David Smith、Brad Soper、Ekkehard Stadie 博士、Heather Steinfield、Sebastian Strasmann、Jochen Strube、Silvio Strübi 博士、Nathan Swilling 博士、Georg Tacke 博士、Mert Terzioglu、Enrico Trevisan 博士、Jonathan van Spijker Baan、Marie Verdier、David Vidal、Andreas von der Gathen 博士、Andre Weber、Antoine Weill、Jan Weiser、Georg Wübker 博士和 Kajetan Zwirglmaier 博士。行政助理 Ingo Lier 提供了出色的支持。

我们还要感谢 Present Tense LLC 的编辑 Frank Luby 和 Stephanie Werner，他们改进并完善了我们的手稿。最后，与位于纽约的 Springer Nature 的 Nicholas Philipson 进行合作总是令人感到愉悦。我们感谢他的合作以及保持该项目正常运行所付出的努力。

如有任何错误和遗漏，作者将承担全部责任。